譯註 禮記集說大全
文王世子

附 『正義』·『訓纂』·『集解』

鄭秉燮 譯

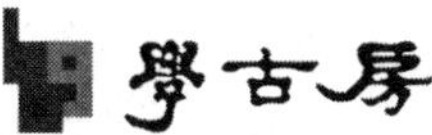

譯註 禮記集說大全

文王世子

附 『正義』·『訓纂』·『集解』

鄭秉燮 譯

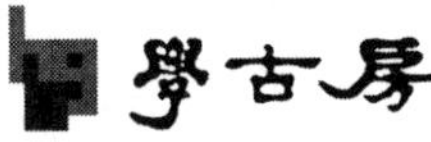

역자서문

『예기(禮記)』「왕제(王制)」편, 「월령(月令)」편, 「증자문(曾子問)」편을 출판한 이후, 네 번째 번역서를 출판하게 되었다.

『예기』는 퍼즐과도 같다. 퍼즐을 맞추기 위해서는 먼저 전체 이미지를 확인해야 하는데, 불친절하게도 『예기』에서는 그러한 이미지를 확인할 길이 없다. 또한 그림 중 상당부분이 없어져서, 상상력과 추리력을 가지고 모험을 감행할 수밖에 없는 부분도 많다. 매번 번역서를 낼 때마다 지금은 잘 맞는 것처럼 보이는 조각들이 본래는 다른 곳에 있어야 하는 것은 아닌지, 항상 불안감을 느낀다. 이처럼 『예기』의 번역자는 항상 오역의 가능성과 생각지도 못했던 오류의 가능성마저도 안고 가야 하는 것 같다. 많은 시간을 투자해서 번역서를 출판하지만, 보람이나 쾌감 같은 감정들은 정말 한순간이고, 이후부터는 세상에 자신의 치부까지도 드러낸 것처럼, 두려운 마음이 지배를 한다. 마치 누군가에게 떠밀리듯 숨 가쁘게 산을 오르는 느낌이다. 지금은 산의 중턱도 아니고 초입에 해당하는 위치여서, 하늘을 올려다봐도 울창한 나무에 가려서 무엇 하나 또렷하게 분간되는 게 없고, 정상이 어디인지 가늠조차 하기 힘들다. 그런 심정임에도 나는 다음 편 번역에 손을 댄다. 훗날 『예기』 전편을 번역하고 나서, 모조리 뜯어 고치는 한이 있더라도, 지금 손을 놔버린다면, 지난 몇 년간의 시간은 아무 것도 아닌 게 되어버리기 때문이다.

이번 「문왕세자(文王世子)」편은 세자(世子)에 대한 교육 방침을 기록한 편이다. 편명을 '문왕세자'라고 정한 이유는 첫 부분에 문왕(文王)이 세자였을 때, 부친인 왕계(王季)를 섬기던 일화가 기록되어 있기 때문이다. 그러나 이곳 「문왕세자」편에는 그 외에도 무왕(武王)에 대한 일화와 주공(周公)에 대한 일화, 그리고 천자(天子) 및 제후(諸侯)가 친족들을 대하는 방법들이 기술되어 있으며, 천자가 태학(太學)에서 시행하는 제례(祭禮)와 양로(養老) 의식 등이 기술되어 있다. 또한 중간에 반복되는 내용들도 많으며, 특히 「문왕세자」편에서 많은 분량을 차지하는 기술 대상은 태학에서의 의례 규정과 친족들에 대한 방침들이다. 따라서 「문왕세자」편의 내용은 전적으로 세자에 대한 교육 방침만을 다루고 있다고 볼 수는 없다. 옛 주석가들은 이 문제를 해결하기 위해 온갖 설명들을 하고 있지만, 그 주장들은 『예기』 자체에 대한 존숭(尊崇) 의식을 버리지 못하고, 어떻게든 각 편들의 완결성을 성립시키기 위해 이런 저런 해석들을 끼워 맞춘 의견들이다.

따라서 「문왕세자」편은 그 내용에 통일성이 없다고 판단할 수 있는데, 이것은 「문왕세자」편에만 나타나는 특징은 아니며, 『예기』 전반에 나타나는 특징이다. 『예기』라는 문헌 자체가 각종 예(禮) 관련 글귀들을 모아둔 것이기 때문이다. 「문왕세자」편이 『소대례기(小戴禮記)』로 편집될 당시에, 현재의 모습대로 작성되었는지, 또는 유향(劉向)과 유흠(劉歆)의 편집과정 속에서 현재의 모습처럼 되었는지는 알 수 없지만, 「문왕세자」편에는 몇 가지 특징이 있다.

첫 번째 특징은 중간에 소제목이 달려 있다는 점이다. 이러한 점에 착안하여 옛 학자들은 「문왕세자」편이 현재는 남아 있지 않은 『고례(古禮)』의 일부 내용을 발췌한 것이라고 주장을 하며, 중간에 달려 있는 소제목들은 『고례』의 한 편명이었을 것이라고 추정을 한다. 『고례』라고 지칭되는 문헌은 그 실체를 알 수 없지만, 상당히 설득력이 있는 주장이다. 현재 발굴되고 있는 죽간들을 살펴보면, 죽간의 뒷면에 해당 편의 제목이 기록된 것들도 있는데, 아마도 이러한 제목들이 「문왕세자」편으로 필사되는 과정에 끼워 들어갔을 것이라고 추정된다. 다만 옛 주석가들의 주장처럼 이러한 소제목들에 착안하여 「문왕세자」편이 다섯 부분 또는 여섯 부분으로 나뉘며, 『고례』 중 세자를 교육했던 문헌 다섯 편 또는 여섯 편을 종합한 기록이라고 단정하기는 힘들다.

두 번째 특징은 「세자지기(世子之記)」의 기록이다. 「문왕세자」편 마지막 부분에는 '世子之記曰'로 기록된 부분이 있다. 이 기록이 『고례』 중 세자의 교육 내용을 다뤘던 한 편의 기문(記文)이었는지, 또는 「세자지기」 자체가 『고례』의 한 편이었는지는 알 수 없다. 그 내용들을 살펴보면, 「문왕세자」편의 첫 부분에서 언급하고 있는 문왕 및 무왕의 일화와 거의 일치한다. 다만 문왕과 무왕에 대한 일화는 구체적인 인물을 등장시켜서, 자세하게 서술하고 있지만, '世子之記曰'로 시작되는 기록들은 구체적인 인물이 등장하지 않고, 세부 내용들을 일부 생략하고 요점만을 기록하고 있다. 옛 주석가들은 문왕과 무왕이 시행했던 규범은 성인(聖人)만이 할 수 있는 내용이므로, 「문왕세자」편 마지막 부분에 『고례』 중 하나인 「세자지기」를 재차 인용하여, 일반 세자들이 따를 수 있는 규범을 제시한 것이라고 해석한다. 그리고 그 증거로 문왕과 무왕은 하루에 세 차례 문안인사를 드렸는데, 「세자지기」에 기록된 내용은 하루에 두 차례만 문안인사를 드리고, 부친의 병환 때 행동하는 세자의 모습에서도 경중(輕重)의 차이가 있다고 지적한다. 설득력이 없는 주장은 아니지만, 이러한 의도 때문에, 마지막 부분에 '世子之記曰'로 시작되는 문장을 첨부했다고 보기는 힘들다.

아마도 이 기록들은 『예기』를 편집하는 과정 속에서, 기존에 존재하던 단편적인 기록들이 서로의 연관성 때문에, 하나의 편으로 종합되면서, 함께 기술되었다고 추정된다. 즉 문왕과 무왕에 대한 고사와 '世子之記曰'에 기록된 내용은 각각 독립된 기록 문서로 존재하다가, 내용의 연관성으로 인해 단순히 하나의 편으로 종합된 것이다. 주공이 섭정(攝政)을 하여, 백금(伯禽)을 통해 성왕(成王)을 교육시켰다는 내용도 두 차례 언급되고 있는데, 이 두 기록은 거의 동일한 내용이 반복적으로 기술된 것으로써, 이 또한 기존에 존재했던 단편적인 기록들이 하나의 편으로 종합되는 과정 속에서, 「문왕세자」편으로 기입되었을 것이다. 따라서 성인이 시행했던 규범과 일반 세자들이 시행했던 규범의 차이 때문에, 이처럼 「세자지기」의 내용을 「문왕세자」편의 마지막 부분에 기술했다는 주장은 믿기 어렵다. 또한 이러한 기록들을 통해서 『예기』라는 문헌이 어떻게 편집되었는지를 일정 부분 상상해볼 수 있다.

세 번째 특징은 "계획하길 대도(大道)로써 한다[慮之以大]." 또는 "끝맺기를 인자함으로써 한다[終之以仁]."는 등의 기록이 있다는 점이다. 이 기록들은 앞서 기술된 각종 의례들의 의미 및 의의들을 설명하는 문장들인데, 「문왕세자」편에는 이러한 기록들이 몇 차례 언급되어 있다. 이것은 「문왕세자」편만의 특징이라고 할 수는 없지만, 『예기』의 체제적 특징을 단편적으로 보여주고 있다.

『예기』는 예(禮)에 대한 기문(記文)들의 집합이라고 할 수 있다. 기문이란 상세한 설명과 의미를 보충하는 문장으로, 주석의 한 종류라고 할 수 있다. 『의례』에는 '記'로 시작되는 문장들이 있는데, 이것이 바로 기문의 전형적인 형식이라고 할 수 있다. 기문은 『춘추공양전(春秋公羊傳)』 등에 나오는 자문자답식 전문(傳文)들과 유사하다고 할 수 있다. 그러나 이러한 『의례』의 기문과 『춘추공양전』의 전문들은 후대의 정형화된 형식이기 때문에, 『예기』의 기록들과 동일시할 수는 없다. 또한 『예기』는 기문의 서술대상이라고 할 수 있는 본문과 기문이 혼재되어 있고, 일부 기록들을 제외하고는 둘 간의 구분을 짓기도 어렵다.

실제로 『예기』의 기록들을 살펴보면, '傳曰'이나 '記曰' 등으로 기록된 문장들이 다수 출현하는데, 이 기록들은 『의례』나 『춘추공양전』의 형식과는 다르게, 자세한 설명보다는 해당 내용의 의미를 함축적으로 기록하고 있다. 여러 글귀들이 『예기』로 편집되는 과정 속에서, 기문이나 전문들이 부분적으로 발췌가 되었기 때문에, 이처럼 간략하게 기술되었는지는 확인할 수 없다. 또한 『예기』 자체의 어려움으로 인해, 이러한 부분들에 대해서는 연구가 많이 진척되지 않았다. 따라서 단정할 수는 없지만, 정형화된 형태는 아니더라도, 기문과 전문의 유래는 상당히 오래되었을 것으로 추정된다. 그리고 「문왕세자」편의 기록 중 그 내용적 의의를 설명하는 문장들은 본래 기문에 기록된 내용들이 『예기』로 편집되는 과정 중에 섞여 들어갔거나, '記曰'이나 '傳曰' 등의 표시가 생략되어, 본문과 뒤섞여 기록된 것으로 추정된다.

부족한 실력으로 인해 오역된 부분이 있겠지만, 다른 연구자들에게 작은 도움이 되었으면 하는 바람이며, 이 책을 발판으로 더 좋은 번역서와 연구서들이 나왔으면 하는 심정이다.

이번 「문왕세자」편은 이전 「증자문」편 번역의 체제를 그대로 따랐다. 경문(經文)은 직역만 해서는 의미 전달이 안 되고, 그렇다고 해서 의역만으로는 한자의 해석을 설명하기가 힘들다. 따라서 경문에 한해서 직역과 의역을 함께 수록하였다. 주석들은 「증자문」편과 마찬가지로 의역 위주로 번역을 하였으며, 한문 용어에 대해서는 한글 병음을 하였다.

매번 역서의 서문에서도 밝혔듯이, 역자는 성균관 대학교에서 유교철학(儒教哲學)을 전공하고 있다. 역자가 속한 학회는 경서연구회(經書硏究會)이며, 올해로 20년째 지속되고 있는 모임이다. 오경(五經) 완독을 목표로 창설된 연구회이며, 이제는 오경 중 『예기』 완독만 남아 있는 상태이다.

이 자리를 통해, 대학원에 진학하여 경학사상(經學思想)을 전공할 수 있도록 지도해주신 서경요 선생님, 경서연구회를 만들어 후배들에게 경전에 대한 이해를 넓혀주신 임옥균 선생님과 김동민, 원용준 선배님께도 감사드린다. 또한 번역에 있어서 많은 부분을 도와주신 길훈섭 회장님과 안상현, 김선창 회원님들께도 감사드린다.

끝으로 「문왕세자」편을 출판할 수 있도록 허락해주신 학고방의 하운근 사장님께도 감사를 전한다.

일러두기

1. 본 책은 역주서(譯註書)로써, 『예기집설대전(禮記集說大全)』의 「문왕세자(文王世子)」 편을 완역하고, 자세한 주석을 첨부했다. 송대(宋代) 이전의 주석을 포함하고자 하여, 『예기정의(禮記正義)』를 함께 수록하였다. 그리고 송대 이후의 주석인 청대(淸代)의 주석을 포함하고자 하여 『예기훈찬(禮記訓纂)』과 『예기집해(禮記集解)』를 함께 수록하였다.

2. 『예기』 경문(經文)의 경우, 의역으로만 번역하면 문장을 번역한 방식을 확인하기 어렵고, 보충 설명 없이 직역으로만 번역하면 내용을 이해하기 힘들다. 따라서 경문에 한하여 직역과 의역을 함께 수록하였다. 나머지 주석들에 대해서는 의역을 위주로 번역하였다.

3. 『예기』 경문에 대한 해석은 진호의 『예기집설』 주석에 근거하였다. 경문 해석에 있어서, 『예기정의』, 『예기훈찬』, 『예기집해』마다 이견(異見)이 많다. 『예기집섭대전』의 소주(小註) 또한 진호의 주장과 이견을 보이는 곳이 있고, 소주 사이에도 이견이 많다. 따라서 『예기』 경문 해석의 표준은 진호의 『예기집설』 주석에 근거했으며, 진호가 설명하지 않은 부분들은 『대전』의 소주를 참고하였다. 또한 경문 해석에 있어서 『예기정의』, 『예기훈찬』, 『예기집해』에 나타나는 이견들은 특별한 경우를 제외하고는 각각의 문장을 읽어보면, 경문에 대한 이견을 알 수 있기 때문에, 이러한 경우에는 주석 처리를 하지 않았다.

4. 본 역서가 저본으로 삼은 책은 다음과 같다.
『禮記』, 서울 : 保景文化社, 초판 1984 (5판 1995)
『禮記正義』 1~4(전4권, 『十三經注疏 整理本』 12~15), 北京 : 北京大學出版社, 초판 2000
朱彬 撰, 『禮記訓纂』 上·下(전2권), 北京 : 中華書局, 초판 1996 (2쇄 1998)
孫希旦 撰, 『禮記集解』 上·中·下(전3권), 北京 : 中華書局, 초판 1989 (4쇄 2007)

5. 본 책은 『예기』의 경문, 진호의 『집설』, 호광 등이 찬정한 『대전』의 세주, 정현의 주, 육덕명의 『경전석문』, 공영달의 소, 주빈(朱彬)의 『훈찬』, 손희단(孫希旦)의 『집해』 순으로 번역하였다.

6. 본 책의 뒷부분에는 《禮記 文王世子篇 人名 및 用語 辭典》을 수록하였다. 본문에 처음으로 등장하는 용어 및 인명에 대해서는 주석처리를 하였다. 이후에 같은 용어가 등장할 때마다 동일한 주석처리를 할 수 없어서, 뒷부분에 사전으로 수록한 것이다. 가나다순으로 기록하여, 번역문을 읽는 도중 앞부분에서 설명했던 고유명사나 인명 등에 대해서 쉽게 찾아볼 수 있도록 하였다.

7. 본 책의 목차에서 각 절들의 구분은 역자가 본문의 내용에 따라 임의적으로 나눈 것이다. 따라서 역대 주석가들의 절 구분과는 차이가 있다.

【247a】

文王之爲世子, 朝於王季, 日三.

“【247a】” 등과 같이 【 】 안에 숫자가 기입되어 있는 것은『예기』의 ‘경문’을 뜻한다. ‘247’은 보경문화사(保景文化社)판본의 페이지를 말한다. ‘a’는 a단에 위치한다는 표시이다. 밑의 그림은 보경문화사판본의 한 페이지 단락을 구분한 표시이다.

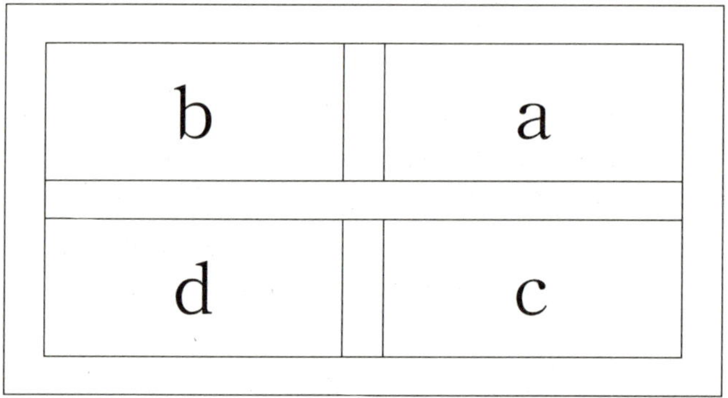

◆ **集說** 內豎, 內庭之小臣. 御, 是直日者.

“**集說**”로 표시된 것은 진호(陳澔)의『예기집설(禮記集說)』주석을 뜻한다.

◆ **大全** 嚴陵方氏曰: 內則言子事父母, 鷄初鳴, 咸盥漱.

“**大全**”으로 표시된 것은 호광(胡廣) 등이 찬정(撰定)한『예기집설대전』의 세주(細註)를 뜻한다.

◆ **鄭注** 三皆曰朝, 以其禮同.

"**鄭注**"로 표시된 것은 『예기정의(禮記正義)』에 수록된 정현(鄭玄)의 주(注)를 뜻한다.

◆ **釋文** 朝, 直遙反. 三如字, 又息暫反.

"**釋文**"으로 표시된 것은 『예기정의』에 수록된 육덕명(陸德明)의 『경전석문(經典釋文)』을 뜻한다. 『경전석문』의 내용은 글자들의 음을 설명하고, 간략한 풀이를 한 것인데, 육덕명 당시의 음가로 기록이 되었기 때문에, 현재의 음과는 맞지 않는 부분이 많다. 단순히 참고만 하기 바란다.

◆ **孔疏** ●"文王"至"復初". ○正義曰: 按緯候之說, 文王年九十六始稱王.

"**孔疏**"로 표시된 것은 『예기정의』에 수록된 공영달(孔穎達)의 소(疏)를 뜻한다. 공영달의 주석은 경문과 정현의 주에 대해서 세분화하여 기록되어 있다. 따라서 '●'으로 표시된 부분은 공영달이 경문에 대해 주석을 한 부분이고, '◎'으로 표시된 부분은 정현의 주에 대해 주석을 한 부분이다. 한편 '○'으로 표시된 부분은 공영달의 주석 부분이다.

◆ **訓纂** 劉氏台拱曰: 爲人子止於孝, 止善之謂也.

"**訓纂**"으로 표시된 것은 『예기훈찬(禮記訓纂)』에 수록된 주석이다. 『예기훈찬』 또한 기존 주석들을 종합한 책이므로, 『예기집설대전』 및 『예기정의』와 중복되는 부분은 생략하였다.

◆ **集解** 愚謂: 不敢有加者, 文王事親之止於孝, 不可以有所加也.

"**集解**"로 표시된 것은 『예기집해(禮記集解)』에 수록된 주석이다. 『예기집해』 또한 기존 주석들을 종합한 책이므로, 『예기집설대전』 및 『예기정의』와 중복되는 부분은 생략하였다.

목 차

그림목차

경문목차

그림 0-1 주(周)나라 문왕(文王)

▸ **출처**: 『삼재도회(三才圖會)』「인물(人物)」 1권

그림 0-2 주(周)나라 무왕(武王)

▸ **출처**: 『삼재도회(三才圖會)』「인물(人物)」 1권

그림 0-3 주(周)나라 성왕(成王)

▸ **출처**: 『삼재도회(三才圖會)』「인물(人物)」 1권

그림 0-4 주공(周公)

▸ **출처**: 『삼재도회(三才圖會)』「인물(人物)」 4권

그림 0-5 주(周)나라 세계도(世系圖)-후직(后稷)부터 강왕(康王)까지

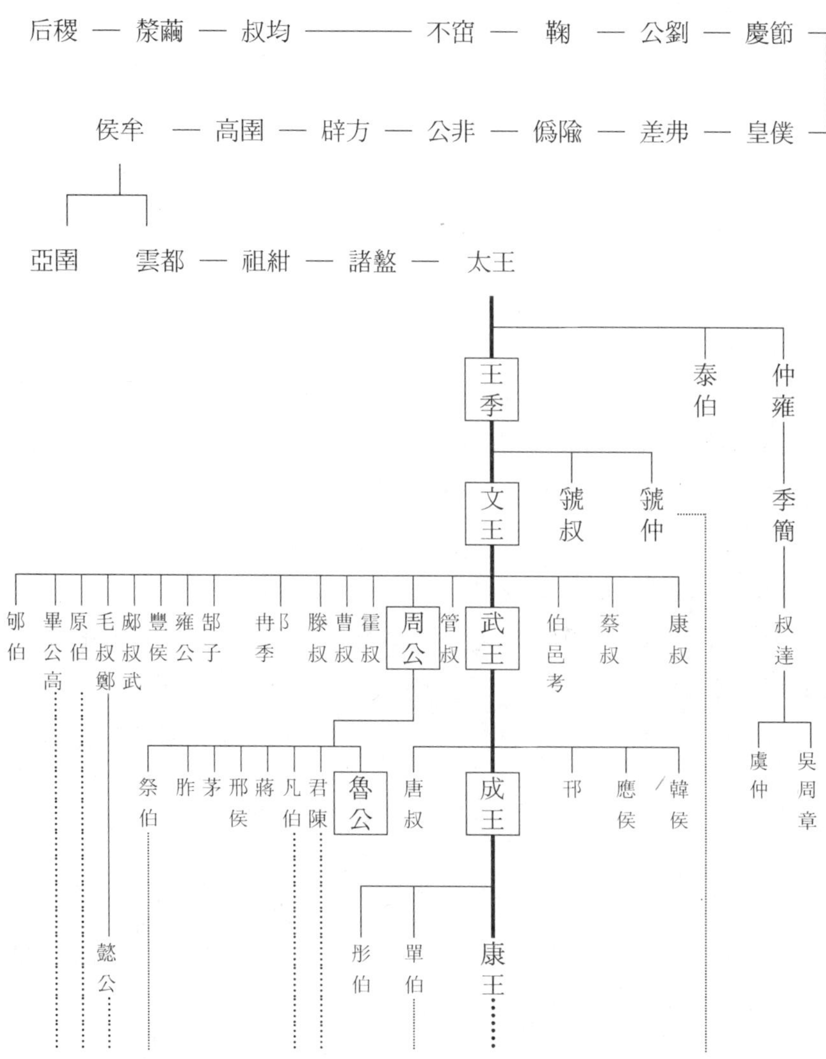

▸**출처**: 『역사(繹史)』 1권 「역사세계도(繹史世系圖)」

【247a】

禮記集說大全卷之八 / 『예기집설대전(禮記集說大全)』 제8권

文王世子 第八 / 「문왕세자(文王世子)」 제8편

大全 新安王氏曰: 此篇首言文王爲世子之事, 故以武王成王爲世子之事繼之. 成王幼周公輔導有道, 故以敎世子之法繼之. 爲世子者當貴親當尊老, 故以待宗族養老之事繼之. 而終以世子之記, 則言文王之所以事王季者, 皆當以爲法也.

번역 신안왕씨[1]가 말하길, 이곳 「문왕세자」편에서는 첫 머리에 문왕(文王)이 세자(世子)였을 때의 일화를 언급하고 있다. 그렇기 때문에 그 연장선에서 무왕(武王)과 성왕(成王)이 세자였을 때의 일화를 이어서 언급한 것이다. 성왕이 즉위하였을 때에는 그의 나이가 너무 어려서, 주공(周公)이 보필하였는데, 주공은 자기마음대로 성왕을 보필한 것이 아니라, 그 속에는 일정한 도리가 있었다. 그렇기 때문에 세자를 교육하는 법도를 그 뒤에 이어서 언급한 것이다. 세자가 된 자들은 마땅히 친인척을 존귀하게 대하고, 연장자를 존중해야만 한다. 그렇기 때문에 종족(宗族)을 대접하고 노인을 봉양하는 일 등을 그 뒤에 이어서 언급한 것이다. 그리고 「세자지기(世子之記)」라는 문헌을 인용하여 끝을 맺고 있는데, 이것은 곧 문왕이 왕계(王季)를 섬겼던 방법 등은 모두 법도로 삼아야만 한다는 것을 뜻한다.

孔疏 陸曰: "文王, 周文王昌也. 鄭云: '以其善爲世子之禮, 故著謚號標篇, 言可法也.'"

번역 육덕명[2]이 말하길, "문왕(文王)은 주(周)나라 문왕인 창(昌)을 가

1) 신안왕씨(新安王氏, A.D.1138~A.D.1218) : =왕염(王炎). 남송(南宋) 때의 역학자(易學者)이다. 자는 회숙(晦叔)이다.

리킨다. 정현[3]은 '그의 선행(善行)을 세자(世子)가 준수해야 하는 예법(禮法)으로 삼았다. 그렇기 때문에 그의 시호(諡號)를 붙여서 「문왕세자」라는 편명을 지었으니, 법도로 삼을 수 있음을 뜻한다.'"라고 했다.

孔疏 正義曰: 按鄭目錄云: "名曰文王世子者, 以其記文王爲世子時之法, 此於別錄屬世子法. "此篇之內凡有五節, 從"文王之爲世子"下, 終"文王之爲世子也"爲第一節, 論文王武王爲世子之禮·下之事上之法. 從"凡學世子"至"周公踐阼"爲第二節, 論在上敎下, 說[4]庠序, 釋奠先聖·先師, 養老東序, 幷明三王敎世子, 又更論周公踐阼, 抗世子法於伯禽之事. 自"庶子之正於公族"至"不翦其類"爲第三節, 明庶子正理·族人燕飮, 及刑罰之事, 殊於異姓, 又更覆說殊於異姓之義. 自"天子視學"至"典于學"爲第四節, 論天子視學, 養三老五更, 幷明公侯伯子男反歸養老於國. 自"世子之記"以終篇末爲第五節, 以其文王爲世子聖人之法, 非凡人所行, 故更明尋常世子法. 各隨文解之.

번역 정현의 『목록(目錄)』[5]을 살펴보면, "「문왕세자」라고 편명을 정한 이유는 문왕(文王)이 세자(世子)였을 때의 법도를 기록하고 있기 때문이다. 그런데 「문왕세자」편은 『별록(別錄)』[6]에서는 '세자법(世子法)' 항목에 속

---

2) 육덕명(陸德明, A.D.550~A.D.630) : =육원랑(陸元朗). 당대(唐代)의 경학자이다. 자(字)는 덕명(德明)이다. 훈고학에 뛰어났으며, 『경전석문(經典釋文)』 등을 남겼다.

3) 정현(鄭玄, A.D.127~A.D.200) : =정강성(鄭康成)·정씨(鄭氏). 한대(漢代)의 유학자이다. 자(字)는 강성(康成)이다. 『주역(周易)』, 『상서(尙書)』, 『모시(毛詩)』, 『주례(周禮)』, 『의례(儀禮)』, 『예기(禮記)』, 『논어(論語)』, 『효경(孝經)』 등에 주석을 하였다.

4) '설(說)'자에 대하여. 『십삼경주소(十三經注疏)』 북경대 출판본에서는 "'설'자는 『민본(閩本)』·『감본(監本)』·『모본(毛本)』에도 동일하게 '설'자로 기록되어 있는데, 포당(浦鏜)은 '설(說)'자를 '설(設)'자로 교정하였다."라고 했다.

5) 『목록(目錄)』은 정현이 찬술했다고 전해지는 『삼례목록(三禮目錄)』을 가리킨다. 『십삼경주소(十三經注疏)』에서 인용되고 있지만, 이 책은 『수서(隋書)』가 편찬될 당시에 이미 일실되어 존재하지 않았다. 『수서』「경적지(經籍志)」편에는 "三禮目錄一卷, 鄭玄撰, 梁有陶弘景注一卷, 亡."이라는 기록이 있다.

6) 『별록(別錄)』은 후한(後漢) 때 유향(劉向)이 찬(撰)했다고 전해지는 책이다. 현재는 일실되어 존재하지 않으며, 『한서(漢書)』「예문지(藝文志)」편을 통해서 대략적인 내용만을 추측해볼 수 있다.

해 있다."라고 했다. 이곳 「문왕세자」편 안에는 모두 5개의 절목이 있다. 첫 번째 절목은 '문왕지위세자(文王之爲世子)'라는 기록부터 '문왕지위세자야(文王之爲世子也)'라는 기록까지로, 문왕과 무왕(武王)이 세자였을 때 시행했던 예법(禮法)과 아랫사람을 대하고 윗사람을 섬기는 법도를 논의하고 있다. 두 번째 절목은 '범학세자(凡學世子)'라는 기록부터 '주공천조(周公踐阼)'라는 기록까지로, 윗사람이 되어 아랫사람을 교화하는 내용, 학교를 설치하여 선성(先聖) 및 선사(先師)들에게 석전(釋奠)을 지내는 내용, 동서(東序)[7]에서 노인을 봉양하는 내용 및 삼왕(三王)이 세자를 교육했던 내용들을 아울러 밝히고 있으며, 또한 주공(周公)이 섭정하는 지위에 올라서, 세자를 교육하는 법도[8]를 적용하여 자신의 아들인 백금(伯禽)을 교육했던 일화에 대해 논의하고 있다. 세 번째 절목은 '서자지정어공족(庶子之正於公族)'이라는 기록부터 '불전기류(不翦其類)'라는 기록까지로, 천자의 서자(庶子)가 귀족의 자제들을 다스리는 이치, 족인(族人)들과 연회를 하는 법도 및 형벌을 집행할 때 동성(同姓)의 친족들에게는 이성(異姓)에게 형벌을 집행할 때와는 다르게 한다는 사실을 밝히고 있으며, 또한 이성에게 형벌을 집행할 때와 다르게 하는 이유 및 그 의의에 대해서 재차 설명하고 있다. 네 번째 절목은 '천자시학(天子視學)'이라는 기록부터 '전우학(典于學)'이라는 기록까지로, 천자가 태학(太學)을 시학(視學)[9]하여, 삼로(三老)와 오경(五更)[10]을 봉양하는 일에 대해서 논의하고, 아울러 공작, 후작, 백

---

7) 동서(東序)는 본래 하후씨(夏后氏) 때의 태학(太學)을 가리킨다. 『예기』「왕제(王制)」편에는 "夏后氏, <u>養國老於東序</u>, 養庶老於西序."라는 기록이 있다. 후대에는 일반적인 학교 기관을 가리키는 용어로도 사용되었다.

8) 이 문장에서의 '세자법(世子法)'은 「세자지기(世子之記)」처럼 「세자법(世子法)」이라는 편명으로 해석하기도 한다.

9) 시학(視學)은 천자가 석전(釋奠) 및 양로(養老)의 의례를 위해, 친히 태학에 왕림하는 것을 말한다.

10) 삼로오경(三老五更)은 삼로(三老)와 오경(五更)을 뜻한다. 이들은 국가의 요직에 있다가 나이가 들어 퇴직한 자들이다. 정현은 '삼로'와 '오경'은 3명과 5명이 아닌 각각 1명씩이라고 풀이했다. 그리고 1명씩인데도 '삼(三)'자와 '오(五)'자를 붙여서 부르는 이유에 대해서, '삼진(三辰)'과 '오성(五星)'에서 명칭을 빌려왔기 때문이라고 해석하였고, 또한 '삼덕(三德)'과 '오사(五事)'를 알고 있는 자들이기 때문에, 이러한 명칭이 붙었다고 풀이하기도 한다. 『예기』「문왕세자」편에는 "適東序, 釋奠於先老, 遂設<u>三老, 五更</u>, 群老之席位焉."이란 기

작, 자작, 남작이 자신의 나라로 되돌아가서 국학(國學)에서 노인들을 봉양하는 일에 대해서 밝히고 있다. 마지막 다섯 번째 절목은 '세자지기(世子之記)'라는 기록부터 끝까지이다. 문왕이 세자였을 때 시행했던 일들은 성인(聖人)으로서 모범을 보였던 법도에 해당하니, 일반인들이 시행할 수 있는 행동들이 아니다. 그렇기 때문에 다시금 일반인들을 위해서, 일반 세자들이 지켜야 하는 법도를 다섯 번째 절목에서 언급하고 있는 것이다. 자세한 풀이는 각각 문장들에 따라서 해석하겠다.

集解 此篇合衆篇而成, 首言文王·武王爲世子及周公教成王之事, 次言大學教士之法, 次言三王教世子之法, 次言庶子正公族之法, 次言養老之事, 末引世子之記以終之. 蓋其初本各爲一篇之書, 各有篇名, 而記者集合之者也. 記者之意, 本主於教世子, 故以文王世子居首, 而因總爲六篇之大名焉. 其第二篇·第四篇·第五篇, 若無與於世子之事, 然國學之教王大子·王子皆造, 亦莫非所以教世子也. 而人君親睦九族, 尊事耇老, 必自其孝於親者推之, 則其本亦皆由於爲世子之能盡其道, 故廣言之, 而以世子之記終焉. 此記者採輯之意也.

번역 이곳 「문왕세자」편은 여러 편들을 합하여 완성한 것으로, 첫머리에는 문왕(文王)과 무왕(武王)이 세자(世子)였을 때 시행했던 일화 및 주공(周公)이 성왕(成王)을 교육했던 일화를 언급하고 있다. 그리고 그 다음으로는 태학(太學)에서 선비들을 교육했던 법도를 언급하고 있고, 그 다음으로는 삼왕(三王)이 세자를 교육했던 법도를 언급하고 있으며, 그 다음으로는 서자(庶子)가 공족(公族)들을 바르게 다스렸던 법도를 언급하고 있고,

---

록이 있는데, 이에 대한 정현의 주에서는 "三老五更各一人也, 皆年老更事致仕者也. 天子以父兄養之, 示天下之孝悌也. 名以三五者, 取象三辰五星, 天所因以照明天下者."라고 풀이했고, 또한 『예기』「악기(樂記)」편에는 "食三老五更於大學."이란 기록이 있는데, 이에 대한 정현의 주에서는 "三老五更, 互言之耳, 皆老人更知三德五事者也."라고 풀이했다. 그리고 참고적으로 공영달(孔穎達)의 소(疏)에서는 "三德謂正直, 剛, 柔. 五事謂貌, 言, 視, 聽, 思也."라고 해석하여, '삼덕'은 정직(正直), 강직함[剛], 부드러움[柔]이라고 풀이했고, 오사(五事)는 '올바른 용모[貌]', '올바른 말[言]', '올바르게 봄[視]', '올바르게 들음[聽]', '올바르게 생각함[思]'이라고 풀이했다.

그 다음으로는 노인을 봉양했던 일들을 언급하고 있으며, 끝에서는 「세자지기(世子之記)」편을 인용하여 마무리를 짓고 있다. 무릇 애초의 판본에는 위의 구분에 따라서 각각 하나의 편으로 구성된 글이었으며, 각각에 편명도 있었겠지만, 『예기』를 기록한 자가 이러한 편들을 합본하여, 현재의 「문왕세자」편으로 만든 것이다. 『예기』를 기록한 자의 취지는 본래부터 세자를 교육하는데 주안점을 둔 것이었으므로, 문왕이 세자였을 때 시행했던 일들을 첫머리에 두고, 이것에 연유하여 6편을 총괄하는 명칭으로 삼았던 것이다. 「문왕세자」편의 두 번째 편과 네 번째 편, 그리고 다섯 번째 편은 그 내용이 얼핏 보면 세자의 교육과는 상관없는 내용인 것처럼 보인다. 그러나 국학(國學)에서 천자의 태자(太子) 및 나머지 왕자들을 교육하는 내용 등, 이 모든 내용들은 세자를 교육하는 방법에 포함되지 않는 것들이 없다. 그리고 군주가 구족(九族)[11]에게 화목하게 대하고, 노인들을 받들어 섬기는 것 등은 반드시 제 자신이 부모에게 효도하는 것으로부터 미루어서 시행하는 것들이니, 그것의 근본 또한 모두 세자가 되었을 때 그 도리를 힘써 실천하는 일에서 유래한다. 그렇기 때문에 상관없는 것처럼 보이는 내용들까지도 폭넓게 언급한 것이며, 이 모든 일들이 세자가 수행해야 하는 일이므로, 「세자지기」편을 인용하여 마무리를 지은 것이다. 이것이 바로 『예기』를 기록한 자가 여러 편들을 모아서, 「문왕세자」편으로 엮은 의도이다.

---

11) 구족(九族)은 친족을 범칭하는 말이다. 자신을 중심으로 위로 고조부(高祖父)까지의 네 세대, 아래로 현손(玄孫)까지의 네 세대까지 포함된 친족을 지칭한다. 『서』「우서(虞書)·요전(堯典)」편에는 "克明俊德, 以親九族."이라는 기록이 있는데, 이에 대한 공안국(孔安國)의 전(傳)에서는 "以睦高祖, 玄孫之親."이라고 풀이하였다. 일설에는 '구족'을 부친쪽 친척 중 4촌, 모친쪽 친척 중 3촌, 처쪽 친척 중 2촌까지를 지칭하는 용어라고도 풀이한다.

• 제 1 절 •

문왕(文王)과 무왕(武王)의 세자(世子) 때 일화

【247a】

文王之爲世子, 朝於王季, 日三, 鷄初鳴而衣服, 至於寢門外, 問內豎之御者曰, 今日安否, 何如. 內豎曰, 安. 文王乃喜. 及日中, 又至, 亦如之, 及莫, 又至, 亦如之.

직역 文王이 世子였을 때, 王季에게 朝함이 日에 三이니, 鷄가 初鳴하면 衣服하고, 寢의 門外에 至하여, 內豎의 御者에게 問하여 曰, 今日의 安否는 何如오. 內豎가 曰, 安이라. 文王이 곧 喜라. 日中에 及하여, 또 至하여, 또한 如之하며, 莫에 及하여, 또 至하여, 또한 如之한다.

의역 문왕(文王)이 세자(世子)였을 때, 부친인 왕계(王季)에게 하루에 세 번씩 문안인사를 드렸다. 새벽녘에 닭이 처음 울기 시작하면, 의복을 갖춰 입고서 부친이 주무시는 처소의 문밖으로 갔다. 그리고 그곳에서 숙직을 섰던 환관에게 묻기를, "오늘 부친의 안부는 어떠하시느냐?"라고 했다. 숙직을 섰던 환관이 "편안하십니다."라고 말하면, 문왕은 곧 기뻐하였다. 그리고 점심때가 되면 또한 침소에 가서 아침에 했던 것처럼 하였고, 저녁때가 되어서도 또한 침소에 가서 아침에 했던 것처럼 하였다.

集說 內豎, 內庭之小臣. 御, 是直日者. 世子朝父母, 惟朝夕二禮, 今文王日三, 聖人過人之行也.

번역 '내수(內豎)'는 내궁(內宮)의 일을 담당하는 환관이다. '어(御)'자는 숙직을 섰던 자를 가리킨다. 일반적으로 세자(世子)가 부모에게 문안인사를 드리는 것은 오직 아침과 저녁에 시행하여, 하루에 총 두 번하는 것이 일반적인 예법(禮法)이다. 그런데 지금 이곳 문장에서는 문왕(文王)이 하루에 세 번씩 문안인사를 드렸다고 하였으니, 이것이 바로 성인(聖人)이 일반인보다 뛰어나게 행동했던 점이다.

大全 嚴陵方氏曰: 內則言子事父母, 鷄初鳴, 咸盥漱, 昧爽而朝, 日入而夕, 世子之記, 亦止言朝夕至於大寢門之外, 而此言鷄初鳴而衣服至於寢門外, 則盥漱之時, 猶未鷄鳴, 朝之時, 猶未昧爽矣. 又有日中之朝, 此蓋聖人之制.

번역 엄릉방씨가 말하길, 『예기』「내칙(內則)」편에서 "자식이 부모를 섬길 때, 닭이 처음 울게 되면, 모두 세수와 양치질을 한다."[1]라고 했고, "날이 샐 무렵에 아침 문안인사를 드린다."[2]라고 했으며, "날이 저물면 저녁 문안인사를 드린다."[3]라고 했고, 「세자지기(世子之記)」편에서도 또한 "'아침과 저녁[朝夕]'에, 문안인사를 드리기 위해 대침(大寢)의 문밖으로 간다."[4]라고만 했다. 그런데 이곳 문장에서는 "닭이 처음 울게 되면, 의복을 갖춰 입고서 침(寢)의 문밖으로 간다."고 말했으니, 세수하고 양치질하는 시간은 닭이 아직 울기 이전인 때가 되고, 아침 문안인사를 드리는 시간은 날이 새기 이전인 때가 된다. 또한 이 문장에는 점심때에도 문안인사를 드리는 제도가 언급되어 있는데, 이것은 아마도 성인(聖人)에게만 해당하는 제도일 것이다.

鄭注 三皆曰朝, 以其禮同. 內豎, 小臣之屬, 掌外內之通命者. 御, 如今小史直日矣. 孝子恒兢兢. 又, 復也. 莫, 夕也.

---

1) 『예기』「내칙(內則)」【345b】: 子事父母, 雞初鳴, 咸盥漱.
2) 『예기』「내칙(內則)」【347d】: 皆佩容臭. 昧爽而朝.
3) 『예기』「내칙(內則)」【348b】: 日入而夕, 慈以旨甘.
4) 『예기』「문왕세자」【264a】: 世子之記曰, "朝夕至于大寢之門外."

번역 아침, 점심, 저녁 때 문안인사를 드리는 세 가지 경우를 모두 '조(朝)'라고 부르고 있는데, 그 이유는 각각의 시기마다 문안인사를 드리는 예법(禮法)이 아침에 드리는 문안인사의 예법과 동일하기 때문이다. '내수(內豎)'는 환관의 일종으로, 궁외(宮外)의 대신들과 궁내(宮內)에 명령 전달하는 일을 담당하는 자이다.[5] '어(御)'는 마치 오늘날 소사(小史)가 일직을 서는 것과 같은 뜻이다. 효자는 부모의 건강 등에 대해서 항상 조마조마하게 근심하며 마음을 놓지 못한다. '우(又)'자는 '다시[復]'라는 뜻이다. '모(莫)'자는 '저녁[夕]'이라는 뜻이다.

釋文 朝, 直遙反. 三如字, 又息暫反. 衣, 徐於旣反, 又如字. 豎, 上主反. 復, 扶又反. 莫音暮, 注及篇末皆同.

번역 '朝'자는 '直(직)'자와 '遙(요)'자의 반절음이다. '三'자는 글자대로 읽으며, 또는 '息(식)'자와 '暫(잠)'자의 반절음도 된다. '衣'자의 서음(徐音)은 '於(어)'자와 '旣(기)'자의 반절음이며, 또는 글자대로 읽는다. '豎'자는 '上(상)'자와 '主(주)'자의 반절음이다. '復'자는 '扶(부)'자와 '又(우)'자의 반절음이다. '莫'자의 음은 '暮(모)'이며, 정현의 주 및 편 끝에 나오는 글자도 모두 그 음이 이와 같다.

【247b】

其有不安節, 則內豎以告文王, 文王色憂, 行不能正履. 王季復膳然後, 亦復初. 食上, 必在視寒暖之節, 食下, 問所膳, 命膳宰曰, 末有原. 應曰, 諾. 然後退.

---

5) 『주례』「천관(天官)·내수(內豎)」: 內豎, 掌內外之通令, 凡小事.

직역 그 不安節이 有하면, 內豎는 이로써 文王에게 告하니, 文王은 色憂하여, 行에 正履를 不能이라. 王季가 膳을 復한 然後에야, 또한 初를 復하였다. 食上에는 必히 寒暖을 視하는 節을 在하고, 食下에는 所膳을 問하며, 膳宰에게 命하여 曰, 有原을 末하라. 應하여 曰, 諾이라. 然後에 退니라.

의역 만약 왕계(王季)에게 병이 생겨서 평상시와 다른 점이 발생하면, 내수(內豎)는 이러한 사실들을 문왕(文王)에게 아뢴다. 그러면 문왕은 부친을 근심하는 마음 때문에, 얼굴빛에 근심스러움이 나타났고, 노심초사하는 마음 때문에, 걷는 것도 제대로 걸을 수가 없었다. 왕계가 다시 기력을 회복하여 평상시처럼 음식을 먹게 된 이후에야, 문왕 또한 문안인사 드리는 것을 평상시처럼 시행하였다. 그리고 문왕은 왕계에게 밥상을 들일 때, 반드시 음식의 차갑고 따뜻한 정도를 살펴봤고, 밥상을 내올 때에는 어느 음식을 많이 드시고 어느 음식을 적게 드시는지를 물어보았다. 그리고 음식을 만드는 선재(膳宰)에게 명령하여, "남은 음식들을 다시 올리는 일이 없도록 하라."라고 하고, 선재가 응답하길, "알겠습니다."라고 말하면, 그 대답을 듣고서야 물러갔다.

集說 不安節, 謂有疾不能循其起居飮食之常時也. 食上, 進膳於親也. 在, 察也. 食下, 食畢而徹也. 問所膳, 問所食之多寡也. 末, 猶勿也, 原, 再也, 謂所食之餘, 不可再進也.

번역 '불안절(不安節)'은 "질병이 생겨서, 그가 평상시처럼 기거하거나, 먹고 마시는 것을 할 수 없다."는 뜻이다. '식상(食上)'은 부친에게 밥상을 올린다는 뜻이다. '재(在)'자는 "살핀다[察]."는 뜻이다. '식하(食下)'는 식사를 다 끝내고서 상을 치운다는 뜻이다. '문소선(問所膳)'은 음식을 드신 양을 묻는 것이다. '말(末)'자는 "하지 말라[勿]."라는 뜻과 같고, '원(原)'자는 '재차[再]'라는 뜻이니, '말유원(末有原)'이라는 말은 "먹고 남은 음식들을 다시 차려내서는 안 된다."는 뜻이다.

大全 長樂劉氏曰: 文王之於王季, 夜不遑寐, 故其旦旦鷄鳴而衣冠已具. 內豎曰安, 文王乃喜, 以其達旦懷憂則其喜形於色也. 色憂, 行不能正履, 心有所懼, 則色形其憂, 急侍其親, 則履不能正.

번역 장락유씨[6]가 말하길, 문왕(文王)은 왕계(王季)에 대해서 성심(誠心)을 다하여 봉양을 하였으므로, 밤에도 잠자리에 들 겨를이 없었다. 그렇기 때문에 새벽녘에 아침 닭이 울게 되면, 의관을 이미 갖춰 입고 있었다. 내수(內豎)가 "편안하십니다."라고 말하면, 문왕이 곧 기뻐하였는데, 그 이유는 문왕은 아침이 될 때까지 부친이 혹시 병에 걸리지는 않을까라는 등의 근심을 품고 있다가, 편안하다는 소식을 듣고서야 기뻐하는 마음이 얼굴로 나타났기 때문이다. 문왕의 얼굴빛에 수심이 가득차고, 걸음이 정상적이지 못하여 허둥거렸던 것은 마음에 걱정하는 것이 있으면, 얼굴빛에 그 근심이 드러나기 때문이며, 부친을 모시는 일에 급급하게 되면, 걸음도 정상적이지 못하게 되기 때문이다.

大全 嚴陵方氏曰: 文王乃喜, 則親喜而己亦喜也. 文王色憂, 則親憂而己亦憂也. 復初, 則親復常故也.

번역 엄릉방씨[7]가 말하길, 문왕(文王)이 부친의 소식을 듣고서 곧 기뻐했던 것은 부친의 건강이 평안하여, 자신 또한 기뻐했던 것이다. 문왕이 얼굴빛에 수심이 가득했던 것은 부친의 몸 상태가 편안하지 못하여, 자신 또한 근심스러워했던 것이다. 평상시처럼 문안인사를 드렸던 이유는 부친이 평상시처럼 회복되었기 때문이다.

---

6) 장락유씨(長樂劉氏, A.D.1017~A.D.1086) : =유이(劉彝). 북송(北宋) 때의 성리학자이다. 자(字)는 집중(執中)이다. 복주(福州) 출신이며, 어려서 호원(胡瑗)에게서 학문을 배웠다. 『정속방(正俗方)』, 『주역주(周易注)』를 지었으나 현존하지 않는다. 『칠경중의(七經中議)』, 『명선집(明善集)』, 『거이집(居易集)』 등이 남아 있다.

7) 엄릉방씨(嚴陵方氏, ?~?) : =방각(方愨)·방씨(方氏)·방성부(方性夫). 송대(宋代)의 유학자이다. 이름은 각(慤)이다. 자(字)는 성부(性夫)이다. 『예기집해(禮記集解)』를 지었고, 『예기집설대전(禮記集說大全)』에는 그의 주장이 많이 인용되고 있다.

鄭注 節謂居處故事. 履, 蹈地也. 飮食安也. 憂解. 在, 察也. 問所食者. 末猶勿也. 原, 再也. 勿有所再進, 爲其失飪, 臭味惡也. 退, 反其寢.

번역 '불안절(不安節)'에서의 '절(節)'자는 거처할 때의 법도를 뜻한다. '리(履)'자는 지면을 걷는다는 뜻이다. '복선(復膳)'은 음식을 평상시처럼 편안하게 먹는다는 뜻이다. 문왕(文王)이 다시 평상시처럼 행동했던 이유는 근심이 해소되었기 때문이다. '재(在)'자는 '찰(察)'자의 뜻이다. '문소선(問所膳)'은 드신 음식을 물어본다는 뜻이다. '말(末)'자는 '물(勿)'자와 같다. '원(原)'자는 '재(再)'자의 뜻이다. 따라서 '말유원(末有原)'이라는 말은 음식 중 재차 내놓는 것이 있어서는 안 된다는 뜻으로, 한번 내놓았던 음식을 다시 내놓게 되면, 그것을 익힌 정도가 적정 수위를 벗어나게 되어, 냄새와 맛이 나빠지기 때문이다. '퇴(退)'자는 문왕이 자신의 침소로 돌아간다는 뜻이다.

釋文 蹈, 徒報反. 解, 胡買反. 上, 時掌反. 暖, 乃管反, 徐況煩反. 末, 亡曷反. 應, 應對之應. 爲, 于僞反. 飪, 而審反, 生孰之節.

번역 '蹈'자는 '徒(도)'자와 '報(보)'자의 반절음이다. '解'자는 '胡(호)'자와 '買(매)'자의 반절음이다. '上'자는 '時(시)'자와 '掌(장)'자의 반절음이다. '暖'자는 '乃(내)'자와 '管(관)'자의 반절음이며, 서음(徐音)은 '況(황)'자와 '煩(번)'자의 반절음이 된다. '末'자는 '亡(망)'자와 '曷(갈)'자의 반절음이다. '應'자의 음은 '응대(應對)'라고 할 때의 '應'자와 같다. '爲'자는 '于(우)'자와 '僞(위)'자의 반절음이다. '飪'자는 '而(이)'자와 '審(심)'자의 반절음이며, 음식을 적절하게 익힌 정도를 뜻한다.

孔疏 ●"文王"至"復初". ○正義曰: 按緯候之說, 文王年九十六始稱王, 崩後諡之曰文, 則爲世子之時, 未得爲文王也, 記者於後追而書之. 下記世子朝父母, 每日唯二. 又內則云 "命士以上, 昧爽而朝, 日入而夕"者, 朝禮具, 夕禮簡, 故言夕. 今三皆曰朝者, 以其禮同, 故通言朝. 凡常世子朝父母每日唯二,今文王朝於王季日三者, 增一時, 又三者皆稱朝, 並是聖人之法也.

번역 ●經文: "文王"~"復初". ○위후(緯候)[8]의 주장들을 살펴보면, 문왕(文王)은 나이가 96세가 된 이후에야 비로소 '왕(王)'이라고 칭하였고, 붕어한 이후에 시호(諡號)를 '문(文)'이라고 하였으니, 그가 세자(世子)였을 때에는 아직 '문왕'이라고 부를 수 없었다. 그런데도 이곳에서 '문왕'이라고 기록한 이유는 기록한 자가 추후에 추증하여 기록했기 때문이다. 아래 문장의 기록에서는 '세자가 부모에게 문안인사를 드리는 일'에 대해, 매일 오직 두 번만 한다고 기록하였다. 또 『예기』「내칙(內則)」편에서는 "명사(命士)[9] 이상의 계층은 날이 새게 되면 아침 문안인사를 드리고, 날이 저물면 저녁 문안인사를 드린다."[10]라고 말했는데, 아침 문안인사에는 예법(禮法)을 다 갖추고, 저녁 문안인사에서는 예법을 간략하게 하기 때문에, 저녁때 드리는 문안인사를 '석(夕)'이라고 말한 것이다. 그런데 지금 이곳 문장에서 아침, 점심, 저녁 때 드리는 세 가지 경우의 문안인사를 모두 '조(朝)'라고 부르고 있다. 그 이유는 점심 및 저녁 때 문안인사를 드리는 예법을 아침에 드리는 문안인사의 예법과 동일하게 시행하기 때문에, 통괄적으로 '조'라고 말한 것이다. 일반적으로 세자가 부모에게 문안인사를 드리는 것은 매일 오직 두 번만 드릴 뿐인데, 지금 이 문장에서는 문왕이 왕계(王季)에게 날마다 세 차례 문안인사를 드렸다고 하여, 일반적인 세자들보다 한 차례 더 시행하고, 또 세 차례 모두 '조'라고 불러서, 그 예법에 있어서도 모두 아침 문안인사와 동일하게 하였다는 것 등은 모두 범인들과는 다른 성인(聖人)의 예법에 해당한다.

孔疏 ●"食上必在視寒暖之節食下問所膳"至"乃間". ○正義曰: "食上"謂

8) 위후(緯候)는 위서(緯書)를 뜻한다.

9) 명사(命士)는 사(士) 중에서도 작명(爵命)을 받은 자를 뜻한다. 『예기』「내칙(內則)」편에는 "由命士以上, 父子皆異官, 昧爽而朝, 慈以旨甘."이라는 용례가 나온다.

10) 『예기』「내칙(內則)」【348b】: 由命士以上, 父子皆異官, 昧爽而朝, 慈以旨甘. 日出而退, 各從其事. 日入而夕, 慈以旨甘.

獻饌, "食下"謂食畢徹饌而下, 文王問進食之人, 其父所膳何食, 膳宰答畢, 文王又命戒膳宰云: 末有原. 末, 無也. 原, 再也. 言在後進食之時, 皆須新好, 無得使前進之物而有再進, 膳宰應曰諾, 然後文王乃退, 反其寢也.

번역 ●經文: "食上必在視寒暖之節食下問所膳"~"乃間". ○'식상(食上)'은 밥상을 올리는 것을 뜻하고, '식하(食下)'는 식사를 다 끝내고 난 뒤에, 밥상을 치워서 내놓는 것을 뜻한다. 따라서 이 문장의 전체적인 뜻은 문왕(文王)이 밥상을 올렸던 사람에게, 부친이 잘 드시는 것이 어떤 음식인지를 물어보고, 선재(膳宰)의 답변이 다 끝나면, 문왕은 또한 선재에게 주의를 주며, "한번 내놓았던 음식들을 재차 내놓는 일이 없도록 하라."고 명령을 한다. '말(末)'자는 금지사이다. '원(原)'자는 '재차[再]'라는 뜻이다. 이 말의 뜻은 이후에 음식을 내놓을 때에는 모두 새롭고 좋은 것들로 차려야 하며, 앞서 내놓았던 음식들을 다시 내놓는 일이 없게끔 한다는 의미이다. 그리고 선재가 응답하기를 "알았습니다."라고 한 연후에야, 문왕이 곧 물러나서, 그의 침소로 돌아갔던 것이다.

孔疏 ◎注"末猶"至"其寢". ○正義曰: 末, 微末, 故爲勿也. 原, 再也, 釋言文. 云"爲其失飪, 臭味惡也"者, 食若再進, 必熟爛過節, 故爲失飪. 臭謂氣也, 言氣之與味皆惡也, 故云"臭味惡". 云"退, 反其寢"者, 以來至王季寢門外, 今云退, 故知退反其寢, 謂文王私寢也.

번역 ◎鄭注: "末猶"~"其寢". ○'말(末)'자는 '매우 조금[微末]'이라는 뜻이다. 그렇기 때문에 "하지 말라[勿]."는 뜻이 된다. '원(原)'자는 '재차[再]'라는 뜻인데, 이러한 풀이는 『이아』「석언(釋言)」편의 기록에 따른 것이다.[11] 정현이 "그것을 익힌 정도가 적정 수위를 벗어나게 되어, 냄새와 맛이 나빠지게 된다."라고 하였는데, 만약 음식을 재차 내놓게 되면, 익히고 데운 정도가 반드시 적정 수위를 넘게 된다. 그렇기 때문에 익힌 정도가

---

11) 『이아』「석언(釋言)」: 荐·原, 再也.

적정 수위에서 벗어나게 되는 것이다. 냄새는 기(氣)를 뜻하니, 즉 이 말은 음식의 기와 맛이 모두 나빠지게 된다는 뜻이다. 그렇기 때문에 "냄새와 맛이 나빠지게 된다."라고 말한 것이다. 정현이 "퇴(退)는 그의 침소로 돌아가는 것이다."라고 하였는데, 이전 문장에서는 "찾아와서 왕계(王季)의 침소 문밖에 이르렀다."라고 하였고, 지금 이곳 문장에서는 '퇴'라고 하였으니, '퇴'가 곧 그의 침소로 되돌아간다는 뜻임을 알 수 있고, 또한 이때의 침소는 왕계의 침소가 아닌, 문왕 개인의 침소를 뜻한다.

集解 方氏慤曰: 寒煖之節, 若食齊視春時, 飮齊視冬時. 問所膳, 欲知親之所好也.

번역 방각이 말하길, 음식들을 차갑고 따뜻하게 하는 절도는 예를 들어, 먹는 것들은 모두 봄철의 기후에 견주어서, 따뜻하게 만든다는 뜻이고, 마시는 것들은 모두 겨울철의 기후에 견주어서, 시원하게 만든다는 뜻이다. '문소선(問所膳)'하는 이유는 부친이 좋아하는 음식을 알고자 하기 때문이다.

集解 徐氏師曾曰: "復初"以上, 問安之禮; "食上"以下, 視膳之禮.

번역 서사증[12]이 말하길, 경문 기록 중 '복초(復初)'이상의 문장들은 문안인사를 드리는 예법(禮法)에 대한 내용이고, '식상(食上)'이하의 문장들은 부모가 드실 음식들을 살펴보는 예법이다.

集解 愚謂: 聖人之於人倫, 無所不用其極, 而盡其愛敬以事其親, 乃其爲子之止於孝也. 故此篇言教世子, 而先以此開其端, 蓋以聖人之盡倫盡性者立之極也.

---

12) 서사증(徐師曾, ?~?) : 명대(明代)의 학자이다. 자(字)는 백로(伯魯)이고, 호(號)는 노암(魯菴)이다.

번역 내가 생각하기에, 성인(聖人)은 인륜(人倫)에 대해서, 그 지극함을 다하지 않은 것이 없으며, 사랑하고 공경하는 마음을 다하여, 그의 부모를 섬기는 것은 곧 자식된 자로서 효(孝)를 하는 것일 뿐이다. 그렇기 때문에 이 「문왕세자」편에서는 세자(世子)를 교육하는 방법을 언급하며, 먼저 이러한 내용으로 그 실마리를 풀어간 것이니, 아마도 성인 중에서 인륜을 지극하게 실천하고, 자신의 본성(本性)을 다 발휘한 자가 세웠던 지극한 규범이기 때문일 것이다.

【247c】

武王, 帥而行之, 不敢有加焉. 文王有疾, 武王不說[13]冠帶而養, 文王一飯, 亦一飯, 文王再飯, 亦再飯, 旬有二日, 乃間.

직역 武王도 帥하여 行하여, 敢히 有加함을 不하였다. 文王이 有疾하니, 武王은 冠帶를 不說하고 養하였으니, 文王이 一飯이어든 또한 一飯하고, 文王이 再飯이어든 또한 再飯하길, 旬하고 有二日하니, 곧 間하였다.

의역 문왕(文王)의 아들 무왕(武王)도 문왕이 왕계(王季)를 섬기던 예법(禮法)을 그대로 따라서 시행하였으며, 감히 거기에 더 보탠 것이 없었다. 한번은 문왕이 병환에 들자, 무왕은 의관을 풀지도 않은 채 문왕을 봉양하였다. 문왕이 기력이 약해져 수저를 한 번 뜨면, 자신 또한 식사를 할 때 수저를 한 번만 떴고, 문왕이 두 번 수저를 뜨면, 자신 또한 수저를 두 번만 떴다. 이렇게 행동하기를 12일간이나 하자, 곧 문왕이 병에서 쾌유되었다.

---

13) '탈(說)'자에 대하여. 완원(阮元)의 『교감기(校勘記)』에서는 "『경전석문(經典釋文)』에 따르면 이 글자는 마땅히 '세(挩)'자로 기록해야 하니, 이 글자는 '수(扌)'자와 '태(兌)'자로 구성되어 있으며, '태'자가 소리부를 구성한다."라고 했다.

集說 不敢有加, 不可踰越父之所行也.

번역 "감히 더 보태지 않았다[不敢有加]."고 한 이유는 부친이 행동했던 것을 자식이 감히 뛰어넘을 수가 없기 때문이다.

集說 疏曰: 病重之時, 病恒在身, 無少間空隙. 病今旣損, 不恒在身, 其間有空隙, 故謂病瘳爲間也.

번역 공영달(孔穎達)[14]의 소(疏)에서 말하길, "병이 위중할 때에는 병마가 항상 그 자신에게 있게 되어, 잠시도 틈이 없게 된다. 병이 덜해지게 되면, 그 자신에게 항상 있는 것이 아니니, 그 사이에는 틈이 있게 된다."라고 하였다. 그렇기 때문에 병이 쾌유되는 것을 '간(間)'이라고 부르게 된 것이다.

大全 長樂陳氏曰: 聖人之行, 朝親, 至於日三, 其有不安節, 則行不能正履, 以至於一飯亦一飯, 再飯亦再飯. 中人之行, 朝親, 止於日二, 其有不安節, 則止於不滿容, 於其嘗饌善, 則能食, 嘗饌寡則不能飽而已. 於文王言色憂行不能正履, 則武王可知, 於武王言不說冠帶一飯再飯, 則文王可知.

번역 장락진씨[15]가 말하길, 성인(聖人)의 행동 중, 부친에게 문안인사를 시행할 때에는 하루에 세 번씩이나 하였고, 부친에게 편안치 못한 일이 발생하면, 허둥대어 걸음이 정상적이지 못한 지경에까지 이르렀음에도, 이러한 상황에서도 부친이 수저를 한 번 뜨면, 본인 또한 한 번 뜨고, 두 번

---

14) 공영달(孔穎達, A.D.574~A.D.648) : 당대(唐代)의 경학자이다. 자(字)는 중달(仲達)이고, 시호(謚號)는 헌공(憲公)이다. 『오경정의(五經正義)』를 찬정(撰定)하는데 중심적인 역할을 했다.

15) 진상도(陳祥道, A.D.1159~A.D.1223) : =장락진씨(長樂陳氏)·진용지(陳用之). 북송대(北宋代)의 유학자이다. 자(字)는 용지(用之)이다. 장락(長樂) 지역 출신으로, 1067년에 과거에 급제하여 태상박사(太常博士) 등을 지냈다. 왕안석(王安石)의 제자로, 그의 학문을 전파하는데 공헌하였다. 저서에는 『예서(禮書)』, 『논어전해(論語全解)』 등이 있다.

뜨면 본인 또한 두 번 뜨는 등, 지극한 경지의 행동을 실천하였다. 그러나 일반인들의 행동 중, 부친에게 문안인사를 시행할 때에는 단지 하루에 두 번만 하였고,[16] 부친에게 편안치 못한 일이 발생하면, 단지 용모를 꾸미지 않는 데에 그쳤으며,[17] 부친이 음식을 잘 드시면, 세자(世子)도 잘 먹을 수 있었고, 부친이 음식을 적게 드시면, 세자는 음식은 먹되, 다만 배부르게 먹을 수가 없었을 따름이었다.[18] 경문에서는 문왕(文王)에 대해서, 얼굴빛에 수심이 가득하고, 허둥대어 걸음이 정상적이지 못하였다고 언급하였으니, 무왕(武王)이 문왕에게 어떻게 행동했는지를 알 수 있고, 무왕에 대해서, 관대(冠帶)를 벗지도 않고, 한 번 수저를 뜨고, 두 번 수저를 뜨는 것에 대해 언급하였으니, 문왕이 왕계(王季)에게 어떻게 행동했는지도 알 수 있다.

大全 莊氏曰: 天下之理, 惟極其至, 則不可以復加. 文王之事親, 豈一毫之不至哉. 武王而復求加焉, 則非可傳也, 非可繼也, 故武王之事文王, 盡循文王之所以事王季者而行之, 不敢復加焉. 玆武王所以爲達孝者歟. 又曰子之於親, 日而三朝, 自三朝之外, 冠帶有時而說, 今爲親疾跬步不離, 不敢說冠帶以自適. 人之飮食, 或疏或數, 時其飢飽, 今以親疾志不在於飮食, 一飯再飯, 惟親之視不敢如平時私適其欲.

번역 장씨[19]가 말하길, 천하의 자명한 이치인 인륜(人倫)에 대해서는 다만 지극한 것을 극한까지 실천하는 것이라고 한다면, 거기에 다시 보탤 수가 없는 것이다. 문왕(文王)이 부친인 왕계(王季)를 섬겼던 일에, 어찌 지극하지 못한 점이 조금이라도 있었겠는가? 무왕(武王)이 다시 덧붙이기를 의도한다면, 문왕이 했던 일들은 전수할 만한 법도가 아닌 것이 되며,

---

16) 『예기』「문왕세자」【264a】: 世子之記曰, 朝夕至于大寢之門外, 問於內豎曰, 今日安否何如.

17) 『예기』「문왕세자」【264b】: 其有不安節, 則內豎以告世子, 世子色憂, 不滿容.

18) 『예기』「문왕세자」【264c】: 嘗饌善, 則世子亦能食, 嘗饌寡, 世子亦不能飽.

19) 장씨(莊氏, A.D.1155~A.D.1223): =장하(莊夏). 남송(南宋) 때의 학자이다. 어려서 부친을 잃고 집안이 가난하였지만, 학문에 매진하여 약관(弱冠)의 나이에 예학(禮學)에 정통하였다. 저서로는 『예기해(禮記解)』 등이 있다.

계통을 세울만한 것도 아닌 것이 된다. 그렇기 때문에 무왕이 문왕을 섬기면서, 문왕이 왕계를 섬겼던 것들을 모두 그대로 따라서 행동하였던 것이며, 감히 거기에 더 보탤 수가 없었던 것이다. 이러한 점들이 바로 무왕이 달효(達孝)라고 칭송받는 이유이겠구나![20] 또한 자식은 부모에 대해서 하루에 세 번 문안인사를 드린다고 말하는데, 세 번 문안인사를 드릴 때 외에는 때때로 관대(冠帶)를 풀어놓게 된다. 그러나 지금 이곳 문장에서는 무왕이 부친의 병환 때문에, 잠시도 곁을 떠나지 않았고, 감히 관대를 풀어놓고 제멋대로 행동하지도 않았다고 했다. 그리고 일반인들이 음식을 먹을 때에는 어떤 때는 음식이 적고 어떤 때는 많아서, 때때로 굶주리기도 하고 배부르게 먹기도 하였다. 그런데 지금 이곳 문장에서는 무왕이 부친의 병환 때문에, 그 마음이 음식 자체에 있지 않았으므로, 한 번 수저를 뜨고 두 번 수저를 뜨는 것에 그쳤다. 이것은 오직 부친을 살피기 위한 것으로, 감히 평상시와 같이 개인적인 욕구대로 따를 수가 없기 때문이다.

鄭注 庶幾程式之. 帥, 循也. 言常在側. 欲知氣力箴藥所勝. 間猶瘳也.

번역 무왕(武王)은 문왕(文王)을 숭상하여, 문왕이 행동했던 것들을 정식적인 규범으로 대했던 것이다. '솔(帥)'자는 "따른다[循]."는 뜻이다. 무왕이 의관을 벗지 않고 봉양했다는 말은 항상 곁에 있었다는 뜻이다. 무왕이 부친의 수저 뜬 횟수에 따라 자신도 수저를 떴던 이유는 자신의 몸 상태를 부친과 동일하게 만들어서, 부친에게 드릴 탕약을 맛봄으로써, 부친의 기력(氣力)으로 탕약을 견뎌낼 수 있는가를 알고자 해서이다. '간(間)'자는 "쾌유되다[瘳]."라는 뜻과 같다.

釋文 稅, 本亦作脫, 又作說, 同, 音他活反, 養, 羊尙反. 壹, 本亦作一. 飯, 扶晩反, 下及篇末皆同. 箴, 本亦作鍼, 之林反. 勝音升. 瘳, 丑由反, 差也.

---

20) 『중용』「19장」: 子曰, 武王周公, 其達孝矣乎.

번역 '稅'자는 판본에 따라서 또한 '脫'자로도 기록하고, '說'자로도 기록하는데, 그 음은 모두 '他(타)'자와 '活(활)'자의 반절음이며, '養'자는 '羊(양)'자와 '尙(상)'자의 반절음이다. '壹'자는 판본에 따라 또한 '一'자로도 기록한다. '飯'자는 '扶(부)'자와 '晩(만)'자의 반절음이며, 아래 문장 및 「문왕세자」편 끝에 나오는 글자도 모두 그 음이 이와 같다. '箴'자는 판본에 따라 또한 '誡'자로도 기록하는데, 그 음은 '之(지)'자와 '林(림)'자의 반절음이다. '勝'자의 음은 '升(승)'이다. '瘳'자는, '丑(축)'자와 '由(유)'자의 반절음이며, 차도가 있다는 뜻이다.

孔疏 ◎注"庶幾程式之, 帥, 循也". ○正義曰: 按爾雅釋言云: "庶幾, 尙也." 是庶幾爲慕尙之義. "程式之"者, 程是程限也, 式是法式, 言武王慕尙文王, 以爲程限法式. 帥, 循也, 釋詁文. 經云"不敢有加焉"者, 以武王伐紂, 功業旣成, 恐有踰越文王之嫌, 故記者云"不敢有加焉".

번역 ◎鄭注: "庶幾程式之, 帥, 循也". ○『이아』「석언(釋言)」편을 살펴보면, "'서기(庶幾)'는 '상(尙)'자의 뜻이다."[21]라고 하였으니, 이 기록이 바로 '서기'라는 말이 '사모하고 숭상하는[慕尙]' 뜻이 된다는 것을 나타낸다. '정식지(程式之)'에서의 '정(程)'자는 정식적인 법도로 삼는다는 뜻이고, '식(式)'자는 규범으로 삼는다는 뜻이다. 따라서 이 문장의 전체적인 뜻은 무왕(武王)이 문왕(文王)을 사모하고 숭상하여, 문왕이 행동했던 것들을 정식적인 규범과 법식으로 삼았다는 뜻이다. '솔(帥)'자는 "따른다[循]."는 뜻으로, 이것은 『이아』「석고(釋詁)」편에 나온 문장이다.[22] 경문의 "감히 유가(有加)함을 불(不)하였다."라는 말은 무왕이 주(紂)를 정벌하여 공적과 업적을 이미 이룩하였지만, 자신의 업적이 문왕을 앞지르게 되는 불상사가 생기게 될 것을 걱정하였다. 그렇기 때문에 『예기』를 기록한 자가 "감히 보탬이 있지 않았다."라고 말한 것이다.

---

21) 『이아』「석언(釋言)」: 庶幾, 尙也.
22) 『이아』「석고(釋詁)」: 遹·遵·率, 循也.

孔疏 ◎ 注"間猶瘳也". ○正義曰: 若病重之時病恒在身, 無少間空隙. 病今旣損, 不恒在身, 其間有空隙[23], 故云"間猶瘳也". 瘳是疾減損也.

번역 ◎ 鄭注: "間猶瘳也". ○만약 병이 위중할 때라면, 병마가 항상 그 자신에게 있게 되어, 조금의 틈이나 공간도 없게 된다. 그런데 병세가 덜해지게 되면, 병마가 자신에게 항상 있는 것이 아니니, 그 사이에는 틈이 있게 된다. 그렇기 때문에 정현이 "'간(間)'자는 '추(瘳)'자의 뜻과 같다"라고 말한 것이다. '추'자는 병이 쾌유되는 것을 뜻한다.

訓纂 劉氏台拱曰: 爲人子止於孝, 止善之謂也. 不可以有加, 過猶不及也.

번역 유태공[24]이 말하길, "자식의 입장이 되어서는 효(孝)에 머물렀다."[25]는 말은 지극히 선(善)하다는 뜻이다. "더 보탤 수가 없다."고 말한 이유는 지나친 것은 모자란 것과 같기 때문이다.[26]

集解 愚謂: 不敢有加者, 文王事親之止於孝, 不可以有所加也. 文王一飯亦一飯, 再飯亦再飯者, 親食乃能食, 親飽乃能飽也.

번역 내가 생각하기에, "감히 보탬이 있지 않았다[不敢有加]."라고 말한 이유는 문왕(文王)이 부친을 섬겼던 방법은 지극한 효(孝)에 따른 것이므로, 거기에 더 보탤 수가 없기 때문이다. 문왕이 한 번 수저를 뜨면, 무왕(武

---

23) '극(隙)'자에 대하여. 본래 '극'자 뒤에는 '병(病)'자가 기록되어 있었는데, 완원(阮元)의 『교감기(校勘記)』에서는 "이곳 판본에는 '극'자 뒤에 '병'자가 잘못되어 연문으로 기록되었다."라고 하였다.

24) 유태공(劉台拱, A.D.1751~A.D.1805) : 청대(淸代)의 경학자이다. 천문학(天文學), 율려학(律呂學), 문자학(文字學) 등에 조예가 깊었다.

25) 『대학』「전(傳) 3장」 : 爲人君, 止於仁; 爲人臣, 止於敬; 爲人子, 止於孝; 爲人父, 止於慈; 與國人交, 止於信

26) 『논어』「선진(先進)」 : 子貢問, "師與商也孰賢?" 子曰, "師也過, 商也不及." 曰, "然則師愈與?" 子曰, "過猶不及."

王)도 한 번 수저를 뜨고, 두 번 수저를 뜨면, 또한 두 번 수저를 뜬 이유는 부친이 식사를 하면, 곧 자식도 식사를 할 수 있고, 부친이 배부르게 먹으면, 곧 자식도 배부르게 먹을 수 있기 때문이다.

【247d~248a】

文王謂武王曰, 女何夢矣. 武王對曰, 夢帝與我九齡. 文王曰, 女以爲何也. 武王曰, 西方有九國焉, 君王其終撫諸. 文王曰, 非也. 古者, 謂年齡, 齒亦齡也. 我百, 爾九十, 吾與爾三焉. 文王九十七乃終, 武王九十三而終.

직역 文王이 武王에게 謂하여 曰, 女는 何夢인가. 武王이 對曰, 夢에 帝가 我에게 九齡을 與하였습니다. 文王이 曰, 女는 何로 以爲인가. 武王이 曰, 西方에 九國이 有하니, 君王께서 終히 撫할 것입니다. 文王이 曰, 非다. 古者에는 年齡이라 謂하고, 齒는 또한 齡이다. 我는 百이고, 爾는 九十이니, 吾가 爾에게 三을 與하니라. 文王은 九十七에 곧 終하고, 武王은 九十三에 終하니라.

의역 문왕(文王)이 무왕(武王)에게 말하길, "너는 어떤 꿈을 꾸었느냐?" 무왕이 대답하기를, "꿈에 상제(上帝)께서 저에게 구령(九齡)을 주셨습니다." 문왕이 말하길, "너는 그것을 어떤 뜻이라고 생각하느냐?" 문왕이 말하길, "서방에 아홉 개의 나라가 있으니, 군왕께서 끝내 그 나라들을 통치할 것이라는 뜻일 겁니다." 문왕이 말하길, "틀렸다. 옛날에는 나이를 '연령(年齡)'이라고 하였고, 이빨 또한 '령(齡)'이라고 하였다. 너의 꿈은 내가 100살까지 살고, 네가 90살까지 산다는 뜻이니, 내가 너에게 3살을 더 주겠다."라고 했다. 이후 문왕은 97세가 되어 임종하였고, 무왕 또한 93세가 되어 임종하였다.

集說 文王疾瘳之後, 武王乃得安寢, 故問其何夢. 武王對云, 夢天帝言與我九齡. 齡字從齒, 齒之異名也, 故言年齡, 又言年齒, 其義一也. 大戴禮云, “男八月生齒, 八歲而齔.” 齒是人壽之數也. 然數之修短, 禀氣於有生之初. 文王雖愛其子, 豈能減己之年而益之哉? 好事者爲之辭而不究其理, 讀記者信其說而莫之敢議也.

번역 문왕(文王)이 질병에서 완쾌된 이후, 무왕(武王)은 곧 편안하게 잘 수가 있었다. 그렇기 때문에 문왕이 그것을 예상하고 무왕에게 어떤 꿈을 꾸었는지 물어본 것이다. 무왕이 대답하길, “꿈속에서 천제(天帝)가 저에게 구령(九齡)을 주겠다고 말하였습니다.”라고 했다. ‘령(齡)’자는 ‘치(齒)’자를 부수로 삼고, ‘치’자의 이체자로도 사용된다. 그렇기 때문에 나이를 ‘연령(年齡)’이라고 부르는 것이며, 또한 ‘연치(年齒)’라고도 말하는 것이니, 그 의미는 동일하다. 『대대례기(大戴禮記)』에서는 “남자아이는 태어난 지 8개월 만에 젖니가 나오고, 8세 때 젖니가 빠지고 영구치가 나온다.”[27]라고 하였으니, ‘치’라는 말은 바로 수명의 길이를 뜻하는 것이다. 그러나 수명의 길고 짧음은 태어날 때 품수 받게 되는 기질에 좌우되는 것이다. 문왕이 비록 그의 아들을 총애하였지만, 어찌 자신의 수명을 덜어서 그에게 보태줄 수 있겠는가? 따라서 이 문장은 일 꾸미기를 좋아하는 자들이 지어낸 것이며, 또한 이야기를 지어내면서, 그 이치를 자세히 따져보지도 않은 것이다. 그리고 『예기』를 읽는 자들 또한 그 주장을 신봉하여, 감히 의론조차 제기하지 않았던 것이다.

大全 嚴陵方氏曰: 文王之疾間, 必知武王有夢者, 以其愛親之心篤而思念之情深故也.

번역 엄릉방씨가 말하길, 문왕(文王)이 병에서 쾌유되고 나서, 무왕(武王)이 꿈을 꾸게 될 것임을 확실히 알 수 있었던 이유는 무왕이 부친을 사랑하는 마음이 독실하였고, 사모하는 정감이 깊었기 때문이다.[28]

---

27) 『대대례기(大戴禮記)』「본명(本命)」: 故男以八月而生齒, 八歲而齔, 一陰一陽然後成道.

大全 長樂劉氏曰: 聖人, 生而知之, 自誠而明者, 罔非窮理盡性以至於命焉. 是以寤寐所萌與天地合與鬼神契, 則其修短得以自知.

번역 장락유씨가 말하길, 성인(聖人)은 태어나면서부터 아는 자이고,[29] '진실됨[誠]'을 통해서 '깨닫게[明]' 된 자이다.[30] 따라서 '이치를 궁구하고 자신의 본성을 다함[窮理盡性]'을 통하여, 천명(天命)에 도달하지 않은 자가 없었다.[31] 이러한 까닭으로 평상시에 발아한 마음[心]의 단초가 천지(天地)와 부합되고, 귀신(鬼神)과도 부합되어,[32] 수명의 길이를 제 스스로 알 수 있었던 것이다.

鄭注 間後容臥. 帝, 天也. 撫猶有也. 言君王, 則此受命之後也. 年, 天氣也. 齒, 人壽之數也. 九齡, 九十年之祥也. 文王以勤憂損壽, 武王以安樂延年. 言與爾[33]三者, 明傳業於女, 女受而成之. 君子曰終, 終其成功.

번역 무왕(武王)이 꿈을 꿀 수 있었던 이유는 문왕(文王)이 병환에서 쾌차한 이후에야, 무왕은 잠을 잘 수 있었기 때문이다. '제(帝)'는 천제(天帝)이다. '무(撫)'자는 "소유하다[有]."라는 뜻과 같다. '군왕(君王)'이라고 말하였으니, 이 문장에 기록된 내용은 천명(天命)을 받은 이후의 일에 해당

---

28) 무왕(武王)은 부친의 병환을 걱정하는 마음이 간절하였으므로, 상제(上帝)가 그의 효성(孝誠)에 감복하여 꿈에 나타나게 된 것이라는 뜻이다.

29) 『논어』「계씨(季氏)」: 孔子曰, "生而知之者上也, 學而知之者次也, 困而學之, 又其次也, 困而不學, 民斯爲下矣."

30) 『중용』「21장」: 自誠明, 謂之性, 自明誠, 謂之敎, 誠則明矣, 明則誠矣.

31) 『역』「설괘전(說卦傳)」: 和順於道德而理於義, 窮理盡性以至於命.

32) 『역』「건괘(乾卦)·문언(文言)」: 夫"大人"者, 與天地合其德, 與日月合其明, 與四時合其序, 與鬼神合其吉凶. 先天而天弗違, 後天而奉天時. 天且弗違, 而況於人乎? 況於鬼神乎?

33) '여이(與爾)'에 대하여. 『십삼경주소(十三經注疏)』 북경대 출판본에서는 "'여이'는 『민본(閩本)』, 『감본(監本)』, 『모본(毛本)』, 『석경(石經)』, 『악본(岳本)』, 『가정본(嘉靖本)』, 위씨(衛氏)의 『집설(集說)』에는 모두 동일하게 '여이(與爾)'로 기록하고 있는데, 『경전석문(經典釋文)』에는 '여이(予爾)'라고 기록되어 있다."라고 했다.

한다. 나이는 천기(天氣)에 따르는 것이다. '치(齒)'자는 사람 수명의 수치를 뜻한다. '구령(九齡)'은 90세까지 산다는 '길조[祥]'이다. 문왕은 근심하며 자신의 수명을 덜었고, 무왕은 편안하게 수명을 연장하였다. "너에게 3살을 준다."라고 말한 것은 "너에게 과업을 전수하니, 네가 그것을 이어받아서 완성시켜라."는 뜻을 나타낸다. 군자(君子)가 죽었을 경우에, 그 죽음을 '종(終)'이라고 부르니, 그가 공적 세우는 일을 무사히 끝마쳤다는 뜻이다.

釋文 女音汝, 後同. 聆音零, 本或作齡. 壽音受, 後同. 樂音洛. 予爾, 羊汝反. 傳, 直專反.

번역 '女'자의 음은 '汝(여)'이며, 이후의 글자들도 그 음이 이와 같다. '聆'자의 음은 '零(령)'이며, 판본에 따라서는 간혹 '齡'자로도 기록한다. '壽'자의 음은 '受(수)'이며, 이후의 글자들도 그 음이 이와 같다. '樂'자의 음은 '洛(낙)'이다. '予爾'에서의 '予'자는 그 음이 '羊(영)'자와 '汝(여)'자의 반절음이다. '傳'자는 '直(직)'자와 '專(전)'자의 반절음이다.

孔疏 ●"文王"至"而終". ○正義曰: 文王疾瘳, 武王得安睡, 文王問, 爾其何夢? 武王對曰: 夢見天帝與我九齡之言, 而與我也. 文王語武王云: 天旣與女九齡之言, 女以九齡爲何事也. 武王曰: 齡, 善也, 是福善之事, 西方有九國未賓, 旣夢得九種齡善, 君王其終撫諸. 撫, 有也. 諸, 之也. 言王終久有之. 文王曰: 女之所言非也. 古者謂年齡, 謂稱年爲齡. 古者稱齒亦爲齡. 天旣與女九齡, 女得九十年之祥. 是我爲百歲, 爾爲九十, 吾與爾三焉, 言我於百年中, 與爾以三年焉. 皇氏云: "以九齡謂鈴鐸, 謂天以九箇鈴鐸而與武王." 偏驗書本, 齡皆從齒, 解爲鈴鐸, 於理有疑, 亦得爲一義. 今謂天直以九齡之言而與武王, 不知齡是何事, 故文王不審, 云"女以爲何".

번역 ●經文: "文王"~"而終". ○문왕(文王)의 병환이 쾌차하고서야, 무왕(武王)은 편안하게 잘 수 있었다. 그런데 문왕이 묻기를, "너는 어떤 꿈을 꾸었느냐?"라고 하니, 무왕이 대답하길, "꿈속에서 천제(天帝)께서 저에게 '구령(九齡)을 주신다.'는 말씀을 들었는데, 그러고 나서 과연 저에게 '구령'을 주셨습니다."라고 했다. 문왕이 무왕에게 말하길, "하늘이 이미 너에게 '구령'을 주신다고 말씀하셨는데, 너는 '구령'을 무슨 뜻으로 여기느냐?" 무왕이 말하길, "'령(齡)'자는 '좋다.[善]'는 뜻이니, 이것은 유복하고 길한 일이 됩니다. 그런데 현재까지 서방에 있는 9개의 나라들은 아직 복종을 하지 않은 상태에 있는데, 꿈에서 아홉 종류의 좋은 징조를 얻었으니, 군왕께서 끝내 그들을 다스리게 될 것입니다."라고 했다. '무(撫)'자는 "소유한다[有]."는 뜻이다. '제(諸)'자는 '그들[之]'을 뜻한다. 그러므로 이 말은 "군왕이 끝내 그들을 영구히 소유하게 된다."는 뜻이다. 문왕이 말하길, "네가 말한 것은 틀렸다. 옛적에는 나이를 '연령(年齡)'이라고 했으니, 이것은 곧 '년(年)'자를 '령(齡)'자로도 칭한다는 뜻이다. 그리고 옛적에는 '치(齒)'자를 또한 '령(齡)'자로도 사용하였다. 하늘이 이미 너에게 '구령'을 주셨으니, 너는 90세까지 산다는 길한 징조를 얻은 것이다. 나는 100세까지 산다고 하였고, 너는 90세까지 산다고 하였으니, 내가 너에게 3살을 주겠다."라고 했다. 따라서 '오여이삼(吾與爾三)'이라는 말은 "내 나이 100세 중에서, 너에게 3년을 준다."는 뜻이다. 황간[34]이 말하길, "'구령'은 아홉 개의 목탁을 뜻하니, 이 말은 곧 하늘이 아홉 개의 목탁을 무왕에게 준다는 뜻이다."라고 했다. 황간의 주장에 대해서, 여러 서책과 판본들을 두루 찾아보니, '령(齡)'자는 모두 '치(齒)'자를 부수로 삼고, 목탁으로도 해석된다. 이치상 의심스러운 점이 있지만, 또한 그 주장에도 일리가 있다. 그런데 이곳 문장에서는 하늘이 다만 '구령'을 준다는 말을 하고, 그것을 무왕에게 주었다고만 하였으니, '령(齡)'자가 어떤 일을 뜻하는지는 알 수 없다. 그렇기 때문에 문왕도 그 말의 의미를 자세히 헤아려 볼 수 없어서, "너는 무엇이라고 생각하느냐?"라고 말한 것이다.

---

34) 황씨(皇氏, A.D.488~A.D.545) : =황간(皇侃). 남조(南朝) 때 양(梁)나라의 경학자이다. 『주례(周禮)』, 『의례(儀禮)』, 『예기(禮記)』 등에 해박하여, 『상복문구의소(喪服文句義疏)』, 『예기의소(禮記義疏)』, 『예기강소(禮記講疏)』 등을 지었지만, 현재는 전해지지 않는다. 그 일부가 마국한(馬國翰)의 『옥함산방집일서(玉函山房輯佚書)』에 수록되어 있다.

孔疏 ◎注"撫猶"至"後也". ○正義曰: 撫爲存撫, 故爲有也. "言君王, 則此受命之後"者, 文王繼王季爲西伯, 是殷之諸侯, 不合稱王. 今武王謂之君王, 故知受命之後也. 按書傳云: "文王受命一年, 質虞芮之訟, 二年伐鬼方, 三年伐密須, 四年伐犬夷, 五年伐耆, 六年伐崇, 七年而崩." 書序云: "殷始咎周." 鄭注云: "紂聞文王三伐皆勝, 而始畏惡之, 囚於羑里." 三伐者, 謂二年伐鬼方, 三年伐密須, 四年伐犬夷, 則被囚在四年之末, 五年之初. 於時必未稱王, 若其稱王, 反叛已露, 紂何肯囚復釋之? 是知於時必未稱王也. 書傳云: "五年伐耆." 殷傳云: "五年之初, 得散宜生等獻寶而釋文王." 文王出則剋黎, 六年伐崇則稱王, 故詩皇矣論伐崇, "是類是禡", 行天子禮. 此云稱王在受命之後者, 謂受命六年之後也. 受命者, 謂受赤雀丹書之命, 故中候我應云: "赤雀入酆, 止於昌戶, 受命之時, 已三分有二." 今云西方有九國, 於時未賓, 則非有二分諸侯也. 或以爲庸·蜀·羌·髳·微·盧·彭·濮之徒, 未知定是何國也.

번역 ◎鄭注: "撫猶"~"後也". ○'무(撫)'자는 "위로하고 안심시킨다[存撫]."는 뜻이다. 그렇기 때문에 고통 받고 있는 백성들을 구휼하여, 그들의 나라를 "소유한다[有]."는 뜻이 된다. 정현이 "군왕(君王)이라고 말하였다면, 이 문장에서 말하는 상황은 천명(天命)을 받은 이후의 일이다."라고 하였는데, 문왕(文王)은 왕계(王季)의 뒤를 이어서 '서백(西伯)'이 되었으니, '서백'은 은(殷)나라 때의 제후를 가리키므로, '왕(王)'이라고 칭할 수 없다. 그런데 지금 이 문장에서 무왕(武王)이 문왕을 '군왕'이라고 지칭하였기 때문에, 위에서 언급하고 있는 상황이 은나라를 정벌하여 천명을 받은 이후에 해당함을 알 수 있는 것이다. 『상서대전(尙書大傳)』을 살펴보니, "문왕이 천명을 받고 난 뒤 1년째에, 우(虞)나라와 예(芮)나라 간에 발생한 영토에 대한 송사를 질정하시고, 2년째에 귀방(鬼方)을 정벌하시며, 3년째에 밀수(密須)를 정벌하시고, 4년째에 견이(犬夷)를 정벌하시며, 5년째에 기(耆)를 정벌하시고, 6년째에 숭(崇)을 정벌하시며, 7년째가 되는 해에 붕어하셨다."[35]라고 했고, 『서』의 「소서(小序)」편에서는 "은나라가 비로소 주(周)나

35) 『상서대전(尙書大傳)』「주서(周書)·주전(周傳)」: 文王受命一年, 斷虞芮之訟. 二年伐邦. 三年伐密須. 四年伐犬戎. 五年伐耆. 六年伐崇. 七年而崩.

라를 미워하게 되었다."[36]라고 하였는데, 정현의 주에서는 "주왕(紂王)은 문왕의 세 차례 정벌이 모두 승리로 끝났다는 소식을 듣고서, 비로소 두려워하여 미워하게 되었고, 마침내 문왕을 유리(羑里) 땅에 가두게 되었다."라고 했다. '세 차례의 정벌[三伐]'이라는 것은 2년째에 귀방을 정벌하고, 3년째에 밀수를 정벌하고, 4년째에 견이를 정벌한 일에 해당하니, 문왕이 하옥된 일은 4년째가 되는 해의 말경이나 5년째가 되는 해의 초기에 해당한다. 그러나 이 시기에도 분명 아직 '왕'이라고 칭하지는 않았을 것이다. 만약 그가 '왕'이라고 칭한다면, 모반이 이미 드러나게 될 것인데, 주왕이 어떻게 그를 감옥에서 다시 풀어줄 수 있었겠는가? 그러므로 이 시기에도 분명 아직 '왕'이라고는 칭하지 않았다는 사실을 알 수 있다. 『상서대전』에는 "5년째에 기를 정벌하였다."라고 하였고, 『상서대전』의 「은전(殷傳)」편에서는 "5년째 되는 해의 초기에, 주왕은 산의생(散宜生) 등이 바친 보옥 등을 받고서 문왕을 석방하였다."[37]라고 하였으니, 문왕이 출옥한 이후에 려(黎)를 이기고, 6년째에 숭을 정벌하고서, 비로소 '왕'이라고 칭했던 것이다. 그렇기 때문에 『시』「황의(皇矣)」편에서 숭을 정벌한 일을 논의하며, "이에 유(類)제사[38]를 지내고, 이에 마(禡)제사[39]를 지냈다."[40]라고 하여,

---

36) 『서』「소서(小序)·서백감려(西伯戡黎)」: 殷始咎周, 周人乘黎, 祖伊恐, 奔告于受, 作西伯戡黎.

37) 『상서대전(尙書大傳)』「상서(商書)·서백감려전(西伯戡黎傳)」: 散宜生南宮适閎夭三子相與學訟於太公, 四子遂見西伯於羑里, 獻寶以免文王.

38) 유(類)는 천신(天神)에게 지내는 제사의 일종이다. 『서』「우서(虞書)·순전(舜典)」편에는 "肆類于上帝."라는 기록이 있다. '유'제사와 관련된 예법들은 망실되어 전해지지 않지만, 군대를 출병하게 될 때 상제(上帝)에게 '유'제사를 지냈다는 기록이 있다. 『예기』「왕제(王制)」편에는 "天子將出, 類乎上帝, 宜乎社, 造乎禰."라는 기록이 있고, 이 문장에 대한 정현의 주에서는 "類·宜·造, 皆祭名, 其禮亡."이라고 풀이했다.

39) 마(禡)는 군대를 출병할 때 지내는 제사이다. '마'제사와 관련된 예법은 망실되어, 자세한 내용을 알 수 없다. 다만 정벌한 지역에서 지내는 제사로, 병사들을 위해 기도하는 것이 주된 목적이었다. 『예기』「왕제(王制)」편에는 "天子將出征, 類乎上帝, 宜乎社, 造乎禰, 禡於所征之地, 受命於祖, 受成於學."이라는 기록이 있고, 이 문장에 대한 정현의 주에서는 "禡, 師祭也, 爲兵禱, 其禮亦亡."이라고 풀이했다.

40) 『시』「대아(大雅)·황의(皇矣)」: 臨衝閑閑, 崇墉言言. 執訊連連, 攸馘安安. 是類

천자의 제례(祭禮)를 시행하였다고 기록한 것이다. 이 문장에서 "'왕'이라고 칭한 것은 천명을 받은 이후에 놓인다."고 했을 때, 그 시기는 천명을 받은 후 6년째 되는 해 이후를 뜻한다. "천명을 받았다."는 말은 붉은 참새가 물고 온 단서(丹書)의 명령을 받았다는 뜻이다. 그러므로 『상서중후(尙書中候)』「아응(我應)」편에서 "붉은 참새가 풍(酆)나라로 들어와, '문왕의 집[昌戶]'에 머무니, 천명을 받았을 때에 이미 천하의 3분의 2를 소유하였다."라고 한 것이다. 지금 이 문장에서는 "서방의 9개의 나라가 있는데, 이 시기에도 아직 복종하지 않았다."고 하였으니, 이들이 바로 문왕이 소유한 천하의 3분의 2 중에 포함되지 않는 제후들을 뜻한다. 혹자는 이 9개의 나라를 용(庸), 촉(蜀), 강(羌), 무(髳), 미(微), 로(盧), 팽(彭), 복(濮)의 무리들로 여기지만, 9개의 나라가 정확이 어떤 나라들을 지칭하는지는 확실히 알 수 없다.

孔疏 ◎注"年天氣也"至"成之". ○正義曰: 爾雅釋天云: "周曰年." 年, 稔也. 稔孰謂歲穀一孰, 是年爲天氣也. 大戴禮云: "男八月生齒, 八歲而齔" 齒, 是人壽之數也. 又年穀一孰而零落, 人之年老, 齒亦零落, 是年之與齒, 俱有零落之義. 云"文王以勤憂損壽"者, 以文王當紂暴虐之時, 故知勤憂損壽也. 無逸篇云: "文王自朝至于日中昃, 不遑暇食." 是勤憂也. 云"武王以安樂延年"者, 以武王承文王之業, 故安樂延年. 詩魚麗"美萬物盛多", "始於憂勤, 終於逸樂"也. 年壽之數, 賦命自然, 不可延之寸陰, 不可減之晷刻. 文王九十七, 武王九十三, 天定之數. 今文王云"吾與女三"者, 示其傳基業於武王, 欲使武王承其所傳之業, 此乃敎戒之義訓, 非自然之理.

번역 ◎鄭注: "年天氣也"~"成之". ○『이아』「석천(釋天)」편에서 말하길, "주(周)나라에서는 한 해를 '년(年)'이라고 부른다."[41]라고 했으니, '년'자는 곡식이 익는 기간을 뜻한다. "곡식이 익는다."는 말은 한 해에 곡식이

是禡, 是致是附. 四方以無侮. 臨衝茀茀, 崇墉仡仡. 是伐是肆, 是絶是忽. 四方以無拂.

41) 『이아』「석천(釋天)」: 載, 歲也. 夏曰歲, 商曰祀, 周曰年, 唐虞曰載.

한 번 익게 됨을 뜻하니, 이것이 바로 '년'자가 천기(天氣: =나이)를 뜻하게 되는 까닭이다. 『대대례기(大戴禮記)』에서 말하길, "남자 아이는 8개월 만에 젖니가 나고, 8세 때 영구치가 난다."라고 하였으니, '치(齒)'자는 바로 사람 수명의 수치를 뜻하게 된다. 또 한 해의 곡식이 한 번 다 익게 되면, 잎이 지게 되는데, 사람의 나이도 노년이 되면, 이빨이 또한 빠지게 된다. 따라서 바로 이러한 이유 때문에 '년'자가 '치'자와 더불어 모두 쇠락하게 된다는 뜻을 포함하게 된 것이다. 정현이 "문왕(文王)은 근심하며 자신의 수명을 덜었다."라고 하였는데, 문왕이 활동하던 때는 주왕(紂王)이 폭정을 할 시기에 해당하므로, 근심하며 수명을 덜었다는 사실을 알 수 있었던 것이다. 『서』「무일(無逸)」편에서, "문왕은 아침부터 해가 중천에 이르고 다시 해가 저물 때까지 밥 먹을 겨를조차 없었다."[42]라고 했으니, 이것이 바로 문왕이 고통 받는 백성들을 구원하기 위해 근심하였다는 뜻이다. 정현이 "무왕(武王)은 편안하게 수명을 연장하였다."라고 하였는데, 무왕은 문왕의 과업을 계승하였기 때문에, 편안하게 수명을 연장하였던 것이다. 『시』「어려(魚麗)」편에서 "만물이 풍성해짐을 찬미한 것이다.", "근심에서 시작하여, 안락함으로 끝마쳤다."라고 했다.[43] 수명의 수치는 생명을 부여 받을 때 이미 정해진 것이니, 자연적인 것이라서 조금이라도 연장할 수 없고, 조금이라도 덜어낼 수가 없다. 문왕이 97세까지 살았고, 무왕이 93세까지 살았던 것은 하늘이 미리 정해준 수치이다. 지금 문왕이 "내가 너에게 3년을 주겠다."라고 말한 것은 그가 닦아놓은 기반과 과업을 무왕에게 전수한다는 사실을 상징적으로 드러내어, 무왕으로 하여금 전수받은 과업을 계승하게 하고자 함이니, 이것은 곧 교도하여 훈계하는 뜻으로, 자연의 섭리를 뜻하는 것이 아니다.

---

42) 『서』「주서(周書)·무일(無逸)」: 自朝至于日中昃, 不遑暇食, 用咸和萬民.

43) 『시』「소아(小雅)·어려(魚麗)」의 모서(毛序): 魚麗, 美萬物盛多, 能備禮也. 文武以天保以上治內, 采薇以下治外, 始於憂勤, 終於逸樂. 故美萬物盛多, 可以告於神明矣.

訓纂 陳可大曰: 數之修短, 稟於有生之初. 文王雖愛其子, 豈能減己之年而益之哉?

번역 진가대가 말하길, 수명의 길고 짧음은 생명을 부여 받은 초기에 품수된 것이다. 문왕(文王)이 비록 그의 아들을 총애하였더라도, 어찌 자신의 수명을 덜어서, 그에게 보태줄 수 있었겠는가?

集解 愚謂: 年壽之數, 父不能以與子, 且旣云"帝與我九齡", 而又云"吾與爾三", 上下不相應, 何也? 武王有疾, 周公禱於三王, 求以身代. 若武王之年已定於此夢, 則未至於九十三, 周公固可以決其必瘳, 何必皇皇焉爲之禱乎? 鄭氏謂, "吾與爾三者, 示傳業於武王." 孔疏云, "年壽之數, 賦命自然, 不可延之寸陰, 不可減之晷刻. 文王云, '吾與爾三'者, 示其傳基業於武王, 欲使武王承其所志." 蓋亦疑記言之不可信而曲解之. 然果爾, 則何不可明言而爲此廋詞隱語耶? 且其曰九·曰三者, 又何所指耶?

번역 내가 생각하기에, 사람 수명의 수치는 부친이 그의 자식에게 줄 수 없는 것이다. 그리고 또한 이 문장에서는 이미 "상제(上帝)가 나에게 구령(九齡)을 주었다."라고 말하고, 또 "내가 너에게 3년을 준다."라고 말하였는데, 상하의 문장이 서로 호응되지 않는 것은 어째서인가? 무왕(武王)이 병에 걸리자, 주공(周公)은 삼왕(三王)에게 기도를 하며, 자신이 병을 대신하고자 하였다.[44] 만약 무왕의 수명이 이미 이 꿈대로 미리 정해진 것이라면, 아직 93세에 도달한 것이 아니므로, 주공은 진실로 무왕이 반드시 쾌차하게 될 것이라고 확신할 수 있었을 것이다. 그런데도 주공은 어찌하여 안절부절 못해서, 무왕을 위해 기도를 하였겠는가? 정현은 "너에게 3년을 준다는 말은 무왕에게 과업을 전수함을 나타낸다."라고 하였고, 공영달(孔穎達)의 소(疏)에서는 "수명의 수치는 생명을 부여 받을 때 이미 정해진 것으로, 자연적인 것이라서 조금이라도 연장할 수 없고, 조금이라도 덜어낼

---

44) 『서』「주서(周書)·금등(金縢)」: 旣克商二年, 王有疾. …… 史乃冊祝曰, 惟爾元孫某, 遘厲虐疾, 若爾三王, 是有丕子之責于天, 以旦代某之身.

수가 없다. 문왕(文王)이 '내가 너에게 3년을 주겠다.'라고 말한 것은 그가 닦아놓은 기반과 과업을 무왕에게 전수한다는 것을 드러내어, 무왕으로 하여금 그가 뜻한 것을 계승하게 하고자 함이다"라고 하였다. 아마도 이러한 해설들은 또한 『예기』에서 말한 내용을 사실 그대로 믿을 수가 없다고 의심하여, 자기 마음대로 곡해한 주장들일 것이다. 그러나 과연 그러하다면, 어찌하여 정확하게 말할 수도 없으면서, 이 말들을 특정한 뜻을 숨기고 있는 말이나 은어로 여기는가? 또 그들의 주장이 옳다면, 이 문장에서 9라고 말하고, 3이라고 말한 것은 또한 무엇을 가리키는가?

그림 1-1 주공(周公)이 기도를 드리기 위해 제단을 쌓는 모습

▸ **출처**: 『흠정서경도설(欽定書經圖說)』 26권 「삼단동선도(三壇同墠圖)」

그림 1-2 무왕(武王)의 병 때문에 태사(太史)가 축문을 읽는 모습

▸ **출처:** 『흠정서경도설(欽定書經圖說)』 26권 「태사책축도(太史冊祝圖)」

集解 大戴禮謂, "文王十五而生武王". 如其言, 則文王九十七而崩, 時武王年八十三, 又十三年而伐紂, 又六年而崩, 則武王崩時年百有二歲, 與此記言九十三者不合. 先儒因謂泰誓十三年大會孟津者, 乃幷文王受命稱王之年而數之. 而鄭氏與尙書孔傳之說又自不同: 謂文王受命九年而崩者, 孔傳也; 謂文王受命七年而崩者, 鄭氏也. 至仁山金氏, 則據竹書紀年, 謂武王崩時年五十四. 受命稱王之說, 歐陽氏已辨其妄, 而大戴禮·竹書紀年亦皆難以徵信. 要之, 此等處不可盡考, 姑闕之可也.

번역 『대대례기(大戴禮記)』에서는 "문왕(文王)은 15세가 되어, 무왕(武王)을 낳았다."라고 하였다. 만약 이 말과 같다면, 문왕이 97세에 붕어하였다면, 당시 무왕의 나이는 83세가 되며, 또 13년 뒤에 주왕(紂王)을 정벌하고, 또한 6년 뒤에 붕어하였다면, 무왕이 붕어할 때 그의 나이는 102살이 되므로, 이곳 『예기』에서 말하는 93세와는 합치되지 않는다. 선대 유학자들은 이러한 이유 때문에 『서』「태서(泰誓)」편에서 "13년에 맹진(孟津) 땅에서 큰 회맹을 가졌다."[45]고 말한 기록을 곧 문왕이 천명(天命)을 받아서 '왕(王)'이라고 칭했던 해까지 포함해서 계산을 하였다. 그리고 정현의 주장과 『상서(尙書)』에 대한 공안국(孔安國)의 전문(傳文)에 나타난 주장이 또한 제각각 다르다. 문왕이 천명을 받고서 9년 뒤에 붕어하였다는 것은 공안국의 전문에 나타난 주장이고, 문왕이 천명을 받고서 7년 뒤에 붕어하였다는 것은 정현의 주장이다. 인산금씨[46]에 이르러서, 『죽서기년(竹書紀年)』에 근거하여, 무왕이 붕어한 시기는 그의 나이 54세 때라고 하였다. 천명을 받아 '왕'이라고 칭했다는 주장에 대해서는 구양씨(歐陽氏)가 이미 그 말이 거짓된 주장이 된다고 변별하였다. 그리고 『대대례기』와 『죽서기년』의 기록 또한 모두 신빙성이 있다고 하기는 어렵다. 따라서 내 주장을 요약하자

45) 『서』「주서(周書)·태서상(泰誓上)」: 惟十有三年春, 大會于孟津.
46) 인산금씨(仁山金氏, A.D.1232~A.D.1303): =금리상(金履祥). 원대(元代) 때의 학자이다. 자(字)는 길부(吉夫)이고, 호(號)는 차농(次農)이다. 자호(自號)는 동양숙자(桐陽叔子)이다. 『시(詩)』와 『서(書)』에 뛰어났다. 저서로는 『대학장구소의(大學章句疏義)』, 『상서표주(尙書表注)』, 『논어집주고증(論語集注考證)』, 『맹자집주고증(孟子集注考證)』 등이 있다.

면, 이러한 등등의 말들은 확실한 자료가 없기 때문에, 다 따져볼 수 없으므로, 빼버리는 것이 좋을 것 같다.

그림 1-3 맹진(孟津) 땅에서의 큰 회맹

▸ **출처**: 『흠정서경도설(欽定書經圖說)』 21권 「대회맹진도(大會孟津圖)」

• 제 2 절 •

주공(周公)의 섭정과 세자(世子)에 대한 교육 방법 Ⅰ

【248b】

成王幼, 不能涖阼. 周公相, 踐阼而治, 抗世子法於伯禽, 欲令成王之知父子·君臣·長幼之道也. 成王有過, 則撻伯禽, 所以示成王世子之道也, 文王之爲世子也.

직역 成王이 幼하여, 涖阼를 不能이라. 周公이 相하여, 阼를 踐하여 治하고, 伯禽에게 世子法을 抗하여, 成王으로 하여금 父子·君臣·長幼의 道를 知하게 하고자 欲하였다. 成王에게 過가 有하면, 伯禽을 撻하였으니, 成王에게 世子의 道를 示하는 所以이다. 文王의 世子로 爲함이다.

의역 성왕(成王)은 나이가 너무 어려서, 천자의 자리에 오를 수가 없었다. 그래서 주공(周公)이 재상이 되어, 성왕 대신 임시로 천자의 직위에 올라 천하를 다스렸다. 그리고 자신의 아들 백금(伯禽)에게 세자(世子)를 가르치던 법도대로 교육을 하여, 성왕으로 하여금 백금을 관찰하도록 해서, 부자(父子)·군신(君臣)·장유(長幼) 사이에서 지켜야 하는 도리를 알게 하고자 하였다. 만약 성왕이 과실을 저지르게 되면, 주공은 성왕 대신 백금을 회초리로 때렸다. 그 이유는 성왕에게 세자로써 지켜야 하는 도리를 보이고자 했기 때문이다. 여기까지의 내용이 바로 문왕(文王)이 세자였을 때 시행하였던 도리이다.

集說 石梁王氏曰: "文王之爲世子也"一句, 衍文.

번역 석양왕씨[1]가 말하길, '문왕지위세자야(文王之爲世子也)'라는 한 구절은 연문(衍文)이다.

集說 劉氏曰: 成王幼弱, 雖已涖阼爲天子, 而未能行涖阼之事. 書曰, "小子同未在位", 亦言其雖已在位, 與未在位同也. 故周公以冢宰攝政, 相助成王, 踐履其臨阼之事而治天下. 以幼年卽尊位, 而不知父子·君臣·長幼之道, 何以治天下哉? 故周公擧世子事君親長上之法, 以敎伯禽, 使日夕與成王遊處, 俾其有所視效也. 其或成王出入起居之間有愆於禮法者, 則撻伯禽以責其不能盡事君之道, 所以警敎成王, 而示之以爲世子之道也. 然伯禽所行, 卽文王所行世子之道; 文王所行, 乃諸侯世子之禮, 故曰文王之爲世子也; 言伯禽所行, 非王世子之禮也.

번역 유씨[2]가 말하길, 성왕(成王)은 비록 이미 군주의 자리에 올라서 천자가 되었지만, 나이가 너무 어려서, 아직 군주로써 해야 할 일들을 시행할 수 없었다. 『서』에서 "소자(小子: =成王)는 아직 재위에 오르지 않은 것과 같다."[3]라고 말한 것도 또한 그가 비록 이미 재위에 있었지만, 아직 재위에 오르지 않은 것과 같다는 뜻이다. 그렇기 때문에 주공(周公)이 총재(冢宰)가 되어, 섭정을 해서 성왕을 보좌하고, 군왕의 일들을 대신 시행하며, 천하를 다스렸던 것이다. 성왕은 너무 어린 나이에 가장 존귀한 지위에 올랐으므로, 부자(父子)·군신(君臣)·장유(長幼) 사이에서 지켜야 할 도리들을 알지 못하였으니, 무엇을 가지고 천하를 다스리겠는가? 그렇기 때문에 주공이 '세자(世子)가 군주, 부친, 연장자를 섬기는 도리'를 가지고 백금(伯禽)을 교육하여, 백금으로 하여금 아침저녁으로 성왕이 노닐던 곳에 함께 지내게 해서, 성왕이 백금을 보고 배우는 점이 있게끔 한 것이다. 그 중 성왕이 출입하고 나서고 머무는 사이에, 혹여 예법(禮法)에 맞지 않게 시행한 점이 있게 된다면, 백금에게 회초리를 대서, 백금이 군주를 섬기는 도리를 제대로 다하지 못한 것을 책망하였다. 이것은 곧 잘 타이르는 방법으로 성

---

1) 석양왕씨(石梁王氏, ?~?) : 자세한 이력이 남아 있지 않다.
2) 유씨(劉氏 ?~?) : =유맹야(劉孟冶). 자세한 이력이 남아 있지 않다.
3) 『서』「주서(周書)·군석(君奭)」 : 小子同未在位, 誕無我責.

왕을 교육시켜서, 세자가 되었을 때 지켜야 하는 도리를 간접적으로 보여주었던 방법이다. 그러나 백금이 행동한 것은 곧 문왕(文王)이 제후의 신분이었을 때 행동하였던 세자로써의 도리이다. 따라서 문왕이 행동한 것은 곧 제후의 세자에게 해당하는 예법이다. 그렇기 때문에 경문에서 "이것은 문왕이 세자였을 때 실천했던 방법이다[文王之爲世子也]."라고 말한 것이니, 이 말은 곧 백금이 행동한 것은 천자의 세자에 해당하는 예법이 아니라는 사실을 뜻한다.

大全 嚴陵方氏曰: 涖阼, 臨朝也. 阼者, 主人所有事之階, 故適子冠於阼以著代, 則繼體之臨朝行事, 謂之涖阼, 亦宜矣. 涖, 言以位臨之, 踐, 言以足履之. 成王主也, 故於阼曰涖, 周公相之而已, 故於阼曰踐, 此輕重之別也. 世子於屬則子也, 於位則臣也, 於齒則幼也. 知爲子, 然後能爲父, 知爲臣, 然後能爲君, 知爲幼, 然後能爲長, 故抗世子法於伯禽, 欲令成王之知父子·君臣·長幼之道也. 然其序, 則先父子而後君臣者, 內外之序也. 先君臣而後長幼者, 上下之序也. 於伯禽言法, 於成王言道者, 蓋法則下之所守, 道則上之所揆.

번역 엄릉방씨가 말하길, '리조(涖阼)'는 조정을 주관한다는 뜻이다. '조(阼)'자는 주인이 어떤 일이 있을 때, 밟고 올라가는 계단을 뜻한다. 그렇기 때문에 적장자가 '주인의 동쪽 계단[阼階]'에서 관례(冠禮)를 치르는 것은 이것을 통해 부친의 지위를 계승하게 될 것임을 상징적으로 드러내는 것이다.[4] 따라서 제왕의 지위를 계승한 자가 조정에 임해, 국정을 시행하는 것을 '리조'라고 부른 것도 또한 마땅한 것이다. '리(涖)'자는 지위로 임하게 된다는 뜻이며, '천(踐)'자는 발로 밟는다는 뜻이다. 성왕(成王)은 군주이기 때문에, 조계(阼階)에 대해서 "오른다[涖]."고 말한 것이며, 주공(周公)은 보좌를 할 뿐이므로, 조계에 대해서 "밟는다[踐]."고만 말한 것이니, 이것이 바로 경중(輕重)의 차별이다. 세자(世子)는 친속 관계로 따지면 자식이 되고, 지위로 따지면 신하가 되며, 나이로 따지면 어린 자가 된다. 자식된 도

4) 『예기』「교특생(郊特牲)」【335c】 : 適子冠於阼, 以著代也. 醮於客位, 加有成也.

리를 알아야만, 그런 연후에 부친이 될 수 있고, 신하된 도리를 알아야만, 그런 연후에 군주가 될 수 있으며, 어린 자의 도리를 알아야만, 그런 연후에 연장자가 될 수 있다. 그렇기 때문에 백금(伯禽)에게 세자가 지켜야 할 법도(法度)를 교육하여, 성왕으로 하여금 부자(父子)·군신(君臣)·장유(長幼) 간에 지켜야 하는 도리를 알게끔 하고자 한 것이다. 그런데 문장에 기록된 순차를 따져보면, 먼저 '부자'가 앞에 나오고, 이후에 '군신'이 나온다. 이것은 바로 내외(內外)에 따른 순서이다. 그리고 먼저 '군신'이 앞에 나오고, 이후에 '장유'가 나온 것은 상하(上下)에 따른 순서이다. 이곳 기록에서는 백금에 대해서는 '법(法)'이라고 말하고, 성왕에 대해서는 '도(道)'라고 말하고 있다. 그 이유는 아마도 '법'은 아랫사람이 지켜야 하는 것이고, '도'는 윗사람이 규범으로 삼는 것이기 때문일 것이다.

鄭注 涖, 視也. 不能涖阼階行人君之事. 踐, 履也. 代成王履阼階, 攝王位, 治天下也. 抗, 猶擧也. 謂擧以世子之法, 使與成王居而學之. 以成王之過擊伯禽, 則足以感喩焉. 顯上事.

번역 '리(涖)'자는 "임하다[視]."라는 뜻이다. 성왕(成王)은 주인의 자리에 임해서, 군주의 정사를 시행할 수 없었다. '천(踐)'자는 "밟다[履]."라는 뜻이다. 주공(周公)은 성왕을 대신하여 주인의 자리에 서서, 천자의 재위를 섭정(攝政)하며, 천하를 다스렸다. '항(抗)'자는 "들다[擧]."라는 뜻과 같다. 세자(世子)가 지켜야 하는 법도를 들어서, 백금(伯禽)을 교육하고, 백금으로 하여금 성왕과 함께 기거하도록 하여, 성왕이 그 모습을 보고 배우도록 하였다. 성왕의 잘못 때문에 백금을 때리게 되면, 성왕이 그 모습을 보고, 충분히 느끼고 깨우칠 수 있다. 경문의 '문왕지위세자야(文王之爲世子也)'라는 말은 위에 나타난 일화들을 집약적으로 나타내는 문구이다.

釋文 涖音吏, 又音類, 下同. 涖視, 本或作蒞, 臨也. 相, 息亮反. 治, 徐直吏反, 下注"治定"同, 一音如字. 抗, 苦浪反. 長, 丁丈反, 後皆同. 撻, 他達反, 擊也.

번역 '涖'자의 음은 '吏(리)'이며, 또는 '類(류)'이니, 아래에 나온 글자들도 그 음이 모두 이와 같다. '涖視'에서의 '涖'자는 판본에 따라서는 간혹 '莅'자로도 기록하며, "~임한다."라는 뜻이다. '相'자는 '息(식)'자와 '亮(량)'자의 반절음이다. '治'자의 서음(徐音)은 '直(직)'자와 '吏(리)'자의 반절음이며, 아래 정현의 주에 나오는 '治定'에서의 '治'자도 그 음이 이와 같은데, 한편 글자대로 읽기도 한다. '抗'자는 '苦(고)'자와 '浪(랑)'자의 반절음이다. '長'자는 '丁(정)'자와 '丈(장)'자의 반절음이며, 뒤에 나오는 글자들도 모두 그 음이 이와 같다. '撻'자는 '他(타)'자와 '達(달)'자의 반절음이며, 때린다는 뜻이다.

孔疏 ●"成王幼不能"至"子也". ○正義曰: 武王旣終, 成王幼弱, 不能涖阼階行人君之事, 周公乃輔相成王, 令成王且在學, 學世子之道. 周公代成王踐履阼階, 攝王位而臨天下, 乃興擧世子之法於伯禽, 伯禽擧行世子之法以示成王, 欲令成王觀而法之, 使知父子·君臣·長幼之道.

번역 ●經文: "成王幼不能"~"子也". ○무왕(武王)이 죽게 되었을 때, 당시 성왕(成王)은 나이가 너무 어렸다. 그래서 주인의 자리에 올라서, 군주의 정사(政事)를 시행할 수가 없었다. 그렇기 때문에 주공(周公)이 곧 성왕을 보필하게 되었는데, 주공은 성왕으로 하여금 또한 태학(太學)에 머물게 하여, 세자(世子)로서 지켜야 하는 도리를 배우도록 하였다. 주공이 성왕을 대신하여 주인의 자리에 서서, 천자의 재위를 섭정(攝政)하여 천하를 다스리게 되자, 곧 백금(伯禽)에게 세자가 지켜야 하는 법도를 적용하여 가르쳤고, 백금이 세자의 법도를 시행하게 함으로써, 이 모습을 성왕에게 보여주었던 것이다. 그리고 주공은 이러한 과정을 통해, 성왕으로 하여금 백금의 행동을 보고, 그 행동거지를 본받게 하여, 부자(父子)·군신(君臣)·장유(長幼) 간에 지켜야 하는 도리를 알게끔 하고자 했던 것이다.

孔疏 ●"成王有過則撻伯禽"者, 若成王法效伯禽, 不能備具, 而有過失, 周公則笞撻伯禽, 責其不能以世子之禮教成王也. 必如此者, 所以示成王世子之道.

번역 ●經文: "成王有過則撻伯禽". ○성왕(成王)이 백금(伯禽)을 본받아서, 세자(世子)가 갖춰야 하는 예법(禮法)과 덕목(德目)들을 구비하도록 하였는데, 성왕이 그것들을 제대로 갖출 수 없어서, 실수나 과오를 범하게 된다면, 주공(周公)은 백금에게 매질을 하여, 백금이 세자가 지켜야 하는 예법을 성왕에게 제대로 교육시키지 못함을 문책하였다. 주공이 굳이 이처럼 백금을 매질하였던 이유는 성왕에게 세자가 지켜야 하는 도리를 보여주기 위해서였다.

孔疏 ●"文王之爲世子也"者, 從篇首以至於此, 是文王之爲世子及武王成王之法, 其武王成王爲世子之禮, 皆上法文王, 故以文王之爲世子總結之也.

번역 ●經文: "文王之爲世子也". ○「문왕세자」편의 첫머리부터 이 문장까지의 내용은 바로 문왕(文王)이 세자(世子)였을 때 시행했던 예법(禮法)이며, 무왕(武王)과 성왕(成王)이 지켰던 세자로서의 법도이다. 그런데 그 내용 중에서 무왕과 성왕이 세자였을 때 시행했던 예법은 모두 문왕을 본받은 것들이기 때문에, '문왕이 세자였을 때 지켰던 예법[文王之爲世子]'이라는 말로 총 결론을 맺은 것이다.

孔疏 ◎注"湆視"至"之事". ○正義曰: 按鄭注金縢云: "文王崩後, 明年生成王." 則武王崩時, 成王年十歲, 服喪三年畢, 成王年十二, 明年將踐阼, 周公欲代之攝政, 群叔流言, 周公辟之, 居東都, 時成王年十三也. 居東二年, 成王收捕周公之屬黨, 時成王年十四也. 明年秋大熟, 遭雷風之變. 時周公居東三年, 成王年十五, 迎周公反, 而居攝之元年也. 居攝四年, 封康叔作康誥, 是成王年十八也. 故書傳云: "天子大子十八稱孟侯." 居攝七年, 成王年二十一也. 明年, 成王即政, 年二十二也. 此是鄭義, 推成王幼不能踐阼之事也.

번역 ◎鄭注: "湆視"~"之事". ○『서』「금등(金縢)」편에 대한 정현의 주를 살펴보면, "문왕(文王)이 붕어한 이후, 다음 해에 무왕(武王)이 성왕(成

王)을 낳았다."라고 하였으니, 무왕이 붕어한 때, 성왕의 나이는 10세가 되며, 무왕에 대한 삼년상(三年喪)을 다 끝냈을 때, 성왕의 나이는 12세가 된다. 그 다음해에 성왕이 주군의 지위에 오르게 되자, 주공(周公)이 그를 대신해서 섭정(攝政)을 하고자 하였다. 그러나 성왕의 모든 숙부들은 "주공이 재위를 찬탈하고자 한다."는 유언비어를 퍼트렸다. 그래서 주공은 이러한 잡다한 소문들을 피해, 동쪽 수도로 거취를 옮겼는데, 그때 성왕의 나이는 13세였다. 주공이 동쪽 수도에 머물게 된 후 2년이 지났을 때, 성왕은 주공을 음해하려고 유언비어를 퍼트린 무리들을 잡아 가두었으니, 그때 성왕의 나이는 14세였다. 다음해 가을에 곡식이 풍년이 들었지만, 아직 추수를 하지 않은 시기에, 번개가 치고 비바람이 몰아치는 재해를 당하였다. 당시 주공은 동쪽 수도에 머문 지 3년이 지난 시기였고, 성왕의 나이는 15세였다. 성왕은 주공의 충심(忠心)을 알고서, 주공이 되돌아오는 것을 환영하였는데, 이때가 바로 주공이 섭정을 시작한 원년(元年)이 된다. 주공이 섭정을 한 후 4년째 되는 시기에, 강숙(康叔)을 제후로 분봉하며, 『서』의 「강고(康誥)」편을 지었는데, 이때 성왕의 나이는 18세였다. 그렇기 때문에 『상서대전(尙書大傳)』에서 "천자의 태자(太子: =成王)가 18세의 나이로, '맹후(孟侯: =康叔)'라고 칭하였다."라고 기록한 것이다. 주공이 섭정을 한 후 7년이 지났을 때, 성왕의 나이는 21세였다. 그 다음해에 성왕은 주공이 임시로 맡았던 정권을 물려받았으니, 당시 그의 나이는 22세였다. 이 주장은 바로 정현의 해석으로, 성왕의 나이가 어려서, 재위에 오르지 못했던 일을 유추한 것이다.

그림 2-1 주공(周公)에 대해 유언비어를 퍼트리는 모습

▸ **출처**: 『흠정서경도설(欽定書經圖說)』 26권 「군제유언도(群弟流言圖)」

그림 2-2 주공(周公)이 수도를 떠나 있기로 계획하는 모습

▸ 출처: 『흠정서경도설(欽定書經圖說)』 26권 「밀모벽거도(密謀辟居圖)」

그림 2-3 주공(周公)이 동쪽 수도에 머물 때의 모습

▸출처: 『흠정서경도설(欽定書經圖說)』 26권 「주공거동도(周公居東圖)」

그림 2-4 주공(周公)에 대해 유언비어를 퍼트린 자를 잡아들이는 모습

▸ **출처**: 『흠정서경도설(欽定書經圖說)』 26권 「죄인사득도(罪人斯得圖)」

그림 2-5 천둥번개와 비바람으로 인해 농사에 재해가 든 모습

▸ **출처**: 『흠정서경도설(欽定書經圖說)』 26권 「뇌전이풍도(雷電以風圖)」

그림 2-6 성왕(成王)이 금등(金縢)을 열어본 후 주공(周公)의 충심을 깨닫는 모습

▸ **출처**: 『흠정서경도설(欽定書經圖說)』 26권 「왕계금등도(王啓金縢圖)」

그림 2-7 성왕(成王)이 주공(周公)을 맞이하기 위해 강숙(康叔)을 보내는 모습

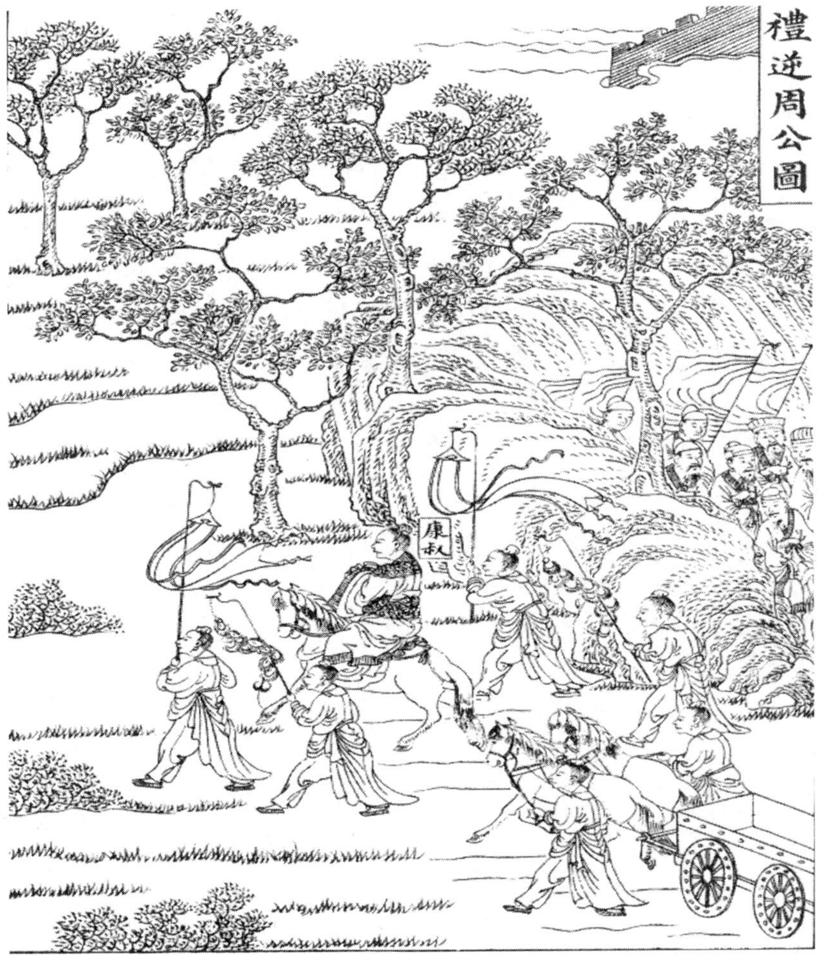

▸출처: 『흠정서경도설(欽定書經圖說)』 26권 「예역주공도(禮逆周公圖)」

孔疏 ◎注"踐履"至"下也". ○正義曰: 經云"周公相, 踐阼而治", 知非周公輔相成王. 今云"踐阼而治", 必知周公代成王履阼階者, 以明堂位云"天子負斧依, 南向而立", 又云"周公踐天子之位", 是代居位也.

번역 ◎鄭注: "踐履"~"下也". ○경문에서 "주공(周公)이 성왕(成王)을 돕고, 제왕의 자리에 서서 천하를 다스렸다."라고 하였으니, 주공이 단순히 성왕을 보필만 하였던 것이 아니라는 사실을 알 수 있다. 지금 이 문장에서 "제왕의 자리에 서서 천하를 다스렸다."라고 하였으니, 주공이 성왕을 대신하여 제왕의 자리에 서게 되었음을 확실히 알 수 있으며, 『예기』「명당위(明堂位)」편에서 "천자는 조정에서 병풍인 부의(斧依)를 등 뒤에 두고, 남쪽을 향해서 선다."[5]라고 하였고, 또 "주공은 천자의 지위에 섰다."[6]라고 하였으니, 이것이 바로 주공이 성왕을 대신하여, 그 지위에 올랐다는 사실을 나타낸다.

---

5) 『예기』「명당위(明堂位)」【398a】: 昔者周公朝諸侯于明堂之位, 天子負斧依南鄉而立.

6) 『예기』「명당위(明堂位)」【398d】: 武王崩, 成王幼弱, 周公踐天子之位以治天下.

그림 2-8 부의(斧依: =斧扆)

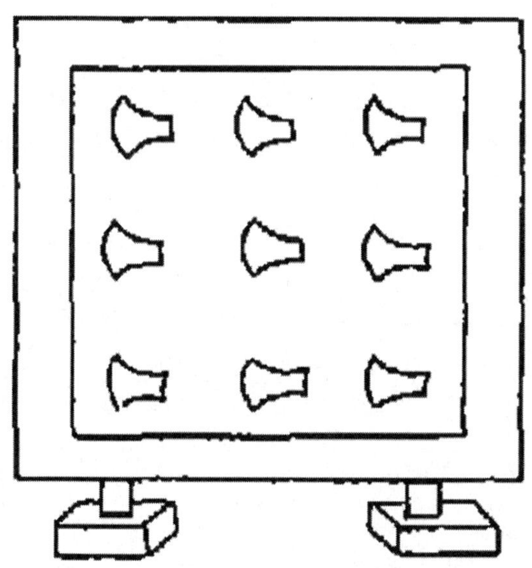

▸ **출처**: 『삼례도집주(三禮圖集注)』 8권

訓纂 江氏永曰: 當成王時, 周公爲太傅, 召公爲太保, 太公爲太師, 其左右前後必多疑·丞·輔·弼之人, 非專恃伯禽以善成王. 而使伯禽時與之居處, 擧世子法以敎伯禽, 卽所以敎成王, 成王有過, 故撻伯禽以感悟之. 蓋救過用威之道不能行之於君臣者, 可行之父子. 此周公格君委曲之苦心, 故孔子謂之"于其身以善其君".

번역 강영[7]이 말하길, 성왕(成王) 당시에 주공(周公)은 태부(太傅)[8]가 되었고, 소공(召公)은 태보(太保)[9]가 되었으며, 태공(太公)은 태사(太師)[10]가 되었다. 그리고 성왕의 주위에는 의(疑), 승(丞), 보(輔), 필(弼)[11]과 같은 사람들이 많았다. 이들이 모두 성왕을 보필하였으므로, 전적으로 백금(伯禽)을 통해서만 성왕을 올바른 방향으로 인도하려고 했던 것은 아니다. 그런데도 주공은 백금으로 하여금 수시로 성왕과 함께 거처하게 했는데, 세자(世子)가 지켜야 하는 법도를 적용하여 백금을 교육했던 것은 곧 성왕을 교육하는 방법이었으며, 성왕이 잘못을 저지르게 되면, 백금에게 회초리를 대서, 성왕이 그것을 보고 깨닫게 하였다. 무릇 잘못을 고치기 위해 단호한 방법을 채택하는 것은 주공과 성왕의 경우처럼 군신(君臣) 관계에서는 사용할 수가 없다. 하지만 부자(父子) 관계에서는 사용할 수 있는 것이다. 그

---

7) 강영(江永, A.D.1681~A.D.1762) : 청대(淸代)의 경학자이다. 자(字)는 신수(愼修)이다. 『십삼경주소(十三經注疏)』에 대한 연구를 했으며, 특히 삼례(三禮)에 대해 해박했다.

8) 태부(太傅)는 주(周)나라 때의 관직으로, 삼공(三公) 중 하나이며, 삼공 중 서열은 두 번째에 해당한다. 천자를 보좌하여 국정 전반을 다스렸다. 『서』「주서(周書)·주관(周官)」편에는 "立太師·<u>太傅</u>·太保, 玆惟三公, 論道經邦, 燮理陰陽."이라는 기록이 있다. 이 관직은 진(秦)나라 때 폐지되었다가, 한(漢)나라 때 다시 설치되기도 하였다.

9) 태보(太保)는 주(周)나라 때의 관직으로, 삼공(三公) 중 하나이며, 삼공 중 서열은 세 번째이다. 천자를 보좌하여 국정 전반을 다스렸다. 이 관직은 춘추시대(春秋時代) 이후 폐지되었다가, 한(漢)나라 때 다시 설치되기도 하였다.

10) 태사(太師)는 주(周)나라 때의 관직으로, 삼공(三公) 중 하나이며, 삼공 중 서열은 첫 번째이다. 천자를 보좌하여 국정 전반을 다스렸다. 이 관직은 진(秦)나라 때 폐지되었다가, 한(漢)나라 때 다시 설치되기도 하였다.

11) 의(疑), 승(丞), 보(輔), 필(弼)은 사보(四輔)라고도 부르며, 제왕을 보좌하는 측근 신하들이다.

래서 주공은 주군인 성왕을 나무라기보다는 자신의 아들인 백금을 혼낸 것이다. 이것이 바로 군주를 바로잡기 위해 주공이 사용했던 '완곡하고 심사숙고한 마음[委曲之苦心]'이다. 그렇기 때문에 공자(孔子)는 주공을 가리켜서, "자신보다도 그의 군주에게 잘하였다."[12]라고 한 것이다.

---

12) 『예기』「문왕세자」【254d】: 況于其身以善其君乎. 周公優爲之.

그림 2-9 성왕(成王)과 태부(太傅), 태보(太保), 태사(太師)

▸ **출처**: 『흠정서경도설(欽定書經圖說)』 40권 「삼공좌론도(三公坐論圖)」

그림 2-10 주(周)나라 소공(召公)

▸ **출처**: 『삼재도회(三才圖會)』「인물(人物)」 4권

그림 2-11 주(周)나라 태공(太公)

太公像

▸ **출처**: 『삼재도회(三才圖會)』「인물(人物)」 4권

集解 愚謂: 世子法, 文王爲世子之法也. 擧此法於伯禽, 使師而行之, 欲成王觀伯禽之所行, 而求文王之所以盡倫盡性者, 則於君臣·父子·長幼之道無不明矣. 成王有過, 則撻伯禽, 爲其所以法文王者未至, 而無以使成王觀感也. 然則其所以警悟成王者切矣.

번역 내가 생각하기에, '세자(世子)의 법도[世子法]'는 문왕(文王)이 세자였을 때 시행했던 법도를 뜻한다. 이러한 법도를 들어서 백금(伯禽)에게 적용하고, 백금으로 하여금 법도에 따르도록 하여, 성왕(成王)이 백금이 행동하는 모습을 본받게 해서, 문왕이 인륜(人倫)을 지극하게 실천하고, 본성을 다 발휘하였던 방법을 터득하게끔 하였으니, 군신(君臣)·부자(父子)·장유(長幼) 사이에서 지켜야 하는 도리에 대해서, 깨우치지 못할 것이 없었던 것이다. 성왕에게 과실이 있으면, 백금을 혼냈는데, 그 이유는 백금이 문왕을 본받았던 것이 충분하지 못하여, 성왕으로 하여금 백금을 보고 감명을 받도록 할 수 없었기 때문이다. 그러므로 주공(周公)이 성왕을 조심스럽게 깨우치게 하였던 방법이 매우 곡절하였던 것이다.

集解 吳氏棫曰: 書所謂"位冢宰, 正百工", 與詩所謂"攝政", 皆在成王諒闇之年, 非以幼冲而攝. 而其攝也, 不過位冢宰而已, 非如荀卿所謂"攝天子位"之事也. 三年之喪, 二十五月而畢, 方其畢時, 周公固未嘗攝位, 亦非有七年而後還政之事也. 百官總己以聽冢宰, 未知其所從始, 如殷之高宗已然, 不特周公行之. 此皆論周公者所當先知也.

번역 오역[13]이 말하길, 『서』에서 "주공(周公)이 총재(冢宰)[14]의 지위에

13) 오역(吳棫, A.D.1100~A.D.1154) : =무이오씨(武夷吳氏). 남송(南宋) 때의 경학자이다. 자(字)는 재로(才老)이다. 『상서(尙書)』에 조예가 깊었다. 『고문상서(古文尙書)』가 위서(僞書)임을 주장하였다.

14) 총재(冢宰)는 대재(大宰)와 같은 말이다. '대재'는 태재(太宰)라고도 부른다. '대재'는 은(殷)나라 때 설치된 관직이라고 전해지며, 주(周)나라에서는 '총재'라고도 불렀다. 『주례(周禮)』의 체제상으로는 천관(天官)의 수장이며, 경(卿) 1명이 담당했다. 『주례』의 체제상으로는 가장 높은 관직이다. 따라서 '대재'가

올라서, 백공(百工)[15]을 바로잡았다."[16]라고 하였고, 『시』에서 "주공이 섭정(攝政)을 하였다."[17]라고 하였는데, 이 기록들에서 말하는 시기는 모두 성왕(成王)이 부친인 무왕(武王)의 상중(喪中)에 있었던 기간에 해당한다. 따라서 주공은 상중에 있는 성왕을 대신해서 섭정을 했던 것이지, 성왕이 너무 어렸기 때문에 섭정을 하였다는 것은 아니다. 그리고 주공이 섭정을 하였다는 말도 단지 총재의 지위에 올랐다는 뜻에 지나지 않을 뿐이니, 마치 순자(荀子)가 "천자의 지위를 대신하여 섭정을 하다."라고 했을 때의 섭정을 가리키는 것이 아니다. 삼년상(三年喪)은 만 25개월이 지나야 끝나는데, 성왕의 무왕에 대한 상(喪) 기간이 끝날 무렵에, 주공은 섭정하는 지위에 있지도 않았으며, 또한 7년이 지난 이후에 정권을 되돌려주는 일들도 없었다. 백관(百官)들이 자신들의 직책을 총괄하여 총재에게서 명령을 들었다[18]는 관습이 언제부터 시작되었는지는 알 수 없지만, 예를 들어 은(殷)나라 고종(高宗) 때에도 이미 그렇게 시행하였으므로, 주공만이 특별하게 시행했던 것도 아니다. 이러한 내용들은 모두 주공에 대해 논의하는 자들이 먼저 유념해야만 하는 사항들이다.

集解 吳氏澄曰: 按此篇周公教成王, 可謂曲盡. 但稽之事實, 武王崩, 成王幼, 管·蔡流言, 殷人謀叛, 其時周公卽出居東, 伯禽亦就封而征徐戎. 其後周

담당했던 일은 국정 전반에 대한 것이었다.

15) 백공(百工)은 각종 장인(匠人)들을 총칭하는 말이다. 『묵자(墨子)』「절용중(節用中)」편에는 "凡天下群百工, 輪車鞼匏, 陶冶梓匠, 使各從事其所能."이라는 용례가 있다. 『서』「우서(虞書)·요전(堯典)」편에도 "允釐百工, 庶績咸熙."이라는 기록이 나오고, 『춘추좌씨전』「소공(昭公) 5년」편에도 "王子朝因舊官百工之喪職秩者, 與靈景之族以作亂."이라고 하여, '백공'이란 용어가 나오지만, 이때의 '백공'은 백관(百官)의 뜻으로, 관리들을 총칭하는 말이다. 위 문장은 후자의 뜻이다.

16) 『서』「주서(周書)·채중지명(蔡仲之命)」: 惟周公位冢宰, 正百工, 群叔流言, 乃致辟管叔于商, 囚蔡叔于郭鄰, 以車七乘, 降霍叔于庶人, 三年不齒.

17) 『시』「빈풍(豳風)·낭발(狼跋)」의 모서(毛序): 狼跋, 美周公也. 周公攝政, 遠則四國流言, 近則王不知, 周大夫美其不失其聖也.

18) 『서』「상서(商書)·이훈(伊訓)」: 侯甸群后咸在, 百官總己以聽冢宰. 伊尹乃明言烈祖之成德, 以訓于王.

公三年而歸, 卽相成王東征, 安得有伯禽同學之事? 或武王在時, 周公使伯禽與成王同學, 令觀伯禽所學而效之, 記者誤傳爲武王崩後事乎.

번역 오징[19]이 말하길, 「문왕세자」편을 살펴보면, 주공(周公)이 성왕(成王)을 교육하였던 방법은 지극히 곡진하였다고 할 수 있다. 그러나 사실적인 측면에서 살펴보면, 무왕(武王)이 붕어하였을 때, 성왕은 나이가 너무 어렸고, 관숙(管叔)과 채숙(蔡叔)은 유언비어를 퍼트려서 민심을 혼란스럽게 만들었으며, 은(殷)나라 유민들은 모반을 일으켰었다. 그런데 그 당시에 주공은 수도를 빠져나와 동쪽에 머물러 있었으며, 백금(伯禽) 또한 봉지(封地)로 가서 서융(徐戎)을 정벌하고 있었다. 이러한 일들이 발생한 이후, 주공은 3년이 더 지나서야 수도로 되돌아왔고, 되돌아오자마자 곧바로 성왕을 도와서 동쪽을 정벌하였으니, 어찌 위에서 말한 내용처럼, 성왕이 백금과 함께 기거하며 배우는 일이 실제로 있을 수 있겠는가? 아마도 무왕이 생존해 있을 때에, 주공이 백금을 시켜서 성왕과 함께 수학하도록 하고, 성왕으로 하여금 백금이 공부한 것들을 보고서 본받도록 했었을 것이다. 그런데 이 일화를 기록한 자들이 잘못하여 무왕이 붕어한 이후의 일이라고 전하게 되어, 기록이 와전되었던 것이다.

集解 愚謂: 天子居喪, 而冢宰攝政, 其禮所從來遠矣. 然人君能行之者少, 故喪服四制言"高宗諒闇", "殷衰而復興, 禮廢而復起". 意高宗以後亦未有能行之者. 至武王之喪, 周公復使成王行是禮, 而己攝其政焉. 而禮典曠廢已久, 管·蔡輩創見而生疑, 遂至挾武庚以叛. 而後世傳聞, 亦不復究其本末, 因以爲成王幼, 不能踐阼, 而周公代之踐阼, 而不知其爲古者天子居喪之常禮也. 至伯禽就封, 周公居東, 雖其年月先後不可詳考, 要皆在成王初年, 實無抗世子法之時. 仁山金氏云, "武王崩, 成王幼, 周公踐阼, 抗世子法於伯禽, 以敎成王.

---

19) 오징(吳澄, A.D.1249~A.D.1333) : =임천오씨(臨川吳氏)·오유청(吳幼淸). 송원대(宋元代)의 유학자이다. 이름은 징(澄)이다. 자(字)는 유청(幼淸)이다. 저서로 『예기해(禮記解)』가 있다.

至明年, 王冠且長, 使伯禽就封於魯." 如其說, 則抗世子法在武王喪期年之內也. 廬·堊室之中, 不與人處焉. 成王斬焉衰絰, 乃使之與伯禽處, 而抗世子法以示之, 舍居喪哀痛迫切之至情, 而觀事生·問安·視膳之儀節, 舍本而逐末, 舍其當務而圖其不切, 必無是理也. 竊疑吳氏之說得之. 蓋成王爲世子, 周公爲大傅, 使伯禽與之同學, 而抗世子法以示之, 欲成王以文王所以事王季者事武王也. 若成王已爲天子而乃示之, 以爲世子之法, 則所以敎之者亦迂而不切矣.

번역 내가 생각하기에, 천자가 상중(喪中)에 있을 때에는 총재(冢宰)가 섭정(攝政)을 하게 되니, 그 예법(禮法)이 유래된 것은 매우 오래된 일이다. 그러나 군주 중에는 예법을 제대로 따를 수 있는 자가 드물었다. 그렇기 때문에 『예기』「상복사제(喪服四制)」편에서 "고종(高宗)이 상중에 있었다."[20] 라고 하고, "은(殷)나라가 쇠하였다가 다시 부흥되었고, 예(禮)가 폐지되었다가 다시 흥성하게 되었다."[21]라고 하였으니, 이 문장들이 가리키는 의미는 고종 이후에도 또한 이러한 예법을 제대로 따라서 시행하는 자가 없었다는 뜻이다. 그런데 무왕(武王)의 상(喪)을 치르게 되었을 때, 주공(周公)은 다시금 옛 제도를 되살려서, 성왕(成王)으로 하여금 이러한 예법을 시행하도록 하고, 자신은 나라의 정사(政事)를 섭정하게 된 것이다. 그러나 예법이 없어지고 문란해진 것은 이미 오래된 일이었으며, 관숙(管叔)과 채숙(蔡叔)의 무리들이 창궐하여, 불신을 조장하고, 마침내 무경(武庚)을 도와서 모반을 일으키는 지경에 이르게 되었다. 그러나 후세에 전해진 옛 이야기들은 또한 그것의 본말(本末)을 심도 있게 탐구해 볼 수 없다. 이러한 이유 때문에 성왕이 너무 어려서 군주의 지위에 오를 수 없었고, 또 주공이 그를 대신하여 군주의 지위에서 서게 된 일이 고대에 천자가 상중에 있을 때 일반적으로 시행했던 예제(禮制)였는지는 확인할 수 없다. 그리고 백금(伯禽)이 봉지(封地)로 가게 된 때에 이르러, 주공도 동쪽에 거처하고 있었

---

20) 『예기』「상복사제(喪服四制)」【722c】: 書曰, "高宗諒闇, 三年不言."
21) 『예기』「상복사제(喪服四制)」【723a】: 曰, "高宗者武丁, 武丁者, 殷之賢王也, 繼世卽位而, 慈良於喪. 當此之時, 殷衰而復興, 禮廢而復起, 故善之善之, 故載之書中.

으니, 비록 그 년도와 월의 선후를 자세히 고찰해 볼 수 없다고 하더라도, 요점은 이 모든 일들이 성왕이 어렸을 때 일어났다 것이다. 따라서 실제적으로 세자가 지켜야 하는 법도를 적용하여 백금을 가리키거나, 이것을 통해 성왕을 교육했던 시기는 있을 수 없게 된다. 인산금씨는 "무왕이 붕어하였는데, 당시 성왕의 나이는 너무 어려서, 주공이 군주의 지위에 올라서 대신 다스렸고, 세자가 지켜야 하는 법도를 적용하여 백금을 교육하고, 이것을 통하여 성왕을 교육하였다. 그 다음해에 이르러, 성왕이 관례(冠禮)를 치러 장성해지자, 백금으로 하여금 외지로 나가게 하여, 노(魯)나라에 분봉시켰다."라고 했다. 만약 그의 말대로라면, 세자가 지켜야 하는 법도를 적용하여 백금을 교육하고, 이것을 통해 성왕을 교육시켰던 일은 무왕에 대한 상을 치르는 기간 중 1년 이내의 시기에 놓이게 된다. 그런데 상중에 거처하는 임시 막사인 려(廬)와 악실(堊室)[22] 등은 상주(喪主)가 다른 사람과 함께 거처할 수 없는 장소이다. 성왕이 참최복(斬衰服)과 질대(絰帶)를 착용하고 있는데, 성왕으로 하여금 백금과 함께 거처하게 하고, 세자가 지켜야 하는 법도를 백금에게 가르치고, 백금을 통해 성왕에게 이러한 법도를 보여주었다고 한다면, 이것은 상중에 느끼게 되는 자식의 애통하고 절박한 정감을 버리게 하고, 산 자를 섬기고, 문안인사를 드리고, 반찬을 살피는 등의 의례절차를 익히게 한 꼴이 되며, 근본을 버리고 말단을 취하게 만든 꼴이 되고, 당연히 힘써야 하는 것을 버리고 절박하지 않은 것들을 도모하게 한 꼴이 되니, 분명히 이러한 이치는 없었을 것이다. 오징의 말을 살펴보니, 여러 주장들 중에서 그의 말이 가장 옳은 것 같다. 아마도 성왕이 세자가 되었을 때, 주공은 태부(太傅)가 되었으므로, 백금으로 하여금 성왕과 함께 배우도록 하였고, 세자가 지켜야 하는 법도를 백금에게 가르치고, 이것을 성왕에게 보여주어서, 성왕으로 하여금 문왕(文王)이 왕계(王季)를 섬겼던 방법대로 무왕을 섬기게 하고자 했을 것이다. 그런데 만약 성왕이 이미 천자가 되었는데도, 이러한 것들을 성왕에게 보여주어서 가르쳤고, 또

22) 악실(堊室)은 상중(喪中)에 임시로 거처하던 가옥으로, 네 벽면에 흰색의 회칠을 하였다.

그것을 세자가 지켜야 하는 법도라고 했다면, 가르치는 자도 우활한 것이고, 적절한 방법도 될 수 없다.

그림 2-12 의려(倚廬)

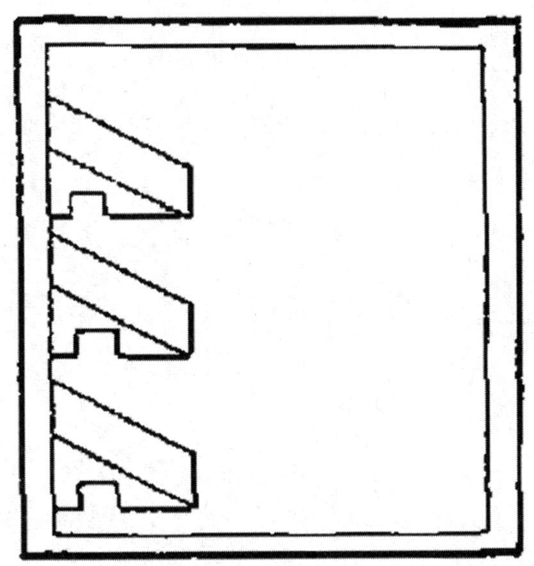

▸ **출처**: 『삼례도집주(三禮圖集注)』 15권

그림 2-13 참최복 착용 모습

▸ **출처**: 『삼재도회(三才圖會)』「의복(衣服)」 3권

그림 2-14 참최복 각부 명칭

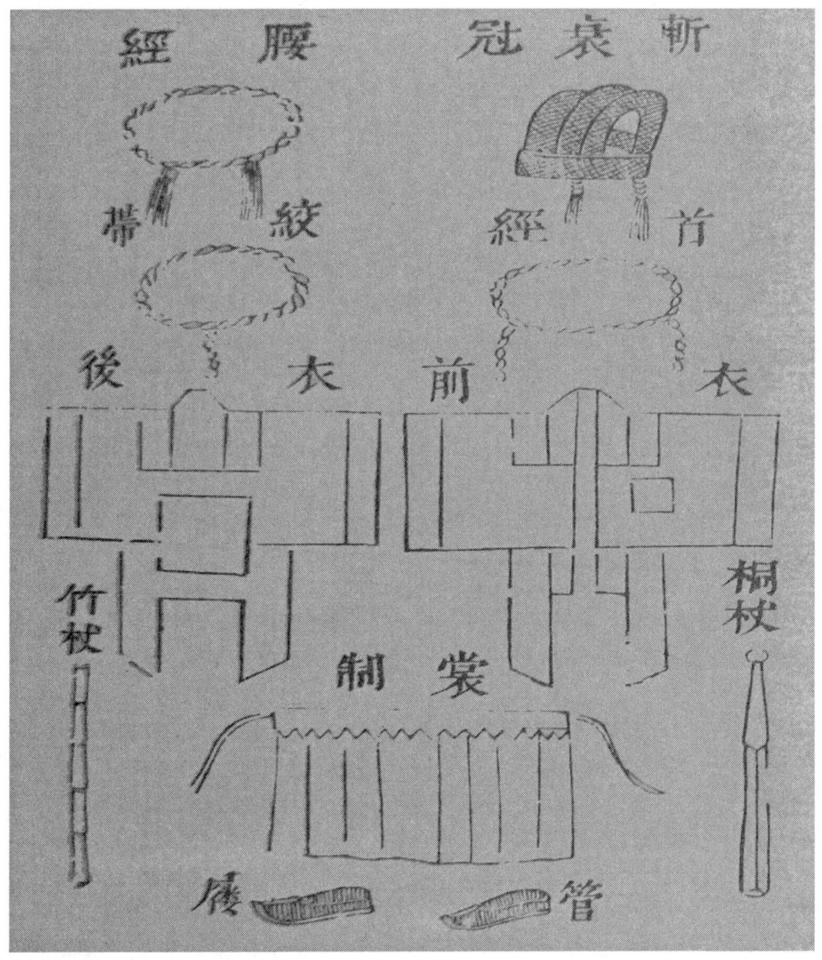

▸ 출처: 『삼재도회(三才圖會)』「의복(衣服)」 3권

集解 自篇首至此爲一篇, 名文王世子, 記文王·武王爲世子及周公敎成王之事.

번역 「문왕세자」편의 첫머리부터 '소이시성왕세자지도야(所以示成王世子之道也)'까지의 기록은 하나의 편이 되니, '문왕세자(文王世子)'라고 편명을 정하고, 문왕(文王)과 무왕(武王)이 세자(世子)였을 때의 일화와 주공(周公)이 성왕(成王)을 교육하였던 일화를 기록하고 있다.

集解 愚謂: 此書篇之名也. 此篇合六篇爲一篇, 自第一篇至第三篇, 其篇名題於篇末, 第六篇則引於篇首, 惟第四篇第五篇不可考耳.

번역 내가 생각하기에, '문왕지위세자야(文王之爲世子也)'라는 말은 이곳 편의 편명을 기록한 말이다. 「문왕세자」편은 총 6개의 편들을 하나의 편으로 합친 것으로, 제 1편부터 제 3편까지는 편명이 각 편의 말미에 기록되어 있고, 제 6편은 편의 첫머리에 기록되어 있다. 다만 제 4편과 제 5편만은 기록이 남아 있지 않아서, 편명을 고찰해볼 수 없을 따름이다.

• 제3절 •

학교의 교육제도와 세자(世子)에 대한 교육

【248d】

凡學世子及學士, 必時, 春夏學干戈, 秋冬學羽籥, 皆於東序.

직역 무릇 世子를 學하고, 士를 學함에는[1] 必히 時로 하니, 春夏에는 干戈를 學하고, 秋冬에는 羽籥을 學하되, 모두 東序에서 한다.

의역 무릇 세자(世子)를 교육시키고, 태학(太學)에 입학한 국자(國子)[2]들을 교육할 때에는 반드시 계절별로 각각 다르게 가르쳐야 한다. 즉 봄과 여름에는 방패와 창을 들고 추는 춤을 가르치고, 가을과 겨울에는 깃털과 피리를 들고 추는 춤을 가르치되, 이러한 교육 모두를 동서(東序)에서 시행한다.

集說 學, 敎也. 士, 卽王制所謂司徒論俊選而升於學之士也. 必時, 四時各有所敎也. 干, 盾也, 捍兵難之器. 戈, 句孑戟也. 羽, 翟雉之羽也. 籥, 笛之屬

---

1) 경문의 '범학세자급학사(凡學世子及學士)'에 대하여. '범학(凡學)'의 '학(學)'자를 전체 동사로 풀이하여, "세자(世子) 및 학사(學士)들을 교육한다."라고 해석하기도 한다.

2) 국자(國子)는 천자 및 공(公), 경(卿), 대부(大夫)의 자제들을 말한다. 때론 상황에 따라 천자의 태자(太子) 및 왕자(王子)를 포함시키지 않는 경우도 있다. 『주례』「지관(地官)·사씨(師氏)」편에는 "以三德敎國子"라는 기록이 있고, 이에 대한 정현의 주에서 "國子, 公卿大夫之子弟."라고 풀이한 용례와 『한서(漢書)』「예악지(禮樂志)」편에서 "朝夕習業, 以敎國子. 國子者, 卿大夫之子弟也."라고 풀이한 용례가 바로 여기에 해당한다. 그러나 이것은 천자에 대한 언급을 가급적 회피했기 때문에, 생략하여 기술하지 않은 것이다.

也. 四物皆舞者所執, 干戈爲武舞, 故於陽氣發動之時敎之, 示有事也; 羽籥爲文舞, 故於陰氣凝寂之時敎之, 示安靜也. 東序, 大學也.

번역 '학사(學士)'에서의 '학(學)'자는 "가르치다[敎]."라는 뜻이다. '사(士)'자는 곧 『예기』「왕제(王制)」편에서 말한 '사도(司徒)가 준사(俊士)와 선사(選士) 중에서 덕성과 능력을 논정하여, 태학(太學)에 추천한 사(士)'이다.[3] '필시(必時)'는 사계절마다 각각 고유하게 가르치는 과목이 있다는 뜻이다. '간(干)'은 방패이니, 전란을 막는 도구이다. '과(戈)'는 창끝이 구부러지고 길이가 짧은 창이다. '우(羽)'는 꿩의 깃털이다. '약(籥)'은 피리 등의 부류이다. 이 네 가지 물건들은 모두 무용수들이 춤을 출 때 잡는 도구들이다. 그리고 '간'과 '과'로는 무무(武舞)를 추기 때문에, 양기(陽氣)가 발동하는 계절인 봄과 여름에 가르쳐서, 만물을 생성하고 성장시키는 자연의 운행에 따라, 인간 세상에도 일삼는 것이 있음을 나타내는 것이며, '우'와 '약'으로는 문무(文舞)를 추기 때문에, 음기(陰氣)가 응축되어 적막해지는 계절인 가을과 겨울에 가르쳐서, 안정됨을 나타내는 것이다. '동서(東序)'는 태학 건물군에 포함된 학교건물이다.

---

3) 『예기』「왕제(王制)」【167d】: 命鄕, 論秀士, 升之司徒曰選士. 司徒論選士之秀者, 而升之學曰俊士. / 본래 「왕제」편의 기록에 따르면, 향(鄕)에서 추천을 받아 사도(司徒)에게 올라온 자를 선사(選士)라고 부른다. 사도는 선사들 중에서 뛰어난 자를 가려내서, 다시 태학(太學)에 천거하게 되는데, 이러한 자들을 준사(俊士)라고 부른다.

그림 3-1 주(周)나라 태학(太學) 건물군과 벽옹(辟廱)

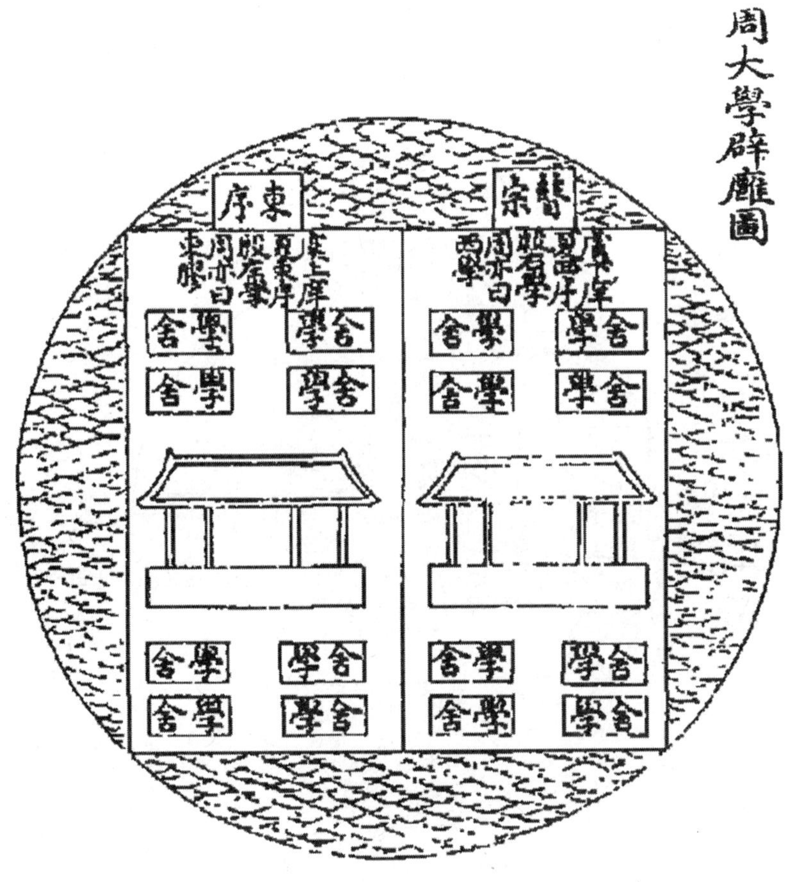

▸ **출처**: 『주례도설(周禮圖說)』 하권

그림 3-2 천자가 설치하는 5개의 학교

天子五學圖

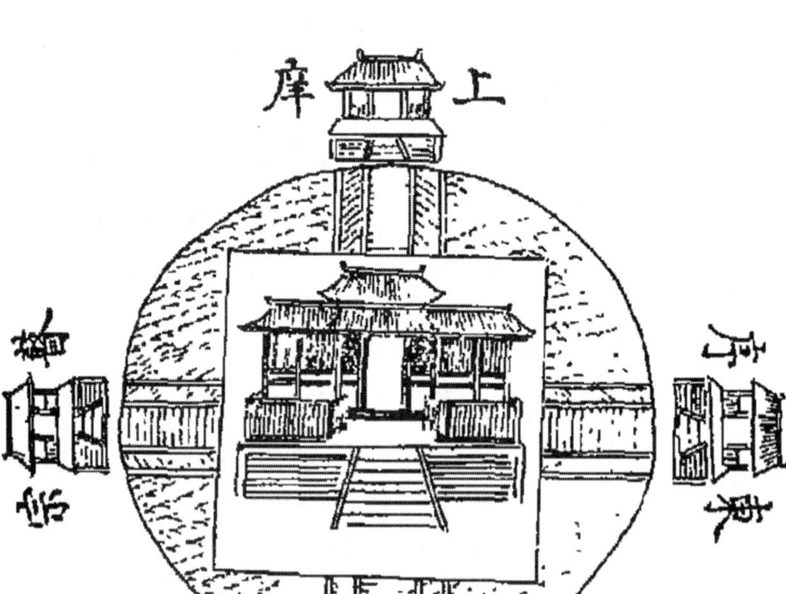

▸ **출처**: 『가산도서(家山圖書)』

그림 3-3 간(干)과 과(戈)

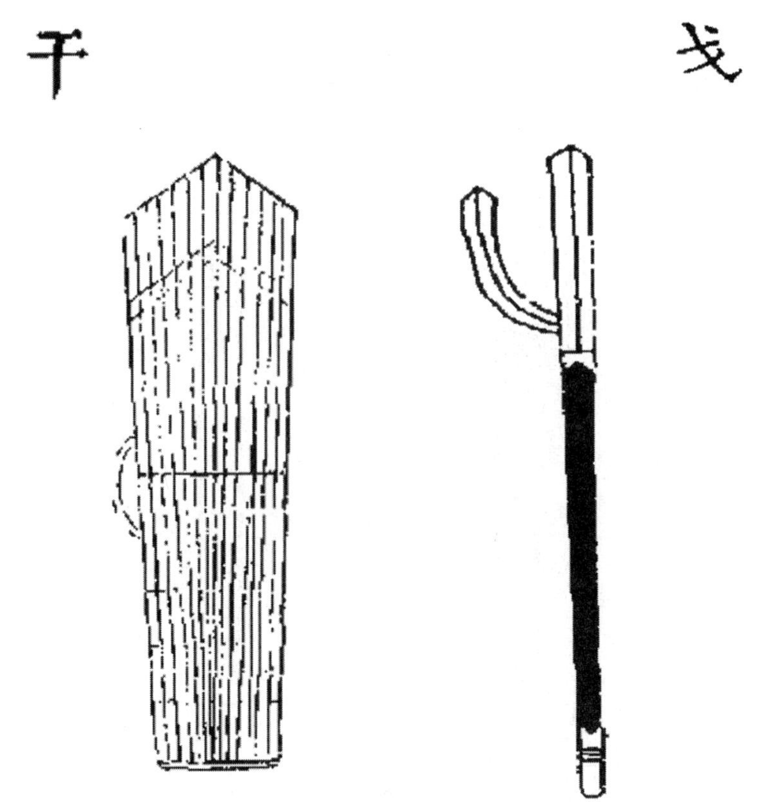

▸ **출처**: 『삼재도회(三才圖會)』「기용(器用)」 6권; 『육경도(六經圖)』 2권

그림 3-4 우(羽)와 약(籥)

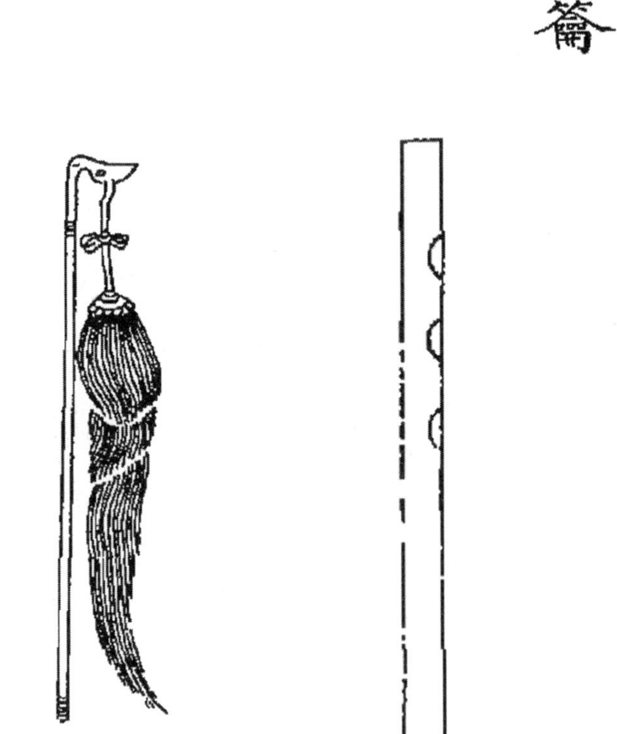

▸ **출처**: 『삼례도집주(三禮圖集注)』 7권, 5권

大全 山陰陸氏曰: 先王之制舞也, 文必以羽籥, 武必以干戚者, 蓋籥聲也, 羽容也, 聲音以紀之, 文物以昭之者, 文也, 故於文舞用之. 干以扞其內, 戚以誅其外者, 武也, 故於武舞用之.

번역 산음육씨[4]가 말하길, 선왕(先王)이 춤을 제작할 때, 문무(文舞)에는 반드시 '우(羽)'와 '약(籥)'을 들게 하고, 무무(武舞)에는 반드시 '간(干)'과 '척(戚)'을 들게 하였다. 그 이유에 대해서 말해보자면, 무릇 피리는 '소리[聲]'를 상징하고, 깃털은 '모습[容]'을 상징한다. 소리로 기틀을 잡고, 문물로 그것을 드러내게 되는데, 이것이 바로 '문(文)'이다. 그렇기 때문에 문무에 그것들을 사용하는 것이다. 또한 방패로는 내부를 수호하고, 도끼로는 외적을 주살하는데, 이것이 바로 무(武)이다. 그렇기 때문에 무무에 그것들을 사용하는 것이다.

---

4) 산음육씨(山陰陸氏, A.D.1042~A.D.1102) : =육전(陸佃). 북송(北宋) 때의 유학자이다. 자(字)는 농사(農師)이며, 호(號)는 도산(陶山)이다. 어려서 집안이 매우 가난했다고 전해지며, 왕안석(王安石)에게 수학하였으나 왕안석의 신법에 대해서는 반대하였다. 저서로는 『비아(埤雅)』, 『춘추후전(春秋後傳)』, 『도산집(陶山集)』 등이 있다.

그림 3-5 척(戚)

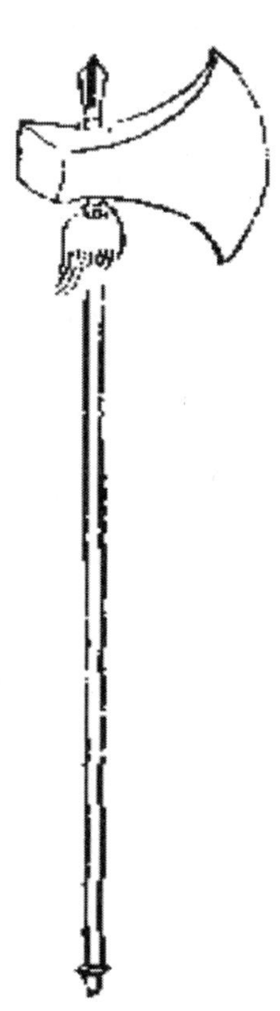

▸ **출처**: 『삼재도회(三才圖會)』「기용(器用)」 6권

그림 3-6 문무(文舞)와 무무(武舞)의 모습

◎ 작(勺)-문무 중 하나, 상(象)-무무 중 하나

▸ **출처:** 『가산도서(家山圖書)』

鄭注 四時各有所宜. 學[5]士謂司徒論俊選所升於學者. 干, 盾也. 戈, 句孑[6]戟也. 干戈, 萬舞, 象武也, 用動作之時學之. 羽籥, 籥舞, 象文也, 用安靜之時學之. 詩云: "左手執籥, 右手秉翟."

번역 교육할 때에는 사계절마다 각각 적합한 과목이 있다. 학사(學士)는 사도(司徒)가 준사(俊士)와 선사(選士) 중에서 논정하여, 태학(太學)에 추천한 자를 가리킨다. '간(干)'은 방패이다. '과(戈)'는 창끝이 구부러지고 길이가 짧은 창이다. 방패와 창으로는 '만(萬)이라는 춤[萬舞]'을 추어서 무(武)를 상징하게 되니, 만물이 활동하는 계절에 그 춤을 가르치는 것이다. 깃털과 피리로는 '약(籥)이라는 춤[籥舞]'을 추어서 문(文)을 상징하게 되니, 만물이 안정되는 계절에 그 춤을 가르치는 것이다. 『시』에서는 "왼쪽 손에는 피리를 잡고, 오른쪽 손에는 깃털을 잡는다."[7]라고 하였다.

釋文 學, 戶孝反, 教也, 下"小樂正學干"·"籥師學戈"·"學舞干戚" 同. 選, 息戀反, 後同. 夏, 戶嫁反, 下放此. 籥, 羊灼反. 楯, 食準反, 又音尹. 句, 古侯反. 翟, 大曆反.

번역 '學'자는 '戶(호)'자와 '孝(효)'자의 반절음으로, 가르친다는 뜻이며, 아래 문장에 나오는 '小樂正學干'·'籥師學戈'·'學舞干戚'에서의 '學'자도 그 음이 이와 같다. '選'자는 '息(식)'자와 '戀(련)'자의 반절음으로, 뒤에 나오는

---

5) '소의학(所宜學)'에 대하여. '소(所)'자는 본래 없던 글자인데, 완원(阮元)의 『교감기(校勘記)』에서는 "『민본(閩本)』·『감본(監本)』·『모본(毛本)』·위씨(衛氏)의 『집설(集說)』에는 '의(宜)'자 앞에 '소'자가 기록되어 있다. 그리고 노문초(盧文弨)는 '소'자는 반드시 있어야 하며, '의'자에서 구문을 끊어야 한다고 주장한다. 그리고 만약 그렇지 않다면, '학(學)'자가 중복된다고 했다."라고 했다.

6) '혈(孑)'자에 대하여. '혈'자는 본래 '모(矛)'자로 기록되어 있었는데, 완원(阮元)의 『교감기(校勘記)』에서는 "『민본(閩本)』·『감본(監本)』·『모본(毛本)』에는 '혈'자로 기록되어 있으며, 『악본(岳本)』과 위씨(衛氏)의 『집설(集說)』에도 '혈'자로 기록되어 있으니, 이곳 판본에서는 '혈'자를 '모'자로 잘못 기록한 것이다."라고 했다.

7) 『시』「패풍(邶風)·간혜(簡兮)」: 有力如虎, 執轡如組. 左手執籥, 右手秉翟. 赫如渥赭, 公言錫爵.

글자들도 그 음이 이와 같다. '夏'자는 '戶(호)'자와 '嫁(가)'자의 반절음으로, 뒤에 나오는 글자들도 그 음이 이와 같다. '籥'자는 '羊(양)'자와 '灼(작)'자의 반절음이다. '楯'자는 '食(식)'자와 '準(준)'자의 반절음이며, 또한 그 음은 '尹(윤)'이 된다. '句'자는 '古(고)'자와 '侯(후)'자의 반절음이다. '翟'자는 '大(대)'자와 '曆(력)'자의 반절음이다.

孔疏 ●"凡學"至"上庠". ○正義曰: 此一節是第二節中, 敎世子及學士時節, 兼明所敎之官及所敎之處. "凡學世子及學士必時"者, 學謂敎也, 言三王敎世子及學士等, 必各逐四時所宜, 則下文之類是也.

번역 ●經文: "凡學"~"上庠". ○이 문장은 두 번째 절에 해당하며, 세자(世子) 및 학사(學士)들을 가르칠 때, 계절별로 교과목을 달리하여 가르친다는 내용과 교육시키는 관리 및 교육하는 장소에 대해서 언급하고 있다. 경문의 "凡學世子及學士必時"에 대하여. '범학(凡學)'에서의 '학(學)'자는 가르친다는 뜻이니, 이 문장의 내용은 곧 삼왕(三王)이 세자 및 학사 등을 교육시킬 때에는 반드시 각각 사계절에 합당한 교과목에 따랐는데, 아래 문장에서 언급하는 부류들이 바로 그 내용에 해당한다.

孔疏 ◎注"四時"至"學者". ○正義曰: "四時各有所宜學"者, 卽下云"春夏學干戈", 及"春誦夏弦"之類, 是也. 云"學士謂司徒論俊選所升於學"者, 則王制云, "王子, 卿·大夫·元士之適子, 及國之俊選等升於學", 謂大學也. 故下云"於東序", 是大學也.

번역 ◎鄭注: "四時"~"學者". ○정현이 "사계절마다 각각 합당한 것이 있다."라고 하였는데, 이 말은 곧 아래 문장에서 "봄과 여름에는 간(干)과 과(戈)를 가르친다."라고 말한 것과 "봄에는 암송을 하고, 여름에는 현악기를 연주한다."라고 말한 기록들이 바로 이러한 내용에 해당한다. 정현이 "학사(學士)는 사도(司徒)가 준사(俊士)와 선사(選士) 중에서 논정하여, 태학(太學)에 추천한 자를 가리킨다."라고 하였는데, 『예기』「왕제(王制)」편에서는 "천자의 왕자들과 경(卿)·대부(大夫)·원사(元士)[8]들의 적장자 및 민간에서 선발된 준수한 인재들 등이 학(學)에 천거된다."[9]고 하였다. 이 문장에서의 '학(學)'자는 '태학'을 뜻한다. 그렇기 때문에 아래 문장에서 '어동서(於東序)'라고 할 때의 '동서(東序)'는 '태학'을 가리킨다.

孔疏 ◎注"干盾"至"秉翟". ○正義曰: 干, 盾也. 春時萬物有孚甲, 故象干也. 盾, 捍也. 盾所以捍難, 故以干爲盾也. 云"戈, 句孑戟也"者, 夏氣茂盛, 萬物體壯, 枝葉似戟, 有句孑也. 按考工記: "戈廣二寸, 內倍之, 胡三之, 援四之", 以其形句曲有孑刃. 鄭云: "若今雞鳴戟也." 云"干戈, 萬舞, 象武也"者, 宣八年公羊傳: "萬者何? 干舞也." 以其用干, 故知象武. 若其大武, 則以干配戚, 則明堂位云: "朱干玉戚, 冕而舞大武." 若其小舞, 則以干配戈, 則周禮樂師教小舞干舞是也. 春夏陽氣發動, 故云"用動作之時學之". "秋冬學羽籥", 羽, 翟羽也. 秋則體成文章也. 籥, 笛也. 籥聲出於中, 冬則萬物藏於中. 云"羽籥, 籥舞, 象文也", 宣八年公羊傳云: "籥者何? 籥舞也." 以其不用兵器, 故象文也. 引詩者, 邶風·簡兮之篇也, 證羽籥之義, 以秋冬凝寒漸靜, 故云"用安靜之時學之". 盧植以爲春教干, 夏教戈, 秋教羽, 冬教籥. 但干與戈·羽與籥, 舞時相對之物. 皇氏云"鄭引詩'左手執籥, 右手秉翟', 則秋冬羽籥同教, 春夏亦同教干戈", 義或然也, 皆據年二十升大學者也.

번역 ◎鄭注: "干盾"~"秉翟". ○'간(干)'은 방패이다. 봄철에는 만물이 '콩깍지와 같은 외껍질[孚甲]'을 가지고 있다. 이것은 외부로부터 자신을 보호하는 것인데, 그 모습이 '간'자와 비슷하다. 방패는 공격을 막는 도구이

8) 원사(元士)는 천자에게 소속된 사(士) 계층 중 하나이다. '사' 계층은 상·중·하로 구분되어, 상사(上士), 중사(中士), 하사(下士)로 나뉜다. 다만 천자에게 소속된 '상사'에게는 제후에게 소속된 '상사'보다 높여서 '원(元)'자를 붙이게 된다. 그래서 '원사'라고 부르는 것이다.

9) 『예기』「왕제(王制)」【168c】: 王大子, 王子, 群后之大子, 卿大夫元士之適子, 國之俊選, 皆造焉. 凡入學, 以齒.

다. 방패는 전란을 막는 도구이기 때문에, ‘간’자를 방패의 뜻으로 사용하는 것이다. 정현이 “과(戈)는 창끝이 구부러지고 길이가 짧은 창이다.”라고 하였는데, 여름의 기운은 무성하여 만물의 몸체가 장성해지고, 가지와 잎사귀들은 마치 ‘미륵창[戟]’처럼 뾰족하게 되므로, 만물에게 마치 ‘과’처럼 구부러지고 짧은 형상이 있게 되는 것이다. 「고공기(考工記)」를 살펴보면, “‘과’는 날의 너비가 2촌(寸)이고, 창날 중 자루로 들어가는 부분은 그 두 배인 4촌이며, 창날 중 구부러진 부분은 그 길이가 세 배인 6촌이고, 창날 끝까지는 그 길이가 네 배인 8촌이다.”[10]라고 하였으니, 그 모습은 구부러져서, 짧은 칼처럼 생긴 점이 있는 것이다. 그래서 「고공기」에 대한 정현의 주에서 “마치 오늘날의 계명극(雞鳴戟)과 같은 것이다.”라고 한 것이다. 정현이 “방패와 창으로는 만(萬)이라는 춤을 추어서, 무(武)를 상징한다.”라고 하였는데, 선공(宣公) 8년에 대한 『공양전(公羊傳)』의 기록에서는 “‘만’이라는 것은 무엇인가? ‘간’을 들고 추는 춤이다.”[11]라고 하였으니, 그 춤에서 ‘간’을 사용하기 때문에, ‘무용[武]’을 상징한다는 사실을 알 수 있다. 만약 ‘대무(大武)’라는 춤을 추게 된다면, ‘간’과 ‘척(戚)’을 함께 사용하게 된다. 그래서 『예기』「명당위(明堂位)」편에서 “‘간’은 붉은색으로 칠하고, ‘척’은 옥으로 장식을 하며, 면관(冕冠)을 쓰고서 대무를 춘다.”[12]라고 한 것이다. 만약 무무(武舞) 중에서도 소무(小舞)를 추게 된다면, ‘간’과 ‘과’를 함께 사용하게 되는데, 『주례(周禮)』의 내용 중 악사(樂師)[13]가 가르치는 ‘소무’ 중에 포함된 간무(干舞)[14]가 바로 이 춤을 가리킨다. 봄과 여름에는 양기(陽氣)가 발산하며 활동을 한다. 그렇기 때문에 정현이 “만물이 활동하는 계절

10) 『주례』「동관고공기(冬官考工記)·야씨(冶氏)」: 冶氏, 爲殺矢刃長寸圍寸鋌十之重三垸. 戈廣二寸, 內倍之, 胡三之, 援四之.

11) 『춘추공양전』「선공(宣公) 8년」: 萬者何? 干舞也. 籥者何? 籥舞也.

12) 『예기』「명당위(明堂位)」【400d】: 朱干玉戚, 冕而舞大武, 皮弁素積, 裼而舞大夏.

13) 악사(樂師)는 『주례』에 나온 관직명으로, 음악을 담당했던 관리 중 하나이다. 총 책임자인 대사악(大司樂)의 부관이었다. 『주례』「춘관(春官)·악사(樂師)」편에는 “樂師, 掌國學之政, 以敎國子小舞.”라는 기록이 있다. 즉 ‘악사’는 국학(國學)에 있는 국자(國子)들에게 소무(小舞) 등을 가르쳤다.

14) 『주례』「춘관(春官)·악사(樂師)」: 樂師, 掌國學之政, 以敎國子小舞. 凡舞, 有帗舞, 有羽舞, 有皇舞, 有旄舞, 有干舞, 有人舞.

에 가르친다."라고 말한 것이다. 경문에서 "가을과 겨울에는 '우(羽)'와 '약(籥)'을 가르친다."라고 하였는데, '우'는 꿩의 깃털이다. 가을은 만물의 근간이 이루어지고, 문채가 나는 화려한 계절이다. '약'은 피리이다. 피리의 소리는 그 구멍 속에서 밖으로 나오는데, 겨울은 만물이 안으로 숨는 계절이다. 정현이 "깃털과 피리로는 '약'이라는 춤을 추어서, 문(文)을 상징한다."라고 하였는데, 선공 8년에 대한 『공양전』의 기록에서는 "'약'이라는 것은 무엇인가? '약'을 들고 추는 춤이다."[15]라고 하였으니, 그 춤에서는 병기를 사용하지 않기 때문에, '문'을 상징하는 것이다. 정현이 인용한 『시』는 「패풍(邶風)·간혜(簡兮)」편의 시인데, 이 시를 통하여 '우'와 '약'의 의미를 증명한 것이며, 가을과 겨울에는 혹독한 추위로, 만물이 점차 고요하게 되기 때문에, 정현이 "만물이 안정되는 계절에 가르친다."라고 말한 것이다. 노식[16]은 봄에 '간'에 대한 춤을 가르치고, 여름에 '과'에 대한 춤을 가르치며, 가을에 '우'에 대한 춤을 가르치고, 겨울에 '약'에 대한 춤을 가르친다고 여겼다. 그러나 '간'과 '과', '우'와 '약'은 서로 짝을 이루어, 춤을 출 때 함께 사용하는 도구들이다. 황간은 "정현은 『시』의 '왼쪽 손에는 피리를 잡고, 오른쪽 손에는 깃털을 잡는다.'라는 말을 인용하고 있으므로, 가을과 겨울에는 '우'와 '약'에 대해서 함께 가르치고, 봄과 여름에도 또한 '간'과 '과'에 대해서 함께 가르친다."라고 하였는데, 의미상 혹여 그러하기도 할 것 같다. 그런데 이러한 모든 내용들은 스무 살이 되어서, 태학(太學)에 들어간 자들에게 해당하는 내용들이다.

---

15) 『춘추공양전』「선공(宣公) 8년」: 萬者何? 干舞也. 籥者何? 籥舞也.

16) 노식(盧植, A.D.159?~A.D.192) : =노씨(盧氏). 후한(後漢) 때의 유학자이다. 자(字)는 자간(子幹)이다. 어려서 마융(馬融)을 스승으로 섬겼다. 영제(靈帝)의 건녕(建寧) 연간(A.D.168~A.D.172)에 박사(博士)가 되었다. 채옹(蔡邕) 등과 함께 동관(東觀)에서 오경(五經)을 교정했다. 후에 동탁(董卓)이 소제(少帝)를 폐위시키자, 은거하며 『상서장구(尙書章句)』, 『삼례해고(三禮解詁)』를 저술했지만, 남아 있지 않다.

그림 3-7 극(戟)

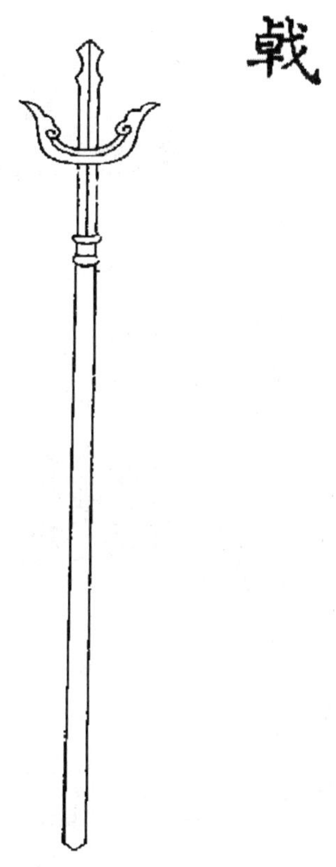

▸ **출처**: 『삼례도집주(三禮圖集注)』 9권

그림 3-8 후대 문무(文舞) 무용수들의 복장 중 일부

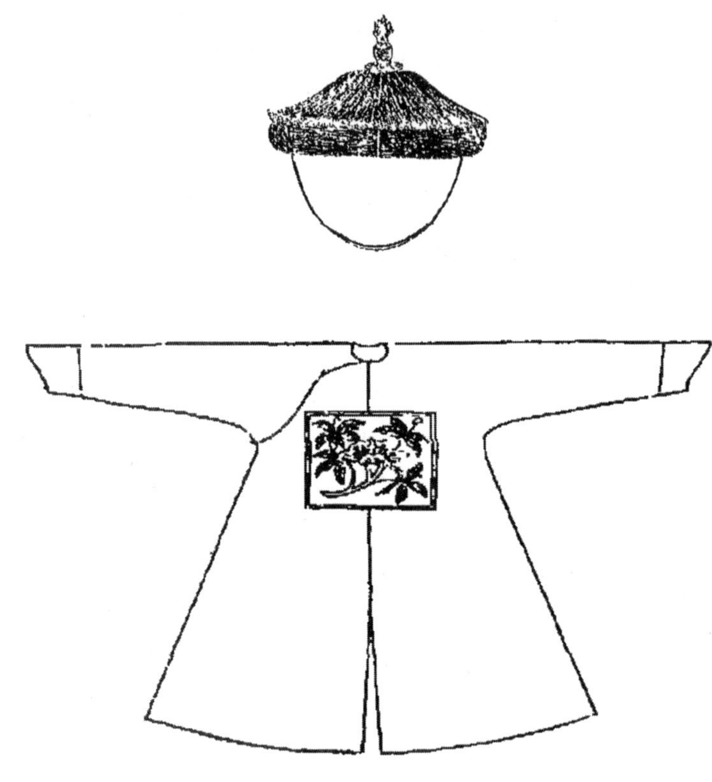

▸ **출처**: 『황조예기도식(皇朝禮器圖式)』 5권

그림 3-9 후대 무무(武舞) 무용수들의 복장 중 일부

▸ **출처**: 『황조예기도식(皇朝禮器圖式)』 5권

訓纂 崔氏云: 凡諸侯之子, 入學之法, 亦以十年而出就外傅, 學書計. 入學之時祭先聖先師. 釋奠之法如王子之事.

번역 최영은[17]이 말하길, 무릇 제후의 아들이 태학(太學)에 입학하는 법도에 대해서 살펴보면, 그들 또한 10살 때 집에서 벗어나, 스승을 찾아가 육서(六書)[18]와 구수(九數)[19]를 익혔다.[20] 그리고 태학에 입학할 때에는 선성(先聖)과 선사(先師)에게 제사를 드렸다. 그들이 석전(釋奠)을 지냈던 법도는 천자의 아들이 시행했던 법도와 같다.

集解 學, 教也. 學士, 冑子及鄉所升之俊士也. 必時, 必因其四時所宜, 若下文所言也. 干戈, 武舞; 羽籥, 文舞也. 武舞, 發揚, 陽之屬也, 故用春夏動作之時教之. 文舞, 安靜, 陰之屬也, 故用秋冬安靜之時教之. 東序, 夏后氏之學也.

번역 '학(學)'자는 "가르친다[教]."는 뜻이다. '학사(學士)'는 주자(冑子)[21] 및 향(鄉)에서 천거된 준사(俊士)들을 뜻한다. '필시(必時)'는 "반드시 사계절마다 합당한 것에 따라야 한다."는 뜻으로, 아래 문장에서 말하고

---

17) 최영은(崔靈恩, ?~?) : =최씨(崔氏). 남북조(南北朝) 때의 학자이다. 『모시(毛詩)』, 『주례(周禮)』 등에 주석을 달았고, 『삼례의종(三禮義宗)』, 『좌씨경전의(左氏經傳義)』 등을 지었다.

18) 육서(六書)는 한자의 구성과 형성에 대한 여섯 가지 이론으로, 상형(象形), 지사(指事: =處事), 회의(會意), 형성(形聲: =諧聲), 전주(轉注), 가차(假借)를 뜻한다. 『주례』「지관(地官)·보씨(保氏)」편에는 "五曰六書."라는 기록이 있는데, 이에 대한 정현의 주에서는 정사농(鄭司農)의 주장을 인용하여, "六書, 象形·會意·轉注·處事·假借·諧聲也."라고 풀이했다.

19) 구수(九數)는 고대의 아홉 가지 계산 방법이다. 방전(方田), 속미(粟米), 차분(差分), 소광(少廣), 상공(商功), 균수(均輸), 방정(方程), 영부족(贏不足), 방요(旁要)를 뜻한다. 『주례』「지관(地官)·보씨(保氏)」편에는 "六曰九數."라는 기록이 있는데, 이에 대한 정현의 주에서는 정중(鄭衆)의 주장을 인용하여, "九數, 方田·粟米·差分·少廣·商功·均輸·方程·贏不足·旁要."라고 풀이했다.

20) 『예기』「내칙(內則)」【368a】 : 九年, 教之數日. 十年, 出就外傅, 居宿於外, 學書計.

21) 주자(冑子)는 국자(國子)와 같은 뜻이다. 『서』「우서(虞書)·순전(舜典)」편에는 "帝曰, 夔, 命汝典樂, 教冑子."라는 기록이 있는데, 이에 대한 공안국(孔安國)의 전(傳)에서는 "冑, 長也, 謂元子以下至卿大夫子弟."라고 풀이했다.

있는 내용과 같은 것들이다. '간(干)'과 '과(戈)'는 무무(武舞)를 출 때 사용하는 무용 도구이고, '우(羽)'와 '약(籥)'은 문무(文舞)를 출 때 사용하는 무용 도구이다. 무무는 힘차고 행동이 크므로, 음양(陰陽)으로 분류하자면, 양(陽)에 속하는 부류이다. 그렇기 때문에 봄과 여름처럼 만물이 활동하는 계절에 교육하는 것이다. 문무는 고요하고 정숙하므로, 음(陰)에 속하는 부류이다. 그렇기 때문에 가을과 겨울처럼 기운이 안정된 계절에 교육하는 것이다. '동서(東序)'는 하후씨(夏后氏) 때의 태학(太學)이다.

集解 愚謂: 此所教, 皆文武之小舞也; 下文"大樂正學舞干·戚", 則大舞也. 武舞之小舞, 文王之象箾也; 文舞之小舞, 文王之南籥也. 文王大勳未集, 故其樂聲容未備, 文武之舞猶皆爲小舞. 至武王作大武, 爲武舞之大; 若文舞則武王未及作, 而因夏之大夏修而用之, 以配大武. 故明堂位·祭統皆以大武·大夏對言, 仲尼燕居亦言"象·武·夏·籥序興". 若禘祫大祭, 則取大韶以配大武, 故大司樂言"舞大武以享先祖", 又言"九韶之舞, 於宗廟之中奏之"也. 內則"十三舞勺·成童舞象, 二十舞大夏", 熊氏謂勺卽籥也. 國子之未二十者, 學象·勺之小舞, 則小樂正之等教之, 周禮樂師"掌教國子小舞", 是也. 至二十學大舞, 則大樂正教之, 大司樂"教國子舞雲門·大卷·大咸·大磬·大夏·大濩·大武", 是也.

번역 내가 생각하기에, 이 문장에서 가르친다는 춤들은 모두 문무(文舞)와 무무(武舞) 중에서도 소무(小舞)들에 해당한다. 그리고 아래 문장에서 "대악정(大樂正)[22]이 방패와 도끼를 들고 추는 춤을 가르친다."[23]라고

---

22) 대악정(大樂正)은 악관(樂官)의 수장으로, 악정(樂正)이라고 부르기도 한다. 『주례』의 체제에서는 대사악(大司樂)이 된다. 『주례』의 기록에 따르면, 대사악은 중대부(中大夫) 2명이 담당하였다. 대사악에게 소속된 직속 관부에는 악사(樂師)가 있었는데, 이 관부는 하대부(下大夫) 4명이 담당하였으며, 그 휘하에는 상사(上士) 8명, 하사(下士) 16명이 있었고, 잡무를 보는 부(府) 4명, 사(史) 8명, 서(胥) 8명, 도(徒) 80명이 있었다. 이때의 서(胥)는 잡무를 처리하는 말단 관리이며, 대서(大胥) 및 소서(小胥)와는 다른 것이다. 대서와 소서는 악관에 소속된 관리이지만, 대서에게 소속된 관리 명단에는 잡무를 보는 서(府)와 사(史) 등이 열거되어 있다. 이것을 통해서 대서와 소서는 대사악에게 소속된 관

했을 때의 춤이 바로 대무(大舞)에 해당한다. 무무 중의 소무는 문왕(文王)에 대한 악무(樂舞) 중에서도 상소(象箾)를 가리키고, 문무 중의 소무는 문왕에 대한 악무 중에서도 남약(南籥)을 가리킨다.[24] 당시에는 문왕이 이룩한 큰 공적이 악무로 찬양되지 못하였기 때문에, 그에 대한 음악과 무용도 제대로 갖춰지지 않았다. 그래서 문왕에 대한 문무와 무무들도 여전히 소무에 한정되어 있었던 것이다. 무왕(武王) 때에 이르러 대무(大武)[25]를 만들었는데, 이것이 바로 무무 중의 대무(大舞)가 된다. 무왕은 문무에 대해서는 별도로 제작하지 않고, 다만 하(夏)나라 때의 대하(大夏)[26]라는 악무를 기본 틀로 삼아서, 이것을 다듬어서 사용했고, 대무(大武)와 짝을 이루게 하였다. 그렇기 때문에 『예기』「명당위(明堂位)」편과 「제통(祭統)」편에서도 모두 대무(大武)와 대하를 대비하여 언급하고 있는 것이고,[27] 『예기』「중니연거(仲尼燕居)」편에서도 또한 "상소, 대무(大武), 대하, 남약을 차례

부이긴 하지만, 대서를 필두로 한 별개의 부서였던 것으로 추정된다. 참고로 대서는 중사(中士) 4명이 맡았으며, 직속된 관리로는 소서인 하사 8명, 부(府) 2명, 사(史) 4명, 도(徒) 40명이 있었다. 『주례』「춘관종백(春官宗伯)」편에는 "大司樂, 中大夫二人, 樂師, 下大夫四人, 上士八人, 下士十有六人, 府四人, 史八人, 胥八人, 徒八十人. 大胥中士四人, 小胥下士八人, 府二人, 史四人, 徒四十人." 이라는 기록이 있다.

23) 『예기』「문왕세자」【250c】: 大樂正學舞干戚.

24) 상소(象箾)와 남약(南籥)은 주(周)나라 문왕(文王) 시대의 악무(樂舞)를 가리킨다. 『춘추좌씨전』「양공(襄公) 29년」편에는 "見舞象箾·南籥者, 曰, 美哉! 猶有憾."이라는 기록이 있다. 이에 대한 공영달(孔穎達)의 소(疏)에서는 "杜云, '皆文王之樂', 則象箾與南籥, 各是一舞. 南籥, 旣是文舞, 則象箾, 當是武舞也."라고 풀이했다. 즉 『춘추좌씨전』에 대한 두예(杜預)의 주에서 이 두 악무를 모두 문왕의 악무라고 하였으니, '상소'와 '남약'은 각각 독립된 하나의 악무이다. 그리고 '남약'은 문무(文舞)가 되므로, '상소'는 무무(武舞)가 된다.

25) 대무(大武)는 주(周)나라 때의 악무(樂舞) 중 하나로, 무왕(武王)에 대한 악무이다. 『주례』「춘관(春官)·대사악(大司樂)」편에는 '대무'에 대한 용례가 나오고, 이에 대한 정현의 주에서는 "大武, 武王樂也."라고 풀이하였다.

26) 대하(大夏)는 주(周)나라 때의 악무(樂舞) 중 하나이다. 하(夏)나라 우(禹)임금 때의 악무를 근간으로 삼아서 만든 악무이다.

27) 『예기』「명당위(明堂位)」【400d】: 朱干玉戚冕而舞大武, 皮弁素積裼而舞大夏. / 『예기』「제통(祭統)」【587b】: 夫大嘗禘升歌淸廟, 下而管象, 朱干玉戚以舞大武, 八佾以舞大夏, 此天子之樂也

대로 연주하다."[28]라고 한 것이다. 체(禘)제사나 협(祫)제사[29]와 같은 대제(大祭)[30]에서는 대소(大韶)[31]라는 악무를 사용하여, 대무(大武)와 짝을 이

---

28) 『예기』「중니연거(仲尼燕居)」【601d】: 兩君相見, 揖讓而入門, 入門而顯輿, 揖讓而升堂, 升堂而樂闋, 下管象武, 夏籥序輿, 陳其薦俎, 序其禮樂, 備其百官, 如此而后君子知仁焉. / 그러나 이 문장은 일반적으로 "당하(堂下)로 내려와서 상(象)과 무(武)를 관(管)으로 연주하고, 하(夏)는 약(籥)으로 춤을 추어 차례대로 연주한다."라고 해석한다.

29) 체협(禘祫)은 고대에 제왕(帝王)이 시조(始祖)에게 지냈던 제사를 뜻하니, 일종의 성대한 제사의례를 가리킨다. 간혹 '체협'을 구분하여 각각에 의미를 부여하기도 하며, 혹은 '체협'을 합쳐서 같은 의미로 사용하기도 한다. 이 문제에 대해서 장병린(章炳麟)은 『국고논형(國故論衡)』「명해고하(明解故下)」편에서 "禘祫之言, 訩訩爭論旣二千年. 若以禘祫同爲殷祭, 祫名大事, 禘名有事, 是爲禘小於祫, 何大祭之云? 故知周之廟祭有大嘗·大烝, 有秋嘗·冬烝. 禘祫者大嘗·大烝之異語."라고 주장한다. 즉 '체협'이라는 말에 대해서 의견들이 분분한데, 만약 '체협'을 모두 은(殷)나라 때의 제사라고 말하며, '협(祫)'은 '중대한 사안[大事]'이 발생했을 때 지내는 제사를 뜻하고, '체(禘)'는 유사시에 지내게 되는 제사를 뜻한다고 한다면, '체'는 '협'보다 규모가 작은 것인데, 어떻게 대제(大祭)라고 말할 수 있겠는가? 그렇기 때문에 '체협'은 주(周)나라 때의 제사이다. 주나라 때 종묘(宗廟)에서 지내는 제사에는 대상(大嘗), 대증(大烝)이라는 용어가 있었고, 또 추상(秋嘗: 가을에 지내는 상(嘗)제사), 동증(冬烝: 겨울에 지내는 증(烝)제사)이라는 용어가 있었으니, '체협'은 대제(大祭)를 뜻하는 용어로, 대상이나 대증을 다르게 부른 명칭이다. 또한 『후한서(後漢書)』「장제기(章帝紀)」편에는 "其四時禘祫於光武之堂."이라는 기록이 있는데, 이에 대한 이현(李賢)의 주에서는 『속한서(續漢書)』를 인용하여, "五年再殷祭. 三年一祫, 五年一禘."라고 풀이한다. 즉 5년마다 2번의 성대한 제사를 지내게 되는데, 3년에 1번 '협'제사를 지내고, 5년에 1번 '체'제사를 지낸다.

30) 대제(大祭)는 큰 제사라는 뜻이며, 천지(天地)에 대한 제사 및 체협(禘祫) 등을 일컫는다. 『주례』「천관(天官)·주정(酒正)」에 "凡祭祀, 以法共五齊三酒, 以實八尊. 大祭三貳, 中祭再貳, 小祭壹貳, 皆有酌數."라는 기록이 있다. 이에 대한 정현의 주에서는 "大祭, 天地. 中祭, 宗廟. 小祭, 五祀."라고 풀이하여, '대제'는 천지에 대한 제사를 뜻한다고 설명한다. 그리고 『주례』「춘관(春官)·천부(天府)」편에는 "凡國之玉鎭大寶器藏焉, 若有大祭大喪, 則出而陳之, 旣事藏之."라는 기록이 있다. 이에 대한 정현의 주에서는 "禘祫及大喪陳之, 以華國也."라고 풀이하여, '대제'를 '체협'으로 설명한다. 그리고 '체(禘)'제사와 '대제'의 직접적 관계에 대해서는 『이아(爾雅)』「석천(釋天)」편에서 "禘, 大祭也."라고 풀이하고, 이에 대한 곽박(郭璞)의 주에서는 "五年一大祭."라고 풀이하여, '대제'로써의 '체'제사는 5년마다 지내는 제사로 설명한다.

31) 대소(大韶)는 순(舜)임금 때의 악무(樂舞)이다. 주(周)나라에 와서 육무(六舞) 중

루게 하였다. 그렇기 때문에 『주례』「대사악(大司樂)」편에서 “대무(大武)를 추어서, 선조(先祖)를 흠향시킨다.”[32]라고 하고, 또 “구소(九韶)[33]의 악무는 종묘(宗廟) 안에서 연주를 한다.”[34]라고 한 것이다. 『예기』「내칙(內則)」편에서는 “13세 때 작무(勺舞)[35]를 익히고, 15세[36]가 넘어서는 상무(象舞)[37]를 익힌다.”[38]라고 했는데, 웅안생[39]은 ‘작(勺)’은 ‘약(籥)’을 뜻한다고 풀이했다. 국자(國子)들 중에 아직 20세가 안 된 자들은 상무와 작무라는 소무를 익혔고, 소악정(小樂正)[40] 등이 그 춤을 가르쳤는데, 『주례』「악사

하나로 정착하였다. 『장자(莊子)』「천하(天下)」편에는 “舜有大韶.”라는 기록이 있다.

32) 『주례』「춘관(春官)·대사악(大司樂)」 : 乃奏無射, 歌夾鍾, 舞大武以享先祖.

33) 구소(九韶)는 순(舜)임금 때의 악무(樂舞)이다. 『장자(莊子)』「지악(至樂)」편에는 “奏九韶以爲樂, 具太牢以爲膳.”이라는 기록이 있고, 이에 대한 성현영(成玄英)의 소(疏)에서는 “九韶, 舜樂名也.”라고 풀이하였다.

34) 『주례』「춘관(春官)·대사악(大司樂)」 : 九德之歌, 九韶之舞, 於宗廟之中奏之.

35) 작무(勺舞)는 아동들이 익혔던 문무(文舞)를 뜻한다. 작(勺)자는 약(籥)자와 같은 뜻으로 피리를 의미한다. 『예기』「내칙(內則)」편의 기록에 대해, 공영달(孔穎達)의 소(疏)에서는 “舞勺者, 熊氏云, ‘勺, 籥也.’ 言十三之時, 學此舞勺之文舞也.”라고 풀이했다.

36) 성동(成童)은 아동들 중에서도 나이가 찬 자들을 뜻한다. 8세 이상이 된 아동을 뜻한다고 풀이하기도 하며, 15세 이상이 된 아동을 뜻한다고 풀이하기도 한다. 이 문장에서는 후자의 뜻이다. 『춘추곡량전』「소공(召公) 19년」편의 “羈貫成童, 不就師傅, 父之罪也.”라는 기록에 대해, 범녕(范甯)의 주에서는 “成童, 八歲以上.”이라고 풀이했고, 『예기』「내칙(內則)」편의 “成童, 舞象, 學射御.”라는 기록에 대해, 정현의 주에서는 “成童, 十五以上.”이라고 풀이했다.

37) 상무(象舞)는 아동들이 익혔던 무무(武舞)를 뜻한다. 『예기』「내칙(內則)」편의 기록에 대해, 공영달(孔穎達)의 소(疏)에서는 “舞象, 謂舞武也.”라고 풀이했다.

38) 『예기』「내칙(內則)」【368c】 : 十有三年, 學樂, 誦詩, 舞勺. 成童, 舞象, 學射御.

39) 웅안생(熊安生, ?~A.D.578) : =웅씨(熊氏). 북조(北朝) 때의 경학자이다. 자(字)는 식지(植之)이다. 『주례(周禮)』, 『예기(禮記)』, 『효경(孝經)』 등 많은 전적에 의소(義疏)를 남겼지만, 모두 산일되어 남아 있지 않다. 현재 마국한(馬國翰)의 『옥함산방집일서(玉函山房輯佚書)』에 『예기웅씨의소(禮記熊氏義疏)』 4권이 남아 있다.

40) 소악정(小樂正)은 대악정(大樂正)의 부관으로, 『주례(周禮)』의 체제에 따르면 악사(樂師)에 해당한다. 악사는 『주례』에 나온 관직명으로, 음악을 담당했던 관리 중 하나이다. 총 책임자였던 대사악(大司樂)의 부관으로, 국학(國學)에 있는 국자(國子)들에게 소무(小舞) 등을 가르쳤다고 기록되어 있다.

(樂師)」편에서 "국자들에게 소무 가르치는 것을 담당한다."[41]라고 말한 기록이 바로 이러한 사실을 가리킨다. 국자들은 20세가 되면 대무(大武)를 익혔고, 대악정이 그 춤을 가르쳤는데, 『주례』「대사악」편에서 "국자들에게 운문(雲門)[42], 대권(大卷)[43], 대함(大咸)[44], 대소, 대하, 대호(大濩)[45], 대무(大武) 가르치는 것을 담당한다."[46]라고 말한 것이 바로 이러한 사실을 가리킨다.

【249a~b】

小樂正學干, 大胥贊之, 籥師學戈, 籥師丞贊之, 胥鼓南.

직역 小樂正이 干을 學하면, 大胥가 贊하고, 籥師가 戈를 學하면, 籥師丞이 贊하되, 胥가 南을 鼓한다.

의역 소악정(小樂正)이 방패를 들고 추는 악무(樂舞)를 국자(國子)들에게 가르치면, 대서(大胥)는 소악정을 도와서 함께 가르치고, 약사(籥師)가 창을 들고 추는 악무를 국자들에게 가르치면, 약사승(籥師丞)은 약사를 도와서 함께 가르치는데, 대서는 '남(南)'이라는 음악에 맞춰 북을 울려서, 악무의 빠르기를 조절한다.

---

41) 『주례』「춘관(春官)·악사(樂師)」: 樂師, 掌國學之政, 以教國子小舞.
42) 운문(雲門)은 황제(黃帝) 시대에 만들어진 악무(樂舞) 중 하나라고 전해진다. 주(周)나라의 육무(六舞) 중 하나로 정착하였다. 주로 천신(天神)에게 제사를 지낼 때 사용되었다.
43) 대권(大卷)은 황제(黃帝) 시대에 만들어진 악무(樂舞) 중 하나라고 전해진다. 주(周)나라의 육무(六舞) 중 하나로 정착하였다.
44) 대함(大咸)은 요(堯)임금 때의 악무(樂舞)이다. 주(周)나라의 육무(六舞) 중 하나로 정착하였다. 또한 함지(咸池)라고도 부른다.
45) 대호(大濩)는 탕(湯)임금 때의 악무(樂舞)이다. 주(周)나라의 육무(六舞) 중 하나로 정착하였다.
46) 『주례』「춘관(春官)·대사악(大司樂)」: 以樂舞教國子舞雲門·大卷·大咸·大韶·大夏·大濩·大武.

集說 四人皆樂官之屬. 贊, 相助之也. 胥, 卽大胥也. 南, 南夷之樂也. 東夷之樂曰昧, 南夷之樂曰南, 西夷之樂曰朱離, 北夷之樂曰禁. 明堂位又云, "任, 南蠻之樂也." 周禮旄人教國子南夷樂之時, 大胥則擊鼓以節其音曲, 故云"胥鼓南"也. 先王作樂, 至矣盛矣, 而猶以遠方蠻夷之樂教人者, 所以示輿圖之無外, 異類之咸賓, 奏之宗廟之中, 侈其盛也. 獨擧南樂, 則餘三方皆教習可知.

번역 소악정(小樂正), 대서(大胥)[47], 약사(籥師)[48], 약사승(籥師丞) 이 네 사람은 모두 악관(樂官)에 소속된 관리이다. '찬(贊)'자는 보조하여 돕는다는 뜻이다. '서(胥)'는 '대서'를 가리킨다. '남(南)'은 남쪽 오랑캐의 음악이다. 동쪽 오랑캐의 음악을 '매(昧)'라고 부르고, 남쪽 오랑캐의 음악을 '남'이라고 부르며, 서쪽 오랑캐의 음악을 '주리(朱離)'라고 부르고, 북쪽 오랑캐의 음악을 '금(禁)'이라고 부른다. 『예기』「명당위(明堂位)」편에서도 또한 "'임(任)'은 남만(南蠻)의 음악이다."[49]라고 했다. 『주례(周禮)』에서 기록하고 있는 것처럼, 모인(旄人)이 국자(國子)들에게 남쪽 오랑캐의 음악을 교육시킬 때,[50] 대서는 북을 두드리며, 그 음악의 악곡을 조절한다고 하므로, 경문에서 "대서가 '남'음악에 대해서 북을 친다."고 말한 것이다. 선왕(先王)이 음악을 제정할 때에는 곡진하면서도 융성하게 만들었는데, 오히려 먼 이방민족인 오랑캐들의 음악으로 사람들을 교육시킨다고 하였다. 그 이유는 선왕이 다스리는 강토에서는 오랑캐들의 영토에까지 교화가 미쳤다. 따라서 차별 없이 오랑캐들까지도 모두 손님으로 대접하였으니,[51] 그들의

---

47) 대서(大胥)는 악관(樂官)에 소속된 하위관리이다. 학사(學士)들의 호적 기록부를 담당하였고, 봄에는 태학(太學)에 들어가서 학사들에게 춤을 가르쳤고, 가을에는 분반을 편성하여, 노래를 가르치는 일 등을 담당했다. 『주례』「춘관(春官)·대서(大胥)」편에는 "大胥, 掌學士之版以待致諸子. 春入學舍采合舞. 秋頒學合聲. 以六樂之會正舞位."라는 기록이 있다.

48) 약사(籥師)는 악관(樂官)에 소속된 하위관리이다. 우(羽)와 약(籥)을 들고 추는 문무(文舞)의 교육을 담당하였다. 『주례』「춘관(春官)·약사(籥師)」편에는 "籥師, 掌敎國之舞羽歈籥."이라는 기록이 있고, 이에 대한 가공언(賈公彦)의 소(疏)에서는 "此籥師掌文舞, 故敎羽籥."이라고 풀이했다.

49) 『예기』「명당위(明堂位)」【400d】: 昧, 東夷之樂也. <u>任, 南蠻之樂也</u>.

50) 『주례』「춘관(春官)·모인(旄人)」: 旄人, 掌敎舞散樂舞夷樂. 凡四方之以舞仕者屬焉. 凡祭祀賓客舞其燕樂.

음악을 종묘(宗廟) 안에서 연주하는 것은 교화의 융성함을 흘러넘치도록 한다는 사실을 상징적으로 보여주는 행위이다. 그런데 경문에서는 유독 남쪽 오랑캐의 음악만을 제시하고 있다. 이것은 특별한 뜻이 아니라 단순히 문장을 생략한 것이다. 따라서 나머지 세 오랑캐들의 음악도 모두 교육하여 익히게 했음을 알 수 있다.

---

51) 『서』「주서(周書)·여오(旅獒)」: 明王愼德, 四夷咸賓, 無有遠邇, 畢獻方物, 惟服食器用.

그림 3-10 사방의 오랑캐들이 손님으로 찾아와서 공물을 바치는 모습

▸ **출처**: 『흠정서경도설(欽定書經圖說)』 25권 「필헌방물도(畢獻方物圖)」

大全 長樂劉氏曰: 周官大司樂以樂舞教國子, 舞雲門·大卷·大咸·大磬·大夏·大濩·大武, 蓋六代聖王神其德行以成變化以參天地, 載其地德以感神祇者, 樂與舞存焉. 故使國子學之, 由其舞以志厥功, 由其聲以想厥德, 然後中和生於誠明, 而志氣趨於聖智矣, 故孝友形於中, 而舞蹈應於外, 此三代遜於五品無所入而弗自得者, 教國子以樂舞行於人倫也. 東序, 大學也. 是以小樂正教干大胥贊之, 籥師教戈籥師丞贊之, 各用其職以時學焉. 胥鼓南者, 舞以樂爲節者也, 樂以舞爲成者也, 故奏六代之舞, 則合六代之樂. 先王用之致中和位天地澤四海來百蠻焉, 乃用四夷之樂以彰德化.

번역 장락유씨가 말하길, 『주례』에 기록된 대사악(大司樂)은 국자(國子)들에게 악무(樂舞)를 가르쳐서, 운문(雲門), 대권(大卷), 대함(大咸), 대소(大磬: =大韶), 대하(大夏), 대호(大濩), 대무(大武)를 추게 하였는데, 무릇 이러한 것들은 여섯 왕조의 성왕(聖王)들이 그 덕행(德行)을 신묘하게 펼쳐서 인간사회의 교화를 이루고, 천지자연의 운행에 참여하여 도왔으며, 대지의 은덕을 받들어 신령들과 교감을 하였던 것들이 음악과 춤에 표현되어 남아있었던 것이다. 그렇기 때문에 국자들로 하여금 그것들을 익히게 해서, 그 춤을 통해서 성왕이 세운 공적을 본인의 뜻으로 삼게 하고, 그 음악을 통해서 성왕의 덕을 흠모하도록 한 것이다. 그리고 이처럼 된 연후에야, 그들의 '진실되고 밝은 덕성[誠明]' 속에서 중화(中和)의 기운이 생겨나게 되었고, 성현(聖賢)의 지모를 지향하게 되었다. 그러므로 효성과 우애 등은 마음속에서 형성되어, 무용을 통해서 외부로 나타나게 되는 것이니, 이것이 삼대(三代)[52]가 오품(五品)[53]에 따르면서도, 그 실질로 들어가서

---

52) 삼대(三代)는 하(夏), 은(殷), 주(周)의 세 왕조를 말한다. 『논어』「위령공(衛靈公)」편에는 "斯民也, 三代 之所以直道而行也."라는 기록이 있고, 이에 대한 형병(邢昺)의 소(疏)에서는 "三代, 夏殷周也."로 풀이했다.

53) 오품(五品)은 오상(五常)과 같은 말이며, 다섯 종류의 인륜(人倫)을 뜻한다. '오품'에서의 '품(品)'자는 품질(品秩)을 뜻한다. 한 가정 내에서는 서열에 따라 부·모·형·동생·자식의 다섯 등급으로 나뉘는데, 이러한 관계는 '품'에 해당하며, 이러한 관계 속에서 지켜야 하는 인륜은 의로움[義], 자애[慈], 우애[友], 공손함[恭], 효(孝)에 해당한다. 따라서 이러한 다섯 종류의 인륜을 '오품'이라고 부르는 것이다. 또한 이러한 다섯 종류의 인륜은 고정불변의 것으로, 항상 실천해야 하

스스로 터득하지 못한 경우가 없게 된 것이며, 이러한 연유에서 국자들에게 악무를 가르쳐서, 인륜(人倫)을 시행하도록 했던 것이다. '동서(東序)'는 태학(太學)이다. 소악정(小樂正)이 '간(干)'을 들고 추는 악무를 가르칠 때에는 대서(大胥)가 도왔고, 약사(籥師)가 '과(戈)'를 들고 추는 악무를 가르칠 때에는 약사승(籥師丞)이 도왔으며, 각각 그들의 직무를 따라서, 계절별로 이러한 교육을 시행하도록 하였다. 대서가 '남(南)'이라는 음악에 맞춰 북을 치는데, 그 이유는 춤이란 것이 음악으로 조절되기 때문이며, 또한 음악은 춤을 통해 완성되는 것이기 때문이다. 그래서 여섯 왕조의 춤을 추게 되면, 여섯 왕조의 음악을 함께 연주하였다. 선왕(先王)은 이러한 악무를 사용하여 '중화'를 지극하게 만들었고, 천지의 질서를 바로잡았으며, 은택이 천하에 골고루 미치도록 하였고, 모든 오랑캐들이 찾아들게끔 하였으니, 곧 사방 오랑캐들의 음악도 함께 사용하여서, 은덕을 통한 교화를 더욱더 창성하게 했던 것이다.

大全 長樂陳氏曰: 書云, "比爾干, 稱爾戈", 干則直兵而其形欲立, 戈則句兵而其形欲倒, 皆自衛之兵, 非伐人之器也. 古之教舞者, 朱其干, 玉其戚, 則尙道不尙事, 尙德不尙威, 是以學干在小樂正而以大胥贊之, 學戈在籥師而以籥師丞贊之. 干戈之事寓之於樂如此, 則武不可覿之意覩矣.

번역 장락진씨가 말하길, 『서』에서는 "너의 방패를 나란히 세우고, 너의 창을 세워라."[54]라고 하였으니, 방패는 곧은 모양의 병장기로, 그것을 사용할 때의 모습은 바르게 세우는 것이며, 창은 구부러진 모양의 병장기로, 그것을 사용할 때의 모습은 거꾸로 드는 것이니, 이 둘 모두는 자기를

는 것이다. 따라서 '상(常)'자를 붙여서 '오상'이라고도 부르는 것이다. 『서』「우서(虞書)·순전(舜典)」편에는 "帝曰, 契, 百姓不親, 五品不遜."이라는 기록이 있고, 이에 대한 공안국(孔安國)의 전(傳)에서는 "五品謂五常."이라고 풀이했고, 공영달(孔穎達)의 소(疏)에서는 "品謂品秩, 一家之內尊卑之差, 卽父母兄弟子是也. 敎之義·慈·友·恭·孝, 此事可常行, 乃爲五常耳."라고 풀이했다.

54) 『서』「주서(周書)·목서(牧誓)」: 稱爾戈, 比爾干, 立爾矛. 予其誓.

방어하는 병장기이지, 남을 공격하는 무기가 아니다. 고대에 악무(樂舞)를 가르칠 때에는 무용도구인 방패는 붉은 칠을 했고, 무용도구인 도끼는 옥으로 장식을 하였다.55) 이처럼 했던 이유는 도리를 숭상하기 위해서이지, 전쟁을 숭상하기 위해서가 아니기 때문이며, 또한 덕(德)을 숭상하기 위해서이지, 위용을 숭상하기 위해서가 아니기 때문이다. 이러한 이유 때문에, 학생들에게 방패 사용하는 방법을 교육시키는 책임은 무관(武官)에게 있지 않았고, 오히려 문관(文官) 중에서도 소악정(小樂正)에게 있었던 것이고, 또한 대서(大胥)가 그것을 돕게 했던 것이다. 마찬가지로 창에 대해서도, 약사(籥師)에게 그 책임을 두었고, 약사승(籥師丞)이 그것을 돕게 했다. 방패와 창 쓰는 일을 음악에 결부시킨 뜻이 이와 같다면, 무용[武]을 함부로 남용할 수 없다는 뜻 또한 이러한 사실을 통해 확인할 수 있다.

大全 山陰陸氏曰: 干戈兩舞也, 故各以其官敎之.

번역 산음육씨가 말하길, 방패와 창은 각각 쓰임이 다른 두 가지 무용도구이다. 그렇기 때문에 각각 다른 관리들이 그것들을 분담하여 가르쳤던 것이다.

鄭注 四人皆樂官之屬也, 通職, 秋冬亦學以羽籥. 小樂正, 樂師也. 周禮"樂師掌國學之政, 敎國子小舞", "大胥掌學士之版, 以待致諸子, 春入學, 舍菜56)合舞. 秋頒學合聲", "籥師掌敎國子舞羽吹籥". 南, 南夷之樂也. 胥掌以六樂之會, 正舞位. 旄人敎夷樂, 則以鼓節之. 詩云: "以雅以南, 以籥不僭."

---

55) 『예기』「제통(祭統)」【587b】: 夫大嘗禘升歌淸廟, 下而管象, 朱干玉戚以舞大武, 八佾以舞大夏, 此天子之樂也.

56) '사채(舍菜)'에 대하여. 『십삼경주소(十三經注疏)』 북경대 출판본에서는 "'사채'는 『민본(閩本)』·『감본(監本)』·『모본(毛本)』·『악본(岳本)』·『가정본(嘉靖本)』·위씨(衛氏)의 『집설(集說)』에 모두 동일하게 기록되어 있는데, 『경전석문(經典釋文)』에는 '사채(舍采)'로 기록되어 있다."라고 했다.

번역 이 네 사람은 모두 악관(樂官)에 속한 관리들이다. 경문에는 봄과 여름에 대한 기록만 나오지만, 그들의 직무를 통괄해보면, 가을과 겨울에도 또한 깃털과 피리를 들고 추는 악무(樂舞)를 가르쳤다. 소악정(小樂正)은 『주례(周禮)』에 기록된 '악사(樂師)'라는 관리이다. 『주례』에서는 "악사는 국학(國學)의 교육 정책을 담당하며, 국자(國子)들에게 소무(小舞)를 교육시킨다."[57]라고 하였고, "대서(大胥)는 학사(學士)들의 호적 장부를 담당하며, 이러한 일들을 통해, 귀족들의 자제들 중에서 국학에 입학시켜야 할 자들의 명단을 추려낸다. 봄에는 태학(太學)에 그들을 입학시켜서, 향기로운 채소인 채(菜)를 차려내는 석채(釋菜)의 제사를 지내게 만들며, 학사들을 교육하여, 춤을 조화롭게 추도록 만든다. 가을에는 학사들의 재목에 따라 분반을 나누고, 노래를 조화롭게 부르도록 만든다."[58]라고 하였으며, "약사(籥師)는 국자들에게 깃털을 들고 추는 춤과 피리를 부는 방법을 가르치는 일을 담당한다."[59]라고 하였다. '남(南)'은 남쪽 오랑캐의 음악이다. 대서는 육악(六樂)[60]을 조화롭게 합주시키는 일을 담당하며, 무용의 동선을 바르게 만든다.[61] 모인(旄人)이 오랑캐들의 음악을 가르치면,[62] 대서는 북을 치며 음악의 속도를 조절한다. 『시』에서는 "아(雅)로써 하고, 남(南)으로써 하고, 약(籥)으로써 함이 어지럽지 않구나."[63]라고 하였다.

---

57) 『주례』「축관(春官)·악사(樂師)」: 樂師, 掌國學之政, 以教國子小舞.

58) 『주례』「춘관(春官)·대서(大胥)」: 大胥, 掌學士之版以待致諸子. 春入學舍采合舞. 秋頒學合聲.

59) 『주례』「춘관(春官)·약사(籥師)」: 籥師, 掌教國子舞羽吹籥.

60) 육악(六樂)은 육무(六舞)와 같은 말이다. 고대 황제(黃帝), 요(堯), 순(舜), 우(禹), 탕(湯), 무왕(武王) 때의 악무(樂舞)인 운문(雲門), 대권(大卷), 대함(大咸), 대소(大磬: =大韶), 대하(大夏), 대호(大濩), 대무(大武)를 뜻한다. 『주례』「지관(地官)·대사도(大司徒)」편에는 "以六樂防萬民之情, 而教之和."라는 기록이 있고, 이에 대한 정현의 주에서는 정사농(鄭司農)의 주장을 인용하여, "六樂, 謂雲門·咸池·大韶·大夏·大濩·大武."라고 풀이했다.

61) 『주례』「춘관(春官)·대서(大胥)」: 以六樂之會正舞位.

62) 『주례』「춘관(春官)·모인(旄人)」: 旄人, 掌教舞散樂舞夷樂.

63) 『시』「소아(小雅)·고종(鼓鍾)」: 鼓鍾欽欽, 鼓瑟鼓琴. 笙磬同音. 以雅以南, 以籥不僭. / 그러나 이 문장에서의 '남(南)'은 통상적으로 이남(二南)으로 풀이하여, 주남(周南)과 소남(召南)으로 해석한다.

釋文 大如字, 又音大. 胥, 息余反, 又息呂反, 注皆放此. 版音板, 本又作板. 舍采音釋, 後"舍采" 同. 頒音班. 旄音毛. 僭, 七尋反, 又子念反.

번역 '大'자는 글자대로 읽기도 하며, 또는 그 음이 '大(대)'가 되기도 한다. '胥'자는 '息(식)'자와 '余(여)'자의 반절음이며, 또는 '息(식)'자와 '呂(려)'자의 반절음도 되는데, 정현의 주에 나오는 글자들도 모두 그 음이 이와 같다. '版'자의 음은 '板(판)'이며, 판본에 따라서는 또한 '板'으로도 기록한다. '舍采'에서의 '舍'자는 그 음이 '釋(석)'이며, 이후에 나오는 '舍采'에서의 '舍'자는 그 음이 모두 이와 같다. '頒'자의 음은 '班(반)'이다. '旄'자의 음은 '毛(모)'이다. '僭'자는 '七(칠)'자와 '尋(심)'자의 반절음이며, 또는 '子(자)'자와 '念(념)'자의 반절음도 된다.

孔疏 ◎注"四人"至"吹籥". ○正義曰: 云"通職, 秋冬亦學以羽籥"者, 此籥師云教戈, 周禮"籥師掌教國子舞羽吹籥", 是籥師旣教戈, 又教籥. 此小樂正教干, 周禮樂師教小舞, 則六舞皆教, 故知通職, 至秋冬之時, 亦教羽籥也. 云"小樂正, 樂師也"者, 諸侯謂之小樂正, 天子謂之樂師, 此有大樂正及小樂正, 周禮有大司樂, 有樂師, 故知小樂正當樂師也. 但此經雜, 多有諸侯之禮, 故謂之大樂正也·小樂正也. 云"周禮樂師掌國學之政, 教國子小舞"者, 證樂師有教舞之事. 小舞者, 謂年幼小時教之舞, 其舞卽帗舞·羽舞·皇舞·旄舞·干舞·人舞也. 云"大胥掌學士之版, 以待致諸子, 春入學, 舍菜合舞, 秋頒學合聲"者, 證大胥有教樂之事, 大胥掌教學士版籍, 以待聚致諸子, 諸子則學士也. 春時入學釋蘋藻之菜, 禮先聖先師, 合六舞節奏, 令之得所. 秋時頒布學者才藝, 和合音聲, 使應曲折. 云"籥師掌教國子舞羽吹籥"者, 證籥師有教樂之事. 周禮唯有籥師, 此云籥師丞者, 或諸侯之禮, 或異代之法.

번역 ◎鄭注: "四人"~"吹籥". ○정현이 "직무를 통괄해보면, 가을과 겨울에도 또한 깃털과 피리를 들고 추는 악무(樂舞)를 가르친다."라고 하였는데, 이곳 경문에서는 약사(籥師)에 대해서, "과(戈)를 가르친다."라고 하였고, 『주례(周禮)』에서는 "약사는 국자(國子)들에게 깃털을 들고 추는 춤과 피리를 부는 방법을 가르치는 일을 담당한다."[64]라고 하였으니, 이 기록이 바로 약사가 '과'에 대해서도 가르치고, 또 '피리를 들고 추는 춤[籥]'에 대해서도 가르친다는 사실을 나타낸다. 그리고 이곳 경문에서는 소악정(小樂正)은 "'간(干)'을 가르친다."라고 하였고, 『주례』에서는 악사(樂師)가 소무(小舞)를 교육한다고 하였으니,[65] 이것은 곧 육무(六舞)를 모두 가르친다는 뜻을 나타낸다. 그렇기 때문에 직책을 통괄해보면, 가을과 겨울철이 되어서는 또한 '우(羽)'와 '약(籥)'에 대해서도 가르친다는 사실을 알 수 있는 것이다. 정현이 "소악정은 악사이다."라고 하였는데, 제후에게 소속된 신하는 '소악정'이라고 부르고, 천자에게 소속된 신하는 '악사'라고 부른다. 그런데 이곳 경문에서는 '대악정(大樂正)'이라는 명칭과 '소악정'이라는 명칭이 기록되어 있고, 『주례』에는 '대사악(大司樂)'이라는 직책이 있고, '악사'라는 직책이 있다. 그렇기 때문에 '소악정'이 곧 '악사'에 해당한다는 사실을 알 수 있는 것이다. 다만 이곳 경문의 기록들은 그 내용이 뒤섞여 있는데, 그 중의 상당수는 제후에 대한 예법(禮法)들이다. 그렇기 때문에 경문에서 어떤 때에는 '대악정'이라고 기록하고, 또 어떤 때에는 '소악정'이라고 기록한 것이다. 정현이 "『주례』의 기록에서 악사는 국학(國學)의 교육 정책을 담당하며, 국자(國子)들에게 소무(小舞)를 교육시킨다."라고 하였는데, 이 말은 곧 악사가 국자들에게 춤에 대해서도 교육했던 일이 있었다는 사실을 증명하고 있다. '소무'라는 것은 나이가 어린 자들에게 수시로 가르쳤던 춤으로, 그 춤들은 불무(帗舞)·우무(羽舞)·황무(皇舞)·모무(旄舞)·간무(干舞)·인무(人舞)와 같은 것들이다. 정현이 "대서(大胥)는 학사(學士)들의 호적 장부를 담당하며, 이러한 일들을 통해, 귀족들의 자제들 중에서 입학시켜야 할 자들의 명단을 추려내며, 봄에는 태학(太學)에 입학시켜서, 향기로운 채소인 채(菜)를 차려내는 석채(釋菜)의 제사를 지내게 만들며, 학사들에게 춤을 조화롭게 추도록 만든다. 가을에는 학사들의 재목에 따라 분반을 나누고, 노래를 조화롭게 부르도록 만든다."라고 하였는데, 이 말은 곧

---

64) 『주례』「춘관(春官)·약사(籥師)」: 籥師, 掌教國子舞羽吹籥.

65) 『주례』「춘관(春官)·악사(樂師)」: 樂師, 掌國學之政, 以教國子小舞. 凡舞, 有帗舞, 有羽舞, 有皇舞, 有旄舞, 有干舞, 有人舞.

대서에게도 악무를 교육시켰던 일이 있었다는 사실을 증명한 것이다. 그런데 대서는 학사들의 호적을 담당하여, 이러한 일을 통해서, 귀족들의 자제들 중에서 태학에 입학시켜야 할 자들의 명단을 추려내게 되니, '제자(諸子)'는 곧 '학사'를 뜻한다. 봄철에는 국자들이 태학에 입학하여, 빈조(蘋藻)와 같은 채소들을 진설하여 제사를 지내서, 선성(先聖)과 선사(先師)들을 예(禮)로 대접하게 되는데, 대서는 국자들에게 육무(六舞)의 시행과 그 때 시행되는 음악 연주를 조화롭게 만들게 시켜서, 그들로 하여금 자신의 본분과 역할을 인지하게끔 했던 것이다. 그리고 가을철에는 학사들의 자질과 재주에 따라서 분반을 나누고, 음악을 조화롭게 합주하도록 만들어서, 그들로 하여금 복잡하고 세세한 것들에 대해서도 대응하도록 만들었던 것이다. 정현이 "약사는 국자들에게 깃털을 들고 추는 춤과 피리를 부는 방법을 가르치는 일을 담당한다."라고 하였는데, 이 말은 곧 약사의 직책에도 악무를 가르쳤던 일이 있었음을 증명한 것이다. 『주례』에는 단지 '약사'에 대한 기록만 있는데, 이곳 경문에는 약사승(籥師丞)까지도 언급하고 있으니, '약사승'이라는 관리를 두는 것은 혹여 제후에게 해당하는 예법(禮法)이거나, 그것이 아니라면 다른 시대의 예법일 것이다.

그림 3-11 불무(帗舞)와 황무(皇舞)의 도구

帗舞

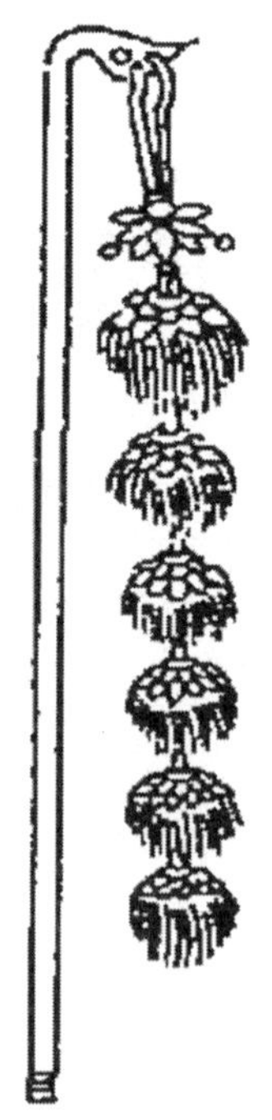

皇舞

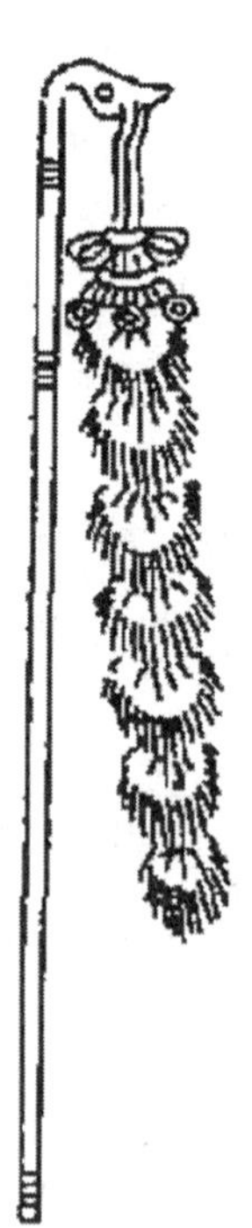

▸ **출처**: 『삼례도집주(三禮圖集注)』 7권

그림 3-12 모무(旄舞)의 도구 및 인무(人舞)

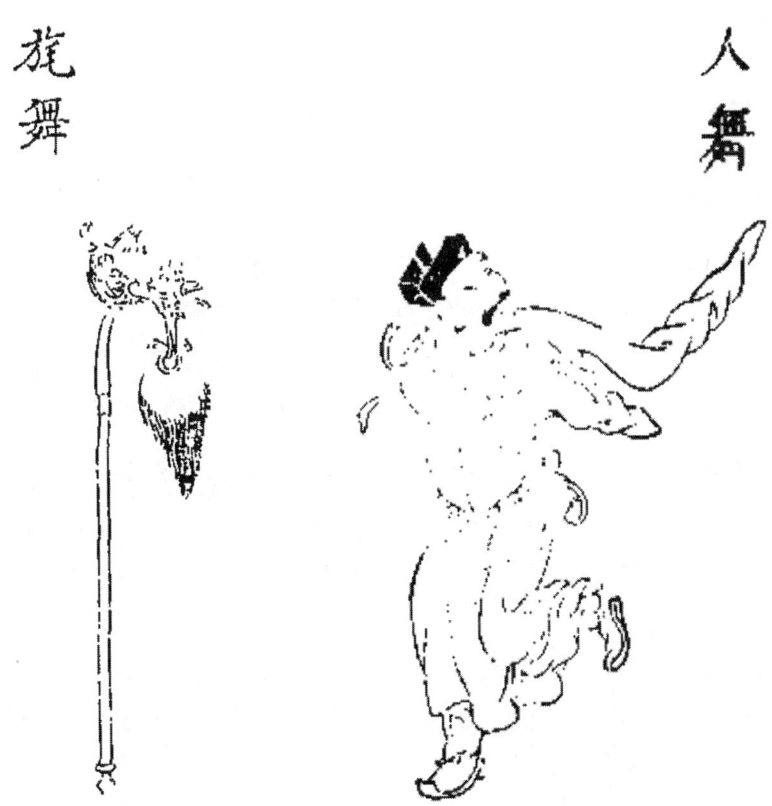

▸ **출처**: 『육경도(六經圖)』 5권 ; 『삼재도회(三才圖會)』「기용(器用)」 4권

孔疏 ●"胥鼓南". ○胥謂大胥, 南謂南夷之樂. 旄人教國子南夷樂之時, 大胥則擊鼓以節南樂, 故云"胥鼓南".

번역 ●經文: "胥鼓南". ○'서(胥)'는 '대서(大胥)'를 뜻하고, '남(南)'은 남이(南夷)의 음악을 뜻한다. 모인(旄人)이 국자(國子)들에게 남이의 음악을 가르칠 때, 대서는 북을 치며, '남' 음악의 속도를 조절한다. 그렇기 때문에 "대서는 '남'을 북으로 친다."라고 말한 것이다.

孔疏 ◎注"南南"至"不僭". ○正義曰: 鉤命決云: "東夷之樂曰昧, 南夷之樂曰南, 西夷之樂曰朱離, 北夷之樂曰禁南, 一名任." 明堂位云: "任, 南蠻之樂也." 云"胥掌以六樂之會, 正舞位"者, 證大胥所以鼓節南, 由正舞位, 故鼓之也. 云"旄人教夷樂"者, 證教南樂之人是旄人也. 引詩"以雅以南"者, 是小雅鼓鍾之詩, 刺幽王用樂不與德比, 故陳先王正樂以刺之. 教夷蠻者, 明王德化率來四夷, 言先王以萬舞之雅樂, 以四夷之南樂, 以籥舞之文樂, 進旅退旅, 則知三舞各得其所, 不有僭差. 引之者, 證此經之南, 擧南樂, 則四夷之樂皆敎之也.

번역 ◎鄭注: "南南"~"不僭". ○『구명결(鉤命決)』[66]에서는 "동쪽 오랑캐의 음악을 '매(昧)'라고 부르고, 남쪽 오랑캐의 음악을 '남(南)'이라고 부르며, 서쪽 오랑캐의 음악을 '주리(朱離)'라고 부르고, 북쪽 오랑캐의 음악을 '금남(禁南)'이라고 부르는데, 한편으로는 '임(任)'이라고도 부른다."라고 하였고, 『예기』「명당위(明堂位)」편에서는 "'임'은 남만(南蠻)의 음악이다."[67]라고 하였다. 정현이 "대서(大胥)는 육악(六樂)을 조화롭게 합주시키는 일을 담당하며, 무용의 동선을 바르게 한다."라고 하였는데, 이 말은 곧 대서가 북을 쳐서, '남'이라는 음악을 조절하게 되는데, 그 이유는 이러한 행위를 통해서, 무용수들의 위치를 바로잡게 된다. 그렇기 때문에 북을 치게 되는데, 이것이 바로 대서가 북을 치는 이유에 대해서 증명한 것이다. 정현이 "모인(旄人)은 오랑캐들의 음악을 가르친다."라고 하였는데, 이 말

66) 『구명결(鉤命決)』은 위서(緯書) 중 하나이다.
67) 『예기』「명당위(明堂位)」【400d】: 昧, 東夷之樂也. <u>任, 南蠻之樂也</u>.

은 곧 '남'이라는 악무(樂舞)를 가르치는 사람이 바로 '모인'임을 증명한 것이다. 정현이 『시』의 "아(雅)로써 하고, 남(南)으로써 한다."는 기록을 인용하였는데, 이 시는 「소아(小雅)·고종(鼓鍾)」편의 시로, 이 시의 내용은 유왕(幽王)이 음악을 사용한 것은 곧 덕(德)에 견줄 수 없다는 사실을 풍자한 것이다. 그렇기 때문에 선왕(先王)이 음악을 바로잡았다는 것을 기술하여, 유왕을 풍자한 것이다. 오랑캐의 음악을 국자들에게 가르치는 이유는 천자의 은덕이 교화를 이루어, 사방의 오랑캐들이 찾아와 복종하게 되었음을 드러내기 위해서이니, 선왕시대에는 만무(萬舞)를 출 때 아악(雅樂)을 사용했고, 사방 오랑캐들의 춤을 출 때에는 남악(南樂)을 사용하였다. 그리고 약무(籥舞)를 출 때에는 문악(文樂)을 사용하였는데, 무용수들로 하여금 무리를 지어 질서정연하게 나아가고 물러나게 하였으므로,[68] 이 세 가지 춤에서도 무용수들이 제각각 바른 위치를 잡도록 하여, 조금의 흐트러진 모습도 나타나지 않게끔 했었다는 사실을 짐작할 수 있다. 정현이 이러한 내용들을 인용한 이유는 이곳 경문에서 말하는 '남'이 바로 '남악'을 가리키므로, 사방 오랑캐들의 악무를 모두 국자들에게 가르쳤다는 사실을 증명하기 위해서이다.

訓纂 陳用之曰: 南, 所謂象箾·南籥. 夷樂, 固鞮鞻氏所掌, 非大胥·小胥之職也.

번역 진상도가 말하길, '남(南)'은 '상소(象箾)'와 '남약(南籥)'을 뜻한다. 오랑캐 음악에 대한 교육은 제루씨(鞮鞻氏)가 담당하였던 일이지,[69] 대서(大胥)와 소서(小胥)가 담당했던 직무가 아니었다.

---

68) 『예기』「악기(樂記)」【478a】: 今夫古樂, 進旅退旅. 和正以廣, 弦匏笙簧, 會守拊鼓, 始奏以文, 復亂以武, 治亂以相, 訊疾以雅.

69) 『주례』「춘관(春官)·제루씨(鞮鞻氏)」: 鞮鞻氏, 掌四夷之樂與其聲歌. 祭祀則吹而歌之燕亦如之.

訓纂 吳幼淸曰: 詩云"以雅以南", 謂詩之二雅·二南也. 胥鼓, 亦謂大胥以鼓, 而節二南之樂歌爾.

번역 오유청이 말하길,『시』에서 "아(雅)로써 하고, 남(南)으로써 한다." 라고 말한 것은『시』중에서 이아(二雅)[70]와 이남(二南)[71]을 뜻한다. '서고(胥鼓)'라는 말 또한 대서(大胥)가 북을 쳐서, '이남'의 음악과 노래를 조절한다는 사실을 뜻할 따름이다.

集解 愚謂: "小樂正"四句, 申上"學干戈"之事也. "胥鼓南", 申上"學羽·籥"之事也. 南, 卽羽·籥之舞也. 文王之文舞名南籥, 蓋歌二南之詩以奏之. 大胥於國子舞羽·籥之時, 則擊鼓以爲之節. 上言"小樂正學干", "籥師學戈", 則知學羽·籥者亦小樂正·籥師也. 下言"胥鼓南", 則知學干戈而大胥·籥師丞贊之者亦鼓也. 皆互見以相備也.

번역 내가 생각하기에, 위의 경문 중 '소악정(小樂正)'으로 시작되는 네 개의 구문은 위에 나온 "간(干)과 과(戈)를 가르친다."라는 일을 자세히 풀어준 말이다. 그리고 '서고남(胥鼓南)'이라는 구문은 위에 나온 "우(羽)와 약(籥)을 가르친다."라는 일을 자세히 풀어준 말이다. '남(南)'은 곧 '우'와 '약'을 들고 추는 춤이다. 문왕(文王)의 문무(文舞)를 남약(南籥)이라고 부르는데, 아마도 이남(二南)이라는 시(詩)를 노래 부르며, 그 음악을 연주했을 것이다. 대서(大胥)는 국자(國子)들에게 '우'와 '약'을 들고 추는 춤을 가르칠 때, 북을 울려서 그 음악을 조절하는 자이다. 앞의 문장에서는 "소악정은 간(干)에 대해서 가르친다."라고 기록하고, 또 "약사(籥師)는 과(戈)에 대해서 가르친다."라고 기록하였으니, '우'와 '약'에 대해 가르치는 자들 또한 소악정과 약사임을 알 수 있다. 아래 문장에서 "서(胥)가 남(南)을 북으로 친다."라고 하였으니, '간'과 '과'에 대해서 가르칠 때, 대서 및 약사승이 돕는다는 일 또한 북을 울리는 것임을 알 수 있다. 위의 문장들은 모두 상호

---

70) 이아(二雅)는『시』중 대아(大雅)와 소아(小雅)를 뜻한다.
71) 이남(二南)은『시』중 주남(周南)과 소남(召南)을 뜻한다.

간에 언급하지 않은 내용들을 서로 대비해서 이해해야만 한다.

集解 周禮樂師"掌教國子小舞. 凡舞, 有帗舞, 有羽舞, 有皇舞, 有旄舞, 有干舞, 有人舞", 不言戈籥者, 蓋舞以干·戈·羽·籥相配, 干舞兼戈, 羽舞兼籥也. 干舞, 亦謂之兵舞, 以干戈皆兵也. 舞師"兵舞, 舞山川之祭祀", 是也. 此不言帗舞皇舞之屬者, 蓋周禮因樂師教舞, 遂廣言舞之所用, 其實皇舞用於旱暵, 則司巫帥群巫之所舞, 旄舞則四夷舞者之所舞, 非盡所以教國子者也.

번역 『주례』「악사(樂師)」편에서는 "국자(國子)들에게 소무(小舞) 가르치는 일을 담당한다. 무릇 소무에는 불무(帗舞), 우무(羽舞), 황무(皇舞), 모무(旄舞), 간무(干舞), 인무(人舞)가 있다."[72]라고 하였는데, '과(戈)'와 '약(籥)'을 언급하지 않은 것은 아마도 '간(干)'과 '과', '우(羽)'와 '약'은 서로 짝이 되니, 간무에서는 '과'도 함께 사용하고, 우무에서는 '약'도 함께 사용했기 때문일 것이다. '간무'는 또한 '병무(兵舞)'라고도 부르는데, '간'과 '과'가 모두 병장기이기 때문이다. 『주례』「무사(舞師)」편에서 "병무를 가르쳐서, 산천(山川)에 대한 제사 때, 춤을 추게 하는 일을 담당한다."[73]라고 한 말이 바로 이러한 사실을 가리킨다. 이곳 「문왕세자」편에서는 '불무'나 '황무' 등의 춤들에 대해서 언급하지 않고 있는데, 그 이유는 아마도 『주례』에서 악사가 춤을 가르치는 내용 중, 춤의 쓰임에 대해서 자세히 언급하고 있기 때문일 것이다. 실제적으로 '황무'는 가뭄이 들었을 때 사용하는 것으로, 사무(司巫)가 '여러 무당[群巫]'들을 인솔하여 추게 하는 춤이다.[74] 그리고 '모무'는 사방 오랑캐의 무용수들이 추는 춤이니, 이들 모두를 국자(國子)들에게 교육시켰던 것은 아니다.

---

72) 『주례』「춘관(春官)·악사(樂師)」: 樂師, 掌國學之政, 以教國子小舞. 凡舞, 有帗舞, 有羽舞, 有皇舞, 有旄舞, 有干舞, 有人舞.

73) 『주례』「지관(地官)·무사(舞師)」: 舞師, 掌教兵舞, 帥而舞山川之祭祀.

74) 『주례』「춘관(春官)·사무(司巫)」: 司巫, 掌群巫之政令. 若國大旱, 則帥巫而舞雩.

【249d】

春誦, 夏弦, 大師詔之瞽宗. 秋學禮, 執禮者詔之, 冬讀書, 典書者詔之, 禮在瞽宗, 書在上庠.

직역 春에 誦하고, 夏에 弦하되, 大師가 瞽宗[75]에서 詔한다. 秋에 禮를 學하니, 執禮者가 詔하고, 冬에 書를 讀하니, 典書者가 詔하되, 禮는 瞽宗에서 하고, 書는 上庠에서 한다.

의역 태학(太學)의 교육에 있어서, 봄에는 국자(國子)들에게 노랫말을 암송하도록 가르치고, 여름에는 현악기로 음악을 연주하게 하되, 이러한 일들 모두는 대사(大師: =太師)가 고종(瞽宗)에서 가르친다. 가을에는 예(禮)를 가르치니, '예제(禮制)를 담당하는 자[執禮者]'가 가르치고, 겨울에는 글을 읽게 하니, '서적을 담당하는 자[典書者]'가 가르치되, 예는 고종에서 가르치고, 글은 상상(上庠)에서 가르친다.[76]

集說 誦, 口誦歌樂之篇章也. 弦, 以琴瑟播被詩章之音節也. 皆大師詔告之. 瞽宗, 殷學名; 上庠, 虞學名. 周有天下, 兼立虞夏殷周之學也.

번역 '송(誦)'은 노랫말이 적힌 편들을 입으로 암송하게 하는 것이다. '현(弦)'은 노랫말에 따른 음악을 금슬(琴瑟) 등으로 연주하는 것이다. 이들 모두는 대사(大師)가 가르친다. '고종(瞽宗)'은 은(殷)나라 때의 학교 명칭이고, '상상(上庠)'은 우(虞) 때의 학교 명칭이다. 주(周)나라는 천하를 통일하고서, 우, 하(夏), 은, 주 때의 학교를 태학(太學)이라는 건물군에 함께 건립하였다.

---

75) 경문의 '대사조지고종(大師詔之瞽宗)'에서, '고종(瞽宗)'은 앞뒤 문맥으로 따져봤을 때, 잘못 삽입된 글자로 판단하여, 해석을 생략할 수도 있다.

76) 경문의 '예(禮)'와 '서(書)'를 『예(禮)』와 『서(書)』로 해석하기도 한다.

그림 3-13 금(琴)

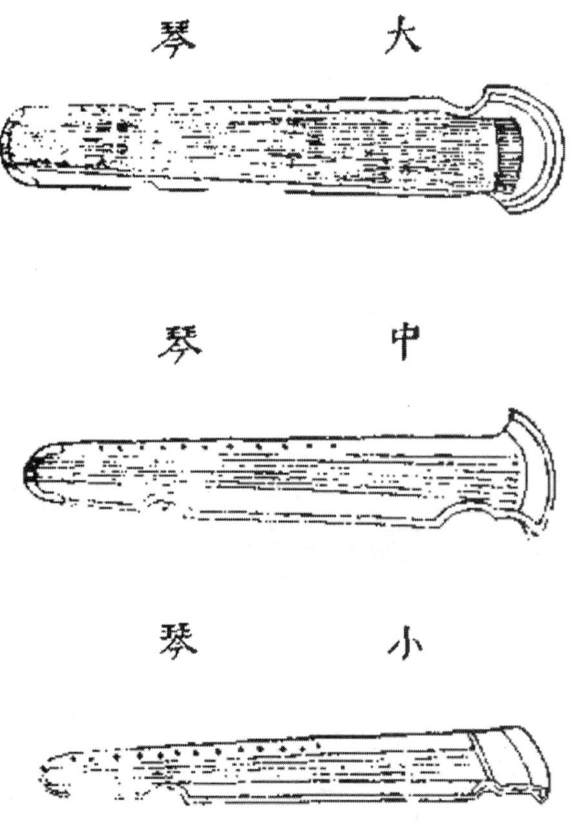

▸ **출처**: 『삼재도회(三才圖會)』「기용(器用)」 3권

그림 3-14 슬(瑟)

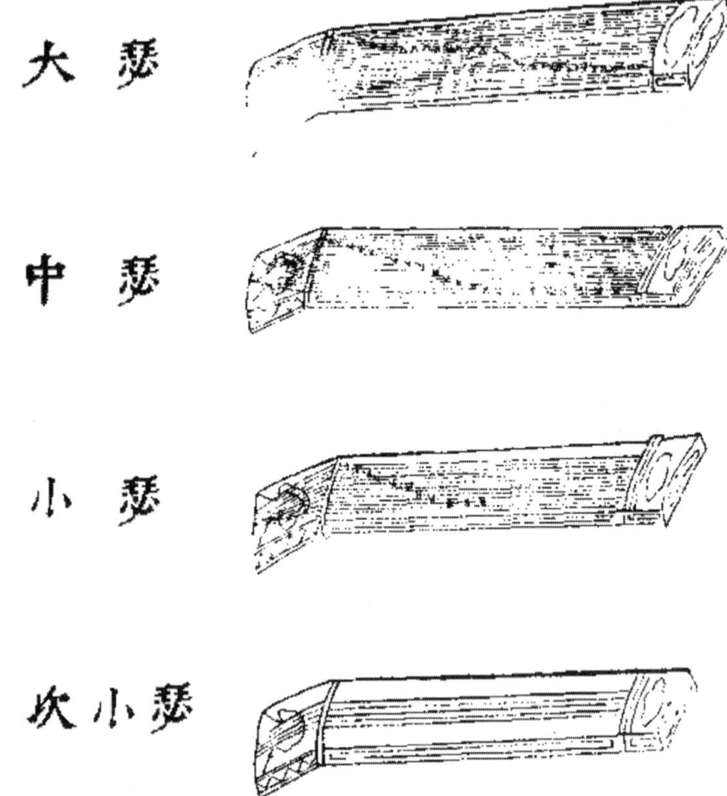

▸ **출처**: 『삼재도회(三才圖會)』「기용(器用)」 3권

大全 長樂劉氏曰: 春者, 陽氣宣吐以生萬物也, 故宜誦以宣其中和之聲焉. 夏者, 陽氣盛大以壯萬物也, 故宜弦以極其純粹之致焉. 皆太師之職, 以教國子者也.

번역 장락유씨가 말하길, 봄에는 양기(陽氣)가 솟아 나와서, 만물들을 태어나게 한다. 그렇기 때문에 마땅히 입으로 암송을 하며, 양기가 중화(中和)의 작용을 하는 소리를 펼치게 하는 것이다. 여름에는 양기가 성대해져서, 만물들을 장성하게 한다. 그렇기 때문에 마땅히 현악기를 연주하여, 양기가 순수하게 되는 작용을 지극하게 만드는 것이다. 이들 모두는 태사(太師)의 직무로, 이러한 뜻에서 국자(國子)들을 가르치는 것이다.

大全 嚴陵方氏曰: 誦者, 人也; 弦者, 絲也. 人之事, 始於東, 絲之音, 屬於南, 故誦以春而弦以夏. 禮者, 體也, 書者, 事也. 體之文, 成於西, 事之質, 辨於北, 故禮以秋而書以冬. 此又其別也. 太師則樂工之所師而爲大者也, 而樂以陽爲主, 故以之詔弦誦焉. 執禮者, 詔禮, 典書者, 詔書, 亦各以其類也. 於禮言學, 於書言讀者, 皆學而讀之.

번역 엄릉방씨가 말하길, 암송하는 것은 사람이 하는 것이고, 현악기를 연주할 때에는 현이 소리를 내는 것이다. 사람의 일상사는 동쪽에서 시작하고, 현의 소리는 방위로 따지면 남쪽에 해당한다. 그렇기 때문에 동쪽에 해당하는 봄에 암송을 하고, 남쪽에 해당하는 여름에 현악기를 연주하는 것이다.[77] 예는 '근본[體]'이 되고, 책은 '활용[事]'이 된다. 체(體)의 '문채[文]'는 서쪽에서 완성되고, 사(事)의 '바탕[質]'은 북쪽에서 분별된다. 그렇기 때문에 서쪽에 해당하는 가을에 예를 익히고, 북쪽에 해당하는 겨울에 책을 읽는 것이다. 이러한 교육 방침 또한 각 계절에 따른 구분이다. 태사(太師)는 악공(樂工)을 통솔하는 자들 중에서도 지위가 가장 높은 자가 되고, 음악은 양기(陽氣)를 위주로 하는 것이다. 그렇기 때문에 그가 현악기

77) 방위와 사계절을 분류하면, 봄은 동쪽, 여름은 남쪽, 가을은 서쪽, 겨울은 북쪽이 된다.

를 연주하는 일과 암송하는 일을 가르치는 것이다. 예제(禮制)를 담당하는 자가 예를 가르치고, 서적을 담당하는 자가 독서를 가르치는 것 또한 각각 그 동일한 부류로써 맡게 한 것이다. 예에 대해서 배울 때에는 "배운다.[學]"라고 말하고, 서(書)에 대해서는 "읽는다.[讀]"라고 말하였지만, 이 둘 모두는 배우고 읽는 것들이다.

大全 長樂陳氏曰: 此言春誦·夏弦·秋學禮·冬讀書, 王制言春秋教以禮樂, 冬夏教以詩書者, 言書禮, 則知誦之爲詩·弦之爲樂, 言弦誦, 則知禮之爲行·書之爲事也. 蓋春秋陰陽之中, 而禮樂皆欲其中, 故以二中之時教之. 凡此合而教之也. 分而教之, 則誦詩以春, 弦樂以夏, 學禮以秋, 讀書以冬.

번역 장락진씨가 말하길, 이 문장에서는 봄에 노랫말을 암송하고, 여름에 현악기를 연주하며, 가을에 '예(禮)'를 배우고, 겨울에 '서(書)'를 읽는다고 말하였다. 그런데 『예기』「왕제(王制)」편에서는 봄과 가을에 '예'와 '악(樂)'을 가르치고, 겨울과 여름에 '시(詩)'와 '서'를 가르친다고 하였다.[78] 따라서 국자(國子)들이 익혀야 하는 것은 '시'·'서'·'예'·'악' 이 네 가지가 된다. 그리고 「왕제」편에서 '서'와 '예'를 말하였으므로, 「문왕세자」편에서 암송한다는 것은 곧 '시'를 익히는 것이 되고, 연주한다는 것은 곧 '악'을 익히는 것이 된다는 사실을 알 수 있다. 또한 「문왕세자」편에서는 '악'과 '시'의 실습인 '현(弦)'과 '송(誦)'을 말하였으므로, '예'가 '행(行)'이 되고, '서'가 '사(事)'가 된다는 사실을 알 수 있다. 무릇 봄과 가을은 음기(陰氣)와 양기(陽氣)가 중도를 이루는 계절인데, '예'와 '악'은 모두 중도를 추구하는 것들이다. 그렇기 때문에 두 중도가 이루어지는 계절에, 이것들을 가르치는 것이다. 무릇 여기에서 말하는 교과목들은 모두 한꺼번에 가르친다. 만약 각각을 나누어서 가르친다면, 암송과 '시'는 봄에 가르치고, 현악기를 연주하는 것과 '악'은 여름에 가르치며, '예'를 가르치는 것은 가을에 하고, '서'를 읽히

---

78) 『예기』「왕제(王制)」【168b】: 樂正, 崇四術, 立四教, 順先王詩書禮樂, 以造士. 春秋, 教以禮樂, 冬夏, 教以詩書.

는 것은 겨울에 하게 된다.

大全 馬氏曰: 禮由陰作, 而秋者萬物之所斂而亦陰也, 故秋學禮. 書以道事, 而冬者萬物之所藏而亦事也, 故冬讀書. 又曰: 春夏學干戈, 秋冬學羽籥者, 在於大學也. 王制曰, "春秋敎以禮樂, 冬夏敎以詩書"者, 亦在大學也, 故敎之以詩書禮樂, 則未嘗不敎之以干戈羽籥也. 此所以互見之也.

번역 마씨[79]가 말하길, '예(禮)'는 '음(陰)'으로부터 만들어진 것이며,[80] 가을은 만물이 수렴되는 계절이니, 또한 '음'에 해당한다. 그렇기 때문에 가을에 '예'를 가르치는 것이다. '서(書)'는 '사(事)'를 말하는 것이며,[81] 겨울은 만물이 보관되는 계절이니, 또한 '사'에 해당한다. 그렇기 때문에 겨울에 '서'를 읽히는 것이다. 또 말하길, 봄과 여름에 '간(干)'과 '과(戈)'를 가르치고, 가을과 겨울에 '우(羽)'와 '약(籥)'을 가르치는 일들은 태학(太學)에서 시행한다. 『예기』「왕제(王制)」편에서 "봄과 가을에 '예'와 '악(樂)'을 가르치고, 겨울과 여름에 '시(詩)'와 '서'를 가르친다."라고 말한 것 또한 태학에서 시행한다. 그렇기 때문에, 시·서·예·악을 가르치게 되면, 일찍이 간·과·우·약을 가르치지 않은 적이 없었던 것이다. 이 문장들은 서로 언급하지 않은 내용들을 보완해서 나타내고 있다.

鄭注 誦謂歌樂也. 弦謂以絲播詩. 陽用事, 則學之以聲. 陰用事, 則學之以事. 因時順氣, 於功易成也. 周立三代之學, 學書於有虞氏之學, 典謨之敎所興也. 學舞於夏后氏之學, 文武中也. 學禮樂於殷之學, 功成治定, 與己同也.

번역 '송(誦)'은 노랫말을 부른다는 뜻이다. '현(弦)'은 현악기로 『시(詩)』

---

79) 마씨(馬氏, ?~?) : =마희맹(馬晞孟). 자(字)는 언순(彦醇)이다. 『예기해(禮記解)』를 찬술했다.

80) 『예기』「교특생(郊特牲)」【319c】: 樂由陽來者也, 禮由陰作者也, 陰陽和而萬物得.

81) 『장자(莊子)』「천하(天下)」: 詩以道志, 書以道事, 禮以道行, 樂以道和, 易以道陰陽, 春秋以道名分.

를 연주하는 것이다. 양기(陽氣)가 '주관[用事]'[82]을 하게 되면, 소리와 관련된 과목을 가르친다. 음기(陰氣)가 주관을 하게 되면, 구체적 일과 관련된 과목을 가르친다. 계절에 따라서 그 기운에 순응하게 되면, 공적을 쉽게 이루게 된다. 주(周)나라는 삼대(三代)의 학교를 태학(太學) 건물군에 함께 건립하여, 유우씨(有虞氏) 때의 학교에서 『서(書)』를 가르쳐서, 전모(典謨)[83]의 교훈이 흥성하게 되었다. 하후씨(夏后氏) 때의 학교에서 춤을 가르쳐서, '문예와 무예[文武]'가 중도를 이루게 되었다. 은(殷)나라 때의 학교에서 『예(禮)』·『악(樂)』을 가르쳐서, 공적이 이루어지고 정사가 안정되는 일들이 자신[84]과 함께 하게 되었다.

釋文 大音太, 下文注"大樂正"·"大學"·"大傅"·"大祖"·"大寢" 皆同. 瞽音古, 瞽宗, 殷學名. 庠音詳, 上庠, 虞學名. 播, 波我反. 易, 以豉反.

번역 '大'자의 음은 '太(태)'이며, 아래 문장 및 정현의 주에 나오는 '大樂正'·'大學'·'大傅'·'大祖'·'大寢'에서의 '大'자들도 모두 그 음이 이와 같다. '瞽'자의 음은 '古(고)'이며, '瞽宗'은 은(殷)나라 때의 학교 명칭이다. '庠'자의 음은 '詳(상)'이며, '上庠'은 우(虞) 때의 학교 명칭이다. '播'자는 '波(파)'자와 '我(아)'자의 반절음이다. '易'자는 '以(이)'자와 '豉(시)'자의 반절음이다.

孔疏 ◎注"誦謂"至"同也". ○正義曰: 誦謂歌樂者, 謂口誦歌樂之篇章, 不

---

82) 용사(用事)는 주관한다는 뜻이다. 『전국책(戰國策)』「진책삼(秦策三)」편에는 "今秦太后穰侯用事, 高陵涇陽佐之."라는 용례가 있고, 『포박자(抱朴子)』「심거(審擧)」편에도 "靈獻之世, 宦用事, 群姦秉權."이라는 용례가 있다.

83) 전모(典謨)는 『서(書)』에 포함된 「요전(堯典)」, 「순전(舜典)」, 「대우모(大禹謨)」, 「고요모(皐陶謨)」 등의 편들을 총칭하는 말이다.

84) 이 문장에서의 '자신[己]'은 정치의 주체가 되는 제왕 및 주요 직위자들을 뜻한다. 이들은 모두 태학(太學)에서 수학을 하였고, 이들이 배운 『예(禮)』와 『악(樂)』이 국가적 차원에서 중흥하게 되는 것은 전적으로 이들에게 달려있다. 그리고 은(殷)나라와 주(周)나라는 모두 혁명을 통해 국가를 이룩한 나라이므로, 이들의 활동에 따라 국가의 중흥이 결정된다고 표현하게 된 것이다.

以琴瑟歌也. 云"絃謂以絲播詩"者, 謂以琴瑟播彼詩之音節, 詩音則樂章也. 若學舞之時, 春夏學干戈而用動, 秋冬學羽籥而用靜, 皆據年二十升於大學者. 若其未升大學之時, 則春誦夏弦, 在殷之瞽宗也. 云"陽用事則學之以聲", 春夏是陽, 陽主淸輕, 故學聲, 聲亦淸輕. 云"陰用事則學之以事", 秋冬屬陰, 陰主體質, 故學事, 事亦體質. 因四時所宜, 順動靜之氣, 於學功業易成也. 云"周立三代之學"者, 謂立虞·夏·殷學也. 其虞之學制在國, 兼在西郊, 郊則周之小學也. 夏·殷之學亦在國. 而鄭注儀禮云"周立四代之學於國"者, 合周家爲言耳, 故與此注不同. 夏后氏之學在上庠, 卽周之大學, 爲夏之制也. 云"學書於虞氏之學, 典謨之教所興也"者, 虞書有典有謨, 故就其學中而教之, 則周之小學也. 云"學舞於夏后氏之學, 文武中也", 夏后氏上受舜禪, 是文; 下有湯伐, 是武. 以此二者之間, 故云"文武中", 以兼有文舞武舞故也. 云"學禮樂於殷之學, 功成治定, 與己同也"者, 以湯伐桀, 武王伐紂, 殷·周革命, 事類相似, 故云"功成治定, 與己同也". 先師以爲三代學, 皆立大學小學. 今按下養老於東序, 是周之大學, 夏之東序也. 又王制云"養老於虞庠", 是周之小學爲虞庠也. 又此學虞學也, 學舞於夏學, 學禮於殷學. 若周別有大學小學, 更何所教也?

번역 ◎鄭注: "誦謂"~"同也". ○정현이 "'송(誦)'은 노랫말을 부르는 것이다."라고 하였는데, 이 말은 곧 노랫말이 적힌 편과 장절들을 입으로 암송한다는 뜻이니, 금슬(琴瑟) 등으로 연주하는 것은 포함되지 않는다. 정현이 "'현(絃)'은 현악기로 『시(詩)』를 연주하는 것이다."라고 하였는데, 이 말은 곧 금슬 등으로 『시』의 음절들을 연주한다는 뜻으로, 『시』가 '음(音)'으로 구분된다면, 『악(樂)』은 '장(章)'으로 구분된다. 만약 춤을 가르칠 때라면, 봄과 여름에는 '간(干)'과 '과(戈)'에 대한 춤을 가르치면서, 활동적인 것을 위주로 하고, 가을과 겨울에는 '우(羽)'와 '약(籥)'에 대한 춤을 가르치면서, 정적인 것을 위주로 하니, 이것들은 모두 나이가 20세가 된 자들이 태학(太學)에 들어가서 배우는 교과목을 기준으로 설명한 것이다. 아직 나이가 차지 않아서 태학에 들어가지 못했을 때라면, 은(殷)나라 때의 학교인 고종(瞽宗)에서 교육을 받되, 봄에는 '송'을 익히고, 여름에는 '현'을 익히게 된다. 정현이 "양기(陽氣)가 주관을 하게 되면, 소리로 가르친다."라고 하였는데, 음양(陰陽)으로 따진다면, 봄과 여름은 양(陽)에 해당하고, 양기는 맑고 가벼운 것을 위주로 한다. 그러므로 소리를 가르치는 것인데, 소리의 성질 또한 맑고 가볍기 때문이다. 정현이 "음기(陰氣)가 주관을 하게 되면, 일로 가르친다."라고 하였는데, 음양으로 따진다면, 가을과 겨울은 음(陰)에 해당하고, 음기는 본체와 질박한 것을 위주로 한다. 그러므로 일을 가르치는 것인데, 일 또한 근간이 되고 질박한 것에 해당하기 때문이다. 교육을 시킬 때 사계절마다 합당한 것에 따르는 이유는 각 계절마다의 활동적이거나 또는 정숙한 기운들에 따라야만, 가르치는 일에 있어서도 공업을 쉽게 이룰 수 있기 때문이다. 정현이 "주(周)나라는 삼대(三代)의 학교를 건립하였다."라고 하였는데, 이 말은 주나라의 태학 건물군 안에 우(虞)·하(夏)·은(殷) 삼대의 학교를 함께 건립하였다는 뜻이다. 우 때의 학제에서는 태학을 국성(國城) 안에 건립하였고, 아울러 '서쪽 교외[西郊]'에도 학교를 건립하였으니, 교외에 설치된 학교는 주나라의 소학(小學)에 해당한다. 하나라와 은나라 때에도 태학을 국성 안에 건립하였다. 그런데 『의례(儀禮)』에 대한 정현의 주에서는 "주나라는 국성에 네 왕조의 학교를 건립하였다."라고 말하였는데, 네 왕조는 곧 우·하·은 삼대에 주나라 까지도 포함시켜서 말을 한 것일 뿐이다. 따라서 이곳의 주(注)와 표면적인 차이를 보이는 것이다. 하후씨(夏后氏) 때의 학교는 국성 안의 오른쪽에 해당하는 상상(上庠)에 두었으니, 이것은 곧 주나라 때의 태학도 하나라 때의 학제에 따른 것을 나타낸다. 정현이 "유우씨(有虞氏) 때의 학교에서 『서(書)』를 가르치니, 전모(典謨)의 교훈이 흥성하게 되었다."라고 하였는데, 『서』의 「우서(虞書)」 부분에는 「요전(堯典)」·「순전(舜典)」 등의 '전(典)'들이 있고, 「고요모(皐陶謨)」·「대우모(大禹謨)」와 같은 '모(謨)'들이 있다. 그렇기 때문에 「우서」의 시대에 해당하는 유우씨 때의 학교에서, 이것들을 가르치게 된 것이니, 이 학교는 주나라 때의 소학에 해당한다. 정현이 "하후씨 때의 학교에서 무(舞)를 가르치니, 문무(文武)가 중도를 이루게 되었다."라고 하였는데, 하후씨 왕조는 위로는 순(舜)임금이 선양한 제위(帝位)를 물려받았으니, 이것이 '문(文)'에 해당하는 것이며, 아래로는 탕(湯)임금의 정벌이 있었으니, 이것이 '무(武)'에 해당한다. 따라서 이 두 일의 중간이 되기 때문에, "문무가 중도를 이룬다."라고 말한 것이며, 아울러 문무(文舞)와 무무(武舞)를 함께 가르쳤기 때문에, 이처럼 표현한 것이다. 정현이 "은나라 때의 학교에서 『예(禮)』·『악』을 가르치니, 공적이 이루어지고 정사가 안정되는 일들이 자신과 함께 하게 되었다."라고 하였는데, 탕임금이 걸(桀)을 정벌하고, 무왕(武王)이 주(紂)를 정벌하였으니, 은나라와 주나라는 혁명을 하였다는 측면에서, 그 사안이 서로 비슷하다. 그렇기 때문에 "공적이 이루어지고 정사가 안정되는 일들이 자신과 함께 하게 되었다."라고 말한 것이다. 선사(先師)들은 이러한 학교들을 삼대 때의 학교라고 여기고, 모두들 태학과 소학을 별도로 건립하였다고 여겼다. 그런데 「문왕세자」편의 아래 문장에서 "동서(東序)에서 노인을 봉양하였다."라고 한 기록을 살펴보니, 주나라 때의 태학은 하나라 때의 동서에 해당하는 것이다. 또 『예기』「왕제(王制)」편에서 "우상(虞庠)에서 노인을 봉양한다."[85]라고 하였으니, 이 기록은 곧 주나라 때의 소학이 우상에 해당한다는 사실을 나타낸다. 그리고 이곳에서는 우 때의 학교에서 『서』를 가르친다고 하였고, 하나라 때의 학교에서 춤을 가르친다고 하였으며, 은나라 때의 학교에서 『예』를 가르친다고 하였다. 만약 주나라의 학제에서 위의 학교들 이외에 별도로 태학과 소학을 두었다면, 그곳에서 무엇을 가르쳤겠는가? 그러므로 위의 기록에 학교 명칭들이 나열된 것은 주나라 때 태학과 소학 이외에 별도의 다른 학교들이 있었다는 말이 아니라, 태학과 소학을 다른 명칭으로 불렀던 것일 뿐이다.

訓纂 釋詁: 詔, 道也.

번역 『이아』「석고(釋詁)」편에서 말하길, '조(詔)'자는 "인도하다[道]."라는 뜻이다.[86]

---

85) 『예기』「왕제(王制)」【179a~b】: 周人, 養國老於東膠, 養庶老於虞庠, 虞庠在國之西郊.

86) 『이아』「석고(釋詁)」: 詔·亮·左·右·相, 導也.

集解 誦, 謂誦詩也. 弦, 以絲播其詩也. 周禮大師教六詩, "以六德爲之本, 以六律爲之音." 執, 持也. 典, 主也. 周禮大司樂之屬, 無教書·禮之事, 執禮·典書, 蓋以他官之習於書·禮者充之, 使之入教於國學也. 瞽宗, 殷學也. 瞽, 大師也. 宗, 尊也. 殷學以祀先賢, 而三時釋奠, 大師首行其禮, 故曰瞽宗. 上庠, 有虞氏之學也.

번역 '송(誦)'은 『시(詩)』를 암송한다는 뜻이다. '현(弦)'은 현악기로 그 『시』들을 연주하는 것이다. 『주례』의 기록에서 태사(太師)는 육시(六詩)[87]를 가르치면서, "육덕(六德)[88]으로 육시의 근본을 삼고, 육률(六律)[89]로 육시의 음(音)을 삼는다."[90]라고 하였다. '집(執)'자는 "지키다[持]."는 뜻이다. '전(典)'자는 "주관하다[主]."라는 뜻이다. 『주례』에 나온 대사악(大司樂)의 하위 관리들 중에는 『서(書)』와 『예(禮)』를 가르치는 일을 담당하는 자가 없었으므로, '집례자(執禮者)'와 '전서자(典書者)'는 아마도 다른 관부의 관리들 중에서, 『서』와 『예』를 익힌 자들로 충당하여, 그들로 하여금 국학(國學)에 가서 가르치도록 했을 것이다. '고종(瞽宗)'은 은(殷)나라 때의 학교 명칭이다. '고(瞽)'자는 '큰 스승[大師]'이라는 뜻이다. '종(宗)'자는 "존귀하다[尊]."는 뜻이다. 은나라 때의 학교에서는 선현(先賢)들에게 제사를 지냈으며, 세 계절 동안 석전(釋奠)을 올렸는데, 대사(大師)들 중의 수장이 그 의식을 집행하였다. 그렇기 때문에 '고종'이라고 부르는 것이다. '상상(上庠)'은 유우씨(有虞氏) 때의 학교 명칭이다.

---

87) 육시(六詩)는 육의(六義)와 같은 말로, 한시(漢詩)의 여섯 가지 문체(文體)를 뜻한다. 여섯 가지 문체는 풍(風), 부(賦), 비(比), 흥(興), 아(雅), 송(頌)이다.

88) 육덕(六德)은 여섯 가지 도리를 뜻한다. 여섯 가지 도리는 지(知), 인(仁), 성(聖), 의(義), 중(忠), 화(和)이다.

89) 육률(六律)은 12율(律) 중 양률(陽律)에 해당하는 황종(黃鐘), 태주(大簇), 고선(姑洗), 유빈(蕤賓), 이칙(夷則), 무역(無射)을 가리키는 용어이다. 이 문장에서는 12율과 같은 의미로 사용되었다.

90) 『주례』「춘관(春官)·대사(大師)」: 敎六詩, 曰風, 曰賦, 曰比, 曰興, 曰雅, 曰頌. 以六德爲之本. 以六律爲之音.

集解 劉氏敞曰: 周立四代之學, 謂一處並建四學, 辟廱居中, 其北爲有虞氏之學, 其東爲夏后氏之學, 其西爲殷人之學. 學干戈羽籥者就東序, 學禮者就瞽宗, 學書者就虞庠, 其辟廱, 惟天子出師·成謀·受俘·大射就焉. 當天子至辟廱, 則三學之人環水而觀矣.

번역 유창[91]이 말하길, "주(周)나라가 네 왕조의 학교를 건립하였다."는 말은 한 장소에 네 개의 학교를 함께 건립하였다는 뜻으로, '벽옹(辟廱: =辟雍)'[92]은 그 가운데 위치하였고, '벽옹'의 북쪽에는 유우씨(有虞氏) 때의 학교가 위치하였으며, 그 동쪽에는 하후씨(夏后氏) 때의 학교가 위치하였고, 그 서쪽에는 은대(殷代)의 학교가 위치하였다. 간(干)·과(戈)·우(羽)·약(籥)을 가르칠 때에는 동서(東序)에 가서 하였고, 『예(禮)』를 가르칠 때에는 고종(瞽宗)에 가서 하였으며, 『서(書)』를 가르칠 때에는 우상(虞庠)에 가서 하였다. 그리고 이 네 학교 건물 중 '벽옹'은 오직 천자가 군대를 출병시키거나, 전쟁에서 이길 수 있는 계책을 짜거나, 포로를 바칠 때나, 대사례(大射禮)를 시행할 때에만 가는 곳이다. 천자가 '벽옹'에 도착하게 되면, 나머지 세 학교에 있던 사람들은 벽옹을 두르고 있는 물길을 따라 둘러서서, 천자를 뵙게 된다.

集解 愚謂: 學之名, 散見於經記, 先儒之說不同, 惟劉氏最有條理. 周立四代之學, 辟廱·上庠·東序·瞽宗, 皆大學也. 辟廱一名成均. 詩言"鎬京辟廱", 而大司樂言"掌成均之法, 以治建國之學政", 知辟廱·成均並爲周代之大學, 異名而同實也. 東序一名東膠. 王制言"養國老於東膠", 文王世子言"養老於東

91) 유창(劉敞, A.D.1019~A.D.1068) : =공시선생(公是先生)·유원보(劉原父). 북송(北宋) 때의 경학자이다. 자(字)는 원보(原父)이다. 유학뿐만 아니라 불교와 도교에 대해서도 연구하였고, 천문(天文), 지리(地理) 등의 방면에도 조예가 깊었다.

92) 벽옹(辟廱)은 벽옹(辟雍)과 같은 말이다. 천자의 국성(國城)에 있는 태학(太學)을 지칭한다. '벽(辟)'자는 밝다는 뜻이고, '옹(雍)'자는 조화롭다는 뜻이다. '벽옹'은 천자가 이곳을 통해 천하의 모든 사람들을 밝고 조화롭게 만든다는 뜻이다. 참고로 제후국에 있는 태학은 반궁(頖宮: =泮宮)이라고 부른다.

序", 知東序·東膠一也. 瞽宗一名西學. 大司樂"死則以爲樂祖, 祭于瞽宗", 祭義"祀先賢於西學", 知瞽宗·西學一也. 東序·瞽宗·上庠爲教學之所, 而辟廱則天子之所視學而行禮. 魯頌言"在泮獻馘", "在泮獻囚". 魯四學, 而頖宮當天子之辟廱, 則天子之受成獻俘在辟廱矣. 穀梁傳言"習射於澤宮", 詩言"振鷺于飛, 于彼西廱", 毛傳云"廱, 澤也." 是澤宮卽辟廱, 則天子大射在辟廱矣. 周鄕之學名庠, 孟子曰"周曰庠", 鄕飮酒義"主人拜迎賓於庠門之外", 是也. 州·黨之學皆名序, 州長"春秋以禮會民而射于州序", 黨正"國索鬼神而祭祀, 則以禮屬民而飮酒于序", 是也. 家塾所升者, 敎於黨之序; 黨所升者, 敎於州之序; 州所升者, 敎於鄕之庠. 鄕大夫之賓賢能, 皆取諸鄕學, 其尤俊異者, 乃升於大學而敎之.

번역 내가 생각하기에, 학교의 명칭에 대해서는 경문(經文)과 각종 기록 속에 여기 저기 흩어져 나타나고, 그것에 대해 설명하는 선대 유학자들의 주장도 일치하지 않는다. 그러나 그 중에서 유창(劉敞)의 주장만이 가장 조리가 있다. 주(周)나라는 네 왕조의 학교를 건립하였는데, '벽옹(辟廱)', '상상(上庠)', '동서(東序)', '고종(瞽宗)'이라는 학교들은 모두 태학(太學)의 건물군에 속한 학교들이므로, 이 학교들은 곧 태학을 가리킨다. '벽옹'은 '성균(成均)'이라고도 부른다. 『시(詩)』에서는 '호경(鎬京)[93]의 벽옹'[94]이라고 하였고, 『주례』「대사악(大司樂)」편에서는 "'성균'의 법도를 담당하여, 이로써 나라의 학제를 세우고 다스린다."[95]라고 하였으니, '벽옹'과 '성균'은 모두 주나라의 태학이 되며, 명칭은 다르지만 실질적으로는 같은 곳임을 알 수 있다. '동서'는 '동교(東膠)'라고도 부른다. 『예기』「왕제(王制)」편에서는 "'동교'에서 국로(國老)를 봉양한다."[96]라고 하였고, 「문왕세자」편

---

93) 호경(鎬京)은 서주(西周)의 도읍 이름이다. 주(周)의 무왕(武王)이 은(殷)나라를 멸망시킨 이후 이곳으로 도읍을 옮겼다. 종주(宗周)라고도 부르고, 서도(西都)라고도 부른다.

94) 『시』「대아(大雅)·문왕유성(文王有聲)」: 鎬京辟廱, 自西自東. 自南自北, 無思不服. 皇王烝哉.

95) 『주례』「춘관(春官)·대사악(大司樂)」: 大司樂, 掌成均之法, 以治建國之學政, 而合國之子弟焉.

96) 『예기』「왕제(王制)」【179a~b】: 周人, 養國老於東膠, 養庶老於虞庠, 虞庠在國之

에서는 "'동서'에서 노인을 봉양한다."라고 하였으니, '동서'와 '동교'가 같은 곳임을 알 수 있다. '고종'은 '서학(西學)'이라고도 부른다. 「대사악」편에서는 "도(道)를 깨우쳤거나 덕(德)이 있는 자가 죽게 되면, 그를 악(樂)의 시조(始祖)로 삼아서, '고종'에서 제사를 지낸다."[97]라고 하였고, 『예기』「제의(祭義)」편에서는 "'서학'에서 선현(先賢)들을 제사지낸다."[98]라고 하였으니, '고종'과 '서학'이 같은 곳임을 알 수 있다. '동서', '고종', '상상'은 가르치고 배우는 장소이며, '벽옹'은 천자가 시학(視學)하여, 의례를 시행하던 장소이다. 『시』「노송(魯頌)」편에서 "'반궁(泮宮)'[99]에서 포로의 왼쪽 귀를 바친다."라고 하였고, 또 "'반궁'에서 죄수를 바친다."라고 하였다.[100] 노(魯)나라에는 네 개의 학교 건물들이 있었고, 그 중에서 '반궁(頖宮: =泮宮)'은 천자에게 있는 '벽옹'에 해당하므로, 천자는 계책을 받고, 포로를 바치던 일을 '벽옹'에서 하였던 것이다. 『곡량전(穀梁傳)』에서는 "'택궁(澤宮: =射宮)'에서 활쏘기를 익혔다."[101]라고 하였고, 『시』에서는 "백로가 떼를 지어 날아가니, 저 '서옹(西雝)'에서 날아가는구나."[102]라고 하였고, 모전(毛傳)에서는 "'옹(雝)'자는 택(澤)이다."라고 하였다. 그러므로 '택궁'은 곧 '벽옹'이 되니, 천자는 '벽옹'에서 대사례(大射禮)를 했던 것이다. 주나라 행정조직 중 향(鄕)[103]에 있었던 학교를 '상(庠)'이라고 불렀으니, 맹자(孟子)가

西郊.

97) 『주례』「춘관(春官)·대사악(大司樂)」: 凡有道者有德者, 使敎焉, 死則以爲樂祖, 祭於瞽宗.

98) 『예기』「제의(祭義)」【570b】: 祀先賢於西學, 所以敎諸侯之德也.

99) 반궁(泮宮)은 반궁(頖宮)과 같은 뜻으로, 제후국에 있는 태학(太學)을 말한다. 『시』「노송(魯頌)·반수(泮水)」편에는 "明明魯侯, 克明其德. 旣作泮宮, 淮夷攸服."이라는 용례가 있다.

100) 『시』「노송(魯頌)·반수(泮水)」: 明明魯侯, 克明其德. 旣作泮宮, 淮夷攸服. 矯矯虎臣, 在泮獻馘. 淑問如皐陶, 在泮獻囚.

101) 『춘추곡량전』「소공(昭公) 8년」: 其餘與士衆, 以習射於射宮.

102) 『시』「주송(周頌)·진로(振鷺)」: 振鷺于飛, 于彼西雝. 我客戾止, 亦有斯容.

103) 향(鄕)은 주대(周代)의 행정단위이다. '향' 밑에는 주(州), 당(黨), 족(族), 여(閭), 비(比), 가(家)가 순차적으로 있었다. '향'을 기준으로 봤을 때, 1향은 5주=25당=125족=500여=2500비=12500가의 규모와 같다. 『주례』「지관(地官)·대사도(大司徒)」편에는 "令五家爲比, 使之相保. 五比爲閭, 使之相受. 四閭爲族, 使之相葬. 五族爲黨, 使之相救. 五黨爲州, 使之相賙. 五州爲鄕, 使之相賓."이라는

"주나라의 학교를 '상'이라고 불렀다."104)라고 말하고, 『예기』「향음주의(鄕飮酒義)」편에서 "주인은 빈객을 '상'의 문 밖에서 절을 하며 맞이한다."105)라고 한 말이 바로 이것을 가리킨다. 주(州)와 당(黨)106)에 있었던 학교를 모두 '서(序)'라고 불렀으니, 『주례』「주장(州長)」편에서 "봄과 가을에 예(禮)를 갖춰 백성들을 불러 모아서, 주(州)의 '서'에서 활쏘기를 하였다."107)라고 하고, 『주례』「당정(黨正)」편에서 "재앙이 들게 되면, 기원할 귀신을 찾아서 제사를 지내는데, 이러한 의식을 치를 때에는 예를 갖춰 백성들을 불러 모아서, '서'에서 음주를 하였다."108)라고 한 말이 바로 이것을 가리킨다. 가(家)109)에 있었던 학교인 '숙(塾)'에서, 추천을 받은 자는 당(黨)에 있었던 '서'에서 교육을 받았고, 당(黨)에서 추천을 받은 자는 주(州)에 있었던 '서'에서 교육을 받았으며, 주(州)에서 추천을 받은 자는 향(鄕)에 있었던 '상'에서 교육을 받았다. 향대부(鄕大夫)110)의 빈객들 중에서 현명하고 재능이 특출하였던 사람은 모두 향(鄕)에 있던 학교에서 선별된 자들이며, 그들 중에서 더욱 뛰어나고 재주가 남다른 자들은 곧 태학에 천거되었고, 태학에서 그들을 교육시켰다.

기록이 있고, 이에 대한 정현의 주에서는 "鄕萬二千五百家."라고 풀이했다.

104) 『맹자』「등문공상(滕文公上)」: 夏曰校, 殷曰序, <u>周曰庠</u>.

105) 『예기』「향음주의(鄕飮酒義)」【696b】: 鄕飮酒之義, <u>主人拜迎賓于庠門之外</u>.

106) 주(州)와 당(黨)은 향(鄕) 밑에 있던 행정단위이다.

107) 『주례』「지관(地官)·주장(州長)」: 春秋以禮會民而射于州序.

108) 『주례』「지관(地官)·당정(黨正)」: <u>國索鬼神而祭祀, 則以禮屬民, 而飮酒于序</u>, 以正齒位.

109) 가(家)는 향(鄕) 밑에 있던 행정단위이다.

110) 향대부(鄕大夫)는 주대(周代)의 행정단위였던 향(鄕)을 담당하는 관리이다.

그림 3-15 주(周)나라 때의 왕성(王城)과 육향(六鄕) 및 육수(六遂)

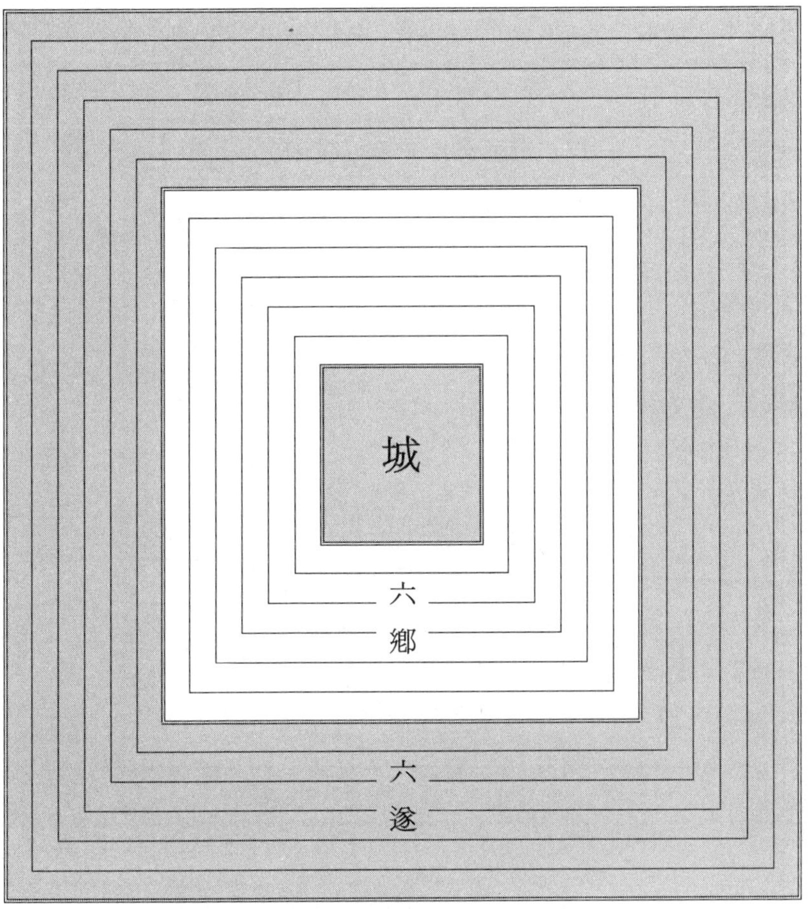

그림 3-16 향(鄕)의 행정구역 및 담당자

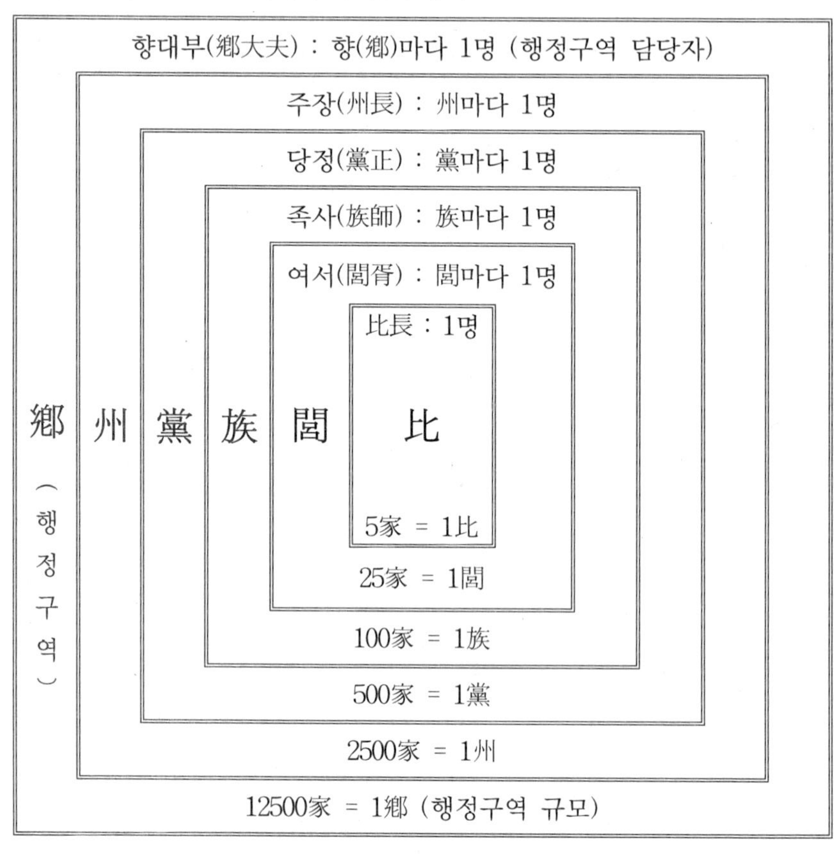

【250a】

凡祭與養老乞言·合語之禮, 皆小樂正詔之於東序.

직역 모든 祭 및 養老乞言과 合語의 禮는 모두 小樂正이 東序에서 詔하였다.

의역 모든 제사의 예법(禮法) 및 노인을 봉양하며 걸언(乞言)하였던 예법과 합어(合語)하였던 예법에 대해서는 모두 소악정(小樂正)이 담당을 하여, 동서(東序)에서 국자(國子)들에게 가르쳤다.

集說 祭是一事, 養老乞言是一事, 合語是一事, 故以凡言之. 養老乞言, 謂行養老之禮之時, 因乞善言之可行者於此老人也. 合語, 謂祭及養老, 與鄕射·鄕飮·大射·燕射之禮, 至旅酬之時, 皆得言說先王之法, 合會義理而相告語也. 其間各有威儀容節, 皆須小樂正詔敎之於東序之中.

번역 경문 중의 '제사[祭]'는 별개의 사안이고, '노인을 봉양하며 걸언(乞言)하는 것[養老乞言]'도 별개의 사안이며, '합어(合語)'도 별개의 사안이다. 그렇기 때문에 '범(凡)'이라는 글자를 덧붙인 것이다. 노인을 봉양하며 '걸언'하는 것은 노인을 봉양하는 예(禮)를 시행할 때에, 그것을 기회삼아서 봉양을 받는 노인들에게 자문을 해서, '시행할 수 있는 좋은 말들'을 구한다는 뜻이다. '합어'는 제사를 지내거나, 노인을 봉양하거나, 향사례(鄕射禮)[111]·향음례(鄕飮禮)[112]·대사례(大射禮)[113]·연사례(燕射禮)[114] 등에서,

111) 향사례(鄕射禮)는 활쏘기를 하며 음주를 했던 의례(儀禮)이다. 크게 두 가지로 나뉘는데, 하나는 지방의 수령이 지방학교인 서(序)에서 사람들을 모아서 활쏘기를 익히며 음주를 했던 의례이고, 다른 하나는 향대부(鄕大夫)가 3년마다 치르는 대비(大比)라는 시험을 끝내고 공사(貢士)를 한 연후에, 향대부가 향로(鄕老) 및 향인(鄕人)들과 향학(鄕學)인 상(庠)에서 활쏘기를 익히고 음주를 했던 의례이다. 『주례』「지관(地官)·향대부(鄕大夫)」편에는 "退而以鄕射之禮五物詢衆庶."라는 기록이 있는데, 이에 대한 손이양(孫詒讓)의 『정의

술잔을 주고받는 시기에 이르게 되면, 선왕(先王)의 예법(禮法)들에 대해 언급하며, 그것의 의미와 이치들을 종합하여 서로 일러줄 수 있었는데, 바로 이것을 '합어'라고 부른다. 이러한 행사들을 진행하는 동안에는 각각의 절차에 맞는 위엄 있는 의식, 용모의 꾸밈 및 행동방법들이 필요하게 되는데, 이러한 내용들 모두를 행사 이전에 소악정(小樂正)이 동서(東序) 안에서 국자(國子)들에게 교육시키는 것이다.

大全 長樂劉氏曰: 祭, 謂祀天神·祭地祇·饗宗廟之禮. 凡九獻自始及終, 其儀百出禮意深遠, 非學弗通. 而臣子之義致敬以事其君者也, 苟不素習祭儀預講厥義, 則與祭執事違悞必多, 非以致敬也. 養老者, 有國之大教也. 王者, 必齊戒盡敬致養乎三老五更, 所以教天下之爲人子者孝於其父, 爲人弟者敬於其兄也. 旣教世子以養老之道, 俾知所以憲也, 而後教之以乞言之義, 謂虛己

(正義)』에서는 "退, 謂王受賢能之書事畢, 鄕大夫與鄕老, 則退各就其鄕學之庠而與鄕人習射, 是爲鄕射之禮."라고 풀이하였다.

112) 향음례(鄕飮禮)는 '향음주례(鄕飮酒禮)'라고도 부른다. 주(周)나라 때에는 향학(鄕學)에서 3년마다 대비(大比)라는 시험을 치러서, 선발된 자들을 천거하였다. 이러한 행사를 실시할 때 향대부(鄕大夫)는 음주 연회의 자리를 만들어서, 선발된 자들에게 빈례(賓禮)에 따라 대접을 하며, 그들에게 술을 따라주었는데, 이 의식을 '향음례' 또는 '향음주례'라고 불렀다. 『의례』「향음주례(鄕飮酒禮)」편에 대한 가공언(賈公彦)의 소(疏)에서는 정현의 『삼례목록(三禮目錄)』을 인용하여, "諸侯之鄕大夫三年大比, 獻賢者能於其君, 以賓禮待之, 與之飮酒. 於五禮屬嘉禮."라고 풀이했다.

113) 대사례(大射禮)는 천자가 '교외 및 종묘[郊廟]'에서 제사를 지낼 때, 제후 및 군신(群臣)들과 미리 활쏘기를 하여, 적중함이 많은 자를 채택하고, 채택된 자로 하여금 천자가 주관하는 제사에 참여하도록 하는 의례(儀禮)이다. 『주례』「천관(天官)·사구(司裘)」편에는 "王大射, 則共虎侯, 熊侯, 豹侯, 設其鵠."이라는 기록이 있는데, 이에 대한 정현의 주에서는 "大射者, 爲祭祀射. 王將有郊廟之事, 以射擇諸侯及群臣與邦國所貢之士可以與祭者. …… 而中多者得與於祭."라고 풀이하였다.

114) 연사례(燕射禮)는 연회 때 활쏘기를 했던 의례(儀禮)를 가리킨다. 천자는 제후 및 군신(群臣)들에게 연회를 베풀며, 그들의 노고를 치하했는데, 연회를 하며 활쏘기 또한 시행했다. 이처럼 연회 때 활쏘기를 하는 의식을 '연사례'라고 부른다.

以納其言也. 不能憲, 又不能納, 民不效之矣. 合語者, 謂鄕飮酒也, 鄕射也, 大射也, 燕射也, 祭饗也, 燕賓也, 凡是數禮下自鄕黨上至朝廷, 莫不行之者, 有貴賤之禮, 所以明君臣之道也, 有尊卑之禮, 所以明父子之道也, 有長幼之禮, 所以明兄弟之道也, 有陰陽之禮, 所以明夫婦之道也, 有賓主之禮, 所以明朋友之道也. 惟是五者, 謂之人倫, 聖人用之, 以齊一天下, 致之中和而正是性命, 所以育萬物贊天地. 永固命於無疆者, 莫不以人倫爲本焉, 故終日行禮酒盈人渴而不敢飮. 殽乾人飢而不敢食者, 以其有合語之禮在其後焉. 人倫之道, 因此禮而旣明, 乃於旅酬之時, 歡樂之情通而語言之義合焉. 此君臣所以和同而誠意所以浹洽也.

번역 장락유씨가 말하길, '제(祭)'는 천신(天神)에게 제사지낼 때의 예법(禮法), 지신(地神)에게 제사지낼 때의 예법, 종묘(宗廟)에서 제사지낼 때의 예법 등을 뜻한다. 무릇 '아홉 번 술을 따르는 의식[九獻]'을 하는 등, 제사를 시작할 때부터 끝마칠 때까지, 그 때 사용되는 의례는 수없이 많고, 그 예(禮)의 의미 또한 심원하므로, 배우지 않는다면 달통하지 못하게 된다. 그리고 신하된 자의 도리는 공경함을 다하여, 그의 군주를 섬겨야 하는 것이니, 진실로 평소에 제사에 대한 의례를 익히지 않고, 미리 그 의미들을 익히지 않는다면, 제사에 참여하여 일을 집행할 때에 잘못되고 그릇되는 것들이 반드시 많아지게 될 것이니, 이것은 공경함을 지극하게 발휘하는 것이 아니다. 노인을 봉양하는 일은 국가적 차원에서 매우 큰 교육이다. 천자가 반드시 재계를 하고 공경함을 다해서, 삼로(三老)와 오경(五更)을 봉양하는 일을 극진하게 시행했던 이유는 천하의 모든 자식된 자들로 하여금 그들의 부모에게 효도하도록 교화시키기 위해서이며, 나이가 어린 자들로 하여금 그들의 웃어른들에게 공경하도록 교화시키기 위해서이다. 세자(世子)에게 노인을 봉양하는 도리를 교육시켜서, 그로 하여금 이러한 일들을 법도로 삼는 이유를 알게끔 만들고, 그런 이후에 세자에게 '걸언(乞言)' 하는 의미에 대해서 가르친다는 말은 자신을 겸허하게 비우고, 노인들의 말을 받아들이도록 한다는 뜻이다. 세자가 이러한 일들을 법도로 삼아 본받을 수 없다면, 또한 노인들의 말도 받아들일 수가 없게 되어서, 결국 백성들도 그것을 본받지 않을 것이다. '합어(合語)'는 향음주례(鄕飮酒禮)·향사례(鄕射禮)·대사례(大射禮)·연사례(燕射禮) 등을 시행하거나, 제사를 지내고 연회를 베풀거나, 빈객(賓客)들에게 잔치를 베풀 경우에 해당하는 것으로, 무릇 이러한 여러 가지 예식들은 아래로는 향당(鄕黨)으로부터 위로는 조정(朝廷)에 이르기까지 시행하지 않는 경우가 없으며, 그러한 예식 가운데 포함된 귀천(貴賤)에 대한 예법들은 군신 사이에서 지켜야 하는 도리를 명확하게 하는 방법이며, 존비(尊卑)에 대한 예법들은 부자 사이에서 지켜야 하는 도리를 명확하게 하는 방법이고, 장유(長幼)에 대한 예법들은 형제 사이에서 지켜야 하는 도리를 명확하게 하는 방법이고, 음양(陰陽)에 대한 예법들은 부부 사이에서 지켜야 하는 도리를 명확하게 하는 방법이며, 빈주(賓主)에 대한 예법들은 친구 사이에서 지켜야 하는 도리를 명확하게 하는 방법이다. 이 다섯 가지를 인륜(人倫)이라고 부르는 것이며, 성인(聖人)은 이것을 사용하여, 천하를 바르게 하고, 중화(中和)를 이루어, 성명(性命)을 바르게 하니, 이것이 바로 만물을 양육하고 천지를 돕는 방법이다.[115] 그러므로 자신에게 부여된 천명[命]을 영원토록 굳건하게 하는 자는 인륜을 근본으로 삼지 않은 자가 없다. 그렇기 때문에 종일토록 이러한 예식들을 시행하며, 술잔이 가득하더라도 사람들이 술잔을 감히 비우지 않고, 고기 안주와 마른 고기들이 수북하게 놓여 있더라도, 사람들이 감히 먹지 않는 것은 '합어'하는 예식이 그 이후에 놓여 있기 때문이다. 인륜의 도리가 이러한 '합어'하는 예식을 통해서 밝혀지게 된다면, 곧 술잔을 주고받는 시기에, 기뻐하고 즐거워하는 감정이 서로 통하여, 주고받는 말들의 의미가 한데 모아지게 된다. 이것이 바로 군신(君臣)이 조화되고 동화되는 방법이며, 성의(誠意)가 두루 펼쳐져서 윤택하게 되는 방법이다.

大全 馬氏曰: 古者旅酬之際, 必合之以語, 而道其禮樂之意, 以示其和樂

---

115) 『중용』「22장」: 唯天下至誠, 爲能盡其性, 能盡其性, 則能盡人之性, 能盡人之性, 則能盡物之性, 能盡物之性, 則可以贊天地之化育, 可以贊天地之化育, 則可以與天地參矣.

而不流, 安燕而不亂也.

번역 마씨가 말하길, 옛적에 술잔을 주고받을 때에는 반드시 '어(語)'들을 합하여, 그 예악(禮樂)의 의미를 얘기했으니, 이것을 통하여 곧 화락(和樂)하게 즐기되 지나치지 않고, 잔치를 즐겁게 즐기되, 난잡하지 않았다는 뜻을 나타낸 것이다.

鄭注 學以三者之威儀也. 養老乞言, 養老人之賢者, 因從乞善言可行者也. 合語, 謂鄕射·鄕飮酒大射·燕射之屬也. 鄕射記曰: "古者, 於旅也語."

번역 세 가지 예식에 대한 의례절차들을 가르치는 것이다. "노인을 봉양하며 걸언(乞言)을 한다."는 말은 노인들 중에서도 현명한 자를 봉양하며, 그것을 기회로 시행할만한 좋은 말들을 구하는 것이다. '합어(合語)'는 향사례(鄕射禮)나 향음주례(鄕飮酒禮)를 할 때 반드시 시행하게 되는 대사례(大射禮)나 연사례(燕射禮) 등과 같은 절차를 뜻한다. 『의례』「향사례(鄕射禮)」편의 기문(記文)에서는 "옛적에는 '술잔을 주고받을 때에[於旅也]' 선왕(先王)이 제정한 예악(禮樂)에 대해서 말을 하였다."[116]라고 했다.

釋文 合如字, 徐音閤, 注同. 下"大合樂" 放此.

번역 '合'자는 글자대로 읽는데, 서음(徐音)은 '閤(합)'이 되고, 정현의 주에 나온 글자도 그 음이 이와 같다. 그리고 아래 문장에 나오는 '大合樂' 에서의 '合'자도 그 음이 이와 같다.

孔疏 ●"凡祭與養老"至"在東序". ○正義曰: 此一節還是第二節中, 敎世子及學士祭與養老合語之威儀, 又敎世子等祭與養老合語之義理, 兼明所敎之官及所敎之處, 又明司成之官考課才藝深淺也.

116) 『의례』「향사례(鄕射禮)」: 古者於旅也語.

번역 ●經文: "凡祭與養老"~"在東序". ○이 문장은 두 번째 절에 해당하며, 세자(世子)와 학사(學士)들에게 제사를 지내는 예법 및 노인을 봉양하며 '합어(合語)'하는 의례 절차 등을 가르치고, 또한 세자와 학사들에게 노인을 봉양하며 '합어'를 시행하는 의미와 그 이치에 대해서 가르친다는 내용이며, 아울러 그것을 가르치는 관리와 가르치는 장소에 대해서 밝히고 있고, 또한 대사성(大司成)이 담당하는 일은 국자(國子)들의 재주와 기예의 수준을 시험하는 일이라는 사실을 밝히고 있다.

孔疏 ●"凡祭與養老乞言, 合語之禮"者, 此之一"凡"總包三事也: 一是祭, 二是養老乞言, 三是合語之禮. "皆小樂正詔之於東序", 謂祭與養老乞言及合語之禮, 皆小樂正之官詔告世子及學士於東序之中, 謂小樂正以此祭及養老·合語三者之威儀以教世子及學士等.

번역 ●經文: "凡祭與養老乞言, 合語之禮". ○이 문장에 기록된 하나의 '범(凡)'자는 뒤의 세 가지 일들을 총괄하는 말이다. 세 가지 일이란, 첫 번째는 제사이고, 두 번째는 노인을 봉양하며 '걸언(乞言)'하는 것이며, 세 번째는 '합어(合語)'하는 예(禮)이다. 경문의 "皆小樂正詔之於東序"에 대하여, 이 말은 곧 제사를 지내는 일과 노인을 봉양하며 '걸언'하는 것, 그리고 '합어'하는 예법(禮法)들은 모두 소악정(小樂正)이 담당하였으며, 동서(東序) 안에서 세자(世子) 및 학사(學士)들에게 그것들을 가르쳐주었다는 뜻이다. 이 말을 다시 풀이하자면, 여기에서 말하고 있는 제사, 노인을 봉양하며 '걸언'하는 것, '합어'하는 이 세 가지 예식의 의례절차들을 소악정이 세자 및 학사 등에게 가르쳤다는 뜻이다.

孔疏 ◎注"學以"至"也語". ○正義曰: 學以三者, 學, 敎也. 敎以三者威儀容貌, 言祭與養老乞言及合語行禮之時, 皆有容貌, 故小樂正敎之. 云"合語, 謂鄕射·鄕飮酒大射·燕射之屬也"者, 此經先云祭與養老乞言, 別云合語, 則合語非祭與養老也. 故知是鄉射·鄉飮酒必大射·燕射之等, 指儀禮成文而言之, 以其此等至旅酬之時, 皆合語也. 其實祭末及養老, 亦皆合語也. 故詩楚茨論祭祀之事, 云"笑語卒獲", 箋云: "古者於旅也語", 是祭, 有合語也. 養老旣乞言, 自然合語也. 引鄉射記者, 證旅酬之時, 得言說先王之法, 故云"古者於旅也語". 言合語者, 謂合會義理而語說也.

번역 ◎鄭注: "學以"~"也語". ○정현이 "학(學)하길 세 가지로 하였다." 라고 하였는데, 이 문장의 '학(學)'자는 "가르친다[敎]."는 뜻이다. 즉 이 문장은 세 가지 예식에 필요한 의례절차와 용모의 꾸밈 및 행동방법 등에 대해서 가르쳤다는 뜻으로, 이 말은 다시 말해, 제사를 지내거나, 노인을 봉양하며 '걸언(乞言)'하는 것, 그리고 '합어(合語)'하는 의례를 시행할 때에는 모두 제각각의 경우에 필요로 하는 용모의 꾸밈과 행동 방법들이 있게 된다. 그렇기 때문에 소악정(小樂正)이 그러한 것들을 가르쳤다는 말이다. 정현이 "'합어'는 향사례(鄉射禮)나 향음주례(鄉飮酒禮)를 할 때, 반드시 시행하게 되는 대사례(大射禮)나 연사례(燕射禮) 등과 같은 절차를 뜻한다." 라고 하였는데, 이곳 경문에서는 앞서 '제사[祭]'와 '노인을 봉양하며 걸언하는 것[養老乞言]'에 대해서 언급하고, 별도로 '합어'를 언급하고 있으니, '합어'는 제사를 지내거나 노인을 봉양할 때 시항하는 의례절차를 가리키는 말이 아니다. 따라서 '합어'가 향사례나 향음주례를 할 때, 반드시 시행하게 되는 대사례나 연사례 등을 뜻한다는 사실을 알 수 있는데, 이러한 설명은 『의례(儀禮)』에 기록된 전반적인 문장에 근거한 주장이다. 즉 『의례』의 기록에 따르면, 향사례나 향음주례 등의 의식을 시행할 때, 서로 술잔을 주고받는 시기가 되면, 모두들 '합어'의 절차를 시행했다. 그러나 실제적으로 제사를 지낼 경우에도 그 말미에 '합어'를 시행하였고, 노인을 봉양할 때에도 또한 '합어'를 시행하였다. 그렇기 때문에 『시』「초자(楚茨)」편에서, 제사에 대한 사안을 논의하며, "웃고 어(語)함이 모두 마땅하다."[117]라고 언급하였는데, 정현의 전문(箋文)에서는 "옛적에 술잔을 주고받을 때에는 어

117) 『시』「소아(小雅)·초자(楚茨)」: 執爨踖踖, 爲俎孔碩, 或燔或炙. 君婦莫莫, 爲豆孔庶. 爲賓爲客, 獻酬交錯. 禮儀卒度, 笑語卒獲. 神保是格. 報以介福, 萬壽攸酢.

(語)를 하였다."라고 하였으니, 이 기록은 바로 제사를 지낼 때에도 '합어'를 시행하는 절차가 있었다는 사실을 나타낸다. 그리고 노인을 봉양할 때에는 이미 '걸언'을 한다고 하였으니, 자연히 '합어'도 시행하게 되는 것이다. 그런데 이러한 사실을 알면서도 정현은 『의례』「향사례(鄕射禮)」편의 기문(記文)을 인용하고 있는데, 그 이유는 술잔을 주고받을 때에, 선왕(先王)이 제정한 예법(禮法)에 대해서 언급할 수 있다는 사실을 증명하기 위해서이다. 그렇기 때문에 정현이 "옛적에는 술잔을 주고받을 때에 어(語)를 하였다."라고 말한 것이다. 그리고 이러한 의식을 '합어'라고 부르는데, 그 단어의 의미는 선왕이 제정한 예악의 의미와 이치를 종합해서 논설을 했다는 뜻이다.

訓纂 江氏永曰: 此皆言學中之事, 祭, 謂釋奠釋菜也, 乞言·合語, 皆養老時之禮也. 其禮行於登歌淸廟之後, 下管象, 舞大武之前. 下經云, "旣歌而語, 以成之也. 言父子·君臣·長幼之道, 合德音之致, 禮之大者也." 分言之, 君求言於老人爲乞言, 三老五更, 與君言父子·君臣·長幼之道爲合語. 合言之, 乞言·合語, 皆謂之語. 內則謂三王皆有惇史, 惇史, 所以記此言語也. 乞言·合語皆有威儀, 小樂正詔之; 其言語有篇章辭說, 大樂正授數, 大司成論說之. 經文前後甚明, 注疏乃以飮射旅酬之語釋之, 誤矣.

번역 강영이 말하길, 이 문장의 내용들은 모두 학교 안에서 벌어지는 일들에 대해서 언급한 것이니, '제(祭)'는 석전(釋奠)[118]과 석채(釋菜)[119]를 뜻하고, '걸언(乞言)'과 '합어(合語)'는 모두 노인을 봉양할 때의 예법(禮法)에 해당한다. '걸언'과 '합어'의 예식이 시행되는 시점은 당상(堂上)에 올라서 청묘(淸廟)[120]를 노래 부르는 시기, 그 이후에 해당하며, 또한 당하(堂

118) 석전(釋奠)은 국학(國學)에서 거행되었던 전례(典禮) 중 하나이다. 성찬과 술을 진설하고, 폐백 등을 바쳐서, 선성(先聖)과 선사(先師)에게 지내는 제사이다.

119) 석채(釋菜)는 국학(國學)에서 거행되었던 전례(典禮) 중 하나이다. 희생물 없이 소채 등으로 간소하게 차려놓고, 선성(先聖)과 선사(先師)에게 지내는 제사이다.

120) 청묘(淸廟)는 태묘(太廟)를 뜻하며, 제왕(帝王)의 종묘(宗廟) 전체를 가리키는

下)에 내려와서 '상(象)'이라는 음악을 피리로 연주하고, '대무(大武)'를 춤추게 하는 시기, 그 이전에 해당한다. 아래 경문에서 "노래를 다 부르고 나면, 선왕(先王)이 제정한 예악(禮樂)의 도리에 대해서 말하여, 그 예식을 완성시킨다. 이때 말하게 되는 내용들은 부자(父子), 군신(君臣), 장유(長幼) 사이에서 지켜야 하는 도리들을 언급한 것으로, 좋은 말들 중에서도 지극히 좋은 말들을 모아둔 것이며, 예(禮) 중에서도 가장 큰 것에 해당한다."[121]라고 하였다. 이것을 세분하여 말해보자면, 군주가 노인들에게 자문을 구하는 것이 '걸언'이 되며, 삼로(三老) 및 오경(五更)이 군주와 함께 부자, 군신, 장유 사이에서 지켜야 하는 도리를 말하는 것이 '합어'에 해당한다. 종합적으로 말해보자면, '걸언'과 '합어'는 『의례』「향사례(鄕射禮)」편에서 기록한 것처럼, 모두 '어(語)'라고 부른다. 『예기』「내칙(內則)」편에서는 "삼왕(三王)[122]은 모두 돈사(惇史)[123]가 있었다."[124]라고 하였는데, '돈사'는 이러한 말들을 기록해둔 것이다. '걸언'이나 '합어'를 할 때에는 모두 제각각의 의식 절차가 있으니, 소악정(小樂正)이 그것들을 가르치는 것이며, '걸언'이나 '합어'를 하여, 얻게 된 좋은 말들은 편과 장을 구분하여 정리하고, 그것에 대한 의견들을 기록하여 두었으므로, 대악정(大樂正)이 국자(國子)들이 배워야할 편과 장의 수를 내려주면, 대사성(大司成)이 논정하게 되는 것이다. 이처럼 이곳 경문에 기록된 앞뒤의 내용들이 그 뜻을 분명하

용어로도 사용된다. 또한 제왕이 종묘에서 선조(先祖)에 대한 제사를 지내면서 사용하였던 음악의 이름을 나타내기도 한다. 이 문장에서는 후자의 뜻으로 사용되었다.

121) 『예기』「문왕세자」【262b】: 反, 登歌淸廟. 既歌而語, 以成之也. 言父子·君臣·長幼之道, 合德音之致, 禮之大者也.

122) 삼왕(三王)은 하(夏), 은(殷), 주(周) 삼대(三代)의 왕을 뜻한다. 『춘추곡량전』「은공(隱公) 8年」편에는 "盟詛不及三王."이라는 기록이 있고, 이에 대한 범녕(範寧)의 주에서는 '삼왕'을 하나라의 우(禹), 은나라의 탕(湯), 주나라의 무왕(武王)을 지칭한다고 풀이했다. 그리고 『맹자』「고자하(告子下)」편에는 "五霸者, 三王之罪人也."이라는 기록이 있고, 이에 대한 조기(趙岐)의 주에서는 '삼왕'을 범녕의 주장과 달리, 주나라의 무왕 대신 문왕(文王)을 지칭한다고 풀이했다.

123) 돈사(惇史)는 유덕(有德)한 자들의 언행(言行)을 기록해둔 것이다.

124) 『예기』「내칙(內則)」【360d】: 三王亦憲, 既養老而后乞言, 亦微其禮, 皆有惇史.

게 나타내고 있으므로, 정현의 주와 공영달(孔穎達)의 소(疏)에서, 향음주례(鄕飮酒禮)나 향사례(鄕射禮) 등을 시행하며, 술잔을 주고받을 때 하게 되는 '어'로 풀이한 주장은 잘못된 말이다.

集解 乞言, 求善言可行者也. 合語, 謂於旅酬之時, 而論說義理, 以合於升歌之義. 第五篇云, "登歌淸廟, 旣歌而語", "言父子·君臣·長幼之道, 合德音之致", 是也. 鄕射記曰, "古者於旅也語". 國語申叔時曰, "敎之語, 使明其德, 而知先王之務用明德於民也." 禮, 謂進退之威儀也. 祭祀之禮, 及養老時乞言·合語之禮, 皆小樂正於東序之中敎之也.

번역 '걸언(乞言)'은 시행할 수 있는 좋은 말들을 구하는 것이다. '합어(合語)'는 술잔을 주고받을 때, 예악의 의미와 이치에 대해서 논의를 하여, 당상(堂上)에 올라가서 노래를 할 때, 그 노랫말에 은유된 의미에 합치시키는 것이다. 「문왕세자」편의 다섯 번째 편에서 "당상에 올라가서 청묘(淸廟)의 노래를 부르고, 노래를 다 부르고 나면, 어(語)를 하였다."라고 하고, "부자(父子), 군신(君臣), 장유(長幼) 사이에서 지켜야 하는 도리들을 언급하여, 좋은 말들 중에서도 지극한 것에 합치시킨다."라고 말한 것[125]이 바로 이것을 가리킨다. 『의례』「향사례(鄕射禮)」편의 기문(記文)에서는 "옛적에는 술잔을 주고받을 때, 선왕(先王)의 예악(禮樂)에 대해서 말[語]을 하였다."[126]라고 했다. 그리고 『국어(國語)』에서는 "그들에게 치국(治國)에 관련된 좋은 말[語]들을 가르쳐서, 그들로 하여금 선왕의 덕(德)을 알게 하고, 선왕이 백성들에게 명덕(明德)을 힘써 베풀었다는 사실을 알게끔 한다."[127]라고 하였다. '예(禮)'는 나아가고 물러날 때의 의례 절차 등을 가리킨다. 제사를 지내는 예법(禮法) 및 노인을 봉양할 때 '걸언'을 하고 '합어'를 하는 예법들은 모두 소악정(小樂正)이 동서(東序) 안에서 그것들을 가르쳤다.

---

125) 『예기』「문왕세자」【262b】: 反, 登歌淸廟. 旣歌而語, 以成之也. 言父子·君臣·長幼之道, 合德音之致, 禮之大者也.

126) 『의례』「향사례(鄕射禮)」: 古者於旅也語.

127) 『국어(國語)』「초어상(楚語上)」: 敎之語, 使明其德, 而知先王之務用明德於民也.

【250c】

大樂正, 學舞干戚·語說·命乞言, 皆大樂正授數, 大司成論說, 在東序.

직역 大樂正은 干戚을 舞함과 語說과 乞言을 命하는 것을 學하니, 모두 大樂正이 數를 授하고, 大司成이 論說하되, 東序에서 在하니라.

의역 대악정(大樂正)은 국학(國學)에서 국자(國子)들에게 방패와 도끼를 들고 추는 춤, 합어(合語)를 하였던 말들, 걸언(乞言)을 시행하는 예법(禮法)들을 가르치니, 이러한 교육 내용 모두에 대해서는 대악정이 가르칠 편과 장 등의 수치를 정해서 내려주고, 대사성(大司成)은 동서(東序)에서 가르침을 받는 자들의 깨우친 정도와 그들의 재주 및 능력의 우열을 판별한다.

集說 戚, 斧也. 大樂正教世子及士以舞干戚之容節, 及合語之說, 與乞言之禮. 此三者, 皆大樂正授之以篇章之數. 於是大司成之官於東序而論說此授教者義理之淺深才能之優劣也.

번역 '척(戚)'은 춤 출 때 사용하는 도끼이다. 대악정(大樂正)은 세자(世子) 및 국자(國子)들에게 방패와 도끼를 들고 추는 춤의 형태와 절차, '합어(合語)'를 통해 나온 좋은 말들, '걸언(乞言)'을 시행하는 예법(禮法)들에 대해서 가르친다. 이 세 가지 교육 내용은 모두 대악정이 그것들에 해당하는 편과 장의 수치를 정해서 내려준다. 이때에 대사성(大司成)이라는 관리는 동서(東序)에 위치하여, 이러한 가르침을 받은 자들이 그 의미와 이치를 깨우친 수준 및 그들의 재주와 능력의 우열을 판정한다.

大全 石林葉氏曰: 三者, 小樂正詔其威儀, 而至於度數, 則大樂正授干戚之數則有俯仰, 授合語之數則有進退, 授乞言之數則有升降. 其在東序者, 數之始也.

번역 석림섭씨[128]가 말하길, 이 세 가지 예식에 대해서는 소악정(小樂正)이 해당하는 의례절차들을 가르치지만, '표준이 되는 규칙[度數]'들에 대해서는 대악정(大樂正)이 담당을 하게 되어, 대악정이 간(干)과 척(戚)에 대한 규칙을 내려주면, 춤동작 중 구부리고 펴는 등의 행동에 절도가 있게 되고, 합어(合語)에 대한 규칙을 내려주면, 나아가고 물러나는 등의 행동에 절도가 있게 되며, 걸언(乞言)에 대한 규칙을 내려주면, 당상(堂上)에 오르고 내려가는 등의 행동에 절도가 있게 된다. 이러한 것들을 동서(東序)에서 하는 이유는 동쪽이 수(數)의 시작이 되기 때문이다.

大全 新安王氏曰: 論說者, 卽舞干戚·語說·乞言之數爲講論而詳說之也. 上所謂干戈羽籥之舞·弦誦之歌·書禮之文, 無一不盡, 而非教者爲之論說, 則習其事不明其義, 誦讀其言, 不明其指歸, 與不學無異, 大司成所以在東序爲之論說也. 大司成, 卽大司樂也. 不謂之大司樂而謂之大司成者, 以世子及國子之德業, 大司樂教之使成也.

번역 신안왕씨가 말하길, '논설(論說)'이라는 것은 곧 방패와 도끼를 들고 추는 춤 및 어설(語說)과 걸언(乞言)의 규범에 대해서 강론을 하여 상세히 설명한다는 뜻이다. 위에서 언급했던 교과목인 방패와 창 및 깃털과 피리를 들고 추는 춤, 현악기로 역주하고 입으로 암송하는 노래, 『서(書)』나 『예(禮)』와 같은 글 등은 그 중의 하나라도 국자(國子)들에게 가르치지 않는 것이 없지만, 가르치는 자가 그것들을 자세히 설명해주지 않는다면, 그 일들을 익히더라도 그것의 의미를 깨우치지 못하고, 그 말들을 암송하거나 읽는다고 하더라도 그것이 뜻하는 본의들을 깨우치지 못하게 되니, 배우지

128) 석림섭씨(石林葉氏, ?~A.D.1148) : =섭몽득(葉夢得)·섭소온(葉少蘊). 남송(南宋) 때의 유학자이다. 자(字)는 소온(少蘊)이고, 호(號)는 몽득(夢得)이다. 박학다식했다고 전해지며, 『춘추(春秋)』에 대한 조예가 깊었다.

못한 것과 별반 차이가 없게 된다. 그래서 대사성(大司成)이 동서(東序)에 머물면서, 그것들을 자세히 설명해주는 것이다. 대사성은 곧 대사악(大司樂)을 가리킨다. 그런데 '대사악'이라고 부르지 않고, '대사성'이라고 부른 이유는 세자(世子) 및 국자들의 덕성(德性)과 학문을 대사악이 교육하여 완성[成]시키기 때문이다. 그래서 완성시킨다는 의미에서 '대사악'을 또한 '대사성'이라고도 부르는 것이다.

大全 臨川吳氏曰: 既言大樂正授數, 而又特言大司成論說, 蓋授數, 猶未離乎業, 於論說始可言成也. 成, 猶成於樂之成, 謂教之之至, 使其德周完全備, 無虧欠也.

번역 임천오씨가 말하길, 이미 대사악(大司樂)이 수(數)를 내려준다고 말했는데도, 또 특별히 대사성(大司成)이 논설(論說)을 한다고 언급한 것은 아마도 '수'를 내려주는 것은 아직까지도 학업 단계에서 벗어나지 않는 것이며, '논설' 단계에 이르러서야 비로소 완성이라고 말을 할 수 있기 때문이다. '성(成)'은 "음악에서 완성된다."[129]고 했을 때의 '성(成)'자와 같으니, 가르치는 일의 마지막 단계로, 그들의 덕성을 온존하게 이루고 두루 갖추도록 해서, 흠이 없도록 한다는 뜻이다.

鄭注 學以三者之舞也. 戚, 斧也. 語說, 合語之說也. 數, 篇數. 論說, 課其義之深淺才能優劣. 此云, "樂正司業, 父師司成", 則大司成司徒之屬師氏也. 師氏掌以美[130]詔王, 教國子以三德三行, 及國中·失之事也.

번역 대악정(大樂正)이 국자(國子)들에게 세 가지 예식에 대한 춤을 가

129) 『논어』「태백(泰伯)」: 子曰, 興於詩, 立於禮, 成於樂.
130) '미(美)'자에 대하여. 『십삼경주소(十三經注疏)』 북경대 출판본에서는 "'미'자를 『악본(岳本)』·『가정본(嘉靖本)』·『고본(古本)』·『족리본(足利本)』·『민본(閩本)』·『감본(監本)』·『모본(毛本)』에는 모두 '미(媺)'자로 기록하고 있는데, '미(媺)'자로 기록해야만 『주례(周禮)』의 기록과 합치된다."라고 하였다.

르친다는 뜻이다. '척(戚)'은 도끼이다. '어설(語說)'은 '합어(合語)'를 하였던 말들이다. '수(數)'는 편의 수치이다. '논설(論說)'은 국자들이 교육받은 내용을 이해하고 있는 수준과 그들의 재주 및 능력의 우열을 시험하는 것이다. 이곳 「문왕세자」편에서는 "악정(樂正)이 세자(世子)의 학업을 담당하고, 부사(父師)가 세자의 덕성(德性)을 완성하는 일을 담당한다."[131]라고 했으니, 대사성(大司成)은 사도(司徒)에게 속한 관리로, 사씨(師氏)[132]에 해당한다. '사씨'는 선왕(先王)들이 남겨놓은 좋은 도리로써 왕자들을 교육하는 일을 담당하였고, 국자들에게 삼덕(三德)[133]과 삼행(三行)[134]을 가르

131) 『예기』「문왕세자」【256a】: 樂正司業, 父師司成.

132) 사씨(師氏)는 주(周)나라 때 설치되었던 관직이다. 『주례』의 체제에서는 지관(地官)에 속해 있었다. 왕실 및 귀족의 자제들에 대한 교육을 담당하였다. 『주례』「지관사도(地官司徒)」편에는 "師氏, 中大夫一人, 上士二人, 府二人, 史二人, 胥十有二人, 徒百有二十人."이라는 기록이 있다. 즉 '사씨'라는 관직은 중대부(中大夫) 1명이 담당을 하였고, 상사(上士) 2명이 보좌를 하였다. 그리고 그 휘하에는 실무를 담당하는 부(府) 2명, 사(史) 2명, 서(胥) 12명, 도(徒) 120명이 속해 있었다.

133) 삼덕(三德)은 세 종류의 덕(德)을 가리키는데, 문헌에 따라 해당하는 덕성(德性)들에는 차이가 나타난다. 『서』「주서(周書)·홍범(洪範)」편에는 "三德, 一曰正直, 二曰剛克, 三曰柔克."이라는 기록이 있다. 즉 『서』에서는 '삼덕'을 정직(正直), 강극(剛克), 유극(柔克)으로 풀이하고 있다. 그리고 이 문장에 대한 공영달(孔穎達)의 소(疏)에서는 "此三德者, 人君之德, 張弛有三也. 一曰正直, 言能正人之曲使直, 二曰剛克, 言剛强而能立事, 三曰柔克, 言和柔而能治."라고 풀이한다. 즉 '정직'은 사람들의 바르지 못한 점을 바로잡아서, 정직하게 만드는 능력을 뜻한다. '강극'은 강건한 자세로 사업을 수립하고, 그런 일들을 추진할 수 있는 능력을 뜻한다. '유극'은 화락하고 유순한 태도로 다스릴 수 있는 능력을 뜻한다. 다음으로 『주례』「지관(地官)·사씨(師氏)」편에는 "以三德教國子, 一曰至德, 以爲道本, 二曰敏德, 以爲行本, 三曰孝德, 以知逆惡."이라는 기록이 있다. 즉 『주례』에서는 '삼덕'을 지덕(至德), 민덕(敏德), 효덕(孝德)으로 풀이하고 있다. '지덕'은 도(道)의 근본이 되는 것이며, '민덕'은 행실의 근본이 되는 것이고, '효덕'은 나쁘고 흉악한 것들을 알아내는 능력을 뜻한다. 다음으로 『국어(國語)』「진어사(晉語四)」편에는 "晉公子善人也, 而衛親也, 君不禮焉, 棄三德矣."라는 기록이 있다. 이에 대한 위소(韋昭)의 주에서는 "三德, 謂禮賓, 親親, 善善也."라고 풀이한다. 즉 위소가 말하는 '삼덕'은 예빈(禮賓), 친친(親親), 선선(善善)이다. '예빈'은 빈객들에게 예법(禮法)에 따라 대접하는 것이며, '친친'은 부모를 친애하는 것이고, '선선'은 착한 사람을 착하게 대하는 것이다. 이 문장에 나타난 '삼덕'은 『주례』의 기록이므로, 지덕, 민

쳤으며, 나라 안에서 시행되는 합당한 예(禮)와 합당하지 못한 예 등을 가르치는 일을 담당하였다.[135]

釋文 說如字, 徐始銳反, 注"語說" 同. 論, 力門反, 徐力頓反, 注同. 行, 下孟反, 下文"德行" 同.

번역 '說'자는 글자대로 읽는데, 한편 서음(徐音)은 '始(시)'자와 '銳(예)'자의 반절음이 되고, 정현의 주에 나오는 '語說'에서의 '說'자도 그 음이 이와 같다. '論'자는 '力(력)'자와 '門(문)'자의 반절음인데, 서음(徐音)은 '力(력)'자와 '頓(돈)'자의 반절음이 되고, 정현의 주에 나오는 글자도 그 음이 이와 같다. '行'자는 '下(하)'자와 '孟(맹)'자의 반절음이며, 아래 문장에 나오는 '德行'에서의 '行'자도 그 음이 이와 같다.

孔疏 ●"大樂"至"授數". ○前文小樂正既教三者之威儀, 今大樂正又教三者之義理, 故大樂正學舞干戚, 干戚則前經祭祀也. 祭祀之時, 舞其干戚之樂. 不云祭祀, 而云舞干戚者, 容祭祀之外, 餘干戚皆教之. 語說, 謂合語之說, 則前經合語也, 亦大樂正教以語說義理. 命乞言者, 大樂正命此世子及學士於老者而乞言, 則前經養老乞言. 但前經云祭, 故養老乞言與祭相連, 故尊之, 序在合語之上. 此經不云祭, 故略其養老在語說之下. 皆大樂正授數者, 謂干戚·語說·乞言三者, 皆大樂正之官授世子及學士等篇章之數, 爲之講說, 使知義理.

번역 ●經文: "大樂"~"授數". ○앞 문장에서는 소악정(小樂正)이 이미

덕, 효덕으로 해석해야 한다.

134) 삼행(三行)은 세 종류의 덕행(德行)을 뜻하며, 효행(孝行), 우행(友行), 순행(順行)을 가리킨다. '효행'은 부모를 섬기는 덕행이고, '우행'은 현명하고 어진 사람을 존귀하게 받드는 덕행이며, '순행'은 스승과 어른을 섬기는 덕행이다.

135) 『주례』「지관(地官)·사씨(師氏)」: 師氏, 掌以媺詔王. 以三德敎國子, 一曰至德以爲道本, 二曰敏德以爲行本, 三曰孝德以知逆惡. 敎三行, 一曰孝行以親父母, 二曰友行以尊賢良, 三曰順行以事師長. 居虎門之左司王朝. 掌國中失之事以敎國子弟.

세 가지 예식의 의례 절차들을 교육한다고 하였고, 이곳 문장에서는 대악정(大樂正)이 재차 세 가지 의례의 의미와 이치에 대해서 교육을 한다고 하였다. 그렇기 때문에 대악정이 방패와 도끼를 들고 추는 춤을 가르치는 것이니, 방패와 도끼를 들고 추는 춤은 앞의 경문에 기록된 '제사'를 지낼 때에 사용된다. 제사를 지낼 때에는 방패와 도끼를 들고 악무(樂舞)를 시연한다. 그런데 이곳 경문에서 '제사'라고 직접적으로 언급하지 않고, 단지 '방패와 도끼를 들고 추는 춤'이라고만 말하고 있는데, 그 이유는 제사 이외의 요소까지도 포함하기 위해서이니, 기타 나머지 예식에서 방패와 도끼를 들고 추는 춤 등에 대해서도 모두 가르쳤다는 뜻이다. '어설(語說)'은 '합어(合語)'를 했던 말들을 뜻하니, 앞의 경문에서 '합어'라고 하였으므로, 대악정이 또한 '합어'했던 말들의 의미와 그 이치에 대해서도 교육했던 것이다. '명걸언(命乞言)'이라는 말은 대악정이 세자(世子) 및 학사(學士)들에게 명령하여, 노인들에게 '걸언(乞言)'을 하도록 시킨다는 뜻이니, 앞의 경문에서 "노인을 봉양하며 '걸언'을 한다."고 했던 것에 해당한다. 다만 앞의 경문에서는 '제사'를 언급하고 있으므로, "노인을 봉양하며 '걸언'을 한다."는 것과 '제사'가 서로 연관이 된다. 그렇기 때문에 이 일들을 중요한 것으로 여겨서, 기록을 하며 그 순서를 '합어' 앞에 둔 것이다. 이곳 경문에서는 '제사'에 대해서 언급하지 않았기 때문에, "노인을 봉양한다."는 말을 생략하고, '어설' 뒤에 '걸언'이라고만 기록한 것이다. "모두 대악정이 수(數)를 내려준다."는 말은 간(干)과 척(戚), '어설', '걸언'이라는 세 가지 의례에 대해서, 모두 대악정이라는 관리가 감독을 하게 되어, 세자 및 학사 등에게 익혀야 할 각각의 편과 장의 수치를 내려주고, 그것들을 강의하여, 그들로 하여금 그것들의 의미와 이치를 깨닫게 한다는 뜻이다.

孔疏 ◎注"學以"至"篇數". ○正義曰: 此經與前經重序其事, 文勢相似, 前經小樂正乃教威儀, 事淺, 故云"詔之東序". 此大樂正所教義理旣深, 故"大樂正授數". 知者, 文承東序之下, 大樂正授數之時, 亦在東序, 大司成論說在東序.

번역 ◎鄭注: "學以"~"篇數". ○이곳 경문과 앞의 경문 기록에서는 동일한 일들을 중복되게 기록하고 있는데, 문맥과 의미가 서로 유사하다. 다만 앞의 경문 기록에서는 소악정(小樂正)이 그것들의 의례절차들을 교육한다고 하였으니, 그 사안이 비교적 덜 중요한 것이다. 그렇기 때문에, "동서(東序)에서 가르친다."고 한 것이다. 이곳 경문 기록에서 언급하고 있는 대악정(大樂正)의 교육내용은 그것들의 의미와 이치에 대한 것으로, 매우 심도 있는 사안에 해당한다. 그렇기 때문에 "대악정이 수(數)를 내려준다."라고 부연 설명을 한 것이다. 이러한 사실을 알 수 있는 이유는 이곳 경문의 기록은 그 문맥이 '동서'라는 글 아래에 이어져 있기 때문이니, 대악정이 수(數)를 내려줄 때에도 또한 '동서'에서 하는 것이며, 대사성(大司成)이 논설(論說)을 하는 것 또한 '동서'에서 하는 것이다.

孔疏 ○小樂正既詔以三者威儀, 大樂正又教以三者義理, 於是大司成之官論量課說此世子學士等義理之深淺·才能之優劣於東序之中.

번역 ○소악정(小樂正)이 이미 세 가지 의례의 예식절차들을 교육하였고, 대악정(大樂正)이 또한 세 가지 의례의 의미와 이치에 대해서 교육하였다. 이러한 시기에 대사성(大司成)이라는 관리는 '동서(東序)' 안에 함께 머물며, 세자(世子) 및 학사(學士) 등이 교육받은 내용에 대해서 깨우친 정도와 그 이치를 이해한 수준을 시험하고, 그들의 재주와 능력의 우열을 시험하게 된다.

孔疏 ◎注"司成"至"事也". ○正義曰: 鄭以下文云"樂正司業, 父師司成", 父師與樂正相連. 此大司成亦與大樂正相次, 故知司成則大司成也. 以其掌教, 故知是司徒之屬. 以其父師司成, 又掌教國子, 故知當師氏也. 引師氏以美詔王以上者, 皆師氏職文. 按書傳"大夫爲父師", 周禮師氏中大夫. 云教國子以三德三行, 三德, "一曰至德, 以爲道本; 二曰敏德, 以爲行本; 三曰孝德, 以知逆惡.” 教三行, “一曰孝行, 以親父母; 二曰友行, 以尊賢良; 三曰順行, 以事師長”. 云“及國中·失之事”者, 中謂中禮, 失謂失禮, 掌國家中禮·失禮之事也.

번역 ◎ 鄭注: “司成”~“事也”. ○정현은 주를 작성하면서, 아래에 있는 문장인 “악정(樂正)이 학업을 담당하고, 부사(父師)가 덕성(德性) 완성하는 일을 담당한다.”라는 말을 인용하고 있는데, ‘부사’와 ‘악정’은 서로 연접하여 기술되고 있다. 그리고 이곳 문장에서도 ‘대사성(大司成)’이라는 관리가 또한 ‘대악정(大樂正)’이라는 관리와 서로 연이어서 기술되고 있다. 따라서 “사성(司成)한다.”는 일이 곧 ‘대사성’의 소임이 됨을 알 수 있다. 그리고 그가 담당하는 일이 교육 분야이기 때문에, 사도(司徒)에게 속한 관리임을 알 수 있다. 또한 ‘부사’는 세자(世子)의 덕성을 완성시키고, 국자(國子)들을 교육하는 일도 담당하기 때문에, 그가 사씨(師氏)에 해당한다는 사실도 알 수 있다. 정현이 ‘사씨’에 대한 내용을 인용하며, 선왕(先王)들이 남겨놓은 좋은 도리로써 왕자들을 교육한다고 하였는데, 이러한 말들은 모두 『주례』「사씨(師氏)」의 직책에 기술된 문장들이다. 『상서대전(尙書大傳)』에서는 “대부(大夫)는 ‘부사’를 맡는다.”라고 하였고, 『주례』「사씨」편에서는 중대부(中大夫)가 그 직책을 담당하며, 국자들에게 삼덕(三德)과 삼행(三行)을 교육한다고 했다. 그리고 ‘삼덕’에 대해서는 “첫 번째는 지덕(至德)으로, 도(道)의 근본으로 삼고, 두 번째는 민덕(敏德)으로, 행실의 근본으로 삼으며, 세 번째는 효덕(孝德)으로, 이로써 나쁘고 흉악한 것들을 판별한다.”라고 했고, ‘삼행’을 교육하는 내용에 대해서는 “첫 번째는 효행(孝行)으로, 부모를 친애하는 것이며, 두 번째는 우행(友行)으로, 현명하고 어진 사람을 받드는 것이고, 세 번째는 순행(順行)으로, 스승과 어른을 섬기는 것이다.”라고 했다. 또 ‘나라의 중(中)하고 실(失)한 일’이라고 기록되어 있는데, 이 문장 중의 ‘중(中)’자는 예(禮)에 합당한 것을 뜻하며, ‘실(失)’자는 예에 합당하지 못한 것을 뜻하니, 이 말은 곧 나라 안에서 시행되는 합당한 예와 합당하지 못한 예 등을 가르치는 일들을 담당하였다는 뜻이 된다.

訓纂 江氏永曰: 大樂正·小樂正所教者, 儀文器數, 別設大司成一官, 專講說義理, 故下文有侍坐於大司成, 函丈問答之事. 此經官名官制, 不必盡與周禮合. 鄭以師氏當大司成, 固未必然, 王氏謂大司成卽大司樂, 亦非也.

번역 강영이 말하길, 대악정(大樂正)과 소악정(小樂正)이 교육하였던 내용은 의례의 형식과 기구들 및 규칙들이며, 별도로 대사성(大司成)이라는 관직을 설치하여, 그것들의 의미와 이치에 대해 강론하는 일을 전담하게 하였다. 그렇기 때문에 아래 문장에서 "대사성을 모시고 앉을 때에는 서로 간에 세 좌석만큼의 거리를 두고 문답을 한다."[136]는 등의 일화가 기록되어 있는 것이다. 이곳 경문에서 말한 관직의 명칭 및 제도가 반드시 『주례(周禮)』의 체제와 합치될 필요는 없다. 정현은 사씨(師氏)가 대사성(大司成)에 해당한다고 여겼지만, 반드시 그러한 것은 아니다. 한편 신안왕씨는 대사성이 곧 대사악(大司樂)에 해당한다고 했는데, 이러한 말도 또한 잘못된 주장이다.

集解 干·戚, 大武之舞也. 大樂正兼教六舞, 而獨言干·戚者, 擧當代之舞以該其餘也. 語說, 合語之說也. 命乞言者, 養老乞言, 惟君所命者爲之也. 數, 謂其所習之篇數也. 語說·乞言二者, 小樂正詔其禮, 大樂正又授以篇數而使習之. 周禮大司樂"以樂語敎國子興·道·諷·誦·言·語", 是也. 大司成, 有道德而敎於國學者也. 蓋大司樂掌國學之政, 至於敎國子, 則惟詩·樂乃樂官之所掌, 執禮·典書, 則以他官之習於書·禮者充之, 又以公卿之有道德者入而總主其敎, 謂之大司成, 言其主成國子之業. 大司樂所謂"有道者·有德者, 使敎焉, 死則以爲樂祖, 祭于瞽宗", 是也. 大司成無定人, 無專職, 必其位望尊重而道德充盛者乃得爲之. 詔其禮, 授其數者, 所以習其事也. 論說者, 所以明其義也, 習其事者易, 明其義者難, 此所以必屬之大司成也.

번역 방패와 도끼는 '대무(大武)'라는 춤을 출 때 사용되는 무용도구이

136) 『예기』「문왕세자」【251a】: 凡侍坐於大司成者, 遠近間三席, 可以問終, 則負牆, 列事未盡, 不問.

다. 대악정(大樂正)은 육무(六舞)를 모두 교육하였는데, 이곳에서는 유독 '대무'만을 언급하고 있다. 이것은 특별한 이유가 있어서 이처럼 기록한 것이 아니라, 단지 '육무' 중에서도 주(周)나라를 대표하는 춤만을 인용한 것으로, 실질적으로는 나머지 춤들도 그 안에 포괄하고 있는 것이다. '어설(語說)'은 '합어(合語)'를 했던 말[說]들이다. '명걸언(命乞言)'이라고 하였는데, 노인을 봉양하며 '걸언(乞言)'하는 일은 오직 군주의 명령을 받은 자만이 시행할 수 있는 일이다. 그래서 '명(命)'자를 붙여서 기록한 것이다. '수(數)'는 국자(國子)들이 익혀야 하는 편들의 수를 뜻한다. '어설'과 '걸언'하는 이 두 가지 일들은 소악정(小樂正)이 그것들의 예법(禮法)을 가르치고, 대악정이 또한 익혀야 하는 편의 수를 내려주어서, 그들로 하여금 익히게 만드는 것이다. 『주례』「대사악(大司樂)」편에서는 "음악의 이론을 통하여, 국자들에게 흥(興), 도(道), 풍(諷), 송(誦), 언(言), 어(語)에 대해 가르친다."137) 라고 하였는데, 이 기록이 바로 '수'를 내려준다는 뜻에 해당한다. 대사성(大司成)은 훌륭한 인격을 갖추고 있으면서도, 국학(國學)에서 학생들을 가르치는 자를 뜻한다. 무릇 대사악은 국학의 정책에 대해서 담당을 하는데, 국자들을 가르칠 때, 『시(詩)』와 『악(樂)』에 대해서만 악관(樂官)들이 담당하였고, 『예(禮)』 담당관 및 『서(書)』 담당관들의 경우에는 다른 관부의 관리들 중에서 『서』와 『예』를 익힌 자들로 충당하였으며, 또한 공(公)과 경(卿)들 중에서 훌륭한 인격을 이룬 자를 국학으로 들여보내서, 이러한 교육을 총괄하도록 하였으니, 그를 바로 '대사성'이라고 하는 것이다. 그리고 '대사성'이라는 명칭은 국자들의 학업 완성하는 일을 주관한다는 뜻이다. 「대사악」편에서 "도(道)를 갖추고 덕(德)을 갖춘 자들로 하여금 교육을 시키고, 그들이 죽게 된다면, 그들을 악(樂)의 시조로 삼아서, 고종(瞽宗)에서 제사를 지낸다."138)라고 하였는데, 이 기록에서 말하고 있는 자들이 바로 '대사성'들을 가리킨다. 그런데 '대사성'이라는 관직은 고정된 인원이 담당했던 것이 아니며, 관부에서 전담하는 업무도 없었고, 반드시 지위와 명망

---

137) 『주례』「춘관(春官)·대사악(大司樂)」: 以樂語教國子興道諷誦言語.
138) 『주례』「춘관(春官)·대사악(大司樂)」: 凡有道者有德者, 使教焉, 死則以爲樂祖, 祭於瞽宗.

이 높으며, 도덕을 훌륭하게 갖춘 자만이 맡을 수 있는 직책이었다. "그 예법들을 가르치고, 그것들의 수(數)를 내려준다."는 말은 이로써 그 의식들을 익히게 한다는 뜻이다. "논설(論說)을 한다."는 말은 이로써 그것들의 의미를 깨우치게 한다는 뜻인데, 그 일들을 익히는 것은 쉽지만, 그것들의 의미를 깨우치는 것은 어렵다. 이것이 바로 이러한 일들을 반드시 대사성에게 전담시킨 까닭이다.

【251a】

凡侍坐於大司成者, 遠近間三席, 可以問. 終則負牆, 列事未盡, 不問.

직역 무릇 大司成에게 侍坐하는 경우에는 遠近을 三席으로 間하면, 問을 할 수 있다. 終하면, 牆을 負하고, 事를 列함이 未盡하거든 不問이라.

의역 무릇 대사성(大司成)을 모시고 앉을 경우에는 대사성과 적절한 거리를 두고 앉게 되는데, 앞으로 나아가 질문을 할 때에는 좌석 3개를 놓을 정도의 거리로 다가가야만 질문을 할 수 있다. 질문이 다 끝나면, 다른 사람들을 위해 다시 자신의 자리로 돌아와서 벽을 등지고 앉는다. 대사성이 질문에 대해 답해주는 말들이 다 끝나지 않았다면, 재차 질문을 하지 않는다.

集說 席廣三尺三寸三分寸之一. 三席, 所謂函丈也. 相對遠近如此, 取其便於咨問. 問終則却就後席, 背負牆壁而坐, 以避後來問事之人. 其問事之時, 尊者有教, 而己猶未達, 則必待其言盡, 然後更問. 若陳列未竟, 則不敢先問以參錯尊者之言也.

번역 1개 좌석의 폭은 3척(尺)과 3과 3분의 1촌(寸)이다. '삼석(三席)'은

3개 좌석만큼의 폭을 뜻하니, 이른바 '함장(函丈)'[139]이라는 것이다. 질문을 할 때 서로 마주보는 거리가 이와 같은데, 이 정도의 거리를 벌리는 이유는 가르침을 구하기에 편안한 거리만큼 벌리기 때문이다. 자신의 질문이 끝나면, 물러나서 뒤에 놓여 있는 자신의 자리로 돌아가고, 또한 그곳에서 벽을 등지고서 앉게 되는데, 이처럼 행동하는 이유는 이후에 질문을 하기 위해 앞으로 나서게 될 사람들을 위해, 자리를 피해주어야 하기 때문이다. 질문을 했을 때, 대사성(大司成)이 가르쳐 주었으나, 본인이 아직 깨우치지 못했다면, 곧바로 되묻는 것이 아니라, 반드시 그의 말이 다 끝날 때까지 기다린 이후에, 재차 질문을 해야 한다. 만약 대사성이 예시 등을 열거하며 대답을 해주게 되어, 그 말들이 아직 다 끝나지 않았다면, 감히 말이 끝나기도 전에 질문을 하여, 대사성의 말을 끊어서는 안 된다.

大全 嚴陵方氏曰: 可以問者, 以其聲足以相聞, 又不至於大逼也. 曲禮曰, "先生問焉, 終則對", 亦此之意.

번역 엄릉방씨가 말하길, "질문을 할 수 있다."는 말은 그 거리에서 서로의 목소리가 충분히 들릴 수 있기 때문인데, 또한 그렇다고 해서 너무 가까이 다가가서, 상대방을 부담스럽게 해서는 안 된다. 『예기』「곡례(曲禮)」편에서 "선생이 묻게 되면, 선생의 말이 다 끝난 뒤에야 대답을 한다."[140]라고 말한 것도 또한 위에서 말하고 있는 뜻을 가리킨다.

鄭注 間猶容也. 容三席則得指畫相分別也. 席之制, 廣三尺三寸三分, 則是所謂函丈也. 卻就後席相辟. 錯尊者之語, 不敬也.

---

139) 함장(函丈)의 '함(函)'자는 수용한다는 뜻이고, '장(丈)'자는 1장(丈)을 뜻하는 거리이다. 따라서 '함장'은 강학하는 자와 강학을 받는 자는 1장(丈)의 거리만큼 떨어져서 앉는다는 뜻이다. 후대에는 이 뜻에서 파생되어, 강학하는 좌석 및 스승을 뜻하는 용어로도 사용되었다. 『예기』「곡례상(曲禮上)」편에는 "若非飮食之客, 則布席, 席間函丈."이라는 용례가 있다.

140) 『예기』「곡례상(曲禮上)」【21b】: 侍坐於先生, 先生問焉, 終則對.

번역 '간(間)'자는 "수용한다[容]."는 뜻이다. 세 좌석 정도의 거리를 수용하게 되면, 말을 하며 충분히 자신의 뜻을 표현할 수 있으면서도, 서로 간에 구별이 된다. 좌석의 규격은 폭이 3척(尺) 3촌(寸) 3분(分)이니, 이것은 이른바 '함장(函丈)'이라는 것이다. 질문이 끝나면, 물러나서 뒤에 있는 자신의 자리로 가서, 다른 사람을 위해 자리를 피해준다. 대답하는 도중 질문을 하지 않는 이유는 존귀한 자의 말을 끊는 것은 불경스러운 일이기 때문이다.

釋文 坐, 才臥反, 又如字. 遠近間, 並如字; 間, 猶容也, 注同, 徐古辨反. 指畫, 乎麥反. 別, 彼列反. 廣, 古曠反, 又如字. 三寸, 一本作"廣三尺三寸三分". 函, 胡南反. 辟音避, 下"辟君" 同.

번역 '坐'자는 '才(재)'자와 '臥(와)'자의 반절음인데, 또는 글자대로 읽기도 한다. '遠近間'에서 '遠'자, '近'자, '間'자들은 모두 글자대로 읽으며, '間'자는 "수용한다[容]."는 뜻으로, 정현의 주에 나오는 글자들도 그 음이 이와 같은데, 한편 '間'자의 서음(徐音)은 '古(고)'자와 '辨(변)'자의 반절음이 된다. '指畫'에서의 '畫'자는 '乎(호)'자와 '麥(맥)'자의 반절음이다. '別'자는 '彼(피)'자와 '列(렬)'자의 반절음이다. '廣'자는 '古(고)'자와 '曠(광)'자의 반절음인데, 또는 글자대로 읽기도 한다. '三寸'은 다른 판본에 '폭은 3척 3촌 3분[廣三尺三寸三分]'이라고 기록되어 있다. '函'자는 '胡(호)'자와 '南(남)'자의 반절음이다. '辟'자의 음은 '避(피)'이며, 아래 문장에 나오는 '辟君'에서의 '辟'자도 그 음이 이와 같다.

孔疏 ●"凡侍"至"不問". ○正義曰: 此一節論國子侍坐於大司成之儀, 故云"侍坐於大司成".

번역 ●經文: "凡侍"~"不問". ○이 문장은 국자(國子)들이 대사성(大司成)을 모시고 앉을 경우의 의례에 대해서 논의하고 있다. 그렇기 때문에

"대사성을 모시고 앉는다."라고 말한 것이다.

孔疏 ●"遠近間三席, 可以問"者, 去大司成遠近, 中間可容三席之地. 席制廣三尺三寸三分寸之一, 三席則函一丈, 可以指畫而問也.

번역 ●經文: "遠近間三席, 可以問". ○대사성(大司成)을 모시고 앉을 때에는 대사성과 거리를 두니, 그 사이에 세 개의 좌석을 둘 만큼의 공간을 둔다. 좌석의 규격은 폭이 3척(尺)과 3과 3분의 1촌(寸)이니, 세 개의 좌석은 그 길이가 1장(丈)을 수용할 만큼이 된다. 이 정도의 거리를 두게 되면, 뜻을 표현하며 질문을 할 수 있다.

孔疏 ●"終則負牆"者, 問終則起, 卻就後席, 負牆而坐, 辟後來問者. "列事未盡不問"者, 其問事之時, 必待尊者言終, 如有不曉, 然後更問. 若尊者序列其事未得終盡, 則不可錯亂尊者之語. 而輒有咨問, 則爲不敬也.

번역 ●經文: "終則負牆". ○질문이 끝나면, 그 자리에서 일어나서, 물러나 뒤에 있는 자리로 가고, 벽을 등지고서 앉으니, 이후에 질문하는 자들을 위해 자리를 피해주는 것이다. 경문의 "列事未盡不問"에 대하여. 질문할 때에는 반드시 스승의 말이 다 끝날 때까지 기다려야 하는 것이며, 만약 스승의 대답을 듣고도 깨닫지 못한 점이 있다면, 스승의 말이 다 끝난 이후에, 다시 질문을 하는 것이다. 만약 스승이 그 사례들을 차례대로 열거하며 설명을 하게 되어서, 그 말이 아직 다 끝나지 않았다면, 스승의 말을 중간에 끊어서는 안 된다. 갑작스럽게 질문을 던지는 것은 불경스러운 일이 되기 때문이다.

【251b】

凡學, 春官釋奠于其先師, 秋冬亦如之.

직역 무릇 學에는 春에 官이 그 先師에게 釋奠을 하며, 秋와 冬에도 또한 如한다.

의역 무릇 태학(太學)에서는 봄마다 교육을 담당하는 관리들이 태학에서 위패를 모시고 있는 선사(先師)들에게 석전(釋奠)을 올리며, 가을과 겨울, 그리고 여름에도 또한 봄과 같이 석전을 올린다.[141)]

集說 官, 掌教詩書禮樂之官也. 若春誦夏弦, 則太師釋奠; 教干戈, 則小樂正及樂師釋奠也. 秋學禮, 冬讀書, 則其官亦如之. 釋奠者, 但奠置所祭之物而已, 無尸無食飲酬酢等事. 所以若此者, 以其主於行禮, 非報功也. 先師, 謂前代明習此事之師也.

번역 '관(官)'은 『시(詩)』, 『서(書)』, 『예(禮)』, 『악(樂)』에 대한 교육을 담당하는 관리들이다. 봄에는 국자(國子)들에게 암송하는 것을 가르치고, 여름에는 현악기 연주를 가르치는데, 태사(太師)가 그 교육들을 주관하므로, 봄과 여름에는 태사가 석전(釋奠)을 올린다. 방패와 창을 들고 추는 춤을 가르치는 경우에는 소악정(小樂正) 및 악사(樂師)가 그 교육을 주관하므로, 이들이 석전을 올린다. 가을에는 『예』를 가르치고, 겨울에는 『서』를 가르치므로, 해당 교육의 담당관들이 석전을 올린다. '석전'이라는 제사는 단지 제사 때 바치는 제수만을 진설해둘 뿐이며, 시동도 없고, 제수를 맛보거나 술잔을 주고받는 등의 절차가 없다. 이처럼 하는 이유는 '석전'은 그

141) 주석가들에 따라서, 석전(釋奠)을 봄, 가을, 겨울에만 지낸다고 보는 견해가 있고, 여름까지 포함하여 1년에 4번 석전을 지낸다는 견해도 있다. 후자의 경우, 경문에서 여름을 생략한 이유는 봄과 여름철에 국학(國學)에서 국자(國子)들을 가르치는 스승이 동일한 인물이므로, 언급하지 않았다고 해석한다.

의례를 시행하는데 주안점이 있는 것이지, 선사(先師)들의 공적에 보답하는 제사가 아니기 때문이다. '선사'는 이러한 교과목에 능통하였던 앞 세대의 스승들을 뜻한다.

大全 嚴陵方氏曰: 釋奠, 止言三時, 而不及夏者, 弦誦一師, 夏則因春故也.

번역 엄릉방씨가 말하길, 경문에서 석전(釋奠)을 지낸다고 할 때, 단지 봄, 가을, 겨울 세 계절만 언급하고, 여름을 언급하지 않은 이유는 현악기로 연주하거나 암송을 하는 일들은 '태사(太師)'라는 한 명의 스승이 담당하므로, 여름에 대한 석전은 봄에 지내는 석전과 그 주관자가 동일하기 때문이다.

大全 新安王氏曰: 先師者, 習樂有樂之先師, 習禮有禮之先師, 讀書有書之先師.

번역 신안왕씨가 말하길, 선사(先師)에 대해서 석전(釋奠)을 지낸다고 할 때, 『악(樂)』을 익히는 계절에는 『악』에 대한 선사에게 석전을 지내는 것이며, 『예(禮)』를 익히는 계절에는 『예』에 대한 선사에게 지내는 것이고, 『서(書)』를 읽는 계절에는 『서』에 대한 선사에게 지내는 것이다.

鄭注 官謂禮·樂·詩·書之官, 周禮曰: "凡有道者有德者, 使敎焉. 死則以爲樂祖, 祭於瞽宗." 此之謂先師之類也. 若漢, 禮有高堂生, 樂有制氏, 詩有毛公, 書有伏生, 億可以爲之也. 不言夏, 夏從春可知也. 釋奠者, 設薦饌酌奠而已, 無迎尸以下之事.

번역 '관(官)'은 『예(禮)』, 『악(樂)』, 『시(詩)』, 『서(書)』의 교육을 담당하는 관리이며, 『주례』에는 "무릇 도(道)를 가지고 있고 덕(德)을 가지고 있는 자들로 하여금 교육을 담당하게 한다. 그들이 죽게 되면, 그들을 악(樂)의 시조로 삼아서, 고종(瞽宗)에서 제사를 지낸다."[142]라고 하였는데, 이러한 자들이 바로 선사(先師)들이다. 한(漢)나라의 경우에는 『예』 분야에서 뛰어났던 자로 고당생(高堂生)143)이 있었고, 『악』 분야에는 제씨(制氏)144)가 있었으며, 『시』 분야에는 모공(毛公)145)이 있었고, 『서』 분야에는 복생(伏生)146)이 있었으니, 아마도 이러한 자들을 선사로 삼을 수 있을 것이다. 석전(釋奠)을 지내는 계절 중 여름을 별도로 언급하지 않았으니, 여름에 대한 석전은 봄에 지내는 석전과 똑같이 따른다는 사실을 알 수 있다. 석전이라는 제사에서는 성찬을 진설하고 술잔을 따라둘 뿐이며, 시동을 맞이하는 등의 절차들은 없다.

釋文 億, 本又作噫, 音抑.

번역 '億'자는 판본에 따라서 또한 '噫'자로도 기록하니, 그 음은 '抑(억)'

---

142) 『주례』「춘관(春官)·대사악(大司樂)」: 凡有道者有德者, 使敎焉, 死則以爲樂祖, 祭於瞽宗.

143) 고당생(高堂生, ?~?) : 전한(前漢) 때의 학자이다. 춘추시대(春秋時代) 제(齊)나라의 경(卿)이었던 고혜(高傒)의 후손으로 알려져 있으며, 고혜가 채읍으로 받은 지명을 따서, 후손들의 성(姓)을 고당(高堂)으로 삼게 되었다고 전해진다. 진시황의 분서갱유 이후, 예학(禮學)의 최초 전수자로 알려져 있다. 『사기(史記)』「유림열전(儒林列傳)」의 기록에 따르면, '고당생'이 『사례(士禮)』 17편을 소분(蕭奮)에게 전수하였고, 소분은 맹경(孟卿)에게 전수하였으며, 맹경은 다시 후창(后蒼)에게 전수하여, 이후 대덕(戴德)과 대성(戴聖)에게 전수되었다.

144) 제씨(制氏, ?~?) : 전한(前漢) 때의 사람이다. 이름은 자세히 알려져 있지 않다. 노(魯)나라 지역 출신으로 알려져 있다. 『한서(漢書)』「예악지(禮樂志)」에 따르면, 악가(樂家)로 분류되며, 대대로 악관(樂官)을 맡은 집안 출신이다. 악기 연주 및 춤에 대해서는 능통하였지만, 그 의미에 대해서는 설명을 잘 못했다고 한다.

145) 모공(毛公, ?~?) : =모장(毛長)·모장(毛萇)·소모공(小毛公). 전한(前漢) 때의 학자이다. 하간헌왕(河間獻王) 때 박사(博士)를 지내기도 했다. 모시학(毛詩學)의 최초 전수자로, 모형(毛亨)에게서 『모시(毛詩)』를 전수받았다. 그래서 모형을 대모공(大毛公)이라고 부르며, 모장을 소모공이라고 부른다.

146) 복생(伏生, ?~?) : =복승(伏勝). 전한(前漢) 때의 학자이다. 자(字)는 자천(子賤)이다. 진(秦)나라 때 박사(博士)를 지냈으며, 분서갱유를 피해 『상서(尙書)』를 숨겨두었다가, 한(漢)나라 때 『금문상서(今文尙書)』를 전수하였다.

이다.

孔疏 ●"凡學"至"如之". ○正義曰: 此論四時在學釋奠之事. 凡學者, 謂禮·樂·詩·書之學, 於春夏之時, 所敎之官各釋奠於其先師. 秋冬之時, 所敎之官亦各釋奠於其先師, 故云"秋冬亦如之". 猶若敎書之官, 春時於虞庠之中釋奠於先代明書之師, 四時皆然. 敎禮之官, 秋時於瞽宗之中釋奠於其先代明禮之師, 如此之類是也.

번역 ●經文: "凡學"~"如之". ○이 문장은 사계절마다 태학(太學)에서 석전(釋奠)을 지내는 일에 대해서 논의하고 있다. '범학(凡學)'이라는 말은 『예(禮)』, 『악(樂)』, 『시(詩)』, 『서(書)』 등의 교과목을 뜻하니, 봄과 여름철에는 해당 과목을 담당하는 관리가 각각 그 해당 과목의 선사(先師)들에게 석전을 지낸다. 가을과 겨울철에도 해당 과목을 담당하는 관리가 또한 각각 그 해당 과목의 선사들에게 석전을 지낸다. 그렇기 때문에 "가을과 겨울 또한 이와 같이 한다."라고 말한 것이다. 예를 들어 『서』를 담당하는 관리는 봄철에 우상(虞庠) 안에서 선대의 스승 중 『서』에 능통했던 스승에게 석전을 지내는 것과 같은 말이니, 사계절마다 모두 이처럼 석전을 지냈던 것이다. 그러므로 『예』를 담당하는 관리가 가을철에 고종(瞽宗) 안에서 선대의 스승 중 『예』에 능통했던 스승에게 석전을 지내는 것들이 바로 경문에서 언급하고 있는 "이와 같다."는 부류에 해당한다.

孔疏 ◎注"官謂"至"之事". ○正義曰: "官謂禮·樂·詩·書之官"者, 謂所敎之官也. 若春誦夏弦, 則大師釋奠也. 敎干戈, 則小樂正·樂師等釋奠也. 敎禮者, 則執禮之官釋奠也. 皇氏云: "其敎雖各有時, 其釋奠則四時各有其學, 備而行之." 引"周禮曰凡有道者有德者, 使敎焉. 死則以爲樂祖, 祭於瞽宗"者, 此周禮大司樂文. 引之者, 證樂之先師也, 後世釋奠祭之. 然則禮及詩·書之官, 有道有德者亦使敎焉, 死則以爲書·禮之祖, 後世則亦各祭於其學也, 故云"此之謂先師之類也". 以大司樂掌樂, 故特云"樂祖", 其餘不見者, 周禮文不具也.

云“若漢, 禮有高堂生, 樂有制氏, 詩有毛公, 書有伏生”者, 皆漢書儒林傳文. 按書傳, 伏生濟南人, 故爲秦時博士, 孝文帝時以書敎於齊魯之間. 詩有毛公者, 毛公, 趙人, 治詩, 爲河間獻王博士. 高堂生者, 魯人, 漢興爲博士, 傳禮十七篇. 藝文志: “漢興, 制氏以雅樂聲律, 世爲樂官, 頗能記其鏗鏘鼓舞, 不能言其義.” 是其事也. 其儒林傳詩·書及禮多矣, 而不言者, 以其非俊異也. 又有傳易及春秋, 不引者, 以此經唯有詩·書·禮·樂, 故不引易與春秋. 云“億可以爲之也”者, 億是發語之聲, 言此等之人, 後世亦可爲先師也. 疑而不定, 故發聲爲億. 以三時釋奠, 獨不言夏, 故言夏從春可知也. 以其釋奠, 直奠置於物, 無食飮酬酢之事, 故云”設薦饌酌奠而已, 無迎尸以下之事”. 釋奠所以無尸者, 以其主於行禮, 非報功也.

번역 ◎鄭注: “官謂”~“之事”. ○정현이 “‘관(官)’은 『예(禮)』, 『악(樂)』, 『시(詩)』, 『서(書)』의 교육을 담당하는 관리이다.”라고 하였는데, 이때의 관리들은 곧 교육을 담당했던 관리들을 뜻한다. 예를 들어 봄철에는 국자(國子)들에게 암송하는 것을 가르치고, 여름철에는 현악기 연주를 가르치게 되니, 그 교육을 담당하는 태사(太師)가 석전(釋奠)을 지낸다. 그리고 방패와 창을 들고 추는 춤을 가르치는 계절에는 소악정(小樂正) 및 악사(樂師) 등이 교육을 담당하였으므로, 그들이 석전을 지내는 것이다. 『예』를 가르치는 계절에는 『예』 담당관이 석전을 지낸다. 황간은 “교과목마다 각각 가르치는 계절들이 정해져 있는데, 석전을 지내는 경우에도 사계절마다 각각 석전을 지내게 되는 해당 학교가 있으니, 그 장소에서 준비를 하여 석전을 지낸다.”라고 했다. 정현이 인용을 하며, “『주례』에는 ‘무릇 도(道)를 가지고 있고 덕(德)을 가지고 있는 자들로 하여금 교육을 담당하게 한다. 그들이 죽게 되면, 그들을 악(樂)의 시조로 삼아서, 고종(瞽宗)에서 제사를 지낸다.’”라고 하였는데, 이 내용은 『주례』「대사악(大司樂)」편에 나오는 문장들이다. 정현이 이 기록을 인용한 이유는 『악』 분야의 선사(先師)들에 대해서 후대에도 석전으로 제사를 올렸다는 사실을 증명하기 위해서이다. 따라서 『예』·『시』·『서』의 교육을 담당하는 관리들도 도(道)가 있고 덕이 있는 자들로 임명하여, 그들로 하여금 국자들을 교육하도록 시켰고, 그들이 죽게 되면, 『서』나 『예』 등의 분야에 시조(始祖)로 삼아서, 후세에도 또한 각각 그 해당하는 학교에서 제사를 지낸 것이다. 그렇기 때문에 "이러한 자들이 바로 선사들이다."라고 말한 것이다. 대사악(大司樂)은 『악』을 담당하였기 때문에, 특별히 '악의 시조'라고 기록한 것이다. 그런데 나머지 분야에 대해서는 기록하지 않고 있다. 그 이유는 『주례』의 문장에는 해당 기록이 남아있지 않기 때문이다. 정현이 "한(漢)나라의 경우에는 『예』 분야에서 뛰어났던 자로 고당생(高堂生)이 있었고, 『악』 분야에는 제씨(制氏)가 있었으며, 『시』 분야에는 모공(毛公)이 있었고, 『서』 분야에는 복생(伏生)이 있었다."라고 하였는데, 이 말들은 모두 『한서(漢書)』「유림전(儒林傳)」에 기록된 문장들이다.[147] 『상서대전(尙書大傳)』을 살펴보면, '복생'은 제남(濟南) 지역 사람이었기 때문에, 진(秦)나라 때 박사(博士)가 될 수 있었고, 한나라 효문제(孝文帝, 제위기간: B.C.179~B.C.157) 시기에는 제(齊)와 노(魯)나라 지역에서 『서』를 가르쳤었다. "『시』에는 모공이 있다."고 하였는데, '모공'은 조(趙)나라 사람으로, 『시』 공부에 전념하여, 한나라 하간헌왕(河間獻王)의 박사를 지냈다. '고당생'이라는 자는 노나라 사람으로, 한나라 때 유학이 부흥하자 박사가 되어서, 『예』 17편을 전수하였다. 『한서』「예문지(藝文志)」편에서는 "한나라 때 유학이 부흥하자, '제씨'는 아악(雅樂)과 성률(聲律)에 뛰어나서, 대대로 악관(樂官)을 맡았으며, 종(鍾)이나 석경(石磬)과 같은 악기들을 잘 다루고, 고무(鼓舞) 등에 대해서도 뛰어났지만, 그것의 의의에 대해서는 말하지 못하였다."[148]라고 했는데, 이 기록이 바로 '제씨'에 대한 내용이다. 「유림전」편에서는 『시』·『서』·『예』와 관련된 인물들을 많이 거론하고 있는데, 정현이 이들에 대해서 자세히 언급하지 않은

147) 『한서(漢書)』「유림전(儒林傳)」: 漢興, 言易自淄川田生; 言書自濟南伏生; 言詩, 於魯則申培公, 於齊則轅固生, 燕則韓太傅, 言禮, 則魯高堂生; 言春秋, 於齊則胡毋生, 於趙則董仲舒. / 『한서』「유림전」: 毛公, 趙人也. 治詩, 爲河間獻王博士, 授同國貫長卿. / 제씨(制氏)에 대해서는 『한서』「예악지(禮樂志)」와 「예문지(藝文志)」에 나온다. / 『한서』「예악지」: 漢興, 樂家有制氏, 以雅樂聲律世世在大樂官, 但能紀其鏗鎗鼓舞, 而不能言其義.

148) 『한서(漢書)』「예문지(藝文志)」: 漢興, 制氏以雅樂聲律, 世在樂官, 頗能紀其鏗鏘鼓舞, 而不能言其義.

이유는 그들 중 대다수가 특별하게 빼어난 사람들이 아니었기 때문이다. 또 「유림전」편에는 『역(易)』과 『춘추(春秋)』를 전수한 자들도 기록되어 있었는데, 정현이 이들에 대해서 언급하지 않은 이유는 위의 경문에는 단지 『시』·『서』·『예』·『악』만 기록되어 있을 뿐이라서, 『역』과 『춘추』에 대해서는 언급하지 않은 것이다. 정현이 "아마도 이러한 자들로 선사를 삼을 수 있을 것이다."라고 하였는데, '억(億)'자는 발어사이므로, 이 문장은 곧 "이러한 사람들을 후세에서는 또한 선사로 삼을 수 있다."라는 뜻이다. 그러나 확정적인 사안이 아니기 때문에, 발어사인 '억'자를 붙여서 추정의 의미를 나타낸 것이다. 이곳 경문에서는 봄, 가을, 겨울 세 계절에만 석전을 지낸다고 하여, 유독 여름에 대해서는 언급하지 않았다. 그렇기 때문에 정현이 "여름에 대한 석전은 봄에 지내는 석전과 똑같이 따른다는 사실을 알 수 있다."라고 말한 것이다. 석전을 지낼 때에는 술잔과 제수 등을 진설하지만, 음식을 맛보거나 술잔을 주고받는 등의 일이 없다. 그렇기 때문에 "성찬을 진설하고 술잔을 따라둘 뿐이며, 시동을 맞이하는 등등의 절차들은 없다."라고 말한 것이다. 석전을 지낼 때 시동을 두지 않는 이유는 석전 행사가 의례를 시행하는데 주안점을 두고, 공적에 보답하는 제사가 아니기 때문이다.

그림 3-17 종(鍾)

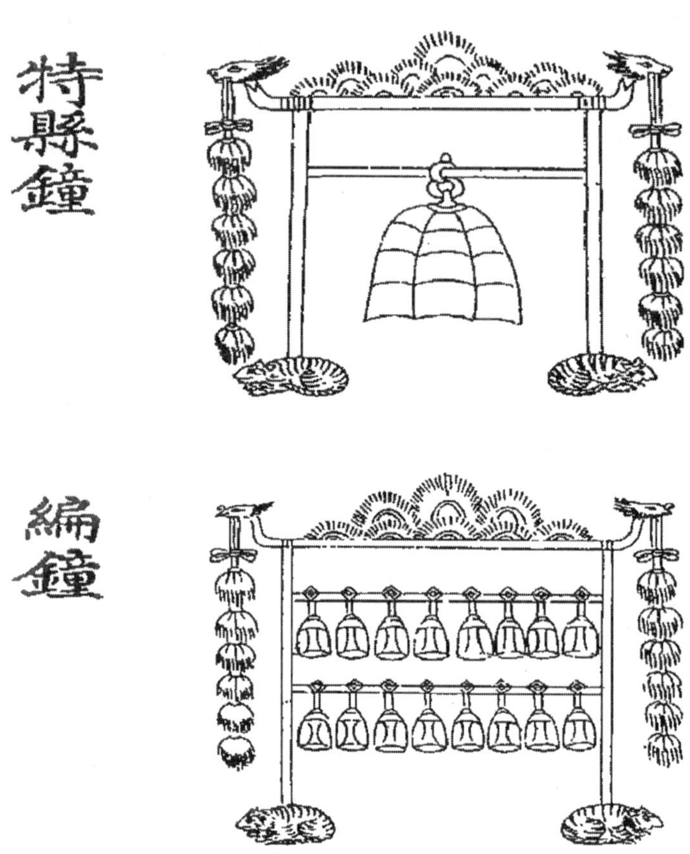

▸ 출처: 『삼례도집주(三禮圖集注)』 5권

그림 3-18 경(磬)

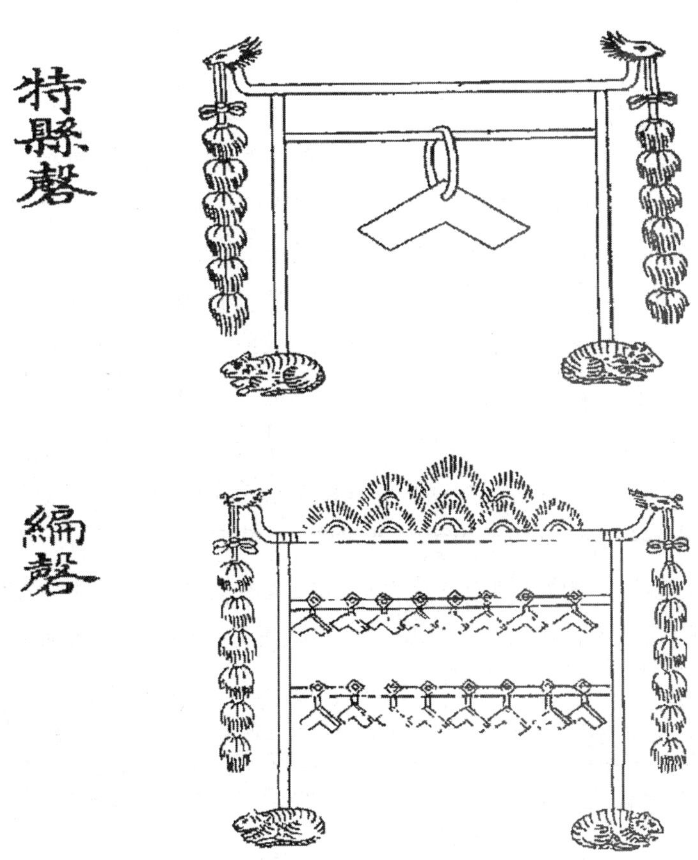

▸ 출처: 『삼례도집주(三禮圖集注)』 5권

集解 愚謂: 三時釋奠, 各以主其時之教者行禮. 如春則大師, 秋則執禮者, 冬則典書者也. 曰"於其先師"者, 弦誦也, 禮也, 書也, 其先師不同也. 學以詩·書·禮·樂爲教, 而以古之賢臣明於其業者爲先師. 若禮有伯夷, 樂有后夔, 祭義所謂"祀先賢於西學", 是也. 此先代之先師也. 其有道德而爲學之大司成者, 死則亦祭之, 以爲先師, 大司樂所謂"樂祖", 是也. 此當代之先師也. 下文"始立學, 釋奠", 但爲先代之先師; 此三時釋奠, 兼有當代之先師也. 夏不釋奠者, 弦誦相成, 無二師也.

번역 내가 생각하기에, 봄·가을·겨울에 지내는 석전(釋奠)에는 각각 그 계절마다의 교육을 주관하는 자가 석전의 의례를 시행한다. 예를 들어 봄에는 태사(太師)가 교육을 담당했으므로, 석전의 의례는 태사가 시행했고, 가을에는 '『예(禮)』 담당관[執禮者]'이 시행했으며, 겨울에는 '『서(書)』 담당관[典書者]'이 시행했다. 경문에서 '그 선사(先師)에게'라고 하였는데, 현악기를 연주하거나 암송을 하고, 또 『예』를 익히고, 『서』를 익히는 경우에는 각각 해당 과목의 선사들이 다르기 때문에, 이처럼 기록한 것이다. 태학(太學)에서는 『시(詩)』·『서』·『예』·『악(樂)』을 교과목으로 삼았고, 고대의 현명한 신하들 중에서, 각 과목에 능통했던 자들을 선사로 삼았다. 『예』 분야에 뛰어났던 자로는 백이(伯夷)[149]가 있었고, 『악』 분야에는 후기(后夔)[150]가 있었는데, 『예기』「제의(祭義)」편에서 "서학(西學)에서 선현(先賢)들에게 제사를 지낸다."[151]라고 한 말이 바로 이러한 자들에 대한 석전

---

149) 백이(伯夷, ?~?) : 요순(堯舜) 때의 인물로, 성(姓)은 강(姜)이며, 공공(共工)의 종손(從孫)으로 알려져 있다. 우(禹)임금을 도와 치수 사업에 참여했다고 하며, 『서』「우서(虞書)·순전(舜典)」편에는 "帝曰, 咨四岳, 有能典朕三禮. 僉曰, 伯夷. 帝曰, 兪. 咨伯, 汝作秩宗. 夙夜惟寅, 直哉惟淸. 伯拜稽首, 讓于夔龍."이라고 하여, 삼례(三禮)에 뛰어난 자를 찾자, 모두들 '백이'를 추천하였다고 전해진다.

150) 후기(后夔, ?~?) : =기(夔). 요순(堯舜) 때의 인물이다. 순(舜)임금 때 악(樂)을 담당하던 자이다. 『서』「우서(虞書)·순전(舜典)」편에는 "伯拜稽首, 讓于夔龍. 帝曰, 兪. 往欽哉. 帝曰, 夔, 命汝典樂, 敎胄子, 直而溫, 寬而栗, 剛而無虐, 簡而無傲, 詩言志, 歌永言, 聲依永, 律和聲, 八音克諧, 無相奪倫, 神人以和. 夔曰, 於予擊石拊石, 百獸率舞."라는 기록이 있다. 즉 순임금이 백이(伯夷)에게 삼례(三禮)를 담당하도록 명령을 하였는데, 백이가 기(夔)와 용(龍)에게 사양을 하였다. 그래서 순임금은 '기'를 임명하여, 악(樂)을 담당하게 만들었다.

을 가리킨다. 그리고 이들은 바로 앞 세대의 선사들이다. 그리고 도(道)와 덕(德)을 갖춘 인물들 중 태학의 대사성(大司成)을 지냈던 자들이 죽게 되면, 또한 그에게 제사를 지내며, 선사로 삼았는데, 『주례』「대사악(大司樂)」편에서 '악조(樂祖)'라고 부른 자들이 바로 이들을 가리킨다. 이들은 당대의 선사들이다. 아래 경문에서 "처음으로 태학을 세우면, 석전을 지낸다."[152]라고 하였는데, 이때의 '석전'은 단지 앞 세대의 선사들에게만 지내는 제사이며, 이곳 경문에서 봄·가을·겨울마다 석전을 지낸다고 할 때의 '석전'은 당대의 선사들까지도 포함시켜서 지내는 제사이다. 여름에 석전을 지내지 않는 이유는 현악기를 연주하거나 암송하는 일들은 모두 함께 배우는 것들이므로, 태사 이외의 다른 스승이 없기 때문이다.

集解 陳氏祥道曰: 釋奠有牲·幣, 有合樂, 有獻酬. 曾子問"凡告用牲·幣", 此有牲·幣之證也. "釋奠必有合", 此有合樂之證也. 聘禮"一人擧爵, 從者行酬", 此有獻酬之證也. 然山川廟社有牲·幣, 學非始立, 不必有幣也. 學之釋奠有合樂, 山川廟社不必合樂也. 聘禮釋幣三獻, 天子諸侯於山川廟社, 不止三獻也. 此又其異者也.

번역 진상도가 말하길, 석전(釋奠)을 지낼 때에는 희생물과 폐백을 진설하며, 음악을 합주하고, 술잔을 바치고 또한 술잔을 주고받는 절차도 있다. 『예기』「증자문(曾子問)」편에서는 "무릇 고(告)하는 의식에서는 희생물과 폐백을 사용한다."[153]라고 하였으니, 이것이 바로 석전 행사에 희생물과 폐백을 진설하였다는 증거이다. 그리고 "석전에는 반드시 합(合)이 있었다."[154]라고 하였는데, 이것이 바로 석전 행사에 음악을 합주하였다는 증거

151) 『예기』「제의(祭義)」【570b】: 祀先賢於西學, 所以教諸侯之德也.
152) 『예기』「문왕세자」【251c】: 凡始立學者, 必釋奠于先聖先師, 及行事, 必以幣.
153) 『예기』「증자문(曾子問)」【227b】: 孔子曰 諸侯適天子, 必告于祖, 奠于禰, 冕而出, 視朝, 命祝·史, 告于社稷·宗廟·山川, 乃命國家五官, 而后行, 道而出. 告者, 五日而徧, 過是, 非禮也. 凡告, 用牲幣, 反亦如之.
154) 『예기』「문왕세자」【251d】: 凡釋奠者, 必有合也. 有國故, 則否. 凡大合樂, 必遂養老.

이다. 『의례』「빙례(聘禮)」편에서는 “한 사람이 술잔을 들면, 종자(從者)들이 술잔을 주고받았다.”[155]라고 하였으니, 이것이 바로 석전 행사에도 술잔을 주고받는 의례가 있었다는 증거이다. 그러나 산천(山川)·종묘(宗廟)·사직(社稷)에 대한 제사에서는 희생물과 폐백을 반드시 진설하였지만, 태학(太學)에서 지내는 석전의 경우에는 태학을 처음 건립할 때가 아니라면, 폐백을 반드시 진설하였던 것은 아니다. 반대로 태학에서 지내는 석전에는 음악을 합주하는 절차가 반드시 포함되어 있었지만, 산천·종묘·사직에 대한 제사에서는 음악을 반드시 합주하였던 것은 아니다. 「빙례」편에서는 폐백을 진설하고, 삼헌(三獻)을 하였다고 했는데, 천자와 제후의 경우에는 산천·종묘·사직에 대한 제사에서, '삼헌'에만 그쳤던 것이 아니다. 이것이 또한 다른 점이다.

【251c】

凡始立學者, 必釋奠于先聖先師, 及行事, 必以幣.

직역 무릇 始히 學을 立한 경우에는 必히 先聖과 先師에게 釋奠을 하며, 行事에 及해서는 必히 幣로써 한다.

의역 무릇 처음 태학(太學)을 세우는 경우에는 반드시 선성(先聖)과 선사(先師)들에게 석전(釋奠)을 지내게 되는데, 이러한 석전의 의례를 시행할 때에는 반드시 폐백을 진설한다.

集說 諸侯初受封, 天子命之敎, 於是立學, 所謂始立學也. 立學事重, 故釋奠

---

155) 『의례』「빙례(聘禮)」: 釋幣于門, 乃至于禰. 筵几于室, 薦脯醢. 觴酒陳. 席于阼, 薦脯醢, 三獻. 一人擧爵, 獻從者. 行酬, 乃出. 上介至, 亦如之.

于先聖先師. 四時之敎常事耳, 故惟釋奠于先師, 而不及先聖也. 行事, 謂行釋奠之事. 必以幣, 必奠幣爲禮也. 始立學而行釋奠之禮則用幣, 四時常奠不用幣也.

번역 제후가 처음으로 분봉을 받으면, 천자가 그에게 학교를 세우라고 명령을 내리니, 이에 태학(太學)을 세우게 된다. 이것이 이른바 "처음 태학을 세운다."는 경우이다. 태학을 건립하는 사안은 중대한 일이기 때문에, 선성(先聖)과 선사(先師)에게 석전(釋奠)을 지내는 것이다. 사계절마다 교육을 실시하는 것은 일상적인 일들일 뿐이다. 그렇기 때문에 '선사'에게만 석전을 지내고, '선성'에게는 지내지 않는다. '행사(行事)'는 석전의 의례(儀禮)를 시행한다는 뜻이다. "반드시 폐(幣)로써 한다."는 말은 반드시 폐백을 진설하여, 석전의 의례를 시행한다는 뜻이다. 처음 태학을 세우고서 석전의 의례를 시행하는 경우에는 폐백을 사용하지만, 사계절마다 일상적으로 지내는 석전에서는 폐백을 사용하지 않는다.

大全 長樂陳氏曰: 四時釋奠, 止於先師, 始立學釋奠, 則及於先聖者, 德之小者, 親而不尊, 故其祭數, 德之大者, 尊而不親, 故其祭疏.

번역 장락진씨가 말하길, 사계절마다 지내는 석전(釋奠)에서는 선사(先師)에게만 제사를 지내는데, 처음 태학(太學)을 건립하고서 지내는 석전이라면, 선성(先聖)에게까지도 제사를 지낸다. 그 이유는 선성과 선사 중에서, 상대적으로 덕(德)이 낮은 선사는 친근한 대상이지만 존귀한 자가 아니기 때문에, 그들에 대한 제사는 자주 있는 것이고, 덕이 높은 선성은 존귀한 대상이지만 친근한 존재는 아니기 때문에, 그들에 대한 제사가 드문 것이다.

大全 馬氏曰: 必以幣者, 有以加其禮也.

번역 마씨가 말하길, "반드시 폐백으로써 한다."는 말은 일상적인 석전(釋奠)의 의례와 비교해보면, 폐백을 추가한다는 점이 있다는 뜻이다.

鄭注 謂天子命之教, 始立學官者也. 先聖, 周公若孔子.

번역 천자가 학교를 세우라고 명령을 내려서, 처음으로 학교를 세우게 된 경우를 뜻한다. 선성(先聖)은 주공(周公)이나 공자(孔子)와 같은 인물들이다.

孔疏 ●"凡始"至"以幣". ○正義曰: 此明諸侯之國, 天子命之使立學者, 必釋奠於先聖先師, 及行事之時, 必用幣而行禮. 諸侯言始立學, 必釋奠於先聖先師, 則天子始立學, 亦釋奠於先聖先師也. 天子云四時釋奠於先師, 不及於先聖者, 則諸侯四時釋奠亦不及先聖也. 始立學云必用幣, 則四時常奠不用幣也. 皇氏云: "行事必用幣, 謂禮樂器成及出軍之事, 其告用幣而已." 按釁器用幣, 下別具其文, 此行事必用幣, 繫於釋奠之下, 皇氏乃離文析句, 其義非也.

번역 ●經文: "凡始"~"以幣". ○이 문장은 제후국에 해당되는 내용으로, 천자가 명령을 내려서, 제후로 하여금 태학(太學)을 건립하게 한 경우에는 반드시 선성(先聖) 및 선사(先師)들에게 석전(釋奠)을 지내되, 그 의례를 시행할 때에는 반드시 폐백까지도 사용하여, 석전의 의례를 시행한다는 사실을 나타내고 있다. 제후의 경우에 있어서, 처음으로 태학을 건립하였을 때에는 반드시 선성과 선사들에게 석전을 지낸다고 하였으니, 천자가 처음 태학을 건립한 경우에도 또한 선성과 선사들에게 석전을 지내는 것이다. 천자에 대해서는 사계절마다 '선사'에게 석전을 지낸다고만 하여, '선성'까지는 언급하지 않았다면, 제후의 경우에 있어서도 또한 사계절마다 지내는 석전에서는 '선성'까지 제사를 지내지 않는 것이다. 처음 태학을 건립한 경우에 반드시 폐백을 사용한다고 하였으니, 사계절마다 지내는 일상적인 석전에서는 폐백을 사용하지 않는다. 황간은 "'일을 추진할 때[行事]'에 반드시 폐백을 사용한다는 말은 예악(禮樂)의 기물들을 완성하거나 군대를 출병하는 일 등에서, 이러한 사실을 고(告)하는 의식에서만 폐백을 사용할 따름이라는 뜻이다."라고 하였는데, 살펴보니 "기물에 희생물의 피를 바르며 폐백을 사용한다."[156]라는 말이 아래에 별도로 기록되어 있고, 이곳 문장에서 "'석전의 의례를 시행함[行事]'에 반드시 폐백을 사용한다."는 말이 석전에 대한 기록 뒤에 있다. 따라서 '행사(行事)'는 석전에 대한 내용이다. 그런데 황간은 문맥과 상관없이 구문을 따로 떼어서 해석을 하였으니, 그 설명은 잘못된 주장이다.

孔疏 ◎注"謂天"至"孔子". ○正義曰: 此謂諸侯新建國, 天子命之始立學也. 故王制云"天子命之敎, 然後爲學"是也. 知非天子始立學者, 以此下文云"有國故則否", 是廣記諸侯之國, 故知此始立學者, 據諸侯也. 但天子立虞夏殷周四代之學, 若諸侯正立時王一代之學, 有大學小學耳. 其所習經業, 皆於時王學中. 其鄕學爲庠, 故鄕飮酒義曰: "迎賓于庠門之外." 注云: "庠, 鄕學也." 若州黨與鄕同處, 共在鄕學, 故學記云: "黨有庠." 是鄕之所居黨也. 州及遂以下皆謂之序, 故州長春秋射于序. 學記云: "術有序." 鄭云: "術當爲遂. 是州遂爲序也." 云"先聖, 周公若孔子"者, 以周公孔子皆爲先聖, 近周公處祭周公, 近孔子處祭孔子, 故云"若". 若是不定之辭. 立學爲重, 故及先聖, 常奠爲輕, 故唯祭先師. 此經始立學, 故奠先聖先師.

번역 ◎鄭注: "謂天"~"孔子". ○이 문장은 제후가 새로이 분봉을 받아 제후국을 건립하자, 천자가 그에게 명령을 내려서, 처음으로 태학(太學)을 세운 경우를 뜻한다. 그러므로 『예기』「왕제(王制)」편에서 "천자가 교육을 실시하라고 명령을 내린 연후에야 학교를 세운다."157)라고 한 말은 바로 이러한 경우를 가리킨다. 이 문장에서 말하고 있는 경우가 천자가 처음 태학을 건립한 경우에 해당하지 않는다는 사실을 알 수 있는 이유는 아래 문장에서 "'제후국[國]'에 변고가 있으면 시행하지 않는다."158)라고 하였는데, 이것은 제후국에 대한 사항을 폭넓게 기록한 문장이다. 그렇기 때문에

156) 『예기』「문왕세자」【252d】: 始立學者, 旣興器用幣, 然後釋菜, 不舞, 不授器, 乃退儐于東序, 一獻, 無介語可也. 敎世子.

157) 『예기』「왕제(王制)」【154d】: 天子命之敎然後, 爲學, 小學, 在公宮南之左, 大學, 在郊. 天子曰辟廱, 諸侯曰頖宮.

158) 『예기』「문왕세자」【251d】: 凡釋奠者, 必有合也. 有國故, 則否. 凡大合樂, 必遂養老.

이곳 문장에 기록된 "처음으로 태학을 건립한다."는 말이 제후에 대한 경우를 가리킨다는 사실을 알 수 있다. 다만 천자의 경우에는 우(虞)·하(夏)·은(殷)·주(周)라는 네 왕조의 학교를 건립하게 되는데, 제후의 경우에는 분봉을 받아 나라를 건립하게 되면, 당대의 왕조인 해당 왕조의 학교만을 세우게 되어, 태학과 소학(小學)만 있게 될 따름이다. 따라서 제후국의 학생들은 경전에 대한 공부를 모두 당대 군주가 세운 학교 안에서만 한다. '향(鄕)에 있는 지방학교[鄕學]'를 '상(庠)'이라고 부른다. 그렇기 때문에 『예기』「향음주의(鄕飮酒義)」편에서 "'상'의 문 밖에서 빈객(賓客)들을 맞이한다."[159] 라고 하였는데, 이에 대한 정현의 주에서 "'상'은 '향'의 학교이다."라고 말한 것이다. 만약 주(州)와 당(黨)의 행정부가 '향'의 행정부와 같은 곳에 있다면, '주'와 '당'에 속한 학생들도 모두 향학(鄕學)에서 배우게 된다. 그렇기 때문에 『예기』「학기(學記)」편에서 "'당'에는 '상'이 있다."[160]라고 말한 것이니, 이것이 바로 '향'의 행정부가 위치한 곳에 '당'의 행정부가 있는 경우이다. '주'와 '수(遂)' 이하의 행정단위에서는 학교를 모두 '서(序)'라고 불렀다. 그렇기 때문에 『주례』「주장(州長)」편에서 "봄과 가을에는 '서'에서 활쏘기를 한다."[161]라고 말한 것이다. 그리고 「학기」편에서는 "술(術)에는 '서'가 있다."[162]라고 하였는데, 정현은 이 문장에 대해서 "'술(術)'자는 마땅히 '수(遂)'자가 되어야 한다. 이 말은 곧 '주'와 '수'에서는 '서'를 세운다는 뜻이다."라고 했다. 정현이 "선성(先聖)은 주공(周公)이나 공자(孔子)와 같은 인물들이다."라고 하였는데, 이 말은 곧 주공이나 공자 모두를 선성으로 여긴 것이지만, 주공과 연관된 지역에서는 주공에 대해 제사를 지내고, 공자와 연관된 지역에서는 공자에 대해 제사를 지낸다. 그렇기 때문에 정현이 '약(若)'자를 덧붙여서 기록한 것이다. '약'자는 확정적이지 않을 때 쓰는 말이다. 태학을 건립하는 것은 중대한 일에 해당한다. 그렇기 때문에 선성에게까지 제사를 지내는 것이며, 일상적으로 지내는 석전은 비교적 덜 중

---

159) 『예기』「향음주의(鄕飮酒義)」【696b】: 鄕飮酒之義, 主人拜迎賓于庠門之外.
160) 『예기』「학기(學記)」【445b】: 古之敎者, 家有塾, 黨有庠, 術有序, 國有學.
161) 『주례』「지관(地官)·주장(州長)」: 春秋以禮會民而射于州序.
162) 『예기』「학기(學記)」【445b】: 古之敎者, 家有塾, 黨有庠, 術有序, 國有學.

요한 일이기 때문에, 단지 선사에게만 제사를 지내는 것이다. 이곳 경문에서는 "처음으로 태학을 세운다."고 하였기 때문에, 선성과 선사에게 석전을 지내는 것이다.

集解 愚謂: 作者之謂聖, 述者之謂明. 制作禮樂以敎後世者, 先聖也, 若堯·舜·禹·湯·文·武·周公, 是也. 承先聖之所作以敎於大學者, 先師也, 若伯夷·后夔, 是也. 立學禮重, 故祭及先聖; 四時常奠禮輕, 故惟祭先師.

번역 내가 생각하기에, 처음으로 창작한 자를 '성(聖)'이라고 부르고, 그것을 조술한 자는 '명(明)'이라고 부른다. 따라서 예악(禮樂)을 제작하여, 후세까지도 교육시키도록 만든 자를 '선성(先聖)'이라고 부르니, 요(堯)·순(舜)·우(禹)·탕(湯)·문왕(文王)·무왕(武王)·주공(周公)과 같은 인물들이 바로 여기에 해당한다. 선성이 제작한 것을 계승하여, 태학(太學)에서 학생들을 교육하는 자를 '선사(先師)'라고 부르니, 백이(伯夷)·후기(后夔)와 같은 인물들이 바로 여기에 해당한다. 태학을 세우는 의례는 중대한 사안이기 때문에, 제사를 지내면서 선성에게까지 지내는 것이며, 사계절마다 일상적으로 지내는 석전(釋奠)의 의례는 비교적 덜 중요한 사안이기 때문에, 단지 선사에게만 제사를 지내는 것이다.

【251d】

凡釋奠者, 必有合也. 有國故, 則否. 凡大合樂, 必遂養老.

직역 무릇 釋奠인 경우에는 必히 合이 有한다. 國에 故가 有하면, 否니라. 무릇 大合樂에서는 必히 養老를 遂한다.

의역 무릇 석전(釋奠)을 지낼 경우에는 반드시 음악을 합주하는 의식이 있게 된다. 그러나 나라에 변고가 발생한 경우라면, 음악 합주를 하지 않는다. 무릇 성대한 규모로 음악을 합주[163]할 경우에는 반드시 노인을 봉양하는 의식까지도 시행한다.

集說 凡行釋奠之禮, 必有合樂之事. 若國有凶喪之故, 則雖釋奠, 不合樂也. 常事合樂, 不行養老之禮, 惟大合樂之時, 人君視學, 必養老也. 舊說, "合者, 謂若本國無先聖先師, 則合祭隣國之先聖先師. 本國故有先聖先師, 如魯有孔顔之類, 則不合祭隣國之先聖先師也." 未知是否.

번역 무릇 석전(釋奠)의 의례를 시행할 경우에는 반드시 음악을 합주하는 행사가 있게 된다. 만약 나라에 흉사(凶事)나 상사(喪事)와 같은 변고가 발생하였다면, 비록 석전 자체는 지내더라도, 음악을 합주하지는 않는다. 일상적인 석전의 행사에서는 음악을 합주하지만, 노인을 봉양하는 의례는 시행하지 않고, 오직 성대한 규모로 음악을 합주할 때에만, 군주가 시학(視學)을 하며, 또한 반드시 노인을 봉양하는 의례까지도 시행한다. 옛 학설에서 "'합(合)'이라는 말은 자신의 제후국에 선성(先聖)과 선사(先師)로 모실 분이 없는 경우에는 이웃 제후국에서 모시고 있는 선성과 선사를 합사하여 제사를 지낸다는 뜻이다. 즉 자신의 제후국에 예전부터 전해져 내려온 선성과 선사가 있는 경우, 예를 들어 노(魯)나라에서는 예전부터 공자(孔子)와 안연(顔淵)을 모시고 있었는데, 이런 경우에는 이웃 제후국에서 모시던 선성과 선사를 합사하여 제사를 지내지 않는다."라고 하였는데, 이것이 옳은 말인지 아닌지는 잘 모르겠다.

大全 嚴陵方氏曰: 師不必聖, 聖則師可知. 必始立學, 然後及于先聖者, 重其始故也. 釋奠之有合, 非大合也. 大合樂, 謂天子視學之時也. 故言"必遂養

---

163) 대합악(大合樂)은 일반적으로 음악을 합주한다는 합악(合樂)의 뜻과 같다. 한편 계춘(季春)의 달에 국학(國學)에서 성대하게 시행한 합주를 뜻하기도 한다. 계춘에는 천자가 직접 주요 신하들을 이끌고 국학에 와서 합악을 관람하기 때문에, 성대하다는 의미에서 '대(大)'자가 붙여진 것이다.

老", 後言"遂設三老五更群老之席位"者以此.

번역 엄릉방씨가 말하길, 선사(先師)에 대해서 석전(釋奠)을 지내게 되면, 반드시 선성(先聖)까지도 제사를 지내는 것은 아니지만, 선성에 대해서 석전을 지내게 되면, 반드시 선사까지도 제사를 지낸다는 사실을 알 수 있다. 반드시 처음 태학(太學)을 세운 이후에야, 선성까지도 석전을 지내는 이유는 시초를 중시하기 때문이다. 석전의 의례에 합주의 절차가 포함되어 있다는 말은 성대한 규모의 합주가 있다는 뜻이 아니다. 성대한 규모로 합주를 하는 경우는 천자가 시학(視學)을 하는 경우를 뜻한다. 그렇기 때문에 "반드시 노인을 봉양하는 의식까지도 시행한다."라고 말한 것이며, 아래의 경문에서 "마침내 삼로(三老), 오경(五更), 군로(群老)의 좌석을 차례대로 설치한다."[164]라고 말한 것도 천자가 시학했기 때문이다.

大全 石林葉氏曰: 天子一入學, 而所教者三, 釋奠以教其重道也. 合樂以教其崇德也. 養老以教其致孝也. 三代盛時貴游子弟, 皆能秉禮, 出封於外, 足以禦亂, 食采於內, 足以助治, 此道素行也.

번역 석림섭씨가 말하길, 천자가 1년에 한 번 태학(太學)에 와서 시학(視學)을 하면, 그것을 통한 교육효과는 세 가지이다. 첫 번째는 석전(釋奠)을 시행함으로써, 도(道)를 중시한다는 사실을 가르친다. 두 번째는 음악을 합주함으로써, 덕(德)을 숭상한다는 사실을 가르친다. 세 번째는 노인을 봉양함으로써, 효(孝)를 실천한다는 사실을 가르친다. 삼대(三代) 때의 태평성대에는 귀유(貴游)[165]의 자제들은 모두 예(禮)에 능통하였다. 그래서 수

164) 『예기』「문왕세자」【261d~262a】: 始之養也, 適東序, 釋奠於先老, 遂設三老五更群老之席位焉.

165) 귀유(貴游)는 귀유(貴遊)라고도 부른다. 천자나 제후의 친척들 중에서 관직이 없는 귀족들을 가리킨다. '유(遊)'자는 담당하는 관직이 없다는 뜻에서 붙여진 글자이다. 『주례』「지관(地官)·사씨(師氏)」편에는 "掌國中失之事以教國子弟, 凡國之貴遊子弟學焉."이라는 기록이 있고, 이에 대한 정현의 주에서는 "貴遊子弟, 王公之子弟. 遊, 無官司者."라고 풀이하였다.

도를 벗어나 외지에 분봉을 받게 되면, 충분히 혼란한 정치를 다잡을 수 있었고, 수도 내부에서 채읍(采邑)을 받게 되면, 충분히 정사를 도울 수가 있었다. 이처럼 할 수 있었던 이유는 이러한 도리가 일상적으로 시행되었기 때문이다.

鄭注 國無先聖先師, 則所釋奠者當與鄰國合也. 若唐虞有夔·伯夷, 周有周公, 魯有孔子, 則各自奠之, 不合也. 大合樂, 謂春入學舍菜合舞, 秋頒學合聲. 於是時也, 天子則視學焉. 遂養老者, 謂用其明日也. 鄉飮酒·鄉射之禮, 明日乃息司正, 徵唯所欲, 以告於先生君子可也. 是養老之象類.

번역 제후국에 선성(先聖)과 선사(先師)가 없는 경우라면, 석전(釋奠)을 지내는 나라에서는 마땅히 이웃 제후국과 합동으로 지내야 한다. 당우(唐虞)처럼 선성과 선사로 삼을 수 있는 기(夔)와 백이(伯夷)가 있고, 주(周)나라처럼 주공(周公)이 있고, 노(魯)나라처럼 공자(孔子)가 있는 경우라면, 각자 제 스스로 석전을 지내게 되며, 다른 나라들과 함께 지내지 않는다. '대합악(大合樂)'에 대해서 설명하자면, 국자(國子)들은 봄에 태학(太學)에 입학하여, 향기로운 채소인 채(菜)를 바쳐서 석채(釋菜)를 지내고, 춤을 조화롭게 추도록 배우며, 가을에는 재목에 따라 분반을 나누게 되고, 노래를 조화롭게 부르게 되는데,[166] '대합악'을 하는 때는 바로 이러한 시기들을 뜻한다. 그리고 '대합악'을 할 때에 천자는 시학(視學)을 하게 된다. '수양로(遂養老)'라는 말은 석전을 지낸 다음날에, 노인 봉양하는 의례를 시행한다는 뜻이다. 향음주례(鄉飮酒禮) 및 향사례(鄉射禮)에서는 행사 다음날 연회를 베풀어, 사정(司正)[167]의 노고를 위로하며, 벗들을 초대하고, 선생 및 군자들 중에서 참석 가능한 자들을 초대한다.[168] 이러한 행사들이

166) 『주례』「춘관(春官)·대서(大胥)」: 大胥, 掌學士之版以待致諸子. 春入學舍采合舞. 秋頒學合聲.

167) 사정(司正)은 향음주례(鄉飮酒禮)나 빈객(賓客)들을 대접하는 연회를 시행할 때, 의례절차 등을 총감독하는 사람이다.

168) 『의례』「향음주례(鄉飮酒禮)」: 明日賓服鄉服以拜賜. 主人如賓服以拜辱. 主人

바로 노인을 봉양하는 의례와 유사한 것들이다.

釋文 夔, 求龜反.

번역 '夔'자는 '求(구)'자와 '龜(귀)'자의 반절음이다.

孔疏 ●"凡釋"至"養老". ○正義曰: 此謂諸侯之國釋奠之時, 若己國無先聖先師, 則合祭鄰國先聖先師, 謂彼此二國共祭此先聖先師, 故云"合也". 非謂就他國而祭之, 當遙合祭耳. 若魯有孔子·顏回, 餘國祭之, 不必於魯. 若己國有先聖先師, 則不須與鄰國合也, 當各自祭, 故云"有國故則否". 是唐虞有夔龍·伯夷, 周有周公, 魯有孔子, 是國故有此人, 則不與鄰國合祭也.

번역 ●經文: "凡釋"~"養老". ○이 문장의 내용은 제후국에서 석전(釋奠)을 시행하는 경우에 해당하며, 만약 자신의 나라에 역대로 모셨던 선성(先聖)과 선사(先師)가 없는 경우라면, 이웃 제후국의 선성과 선사를 합사하여 제사를 지낸다는 뜻이니, 다시 말해 두 제후국이 함께 선성과 선사를 모시고 석전을 지낸다는 뜻이다. 그렇기 때문에 "합한다[合也]."라고 말한 것이다. 그러나 이 말은 다른 나라에 가서 제사를 지낸다는 뜻이 아니니, 마땅히 자신의 나라로 선성과 선사의 위패를 가져와서 합사할 따름이라는 뜻이다. 예를 들어 노(魯)나라에는 공자(孔子)와 안회(顏回)와 같은 선성과 선사가 있었는데, 선성과 선사가 없는 나머지 제후국들에서 석전을 지내게 되면, 반드시 노나라에 가서 지낼 필요는 없는 것이다. 그리고 만약 자신의 나라에 모시고 있는 선성과 선사가 있는 경우라면, 이웃나라와 함께 석전을 지낼 필요가 없으니, 마땅히 자국에서 독자적으로 석전을 지내게 된다. 그렇기 때문에 "자신의 나라에 '예전부터 모셔온 선성과 선사[故]'가 있는

釋服. 乃息司正. 無介, 不殺, 薦脯醢, 羞唯所有. 徵唯所欲, 以告於先生·君子可也. 賓·介不與. 鄉樂唯欲. / 『의례』「향사례(鄉射禮)」: 明日, 賓朝服以拜賜于門外. 主人不見. 如賓服遂從之, 拜辱于門外, 乃退. 主人釋服, 乃息司正. …… 賓不與. 徵唯所欲, 以告于鄉先生·君子可也. 羞唯所有. 鄉樂唯欲.

경우라면, 그렇게 하지 않는다."라고 말한 것이다. 이러한 경우는 당우(唐虞)에 기(夔)와 용(龍)[169], 백이(伯夷) 등이 있고, 주(周)나라에 주공(周公)이 있고, 노나라에 공자가 있는 경우에 해당하니, 이러한 나라들에는 예전부터 이러한 인물들을 선성과 선사로 모셔 왔었기 때문에, 다른 나라와 함께 석전을 지내지 않는다.

孔疏 ●"凡大合樂, 必遂養老". ○正義曰: 此明合樂之時, 天子視學, 於其明日必遂養老.

번역 ●經文: "凡大合樂, 必遂養老". ○이 문장은 음악 합주를 할 때에는 천자가 시학(視學)을 하고, 그 다음날에는 반드시 노인 봉양하는 의례를 시행한다는 사실을 밝히고 있다.

孔疏 ◎注"大合"至"象類". ○正義曰: 經云"凡大合樂"者, 凡者非一之辭, 鄭以"大合樂, 謂春入學釋菜合舞·秋頒學合聲"者, 其月令季春"大合樂", 則亦在其中. 以季春大合樂, 其文自明, 故鄭不引之耳.

번역 ◎鄭注: "大合"~"象類". ○경문에서 '범대합악(凡大合樂)'이라고 하였는데, 이때의 '범(凡)'자는 하나가 아니라는 뜻이다. 따라서 정현이 "'대합악(大合樂)'에 대해서 설명하자면, 국자(國子)들은 봄에 태학(太學)에 입학하여, 향기로운 채소인 채(菜)를 바쳐서 석채(釋菜)를 지내고, 춤을 조화롭게 추도록 배우며, 가을에는 재목에 따라 분반을 나누게 되고, 노래를

169) 용(龍, ?~?) : 요순(堯舜) 때의 인물이다. 순(舜)임금 때 군주의 명령을 전달하는 임무를 담당했던 자이다. 『서』「우서(虞書)·순전(舜典)」편에는 "伯拜稽首, 讓于夔龍. 帝曰, 兪. 往欽哉. …… 帝曰, 龍, 朕聖讒說殄行, 震驚朕師, 命汝作納言, 夙夜出納朕命. 惟允."이라는 기록이 있다. 즉 순임금이 백이(伯夷)에게 삼례(三禮)를 담당하도록 명령을 하였는데, 백이가 기(夔)와 용(龍)에게 사양을 하였다. 그래서 순임금은 '기'를 악(樂) 담당관으로 임명하고, '용'을 납언(納言)으로 임명하였다.

조화롭게 부르게 되는데, '대합악'을 하는 때는 바로 이러한 시기들을 뜻한다."라고 말한 것이니, 『예기』「월령(月令)」편에서 "계춘(季春)에 '대합악'을 한다."[170]고 했을 때의 '대합악'도 또한 그 가운데 포함된다. "계춘에 '대합악'을 한다."는 말은 그 기록이 분명하기 때문에, 별도로 설명할 필요가 없다. 그래서 정현이 인용하지 않았던 것일 뿐이다.

孔疏 ◎云"於是時也, 天子則視學焉"者, 周禮大胥春合舞, 秋合聲, 雖無天子視學之文, 又月令季春"大合樂", "天子親往", 則明春合舞, 秋合聲之時, 天子亦親視學也. 云"遂養老者, 謂用其明日也"者, 按鄉飮酒·鄉射禮, 明日乃息司正. 云"徵唯所欲, 以告於先生君子可也", 先生謂致仕者, 君子謂鄉中有德行者, 此皆老人也. 故云"是養老之象類".

번역 ◎鄭注: "於是時也, 天子則視學焉". ○『주례』「대서(大胥)」편에는 "봄에 춤을 조화롭게 추도록 하고, 가을에 노래를 조화롭게 부르도록 한다."[171]라고 했는데, 비록 천자가 시학(視學)을 한다는 기록은 없지만, 『예기』「월령(月令)」편에는 계춘(季春)에 "대합악(大合樂)을 한다."라고 하였고, 또 "천자가 직접 행차한다."라고 하였으니, 봄에 합무(合舞)를 하고, 가을에 합성(合聲)을 할 때에도, 천자가 또한 직접 시학을 하는 것이다. 정현이 "'수양로(遂養老)'라는 말은 석전을 지낸 다음날에 노인 봉양하는 의례를 시행한다는 뜻이다."라고 하였는데, 『의례』「향음주례(鄕飮酒禮)」편과 「향사례(鄕射禮)」편을 살펴보면, 의식을 치른 다음날 곧 사정(司正)의 노고를 위로한다고 하였다. 정현이 "벗들을 초대하고, 선생 및 군자들 중에서 참석 가능한 자들을 초대한다."라고 하였는데, '선생(先生)'은 관직에서 물러난 자를 뜻하며, '군자(君子)'는 향리의 인물들 중에서도 덕행(德行)이 뛰어난 자를 뜻하니, 이들은 모두 노인들이다. 그렇기 때문에 "이러한 행사들이

---

170) 『예기』「월령(月令)」【198b】: 是月之末, 擇吉日, 大合樂, 天子, 乃帥三公九卿諸侯大夫, 親往視之.

171) 『주례』「춘관(春官)·대서(大胥)」: 大胥, 掌學士之版以待致諸子. 春入學舍采合舞. 秋頒學合聲.

바로 노인을 봉양하는 의례와 유사한 것들이다."라고 말한 것이다.

訓纂 劉原父曰: 合, 謂合樂也. 春釋菜合舞, 秋頒學合聲, 釋奠則幷合之, 以侑神也. 有國故, 謂凶札師旅也, 唯是不合.

번역 유창이 말하길, '합(合)'자는 음악을 합주한다는 뜻이다. 봄에 석채(釋菜)를 지내며, 합무(合舞)를 하고, 가을에 재목에 따라 분반을 하며, 합성(合聲)을 하는데, 석전(釋奠)을 지내게 되면, 이 둘 모두를 종합하여, 춤과 음악을 성대하게 합주해서, 신령들에게 보답을 한다. "나라에 변고가 있다."는 말은 흉찰(凶札)[172]이나 군대를 출병하는 등등의 일이 있다는 뜻이니, 오직 이러한 경우에만 합주를 하지 않는 것이다.

訓纂 朱子曰: 以下文考之, "有合"當爲"合樂". 國故, 喪紀凶札之類.

번역 주자가 말하길, 아래의 기록들을 종합적으로 고찰해보면, '유합(有合)'이라는 말은 마땅히 '합악(合樂)'이라는 말이 되어야 한다. '나라의 변고[國故]'는 상사(喪事)나 흉찰(凶札) 등의 부류를 뜻한다.

訓纂 陳用之曰: 後言"天子視學", 遂"適東序養老", 則視學養老皆同日也.

번역 진상도가 말하길, 뒤의 문장에서 "천자가 시학(視學)을 한다."[173]라고 하였고, 끝내 "동서(東序)에 가서 노인을 봉양한다."[174]라고 하였으

---

172) 흉찰(凶札)의 '흉(凶)'자는 흉년이나 기근을 뜻하고, '찰(札)'자는 전염병 등을 뜻한다. 참고적으로 '찰'은 월(越)나라 사람들이 사용하던 지방언어로, '사(死)'자와 같은 뜻이다. 『주례』「지관(地官)·사관(司關)」편에는 "國凶札, 則無關門之徵."이라는 기록이 있는데, 이에 대한 정현의 주에서는 정사농(鄭司農)의 주장을 인용하여, "凶, 謂凶年饑荒也. 札, 謂疾疫死亡也. 越人謂死爲札."이라고 풀이했다.

173) 『예기』「문왕세자」【261d】: 天子視學, 大昕鼓徵, 所以警衆也. 衆至然後, 天子至, 乃命有司, 行事, 興秩節, 祭先師先聖焉. 有司卒事, 反命.

니, 천자가 시학을 하고, 노인을 봉양하는 일들은 모두 같은 날에 시행한 것이다.

訓纂 江氏永曰: 因大合樂而養老者, 宜用明日, 合樂養老不能一日行也. 其特視學養老者同日. 養老之時, 歌淸廟, 管象, 舞大武, 而不合樂也.

번역 강영이 말하길, '대합악(大合樂)'을 하는 것에 연유해서, 노인을 봉양한다고 했는데, 노인을 봉양하는 일은 마땅히 그 다음날에 시행하는 것이니, 음악을 합주하는 일과 노인을 봉양하는 일은 하루에 시행할 수가 없기 때문이다. 그러나 특별히 천자가 시학(視學)을 하게 되면, 노인을 봉양하는 일도 같은 날에 시행한다. 그런데 이러한 경우에는 노인을 봉양할 때, '청묘(淸廟)'라는 노래를 부르고, '상(象)'이라는 음악을 연주하며, '대무(大武)'를 추게 되지만, 합주는 하지 않는다.

集解 陳氏祥道曰: 必有合, 合舞與聲. 有故則否, 與國有大故去樂意同.

번역 진상도가 말하길, '필유합(必有合)'이라는 말은 춤과 노래를 함께 시연한다는 뜻이다. "변고가 있으면 하지 않는다."는 말은 나라에 큰 변고가 발생하였을 때, 음악을 연주하지 않는다는 뜻과 동일하다.

集解 愚謂: 凡釋奠, 總上三時之釋奠及始立學釋奠而言.

번역 내가 생각하기에, '범석전(凡釋奠)'이라는 말은 위에서 말한 '봄, 가을, 겨울마다 지내는 석전(釋奠)'과 '처음 태학(太學)을 세웠을 때 지내는 석전'을 총괄하여 말한 것이다.

174) 『예기』「문왕세자」【261d~262a】: 始之養也, 適東序, 釋奠於先老, 遂設三老五更群老之席位焉.

集解 朱子曰, "以下文考之, 有合當爲合樂", 從陳說.

번역 주자가, "아래의 기록들을 종합적으로 고찰해보면, '유합(有合)'이라는 말은 마땅히 '합악(合樂)'이라는 말이 되어야 한다."라고 한 것은 진상도의 주장에 따른 말이다.

集解 愚謂: 鄭氏之說, 穿鑿無據. 先聖·先師非一國之所得專, 天子與列國雖各有學, 而所祀之先聖先師則同, 豈有各自奠之者乎?

번역 내가 생각하기에, 정현의 주장은 말을 제멋대로 끼워 맞춘 것으로, 근거가 없는 말이다. 선성(先聖)과 선사(先師)는 어느 특정한 나라에서만 모실 수 있는 대상이 아니다. 따라서 천자와 여러 제후국들에 비록 각각의 태학(太學)들이 있지만, 그곳에서 제사를 지내는 선성과 선사는 모두 같은 인물들이다. 그런데 어찌 각각의 나라에서 독자적으로 모시는 대상이 있었겠는가?

集解 愚謂: 三時釋奠皆合樂, 而春合舞, 秋合聲, 則謂之大合樂, 以其用樂爲特盛也. 必遂養老者, 樂不可以無事而空作, 故因行養老之禮而合樂.

번역 내가 생각하기에, 봄, 가을, 겨울에 지내는 석전(釋奠)에서는 모두 '합악(合樂)'을 하는 것이고, 『주례』에서 언급하고 있듯이, 봄에 '합무(合舞)'를 하고, 가을에 '합성(合聲)'을 한다고 했는데, 경문에서는 이러한 것들을 모두 '대합악(大合樂)'이라고 하여, '대(大)'자까지 덧붙이고 있다. 그 이유는 음악을 사용하는 것이 특히 성대하였기 때문이다. '필수양로(必遂養老)'라고 하였는데, 공식 행사에 사용되는 음악은 아무 이유가 없는데도 연주할 수 있는 것이 아니다. 그렇기 때문에 노인을 봉양하는 의례를 시행하면서, 그 일에 연유하여, '합악'을 하였다는 뜻이다.

集解 釋奠禮重, 釋菜禮輕. 三時釋奠合樂, 春合舞·釋菜, 乃大合樂者, 蓋釋奠合樂, 合樂因釋奠而擧者也; 釋菜合舞, 釋菜因合舞而擧者也.

번역 석전(釋奠)의 의례는 중요한 일이고, 석채(釋菜)의 의례는 비교적 덜 중요한 일이다. 봄, 가을, 겨울에 석전을 지내면서 합악(合樂)을 하였고, 봄에 합무(合舞)를 하면서 석채를 지냈다고 하였는데, 이것들은 곧 '대합악(大合樂)'에 해당한다. 아마도 석전에서의 '합악'은 석전을 지내는 일에 연유해서 시행하는 것이고, 반대로 석채에서의 '합무'는 석채 자체를 '합무'를 지내는 일에 연유해서 시행하였던 것 같다.

【252a】

凡語于郊者, 必取賢斂才焉. 或以德進, 或以事擧, 或以言揚. 曲藝, 皆誓之, 以待又語. 三而一有焉, 乃進其等, 以其序, 謂之郊人, 遠之. 於成均, 以及取爵於上尊也.

직역 무릇 郊에 語하는 경우에는 必히 賢을 取하고 才를 斂한다. 或은 德으로 進하고, 或은 事로 擧하며, 或은 言으로 揚한다. 曲藝는 모두 誓하여, 又語를 待한다. 三 중에 一이 有하면, 곧 等을 進하되, 序로써 하니, 그를 郊人이라고 謂하되, 遠한다. 成均에서는 上尊에게 取爵함에 及하게 한다.

의역 무릇 교외[郊]에 있는 소학(小學)에서 수학하는 자들의 능력을 평가할 경우에는 반드시 현명한 자를 선발하고, 재주가 있는 자를 선발한다. 어떤 이들은 덕(德)을 기준으로 선발하고, 어떤 이들은 업무처리 능력으로 선발하며, 어떤 이들은 언변술로 선발을 한다. 한 가지 기예만 갖춘 자들에게는 그들 모두에게 더욱 열심히 하도록 격려를 하여, 매진하도록 만들어서 다음 번 선발시험까지 기다리도록 한다. 덕, 업무처리 능력, 언변술 등 이 세 가지 항목 중에 하나를 갖춘 자들은 곧 그들을 승진시키되, 그로 하여금 소학 안에서의 우열을 정하도록 한다. 이런 자들을 교인(郊人)이라고 부르되, 그들은 미천한 신분이므로, 국자(國子)들에 비해

소원하게 대한다. 그러나 태학(太學)에서 행사를 시행할 때에는 교인의 노고를 치하하게 되니, 그들도 초청하며, 당상(堂上)에 설치된 술잔으로 술 권하는 의식은 할 수 있도록 허용한다.

集說 語于郊者, 論辨學士才能於郊學之中也. 有賢德者, 則錄取之, 有才能者, 則收斂之. 道德爲先, 事功次之, 言語又次之. 曲藝, 一曲之藝, 小小技能, 若醫卜之屬. 誓, 戒謹也. 學士中或無德無事無言之可取, 而有此曲藝之人, 欲投試考課者, 皆卻之使退, 而謹習所能, 以待後次再語之時, 乃考評之也. 三而一有者, 謂此曲藝之人學說三事而一事有可善者, 乃進其等, 卽於其同等之中, 拔而升進之也. 然猶必使之於同輩中以所能高下爲次序, 使不混其優劣也. 如此之人, 但止目之曰郊人, 非俊選之比也, 以非士類, 故疎遠之. 成均, 五帝大學之名, 天子設四代之學. 上尊, 堂上之酒尊也. 若天子飮酒於成均之學宮, 此郊人雖賤, 亦得取爵於堂上之尊以相旅勸焉, 所以榮之也. 人字, 之字, 均字, 皆句絶.

번역 '어우교(語于郊)'는 교학(郊學)[175] 안에서 학사(學士)들의 재주와 능력을 논변한다는 뜻이다. 현명하고 덕(德)이 있는 자라면, 기록을 하여 선발을 하고, 재주와 능력이 있는 자라면, 거두어들인다. 도덕을 갖춘 사람이 우선순위가 되고, 일처리에 뛰어난 자가 그 다음 순번이 되며, 언변술이 뛰어난 자가 또한 그 다음이 된다. '곡예(曲藝)'는 한 가지의 기예를 뜻하며, 소소한 재주로, 마치 의술이나 점술과 같은 부류들이다. '서(誓)'자는 더욱 열심히 정진하라고 독려한다는 뜻이다. 학사들 중에 혹여 등용할 만큼의 덕성(德性)이 없거나, 아니면 일처리에 뛰어난 점이 없거나, 아니면 언변술에 뛰어난 점이 없더라도, 이처럼 한 가지 기예를 가지고 있는 자의 경우에는 시험을 부여하여, 그들의 능력을 살피게끔 한다. 그 이유는 그들 모두를 잠시 뒤로 물러나게 해서, 그 자신이 잘하는 것들을 더욱 정진하여 익히도

175) 교학(郊學)은 주(周)나라 때 원교(遠郊) 지역에 설치된 소학(小學)을 뜻한다. 참고적으로 향학(鄕學)은 근교(近郊) 안에 위치하였다.

록 하고, 다음 평가까지 기다리게 한 다음에, 재평가를 하기 위해서이다. '삼이일유(三而一有)'라는 말은 이러한 기예를 가지고 있는 자들 중, 덕성, 업무처리 능력, 언변술 중 한 가지 분야에서 잘하는 점이 있는 자들을 뜻하니, 이러한 자들은 곧 그의 등급을 올려주는 것이다. '내진기등(乃進其等)'이라는 말은 그를 선발하여, 승진시킨다는 뜻이다. 그런데 그들에 대해서는 반드시 동급의 무리들과 함께 머물게 하되, 능력의 우열에 따라서 등급을 매기게 하였다. 그 이유는 우열에 따른 서열을 문란하게 만들지 않기 위해서이다. 이와 같은 사람들은 단지 '교인(郊人)'이라고만 부르니, 준사(俊士)나 선사(選士)와 같은 자들에 비견할 바가 아니다. 따라서 그들은 태학(太學)의 학사들이 아니기 때문에, 거리를 두고 대하는 것이다. '성균(成均)'은 오제(五帝)[176] 때의 태학 명칭이다. 이러한 명칭을 사용할 수 있는 이유는 주(周)나라 때의 천자는 네 왕조 때의 태학을 함께 건립하였기 때문이다. '상존(上尊)'은 당상(堂上)에 있는 술잔이다. 천자가 '성균'이라는 학교 건물에서 술을 마시는 경우, 이러한 '교인'들은 비록 미천한 자들이라고 하지만, 또한 당상에 있는 술잔에 술을 따라서, 다른 사람들에게 술을 권할 수 있으니, 이러한 것들을 허용해주는 이유는 그들의 노고를 위로하기 위해서이다.

---

176) 오제(五帝)는 전설시대에 존재했다고 전해지는 다섯 명의 제왕(帝王)을 뜻한다. 그러나 다섯 명이 누구였는지에 대해서는 이설(異說)이 많다. 첫 번째 주장은 황제(黃帝: =軒轅), 전욱(顓頊: =高陽), 제곡(帝嚳: =高辛), 당요(唐堯), 우순(虞舜)으로 보는 견해이다. 『사기정의(史記正義)』「오제본기(五帝本紀)」편에는 "太史公依世本·大戴禮, 以黃帝·顓頊·帝嚳·唐堯·虞舜爲五帝. 譙周·應劭·宋均皆同."이라는 기록이 있고, 『백호통(白虎通)』「호(號)」편에도 "五帝者, 何謂也? 禮曰, 黃帝·顓頊·帝嚳·帝堯·帝舜也."라는 기록이 있다. 두 번째 주장은 태호(太昊: =伏羲), 염제(炎帝: =神農), 황제(黃帝), 소호(少昊: =摯), 전욱(顓頊)으로 보는 견해이다. 이 주장은 『예기』「월령(月令)」편에 나타난 각 계절별 수호신들의 내용을 종합한 것이다. 세 번째 주장은 소호(少昊), 전욱(顓頊), 고신(高辛), 당요(唐堯), 우순(虞舜)으로 보는 견해이다. 『서서(書序)』에는 "少昊·顓頊·高辛·唐·虞之書, 謂之五典, 言常道也."라는 기록이 있다. 또 『제왕세기(帝王世紀)』에는 "伏羲·神農·黃帝爲三皇, 少昊·高陽·高辛·唐·虞爲五帝."라는 기록이 있다. 네 번째 주장은 복희(伏羲), 신농(神農), 황제(黃帝), 당요(唐堯), 우순(虞舜)으로 보는 견해이다. 이 주장은 『역』「계사하(繫辭下)」편의 내용에 근거한 주장이다.

경문의 '위지교인원지어성균(謂之郊人遠之於成均)'이라는 문장을 해석할 때에는 '교인(郊人)'의 '인(人)'자, '원지(遠之)'의 '지(之)'자, '성균(成均)'의 '균(均)'자에서 모두 구문을 끊는다.

大全 嚴陵方氏曰: 必取賢斂才於郊學如此, 則國學可知矣. 夫自外入內謂之進, 自下升上謂之擧, 自隱之顯謂之揚. 德成而上, 事成而下, 故先德而後事. 事者言之實, 言者事之文, 故先事而後言. 藝謂之曲, 則以在道之一曲故也. 謂之郊人, 以其非有長民之美, 猶近乎鄙故也. 藝成而下, 非君上之所宜近, 故曰遠之也.

번역 엄릉방씨가 말하길, 반드시 이와 같은 방법으로 교학(郊學)에서 현명한 자를 선발하고, 재주가 있는 자를 선발하였다면, 국학(國學)에서도 어떻게 하였는지를 가늠할 수 있다. 무릇 외부로부터 선발하여 안으로 들이는 것을 '진(進)'이라고 부르고, 밑에서 위로 올려주는 것을 '거(擧)'라고 부르며, 은둔한 자를 발탁하여 세상으로 나오게 하는 것을 '양(揚)'이라고 부른다. 덕(德)을 이룬 자를 상등의 자리에 올려주고, 일을 잘 처리하는 자를 하등의 자리에 앉히는 것이다.[177] 그렇기 때문에 먼저 '덕'에 대해서 말하고, 이후에 '사(事)'에 대해서 말한 것이다. '일[事]'이라는 것은 '말[言]'의 실질이며, '언(言)'은 '사'의 꾸밈이다. 그렇기 때문에 먼저 '사'에 대해서 말하고 이후에 '언'에 대해서 말한 것이다. 기예를 '곡(曲)'이라고 부르는 이유는 거대한 도(道)의 입장에서 보면, 기예는 한 측면에 불과하기 때문이다. 그들을 '교인(郊人)'이라고 부르는 이유는 백성들을 선도할 수 있는 미덕을 갖춘 자가 아니며, 오히려 말단 하위 관료에 가깝기 때문이다. 기예를 이루어 하등에 머무는 자들은 군주가 가까이 할 자들이 아니다. 그렇기 때문에 "소원하게 대한다."고 말한 것이다.

---

177) 『예기』「악기(樂記)」【477c】: 是故德成而上, 藝成而下, 行成而先, 事成而後.

大全 長樂陳氏曰: 或以德進, 則不必事也. 或以事擧, 則不必言也. 語曰, 德行·言語·政事, 德進所謂德行也, 事擧所謂政事也, 言揚所謂言語也. 聖人不求全不貴備意與此同. 又曰: 曲藝皆誓者, 法也. 三而有一乃進, 恩也. 謂之郊人, 法也. 於成均以取爵, 亦恩也. 恩與法, 並行而不偏, 所以取之雖略無害於賢而用之也.

번역 장락진씨가 말하길, 어떤 자들은 덕(德)이 뛰어나서 등용된다고 하였으니, 그 사람에게 일처리 능력까지도 요구했던 것은 아니다. 어떤 자들은 일처리 능력이 뛰어나서 등용한다고 하였으니, 그 사람에게 언변이 뛰어난 것까지도 요구했던 것은 아니다. 『논어』에서 덕행(德行), 언어(言語), 정사(政事)를 언급하였으니,[178] 덕으로 등용한다는 말은 이른바 '덕행'이 뛰어나다는 뜻이고, 일처리 능력으로 등용한다는 말은 '정사' 분야에 뛰어나다는 뜻이며, 언변술로 등용한다는 말은 '언어' 분야에 뛰어나다는 뜻이다. 성인(聖人)은 남에 대해서 완전하기를 구하지 않고, 다 갖춘 것을 귀하게 여기지 않았다는 말 또한 이와 같은 뜻이다. 또 말하길, 곡예(曲藝)를 갖춘 자들에게, 모두 열심히 정진하라고 격려한 것은 법도에 해당한다. 세 가지 분야 중에서 한 가지라도 뛰어난 점이 있다면, 곧 승진을 시켰는데, 이것은 은덕에 해당한다. 그리고 그들을 '교인(郊人)'이라고 부르는 것도 법도에 해당한다. 성균(成均)에서 술잔을 따르게 한 것도 또한 은덕에 해당한다. 은덕을 베풀고 법도를 시행하는 것을 함께 병행하되, 어느 한쪽으로도 치우치지 않았으니, 등용하는 방법이 비록 간략하였더라도, 현명한 자들을 등용하는 데에는 해가 됨이 없는 것이다.

大全 馬氏曰: 或以德進, 或以事擧, 或以言揚, 有以見其立賢無方也. 曲藝皆有以誓之, 則又有以見其待人之恕也.

번역 마씨가 말하길, 어떤 자들은 덕(德)을 기준으로 선발하고, 어떤 자

178) 『논어』「선진(先進)」: 德行, 顔淵閔子騫冉伯牛仲弓. 言語, 宰我子貢. 政事, 冉有季路. 文學, 子游子夏.

들은 업무처리 능력을 기준으로 선발하며, 어떤 자들은 언변술을 기준으로 선발을 하였는데, 이것은 이러한 방법들을 통해서, 현명한 자를 뽑는 일에는 고정된 방법이 없다는 사실을 나타낸 것이다. 기예를 갖춘 모든 자들에 대해서, 더욱 열심히 하라고 격려를 하였다면, 또한 이러한 방법들을 통해서, 사람을 대할 때에는 자비로움으로 대했다는 사실을 나타낸 것이다.

鄭注 語謂論說於郊學. 大樂正論造士之秀者, 升諸司馬曰進士, 謂此矣. 曲藝爲小技能也. 誓, 謹也. 皆使謹習其事. 又語, 爲後復論說也. 三說之中, 有一善則取之. 以有曲藝, 不必盡善. 進於衆學者, 又以其藝爲次. 俟事官之缺者, 以代之. 遠之者, 不曰俊選, 曰郊人, 賤技藝. 董仲舒曰, "五帝名大學曰成均", 則虞庠近是也. 天子飮酒于虞庠, 則郊人亦得酌于上尊以相旅.

번역 '어(語)'자는 교학(郊學)에서 시험을 쳐서 평가한다는 뜻이다. 대악정(大樂正)은 조사(造士)[179]들 중에서 뛰어난 자를 시험하여, 사마(司馬)에게 추천하고, 그런 자들을 진사(進士)[180]라고 부르니,[181] 바로 여기에서 말하는 자들이다. '곡예(曲藝)'는 소소한 기예를 뜻한다. '서(誓)'자는 열심히 하라고 독려한다는 뜻이다. 즉 모든 학생들에게 그들의 학업을 열심히 연마하라고 시키는 것이다. '우어(又語)'는 이후 다시 시험을 친다는 뜻이다. 세 가지 시험과목 중에서 하나라도 뛰어난 점이 있다면 그를 채택한다. 이렇게 채택된 자들은 기예를 가지고 있는 자에 해당하니, 반드시 모든 분야에서 뛰어날 필요는 없다. 여러 학생들 중에서 선발을 하면서도, 또한

---

179) 조사(造士)는 학업을 이룬 자들을 뜻한다. 향학(鄕學)의 사(士)들 중에서 덕행(德行)과 재예(才藝)가 뛰어난 '사'를 수사(秀士)라 부른다. '수사' 중에서도 뛰어난 사람은 사도(司徒)에게 천거되는데, 그 사람을 선사(選士)라고 부른다. 준사(俊士)는 '선사' 중에서도 뛰어난 사람으로, 국학(國學)에 입학하여 공부를 했으며, 학업(學業)을 이룬 뒤에는 '조사'라고 불렀다.

180) 진사(進士)는 조사(造士)들 중에서도 뛰어난 자들이다. 태학(太學)에서 학업을 완성한 이후, 진사들은 작위와 녹봉을 받을 수 있는 자격이 부여된다.

181) 『예기』「왕제(王制)」【169c】: 大樂正, 論造士之秀者, 以告于王, 而升諸司馬, 曰進士.

그들의 재능에 따라서 순번을 매기는 이유는 관직 중에 공석이 생겼을 때를 대비하기 위해서이니, 그 다음 순번에 해당하는 자로 하여금 공석이 된 자리를 대체하게 된다. "소원하게 대한다[遠之]."라고 하였고, 또 그들을 '준사(俊士)'나 '선사(選士)'라고 부르지 않고, 단지 '교인(郊人)'이라고만 부르는 이유는 기예를 도덕 등에 비해 천시하기 때문이다. 동중서[182]가 말하길, "오제(五帝) 때는 태학(太學)을 '성균(成均)'이라고 불렀다."라고 하였으니, 우(虞) 때의 태학인 '우상(虞庠)'이 여기에 가장 근접하다. 천자가 '우상'에서 음주를 하게 된다면, 교인들도 당상(堂上)에 있는 술잔에 술을 따라서, 술을 권할 수 있었다.

釋文 技, 其彼反. 復, 扶又反. 遠, 于萬反, 注同. 近, 附近之近.

번역 '技'자는 '其(기)'자와 '彼(피)'자의 반절음이다. '復'자는 '扶(부)'자와 '又(우)'자의 반절음이다. '遠'자는 '于(우)'자와 '萬(만)'자의 반절음이며, 정현의 주에 나온 글자도 그 음이 이와 같다. '近'자는 '부근(附近)'이라고 할 때의 '近'자와 같다.

孔疏 ●"凡語"至"尊也". ○正義曰: 此以下明官爵於學士已成者.

번역 ●經文: "凡語"~"尊也". ○이곳 문장부터 그 아래의 경문들은 학사(學士)들 중에서 이미 학업을 이룬 자들에 대해, 관직과 작위를 준다는 사실을 밝히고 있다.

孔疏 ◎注"語謂論說於郊學". ○正義曰: 語謂論課學士才能也. 郊, 西郊

---

182) 동중서(董仲舒, B.C.179~B.C.104) : 전한(前漢) 때의 유학자이다. 호(號)는 계암자(桂巖子)이다. 『공양전(公羊傳)』을 공부하여, 박사(博士)를 지냈으며, 유학의 관학화에 큰 기여를 하였다. 저서로는 『춘추번로(春秋繁露)』, 『동자문집(董子文集)』 등이 있다.

也. 周以虞庠爲小學, 在西郊. 今天子親視學於其西郊, 考課論說於西郊之學, 以西方成就之地故也. 或偏在四郊.

번역 ◎鄭注: "語謂論說於郊學". ○'어(語)'자는 학사(學士)들의 재주와 능력을 시험하여 평가한다는 뜻이다. '교(郊)'자는 '서쪽 교외[西郊]'를 뜻한다. 주(周)나라 때에는 우상(虞庠)을 소학(小學)으로 삼아서, 서교(西郊)에 설치하였다. 오늘날 천자가 서교에서 시학(視學)을 하고, 서교에 있는 학교에서 학사들의 능력을 시험하여 평가하게 된 것은 서쪽 지역이 무언가를 성취하는 땅에 해당하기 때문이다. 혹자는 경문의 '범어우교자(凡語于郊者)'에 대해서, 사방의 교외를 두루 돌아다니며, 학생들을 시험하여 선발한다는 뜻으로 여겼다.

孔疏 ●"必取賢斂才焉"者, 謂在於西郊學之中, 論說取賢, 斂其才能者以爵之也.

번역 ●經文: "必取賢斂才焉". ○이 문장은 서교(西郊)에 있는 학교에서 시험을 쳐서, 현명한 자들을 선발하고, 재주와 능력이 있는 자들을 가려내서, 그들에게 작위를 준다는 뜻이다.

孔疏 ●"或以德進"者, 謂人能不同, 各隨才用也. 德謂有道德者, 進謂用爵之也. 德最爲上, 故進之宜先也.

번역 ●經文: "或以德進". ○이 문장은 사람의 재능이 똑같지 않으니, 각각의 재능에 따라서 등용한다는 뜻이다. '덕(德)'자는 도(道)와 덕을 갖춘 자를 뜻하며, '진(進)'자는 등용해서 작위를 준다는 뜻이다. 덕이 높은 자가 가장 상등이 되기 때문에, 선발하는 것도 가장 먼저 하는 것이다.

孔疏 ●"或以事舉"者, 事次德者, 雖無德而解世事, 或吏治之屬, 亦舉用之也.

번역 ●經文: "或以事擧". ○이곳 경문 기록에서는 선발 기준 중 '업무처리 능력[事]'을 덕(德) 다음에 두고 있는데, 간혹 어떤 자들은 비록 덕이 없다고 하더라도, 세상일에 대해서 해박한 자도 있으니, 이들은 아전과 같은 부류들이다. 그렇기 때문에 그런 자들 또한 선발하여 등용하는 것이다.

孔疏 ●"或以言揚"者, 次事也. 揚亦進·擧之類, 互言之, 雖無德無事, 而能言語應對, 堪爲使命亦擧用之.

번역 ●經文: "或以言揚". ○언변술에 대한 항목은 '업무처리 능력[事]' 다음에 기록되어 있다. '양(揚)'자 또한 선발하거나 등용한다는 뜻이니, 이 문장은 상호 호완이 되게 말한 것이다. 따라서 간혹 어떤 자들이 비록 덕(德)도 없고, 업무처리 능력도 떨어진다고 하더라도, 언변술에 뛰어나서, 남과 대화를 잘 할 수 있다면, 명령 수행을 감당할 수 있으므로, 또한 이러한 자들을 선발하여 등용하는 것이다.

孔疏 ●"曲藝皆誓之"者, 曲藝謂小小技術, 若醫卜之屬也. 誓, 謹也. 若學士中雖無前三事, 而有小小技術, 欲授試考課, 皆且卻之, 令謹習.

번역 ●經文: "曲藝皆誓之". ○'곡예(曲藝)'는 소소한 기예들을 뜻하니, 마치 의술이나 점술과도 같은 부류들이다. '서(誓)'자는 열심히 하라고 독려한다는 뜻이다. 학사(學士)들 중에 비록 앞에서 열거한 세 가지 능력이 없더라도, 소소한 기예를 갖추고 있는 자가 있다면, 그들에게 시험을 부여하여 그들의 재주를 평가하고자 한 것이며, 이들 모두에 대해서는 또한 잠시 일선에서 물러나서, 자신의 특기를 열심히 연마시키고자 했던 것이다.

孔疏 ●"以待又語"者, 又語謂後復論說之日, 令待後時, 若春待秋時也.

번역 ●經文: "以待又語". ○'우어(又語)'는 이후에 다시 시험 치는 날짜를 뜻하므로, 그들로 하여금 후일을 대비하도록 한 것이니, 마치 봄철에 가을 시험을 대비시키는 것과 같다.

孔疏 ●"三而一有焉"者, 謂小技藝者所說三事之中, 而一事有善者.

번역 ●經文: "三而一有焉". ○이 문장의 내용은 소소한 기예를 갖춘 자들 중에서, 세 가지 시험항목 중 하나의 항목에서 잘하는 점이 있는 자를 가리킨다.

孔疏 ●"乃進其等"者, 等, 輩類也. 若說三事有一善者, 則進於大衆輩中也. "以其序"者, 序, 次也. 雖得進衆而不得與衆爲一, 猶使與其輩中自爲高下之次序也.

번역 ●經文: "乃進其等". ○'등(等)'자는 동급생들을 뜻한다. 만약 세 가지 시험항목 중에서, 하나의 항목에서 잘하는 점이 있는 자가 있다면, 여러 무리들 중에서 그를 선발하게 되는 것이다. "서(序)로써 한다."는 말에서, '서'자는 순차를 매긴다는 뜻이다. 이러한 자들은 비록 여러 무리들 중에서 크게 뛰어난 것은 아니지만, 그래도 나은 점이 있어서 선발될 수 있었다. 그렇기 때문에 여러 무리들과 똑같이 대할 수는 없으니, 오히려 그들로 하여금 동급생 무리들 속에서, 서열을 매기도록 시키는 것이다.

孔疏 ●"謂之郊人"者, 雖有次序而待職缺當擬補之, 若國子學士, 未官之前, 俱爲俊選; 而以小才技藝者, 未官之前, 而不得同爲俊選, 但名曰郊人, 言其猶在郊學也.

번역 ●經文: "謂之郊人". ○비록 그들 무리들 속에서 우열에 따른 순서를 정하고, 보직이 비었을 때를 대비해서, 공석이 생겼을 때 그들의 능력을 판가름하여 보충하게 된다. 그러나 국자(國子)처럼 국학(國學)에 입학한 학사(學士)의 경우에는 관직에 나아가기 이전부터, 모두들 준사(俊士)나 선사(選士)로 선발된 자들이다. 따라서 소소한 기예를 가진 자들이 관직에 나아가기 이전이라면, 국학에 입학한 준사나 선사와 같이, 동일하게 '학사'라고 부를 수 없다. 그렇기 때문에 그들에 대해서는 단지 '교인(郊人)'이라고만 부르는 것이니, '교인'이라는 말은 그들이 아직 교학(郊學)에 속해 있다는 뜻이다.

孔疏 ●"遠之"者, 所以謂爲郊人者, 是疏遠之故也.

번역 ●經文: "遠之". ○그들을 '교인(郊人)'이라고 지칭하는 이유들이 바로 그들을 소원하게 대하는 까닭이다.

孔疏 ●"於成均, 以及取爵於上尊也"者, 成均則虞庠也. 上尊, 堂上之酒尊. 天子於成均之內飮酒, 以恩澤被及於此郊人, 其郊人雖賤, 亦得取爵於堂上之尊, 以相旅也, 所以榮之.

번역 ●經文: "於成均, 以及取爵於上尊也". ○'성균(成均)'은 '우상(虞庠)'을 뜻한다. '상존(上尊)'은 당상(堂上)에 있는 술잔이다. 천자가 성균에서 음주를 하게 되면, 이러한 교인(郊人)들에게까지 은덕이 미치게 한다. 따라서 교인들이 비록 미천한 신분이라고 하지만, 또한 당상에 있는 술잔에 술을 따라서, 술을 권할 수 있는 것이니, 이것을 통해 그들의 노고를 위로하는 것이다.

孔疏 ◎注"董仲"至"相旅". ○正義曰: 董仲舒爲春秋繁露云, "成均爲五帝之學, 虞庠是舜學", 則成均五帝學也. 以無正文, 故云"近是也", 言虞庠近是成均. 凡飮酒之禮, 尊者酌於堂上之尊, 卑者酌於堂下之尊, 故特牲禮, 三人獻賓, 及獻衆賓及長兄弟等, 及次賓及次兄弟等, 皆酌於堂下之尊, 以相旅, 是也. 今郊人雖賤, 亦得酌於堂上尊, 故云"取爵於上尊".

번역 ◎鄭注: "董仲"~"相旅". ○동중서는 『춘추번로(春秋繁露)』를 지으면서, "성균(成均)은 오제(五帝) 때의 태학(太學)이며, 우상(虞庠)은 순(舜)임금 때의 태학이다."라고 하였으니, '성균'은 오제 때의 태학을 뜻한다. 정확한 기록이 없기 때문에, 정현이 "여기에 가장 가깝다."라고 하였으니, 이 말은 '우상'이 '성균'에 가장 가깝다는 뜻이다. 무릇 음주를 하는 예법에서, 존귀한 자는 당상(堂上)에 있는 술잔에 술을 따르고, 신분이 낮은 자는 당하(堂下)에 있는 술잔에 술을 따른다. 그러므로 『의례』「특생궤식례(特牲饋食禮)」편을 살펴보면, 세 사람이 빈객에게 술잔을 바치고서, 빈객 무리들 및 장형제(長兄弟) 등에게 술잔을 바치고, 그리고 그 다음으로 차빈(次賓)과 차형제(次兄弟) 등에게 술잔을 바치게 되는데, 이러한 모든 의례에서는 당하의 술잔에 술을 따라서, 술을 권하는 것이 옳다. 그런데 이곳 문장에서 언급하는 상황에서는 교인(郊人)들이 낮은 신분임에도 불구하고, 또한 당상에 있는 술잔으로 술을 따를 수 있게 된다. 그렇기 때문에 "상존(上尊)에 술을 따른다."라고 말한 것이다.

訓纂 吳幼淸曰: 曲謂一偏. 曲藝, 射御書數之屬. 誓, 蓋戒勵之, 使勉於學. 三, 卽上文德與事·言也. 考察三者之中, 或有其一, 卽進其等於曲藝之上, 又自有高下爲先後之序也. 然曲藝雖已進等, 仍在郊學, 故謂之郊人.

번역 오유청이 말하길, '곡(曲)'자는 하나의 단편을 뜻한다. '곡예(曲藝)'는 육예(六藝)에 해당하는 활쏘기[射], '수레 몰기[御]', 글쓰기[書], 셈하기[數] 등의 부류이다. '서(誓)'자는 아마도 그들을 독려하여, 학업에 정진하도록 시킨다는 뜻일 것이다. '삼(三)'자는 곧 위에서 말한 덕(德), '업무처리 능력[事]', 언변술[言]이라는 분야이다. 이 세 가지에 대해 시험을 쳐서, 그 중에 한 가지라도 갖추고 있다면, 곧 곡예를 갖춘 무리의 수장으로 승진시키고, 또한 그들끼리 자신들이 가지고 있는 재주의 우열에 따라서, 서열을 짓도록 하는 것이다. 그러나 곡예를 갖춘 자들이 비록 선발이 되었다고는 하지만, 아직 교학(郊學)에 머문 상태이다. 그렇기 때문에 그들을 '교인(郊人)'이라고 부르는 것이다.

訓纂 金氏榜曰: 遠之於成均, 謂遠於詩·書·禮·樂之敎也. 注以"遠之"爲句, 失之.

번역 금방[183]이 말하길, "성균(成均)과는 거리가 멀다[遠之於成均]."는 말은 교인(郊人)들이 배우는 내용은 태학(太學)에서 배우는 『시(詩)』·『서(書)』·『예(禮)』·『악(樂)』 등의 교육과는 거리가 멀다는 뜻이다. 정현의 주에서 '원지(遠之)'를 하나의 구문으로 끊은 것은 잘못된 해석이다.

集解 郊, 謂六鄕之學在西郊者, 王制所謂虞庠, 是也. 語, 考論也. 語於郊, 謂鄕大夫詢衆庶, 賓賢能也. 人材各有所長, 隨其所能而用之. 事擧者非必無德, 而事爲優; 言揚者非必不任事, 而言爲長. 若孔門之德行·政事·言語之各爲一科也. 曲藝, 祝·史·醫·卜·射·御之屬. 誓, 戒飭也. 以待又語者, 曲藝賤, 不得與賢能之士同日而語, 故戒飭之, 以待後日再考論之也. 三而一有焉, 乃進其等者, 謂曲藝之士陳三事而有一事之善, 則異之於其等類之中, 不求備也. 以其序者, 謂於其等輩之中自爲次第, 以待補用也. 謂之郊人, 言不得與賢能之士同稱俊選也. 遠之於成均, 以及取爵於上尊者, 賢能之士得升於成均而爲俊士, 於鄕大夫賓賢能之時得爲鄕飮酒之賓·介, 取爵於上尊, 以酢主人; 郊人旣賤, 不得升大學, 又不得爲鄕飮酒之賓·介, 取爵於上尊, 以酢主人. 言於此二事遠之, 使不得與也.

번역 '교(郊)'자는 육향(六鄕)[184]의 학교로, '서쪽 교외[西郊]'에 위치하

---

183) 금방(金榜, A.D.1735~A.D.1801) : 청대(淸代)의 학자이다. 자(字)는 예중(蕊中)·보지(輔之)이다. 한림원수찬(翰林院修撰) 등을 지냈으며, 외조부(外祖父)가 죽자 복상(服喪)을 하고, 이후 두문불출하며 오로지 독서와 저술에만 전념하였다. 대진(戴震)과 동학(同學)했으며, 『예전(禮箋)』 등을 저술하였다.

184) 육향(六鄕)은 주(周)나라 때 원교(遠郊)에 설치된 여섯 개의 향(鄕)을 뜻한다.

던 것을 뜻하니, 『예기』「왕제(王制)」편에서 말한 '우상(虞庠)'[185]이 바로 이것을 가리킨다. '어(語)'자는 시험을 쳐서 평가한다는 뜻이다. "교(郊)에서 시험을 친다[語於郊]."는 말은 향대부(鄕大夫)가 백성들에게 물어보아서, 현명하고 유능한 자들을 손님으로 모신다는 뜻이다. 사람의 재주에는 각각 뛰어난 분야가 있으니, 그들의 뛰어난 분야에 따라서 등용을 시키는 것이다. '업무처리 능력[事]'이 뛰어나서 선발된 자가 반드시 덕(德)이 없었던 것은 아니지만, 업무처리 능력이 보다 뛰어났던 것이며, 언변술[言]이 뛰어나서 발탁된 자가 반드시 업무처리를 잘 할 수 없었던 것은 아니지만, 언변술이 보다 뛰어났던 것이다. 마치 공자(孔子)가 제자들을 평가하며, 덕행(德行), 정사(政事), 언어(言語)를 각각 하나의 분과로 삼았던 것과 같은 이치이다. '곡예(曲藝)'는 기원[祝], 기록[史], 의술[醫], 점술[卜], 활쏘기[射], 수레몰기[御] 등의 부류를 뜻한다. '서(誓)'자는 더욱 정진하도록 주의를 준다는 뜻이다. '이대우어(以待又語)'라는 말은 곡예(曲藝)를 갖춘 자들은 미천한 신분이므로, 현명하고 재능이 있는 사(士)들과 함께, 같은 날에 시험을 칠 수가 없다. 그렇기 때문에 더욱 정진하라고 주의를 주고서, 이후에 재차 치르게 되는 시험을 대비하도록 하는 것이다. 경문의 "三而一有焉, 乃進其等"이라는 말은 곡예(曲藝)를 갖춘 사(士)들에게, 세 가지 항목에 대한 시험을 보게 하여, 한 가지 항목에서 뛰어난 점이 있는 자라면, 그를 동급생들 무리 중에서도 남다르게 대우하지만, 그들에게 모든 능력을 다 갖추도록 요구하지 않는다는 뜻이다. '이기서(以其序)'라는 말은 이러한 자들에 대해서, 그들 내에서 스스로 능력에 따른 서열을 매기게 하여, 보결이 생겼을 때 등용되는 것을 대비하도록 만든다는 뜻이다. "그들을 교인(郊人)이라고 부른다."는 말은 이들을 현명하고 유능한 학사(學士)들과 동일하게, 준사(俊士)나 선사(選士) 등으로 부를 수 없다는 뜻이다. 경문에서 "遠之於

주나라의 제도에서는 국성(國城)과 가까이 있는 교외(郊外)를 근교(近郊)라고 불렀고, 근교 밖을 원교(遠郊)라고 불렀다. 그리고 원교 안에는 6개의 향(鄕)을 설치했고, 원교 밖에는 6개의 수(遂)를 설치했다.

185) 『예기』「왕제(王制)」【179a~b】: 周人, 養國老於東膠, 養庶老於虞庠, 虞庠在國之西郊.

成均, 以及取爵於上尊"이라고 하였는데, 현명하고 유능한 학사들이 성균(成均)에 천거되면 '준사'가 된다. 그리고 이러한 자들은 향대부가 현자와 유능한 자들을 손님으로 접대할 때, 향음주례(鄕飮酒禮)에서의 빈(賓)이나 개(介)의 신분이 될 수 있으므로, 당상(堂上)에 있는 술잔에 술을 따라서, 주인에게 술을 권할 수가 있다. 그런데 '교인'은 신분이 미천하므로, 태학(太學)에 입학할 수가 없고, 또한 향음주례에서 '빈'이나 '개'를 맡을 수 없으니, 당연히 당상에 있는 술잔에 술을 따라서, 주인에게 술을 권할 수도 없는 것이다. 그러므로 이 두 가지 일에 대해서는 거리를 멀게 하여, 그들로 하여금 참여할 수 없게 한다는 뜻이다.

【252d】

始立學者, 旣興器用幣, 然後釋菜, 不舞, 不授器, 乃退, 儐于東序, 一獻, 無介語可也. 教世子.

직역 始히 學을 立한 경우에는 旣히 器를 興하고, 幣를 用하며, 然後에 釋菜를 하되, 不舞하며, 不授器하며, 곧 退하여, 東序에서 儐하되, 一獻하며, 無介語도 可하다. 世子를 敎함이다.

의역 처음 태학(太學)을 건립하는 경우에는 예기(禮器)들이 아직 갖춰지지 않았으므로, 우선 예기들을 제작한다. 그리고 그것이 다 완성되면, 갈라진 틈 사이에 희생물의 피 바르는 의식을 시행하고, 그 의식이 끝나면, 폐백을 진설하여 아뢴다. 그런 뒤에야 석채(釋菜)를 지내게 되는데, 이러한 경우에는 일반적인 예법(禮法)보다 간략하게 시행하므로, 이때의 석채에서는 춤을 추지 않으며, 또한 춤을 추지 않으므로, 자연히 무용수들에게 무용 도구를 지급하지 않는다. 그리고 이러한 석채 행사가 끝나면, 곧 석채를 치르던 우상(虞庠)에서 물러나서, 동서(東序)로 이동하여, 이곳에서 빈객(賓客)들을 대접하게 된다. 그런데 이러한 경우에는 예법을 간소하게 하므로, 이때에도 '한 번 술잔을 바치는 것[一獻]'만 하고, 개(介)나 어(語)는 하지 않아도 괜찮다. 그 이유는 태학을 처음 건립하게 되어, 모든 것을 다 갖출 수 없는 상황이므로, 이처럼 간략하게 하는 것도 예법상 문제가 되지 않기 때문이다. 여기까지의 경문 내용들은 '세자(世子)를 교육하는 내용[教世子]'들이다.

集說 立學之初, 未有禮樂之器, 及其制作之成, 塗釁旣畢, 卽用幣于先聖先師, 以告此器之成. 繼又釋菜, 以告此器之將用也. 凡祭祀用樂舞者, 則授舞者以所執之器, 如干戈羽籥之類. 今此釋菜禮輕, 旣不用舞, 故不授舞器也. 諸侯有功德者, 亦得立異代之學. 東序, 夏制也, 與虞庠相對. 東序在東, 虞庠在西. 乃退儐于東序者, 謂釋菜在虞庠之中, 禮畢, 乃從虞庠而退, 儐禮其賓於東序之中. 其禮旣殺, 惟行一獻, 無介無語, 於禮亦可也. 此以上, 雖不專是教世子之事, 然以教世子爲主, 故以此句總結上文.

번역 태학(太學)을 건립한 초기에는 예악(禮樂)과 관련된 기물들을 아직 갖추지 못하였으니, 그 기물들의 제작이 완성될 때에는 기물의 틈 사이에 피 바르는 의식을 끝내고서, 곧 선성(先聖)과 선사(先師)들에게 폐백을 사용하여, 이러한 기물들이 완성되었음을 아뢴다. 또한 그것에 연속하여 석채(釋菜)를 지내서, 이러한 기물들이 장차 사용될 것임을 아뢴다. 무릇 제사에서 악무(樂舞)를 사용하게 된다면, 무용수들에게는 그들이 손에 쥐게 되는 기물들을 주게 되는데, 그 기물들은 방패, 창, 깃털, 피리 등의 부류와 같은 것들이다. 지금 이 문장에서는 석채를 지내는데, 그 예법이 일반적인 경우보다 간소하므로, 악무를 사용하지 않는다고 하였다. 그렇기 때문에 무용 도구들 또한 지급하지 않는 것이다. 제후들 중에서 '공적과 덕망[功德]'이 있는 자의 경우에는 주(周)나라가 아닌 앞선 왕조의 태학들도 건립할 수가 있었다. 동서(東序)는 하(夏)나라 때의 학제에 해당하니, 우상(虞庠)과 서로 대비가 되는 것이다. 그러므로 '동서'는 동쪽에 있고, '우상'은 서쪽에 있다. 경문의 "乃退儐于東序"라는 말은 우상 안에서 석채를 지내고, 그 의례가 다 끝나게 되면, 곧 우상에서 물러나와, 빈객들을 인도해서, 동서

안에서 빈객들에게 예(禮)로 대접을 한다는 뜻이다. 그런데 그 예법(禮法)들에 대해서, 이미 간략하게 한다고 하였으니, 빈객들을 대접하는 의례에서도 오직 한 번 술잔을 바치는 절차만 시행하고, 개(介)나 어(語)가 없게 된다. 그리고 이처럼 간략하게 진행해도 예법상으로도 또한 괜찮은 것이다. 이곳 문장까지의 경문 내용들은 비록 세자(世子)를 교육하는 일만 전적으로 다루고 있는 것은 아니지만, 세자를 교육하는 내용을 위주로 언급하고 있다. 그렇기 때문에 "이것이 세자를 교육하는 방법이다[敎世子]."라는 구문으로, 위의 경문 내용들을 결론지은 것이다.

集說 石梁王氏曰: 三字亦衍文.

번역 석양왕씨가 말하길, '교세자(敎世子)'라는 세 글자 또한 연문(衍文)이다.

大全 長樂陳氏曰: 凡家造祭器爲先, 養器爲後, 國亦如之. 諸侯之國, 命之敎而立學者, 亦必以祭器爲先, 則興器者, 造祭器之謂也.

번역 장락진씨가 말하길, 무릇 일반 가정에 있어서도 살림을 갖출 때에는 제기(祭器) 마련하는 것을 최우선으로 하고, 식기들을 갖추는 것은 그 다음으로 했으니,[186] 국가의 경우 또한 마찬가지이다. 제후국의 경우, 천자가 교육을 실시하라는 명령을 내려서, 태학(太學)을 건립하게 되면, 이때에도 또한 반드시 제기를 우선적으로 갖추니, '흥기(興器)'라는 말은 "제기를 만든다."는 뜻이다.

大全 嚴陵方氏曰: 儐謂事畢而以賓禮接賓, 一獻則無酬酢之煩, 無介則無傳命之助, 無語則無合語之禮. 凡此又以始立學而事未暇備故也. 然非以之爲

186) 『예기』「곡례하(曲禮下)」【51a】: 凡家造祭器爲先, 犧賦爲次, 養器爲後.

常, 特可一時而已.

번역 엄릉방씨가 말하길, '빈(儐)'자는 의식이 다 끝나서, 빈객(賓客)들을 접대하는 예법(禮法)에 따라, 손님들을 대접한다는 뜻이다. 그런데, '일헌(一獻)'만 한다고 했으니, 이 말은 곧 술잔을 주고받는 복잡한 절차가 없다는 뜻이고, '개(介)'가 없다고 했으니, 이 말은 곧 명령을 전달하는 일을 대신해주는 조력자가 없다는 뜻이며, '어(語)'가 없다고 했으니, 이 말은 곧 '합어(合語)'하는 예(禮)가 없다는 뜻이다. 무릇 이러한 제한들이 생긴 이유는 또한 처음으로 태학(太學)을 건립하게 되어, 절차들을 다 갖출 수 있는 여력이 아직 없기 때문이다. 그러나 이처럼 간소하게 치르는 것을 일상적인 예법으로 삼는다는 뜻은 아니다. 특별히 태학을 처음 건립했을 때에만, 이처럼 간략하게 시행해도 괜찮다는 뜻일 뿐이다.

鄭注 "興"當爲"釁", 字之誤也. 禮樂之器成, 則釁之, 又用幣告先聖先師以器成. 告先聖先師以器成, 有時將用也. 釋菜禮輕也. 釋奠則舞, 舞則授器. 司馬之屬司兵·司戈·司盾187)祭祀授舞者兵也. 言乃退者, 謂得立三代之學者, 釋菜于虞庠, 則儐賓于東序, 魯之學有米廩·東序·瞽宗也. 亦題上事.

번역 '흥(興)'자는 마땅히 '흔(釁)'자가 되어야 하니, 자형이 비슷한 데에서 발생한 잘못이다. 예악(禮樂)의 기물들이 완성되면, 기물들의 표면에 생긴 틈에 피를 바르고, 또한 폐백을 진설하여, 선성(先聖)과 선사(先師)들에게 기물이 완성되었음을 아뢴다. 그리고 기물이 완성되었으므로, 선성과 선사에게 석채(釋菜)를 지내면서, 장차 이 기물들을 사용하게 됨을 아뢴다. 석채는 그 의례의 비중이 석전(釋奠)보다 덜 중요하다. 석전을 지내게 되면, 춤을 추게 되고, 춤을 추게 되면, 무용도구들을 나눠주게 된다. 사마(司馬)

187) '사과사순(司戈司盾)'에 대하여. 손이양(孫詒讓)의 『교기(校記)』에서는 "『주례』「하관(夏官)」의 관직에는 '사과순(司戈盾)'이 있는데, 이것은 하나의 관직이다. 그런데 이곳 정현의 주에서는 이 관직을 나눠서, 두 개의 관직으로 기록하고 있는데, 이 기록은 아마도 잘못된 것 같다."라고 했다.

에게 소속된 관리들 중에는 '병기를 담당하는 관리[司兵]'가 있고, '창류를 담당하는 관리[司戈]'가 있으며, '방패류를 담당하는 관리[司盾]'가 있다. 이들이 바로 제사 때 무용도구로 사용되는 병장기를 무용수들에게 지급하는 것이다.[188] '내퇴(乃退)'라고 말한 것은 제후들 중에서도 삼대(三代)의 태학(太學)을 건립할 수 있는 자인 경우를 뜻하며, 우상(虞庠)에서 석채를 지내게 되면, 동서(東序)에서 빈객(賓客)들을 접대하는 것이니, 노(魯)나라에 건립된 태학에 미름(米廩)[189], 동서, 고종(瞽宗)이 있었던 것이 바로 이러한 경우를 뜻한다. 경문의 '교세자(敎世子)'는 앞의 내용들에 대한 총괄적인 제목이다.

釋文 興, 依注爲釁, 音虛覲反. 儐, 必刃反, 本亦作擯, 注同. 介如字, 下注同, 副也. 廩, 力甚反.

번역 '興'자는 정현의 주에 따르면 '釁'자가 되니, 그 음은 '虛(허)'자와 '覲(근)'자의 반절음이다. '儐'자는 '必(필)'자와 '刃(인)'자의 반절음이며, 판본에 따라서는 또한 '擯'자로도 기록하고, 정현의 주에 나온 글자도 또한 이와 같다. '介'자는 글자대로 읽으며, 아래 정현의 주에 나오는 글자도 그 음이 이와 같으며, "돕는다."는 뜻이다. '廩'자는 '力(력)'자와 '甚(심)'자의 반절음이다.

孔疏 ●"始立學者, 旣興器用幣"至"可也". ○正義曰: 此一節明禮樂之器初成用幣告先聖先師, 又釋菜告器成將用乃退儐之事也.

번역 ●經文: "始立學者旣興器用幣"~"可也". ○이 문장은 예악(禮樂)

188) 『주례』「하관(夏官)·사병(司兵)」: <u>祭祀, 授舞者兵</u>. 大喪廞五兵. 軍事建車之五兵會同亦如之. / 『주례』「하관(夏官)·사과순(司戈盾)」: <u>祭祀, 授旅賁殳·故士戈盾, 授舞者兵</u>, 亦如之.

189) 미름(米廩)은 유우씨(有虞氏) 때의 학교인 우상(虞庠)과 같은 말이다. 노(魯)나라에서는 '우상'을 '미름'으로 불렀다.

의 기물들이 처음 완성되어서, 폐백을 사용하여, 선성(先聖)과 선사(先師)에게 아뢰는 일과 또한 석채(釋菜)를 지내면서, 기물들이 완성되어 장차 사용하게 될 것임을 아뢰고, 또 그 의식이 끝나면, 곧 물러나와 빈객(賓客)들을 접대하는 일들에 대해서 논의하고 있다.

孔疏 ●"始立學"者, 亦謂天子命諸侯始立教學, 又造禮樂之器新成釁之, 旣畢, 乃用幣告先聖先師以器成也, 然後釋菜. 旣以幣告後又更釋菜, 告先聖先師以器成將用也. 故前用幣, 告其器成; 後釋菜, 告其將用也. "不舞不授器", 凡釋奠禮重, 故作樂時須舞, 乃授舞者所執干戈之器. 今其釋菜之時, 雖作樂不爲舞也, 亦旣不舞, 故不授舞者之器, "乃退儐于東序", 釋菜虡庠旣畢, 乃從虡庠而退, 乃儐禮其賓於東序之中, 其禮旣殺, 唯行一獻, 無介無語, 如此於禮可也.

번역 ●經文: "始立學". ○이 문장 또한 천자가 제후에게 명령을 내려서, 처음으로 태학(太學)을 건립하는 경우를 뜻한다. 한편 예악(禮樂)의 기물들을 제작하게 되는데, 그것들을 처음으로 완성하게 되면, 피 바르는 의식을 시행한다. 그리고 이 의식이 다 끝나게 되면, 곧 폐백을 진설하여, 선성(先聖)과 선사(先師)들에게 기물이 완성되었음을 아뢰며, 그런 뒤에야 석채(釋菜)를 지내게 된다. 그런데 이미 폐백을 진설하여 아뢰었는데도, 이후에 다시 석채를 지내는 이유는 선성과 선사들에게, 기물이 완성되어 장차 사용하게 될 것임을 아뢰기 때문이다. 따라서 앞서 고(告)할 때에는 폐백을 사용하여, 그 기물들이 완성되었음을 아뢰는 것이고, 이후에 석채를 지내서, 그것들이 장차 사용될 것임을 아뢰는 것이다. 경문의 "不舞不授器"에 대하여. 무릇 석전(釋奠)의 의례는 중요하기 때문에, 음악을 연주할 때, 춤도 사용하게 된다. 그러므로 무용수들에게 그들이 사용할 방패나 창 등의 무용도구들을 지급하게 된다. 그런데 이곳에서 말하는 석채를 지낼 때에는 비록 음악은 연주하더라도 춤은 추지 않는다. 따라서 춤을 추지 않기 때문에, 무용수들에게 기물들도 지급하지 않는 것이다. 경문의 "乃退儐于東序"

에 대하여. 우상(虞庠)에서 지내는 석채의 의식이 다 끝나게 되면, 곧 우상에서 물러나오고, 동서(東序)로 이동하여, 그곳에서 빈객들을 접대하는 것이니, 그 예법에 대해서는 이미 간략하게 한다고 하였으므로, 오직 일헌(一獻)만 시행하며, 개(介)도 없고, 어(語)도 없게 되는데, 이처럼 하는 것도 예법상으로는 괜찮은 것이다.

孔疏 ◎注"興當"至"器成". ○正義曰: 按雜記, 宗廟之器, 其名者, 成則釁之以豭豚, 是器成當釁之, 故知"興當爲釁". 經言"用幣", 故知告先聖先師以器成也.

번역 ◎鄭注: "興當"～"器成". ○『예기』「잡기(雜記)」편을 살펴보니, 종묘(宗廟)에서 사용되는 기물 중 유명한 것들에 대해서는 그것이 완성되면, 새끼 돼지를 희생물로 사용하여, 그 피를 기물에 생긴 틈에 칠한다고 하였으니,[190] 기물이 완성되면, 마땅히 희생물의 피를 바르게 되는 것이다. 그렇기 때문에 정현이 "'흥(興)'자는 마땅히 '흔(釁)'자가 되어야 한다."고 한 말은 옳은 주장이 된다는 사실을 알 수 있다. 경문에서 "폐백을 사용한다."라고 말했기 때문에, 선성(先聖)과 선사(先師)에게 기물이 완성되었다고 아뢴다는 사실을 알 수 있다.

孔疏 ◎注"告先"至"用也". ○正義曰: 前用幣直云告器成, 此釋菜云告器成將用, 則兩告不同也. 熊氏云: "用幣則無菜, 用菜則無幣." 皇氏云: "用幣釋菜, 只是一告." 其義恐非也. 按四時釋奠, 不及先聖, 知此用幣及釋菜及先聖者, 以上文始立學釋奠先聖先師, 此文亦云始立學旣釁器用幣, 釋菜亦及先聖也. 以其始立學, 及器新成, 事重於四時常奠也. 故學記云: "皮弁祭菜." 鄭注: "禮先聖先師." 知及先聖者, 以彼云"未卜禘, 不視學", 則祭菜與視學爲一也. 此下文云天子視學祭先聖先師, 故知學記祭菜及先聖也. 熊氏云: "月令釋菜

---

190) 『예기』「잡기하(雜記下)」【523b】: 凡宗廟之器, 其名者, 成則釁之以豭豚.

不及先聖者, 以其四時入學釋菜[191], 故不及先聖也. 王制'釋奠于學', 注以爲釋菜奠幣. 知非釋奠者, 彼是告祭之禮. 初天子出師, 受成於學, 告之無牲, 明反告亦無牲也. 故謂釋奠時亦不及先聖也. 凡釋奠有六: 始立學釋奠, 一也; 四時釋奠有四, 通前五也; 王制師還釋奠于學, 六也. 釋菜有三: 春入學釋菜合舞, 一也; 此釁器釋菜, 二也; 學記皮弁祭菜, 三也. 秋頒學合聲, 無釋菜之文, 則不釋菜也. 釋幣唯一也, 卽此釁器用幣是也." 以前皆熊氏之說, 義或當然也.

번역 ◎鄭注: "告先"~"用也". ○앞서 폐백을 사용할 때에는 다만 기물이 완성되었음을 아뢴다고만 말했는데, 여기에서 말한 석채(釋菜)에 대해서는 기물이 완성되어 장차 사용하려고 함을 아뢴다고 하였으니, 아뢰는 두 의식은 성격이 서로 다른 것이다. 웅안생은 "폐백을 사용하여 아뢰는 의식을 치르게 되면, 채소를 차려내는 석채의 의식은 없게 되며, 채소를 차려내는 석채의 의식을 시행하게 되면, 폐백을 진설하여 아뢰는 의식은 없게 된다."라고 했고, 황간은 "폐백을 사용하여 석채를 치르는 것이니, 이것은 별개의 의식이 아니라, 단지 한 번의 아뢰는 의식일 뿐이다."라고 했는데, 황간의 의견은 아마도 잘못된 주장인 것 같다. 사계절마다 지내는 석전(釋奠)에 대해 살펴보면, 선성(先聖)까지는 제사를 지내지 않는다. 그런데 이곳에서 언급하는 '폐백을 사용하는 의식'과 '석채를 올리는 의식'에서는 모두 선성에게까지 그 의식을 시행한다는 사실을 알 수 있다. 그 이유는 앞의 경문에서, 처음 태학(太學)을 건립하게 되면, 선성과 선사(先師)에게 석전을 지낸다고 하였기 때문이니, 이곳 문장에서도 또한 처음 태학을 건립하게 되어, 기물에 피를 칠하고, 폐백을 사용한다고 하였으므로, 석채에서도 또한 선성에게까지 제사를 지내는 것이다. 그 이유는 처음 태학을 건

---

191) '이기사시입학석채(以其四時入學釋菜)'에 대하여. 손이양(孫詒讓)의 『교기(校記)』에서는 "사계절마다 입학하며 치르는 석채(釋菜)라는 것은 없으니, 이 문장은 마땅히 '이기사시입학석전(以其四時入學釋奠)'이라고 기록되어야 한다. 따라서 이 문장의 앞뒤 기록들은 '불급선성, 고지춘입학석채불급선성야(不及先聖, 故知春入學釋菜不及先聖也)'라는 기록이 되어야 한다. 이곳 판본은 그 기록들이 잘못되어 누락된 것이다. 웅안생의 주장에서도 다음과 같이 말했다. '석채는 사계절마다 지내는 경우가 없다.'"라고 했다.

립하게 되어, 기물이 새롭게 만들어지게 되면, 그 사안은 사계절마다 일상적으로 지내는 석전보다 중요하기 때문이다. 그래서 『예기』「학기(學記)」편에서 "피변복(皮弁服)을 입고, 석채 제사를 지낸다."[192]라고 한 말에 대해서, 정현의 주에서는 "선성과 선사에게 예(禮)로 대접하는 것이다."라고 한 것이다. 정현의 말처럼 선성에게까지 제사를 지낸다는 사실을 알 수 있는 이유는 「학기」편에서 "체(禘)제사[193]를 지낼 길일(吉日)에 대해서, 아직 점을 치지 않았다면, 천자는 시학(視學)을 하지 않는다."[194]라고 하였으니, 태학에서 석채를 지내고, 천자가 시학을 하는 것은 같은 날에 해당한다. 아래 경문에서는 "천자가 시학을 하여, 선성과 선사에게 제사를 지낸다."[195]고 하였다. 그러므로 「학기」편에서 석채를 지낸다고 할 때에는 선성에게까지 제사를 지낸다는 사실을 알 수 있는 것이다. 웅안생은 "『예기』「월령(月令)」편에서 석채를 지낼 때에는 선성까지는 제사를 지내지 않는다고 하였는데, 그 이유는 이때의 석채는 사계절마다 악관(樂官)이 태학에 들어가서, 국자(國子)들에게 악무(樂舞)를 익히게 하며 지냈던 석채에 해당하기 때문이다.[196] 그렇기 때문에 선성까지는 제사를 지내지 않는 것이다. 『예기』「왕제(王制)」편에서 '태학에서 석전을 지낸다.'[197]고 하였는데, 정현의 주에서는 이 문장의 '석전'은 일반적인 '석전'을 뜻하는 것이 아니라고 여겨서, 나물을 진설하고 폐백을 차려서 지내는 제사라고 풀이했다. 「왕제」편에서 말한 것이 일반적인 '석전'이 아니라는 사실을 알 수 있는 이유는 「왕제」편에

192) 『예기』「학기(學記)」【446b】: 大學始敎, <u>皮弁祭菜</u>, 示敬道也.

193) 체제(禘祭)는 천신(天神) 및 조상신(祖上神)에게 지내는 '큰 제사[大祭]'를 뜻한다. 『이아』「석천(釋天)」편에는 "禘, 大祭也."라는 기록이 있고, 이에 대한 곽박(郭璞)의 주에서는 "五年一大祭."라고 풀이하여, 대제(大祭)로써의 체제사는 5년마다 1번씩 지낸다고 설명한다. 그러나 『예기』「왕제(王制)」에 수록된 각종 제사들에 대한 기록을 살펴보면, 체제사는 큰 제사임에는 분명하나, 반드시 5년마다 1번씩 지내는 제사는 아니었다.

194) 『예기』「학기(學記)」【447a】: <u>未卜禘, 不視學</u>, 游其志也.

195) 『예기』「문왕세자」【261d】: <u>天子視學</u>, 大昕鼓徵, 所以警衆也. 衆至然後, 天子至, 乃命有司, 行事, 興秩節, <u>祭先師先聖焉</u>. 有司卒事, 反命.

196) 『예기』「월령(月令)」【195c】: 命樂正, 習舞釋菜, 天子乃帥三公九卿諸侯大夫, 親往視之. 仲丁, 又命樂正, 入學習樂.

197) 『예기』「왕제(王制)」【155c】: 出征, 執有罪, 反, <u>釋奠于學</u>, 以訊馘告.

서 말하는 의식은 고(告)하는 제사 의례에 해당하기 때문이다. 천자가 군대를 출병시킬 때에는 그 이전에 태학에서 계책을 받게 되는데, 이러한 사실을 '고'하는 의식에서는 희생물을 사용하지 않으니,[198] 이것은 곧 군대를 출병시켰다가 다시 본국으로 되돌아와서 지내는 '고' 의식에서도 희생물을 사용하지 않는다는 사실을 나타낸다. 그렇기 때문에 「왕제」편에 기록된 '석전'이라는 의식 때에도 또한 선성에게까지는 제사를 지내지 않았다는 사실을 뜻하게 된다. 무릇 석전에는 여섯 가지 종류가 있다. 첫 번째는 처음 태학을 건립하였을 때 지내는 석전이다. 그리고 사계절마다 석전을 지내므로, 네 종류의 석전이 있으니, 앞의 경우와 합치면 총 다섯 가지가 된다. 그리고 「왕제」편에서 군대를 출병했다가 다시 되돌아와서, 태학에서 석전을 지낸다고 했는데, 이것이 여섯 번째 경우에 해당한다. 한편 석채에는 세 종류가 있다. 첫 번째는 봄에 악관을 태학으로 들여보내서, 석채를 지내고 춤을 조화되게 가르치는 경우이다.[199] 두 번째는 이곳 문장에서 말하는 것처럼, 기물에 피칠을 하고, 석채를 지내는 경우이다. 세 번째는 「학기」편에서 피변복을 입고 석채를 지낸다고 했을 때의 '석채'이다. '가을에 국자들의 재능에 따라 분반을 하고, 노래를 조화롭게 부르게 한다.'[200]고 할 때에는 석채에 대한 기록이 없으니, 이때에는 석채를 지내지 않았던 것이다. 그리고 폐백을 차려서 제사를 지내는 경우는 오직 한 가지이니, 곧 여기에서 말하는 것처럼, 기물에 피칠을 하며, 폐백을 진설하는 경우이다."라고 했다. 이상의 내용들은 웅안생의 주장인데, 그 의미가 혹여 합당하기도 한 것 같다.

---

198) 『예기』「왕제(王制)」【155c】: 天子將出征, 類乎上帝, 宜乎社, 造乎禰, 禡於所征之地, 受命於祖, 受成於學.

199) 『주례』「춘관(春官)·대서(大胥)」: 大胥, 掌學士之版以待致諸子. <u>春入學舍采合舞</u>. 秋頒學合聲. 以六樂之會正舞位.

200) 『주례』「춘관(春官)·대서(大胥)」: 大胥, 掌學士之版以待致諸子. 春入學舍采合舞. <u>秋頒學合聲</u>. 以六樂之會正舞位.

그림 3-19 피변복(皮弁服)

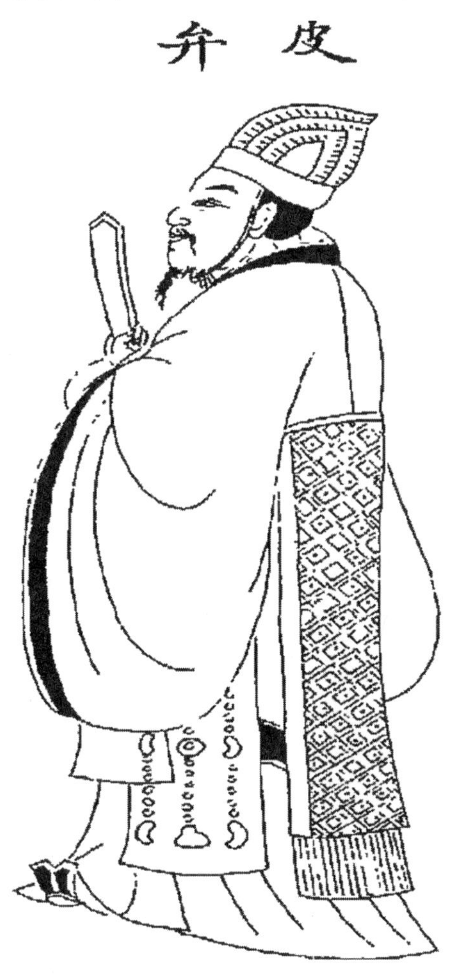

▸ **출처**: 『삼례도집주(三禮圖集注)』 1권

孔疏 ◎注"釋菜禮輕也". ○正義曰: 此旣釋菜禮輕, 不可爲舞, 所以大胥云"春舍菜合舞", 似釋菜爲舞者, 彼謂春欲合舞之時, 先行釋菜之禮, 不謂釋菜之時則合舞也.

번역 ◎鄭注: "釋菜禮輕也". ○이 문장에서는 석채(釋菜)의 의례는 석전(釋奠)의 의례보다 덜 중요하다고 이미 언급하였으므로, 석채를 지낼 때에는 춤을 출 수 없는 것인데, 『주례』「대서(大胥)」편에서는 "봄에 채소를 차려서 제사를 지내고, 춤을 조화롭게 추도록 가르친다."라고 기록했기 때문에, 마치 석채를 지낼 때에도, 춤을 추게 한다는 것처럼 보인다. 그러나 『주례』의 기록은 봄에 춤을 조화롭게 추도록 가르치고자 할 때에는 먼저 석채의 의식을 시행한다고 말한 것이지, 석채를 지내는 때 합무(合舞)를 한다는 뜻이 아니다.

孔疏 ◎注"言乃"至"宗也". ○正義曰: 從釁器以來皆據諸侯之禮, 故云"始立學". 若其諸侯唯立時王之學, 何得云乃退儐于東序? 故云乃退者, 得立三代之學, 得有夏之東序. 謂諸侯有功德者, 得立三代之學, 若魯國之比. 東序與虞庠相對, 東序在東, 虞庠在西. 旣退儐于東序, 明釋菜在於虞庠. 云"魯之學有米廩·東序·瞽宗也"者, 明堂位文也.

번역 ◎鄭注: "言乃"~"宗也". ○기물에 피를 칠한다는 내용부터, 그 이하의 문장들은 모두 제후에 대한 예(禮)를 기준으로 말한 것이다. 그렇기 때문에 "처음 태학(太學)을 세운다."라고 말한 것이다. 만약 태학을 세우게 된 제후가 오직 당대 왕조인 주(周)나라의 태학만을 세운다고 한다면, 어찌하여 "곧 물러나서, 동서(東序)에서 빈객(賓客)들을 접대한다."고 말할 수 있겠는가? 그렇기 때문에 정현이 '내퇴(乃退)'라고 말한 것은 제후들 중에서도 삼대(三代)의 태학을 건립할 수 있는 제후인 경우로, 하(夏)나라 때의 태학인 동서(東序)를 세울 수 있는 경우에 한정된다고 풀이한 것이다. 이 말은 곧 제후들 중에서 공덕(功德)이 있는 자는 삼대의 태학을 건립할 수 있다는 뜻이니, 마치 노(魯)나라와 같은 경우이다. 그런데 동서와 우상(虞

庠)은 서로 상대되는 위치에 건립하므로, 동서는 동쪽에 있고, 우상은 서쪽에 있는 것이다. 이미 경문에서 "물러나서, 동서에서 빈객들을 접대한다."고 하였으니, 이 말은 곧 우상에서 석채(釋菜)를 지낸다는 사실을 나타낸다. 정현이 "노나라에 건립된 태학에 미름(米廩), 동서, 고종(瞽宗)이 있었던 것이 바로 이러한 경우를 뜻한다."라고 하였는데, 이것은 『예기』「명당위(明堂位)」편에 나온 문장[201]에 근거한 주장이다.

孔疏 ●"教世子". ○正義曰: 從上"凡學世子"至此, 皆是教世子之法. 其間雖有王子公卿大夫元士之子, 及國之俊選, 諸侯之事, 及釋奠養老之事, 雖非一也, 以世子爲主, 故云"教世子"以總之.

번역 ●經文: "教世子". ○앞의 경문 중 '범학세자(凡學世子)'라는 문장부터, 여기까지의 문장은 모두 세자(世子)를 교육하는 법도에 대한 내용들이다. 내용 중에는 비록 왕자 및 공(公), 경(卿), 대부(大夫), 원사(元士)들의 자제들과 국학(國學)에 입교한 준사(俊士)와 선사(選士)들에 대한 내용도 있고, 제후에 대한 내용 및 석전(釋奠)에서 노인을 봉양하는 내용도 포함되어 있어서, 이들 내용들이 비록 세자를 교육하는 내용과 완전히 일치하는 것은 아니다. 그렇지만 세자를 위주로 서술한 것이기 때문에, '교세자(教世子)'라는 말로 위의 내용들을 총결론 맺은 것이다.

孔疏 ◎注"亦題上事". ○正義曰: 題謂題目. 前"文王之爲世子", 文在於下, 題目以上之事. 今"教世子"之文又在於下, 亦是題目以上所設諸事, 故云"亦題上事"也.

번역 ◎鄭注: "亦題上事". ○'제(題)'자는 제목을 단다는 뜻이다. 앞에서도 '문왕지위세자(文王之爲世子)'라는 글이 문맥 말미에 있어서, 앞의 내용

---

201) 『예기』「명당위(明堂位)」【404a】: 米廩, 有虞氏之庠也. 序, 夏后氏之序也. 瞽宗, 殷學也. 頖宮, 周學也. 崇鼎貫鼎大璜封父龜, 天子之器也.

들에 대한 제목을 나타내었다. 이곳 문장에서도 '교세자(敎世子)'라는 글이 또한 문맥의 말미에 위치하므로, 이 말 또한 앞에서 서술된 여러 가지 내용들에 대한 제목을 나타내는 것이다. 그렇기 때문에 정현이 "앞의 내용들에 대한 총괄적인 제목이다."라고 말한 것이다.

訓纂 胡邦衡曰: 儐禮其賓於東序, 唯一獻, 無介, 但語可也.

번역 호전[202]이 말하길, 동서(東序)에서 빈객들을 예(禮)에 맞게 접대할 때에는 오직 일헌(一獻)만 하고, 개(介)도 없게 되지만, 어(語)를 하는 것은 괜찮다.

集解 興, 擧也, 與後"興秩節"之興同. 興器用幣, 擧釋奠之器而用幣, 卽前云"釋奠於先聖先師, 及行事必以幣"也. 君旣親行釋奠之禮, 然後學官行釋菜之禮, 學記"大學始敎, 皮弁祭菜", 是也. 舞則授器, 司干"舞者旣陳, 則授舞器." 不舞不授器, 釋菜禮輕也. 以禮禮賓謂之儐, 此釋菜之禮, 蓋以大樂正主之, 而其爲賓者則大司成與? 蓋大司成主國學之敎, 旣釋菜於先師, 而繼之以儐大司成, 亦禮之宜也. 儐賓之禮行一獻, 蓋先師但行釋菜禮, 儐賓之禮宜與之相稱也. 凡飮酒, 有介以輔賓, 又至旅酬而合語. 一獻之禮旣輕, 故無介語亦可也. 蓋此二事, 或有或無, 隨人之所行也. 釋菜在瞽宗, 儐賓在東序, 則諸侯亦不惟一學矣.

번역 '흥(興)'자는 "거행한다[擧]."라는 뜻이니, 뒤의 문장에서 "상례(常禮)에 맞게 차례대로 거행한다."[203]라고 할 때의 '흥'자와 같다. 따라서 '흥기용폐(興器用幣)'라는 말은 석전(釋奠)에 쓰이는 기물들을 사용하며, 폐백

202) 호전(胡銓, A.D.1102~A.D.1180) : =여릉호씨(廬陵胡氏)·호방형(胡邦衡). 남송(南宋) 때의 정치가이자 문학가이다. 자(字)는 방형(邦衡)이고, 호(號)는 담암(澹庵)이다. 충신으로 명성이 높았다.

203) 『예기』「문왕세자」【261d】 : 天子視學, 大昕鼓徵, 所以警衆也. 衆至然後, 天子至, 乃命有司, 行事, 興秩節, 祭先師先聖焉. 有司卒事, 反命.

을 진설한다는 뜻이니, 이 말은 곧 앞에서 "선성(先聖)과 선사(先師)에게 석전을 지내며, 석전의 의례를 시행할 때에는 반드시 폐백을 진설한다."[204] 라고 했던 것과 같은 상황이다. 군주가 직접 석전의 의례를 시행하고 난 다음에야, 학관(學官)들이 석채(釋菜)의 의례를 시행할 수 있는 것이니, 『예기』「학기(學記)」편에서 "태학(太學)에서 처음 가르칠 때에, 피변복(皮弁服)을 입고서 석채의 제사를 지낸다."[205]라고 한 말이 바로 이것을 가리킨다. 춤을 추게 되면, 무용도구들을 지급하게 되니, 『주례』「사간(司干)」편에서는 "무용수가 도열을 끝내면, 무용도구들을 지급한다."[206]라고 하였다. 이 문장에서는 춤도 추지 않고, 무용도구들도 지급하지 않는다고 하였는데, 그 이유는 석채의 의례는 석전의 의례보다 덜 중요하여, 간소하게 치르기 때문이다. 예법(禮法)에 따라서, 빈객들을 예(禮)로 대접하는 것을 '빈(儐)'이라고 부른다. 그런데 여기에서 말하는 석채의 의례는 아마도 대악정(大樂正)이 주관을 했을 것인데, 그렇다면 빈객으로 모시는 자는 대사성(大司成)이란 말인가? 무릇 대사성은 국학(國學)의 교육을 주관하는 사람이고, 이미 선사(先師)들에게 석채를 지냈으니, 그 일에 뒤이어서 대사성을 빈객으로 모셔서 대접하는 것이 또한 예법상 타당한 것이다. 빈객을 접대하는 의례에서 일헌(一獻)만 하는 이유는 아마도 선사들에 대해서도 단지 석채의 간소한 예식만 시행하였으므로, 빈객을 접대하는 의례에서도 마땅히 석채에 견주어서 간소화시켰기 때문일 것이다. 무릇 음주를 할 때에는 '개(介)'를 두어서 빈객들을 보좌하게 하고, 또한 술자리에서는 술잔을 주고받는 여수(旅酬)의 절차까지 진행한 뒤에야, 합어(合語)를 하게 된다. '일헌'만 한다는 의례는 이미 그 예법을 간략하게 한 것이기 때문에, '개'를 두지 않고, '합어'도 하지 않는 것이니, 이처럼 간소하게 해도 또한 괜찮은 것이다. 무릇 이 두 가지 절차들은 어떤 경우에는 시행하고, 또 어떤 경우에는 시행하지 않는데, 그것은 주관자가 어떻게 시행하느냐에 따라 달라진다. 석채는

---

204) 『예기』「문왕세자」【251c】: 凡始立學者, 必釋奠于先聖先師, 及行事, 必以幣.
205) 『예기』「학기(學記)」【446b】: 大學始敎, 皮弁祭菜, 示敬道也.
206) 『주례』「춘관(春官)·사간(司干)」: 司干, 掌舞器. 祭祀, 舞者旣陳, 則授舞器, 旣舞則受之.

고종(瞽宗)에서 지내고, 동서(東序)에서 빈객들을 접대한다고 하였으니, 제후 또한 오직 하나의 태학 건물만 세우는 것이 아니다.

集解 愚謂: 夏不釋奠, 則釋奠惟五. 學記"大學始教, 皮弁祭菜", 卽始立學者興器用幣, 然後釋菜之事, 則釋菜惟二也. 此言"興器用幣", 卽上所言"釋奠於先聖先師, 及行事必以幣", 非二事也. 蓋始立學釋奠, 已見上文, 此又重述之, 以起下釋菜儐賓之事耳. 其曰旣者, 乃遙繼前文之辭也. 鄭氏讀興爲釁, 謂"禮樂之器成, 釁之, 又用幣告先聖先師", 以始立學釋奠與興器用幣爲二事, 故熊氏亦分釋奠·釋幣爲二, 皆誤也. 釁器事小, 何必告及先聖哉?

번역 내가 생각하기에, 웅안생은 석전(釋奠)에는 여섯 가지가 있고, 석채(釋菜)에는 세 가지가 있다고 하였다. 그러나 여름에는 석전을 지내지 않으므로, 석전은 오직 다섯 가지만 있는 것이다. 그리고 『예기』「학기(學記)」편에서 "태학(太學)에서 처음 가르칠 때에, 피변복(皮弁服)을 입고서, 석채의 제사를 지낸다."라고 한 말은 곧 "처음 태학을 세울 경우에, 기물들을 사용하여 폐백을 진설하며, 그런 뒤에 석채의 의식을 시행한다."는 경우에 해당하니, 석채도 오직 두 가지만 있는 것이다. 이 문장에서 '흥기용폐(興器用幣)'라고 말한 것은 곧 위에서 "선성(先聖)과 선사(先師)에게 석전을 지내고, 석전의 의례를 시행할 때에는 반드시 폐백을 진설한다."라고 말한 것에 해당하니, 서로 다른 두 가지 경우가 아니다. 무릇 "처음 태학을 건립하고, 석전을 지낸다."는 것은 이미 앞의 경문에서 설명하고 있는데, 이 문장에서는 또한 그 일을 거듭 서술하여, 그 아래 서술된 '석채에서 빈객을 접대하는 사안'을 연결시켜서 설명한 것일 뿐이다. 이곳 문장에서는 '기(旣)'자를 붙여서 서술하고 있는데, '기'자는 곧 앞의 문장에서 말한 내용을 연이어서 서술할 때 쓰는 글자이다. 정현은 '흥(興)'자를 '흔(釁)'자로 해석하여, "예악(禮樂)의 기물들이 완성되면, 피를 바르고, 또한 폐백을 진설하여, 선성과 선사들에게 기물이 완성되었음을 아뢴다."라고 하였는데, 이처럼 해석한 것은 처음 태학을 건립하여 지내게 되는 석전과 '흥기용폐'라는 것을 서로 다른 두 가지 일로 보았기 때문이다. 그리고 이러한 정현의 해석 때문에, 웅안생도 또한 석전과 석폐(釋幣)를 두 가지 일로 여겼으니, 이 두 주장 모두 잘못된 말이다. 기물에 피를 칠하는 의식은 매우 미미한 것인데, 하필이면 그 일을 어찌 선성에게까지 아뢰겠는가?

集解 自"凡學世子"至此爲一篇, 名敎世子, 明大學敎士之法.

번역 '범학세자(凡學世子)'라는 기록부터 이곳 문장까지는 하나의 편이 되며, 그 편명을 '교세자(敎世子)'라고 붙여서, 그 내용들이 태학(太學)에서 학사(學士)들을 교육하는 방법들임을 밝히고 있다.

• 제 4 절 •

삼왕(三王) 때의 세자(世子)에 대한 교육

【253b】

凡三王教世子, 必以禮樂. 樂, 所以修內也, 禮, 所以修外也. 禮樂交錯於中, 發形於外, 是故其成也懌, 恭敬而溫文.

직역 무릇 三王이 世子를 敎함에는 必히 禮樂으로써 하였다. 樂은 修內하는 所以이고, 禮는 修外하는 所以이다. 禮樂이 中에서 交錯하면, 外에 發形하니, 是故로 그 成함은 懌하며, 恭敬하고 溫文하도다.

의역 무릇 삼왕(三王)의 시기에, 세자(世子)를 교육할 때에는 반드시 예악(禮樂)으로써 가르쳤다. 악(樂)은 내면을 수양하는 방법이고, 예(禮)는 외양을 수양하는 방법이다. 예와 악이 내면에서 서로 교차하며 가르침을 이루게 되면, 밖으로 그 완성된 모습이 나타나게 되니, 이러한 까닭으로 그 가르침을 이룬 자는 기뻐하게 되며, 공경스러운 덕성을 구비하게 되고, 온화하고 아름다운 기상을 갖추게 되는 것이다.

集說 修內者, 消融其邪慝之蘊; 修外者, 陶成其恭肅之儀. 禮之修達於中, 樂之修達於外, 所謂交錯於中也. 有諸中, 必形諸外, 故其成也懌. 此懌[1]字, 與魯論"不亦說乎"之說, 相似, 旣有恭敬之實德, 又有溫潤文雅之氣象, 禮樂之敎大矣.

---

1) 본서(本書)에는 '역(懌)'자를 '예(豫)'자로 기록하고 있는데, 이것은 오자이므로 수정하였다.

번역 '수내(修內)'라는 말은 마음속에 있는 사악하고 간특한 속내를 없앤다는 뜻이며, '수외(修外)'라는 말은 공손하고 정숙한 행동거지를 완성한다는 뜻이다. 예(禮)의 수양을 통해, 마음가짐까지도 변화시키고, 악(樂)의 수양을 통해, 외양까지도 변화시키니, 이것이 이른바 "안에서 서로 교차한다[交錯於中]."는 말이다. 마음속에 형성된 것이 있으면, 반드시 외양으로 드러나게 된다. 그렇기 때문에 그 완성을 이루게 되면, 기뻐하는 것이다. 여기에서의 '역(懌)'이라는 글자는 『노론(魯論)』[2]의 "또한 기쁘지 아니한가?"[3]라고 할 때의 '열(說)'자와 유사한 것이니, 교육을 받은 자가 공경스러운 덕성을 갖추고 있으면서도, 또한 온화하고 윤택하며, 화려하고 아름다운 기상도 갖추게 되는 것이다. 따라서 예악(禮樂)의 가르침은 이처럼 위대한 것이다.

大全 嚴陵方氏曰: 樂由中出, 故以之修內, 禮自外作, 故以之修外. 然禮樂, 蓋人之所固有也. 先王之教人, 豈能責之以其所無? 亦因其所有修之, 俾勿壞而已. 兩相合, 謂之交, 兩相雜, 謂之錯. 溫則不暴, 文則不野.

번역 엄릉방씨가 말하길, '악(樂)'은 내면으로부터 나타나는 것이다. 그렇기 때문에 '악'으로써 내면을 수양하는 것이다. '예(禮)'는 외부로부터 만들어지는 것이다. 그렇기 때문에 '예'로써 외양을 수양하는 것이다. 그러나 예악(禮樂)은 무릇 사람에게 고유하게 존재하는 것이다. 선왕(先王)이 사람들을 가르치면서, 어찌 그가 가지고 있지도 않은 것으로 책망할 수 있겠는

---

2) 노론(魯論)은 『노논어(魯論語)』를 가리킨다. 『노논어』는 본래 『논어』에 대한 판본 중 하나인데, 현행본 『논어』의 근간이 되었으므로, 『논어』를 지칭하는 용어로도 사용된다. 『논어』의 판본으로는 대표적으로 세 가지가 있었다. 세 가지 판본은 『노논어』, 『제논어(齊論語)』, 『고문논어(古文論語)』이다. 육덕명(陸德明)의 『경전석문(經典釋文)』에는 "漢興, 傳者則有三家, 魯論語者, 魯人所傳, 卽今所行篇次是也." 라는 기록이 있다. 즉 한(漢)나라 때 유학이 부흥하게 되었는데, 『논어』를 전수한 학파는 세 종류가 있었다. 그 중에 『노논어』라는 것은 노(魯)나라에서 전수되던 것으로, 오늘날 전해지는 『논어』의 편차는 이 판본을 근간으로 정한 것이다.

3) 『논어』「학이(學而)」: 子曰, 學而時習之, 不亦說乎?

가? 따라서 선왕은 또한 그에게 고유하게 존재하는 예악을 통해서, 그 사람을 수양시키고, 그로 하여금 그것들을 훼손시키지 못하게만 했을 따름이다. 두 가지가 서로 합쳐지는 것을 '교(交)'라고 부르며, 두 가지가 서로 섞이는 것을 '착(錯)'이라고 부른다. 온화하게 되면, 포악하지 않게 되고, 문채가 있어 아름답게 되면, 촌스럽지 않게 된다.

大全 馬氏曰: 禮樂者, 所以治其內外之道也. 治內, 則莫如樂, 治外, 則莫如禮, 故樂所以修內, 禮所以修外, 而教之所始也, 此禮樂之分也. 禮樂之交錯於中, 而發形於外, 則禮不止於修外, 樂不止於修內, 而教之成也, 此禮樂之合也. 是故其成也懌, 恭敬而溫文. 其成也懌, 有以見其內和也. 恭敬而溫文, 有以見其外和也. 溫者以言其有容也, 文者以言其有別也.

번역 마씨가 말하길, '예악(禮樂)'이라는 것은 내면과 외양을 다스리는 도리이다. 내면을 다스릴 때에는 '악(樂)'만한 것이 없고, 외면을 다스릴 때에는 '예(禮)'만한 것이 없다. 그렇기 때문에 '악'은 내면을 수양하는 방법이 되고, '예'는 외면을 수양하는 방법이 되는 것이니, '예'와 '악'은 가르침의 출발점이 되고, 또한 이것이 바로 '예'와 '악'이 나뉘게 되는 점이다. '예악'이 마음속에서 교차하게 되어, 외양으로 발현하면, '예'의 작용은 외양을 수양하는 것에만 그치지 않고, '악'의 작용 또한 내면을 수양하는 것에만 그치지 않으니, '예'와 '악'은 가르침의 완성이 되고, 이것이 또한 '예'와 '악'이 합쳐지게 되는 점이다. 이러한 까닭으로 그 가르침을 완성한 자는 기뻐하게 되며, 공경스러우면서도, 온화하고 아름답게 된다. 가르침을 완성한 자는 기뻐한다고 하니, 이로써 그의 내면이 조화롭다는 사실을 확인할 수 있다. 공경스러우면서도, 온화하고 아름답게 된다고 하니, 이로써 그의 외양이 조화롭다는 사실을 확인할 수 있다. 온화하다는 것은 그가 포용력을 갖추게 되었음을 뜻하고, 아름답다는 것은 그가 격식에 맞도록 행동하는 분별력을 갖추게 되었음을 뜻한다.

大全 西山眞氏曰: 三王之教世子, 必以禮樂者, 禮所以起人之敬心, 敬心生則慢心窒矣. 樂所以感人之和心, 和心生則戾心消矣. 其薰陶德性變化氣質, 莫妙於此者. 然樂雖修內, 由內以達外, 禮雖修外, 由外以入中, 二者醲醲涵暢, 相與無間, 故其成也, 但見其悅懌而已, 恭敬溫文而已. 恭者, 敬之發於外者也, 敬者, 恭之主於中者也, 此皆教以禮樂之功也.

번역 서산진씨[4]가 말하길, 삼왕(三王)이 세자(世子)를 가르칠 때, 반드시 '예악(禮樂)'으로 했던 이유는 '예(禮)'는 사람의 공경하는 마음을 일으키는 방법이고, 공경하는 마음이 생겨나게 되면, 태만한 마음이 생겨나지 못하기 때문이다. 그리고 '악(樂)'은 사람의 화락한 마음을 불러일으키는 방법이며, 화락한 마음이 생겨나게 되면, 흉악한 마음이 없어지기 때문이다. 덕성을 수양하고, 기질을 변화시키는 것들 중에서, '예악'보다 오묘한 것이 없다. 그리고 '악'이 비록 내면을 수양하는 것이라고 하지만, 내면으로부터 외부로 나타나게 되고, '예' 또한 비록 외양을 수양하는 것이라고 하지만, 외부로부터 내면으로 유입되니, '예'와 '악'이 훈훈하게 발양하게 되면, 서로 간의 틈이 없게 된다. 그렇기 때문에 '예악'을 이룬 자들은 표면적으로 단지 기뻐하는 모습만을 나타낼 뿐이지만, 실제적으로는 공경스러운 마음가짐과 아름다운 외양을 갖추고 있는 것이다. '공(恭)'이라는 것은 공경함이 외부로 나타난 것이며, '경(敬)'이라는 것은 공손함이 그 내면에 자리 잡고 있는 것인데, 이것들은 모두 예악을 가르쳐서 나타난 효과들이다.

鄭注 中, 心中也. 懌, 說懌.

번역 '중(中)'자는 마음속이다. '역(懌)'자는 기뻐함이다.

4) 서산진씨(西山眞氏, A.D.1178~A.D.1235) : =건안진씨(建安眞氏)·진덕수(眞德秀). 남송(南宋) 때의 성리학자이다. 자(字)는 경원(景元)이고, 호(號)는 서산(西山)이다. 저서로는 『독서기(讀書記)』, 『사서집론(四書集論)』, 『경연강의(經筵講義)』 등이 있다.

釋文 懌音亦.

번역 '懌'자의 음은 '亦(역)'이다.

孔疏 ●"凡三"至"疑丞". ○正義曰: 此一節是第二[5]節中, 論三王教世子禮樂, 及立師傅教以道德旣成, 教尊·官正·國治之事.

번역 ●經文: "凡三"~"疑丞". ○이 문장은 두 번째 절에 해당하며, 삼왕(三王)이 예악(禮樂)으로 세자(世子)를 가르쳤다는 내용, 스승들을 임명하여, 세자의 도덕(道德)을 완성시키도록 교육을 전담시켰다는 내용, 그리고 교육의 존귀함, 관직자들의 정직함, 나라를 다스리는 등의 사안에 대해서 논의하고 있다.

孔疏 ●"樂所以脩內"者, 樂是喜樂之事, 喜樂從內而生, 和諧性情, 故云"所以脩內也".

번역 ●經文: "樂所以脩內". ○'악(樂)'은 기쁘고 즐거운 일에 해당하며, 기뻐하고 즐거운 마음은 자신의 내면으로부터 발생되어, 성정(性情)을 조화롭게 만든다. 그렇기 때문에 "내면을 수양하는 방법이다."라고 말한 것이다.

孔疏 ●"禮所以脩外也"者, 禮是恭敬之事, 恭敬是正其容體, 容體在表, 故"所以脩外也".

번역 ●經文: "禮所以脩外也". ○'예(禮)'는 공손함과 공경함에 대한 사안이며, 공손함과 공경함은 그의 용모와 행동거지를 바르게 하는 것이며,

---

5) '이(二)'자에 대하여. '이'자는 본래 '삼(三)'자로 기록되어 있었는데, 완원(阮元)의 『교감기(校勘記)』에서는 "노문초(盧文弨)는 '삼'자를 '이'자로 수정하면서, '「문왕세자」 첫 머리에서 분절을 한 내용을 분명하게 기록하고 있으므로, 이곳은 제2절에 해당한다.'라고 했다. 살펴보니 노문초가 교정한 것이 옳다."라고 했다.

용모와 행동거지는 겉으로 드러나는 것이다. 그렇기 때문에 "외양을 수양하는 방법이다."라고 말한 것이다.

孔疏 ●"禮樂交錯於中, 發形於外"者, 樂雖由中, 從中而見外; 禮雖由外, 從外而入中. 是中之與外, 皆有禮樂, 故云"禮樂交錯於中", 謂交間錯雜於其情性之中. "發形於外", 謂宣發形見於身外也, 謂威儀和美也.

번역 ●經文: "禮樂交錯於中, 發形於外". ○'악(樂)'이 비록 마음속에서 비롯되는 것이지만, 내면으로부터 겉으로 드러나는 것이고, '예(禮)'가 비록 외부로 드러나는 것이지만, 외부로부터 마음속으로 유입되는 것이다. 이것이 바로 마음과 몸에 모두 예악(禮樂)이 있다는 뜻이다. 그렇기 때문에 "예악이 마음속에서 교착한다."라고 말한 것이니, 이 말은 곧 성정(性情) 안에서, 예악이 겹쳐지며 서로 섞인다는 뜻이다. 경문의 "發形於外"에 대하여. 이 말은 곧 몸 밖으로 발현되어 나타난다는 뜻이니, 행동거지가 조화롭고 아름답다는 말이다.

孔疏 ●"是故其成也懌"者, 謂內外有樂, 心旣喜悅, 外貌和美, 故"其成也懌". 懌, 說懌也.

번역 ●經文: "是故其成也懌". ○이 말은 곧 내면과 외양에 모두 악(樂)이 있다는 뜻으로, 마음이 이미 기쁘고 즐겁다면, 겉으로 드러나는 모습도 조화롭고 아름다운 것이다. 그렇기 때문에 "예악(禮樂)을 완성한 사람은 즐거워한다."라고 말한 것인데, 이때의 '역(懌)'자는 기뻐한다는 뜻이다.

孔疏 ●"恭敬而溫文"者, 謂內外有禮, 貌恭心敬, 而溫潤文章, 故云"恭敬而溫文"也.

번역 ●經文: "恭敬而溫文". ○이 말은 곧 내면과 외양에 모두 예(禮)가 있다는 뜻으로, 모습이 공손하면서도 마음가짐에 공경함이 있어서, 온유하면서도 윤택하고, 화려함이 나타나게 된다. 그렇기 때문에 "공경하면서도, 온유하고 아름답다."고 말한 것이다.

集解 樂發於歡欣鼓舞之情, 故曰"所以脩內"; 禮見於威儀動作之際, 故曰"所以脩外". 然發於內者, 未嘗不達於外, 制於外者, 乃所以養其內也. 懌者, 和順之意. 和順矣, 而又能恭敬, 則和而不流也; 恭敬矣, 而又能溫文, 則質而不野也. 蓋惟禮樂之功交養互發, 故其德性之進於中和而不倚於一偏者如此.

번역 '악(樂)'은 기뻐하며 저절로 춤을 추게 되는 감정에서 나타난다. 그렇기 때문에 "내면을 수양하는 방법이다."라고 말한 것이다. '예(禮)'는 절차에 따른 행동거지 속에서 나타난다. 그렇기 때문에 "외양을 수양하는 방법이다."라고 말한 것이다. 그러나 내면에서 발현된 것은 일찍이 외부로 나타나지 않은 적이 없었고, 외양을 규제하는 것들은 곧 내면을 함양하는 것이 된다. '역(懌)'자는 화합하며 순응한다는 뜻이다. 화합하고 순응하면서도 또한 공경스럽게 행동할 수 있다면, 화락한 것이 지나친 곳으로 흘러가지 않게 되고, 공경스러우면서도 또한 온후하고 아름다울 수 있다면, 질박하면서도 비루하지 않게 된다. 무릇 이렇게 될 수 있는 것은 오직 '예'와 '악'을 수양한 효과가 서로 배양되어서 상호간에 발현되었을 때일 뿐이다. 그렇기 때문에 덕성(德性)을 중화(中和)한 상태로 진작시키면서도, 한쪽으로 치우치지 않게 되는 경우도 바로 이처럼 하는 것이다.

【253c~d】

立太傅·少傅, 以養之, 欲其知父子·君臣之道也. 太傅, 審父子·君臣之道, 以示之, 少傅, 奉世子, 以觀太傅之德行, 而審喩之. 太傅在前, 少傅在後, 入則有保, 出則有師. 是以教喩而德成也. 師也者, 教之以事, 而喩諸德者也. 保也者, 愼其身, 以輔翼之, 而歸諸道者也. 記曰, "虞夏商周, 有師·保, 有疑·丞, 設四輔及三公, 不必備, 唯其人", 語使能也.

직역 太傅와 少傅를 立하여, 養함은 그가 父子와 君臣의 道를 知하게 함이다. 太傅는 父子와 君臣의 道를 審하여, 示하고, 少傅는 世子를 奉하여, 太傅의 德行을 觀하게 해서, 審喩하게 한다. 太傅는 前에 在하고, 少傅는 後에 在하며, 入하면, 保가 有하고, 出하면 師가 有하다. 이들로써 教하고 喩하여 德을 成하게 함이다. 師也는 教하길 事로써 하여, 德을 喩하는 者이다.[6] 保也는 그 身을 愼하고, 이로써 輔翼하여 道에 歸하게 하는 者이다. 記에 曰, "虞, 夏, 商, 周에 師와 保가 有하고, 疑와 丞이 有하니, 四輔 및 三公을 設하되, 必히 備함은 不이며, 唯히 그 人이다." 使能을 語함이다.

의역 삼대(三代) 때의 제왕(帝王)들은 태부(太傅)와 소부(少傅)[7]를 세워서 세자(世子)를 교육했는데, 그렇게 하는 이유는 세자가 부자(父子)와 군신(君臣) 사이에서 지켜야 하는 도리를 깨우치게끔 하고자 해서이다. 태부는 부자와 군신 간의 도리를 자세히 살펴서, 세자에게 그것을 제시한다. 소부는 세자를 받들어 모시면서, 세자로 하여금 태부가 제시하는 덕행(德行)들을 살펴보게 만들어서, 자세히 깨우치

6) 경문의 '유저덕자(喩諸德者)'에 대하여. '저(諸)'자를 어조사로 해석할 수도 있고, 여럿을 뜻하는 제(諸)자로 해석할 수도 있다. 진호(陳澔)의 주에서는 이 문제에 대한 언급이 없는데, 공영달(孔穎達)은 어조사로 풀이하여, '저'자로 해석했다. 이곳의 번역은 공영달의 소(疏)에 따라서 해석하였다. 뒤의 '유저덕자(喩諸德者)'라는 기록에서도, '저(諸)'자를 공영달의 소에 따라 해석하였다.

7) 소부(少傅)는 주(周)나라 때 설치된 관직이다. 군주를 보필하는 임무를 맡았다. 소사(少師) 및 소보(少保)와 함께 삼고(三孤)가 된다.

도록 만든다. 태부는 길을 걸을 때 세자의 앞에서 걷고, 소부는 세자의 뒤에서 걸으며, 세자가 항상 올바르게 행동할 수 있도록 돕는다. 세자가 집안에 머물 때에는 세자의 교육을 돕는 보(保)가 있게 되고, 집을 벗어나게 되면, 세자의 교육을 돕는 사(師)가 있게 된다. 이렇게 하는 이유는 이러한 자들을 통해서, 세자를 가르치고 깨우쳐서, 세자의 덕(德)을 완성시키기 위해서이다. '사'를 담당하는 자들은 실제적인 일들로 세자를 가르쳐서, 덕(德)을 깨우치도록 만드는 자이다. '보'를 담당하는 자들은 세자 본인의 몸가짐을 신중하게 하도록 만들며,[8] 이러한 방법으로 세자를 보필해서, 도(道)로 귀의시키는 자이다. 옛 기록에서 말하길, "우(虞) · 하(夏) · 상(商) · 주(周)나라 때에는 세자의 교육을 돕는 자로는 '사'와 '보'가 있었고, '의(疑)'와 '승(丞)'이 있었다고 하니, 이러한 사보(四輔)들과 태사(太師) · 태부 · 태보(太保)라는 삼공(三公)의 자리를 마련하되, 반드시 그 자리를 채워야 하는 것은 아니며, 단지 그 자리에 걸맞은 인물들이 있었을 때에만 그 자리에 앉힌다."라고 하였다. 이 말은 곧 세자를 교육하는 직책에는 유능한 사람을 등용해야 한다는 뜻이다.

集說 養者, 長而成之之謂. 審喩, 詳審言之使通曉也. 前後, 以行步言. 出入, 以居處言. 愼其身, 使之謹守其身也. 師保疑丞, 四輔也. 一說, 前疑·後丞·左輔·右弼, 爲四輔. 四輔與三公不必其全備, 惟擇其可稱職者. 惟其人以上, 皆記文. 語, 言也. "語使能也"一句, 是記者釋之之辭.

번역 '양(養)'이라는 말은 장성하게 만들어서, 완성을 시킨다는 뜻이다. '심유(審喩)'는 먼저 본인이 자세히 살펴보고, 상대방에게 그것을 설명해주어서, 그로 하여금 완전히 깨우치게 한다는 뜻이다. '전(前)'과 '후(後)'라는 말은 길가에서 걸어 다닐 때를 기준으로 언급한 것이다. '출(出)'과 '입(入)'이라는 말은 거처하는 곳을 기준으로 말한 것이다. '신기신(愼其身)'은 그로 하여금 몸가짐을 신중하게 하도록 만든다는 뜻이다. '사(師)'·'보(保)'·'의(疑)'·'승

8) 경문의 '신기신(愼其身)'에 대하여. 이 구문은 "세자(世子) 자신을 신중하게 단속한다."는 뜻으로 풀이할 수도 있고, "보(保) 자신이 본인을 신중하게 단속한다."는 의미로 풀이할 수도 있다. 여기에서의 번역은 진호(陳澔)의 해석에 따라 전자로 풀이하였다.

(丞)'이 곧 사보(四輔)이다. 일설에는 '앞에서 보좌하는 의(疑)[前疑]'·'뒤에서 보좌하는 승(丞)[後丞]'·'좌측에서 보좌하는 보(輔)[左輔]'·'우측에서 보좌하는 필(弼)[右弼]'이 '사보'가 된다고 하였다.[9] '사보'와 '삼공(三公)'의 직책은 반드시 채워두어야 하는 자리가 아니며, 오직 그 직책에 걸맞은 자가 있을 때에만 채운다. '유기인(惟其人)' 앞에 있는 말들은 모두 '옛 기록의 문장[記文]'들이다. '어(語)'자는 "뜻한다[言]."는 말이다. '어사능야(語使能也)'라는 한 구절은 『예기』를 기록한 자가 기문(記文)의 말을 해석한 것이다.

集說 朱子曰: 師保疑丞, 疑字曉不得, 想止是有疑卽問他之意.

번역 주자가 말하길, '사(師)'·'보(保)'·'의(疑)'·'승(丞)'에서 '의'라는 관직에 대해서는 잘 모르겠지만, 아마도 세자(世子)가 의문이 생기면, 곧 그에게 질문을 하였기 때문에, 붙여진 명칭 같다.

大全 嚴陵方氏曰: 禮樂者, 教之之道也. 苟非教之之人, 則道不虛行, 故立太傅·少傅, 以養之, 養之, 將以成其才故也. 內則父子, 外則君臣, 人之大倫也. 教養之道, 欲其知此而已. 保則親也, 故入則有保, 師則正也, 故出則有師. 然分而言之, 固如此, 合而言之, 則左右前後出入起居, 師也傅也保也未嘗不在焉.

번역 엄릉방씨가 말하길, '예악(禮樂)'이라는 것은 세자(世子)를 교육하는 도리이다. 그러나 세자의 교육을 맡은 담당관들이 진실로 그것들을 가르칠만한 재목이 아니라면, 도(道)가 공허하게 되어, 시행되지 않게 된다.[10] 그렇기 때문에 태부(太傅)와 소부(少傅)를 임명해서, 세자를 양육하는 것이니, 세자를 양육하여, 장차 세자의 재능을 성취시키고자 하기 때문이다. 가정에는 부자(父子) 관계에서 지켜야 하는 도리가 있고, 사회에는

9) 『상서대전(尙書大傳)』「하서(夏書)」: 古者天子必有四鄰, 前曰疑, 後曰丞, 左曰輔, 右曰弼.

10) 『역』「계사하(繫辭下)」: 苟非其人, 道不虛行.

군신(君臣) 관계에서 지켜야 하는 도리가 있는데, 이것이 바로 사람이 지켜야 하는 인륜(人倫) 중에서도 가장 큰 것이다. 교육하고 양육하는 도리라는 것도 결국에는 바로 이러한 것들을 알게 하고자 하는 것일 따름이다. '보(保)'는 친근한 자이다. 그렇기 때문에 집안에서는 '보'가 교육을 담당하는 것이다. '사(師)'는 바르며 엄격한 자이다. 그렇기 때문에 밖으로 나와서는 '사'가 교육을 담당하는 것이다. 그러나 세분하여 언급한다면, 진실로 이와 같겠지만, 종합하여 말한다면, 좌우전후이건, 출입하거나 머물거나 떠나건, 이런 것들과 상관없이 '사'·'태부'·'소부'·'보'를 담당하는 자들이 항상 세자 곁에 있는 것이다.

大全 長樂陳氏曰: 師則帥以善而使之知, 保則保其善而使之勿失, 傅則輔其善而使之成. 太傅在前, 少傅在後, 則師保在左右矣. 入則有保, 出則有師, 則太傅少傅出入皆預矣. 出入前後, 莫非正人, 則目不閱淫色, 耳不聞優笑, 居不近庸邪, 玩不備珍異, 而所見者正事, 所聞者正言, 所行者正道, 此所以教喩而德成. 又曰: 師教之以事而喩諸德, 師氏教國子以三德三行, 是也. 保愼其身以輔翼之而歸諸道, 保氏養國子以六藝六儀, 是也. 虞夏殷周之有師保, 所謂設三公也. 有疑丞, 所謂設四輔也. 師保謂之三公, 充其數則有傅, 疑丞謂之四輔, 充其數則有輔弼. 夫能, 有聖人之能, 有賢者之能, 有能者之能也. 所謂使能者, 兼聖賢而言之也.

번역 장락진씨가 말하길, '사(師)'는 선(善)으로 세자(世子)를 이끌어서, 그로 하여금 선을 알게끔 하는 자이다. '보(保)'는 세자의 선함을 보호하여, 그로 하여금 선을 잃지 말도록 하는 자이다. '부(傅)'는 세자의 선함을 보필하여, 그로 하여금 선을 완성하게 만드는 자이다. 경문에서는 "태부(太傅)가 앞에 있고, 소부(少傅)가 뒤에 있다."고 하였으니, '사'와 '보'는 좌측과 우측에 있는 것이다. 또한 "집안에 들어가면 '보'가 있고, 나오면 '사'가 있다."고 하였으니, '태부'와 '소부'는 집을 나서거나 들어서거나 상관없이, 모든 상황에 세자와 함께 하는 것이다. 세자가 집에 기거하거나 밖으로 나오거나, 또는 세자가 길을 걸을 때, 앞이나 뒤에 올바른 사람이 항상 있게 된다면, 세자는 눈으로 음락한 여색을 쫓지 않고, 귀로는 천박한 웃음소리를 듣지 않으며, 기거함에는 용렬하고 사벽한 사람들을 가까이 하지 않고, 즐겨하는 것들에 진귀하고 기이한 것들을 갖추지 않게 되니, 보는 것들은 올바른 일들이 되고, 듣는 것들은 올바른 말들이 되며, 행동하는 것들은 올바른 도리가 된다. 이것이 바로 가르치고 깨우쳐서, 덕(德)을 완성한다는 뜻이다. 또 말하길, "'사(師)'가 사(事)로 가르쳐서, 여러 덕을 깨우치게 한다."고 하였는데, 이 말은 곧 "사씨(師氏)가 국자(國子)들을 가르칠 때, 삼덕(三德)과 사행(三行)으로 한다."[11]는 것을 가리킨다. "'보'가 세자의 몸가짐을 신중하게 만들고, 이로써 세자를 보필하여, 여러 도리들로 귀의하도록 한다."고 하였는데, 이 말은 곧 "보씨(保氏)가 국자들을 가르칠 때, 육예(六藝)[12]와 육의(六儀)[13]로 한다."[14]는 것을 가리킨다. "우(虞)·하(夏)·은(殷)·주(周)나라 때에 '사'와 '보'가 있었다."는 말은 이른바 삼공(三公)을 설치하였다는 뜻이다. 그리고 "'의(疑)'와 '승(丞)'이 있었다."는 말은 이른바 사보(四輔)를 설치했다는 뜻이다. '사'와 '보'를 '삼공'이라고 부르니, 그 나머지 자리를 채우게 된다면, '부'가 있는 것이며, '의'와 '승'을 '사보'라고 부르니, 그 나머지 자리를 채우게 된다면, '보(輔)'와 '필(弼)'이 있는 것이다. 무릇 능력 중에는 성인

11) 『주례』「지관(地官)·사씨(師氏)」: 師氏, 掌以媺詔王. 以三德教國子, 一曰至德以爲道本, 二曰敏德以爲行本, 三曰孝德以知逆惡. 教三行, 一曰孝行以親父母, 二曰友行以尊賢良, 三曰順行以事師長. 居虎門之左司王朝. 掌國中失之事以教國子弟.

12) 육예(六藝)는 기본적으로 갖춰야 하는 여섯 가지 과목을 뜻한다. 여섯 가지 과목은 예(禮), 음악[樂], 활쏘기[射], 수레몰기[御], 글쓰기[書], 셈하기[數]이며, 구체적으로 말하자면 오례(五禮), 육악(六樂), 오사(五射), 오어(五馭: =五御), 육서(六書), 구수(九數)이다.

13) 육의(六儀)는 여섯 가지 의례들을 뜻한다. 즉 '제사 때의 행동 방법[祭祀之容]', '빈객을 접대할 때의 행동 방법[賓客之容]', '조정에서의 행동 방법[朝廷之容]', '상을 치를 때의 행동 방법[喪紀之容]', '군대와 관련된 행동 방법[軍旅之容]', '수레를 몰 때의 행동 방법[車馬之容]'을 뜻한다.

14) 『주례』「지관(地官)·보씨(保氏)」: 而養國子以道, 乃教之六藝, 一曰五禮, 二曰六樂, 三曰五射, 四曰五馭, 五曰六書, 六曰九數, 乃教之六儀, 一曰祭祀之容, 二曰賓客之容, 三曰朝廷之容, 四曰喪紀之容, 五曰軍旅之容, 六曰車馬之容.

(聖人)에 해당하는 능력도 있고, 현자(賢者)에 해당하는 능력도 있으며, '유능한 자[能者]'에 해당하는 능력도 있다. 이른바 "유능한 자를 시켰다."는 말은 성인이나 현자에 해당하는 능력까지도 아울러서 말한 것이다.

大全 西山眞氏曰: 立太傅少傅以養之, 養者, 從容啓迪, 以養其本然之善, 使之自然開悟也. 然其道無他, 不過君臣父子之大倫而已. 太傅以審示言, 謂修於身以示之也. 少傅以審喩言, 謂開說其義以曉之也. 太傅少傅所以敎者雖同, 然太傅以身敎, 少傅以言敎, 二者蓋互相發也. 又曰: 師也者, 敎世子以事而喩諸德, 謂敎之以事親之事, 則知孝之德, 敎之以事長之事, 則知弟之德, 天下無事外之德也. 保則安護世子之身, 輔之翼之, 使歸諸道, 耳目口體不以欲而動, 卽所謂道, 天下無身外之道也. 古者所謂師保, 其職蓋如此.

번역 서산진씨가 말하길, "태부(太傅)와 소부(少傅)를 세워서, 세자(世子)를 양육한다."고 하였는데, '양(養)'이라는 말은 조용히 뒤따르며, 바른 길을 열어주고, 이것을 통해 그가 본래부터 가지고 있던 선(善)함을 길러서, 그로 하여금 자연스럽게 각성하여 깨우치게 한다는 뜻이다. 그러나 그 도리라는 것은 특별한 것이 없고, 군신(君臣) 및 부자(父子) 사이에서 지켜야 하는 큰 인륜(人倫)에 불과할 따름이다. 태부에 대해서는 '심시(審示)'라고 언급하였는데, 이 말은 곧 본인이 수양을 하여, 그 도리를 실천으로 보여준다는 뜻이다. 소부에 대해서는 '심유(審喩)'라고 언급하였는데, 이 말은 곧 그 도리의 뜻을 설명해서, 깨우치게 만든다는 뜻이다. 태부와 소부가 교육하는 내용은 비록 동일하지만, 태부는 자신의 실천을 통해서 가르치는 것이고, 소부는 말로 가르치는 것이니, 이 두 교육 방법이 서로 호응이 되어, 세자의 덕성(德性)을 발양하게 만드는 것이다. 또 말하길, 경문의 "'사(師)'라는 자는 실제적인 일들로 세자를 가르쳐서, 여러 덕(德)들을 깨우치게 한다."고 하였는데, '사'가 부모를 섬기는 일을 가르치면, 세자는 효(孝)의 덕(德)을 알게 되고, 어른을 섬기는 일을 가르치면, 제(悌)의 덕을 알게 되니, 이것은 곧 천하의 모든 덕 중에, 구체적인 일 밖에 별도로 있는 덕이 없다는 뜻이 된다. '보(保)'는 세자 본인을 안전하게 보호하면서도, 보필하여서 그로 하여금 여러 도리들로 귀의하게 하는 자이니, 세자는 '보'를 통해서, 귀와 눈, 입과 몸이 욕심으로 인해 움직이는 일이 없게 되니, 이것이 이른바 '도'라는 곳에 나아간 것이고, 또한 이 말은 천하의 모든 도(道) 중에, 내 자신의 범주를 벗어난 도가 없다는 뜻이 된다. 옛적에 이른바 '사'와 '보'라고 불렀던 자들은 그 직무가 아마도 이와 같았을 것이다.

鄭注 養猶敎也. 言養者, 積浸成長之. 謂爲之行其禮. 爲說其義. 謂其在學時. 謂燕居出入時. 以有四人維持之. 愼其身者, 謹安護之. 記所云謂天子也, 取以成說. 語, 言也. 得能則用之, 無則已, 不必備其官也. 小人處其位, 不如且闕.

번역 '양(養)'자는 가르친다는 뜻이다. 가르친다는 말을 '양'자로 기록한 이유는 차츰차츰 성장시키기 때문이다. 태부(太傅)가 세자(世子)를 위해서, 해당하는 예법(禮法)들을 직접 시행한다는 뜻이다. 소부(少傅)는 그 예법의 의미를 설명해준다. "태부와 소부가 앞뒤에 선다."는 말은 세자가 태학(太學)에 머물 때를 뜻한다. '출입(出入)'은 한가로이 거처하며, 출입하는 때를 뜻한다. 이 네 사람을 두어서, 세자를 도우며 지탱시켜주는 것이다. '신기신(愼其身)'은 조심스럽게 세자를 보호해준다는 뜻이다. 기(記)에서 말한 내용은 천자에 대한 경우를 뜻하니, 이 기록을 가져다가 문장을 끝맺은 것이다. '어(語)'자는 "뜻한다[言]."라는 뜻이다. 유능한 자를 얻게 되면, 그를 등용하는 것이고, 그런 사람이 없으면, 그만두게 되니, 반드시 그 관직에 사람을 채워야 하는 것은 아니다. 만약 소인배[小人]가 그 자리에 오르게 되면, 공석으로 놔두는 것만 못하게 된다.

釋文 少傅, 詩召反; 下音賦, 後同. 浸, 子鴆反. 爲, 于僞反, 下"爲說"·"其爲君" 皆同.

번역 '少傅'의 '少'자는 '詩(시)'자와 '召(소)'자의 반절음이며, '傅'자의 음은

'賦(부)'이고, 이후에 나오는 글자들도 그 음이 모두 이와 같다. '浸'자는 '子(자)'자와 '鴆(짐)'자의 반절음이다. '爲'자는 '于(우)'자와 '僞(위)'자의 반절음이며, 아래 문장의 '爲說'과 '其爲君'에서의 '爲'자도 그 음이 모두 이와 같다.

孔疏 ◎注"謂燕居出入時". 正義曰: 上云在前在後, 謂行步動止之節, 此文言入言出, 故以爲燕居出入也.

번역 ◎鄭注: "謂燕居出入時". ○위의 경문에서 "앞에 있다[在前]."라고 하고, 또 "뒤에 있다[在後]."라고 말한 것은 길을 가거나 행동할 때의 규칙에 해당하는 것인데, 이곳 문장에서는 '입(入)'이라고 하고, 또 '출(出)'이라고 언급하였다. 그렇기 때문이 정현은 '출입(出入)'이라는 말을 한가로이 거처하며, 출입하는 때를 뜻한다고 여긴 것이다.

孔疏 ●"是以敎"至"者也". ○以世子外有傅相, 內有師保, 是以世子於師敎曉喩其德業成就. "師也者, 敎之以事而喩諸德者也", 作記者, 更明師保之德, 故云"師也者, 敎之以事而喩諸德者", 謂敎世子以所行之事. 喩, 曉也. 諸, 於也. 而每事之上, 使世子曉喩於德義也.

번역 ●經文: "是以敎"~"者也". ○세자(世子)에게는 외적으로 '태부(太傅)의 보좌[傅相]'가 있고, 내적으로는 '사(師)의 보살핌[師保]'이 있으니, 세자는 이러한 스승들에게 가르침을 받고서, 통달하고 깨우쳐서, 자신의 덕(德)과 학업을 성취했던 것이다. 경문의 "'사'를 담당하는 자들은 실제적인 일들로 세자를 가르쳐서, 덕을 깨우치도록 만드는 자이다."라는 말은『예기』를 기록한 자가 다시금 '사'가 세자의 덕을 보살펴준다는 사실을 밝힌 것이다. 그렇기 때문에 "'사'를 담당하는 자들은 실제적인 일들로 세자를 가르쳐서, 덕을 깨우치도록 만드는 자이다."라고 한 것이며, 이 말은 곧 세자를 교육할 때에, 그가 실행할 수 있는 구체적인 일들로써 가르친다는 뜻이다. '유(喩)'자는 "훤히 알다[曉]."라는 뜻이다. '저(諸)'자는 어조사 '어(於)'자의 뜻이다. 온갖 일들을 통해서, 세자로 하여금 도덕과 신의에 대해서 깨우치도록 만든 것이다.

孔疏 ●"保也者, 愼其身以輔翼之而歸諸道者也", 保是護也. 輔, 相也. 翼, 助也. 謂護愼世子之身, 輔相翼助, 使世子而歸於道. 按老子先道後德, 則道尊德卑. 此師喩諸德, 保歸諸道, 先德後道者, 以道德無定據, 各有大小. 老子謂無爲自然之道, 故在先, 德謂人所法行, 故在後, 皆謂大道大德也. 此謂敎世子之身, 先須於事得理, 若身之有德, 乃可通達流行, 故德先道後, 謂小道小德也. 已具上曲禮疏.

번역 ●經文: "保也者, 愼其身以輔翼之而歸諸道者也". ○'보(保)'자는 "수호한다[護]."는 뜻이다. '보(輔)'자는 "돕는다[相]."는 뜻이다. '익(翼)'자는 "보좌한다[助]."는 뜻이다. 그러므로 이 문장은 세자(世子) 본인에 대해서, 수호하길 신중하게 하면서도, 세자를 돕고 보좌하여, 세자로 하여금 도의에 귀의하도록 한다는 뜻이다. 『노자(老子)』를 살펴보면, 편차에 있어서 「도경(道經)」이라고 하여, 도(道)를 앞에 두고, 이후에 「덕경(德經)」이라고 하여, 덕(德)을 뒤에 두고 있으니, 이것은 곧 '도'를 더 존귀한 대상으로 여긴 것이며, '덕'을 상대적으로 낮은 대상으로 여긴 것이다. 그런데 이곳 문장에서는 사(師)가 '덕'에 대해서 깨우치게 하고, 보(保)가 '도'에 귀의하도록 한다고 하여, 먼저 '덕'에 대해서 언급하고, 이후에 '도'에 대해서 언급하고 있다. 이러한 차이가 생긴 이유는 '도'와 '덕'을 언급할 때에는 고정된 순서가 없고, 각각에 대(大)와 소(小)의 차이가 있기 때문이다. 『노자』에서 말하는 '도'는 무위자연(無爲自然)의 '도'를 뜻한다. 그렇기 때문에 '도'를 앞에 둔 것이다. 그리고 『노자』에서 말하는 '덕'은 사람이 규칙으로 삼아서 행동해야 할 것들을 뜻한다. 그렇기 때문에 '덕'을 뒤에 둔 것이다. 그런데 이 둘 모두는 대도(大道)와 대덕(大德)을 뜻한다. 이곳 문장에서는 세자 본인을 교육하면서, 우선적으로 구체적인 일을 통해서, 이치를 깨닫게 한다고 하였는데, 만약 본인이 '덕'을 가지고 있다면, 곧 그 이치에 대해서도 통달하여, 자연스럽게 행동할 수 있게 된다. 그렇기 때문에 '덕'을 먼저 언급하고, '도'를 이후에 언급한 것이다. 그런데 이 둘은 소도(小道)와 소덕(小德)을 뜻한다. 이 문제에 대해서는 이미 『예기』「곡례(曲禮)」편에서 언급하였다.

孔疏 ●"記曰: 虞夏商周, 有師保, 有疑丞". ◎注"記所云謂天子也, 取以成說". ○正義曰: 此作記之人, 更言"記曰", 則是古有此記, 作記者引之耳. 注"記所云據天子也", 必知據天子者, 以有師保疑丞, 下則云四輔三公, 故知天子也. 後人作記者, 取此古記天子之事, 以成世子之記耳.

번역 ●經文: "記曰: 虞夏商周, 有師保, 有疑丞". ◎鄭注: "記所云謂天子也, 取以成說". ○이곳 문장에서는 『예기』를 기록한 자가 다시금 '기왈(記曰)'이라고 언급하였으니, 고대에는 이러한 '기(記)'의 기록들이 존재했었던 것으로, 『예기』를 작성한 자가 그 '기'들을 인용한 것일 뿐이다. 정현의 주에서 "'기'에서 말한 내용은 천자에 대한 경우를 뜻한다."라고 하였는데, 정현의 말처럼, 이 내용이 天子에 기준을 두고 있음을 알 수 있는 이유는 사(師), 보(保), 의(疑), 승(丞)이 있다고 하였기 때문이다. 그리고 그 뒤의 문장에서도 사보(四輔)와 삼공(三公)에 대해서 언급하였으니, 이것을 통해서 이 내용들이 천자에 해당하는 내용임을 알 수 있다. 후대 학자들 중 『예기』를 기록한 자가 이러한 고대의 '기'들 중 천자에 대한 내용을 인용하여, 세자(世子)에 대한 『예기』의 기록을 완성시켰던 것일 뿐이다.

孔疏 ●"設四"至"能也". ○正義曰: "設四輔及三公, 不必備, 唯其人", 此皆古記之文. "語使能"一句, 是後作記者解前記之人所言, 以四輔三公不必須備, 惟擇好人者. "語使能也", 語, 言也. 言古記如此, 言四輔三公必使能也. 其四輔者, 按尙書大傳云: "古者天子必有四鄰: 前曰疑, 後曰丞, 左曰輔, 右曰弼. 天子有問, 無以對, 責之疑; 可志而不志, 責之丞; 可正而不正, 責之輔; 可揚而不揚, 責之弼. 其爵視卿, 其祿視次國之君也."

번역 ●經文: "設四"~"能也". ○경문의 "사보(四輔)들과 삼공(三公)의 자리를 마련하되, 반드시 그 자리를 채워야 하는 것은 아니며, 단지 그 자리에 걸맞은 인물들이 있었을 때에만, 그 자리에 앉힌다."라는 말은 모두 고대부터 전해져왔던 '기(記)'의 문장이다. '어사능(語使能)'이라는 한 구문은 후대의 『예기』를 작성한 자가 전대의 '기'를 기록한 사람이 말하고자 했던 뜻을 풀이한 것이니, '사보'와 '삼공'의 자리는 반드시 채워둘 필요는 없고, 오직 거기에 걸맞은 자를 선택해야만 한다는 뜻이다. '어사능야(語使能也)'에서의 '어(語)'자는 "뜻한다[言]."는 의미이다. 고대의 '기' 문장 내용이 이와 같다는 뜻이며, 구체적으로 설명하자면, '사보'와 '삼공'은 반드시 유능한 자를 시켜야 한다는 뜻이다. '사보'에 대해서는 『상서대전(尙書大傳)』을 살펴보면, "고대에 천자에게는 반드시 '네 명의 측근[四鄰]'이 있었으니, 앞에 있던 자를 '의(疑)'라고 부르고, 뒤에 있던 자를 '승(丞)'이라고 부르며, 좌측에 있던 자를 '보(輔)'라고 부르고, 우측에 있던 자를 '필(弼)'이라고 부른다. 천자에게 질문이 던져졌는데, 대답을 하지 못한다면, 그 책임을 '의'에게 물었고, 뜻으로 삼을 만한 것인데도, 뜻으로 삼지 않았다면, 그 책임을 '승'에게 물었으며, 올바르게 할 수 있는데도, 올바르지 못했다면, 그 책임을 '보'에게 물었고, 선양할 수 있는데도, 선양을 하지 못했다면, 그 책임을 '필'에게 물었다. 이들의 작위는 경(卿)에 비견되고, 이들의 녹봉은 차국(次國)[15]의 제후에 비견되었다."라고 했다.

集解 養, 謂涵育薰陶以成其德也. 大傅少傅, 蓋亦以他官之有道德者充之. 國語晉悼公使羊舌肸傅大子, 楚莊王使士亹傅大子, 是二人皆以他官充是職, 蓋古制然也. 喩, 曉也. 審父子君臣之道以示之, 以身敎也. 奉世子以觀大傅之德行而審喩之, 以言敎也. 師保, 卽周禮之師氏保氏也. 師氏掌敎國子以三德三行, 所謂"敎以事而喩諸德"也. 保氏掌養國子以道而敎以六藝六容, 所謂"輔翼之而歸諸道"也. 前後出入互言之, 以見師保傅之無時或離, 是以所見皆正事,

15) 차국(次國)은 제후국의 등급 중 하나이다. 제후국을 등급에 따라 구분하면, 대국(大國), 차국(次國), 소국(小國)으로 구분된다.

所聞皆正言, 潛移默導, 少成若性, 教喩而有以明其理, 德成而有以踐其實也.

번역 '양(養)'자는 함양하고 훈도하여, 세자(世子)의 덕(德)을 완성시킨다는 뜻이다. 아마도 태부(太傅)와 소부(少傅)라는 관직 또한 다른 관직의 인물들 중에서, 도덕(道德)을 갖춘 자들로 충당했을 것이다. 『국어(國語)』에는 진(晉)나라 도공(悼公)이 양설힐(羊舌肹)을 태자(太子)의 부(傅)로 삼았다는 기록[16]이 있고, 초(楚)나라 장왕(莊王)이 사미(士亹)를 태자의 '부'로 삼았다는 기록[17]이 있는데, 이 두 사람들은 모두 다른 관직을 맡고 있다가, 임명을 받고 이러한 직책을 수행했던 것이다. 따라서 고대의 제도에서도 아마도 이처럼 했었을 것이다. '유(喩)'자는 "깨우친다[曉]."는 뜻이다. 부자(父子)와 군신(君臣) 사이에서 지켜야 하는 도리를 자세히 살펴서, 세자에서 보여준다는 말은 자신의 행동실천을 통해서 가르친다는 뜻이다. 세자를 받들어서 태부의 덕행(德行)을 관찰하게 하고, 자세히 깨우쳐준다는 것은 말로 가르친다는 뜻이다. 사(師)와 보(保)는 곧 『주례』에 나온 사씨(師氏)와 보씨(保氏)에 해당한다. 사씨는 국자(國子)들에게 삼덕(三德)과 삼행(三行)으로 가르치는 일을 담당한다고 하였으니,[18] 이것이 이른바 "구체적인 일로 가르쳐서, 덕을 깨우치게 한다."는 뜻이다. 보씨(保氏)는 국자들을 도리에 맞게 보살피고, 육예(六藝)와 육용(六容)을 가르치는 일을 담당한다고 하였으니,[19] 이것이 이른바 "보좌하여, 도에 귀의하도록 한다."는 뜻이다. '전후(前後)'와 '출입(出入)'이라는 말은 상호 보완이 되게 말하여, '사'와 '보' 및 '태부'와 '소부'가 잠시도 세자의 곁에서 떨어져 있을 때가 없다는 뜻을 나타낸다. 따라서 이들을 통해 세자가 보는 것들은 모두 바른 일들이

---

16) 『국어(國語)』「진어칠(晉語七)」 : 對曰, "羊舌肹習於春秋", 乃召叔向使傅太子彪.
17) 『국어(國語)』「초어상(楚語上)」 : 莊王使士亹傅太子箴.
18) 『주례』「지관(地官)·사씨(師氏)」 : 師氏, 掌以媺詔王. 以三德教國子, 一曰至德以爲道本, 二曰敏德以爲行本, 三曰孝德以知逆惡. 教三行, 一曰孝行以親父母, 二曰友行以尊賢良, 三曰順行以事師長. 居虎門之左司王朝. 掌國中失之事以教國子弟.
19) 『주례』「지관(地官)·보씨(保氏)」 : 而養國子以道, 乃教之六藝, 一曰五禮, 二曰六樂, 三曰五射, 四曰五馭, 五曰六書, 六曰九數, 乃教之六儀, 一曰祭祀之容, 二曰賓客之容, 三曰朝廷之容, 四曰喪紀之容, 五曰軍旅之容, 六曰車馬之容.

되고, 세자가 듣는 것들은 모두 바른 말들이 되어, 은연중에 변화시키고 조용히 깨우쳐서, 어려서부터 천성을 완성하게 만들고, 가르치고 깨우쳐서, 그 이치를 깨우칠 수 있도록 만들며, 덕을 이루어서, 그것들을 실천할 수 있도록 하는 것이다.

集解 世子入小學則受教於師氏保氏, 入大學則受教於大司成. 然師氏保氏, 則貴游之子弟皆學焉. 大司成則諸侯公卿大夫元士之適子及俊選皆造焉, 皆非專於教世子者也, 故又爲之立大傅少傅, 使之專以教世子爲事. 師保與大司成, 有小學大學之分, 而大傅少傅, 則周旋左右, 無朝夕之離, 無少長之異者也.

번역 세자(世子)가 소학(小學)에 입학하게 되면, 사씨(師氏)와 보씨(保氏)에게서 수업을 받고, 태학(太學)에 입학하게 되면, 대사성(大司成)에게서 수업을 받는다. 그러나 사씨와 보씨의 경우에는 귀유(貴游)의 자제들이라면, 모두들 그들에게서 교육을 받는다. 대사성의 경우에는 제후·공(公)·경(卿)·대부(大夫)·원사(元士)의 적장자들과 지방학교에서 선발된 준사(俊士)나 선사(選士)에 해당하는 모든 자들이 그에게서 수업을 받게 된다. 따라서 이들 모두는 세자에 대한 교육만을 전담했던 관리들이 아니다. 그렇기 때문에 또한 세자만을 위해서, 태부(太傅)와 소부(少傅)라는 관직을 마련하고, 그들로 하여금 세자의 교육을 전담하도록 만든 것이다. 사(師)와 보(保) 및 대사성 사이에는 소학과 태학이라는 구분이 있지만, 태부와 소부의 경우에는 항상 세자의 곁에 있으면서, 잠시도 떨어져 있는 경우가 없고, 세자가 어렸을 때나 또는 장성했을 때나 상관없이, 그들이 수행하는 임무에도 차이가 없다.

【254c】

君子曰德. 德成而教尊, 教尊而官正, 官正而國治, 君之謂也.

직역 君子가 曰, 德이라. 德이 成하면, 教가 尊하고, 教가 尊하면, 官이 正하며, 官이 正하면, 國이 治하니, 君을 謂함이다.

의역 군자(君子)가 말하길, "세자(世子)에 대한 교육에서는 세자의 덕(德)을 기르는 것이 무엇보다도 중요하다."라고 하였다. 세자의 덕이 완성되면, 교육의 법도가 존엄해지고, 교육의 법도가 존엄해지면, 관직자들이 공명정대하게 되며, 관직자들이 공명정대하게 되면, 나라가 제대로 다스려지게 되니, 그런 뒤에야 세자를 군주가 될 만한 자라고 말할 수 있는 것이다.

集說 "君子曰德", 此德是指世子之德. 世子之德有成, 則教道尊嚴而無敢慢易者. 故凡居官守者, 皆以正自處, 官正而國治, 世子爲君之謂也.

번역 '군자왈덕(君子曰德)'이라고 할 때의 '덕(德)'자는 세자(世子)의 덕을 가리킨다. 세자의 덕이 완성되면, 교육의 법도가 존엄해져서, 감히 태만하거나 소홀히 행동하는 자가 없게 된다. 그렇기 때문에 관직에 몸담고 있는 모든 자들이 공명정대함을 자처하게 되니, 관직자들이 공명정대해지면, 나라가 올바르게 다스려지게 되어, 세자를 군주가 될 만한 재목이라고 부를 수 있는 것이다.

大全 嚴陵方氏曰: 言君子有君國子民之德也. 蓋教世子, 必使爲君子, 故以是言之. 德成而教尊者, 爲其能重道故也. 教尊而官正, 官正而國治, 學至於此然後, 能爲君, 故曰君之謂也.

번역 엄릉방씨가 말하길, '군자왈덕(君子曰德)'이라는 말은 군자(君子)

는 모름지기 한 나라의 군주로서, 백성들을 자식처럼 돌볼 수 있는 덕(德)을 갖춰야 한다는 뜻이다. 무릇 세자(世子)를 가르치는 목적은 세자를 반드시 군자가 되게끔 하는데 있다. 그렇기 때문에 '군자왈덕'이라는 말을 인용한 것이다. "세자가 덕을 이루면, 교육의 도리가 존엄해진다."고 하였는데, 이러한 결론이 도출될 수 있는 이유는 세자가 도리를 중시할 수 있게 되었기 때문이다. 교육의 도리가 존엄해지면, 관직자들이 공명정대해지고, 관직자들이 공명정대해지면, 나라가 잘 다스려진다. 따라서 세자의 학문이 이러한 수준까지 도달한 연후에야, 진정한 군주가 될 수 있는 것이다. 그렇기 때문에 "군주라고 부를 수 있다[君之謂也]."라고 말한 것이다.

大全 馬氏曰: 官正以言其近, 國治以言其遠. 夫德之所成者衆矣, 而獨言君者, 蓋有德而無位, 則教未必尊, 官未必正, 國未必治也. 有君德而有君位然後, 可以及此也.

번역 마씨가 말하길, 관직자들이 공명정대해진다는 말은 근시적 효과를 말한 것이며, 국가가 잘 다스려진다는 말은 원대한 효과를 말한 것이다. 무릇 덕(德)을 이룬 자들은 많지만, 이 문장에서 유독 '군주[君]'라고 언급한 이유는 아마도 덕을 갖추고 있지만 지위가 없다면, 교육의 도리가 반드시 존엄해지는 것은 아니며, 관직자들이 반드시 공명정대해지는 것도 아니고, 국가가 반드시 잘 다스려지는 것도 아니기 때문이다. 따라서 군주로서 갖춰야 하는 덕을 가지고 있고, 군주의 지위를 갖춘 연후에야, 이러한 수준까지 도달할 수 있는 것이다.

集解 此申上"教喩"·"德成"之言, 所謂"德成"者, 謂其能成爲君子也. 君子之德旣成, 則教於國者尊嚴, 而人不敢忽, 百官由此正, 萬民由此治, 此世子爲君之謂也. 上言"教成", 以世子之教於人言之也. 此言"教尊", 以世子爲君而教人言之也.

번역 이 문장은 앞 문장에 나온 '교유(敎喩)'와 '덕성(德成)'이라는 말[20]을 되풀이하여 설명한 말이다. 따라서 이른바 '덕성'이라는 말은 충분히 군자(君子)가 될 수 있다는 뜻이다. 군자의 덕(德)이 완성되면, 국학(國學)에서 가르침을 받게 되는 도리들도 존엄해지고, 사람들도 그것들에 대해 감히 소홀히 할 수 없게 된다. 따라서 모든 관료들이 이를 통해 공명정대해지고, 모든 백성들도 이를 통해 다스려지므로, 이것이 바로 "세자(世子)를 군주라고 부를 수 있게 된다."는 뜻이다. 그리고 앞에서 '교성(敎成)'이라고 한 말은 세자가 남에게서 가르침을 받는다는 뜻을 말한 것이다. 이곳 문장에서 '교존(敎尊)'이라고 한 말은 세자가 군주가 되어, 남을 가르친다는 뜻을 말한 것이다.

---

20) 『예기』「문왕세자」【253c～d】: 立太傅·少傅, 以養之, 欲其知父子·君臣之道也. 太傅, 審父子·君臣之道, 以示之, 少傅, 奉世子, 以觀太傅之德行, 而審喩之. 太傅在前, 少傅在後, 入則有保, 出則有師. 是以敎喩而德成也. 師也者, 敎之以事, 而喩諸德者也. 保也者, 愼其身, 以輔翼之, 而歸諸道者也. 記曰, "虞夏商周, 有師·保, 有疑·丞, 設四輔及三公, 不必備, 唯其人", 語使能也.

• 제5절 •

주공(周公)의 섭정과 세자(世子)에 대한 교육 방법 Ⅱ

【254d】

仲尼曰, 昔者, 周公攝政, 踐阼而治, 抗世子法於伯禽, 所以善成王也. 聞之, 曰, 爲人臣者, 殺其身, 有益於君, 則爲之. 況于其身, 以善其君乎. 周公, 優爲之.

직역 仲尼가 曰, 昔者에 周公이 攝政하여 踐阼하여 治하고, 伯禽에게 世子法을 抗하니, 成王을 善하는 所以이다. 聞之하니, 曰, 人臣이 된 자는 그 身을 殺하여, 君에게 有益하다면, 爲한다. 하물며 그 身을 于하여, 그 君을 善함에랴. 周公은 優爲하였다.

의역 공자(孔子)가 말하길, "옛적에 성왕(成王)의 나이가 너무 어려서, 주공(周公)이 섭정을 하게 되었다. 그래서 천자의 직위에 올라서 나라를 다스렸고, 자신의 아들 백금(伯禽)에게 세자(世子)를 가르치는 법도에 따라 가르쳤으니, 이것은 성왕을 잘 보필하는 방법이었다. 내가 듣기로는 '신하된 자는 그 자신을 희생하더라도, 군주에게 보탬이 된다면, 그 일을 시행한다.'라고 하였다. 이처럼 자신을 희생시키더라도, 그러한 일들을 하는데, 하물며 그 자신의 행동을 간접적으로 드러내서, 주군인 성왕을 잘 보필하는 일을 주공이 어찌 행동하지 않았겠는가? 그러므로 주공은 여유로운 태도로 그러한 일들을 시행하였던 것이다."

集說 前言周公相踐阼而治, 此缺相字, 而下文又有周公踐阼之言, 皆記者之失也. 以世子之法敎世子, 直道也. 今擧世子法於伯禽而敎成王, 是迂曲其事也. 人臣殺身爲國, 猶尙爲之. 今周公不過迂曲其身之所行, 以成君之善, 宜乎優爲之也.

번역 이전 문장에서는 "주공(周公)이 재상이 되어, 천자의 직위에 올라서 다스렸다."[1]고 하였는데, 이곳 문장에는 '상(相)'자가 빠져 있고, 아래 문장에서도 "주공이 천자의 직위에 올랐다."[2]고만 언급하고 있다. 이 두 문장에서 '상'자가 빠져 있는 것은 모두 기록한 자의 실수이다. 세자(世子)가 지켜야하는 법도를 가지고 세자를 교육하는 것은 직선적인 방법이다. 그런데 지금 이곳 문장에서 언급하는 것처럼, 세자가 지켜야 하는 법도를 백금(伯禽)에게 적용하여서, 간접적으로 성왕(成王)을 가르친 것은 그 사안을 우회적이며 완곡하게 시행한 것이다. 신하된 자는 자신을 희생시키더라도, 국가에 보탬이 된다면, 오히려 그러한 일들을 일찍이 시행해 왔었다. 지금 이곳 문장에서 언급하는 것처럼, 주공의 행위는 그 자신의 행동을 우회적으로 나타내서, 군주의 선(善)함을 완성시키는 일에 불과할 따름이니, 여유로운 태도로 그것들을 시행하는 것이 마땅한 것이다.

集說 劉氏曰: 書蔡仲之命曰, "惟周公位冢宰, 正百工." 此言攝政踐阼而治, 是以冢宰攝行踐阼之政, 非謂攝居天子之位也. 孔子言周公擧世子法於伯禽者, 非自敎其子, 蓋示法以善成王也. 吾聞古人言爲人臣者, 殺身而有益於君, 猶且爲之, 況止迂其身以善其君乎? 此大人正己而物正之事. 周公大聖人也, 故優爲之.

번역 유씨가 말하길, 『서』「채중지명(蔡仲之命)」편에서는 "다만 주공(周公)은 총재(冢宰)의 지위에 올라서, 백공(百工)들을 바로잡았을 뿐이다."[3]라고 하였다. 이 말은 곧 주공이 천자의 직무를 섭정하여, 천하를 대신

---

1) 『예기』「문왕세자」【248b】: 成王幼, 不能涖阼. 周公相, 踐阼而治, 抗世子法於伯禽, 欲令成王之知父子·君臣·長幼之道也. 成王有過, 則撻伯禽, 所以示成王世子之道也, 文王之爲世子也.

2) 『예기』「문왕세자」【256c】: 周公踐阼.

3) 『서』「주서(周書)·채중지명(蔡仲之命)」: 惟周公位冢宰, 正百工, 群叔流言, 乃致辟

다스렸다는 의미이니, 주공이 총재가 되어, 천자가 시행해야 할 정사를 대신 시행했다는 뜻을 나타내는 것이지, 성왕(成王)을 대신해서 천자의 지위에 올랐다는 뜻이 아니다. 공자(孔子)의 말뜻은 다음과 같다. "주공이 세자(世子)를 교육하는 법도를 백금(伯禽)에게 적용시켰다."는 것은 자신의 아들에게 제멋대로 세자에 대한 교육을 시켰다는 말이 아니며, 무릇 세자가 지켜야 하는 법도를 백금을 통해 보여줌으로써, 성왕이 올바르게 성장할 수 있도록 보필하였다는 뜻이다. 그리고 공자는 옛날 사람들이 했던 말을 들은 적이 있었는데, "신하된 자는 자신을 희생하더라도, 군주에게 이로움이 있다면, 오히려 그러한 행동을 한다."고 하였다. 따라서 신하된 자가 어찌 자신의 행위를 우회적으로 표현하여, 군주를 이롭게 하는 것에 그쳤겠는가? 이것이 바로 대인(大人)은 자신을 바르게 해서, 만물도 바르게 만든다는 뜻이다.[4] 주공은 위대한 성인(聖人)이었기 때문에, 여유롭게 그러한 일들을 시행했던 것이다.

大全 西山眞氏曰: 周公抗世子法於伯禽者, 蓋成王雖幼已爲君矣. 不可以教世子者教之, 惟以教世子者教伯禽, 使成王觀之, 是乃所以善成王也.

번역 서산진씨가 말하길, 주공(周公)이 백금(伯禽)에게 세자(世子)가 지켜야 하는 법도를 적용하여 교육시켰던 이유는 아마도 성왕(成王)이 비록 나이는 어리지만, 이미 군주가 되었기 때문일 것이다. 따라서 세자를 교육시키는 법도로 군주인 성왕을 가르칠 수가 없었으므로, 다만 세자를 교육시키는 법도로 자신의 아들인 백금을 교육하여, 성왕으로 하여금 그것을 관찰하도록 한 것이니, 이것이 바로 성왕을 잘 보필하였던 방법인 것이다.

大全 長樂陳氏曰: 迂身, 非直躬者也. 殺身, 非迂身者也. 迂身以善其君者易, 殺身以有益於君者難. 爲人臣者於其難者, 猶且爲之, 況其易者乎? 此周

管叔于商, 囚蔡叔于郭鄰, 以車七乘, 降霍叔于庶人, 三年不齒.

4) 『맹자』「진심상(盡心上)」: 有大人者, 正己而物正者也.

公所以優爲之也. 蓋周公以臣而攝君之政, 成王以君而學世子之事, 此爲迂也. 然不爾, 不足令成王知君臣長幼之義, 先儒嘗謂周公之道曲而當者此也.

번역 장락진씨가 말하길, '우신(迂身)'은 직접 몸소 시행한다는 뜻이 아니다. '살신(殺身)'은 자신의 행동을 우회적으로 드러낸다는 뜻이 아니다. 자신의 행동을 우회적으로 드러내서, 군주를 잘 보필하는 일은 쉽고, 자신을 희생하며, 군주에게 보탬이 되게 하는 것은 어려운 일이다. 신하된 자는 어려운 일에 대해서도, 오히려 그것들을 시행하는데, 하물며 그보다 쉬운 일에 있어서 어찌 시행하지 않았겠는가? 이것이 바로 주공(周公)이 여유롭게 시행했던 까닭이다. 무릇 주공은 신하된 입장에서 군주의 정사를 섭정하였고, 성왕(成王)은 군주의 입장에서 세자(世子)의 일들을 배웠으니, 이것이 바로 주공이 자신을 우회적으로 드러나게 할 수밖에 없었던 이유이다. 그러나 이렇게라도 하지 않았다면, 성왕으로 하여금 군신(君臣)과 장유(長幼) 사이에서 지켜야 하는 의리에 대해서, 충분히 알도록 할 수 없었을 것이다. 그러므로 선대 유학자들이 일찍이 주공의 도(道)를 가리켜서, 완곡하면서도 합당한 것이라고 칭송했던 것도 바로 이러한 이유 때문이다.

鄭注 聞之者, 聞之於古也. 于讀爲迂, 迂猶廣也, 大也.

번역 '문지(聞之)'라는 말은 옛날에 그러한 이야기를 들었다는 뜻이다. '우(于)'자는 '우(迂)'자로 풀이해야 하니, '우(迂)'자는 '광(廣)'자와 같은 뜻으로, "크다[大]."는 의미이다.

釋文 治, 直吏反, 下"而治"·"國治" 並同. 于, 依注作迂, 音同, 又音紆.

번역 '治'자는 '直(직)'자와 '吏(리)'자의 반절음이며, 아래 문장에 나온 '而治'와 '國治'라고 할 때의 '治'자도 그 음이 동일하다. '于'자는 정현의 주에 따르면, '迂'자가 되어야 하며, 그 음은 '于(우)'자와 동일한데, 또는 그 음이 '紆(우)'가 되기도 한다.

孔疏 ●"仲尼"至"爲之". ○正義曰: 此一節是第二節中, 覆說周公教成王爲世子之事, 及在學行一物而有三善之事, 故云"抗世子法於伯禽, 所以善成王也".

번역 ●經文: "仲尼"~"爲之". ○이 문장은 두 번째 절에 해당하며, 성왕(成王)이 세자(世子)였을 때, 주공(周公)이 교육하였던 일화 및 태학(太學)에서 한 가지 일을 시행하면, 세 가지 선(善)함을 얻게 된다는 일에 대해서 논의하고 있다. 그렇기 때문에 "백금(伯禽)에게 세자가 지켜야 하는 법도를 적용하는 것은 성왕을 이롭게 하는 방법이다."라고 말한 것이다.

孔疏 ●"況于其身以善其君乎? 周公優爲之"者, 仲尼聞古之言, 爲人臣者, 殺其身有益於君, 不辟殺害, 猶尚爲之, 況周公于其身. 于, 廣大也. 今乃廣大其身, 謂其身得廣大以善其君乎 "周公優爲之", 其周公比殺身之人, 則優饒爲之, 言周公自優饒光益也. 所以光益者, 古人益君, 則身處危亡; 周公益君, 身居尊顯. 又古人益君則勤苦, 周公益君則逸樂. 是於身有優饒, 於德又廣大也.

번역 ●經文: "況于其身以善其君乎? 周公優爲之". ○공자(孔子)는 옛사람들이 했던 말을 들었는데, "신하된 자는 그 자신을 희생하더라도, 군주에게 보탬이 되게 한다."고 하였으니, 살해당하는 것을 피하지 않고, 오히려 그러한 일들을 시행했던 것이다. 하물며 주공(周公)은 그 자신을 위대하게 만들었다. '우(于)'자는 넓고 크다는 뜻이다. 따라서 경문의 '황우기신(況于其身)'은 주공이 그 자신을 넓고 크게 만들었다는 뜻이다. 그러므로 이 문장은 곧 "주공이 그 자신을 위대하게 만들면서도, 그의 군주를 이롭게 하는구나!"라는 뜻이다. 경문의 "周公優爲之"에 대하여. 주공을 '자신을 희생하여, 국가에 보탬이 되게 만들었던 다른 신하들[殺身之人]'에 비교한다면, 여유롭게 그 일들을 시행했던 것이니, 이 말은 곧 주공 본인은 여유로우면서도,

국가에 큰 보탬이 되었다는 뜻이다. 이처럼 주공의 방법이 큰 보탬이 된다고 평가할 수 있는 이유는 옛 사람들은 군주에게 보탬이 되었지만, 제 자신은 위기에 몰렸고, 주공은 군주에게 보탬이 되면서도, 제 자신은 존귀하면서도 현달한 지위에 올랐다. 또 옛 사람들은 군주에게 보탬이 되었지만, 고통에 시달렸고, 주공은 군주에게 보탬이 되면서도, 안락하게 지냈다. 이것은 곧 본인에게는 여유로우면서도, 덕(德)에 대해서도 또한 넓고 크게 만든 것이다.

孔疏 ◎注"于讀"至"大也". ○正義曰: 于是語辭, 迂爲迴遠, 故讀于爲迂, 從廣大之義也.

번역 ◎鄭注: "于讀"~"大也". ○'우(于)'자는 어조사이고, '우(迂)'자는 일반적으로 우원하다는 뜻이 된다. 그렇기 때문에 정현이 '우(于)'자를 '우(迂)'자로 풀이하면서, "넓고 크게 만든다[廣大]."는 뜻에 따른 것이다.

訓纂 黃氏曰: 迂者, 迂回委曲之義. 優者, 優勝之義也. 謂周公迂回委曲設教, 如成王有過, 撻伯禽之類.

번역 황씨가 말하길, '우(迂)'자는 우회적이면서도 곡진하다는 뜻이다. '우(優)'자는 여유로우면서도 뛰어나다는 뜻이다. 이 문장은 주공(周公)이 우회적이며 곡진하게 설교를 하였다는 뜻으로, 만일 성왕(成王)에게 잘못이 있으면, 백금(伯禽)에게 회초리를 대었다는 부류를 가리킨다.

【255b】

是故, 知爲人子, 然後可以爲人父, 知爲人臣, 然後可以爲人君, 知事人, 然後能使人. 成王幼, 不能涖阼, 以爲世子, 則無爲也. 是故, 抗世子法於伯禽, 使之與成王居, 欲令成王之知父子·君臣·長幼之義也. 君之於世子也, 親則父也, 尊則君也, 有父之親, 有君之尊, 然後兼天下而有之. 是故, 養世子, 不可不愼也.

직역 是故로 爲人子를 知한 然後에 爲人父를 할 수 있고, 爲人臣을 知한 然後에 爲人君을 할 수 있으며, 事人을 知한 연후에 能히 使人한다. 成王이 幼하여, 涖阼를 不能하고, 이로써 世子를 爲라도, 無爲라. 是故로 伯禽에게 世子法을 抗하고, 之로 하여금 成王과 居해서, 成王으로 하여금 父子·君臣·長幼의 義를 知하게 欲하였다. 君은 世子에 대하여, 親은 父이고, 尊은 君이니, 父의 親이 有하고, 君의 尊이 有한 然後에 天下를 兼하여 有니라. 是故로 世子를 養함은 不愼함이 不可하다.

의역 이러한 까닭으로 사람의 자식된 자가 지켜야 하는 도리를 안 이후에야, 사람의 부모된 자가 지켜야 하는 도리를 시행할 수 있고, 사람의 신하된 자가 지켜야 하는 도리를 안 이후에야, 사람의 군주된 자가 지켜야 하는 도리를 시행할 수 있으며, 남을 섬길 줄 안 이후에야, 사람을 잘 부릴 수가 있는 것이다. 그런데 성왕(成王)은 나이가 너무 어려서, 천자의 지위에 오를 수가 없었고, 성왕을 세자(世子)로 삼아서, 교육을 시키려고 한다고 하더라도, 무왕(武王)이 이미 붕어한 상태이기 때문에, 성왕이 세자로 처신할 수가 없었다. 이러한 까닭으로 주공(周公)은 자신의 아들 백금(伯禽)에게, 세자가 지켜야 하는 법도를 적용하여 가르쳤고, 백금으로 하여금 성왕과 함께 기거하게 해서, 성왕으로 하여금 백금을 관찰하여, 부자(父子)·군신(君臣)·장유(長幼) 사이에서 지켜야 하는 도리들을 알게끔 하였던 것이다. 군주는 세자에 대해서, 친하기로 따지자면 부친이 되고, 존엄하기로 따지자면 군주가 되니, 세자에게 부자·군신 사이에서 지켜야 하는 법도를 잘 가르치려고 한다면, 본인이 부친으로써의 친애함과 군주로써의 존엄함을 갖추어야만 가능하며, 이러한 덕목을 갖춘 연후에야, 천하를 온전하게 소유할 수 있다. 이러한 까닭으로 세자를 양육하는 일은 신중하게 하지 않을 수가 없는 것이다.

集說 武王旣崩, 則成王無父, 雖年幼未知君道, 若以之爲世子, 則無爲子之處矣. 故云"以爲世子, 則無爲也". 君於世子, 以親言則是父, 以尊言則是君. 能盡君父之道以敎其子, 然後可以保有天下之大. 不然, 則他日爲子者不克負荷矣, 可不愼乎?

번역 무왕(武王)이 이미 붕어하였으니, 성왕(成王)에게는 부친이 없게 되었고, 비록 성왕의 나이가 너무 어려서, 군주의 도리를 아직 알지 못한다고 하더라도, 만약 그를 세자(世子)로 여긴다고 한다면, 성왕 본인은 자식으로 처신할 곳이 없게 된다. 그렇기 때문에 경문에서 "성왕을 세자로 삼아서, 교육을 시키려고 한다고 하더라도, 세자로 처신할 수가 없었다[以爲世子, 則無爲也]."라고 말한 것이다. 군주는 세자에 대해서, 친함을 기준으로 말한다면, 그의 부친이 되고, 존엄함을 기준으로 말한다면, 그의 군주가 된다. 군주와 부친으로써 지켜야 하는 도리를 극진히 하여, 세자를 교육시킬 수 있은 연후에야, 천하의 법도를 보존할 수 있게 된다. 그렇지 않다면 머지않아 세자가 그 책임을 이겨낼 수 없게 될 것이니, 신중하지 않을 수 있겠는가?

大全 嚴陵方氏曰: 居君父之位, 操使令之權, 其可以不知臣子事人之道哉? 旣居天子矣, 又不可以世子之法加之, 故抗世子法於伯禽, 使之與成王居, 欲其相觀而善故也. 此又繼言長幼而上不言者, 以事人使人兼之故也.

번역 엄릉방씨가 말하길, 세자(世子)가 장차 군주와 부친의 자리에 오르게 되면, 마음대로 시킬 수 있는 권력을 잡게 된다. 따라서 신하나 자식된 자가 지켜야 하는 도리 및 남을 섬기는 도리에 대해서 알지 못해서야 되겠는가? 그런데 성왕(成王)은 어린 나이임에도 불구하고, 이미 천자의 지위에 올랐으므로, 또한 그에게 세자가 지켜야 하는 법도를 적용시킬 수가 없다. 그렇기 때문에 백금(伯禽)에게 세자가 지켜야 하는 법도를 적용시켜 가르치고, 백금으로 하여금 성왕과 함께 거처하도록 한 이유는 서로를 관찰하게 해서, 올바르게 만들고자 했기 때문이다. 이 문장에서는 부자(父子)·군신(君臣)에 이어서, 장유(長幼)에 대해서 언급하고 있는데, 그 앞 구절에서는 '장유'에 대해서 언급하지 않았다. 그 이유는 "남을 섬긴다[事人]."는 말과 "남을 부린다[使人]."는 말 속에, 이미 '장유'의 관계가 포함되어 있기 때문이다.

大全 臨川吳氏曰: 凡天下之爲人父者於其子, 雖有父之親, 而無君之尊也. 凡天下之爲人君者於其臣, 雖有君之尊, 而無父之親也. 唯君之於世子, 其親則父, 其尊則君, 旣爲之父, 又爲之君, 然後能兼天下尊親二者而有之. 有之, 謂有父之親, 有君之尊也. 彼但有父之親而無君之尊者, 猶不可不知教其子, 況兼親尊二者而有之者, 其於教世子而可以不愼乎? 愼, 謂盡其心, 盡其道, 而不敢忽慢簡略也.

번역 임천오씨가 말하길, 천하의 모든 사람들 중 부모된 자는 그의 자식들에 대해서, 비록 부친으로써의 친애함을 갖춘다고 하더라도, 군주로써의 존엄함은 없다. 천하 모든 사람들 중 군주된 자는 그의 신하에 대해서, 비록 군주로써의 존엄함을 갖춘다고 하더라도, 부친으로써의 친애함은 없다. 따라서 오직 군주만이 세자(世子)에 대해서, 그 친애함으로는 부친이 되고, 그 존엄함으로는 군주가 된다. 부친이 되면서도 또한 군주의 자격을 갖춘 자만이 천하의 존엄함과 친애함의 덕목을 함께 겸비할 수가 있는 것이다. '유지(有之)'라는 말은 부친으로써의 친애함을 갖추고, 군주로써의 존엄함을 갖춘다는 뜻이다. 그가 단지 부친으로써의 친애함만 갖추고, 군주로써의 존엄함이 없는 자라고 할지라도, 오히려 그의 자식을 교육시켜야 한다는 사실을 모를 리가 없는데, 하물며 친애함과 존엄함을 겸비한 자가 그의 세자에 대한 교육에 대해서, 신중하지 않을 수가 있겠는가? '신(愼)'자는 그의 마음을 다하고, 그 도리를 다하여, 감히 소홀히 하거나, 태만하게 하거나,

또는 간략하게 할 수 없다는 뜻이다.

鄭注 以爲世子, 若爲世子時. 亦學此禮於成王側. 處君父之位, 覽海內之士, 而近不能教其子, 則其餘不足觀矣.

번역 "세자(世子)로 여기다[以爲世子]."라는 말은 "세자(世子)가 되었을 때처럼 여기다."와 같은 말이다. 백금(伯禽)에게 가르쳤다는 말은 이러한 예법(禮法)들을 성왕(成王)의 곁에서 익히도록 했다는 뜻이다. 제왕은 군주와 부친의 지위에 올라서, 천하의 모든 선비들을 살펴보아야 하는데, 가까이에 있는 자기 자식도 가르칠 수 없다면, 그 나머지 부분에 대해서는 살펴볼 필요도 없다.

釋文 令, 力呈反.

번역 '令'자는 '力(력)'자와 '呈(정)'자의 반절음이다.

孔疏 ●"是故"至"爲也". ○正義曰: 凡教世子之法, 必須對父. 成王既幼, 未能涖阼爲人君, 應須教以世子之法, 然後能爲人君. 成王既無父, 今若以成王爲世子時, 則無爲世子之處, 故抗世子法於伯禽, 使伯禽與成王居, 令成王學之, 知父子君臣之義也.

번역 ●經文: "是故"~"爲也". ○무릇 세자(世子)를 가르치는 법도는 반드시 부친에 대해 세자가 행동해야 할 규범과 법도들이어야 한다. 성왕(成王)은 나이가 너무 어려서, 천자의 자리에 올라서 군주 노릇을 아직 할 수 없었으니, 마땅히 세자를 가르치는 법도로 먼저 교육을 시켜야 하고, 그런 뒤에야 군주 노릇을 할 수 있게 된다. 그러나 성왕에게는 이미 부친이 없었으니, 지금 만약 성왕을 세자였을 때처럼 대한다면, 세자로 행동할 곳이 없게 된다. 그렇기 때문에 세자를 가르치는 법도를 백금(伯禽)에게 적용하여 가르치고, 백금으로 하여금 성왕과 함께 기거하도록 하여, 성왕이 그것들을 배우도록 해서, 부자(父子)와 군신(君臣) 사이에서 지켜야 하는 도리를 알도록 한 것이다.

孔疏 ◎注"以爲"至"子時". ○正義曰: 武王旣崩, 則成王非復是世子. 今經云"以爲世子", 則是周公全用世子禮敎之, 故云"若爲世子時". 言雖爲君, 未能涖阼, 與世子時無異, 故云"以爲世子, 則無爲也". 以實則不爲世子也.

번역 ◎鄭注: "以爲"~"子時". ○무왕(武王)은 이미 붕어를 한 상태였으므로, 성왕(成王)은 다시 세자(世子)의 입장이 될 수 없었다. 따라서 이곳 경문에서 "그를 세자로 여기다[以爲世子]."라고 말한 것은 주공(周公)이 세자에 대한 예법(禮法)을 전적으로 사용하여, 성왕을 가르쳤다는 뜻이다. 그렇기 때문에 정현이 "그가 세자가 되었을 때처럼 여긴다는 말과 같다[若爲世子時]."라고 풀이한 것이다. 이 말을 다시 풀이하자면, 성왕은 비록 군주의 신분이 되었지만, 아직 천자의 자리에 오를 수가 없었으니, 세자 때와 별반 다를 것이 없었다. 그렇기 때문에 경문에서 "그를 세자였을 때처럼 여기게 된다면, 할 것이 없게 된다."라고 말한 것인데, 이처럼 말한 이유는 실제적으로는 세자로 여기지 않았기 때문이다.

訓纂 朱氏軾曰: 謂周公以成王幼而爲君, 前此未嘗習爲世子之法也.

번역 주식[5]이 말하길, 주공(周公)은 성왕(成王)이 너무 어린 나이에 군주가 되어, 군주가 되기 이전에, 일찍이 세자(世子)로써 지켜야 하는 법도들을 익히지 못했다고 여겼다는 뜻이다.

---

5) 주식(朱軾, A.D.1665~A.D.1735) : 청대(淸代)의 명신(名臣)이다. 자(字)는 약섬(若瞻)·백소(伯蘇)이고, 호(號)는 가정(可亭)이다.

集解 周公之於成王, 迂其身以成其德, 況君之於世子, 兼尊親之分, 可不思所以敎之乎? 世子敎喩德成, 則能爲人子而有父之親, 能爲人臣而有君之尊, 然後兼天下而有之, 而能爲人父爲人君. 不然, 狥姑息之愛, 昧義方之訓, 今日爲臣子而敎不成, 必異日爲君父而敎不尊, 欲官正而國治, 其可得乎?

번역 주공(周公)은 성왕(成王)에 대해서 그 자신의 행위를 완곡하게 드러내어, 성왕의 덕(德)을 완성시켰는데, 하물며 군주는 세자(世子)에 대해서, 존엄하고 친애한 신분을 겸비하고 있으니, 세자를 교육시킬 방도에 대해서 생각하지 않을 수 있겠는가? 세자가 교육을 받고 깨우쳐서, 덕을 완성하게 된다면, 자식된 도리를 시행하여, 훗날 부친으로써 갖춰야 하는 친애함을 가질 수 있게 되고, 신하된 도리를 시행하여, 훗날 군주로써 갖춰야 하는 존엄함을 가질 수 있게 되니, 그렇게 된 연후에야 천하를 소유할 수 있고, 부모된 자와 군주된 자의 도리를 시행할 수 있는 것이다. 그렇지 않다면, 일시적인 편애를 드러내게 되고, 합당하고 정당한 가르침에 어둡게 된다. 따라서 현재 신하된 자와 자식된 자의 신분이 되었음에도, 그 가르침을 완성하지 못한다면, 반드시 훗날에 군주와 신하된 자의 신분이 되어서도, 그 가르침이 존엄하게 될 수 없으니, 관직자들이 올바르게 되고, 국가가 제대로 다스려지길 바라는 것이 가능하기나 하겠는가?

【255d~256a】

行一物, 而三善皆得者, 唯世子而已. 其齒於學之謂也. 故世子齒於學, 國人觀之曰, 將君我, 而與我齒讓, 何也. 曰, 有父在, 則禮然. 然而衆知父子之道矣. 其二曰, 將君我, 而與我齒讓, 何也. 曰, 有君在, 則禮然. 然而衆著於君臣之義也. 其三曰, 將君我, 而與我齒讓, 何也. 曰, 長長也. 然而衆知長幼之節矣. 故父在, 斯爲子, 君在, 斯謂之臣, 居子與臣之節, 所以尊君親親也. 故學之爲父子焉, 學之爲君臣焉, 學之爲長幼焉. 父子 · 君臣 · 長幼之道得而國治. 語曰, 樂正司業, 父師司成, 一有元良, 萬國以貞. 世子之謂也.

직역 一物을 行하여 三善을 모두 得하는 자는 오직 世子 뿐이다. 그 學에서 齒함을 謂한다. 故로 世子가 學에서 齒하면, 國人들이 觀하고 曰, 장차 我를 君함인데, 我와 與하여 齒讓함은 何오. 曰, 君在에 有하여 禮然이라. 그리하여 衆이 父子의 道를 知하니라. 그 두 번째로 曰, 장차 我를 君함인데, 我와 與하여 齒讓함은 何오. 曰, 君在에 有하여 禮然이라. 그리하여 衆이 君臣의 義에 著하니라. 그 세 번째로 曰, 장차 我를 君함인데, 我와 與하여 齒讓함은 何오. 曰, 長을 長함이라. 그리하여 衆이 長幼의 節을 知하니라. 故로 父在에는 斯는 子를 爲하고, 君在에는 斯는 臣이라 謂하니, 子와 臣의 節에 居함은 尊君과 親親의 所以이다. 故로 之에게 父子를 爲함을 學하며, 之에게 君臣을 爲함을 學하고, 之에게 長幼를 爲함을 學한다. 父子 · 君臣 · 長幼의 道가 得하여 國이 治한다. 語에 曰, 樂正이 業을 司하고, 父師가 成을 司한다. 一有가 元良하면, 萬國이 貞한다. 世子를 謂함이다.

의역 '한 가지 선(善)한 일[一物]'을 시행하여, '세 가지 선한 도리[三善]'를 모두 얻게 할 수 있는 자는 오직 세자(世子) 밖에 없다. '한 가지 선한 일'이라는 것은 바로 세자가 태학(太學)에서 국자(國子)들과 지위가 아닌 나이에 따라 겸양(謙讓)을 하는 것을 뜻한다. 그러므로 세자가 태학에서 국자들과 나이에 따라 겸양을 하면, 국자들은 그 모습을 보고, 의혹스러워 하며, "장차 우리들의 군주가 되실

분이 우리들과 함께 나이에 따라 겸양을 하는 것은 무슨 이유인가?"라고 묻게 된다. 그러면 그 까닭을 알고 있는 자가 말해주길, "세자라고 하더라도, 부친이 생존해 계실 때에는 남 앞에 나서지 않고, 항상 자신을 겸손하게 낮추는 것이니, 본래 예(禮)가 그러한 것이다."라고 대답해준다. 그렇게 되면 국자들은 세자의 모습을 보고, 부자(父子) 사이에서 지켜야 하는 도리를 알게 된다. 이것이 바로 첫 번째 선한 도리에 해당한다. 두 번째 선한 도리와 관련해서 말해 본다면, 국자들은 "장차 우리들의 군주가 되실 분이 우리들과 함께 나이에 따라 겸양을 하는 것은 무슨 이유인가?"라고 의혹을 제기한다. 그러면 다시 그 까닭을 알고 있는 자가 말해주길, "세자라고 하더라도, 부친인 군주가 생존해 계시므로, 세자는 아직 신하의 신분이다. 그렇기 때문에 남 앞에 나서지 않고, 항상 자신을 겸손하게 낮추는 것이니, 본래 예가 그러한 것이다."라고 대답해준다. 그렇게 되면 국자들은 세자의 모습을 보고, 군신(君臣) 사이에서 지켜야 하는 도리를 알게 된다. 세 번째 선한 도리와 관련해서 말해 본다면, 국자들은 "장차 우리들의 군주가 되실 분이 우리들과 함께 나이에 따라 겸양을 하는 것은 무슨 이유인가?"라고 의혹을 제기한다. 그러면 다시 그 까닭을 알고 있는 자가 말해주길, "아무리 세자의 신분이라고 하더라도, 웃어른은 웃어른으로 섬겨야 하는 것이다."라고 대답해준다. 그렇게 되면 국자들은 세자의 모습을 보고, 장유(長幼) 사이에서 지켜야 하는 도리를 알게 된다. 그러므로 부친이 생존해 계실 때에는 세자는 자식의 입장이 되고, 군주가 생존해 계실 때에는 세자를 신하라고 부르니, 자식과 신하였을 때 준수해야 하는 도리는 군주를 높이고 부친을 친애하는 것이다. 그렇기 때문에 세자에게 부자 사이에서 지켜야 하는 도리를 가르치고, 군신 사이에서 지켜야 하는 도리를 가르치며, 장유 사이에서 지켜야 하는 도리를 가르치는 것이다. 세자가 부자 · 군신 · 장유 사이에서 지켜야 하는 도리를 얻게 되면, 천하가 잘 다스려지게 된다. 옛말에, "악정(樂正)은 세자의 학업 완성하는 일을 담당하고, 부사(父師)는 세자의 덕성(德性) 완성하는 일을 담당한다. '한 사람[一]'이 크게 어질면, 온 천하가 바르게 된다."라고 했다. 이 문장의 '한 사람'이란 바로 '세자'를 가리킨다.

集說 一物, 一事也, 與國人齒讓之一事也. 三善, 謂衆人知父子·君臣·長幼之道也. 君我, 君臨乎我也. 世子與同學之人讓齒, 其不知禮者見之而疑, 其知禮者從而曉之曰, "父在之時, 常執謙卑, 不敢居人之前, 其禮當如此也." 如此而衆知父子之道矣. 其二其三, 皆此意. 學之, 敎之也. 語, 古語也. 樂正, 主世子詩書之業. 父師, 主於成就其德行. 一有, 書作一人, 謂世子也. 世子有大善, 則萬邦皆正矣.

번역 '일물(一物)'은 '한 가지 일[一事]'을 뜻하니, 곧 세자(世子)가 국자(國子)들과 함께 나이에 따라 서로 겸양(謙讓)을 하는 '한 가지 일'에 해당한다. '삼선(三善)'은 국자 무리들이 부자(父子)·군신(君臣)·장유(長幼) 사이에서 지켜야 하는 도리를 안다는 것을 뜻한다. '군아(君我)'는 "군주로서 우리에게 군림한다."는 뜻이다. 세자가 함께 수학하는 사람들과 나이에 따라 겸양을 하게 되면, 그들 무리 중에 예(禮)를 잘 모르는 자들은 그 모습을 보고 의혹스러워하게 되니, 그들 무리 중에 예를 아는 자가 그들의 의혹을 깨우쳐주길, "세자의 부친이 생존해 계실 적에는 항상 겸손하게 자신을 낮추어 행동하여서, 감히 남의 앞에 나서지 않는 것이므로, 세자가 시행하는 예가 마땅히 이와 같은 것이다."라고 한다. 이처럼 된다면 그 무리들은 부자 사이에서 지켜야 하는 도리를 알게 되는 것이다. 그 두 번 선한 도리와 세 번째 선한 도리라는 것도 모두 이러한 뜻이다. '학지(學之)'는 "세자에게 가르친다[敎之]."는 뜻이다. '어(語)'는 '옛말[古語]'이다. 악정(樂正)은 세자에게 『시(詩)』와 『서(書)』 가르치는 업무를 주관한다. 부사(父師)는 세자의 덕행(德行) 완성하는 일을 주관한다. '일유(一有)'는 『서』에 '일인(一人)'으로 기록되어 있으니,[6] 곧 '세자'를 가리킨다. 세자가 큰 선(善)함을 갖추게 되면, 온 천하가 모두 바르게 된다는 뜻이다.

大全 長樂陳氏曰: 經曰, "雖天子必有尊也", 以天子尙有所尊, 而況於民乎? 故知爲父子則孝, 知爲君臣則忠, 知爲長幼則順, 孝弟忠順立而國治矣.

---

6) 『서』「주서(周書)·태갑하(太甲下)」: 一人元良, 萬邦以貞.

번역 장락진씨가 말하길, 경전(經典)에서는 "비록 천자라고 하더라도, 반드시 그보다 더 존귀한 분이 계시다."[7]라고 했으니, 천자에게도 오히려 존귀하게 받드는 분이 있는데, 하물며 일반 백성에게 있어서는 어떠하겠는가? 따라서 부자(父子) 관계에서 시행하는 도리를 아는 것은 '효(孝)'가 되고, 군신(君臣) 관계에서 시행하는 도리를 아는 것은 '충(忠)'이 되며, 장유(長幼) 관계에서 시행하는 도리를 아는 것은 '순(順)'이 되니, 효제(孝弟: =孝悌)와 충순(忠順)의 도리가 바르게 확립되면, 나라가 제대로 다스려지는 것이다.

大全 嚴陵方氏曰: 齒讓者, 序齒相讓也. 父在, 斯爲子, 君在, 斯謂之臣, 或言爲, 或言謂之者, 唯其以天合, 故直言爲, 惟其以人合, 故止言謂之也. 內則父子, 外則君臣, 長幼則內外之所兼有也. 內外治則國其有不治者乎?

번역 엄릉방씨가 말하길, '치양(齒讓)'은 "나이에 따라 서열을 정해서, 서로 겸양(謙讓)을 한다."는 뜻이다. 경문에서 "부친이 계시면, 그는 자식이 되고, 군주가 계시면, 그를 신하라고 부른다[父在, 斯爲子, 君在, 斯謂之臣]."라고 하여, 어떤 때는 '위(爲)'자로 기록하고, 또 어떤 때는 '위지(謂之)'라고 기록하고 있다. 그 이유는 부자(父子) 관계는 천리(天理)와 합치되기 때문에, 다만 곧바로 "된다[爲]."라고 말한 것이고, 군신(君臣) 관계는 오직 인리(人理)에만 합치되기 때문에, 단지 "그를 ~라고 부른다[謂之]."라고 말한 것이다. 한 개인에게 있어서, 내적으로는 부자 관계가 형성되어 있고, 외적으로는 군신 관계가 형성되어 있는데, 장유(長幼) 관계는 내외에 모두 존재하는 것이다. 내외가 잘 다스려진다면, 나라에 다스려지지 않는 것이 있겠는가?

大全 臨川吳氏曰: 得者, 謂於父子·君臣·長幼之道, 無所失也.

---

7) 『효경』「감응장(感應章)」: 故雖天子必有尊也, 言有父也.

번역 임천오씨가 말하길, '득(得)'이라는 말은 부자(父子)·군신(君臣)·장유(長幼) 사이에서 지켜야 하는 도리에 대해서, 잃어버리는 것이 없게 된다는 뜻이다.

大全 新安王氏曰: 樂正司業, 前章所謂大樂正授數, 是也. 父師司成, 所謂太傅少傅有保有師以成世子之德者也.

번역 신안왕씨가 말하길, "학정(樂正)은 학업을 담당한다[樂正司業]."는 말은 곧 앞장에서 말한 "대악정(大樂正)이 편장의 수를 내려준다."[8]라고 한 말을 가리킨다. 그리고 "부사(父師)는 이룸을 담당한다[父師司成]."는 말은 이른바 태부(太傅)·소부(少傅)·보(保)·사(師)를 두어서, 이들을 통해 세자(世子)의 덕(德)을 이루게 한다는 뜻이다.[9]

大全 石林葉氏曰: 一人元良, 萬國以貞, 蓋乾始於元, 而終於貞, 世子有君道也. 體元之善, 則仁以長人, 立事之幹則貞以及萬國.

번역 석림섭씨가 말하길, "한 사람이 크게 어질면, 온 천하가 바르게 된다."는 말은 무릇 건괘(乾卦)가 원(元)에서 시작하여, 정(貞)에서 끝을 맺는다는 뜻으로,[10] 이 말은 곧 세자(世子)에게 군주의 도(道)가 있다는 의미이다. 원대한 선(善)을 체득하면, 인(仁)함으로 남을 길러주고, 일의 근간을 세우면, 올바르게 되어, 그 효과가 온 천하에 미친다.[11]

---

8) 『예기』「문왕세자」【250c】: 大樂正, 學舞干戚·語說·命乞言, 皆大樂正授數, 大司成論說, 在東序.

9) 『예기』「문왕세자」【253c~d】: 立太傅·少傅, 以養之, 欲其知父子·君臣之道也. 太傅, 審父子·君臣之道, 以示之, 少傅, 奉世子, 以觀太傅之德行, 而審喩之. 太傅在前, 少傅在後, 入則有保, 出則有師. 是以敎喩而德成也. 師也者, 敎之以事, 而喩諸德者也. 保也者, 愼其身, 以輔翼之, 而歸諸道者也. 記曰, "虞夏商周, 有師·保, 有疑·丞, 設四輔及三公, 不必備, 唯其人", 語使能也.

10) 『역』「건괘(乾卦)」: 乾, 元, 亨, 利, 貞.

11) 『역』「건괘(乾卦)·문언(文言)」: 元者, 善之長也, 亨者, 嘉之會也, 利者, 義之和

鄭注 物猶事也. 學, 教. 司, 主也. 一, 一人也. 元, 大也. 良, 善也. 貞, 正也.

번역 '물(物)'자는 '일[事]'자와 같다. '학(學)'자는 "가르친다[教]."는 뜻이다. '사(司)'자는 "주관한다[主]."는 뜻이다. '일(一)'자는 '한 사람[一人]'이라는 뜻이다. '원(元)'자는 "크다[大]."는 뜻이다. '양(良)'자는 "선하다[善]."는 뜻이다. '정(貞)'자는 "바르게 된다[正]."는 뜻이다.

釋文 學音效, 下及注同.

번역 '學'자의 음은 '效(효)'이며, 아래 문장 및 정현의 주에 나오는 글자들도 그 음이 이와 같다.

孔疏 ●"行一"至"踐阼". ○正義曰: "物猶事也", 謂與國人齒讓之. 一事而三善者, 謂衆知父子, 衆知君臣, 衆知長幼, 是其三善, 則下經所云者是也. 俗本皆云"著於君臣之義", 而定本無"著"字, 義亦通. 云"父在則禮然", "君在則禮然", 直云"長長", 不云兄在則禮然者, 於世子無兄, 故不云兄在也. "故世子齒於學, 國人觀之, 曰: 將君我而與我齒讓何也"者, 國人謂不知禮者, 疑而發問.

번역 ●經文: "行一"~"踐阼". ○정현이 "'물(物)'자는 '사(事)'자와 같다."라고 하였으니, '한 가지 일[一事]'이라는 말은 세자(世子)가 국자(國子)들과 함께 나이에 따라 서열을 정해서 겸양(謙讓)을 했다는 뜻이다. "한 가지 일을 시행하여, 세 가지 선(善)함을 얻는다."는 말은 무리들이 부자(父子) 관계에서 지켜야 할 도리를 알고, 무리들이 군신(君臣) 관계에서 지켜야 할 도리를 알며, 무리들이 장유(長幼) 관계에서 지켜야 할 도리를 아는 것이 바로 세 가지 선함이므로, 그 아래에 있는 경문 내용들이 바로 이것을 가리킨다. 세속에서 유통되는 판본에는 모두 '저어군신지의(著於君臣之

也, 貞者, 事之幹也. 君子體仁足以長人, 嘉會足以合禮, 利物足以和義, 貞固足以幹事. 君子行此四德者, 故曰"乾, 元, 亨, 利, 貞."

義)'라고 기록되어 있고, 정본에는 '저(著)'라는 글자가 없지만, 그 의미가 또한 통한다. 경문에서는 부자 및 군신 관계에 대한 언급에서, "부친이 계시다면, 예법이 그러하다[父在則禮然].", "군주가 계시다면, 예법이 그러하다[君在則禮然]."라고 기록하고, 장유 관계에 대해서는 다만 "웃어른을 어른으로 섬긴다[長長]."라고만 말하고, "형이 계시다면, 예법이 그러하다[兄在則禮然]."라고는 기록하지 않고 있다. 그 이유는 세자에게는 형이 없기 때문에, "형이 계시다[兄在]."라는 말을 기록하지 않은 것이다. 경문의 "故世子齒於學, 國人觀之, 曰: 將君我而與我齒讓何也"에 대하여. 이 문장의 '국인(國人)'들이란 예(禮)를 잘 알지 못하는 자들을 뜻하며, 이 문장은 그들이 세자의 모습을 의혹스럽게 생각하여, 질문을 던진 것이다.

孔疏 ●"曰有父在則禮然"者, 是知禮曉其意而答之, 言父在則禮然者, 父在之時, 恒須謙退, 不敢居人之前, 故云父在則禮當如此.

번역 ●經文: "曰有父在則禮然". ○이 문장은 예(禮)를 아는 자가 세자(世子)가 그처럼 행동하는 의미에 대해 깨닫고서, 대답을 해준 내용으로, 경문의 "부친이 계시면, 예법이 그러하다[父在則禮然]."라는 말은 세자는 부친이 생존해 계실 때에는 항상 자신을 겸손하게 낮춰야 하는 것으로, 감히 남의 앞에 나설 수 없다는 뜻이다. 그렇기 때문에 부친이 생존해 있다면, 예법상 당연히 이와 같이 해야 한다고 말한 것이다.

孔疏 ●"然而衆知父子之道矣"者, 國人見世子雖貴, 尙屈降於人, 則知父尊彌甚, 故云"衆知父子之道". 父子天性自然, 故云"道". 君臣以義相合, 故云"義". 長幼有等級上下, 故云"節". 以幼時事父, 成人事君, 故先父子, 後君臣, 長幼輕於君臣, 故在下. 父子長幼, 親屬易明, 故云"知". 君臣以義和合, 於後始顯, 故云"著"也. 此世子齒於學者, 唯在學受業時與國人齒. 若朝會飮食, 則各以位之尊卑. 諸子職云"辨其等, 正其位", 注云"位, 朝位", 是也.

번역 ●經文: "然而衆知父子之道矣". ○세자(世子)가 비록 존귀한 신분임에도, 항상 남에게 자신을 낮추는 모습을 국인(國人)들이 보게 된다면, 부친의 존엄함이 더욱 크다는 사실을 알게 된다. 그렇기 때문에 "무리들이 부자(父子) 관계에서 지켜야 하는 도리를 안다."라고 말한 것이다. 부자 관계에서 지켜야 하는 도리는 천성적인 것이며, 또한 자연적인 것이다. 그렇기 때문에 '도(道)'라고 말한 것이다. 군신(君臣) 사이는 의리에 따라 서로 의기투합하는 관계이다. 그렇기 때문에 '의(義)'라고 말한 것이다. 장유(長幼) 사이에는 등급과 상하의 구별이 있다. 그렇기 때문에 '절(節)'이라고 말한 것이다. 어렸을 때에는 부친을 섬기고, 성인(成人)이 되어서는 군주를 섬기기 때문에, 먼저 '부자'에 대해서 언급하고, 이후에 '군신'에 대해서 언급한 것이다. 장유의 관계는 군신의 관계보다 덜 중요하기 때문에, '군신' 뒤에 기록한 것이다. 부자와 장유의 관계는 피붙이 사이에서 엮어지는 관계이므로, 그 도리를 깨우치기 쉽다. 그렇기 때문에 "안다[知]."라고 말한 것이다. 군신 관계는 의리에 따라 투합하게 되니, 시간이 흐른 뒤에야 비로소 둘 사이에 형성된 의리가 드러나게 된다. 그렇기 때문에 "드러난다[著]."라고 말한 것이다. 이곳 문장에서 "세자가 태학(太學)에서 나이에 따라 서열을 정한다."고 한 말은 다만 태학에서 수업을 받을 때, 국자(國子)들과 나이로 서열을 맺는다는 뜻이다. 만약 조회를 하거나 서로 음식을 먹을 때라고 한다면, 각각의 지위에 따른 신분의 존비(尊卑)로 서열을 정한다. 『주례』「제자(諸子)」편의 직무에서 "그 등위를 변별하고, 그 자리를 바르게 한다."[12]라고 하였고, 정현의 주에서는 "'위(位)'자는 조정에서의 자리이다."라고 말한 것이 바로 이러한 경우를 가리킨다.

孔疏 ●"故父在斯爲子, 君在斯謂之臣". 國人聞世子爲君·父之在, 而居臣·子之禮, 不敢自尊, 於是各知尊其君·父, 故世子所以父在爲子禮, 君在爲臣禮也. 斯, 語辭也. 然父子天性, 故云"爲子"也. 君臣以義相合, 不云爲臣, 而

12) 『주례』「하관(夏官)·제자(諸子)」: 諸子, 掌國子之倅, 掌其戒令與其敎治, <u>辨其等正其位</u>.

云"謂之臣"者, 世子於君, 雖曰君臣, 異於義合, 故云"謂之臣"也.

번역 ●經文: "故父在斯爲子, 君在斯謂之臣". ○세자(世子)는 군주와 부친이 생존해 있을 때, 신하와 자식에게 해당하는 예(禮)를 시행하므로, "감히 스스로를 높이지 않는다."는 말을 국인(國人)들이 듣게 되면, 이 말을 통해서 그들은 각각 그들의 군주와 부친을 존엄하게 높여야 한다는 사실을 깨닫게 된다. 그렇기 때문에 세자는 부친이 생존해 있을 때에는 자식의 예를 시행하는 것이며, 군주가 있을 때에는 신하의 예를 시행하는 것이다. '사(斯)'자는 어조사이다. 그런데 부자(父子) 관계는 자연적으로 형성되는 것이다. 그렇기 때문에 "자식이 된다[爲子]."라고 말한 것이다. 반면 군신(君臣) 사이는 의리로 투합하는 관계인데, "신하가 된다[爲臣]."라고 말하지 않고, "그를 신하라고 부른다[謂之臣]."라고 언급하였다. 그 이유는 세자는 군주에 대해서, 비록 그 둘 간의 관계를 군신 관계라고 부르지만, 의리로 투합하는 일반적인 군신 관계와는 다른 것이다. 그렇기 때문에 "그를 신하라고 부른다[謂之臣]."라고 말한 것이다.

孔疏 ◎注"司主"至"正也". ○正義曰: 司是職司, 故爲主, 謂樂正主大子詩·書之業, 父師主大子成就其德行也. 云"一, 一人也", 一人謂世子也. "元, 大也. 良, 善也. 貞, 正也", 言世子有大善, 則萬國以正. 此經謂世子也, 何直云"一, 一人"者? 恐爲一時之事, 故云一人謂世子也. 釋詁文, 元是首, 故爲大也. 論語云: "溫良恭儉讓." 漢有賢良方正, 故良爲善. 易文言云"貞固足以幹事", 故貞爲正也.

번역 ◎鄭注: "司主"~"正也". ○'사(司)'자는 "직무상 담당한다[職司]."라고 할 때의 '사(司)'자가 된다. 그렇기 때문에 "주관한다[主]."는 뜻이 되니, 이 문장은 곧 악정(樂正)이 태자(太子)에 대한 『시(詩)』와 『서(書)』의 수업을 주관하고, 부사(父師)는 태자가 자신의 덕행(德行)을 완성하도록 하는 일을 주관한다는 뜻이다. 정현이 "'일(一)'자는 '한 사람[一人]'이라는 뜻이다."라고 하였는데, '일인(一人)'은 '세자(世子)'를 뜻한다. 정현이 "'원

(元)'자는 '크다[大].'는 뜻이다. '양(良)'자는 '선하다[善].'는 뜻이다. '정(貞)'자는 '바르게 된다[正].'는 뜻이다."라고 하였는데, 이 말은 곧 세자에게 큰 선(善)이 있으면, 천하가 바르게 된다는 뜻이다. 이곳 경문의 내용은 세자에 대한 내용인데, 어찌하여 정현은 단지 "'일(一)'자는 '한 사람'이라는 뜻이다."라고만 말하였는가? 아마도 '세자'라는 말은 군왕이 되면, 쓸 수 없으므로, '세자'라고 기록하면, 한시적인 경우에만 해당하기 때문일 것이다. 그러므로 '일인(一人)'은 결국 '세자'를 가리킨다고 말한 것이다. 『이아』「석고(釋詁)」편의 문장에서는 '원(元)'자는 '수(首)'자의 뜻이라고 하였기 때문에,[13] '대(大)'자의 뜻이 되는 것이다. 『논어』에서는 '온순함[溫], 선량함[良], 공손함[恭], 검소함[儉], 겸양함[讓]'에 대해서 언급하였고,[14] 한(漢)나라 때에는 현명함[賢]·선량함[良]·방정함[方]·정직함[正]을 갖춘 인물들을 등용한 사례가 있다. 그렇기 때문에 '양(良)'자는 '선(善)'자의 뜻이 되는 것이다. 『역』「문언전(文言傳)」편에서는 "올바름을 굳건하게 하면, 일의 근간을 세울 수 있다."[15]라고 하였다. 그렇기 때문에 '정(貞)'자가 '정(正)'자의 뜻이 되는 것이다.

集解 物, 事也. 齒於學, 謂入學, 而與同學之人, 以年齒爲序也. 父子·君臣·長幼, 人之大倫也. 學之所以教世子者, 其事非一, 然其本則在於教此三者而已. 三者之道得, 則本其有諸己者教諸人, 而國無不治矣. 語, 古語也. 司, 主也. 父師, 卽大司成也. 樂正掌國學之政, 故世子之學業, 樂正之所主; 大司成總國學之教, 故世子學業之成, 大司成之所主也. 一, 謂一人, 元, 大, 良, 善也. 貞, 正也. 世子一人有大善之德, 則萬國以之而正也. 上文言"出則有師", "入則有保", 世子入小學之事也. 此引古語, 言"樂正司業, 父師司成", 世子入大

---

13) 『이아』「석고(釋詁)」: 元·良, 首也.
14) 『논어』「학이(學而)」: 子貢曰, "夫子溫良恭儉讓以得之. 夫子之求之也, 其諸異乎人之求之與?"
15) 『역』「건괘(乾卦)·문언(文言)」: 元者, 善之長也, 亨者, 嘉之會也, 利者, 義之和也, 貞者, 事之幹也. 君子體仁足以長人, 嘉會足以合禮, 利物足以和義, 貞固足以幹事. 君子行此四德者, 故曰"乾, 元, 亨, 利, 貞."

學之事也.

번역 '물(物)'자는 '일[事]'자와 같다. '치어학(齒於學)'이라는 말은 태학(太學)에 입학하여, 동학하는 무리들과 나이에 따라 서열을 정한다는 뜻이다. 부자(父子)·군신(君臣)·장유(長幼) 관계에서 지켜야 하는 도리는 인륜 중에서도 가장 큰 것이다. 태학에서 세자(世子)에게 교육시키는 것들은 한 가지가 아니지만, 그것들의 근본은 이 세 가지 관계에 대해서 가르치는데 달려 있을 따름이다. 이 세 가지 관계에 대한 도리를 체득하게 되면, 자신에게 체득된 것에 근본해서, 남들을 가르치게 되어, 결국에는 나라에 다스려지지 않는 것들이 없게 된다. '어(語)'자는 옛말이다. '사(司)'자는 "주관한다[主]."는 뜻이다. '부사(父師)'는 곧 '대사성(大司成)'을 뜻한다. 악정(樂正)은 태학의 정무를 담당하기 때문에, 세자의 학업은 악정이 주관하는 것이고, 대사성은 태학의 교육을 총감독하기 때문에, 세자의 학업이 완성되는 것을 대사성이 주관하는 것이다. '일(一)'자는 '한 사람[一人]'을 뜻하고, '원(元)'자는 "크다[大]."는 뜻이며, '양(良)'자는 "선하다[善]."는 뜻이고, '정(貞)'자는 "바르다[正]."는 뜻이다. 따라서 이 문장은 세자라는 한 사람이 커다란 선(善)의 덕(德)을 갖추게 되면, 온 천하가 그로 인해서 바르게 된다는 뜻이다. 앞 문장에서 "밖으로 나오면 사(師)가 있다.", "집으로 들어가면 보(保)가 있다."라고 한 말[16]은 세자가 소학(小學)에 입학했을 때 해당하는 사안이다. 이곳 문장에서 옛말[古語]을 인용하여, "악정은 학업을 담당하고, 부사는 완성함을 담당한다."라고 한 말은 세자가 태학에 입학했을 때 해당하는 사안이다.

---

16) 『예기』「문왕세자」【253c~d】: 立太傅·少傅, 以養之, 欲其知父子·君臣之道也. 太傅, 審父子·君臣之道, 以示之, 少傅, 奉世子, 以觀太傅之德行, 而審喩之. 太傅在前, 少傅在後, <u>入則有保, 出則有師</u>. 是以教喩而德成也. 師也者, 教之以事, 而喩諸德者也. 保也者, 愼其身, 以輔翼之, 而歸諸道者也. 記曰, "虞夏商周, 有師·保, 有疑·丞, 設四輔及三公, 不必備, 唯其人", 語使能也.

【256c】

周公踐阼

직역 周公이 踐阼함이다.

의역 여기까지의 내용은 주공(周公)이 섭정을 하며, 세자(世子)를 교육했던 내용들이다.

集說 石梁王氏曰: 此當爲衍文.

번역 석양왕씨가 말하길, 이 문장은 마땅히 연문(衍文)이 된다.

集說 劉氏曰: 此四字, 說者以下文更端, 故著此以結上文周公相踐阼之事. 然因其缺一相字, 遂啓明堂位周公踐天子位之說, 其後馴致新莽居攝簒漢之禍, 實此語基之.

번역 유씨가 말하길, '주공천조(周公踐阼)'라는 네 글자에 대해서, 어떤 자들은 아래 문장이 새로운 내용으로 시작되기 때문에, 이 네 글자를 기록하여, 앞의 경문 기록 중 주공(周公)이 재상이 되어, 천자의 직위에서 섭정했던 일을 결론 맺은 것이라고 여겼다. 그런데 이 네 글자에는 '재상[相]'이라는 한 글자가 빠져있어서, 마침내 『예기』「명당위(明堂位)」편에서는 "주공이 천자의 지위에 올랐다."는 주장까지 하게 되었으니,[17] 후대에 신(新)나라의 왕망(王莽)[18]이 섭위(攝位)가 되어, 한(漢)나라의 제위를 찬탈하게

17) 『예기』「명당위(明堂位)」【398d】: 武王崩, 成王幼弱, 周公踐天子之位以治天下.
18) 왕망(王莽, B.C.45~A.D.23): 한(漢)나라 때의 인물이다. 자(字)는 거군(巨君)이다. 한나라 평제(平帝)를 독살하고, 제왕의 지위를 찬탈하였다. 신(新)나라로 국호를 명명하였다.

된 화근은 실제로 이 네 글자가 그 기틀을 마련해준 셈이다.

鄭注 亦題上事.

번역 '주공천조(周公踐阼)'라는 말 또한 이전의 용례와 같이 위의 내용들에 대한 제목이다.

孔疏 ●"周公踐阼". 從上"三王教世子"至此, 皆周公踐阼之事, 故注云"亦題上事"也.

번역 ●經文: "周公踐阼". ○앞의 경문 중 '삼왕교세자(三王教世子)'라는 기록부터, 이곳까지의 기록들은 모두 주공(周公)이 섭정을 했을 때의 일화를 기록하고 있다. 그렇기 때문에 정현의 주에서도 "또한 위의 내용들에 대한 제목이다."라고 말한 것이다.

集解 自"凡三王教世子"至此爲一篇, 名周公踐阼, 明三王教世子之法.

번역 경문 중 '범삼왕교세자(凡三王教世子)'라는 기록부터, 이곳까지의 기록은 하나의 편이 되며, 그 편명은 '주공천조(周公踐阼)'로, 삼왕(三王)이 세자(世子)를 교육했던 법도에 대해서 밝히고 있다.

集解 愚謂: 此篇名周公踐阼, 必篇首有此語, 而記者刪去之也.

번역 내가 생각하기에, 이편의 이름을 '주공천조(周公踐阼)'라고 하였으니, 반드시 편의 앞부분에 이것과 관련된 말들이 있었을 것이나, 기록한 자가 죽간들을 산정하며 빼버렸던 것 같다.

• 제 6 절 •

각종 의례 절차와 세자(世子)에 대한 교육

【256c】

庶子之正於公族者, 敎之以孝弟 · 睦友 · 子愛, 明父子之義 · 長幼之序.

직역 庶子는 公族을 正하는 者이니, 敎之하길 孝弟 · 睦友 · 子愛로써 하여, 父子의 義와 長幼의 序를 明한다.

의역 서자(庶子)[1]라는 관직자들은 공족(公族)[2]의 자제들에게 정령을 시행하는 자이니,[3] 그들에게 효제(孝悌)와 목우(睦友)와 자애(子愛)의 덕목을 가르쳐서, 공족의 자제들이 부자(父子) 관계에서 지켜야 하는 도리와 장유(長幼) 관계에서 지켜야 하는 질서를 깨닫게 한다.

集說 庶子, 司馬之屬官. 正於公族, 爲政於公族也. 周禮, 庶子掌國子之倅,

---

1) 서자(庶子)는 주(周)나라 때 설치되었던 관직으로, 사마(司馬)에게 소속된 관리이다. 제후 및 경(卿)·대부(大夫)의 자제들에 대한 교육 등을 담당하였다. 『주례』의 체제에 따르면 제자(諸子)에 해당한다. 『예기』「연의(燕義)」편에는 "古者, 周天子之官有庶子官."이라는 기록이 있는데, 이에 대한 정현의 주에서는 "庶子, 猶諸子也. 周禮諸子之官, 司馬之屬也."라고 풀이하였다.

2) 공족(公族)은 제후 및 군왕과 성(姓)이 같은 친족들을 뜻한다. '공족'에서의 '공'자는 본래 제후를 뜻하는 글자이다. 『시』「위풍(魏風)·서리(黍離)」편에는 "殊異乎公族."이라는 기록이 있고, 이에 대한 정현의 전(箋)에서는 "公族, 主君同姓昭穆也."라고 풀이했다.

3) 경문의 '정어공족(正於公族)'은 "공족(公族)들의 자제들을 바르게 교도한다."라고 해석할 수도 있다.

倅, 副貳也. 國子, 是公卿大夫士之子, 則貳其父者也.

번역 서자(庶子)는 사마(司馬)[4]에게 소속된 관리이다. '정어공족(正於公族)'이라는 말은 공족(公族)에게 정령을 시행한다는 뜻이다. 『주례』에서는 서자(庶子: =諸子)가 국자(國子)라는 '졸(倅)'들을 담당한다고 하였는데,[5] 이때의 '졸'자는 보좌한다는 뜻이다. 국자들은 공(公)·경(卿)·대부(大夫)의 자제들이므로, '국자지졸(國子之倅)'이라는 말은 결국 '그들의 부친을 보좌하는 장남'이라는 뜻이다.

大全 長樂陳氏曰: 言教世子而繼之以庶子正公族, 行法自貴者始故也. 教之事乎上則以孝第, 教之交乎旁則以睦友, 教之恤乎下則以子愛.

번역 장락진씨가 말하길, 세자(世子)를 교육한다는 내용을 언급하고, 뒤이어서 서자(庶子)가 공족(公族)을 바르게 한다고 언급한 이유는 법도를 시행하는 일은 존귀한 신분으로부터 시작되기 때문이다. 윗사람을 섬기는 도리에 대해 가르칠 때에는 효제(孝悌)로써 가르치고, 곁에 있는 사람들과 교우를 맺는 것에 대해 가르칠 때에는 목우(睦友)로써 가르치며, 아랫사람들을 구휼하는 것에 대해 가르칠 때에는 자애(子愛)로써 가르친다.

大全 臨川吳氏曰: 善事親之孝, 卽父子之義也. 善事兄之弟, 卽長幼之序也. 睦友子愛, 皆孝弟之推. 睦者, 和於族, 友者, 和於弟, 子者, 慈於子, 愛者,

---

4) 사마(司馬)라는 관직은 전설상으로는 소호(少昊) 시대부터 설치되었다고 전해진다. 주(周)나라 때에는 육경(六卿) 중 하나였으며, 하관(夏官)의 수장이며, 대사마(大司馬)라고도 불렀다. 군대와 관련된 일을 담당했다. 한(漢)나라 무제(武帝) 때에는 태위(太尉)라는 관직명을 고쳐서 대사마(大司馬)라고 불렀고, 후한(後漢) 때에는 다시 태위(太尉)로 고쳐 불렀다. 남북조시대(南北朝時代)에는 대장군(大將軍)과 함께 이대(二大)로 칭해지기도 했으나, 청(淸)나라 때 폐지되었다. 후세에서는 병부상서(兵部尚書)의 별칭으로 사용하기도 했고, 시랑(侍郎)을 소사마(少司馬)로 칭하기도 하였다.

5) 『주례』「하관(夏官)·제자(諸子)」: 諸子, 掌國子之倅.

慈於幼.

번역 임천오씨가 말하길, 부모를 잘 섬기는 효(孝)는 곧 부자(父子) 관계에서 지켜야 하는 도리이다. 형을 잘 섬기는 제(悌)는 곧 장유(長幼) 관계에서 지켜야 하는 질서이다. 또한 목우(睦友)와 자애(子愛)는 모두 효제(孝悌)를 확충한 것이다. '목(睦)'이라는 것은 친족들에게 화목하게 대하는 것이고, '우(友)'라는 것은 손아래 사람들에게 화목하게 대하는 것이며, '자(子)'라는 것은 자식에게 자애롭게 대하는 것이고, '애(愛)'라는 것은 나이가 어린 자들에게 자애롭게 대하는 것이다.

鄭注 正者, 政也. 庶子, 司馬之屬, 掌國子之倅, 爲政於公族者.

번역 '정(正)'이라는 말은 "정령을 시행한다[政]."는 뜻이다. 서자(庶子)는 사마(司馬)에게 소속된 관리로, 국자(國子)라는 졸(倅)들에 대한 일을 담당하여, 공족(公族)들에게 정령을 시행하는 자이다.

釋文 弟, 大計反. 倅音七對反, 副也.

번역 '弟'자는 '大(대)'자와 '計(계)'자의 반절음이다. '倅'자의 음은 '七(칠)'자와 '對(대)'자의 반절음이며, 버금간다는 뜻이다.

孔疏 ●"庶子"至"以官". ○正義曰: 此一節是第三[6]節中之上節也, 論庶子之官, 治理公族朝祭燕食吉凶刑罰之事, 各隨文解之.

번역 ●經文: "庶子"~"以官". ○이 구절은 세 번째 절 중에서도 앞부분에 해당하며, 서자(庶子)라는 관리가 공족(公族)들의 조회·제사·연회 등 길

6) '삼(三)'자에 대하여. '삼'자는 본래 '사(四)'자로 기록되어 있었는데, 완원(阮元)의 『교감기(校勘記)』에서는 "포당(浦鏜)은 '사'자를 '삼'자로 교정하였고, 노문초(盧文弨) 또한 '사'자는 마땅히 '삼'자가 되어야 한다고 했다."라고 했다.

흉(吉凶)과 형벌(刑罰)의 일들을 다스리는 것에 대해 논의하고 있으니, 각각 문맥에 따라서 해석하겠다.

孔疏 ◎注"正者"至"族者". ○正義曰: 以經之正字, 乃是正定之正. 今按在下皆論公之接待族人及犯罪公之赦宥刑殺, 皆君之所爲, 非庶子所正, 故知庶子唯主其政令而已, 故讀爲政也. "庶子, 司馬之屬, 掌國子之倅"者, 按周禮, "諸子下大夫二人", 屬夏官司馬, 諸侯謂之庶子, 職掌與諸子同, 故周禮序官, 鄭注云"或曰庶子". "掌國子之倅"者, 倅, 副也. 鄭注諸子云, "國子, 是公卿大夫士之副貳也", 言副貳於父也.

번역 ◎鄭注: "正者"~"族者". ○경문의 '정(正)'자는 "바르게 확정한다[正定]."라고 할 때의 '정(正)'자이다. 아래 문장들을 살펴보면, 모든 내용들이 제후가 족인(族人)들을 접대하는 일과 죄를 범한 족인들에 대해서, 제후가 사면을 하거나, 형벌 및 사형을 내리는 일에 대해서 논의하고 있으니, 이들 모두는 군주가 시행하는 것들이지, 서자(庶子)가 바르게 만드는 것들이 아니다. 따라서 서자는 단지 그 정령들의 집행을 주관할 뿐이라는 사실을 알 수 있다. 그렇기 때문에 정현이 '정(正)'자를 '정(政)'자로 풀이해야 한다고 주장한 것이다. 정현이 "서자는 사마(司馬)에게 소속된 관리로, 국자(國子)라는 졸(倅)들에 대한 일을 담당한다."라고 하였는데, 『주례』를 살펴보면, "제자(諸子)는 하대부(下大夫) 2명이 담당을 한다."[7]라고 하였고, 하관(夏官)의 수장인 사마(司馬)에게 소속되어 있는데, 제후의 경우에 '제자'를 '서자'라고 부르는 것이며, 그들이 담당하는 직무는 천자에게 속한 '제자'와 동일하다. 그렇기 때문에 『주례』의 「서관(序官)」에 대한 정현의 주에서 "'제자'를 혹은 '서자'라고도 부른다."라고 했던 것이다. 그리고 정현이 "국자라는 졸들에 대한 일을 담당한다."라고 하였는데, '졸(倅)'자는 버금간다는 뜻이다. 정현은 『주례』「제자(諸子)」편에 대한 주에서 "국자는 공

7) 『주례』「하관사마(夏官司馬)」: 諸子, 下大夫二人, 中士四人, 府二人, 史二人, 胥二人, 徒二十人.

(公)·경(卿)·대부(大夫)·사(士)의 자제들이다."라고 했으니, 이 말은 국자들이 그들의 부친에 버금가는 장남들이라는 뜻이다.

訓纂 王氏引之曰: 謹案慈, 愛也. 字通作子. 謂敎之以孝弟·睦友·慈愛也.

번역 왕인지[8]가 말하길, 조심스럽게 살펴보건대, '자(慈)'자는 자애롭다는 뜻이다. 이 글자는 '자(子)'자와 통용된다. 그러므로 이 문장의 뜻은 "그들을 효제(孝弟)·목우(睦友)·자애(慈愛)로 가르친다."는 의미이다.

集解 愚謂: 周禮有諸子, 而禮記燕義引諸子職作庶子, 則庶子卽諸子, 非侯國之異名也. 子當作慈, 與樂記子諒之子同. 敎之以孝·慈·愛, 以明父子之義; 敎之以弟·睦·友, 以明長幼之序. 此節爲一篇之綱, 下文所列, 皆其目也.

번역 내가 생각하기에, 『주례』에는 '제자(諸子)'라는 관직이 있고, 『예기』「연의(燕義)」편에서도 『주례』「제자(諸子)」편의 직무에 대한 기록을 인용하면서, '서자(庶子)'라고 기록하고 있으니,[9] '서자'는 바로 '제자'에 해당하는 것이다. 따라서 공영달의 주장처럼, 천자에게 속한 관리를 '제자'라고 부르고, 제후에게 속한 관리를 '서자'라고 부른다는 뜻에서, '서자'를 '제자'에 해당하는 제후국 관직의 이명(異名)으로 쓴 말이 아니다. '자(子)'자는 마땅히 '자(慈)'자로 기록해야 하니, 『예기』「악기(樂記)」편에서 '자애롭고 진실됨[子諒]'[10]이라고 할 때의 '자(子)'자와 같은 것이다. 효(孝)·자(慈)·애(愛)로써 가르쳐서, 부자(父子) 관계에서 지켜야 하는 도리에 대해서 알게

8) 왕인지(王引之, A.D.1766~A.D.1834) : 청대(淸代)의 훈고학자이다. 자(字)는 백신(伯申)이고, 호(號)는 만경(曼卿)이며, 시호(諡號)는 문간(文簡)이다. 왕념손(王念孫)의 아들이다. 대진(戴震), 단옥재(段玉裁), 부친과 함께 대단이왕(戴段二王)이라고 일컬어졌다. 『경전석사(經傳釋詞)』, 『경의술문(經義述聞)』 등의 저술이 있다.

9) 『예기』「연의(燕義)」【711c】 : 古者周天子之官有庶子官. 庶子官職諸侯卿大夫士之庶子之卒, 掌其戒令與其敎治, 別其等, 正其位.

10) 『예기』「악기(樂記)」【485c】 : 致樂以治心, 則易直子諒之心油然生矣.

하고, 제(弟)·목(睦)·우(友)로써 가르쳐서, 장유(長幼) 관계에서 지켜야 하는 질서에 대해서 알게 하는 것이다. 이 한 구절은 이 곳 편의 강령이 되는 내용으로, 아래 문장에서 열거하는 내용들은 모두 이 강령의 절목들이다.

【256d】

其朝于公內朝則東面北上, 臣有貴者, 以齒.[11)]

직역 그 公의 內朝에서 朝함에는 東面하되 北上하고, 臣에 貴者가 有하더라도 齒로써 한다.

의역 공족(公族)들이 제후에게 조회를 할 때, 조회하는 장소가 내조(內朝)[12)]인 경우에는 서쪽에 서서 동쪽을 바라보되, 서열이 높은 자부터 북쪽에 서게 되고, 참가한 인원들 중에 신분이 높은 자가 있다고 하더라도, 신분에 상관없이 나이에 따라 서열을 정한다.

集說 內朝, 路寢之庭也. 言公族之人, 若朝見於公之內朝, 則立於西方而面向東, 尊者在北, 以次而南. 然旣均爲同姓之臣, 則一以昭穆之長幼爲序, 兄弟雖賤必居上, 子弟雖貴必處下也.

번역 '내조(內朝)'는 노침(路寢)[13)]의 마당이다. 공족(公族)의 사람들이

11) 주석가들에 따라서, 『예기』「문왕세자」【257d】에 있는 "庶子治之, 雖有三命, 不踰父兄."이라는 문장을 이곳 문장의 뒤에 붙여서 해석하기도 한다.

12) 내조(內朝)는 천자 및 제후가 정사를 처리하고 휴식을 취하던 장소이다. 외조(外朝)에 상대되는 말이다. '내조'에는 두 종류가 있었는데, 그 중 하나는 노문(路門) 밖에 위치하던 곳으로, 천자 및 제후가 정사를 처리하던 장소이며, 치조(治朝)라고도 불렀다. 다른 하나는 노문 안에 위치하던 곳으로, 천자 및 제후가 정사를 처리한 이후, 휴식을 취하던 장소이며, 연조(燕朝)라고도 불렀다.

만약 제후의 내조에서 제후를 조회하며 알현할 경우에는 서쪽에 서고 얼굴은 동쪽을 바라보게 되며, 가장 존귀한 자는 그 북쪽에 위치하고, 차례대로 그의 남쪽으로 정렬한다. 그러나 일반적인 경우와 다르게, 참가한 자들이 모두 동성(同姓)인 신하가 된다면, 예외 없이 소목(昭穆) 항렬의 연장자 순서로 서열을 정한다. 따라서 형제 항렬의 사람들이 비록 신분이 낮더라도, 반드시 상등의 위치에 서고, 자제 항렬의 사람들이 비록 신분이 높더라도, 반드시 하등의 위치에 서게 된다.

13) 노침(路寢)은 천자나 제후가 정무를 처리하던 정전(正殿)이다. 『시』「노송(魯頌)·민궁(閟宮)」편에는 "松桷有舃, 路寢孔碩."이라는 기록이 있는데, 이에 대한 모전(毛傳)에서는 "路寢, 正寢也."라고 풀이했고, 『문선(文選)』에 수록된 장형(張衡)의 '서경부(西京賦)'에는 "正殿路寢, 用朝群辟."이라는 기록이 있는데, 이에 대한 설종(薛綜)의 주에서는"周曰路寢, 漢曰正殿."이라고 하여, 주(周)나라에서는 '정전'을 '노침'으로 불렀다고 풀이했다.

그림 6-1 천자오문삼조도(天子五門三朝圖)

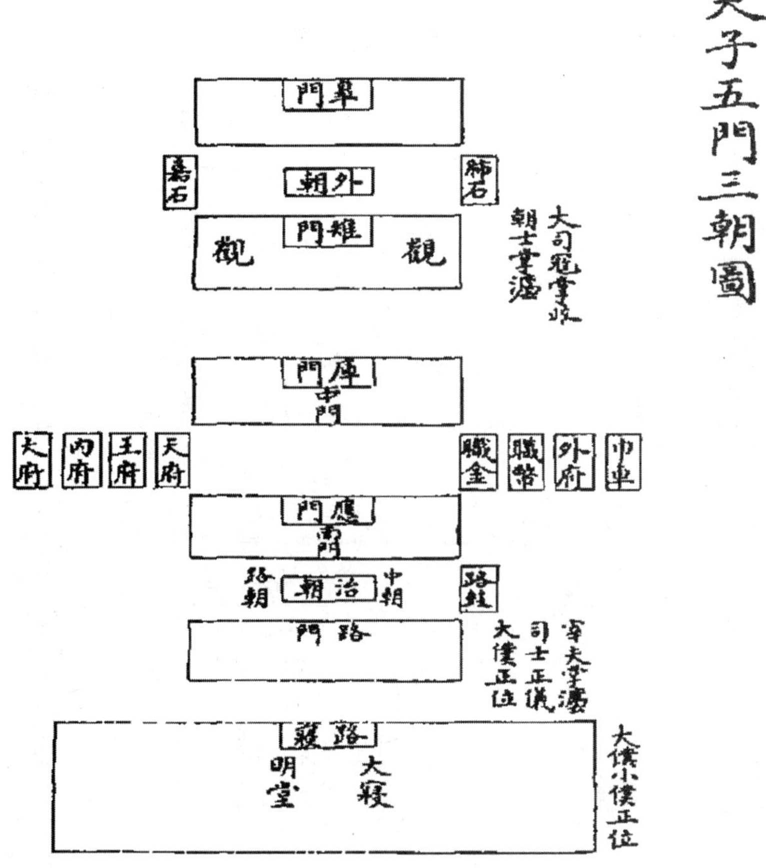

◎ 노침(路寢)의 앞마당=연조(燕朝)

▸**출처**: 『주례도설(周禮圖說)』 상권

그림 6-2 천자의 침(寢) 제도

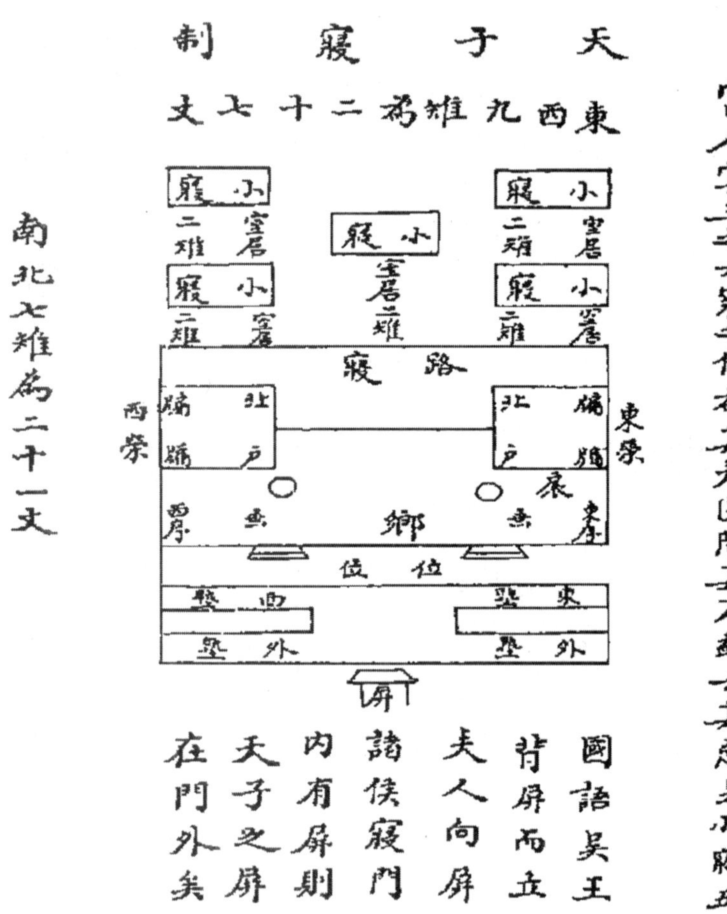

▸ 출처: 『삼례도(三禮圖)』 1권

그림 6-3 연조도(燕朝圖)

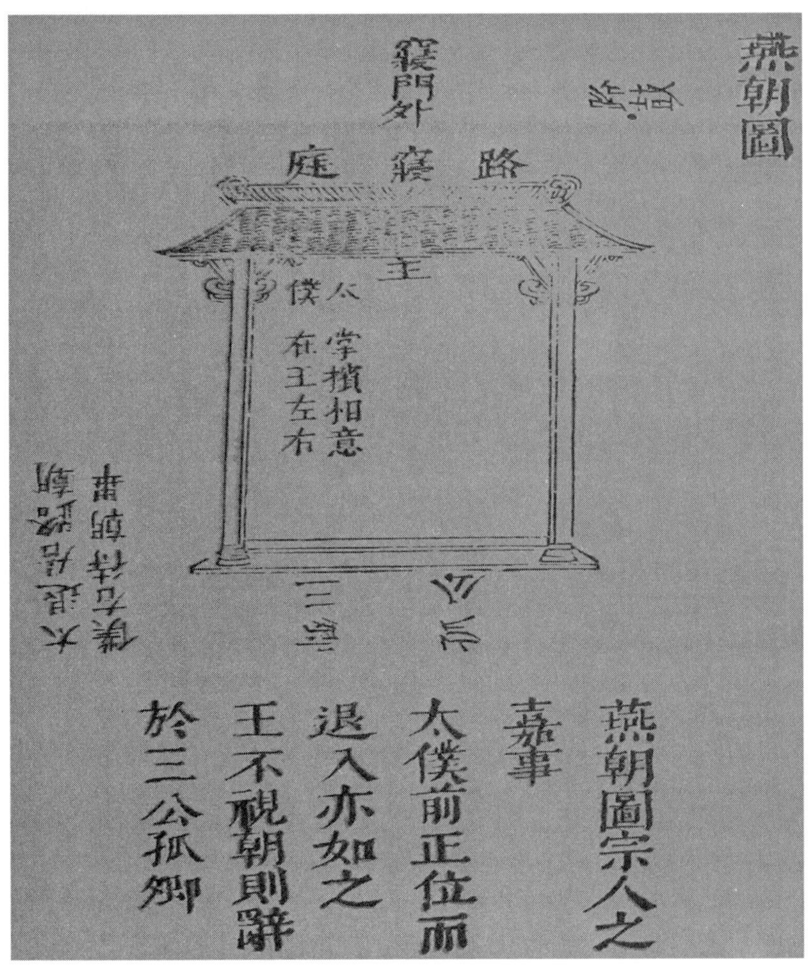

▸ **출처**: 『삼재도회(三才圖會)』「궁실(宮室)」 2권

그림 6-4 치조도(治朝圖)

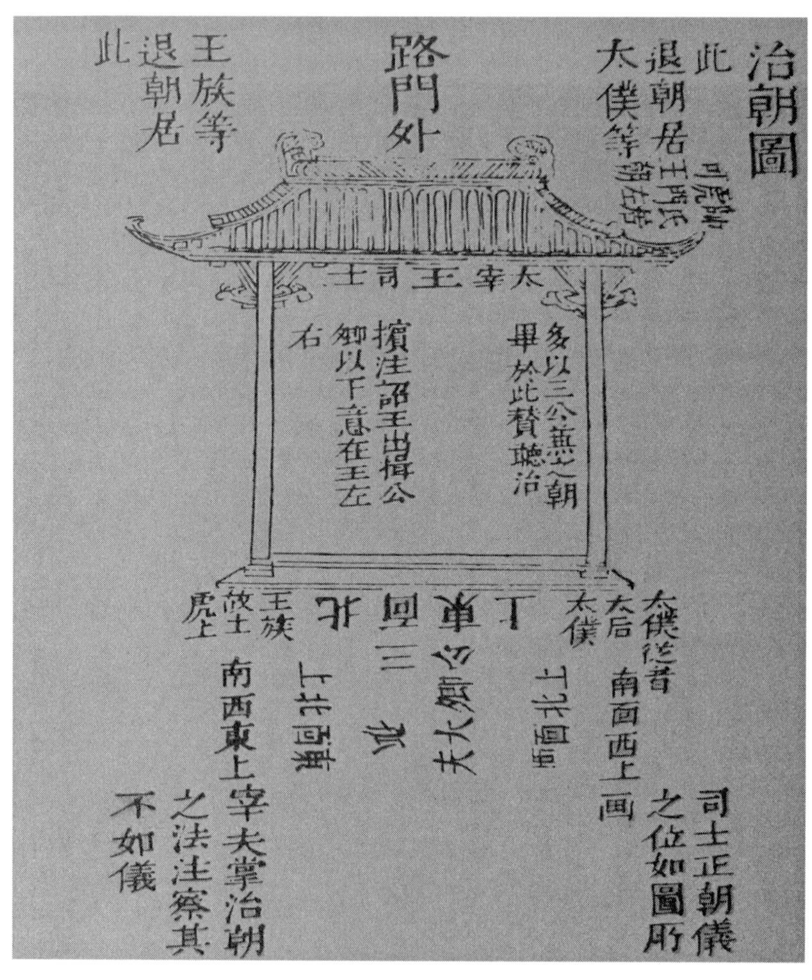

▸ 출처: 『삼재도회(三才圖會)』「궁실(宮室)」 2권

그림 6-5 외조도(外朝圖)

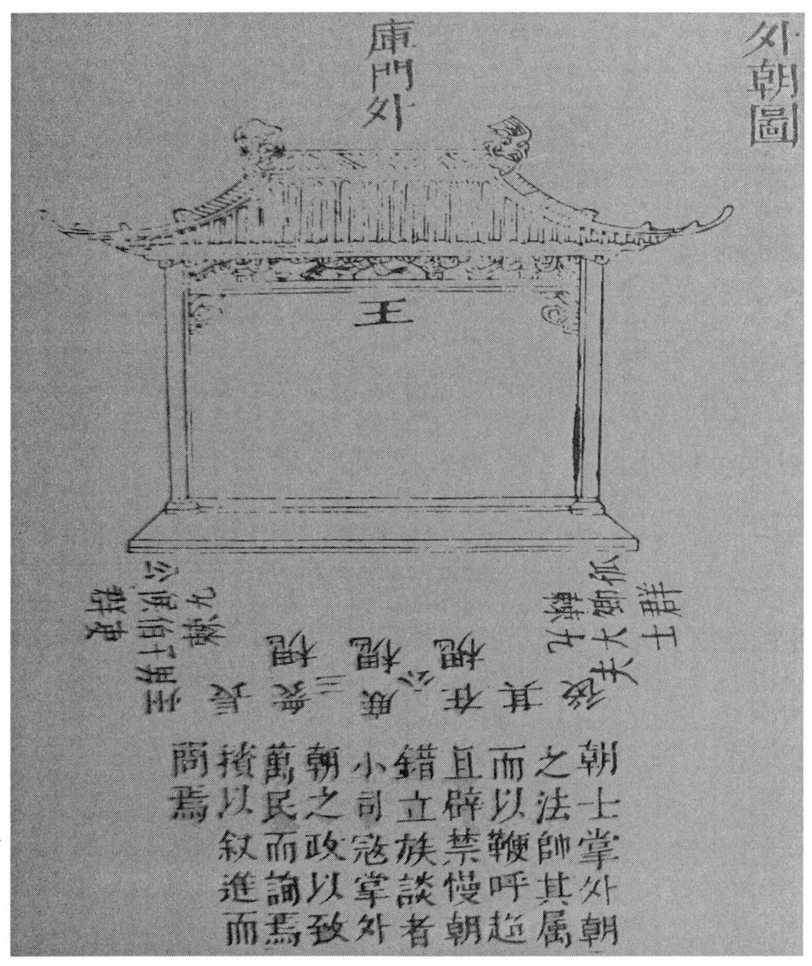

▸ **출처**: 『삼재도회(三才圖會)』「궁실(宮室)」 2권

鄭注 內朝, 路寢庭.

번역 내조(內朝)는 노침(路寢)의 마당이다.

釋文 朝, 直遙反, 後不出者並同.

번역 '朝'자는 '直(직)'자와 '遙(요)'자의 반절음이며, 이후에 이 글자에 대해서 별도로 설명하지 않는다면, 그 음은 모두 이와 같다.

孔疏 ●"其朝"至"以齒". ○此公族之等, 若朝於公之內朝, 內朝, 謂路寢庭朝也. 公族內朝, 則西方東面北上.

번역 ●經文: "其朝"~"以齒". ○이 문장의 내용은 공족(公族) 무리들이 제후의 내조(內朝)에서 조회를 하는 경우를 뜻하는데, '내조'는 노침(路寢) 앞마당에 있는 조정이다. 공족이 내조에서 조회를 하게 되면, 서쪽에서 동쪽을 바라보며, 연장자부터 북쪽 끝에 서게 된다.

孔疏 ◎注"內朝, 路[14]寢庭". ○正義曰: 知"路寢庭"者, 以下云其在外朝, 司士爲之. 按周禮司士掌路寢門外之朝, 則知此內朝是路寢庭朝也.

번역 ◎鄭注: "內朝, 路寢庭". ○정현의 말처럼 내조(內朝)가 '노침(路寢)의 마당'이라는 사실을 알 수 있는 이유는 아래 문장에서 "외조(外朝)에서 조회를 하는 경우에는 사사(司士)가 그 일들을 담당한다[其在外朝, 司士爲之]."라고 언급했기 때문이다. 『주례』를 살펴보면, 사사(司士)는 '노침의 문밖에 있는 조정'에 대한 일을 담당하는 자이므로, 여기에서 말하는 '내조'

---

14) '노(路)'자에 대하여. '노'자는 본래 '지(至)'자로 기록되어 있었는데, 완원(阮元)의 『교감기(校勘記)』에서는 "혜동(惠棟)의 『교송본(校宋本)』에서는 '지'자를 '노'자로 기록하고 있는데, 이 기록이 옳다."라고 했다.

가 '노침의 마당에 있는 조정'임을 알 수 있는 것이다.

孔疏 ●"臣有貴者以齒"者, 皆同姓之臣, 不得踰越父兄, 皆以昭穆長幼爲齒, 謂父兄雖賤而在上, 子弟雖貴而處下.

번역 ●經文: "臣有貴者以齒". ○이 문장의 '신(臣)'자는 모두 동성(同姓)의 신하들을 뜻하니, 관직이 높다고 하더라도, 부형(父兄)의 자리를 뛰어넘을 수가 없으므로, 모두 소목(昭穆)에 따른 장유(長幼)의 차례에 따라, 나이 서열을 정하게 된다. 이 말은 곧 부형 항렬에 속한 사람이 비록 관직이 낮더라도, 상등의 자리에 있게 되고, 자제(子弟) 항렬에 속한 사람이 비록 관직이 높다고 하더라도, 낮은 곳에 위치한다는 뜻이다.

集解 愚謂: 內朝, 卽燕朝也. 臣有貴者以齒, 言雖貴, 猶在父兄之下, 以昭穆長幼爲序列也. 燕禮, 卿西面北上, 大夫北面東上, 士西方東面北上. 此但云"東面北上", 則無北面·西面之位. "臣有貴者以齒", 則不別卿·大夫·士之貴賤, 與燕禮異. 又周禮大僕, "王眡燕朝, 則正位." 此云, "庶子治之", 與周禮異. 燕禮大僕所言, 謂群臣朝於內朝之禮; 此所言, 則公族朝於內朝之禮. 蓋或圖宗人之嘉事, 或與宗族燕飮, 異姓所不與者也.

번역 내가 생각하기에, '내조(內朝)'는 곧 '연조(燕朝)'[15]를 뜻한다. "신하들 중에 존귀한 자가 있어도, 나이 순서로 한다[臣有貴者以齒]."라는 말은 어떤 자가 비록 신분이 높다고 하더라도, 오히려 부친이나 형들의 아래에 위치하여, 소목(昭穆)에 따른 장유(長幼)의 순서에 따라, 서열을 정한다는 뜻이다. 『의례』「연례(燕禮)」편에서는 경(卿)들은 북쪽 끝에서 서쪽을

---

15) 연조(燕朝)는 천자 및 제후에게 있었던 내조(內朝) 중 하나를 뜻한다. 천자 및 제후는 3개의 조(朝)를 두는데, 1개는 외조(外朝)이며, 나머지 2개는 내조가 된다. 내조 중에서도 노문(路門) 안쪽에 있던 것을 '연조'라고 부른다. 『주례』「춘관(秋官)·조사(朝士)」편에 대한 정현의 주에서는 "周天子諸侯皆有三朝. 外朝一, 內朝二. 內朝之在路門內者, 或謂之燕朝."라고 풀이하고 있다.

바라보며 서고, 대부(大夫)들은 동쪽 끝에서 북쪽을 바라보며 서고, 사(士)들은 서쪽 벽 중에서도 북쪽에 해당하는 자리에서, 동쪽을 바라보며 선다고 했다. 그런데 이곳 경문에서 단지 "북쪽 끝에서 동쪽을 바라보며 선다."라고만 했다면, 북쪽을 바라보며 서거나, 서쪽을 바라보며 서는 위치는 없는 것이다. 그리고 "신하들 중에 신분이 높은 자가 있더라도, 나이순으로 한다."고 했다면, 경·대부·사의 구분처럼, 신분에 따른 귀천(貴賤)의 구별이 없게 되므로, 「연례」편의 기록과는 다른 경우이다. 또 『주례』「대복(大僕)」편에서는 "천자가 연조에 참관을 할 때에는 자리를 바르게 한다."[16]라고 하였는데, 이곳에서는 "서자(庶子)가 그 일들을 다스린다."라고 하였으니, 『주례』의 기록과도 다른 경우이다. 따라서 『의례』「연례」편의 기록과 『주례』「대복」편의 기록에서 언급한 경우는 뭇 신하들이 내조에서 조회를 하는 예법(禮法)에 해당하며, 이곳 문장에서 언급하는 경우는 공족(公族)들이 내조에서 조회를 하는 예법에 해당한다. 아마도 이러한 경우는 종인(宗人)들과 경사스러운 일을 계획할 때이거나, 혹은 종족(宗族)들과 연회를 할 때에 해당할 것이니, 이성(異姓)의 사람들은 참여할 수 없었던 것이다.

【257a】

其在外朝, 則以官, 司士爲之.

직역 그 外朝에 在하면, 官으로써 하며, 司士가 爲한다.

의역 공족(公族)들이 외조(外朝)[17]에서 조회하는 경우라면, 나이가 아닌 관직

16) 『주례』「하관(夏官)·태복(太僕)」: 王視燕朝, 則正位, 掌擯相.

17) 외조(外朝)는 내조(內朝)와 대비되는 말이며, 천자 및 제후가 정사(政事)를 처리하던 곳이다. 『주례』「춘관(秋官)·조사(朝士)」편에 대한 정현의 주에서는 "周天子諸侯皆有三朝. 外朝一, 內朝二. 內朝之在路門內者, 或謂之燕朝."라는 기록이 있다. 즉 천자 및 제후는 3개의 조(朝)를 두는데, 1개는 '외조'이며, 나머지

의 차등에 따라 서열을 정하며, 그 일은 사사(司士)가 담당을 하여, 자리를 배열한다.

集說 外朝, 路寢門外之朝也. 若公族朝見於外朝, 與異姓之臣雜列, 則以官之高卑爲次序, 不序年齒也. 司士, 亦司馬之屬, 主爲朝見之位次者.

번역 '외조(外朝)'는 노침(路寢)의 문 밖에 있던 조정이다. 만약 공족(公族)들이 외조에서 제후를 조회하면서, 이성(異姓)의 신하들과 뒤섞여 도열을 하게 된다면, 관직의 차등에 따라 서열을 정하지, 나이에 따라 서열을 정하지 않는다. '사사(司士)' 또한 사마(司馬)에게 속한 관료이며, 조회를 할 때 서열 정하는 일을 주관하는 자이다.[18]

大全 馬氏曰: 內朝以齒, 則公族有所伸, 外朝以官, 則公族有所屈. 有所伸有所屈, 皆先王治宗族之道.

번역 마씨가 말하길, 내조(內朝)에서 나이에 따라 서열을 정한다면, 공족(公族)에게는 기개를 펼치게 하는 점이 있는 것이고, 외조(外朝)에서 관직에 따라 서열을 정한다면, 공족에게는 굽히게 하는 점이 있는 것이니, 펼치게 하는 점이 있고, 굽히게 하는 점이 있는 것은 모두 선왕이 종족들을 다스렸던 법도이다.

大全 嚴陵方氏曰: 北上, 則所尊在內也. 臣有貴者以齒, 則賤者可知矣. 自三公而下, 皆在所司, 而以士名官者, 司至於士, 則朝之所司者悉矣.

2개는 내조가 된다. 『국어(國語)』「노어하(魯語下)」편에는 "天子及諸侯合民事於外朝, 合神事於內朝. 自卿以下, 合官職於外朝, 合家事於內朝."라는 기록이 있고, 이 문장에 나타난 '외조'에 대해서, 위소(韋昭)는 "言與百官考合民事於外朝也."라고 풀이했다. 즉 '외조'는 모든 관료들과 함께, 백성들과 관련된 정무를 처리하던 장소이다.

18) 『주례』「하관(夏官)·사사(司士)」: 掌群臣之版, 以治其政令, 歲登下其損益之數, 辨其年歲與其貴賤, 周知邦國都家縣鄙之數, 卿大夫士庶子之數.

번역 엄릉방씨가 말하길, 북쪽 끝에 서게 한다면, 존귀하게 대접받는 자는 제후와 가장 가까운 안쪽에 위치하게 된다. 신하들 중에 신분이 높은 자가 있더라도, 나이에 따라 서열을 정한다면, 신분이 낮은 자에 대해서도 예우를 했다는 사실을 알 수 있다. 삼공(三公)으로부터 그 이하의 모든 관료들은 담당하고 있는 업무가 있는데, 사사(司士)라는 관직은 사(士)자를 붙여서 관직명을 삼고 있다. 이 말은 곧 직무의 담당이 사(士) 계급에게까지 이르고 있다는 뜻이니, 즉 조정에서의 담당 관리체계가 매우 상세하게 갖춰져 있었음을 간접적으로 나타낸 것이다.

鄭注 外朝, 路寢門之外庭. 司士, 亦司馬之屬也, 掌群臣之班, 正朝儀之位也.

번역 '외조(外朝)'는 노침(路寢)의 문 밖에 있는 마당이다. '사사(司士)' 또한 사마(司馬)에게 속한 관료이다. 사사는 군신(群臣)들이 서게 되는 위치를 정렬하는 일을 담당하여, 조정에서의 의례에 따른 자리 배분을 바르게 하였다.

孔疏 ●"其在外"至"爲之". ○外朝謂路寢門外之朝也. 若公族在於外朝, 與異姓同處, 位次之時, 則以官之上下, 不復以年齒也.

번역 ●經文: "其在外"~"爲之". ○'외조(外朝)'는 노침(路寢)의 문 밖에 있는 조정이다. 만약 공족(公族)들이 외조에 위치하는 경우라면, 이성(異姓)의 신하들과 함께 있게 된다. 따라서 자리 배치를 정할 때에는 관직의 서열에 따라서 자리를 정하는 것이지, 동성(同姓)의 신하들만 모일 때처럼, 재차 나이에 따른 서열로 정하는 것이 아니다.

孔疏 ●"司士爲之"者, 謂司士之官主爲朝位之次, 外朝位旣司士主之, 則內朝庶子主之也. 上文內朝不云庶子爲之者, 以文承庶子之下, 主之可知, 故不言也.

번역 ●經文: "司士爲之". ○이 문장은 '사사(司士)'라는 관리가 조정에서의 자리 배치를 서열별로 나열하는 일을 주관한다는 뜻으로, 외조(外朝)에서의 자리 배치를 사사가 주관한다고 하였다면, 내조(內朝)에 대해서는 서자(庶子)가 그 일을 담당하는 것이다. 앞 문장 중 내조에 대한 기록에서는 "서자가 그 일들을 한다[庶子爲之]."라고 언급하지 않았지만, 이곳 문장이 서자에 대한 기록 아래에 연이어 기록되어 있기 때문에, "서자가 그 일들을 한다."는 말을 생략하더라도, 서자가 그 일들을 주관한다는 사실을 알 수 있다. 그렇기 때문에 언급하지 않은 것이다.

孔疏 ◎注"外朝"至"位也". ○正義曰: 以言"司士, 亦司馬之屬也, 掌群臣之班, 正朝儀之位也", 按周禮司士掌"正朝儀之位", "王族故士虎士, 在路門之右南面", "大僕從者, 在路門之左南面", 是在路門外也. 故知此外朝, 路門外之朝也. 此對路寢庭朝爲外朝, 若對庫門外朝, 朝士所掌三槐九棘之朝, 則此路門外朝亦爲內朝也. 故玉藻云"朝於內朝, 朝, 辨色始入. 君日出而視之, 退適路寢", 是也. 其朝位, 天子之朝, 三公北面東上, 孤東面北上, 卿大夫西面北上, 其士門西東面北上. 若諸侯之朝, 按大射卿西面北上, 大夫北面東上, 士門西東面北上, 與天子不同. 周禮司士屬司馬, 故云"亦司馬之屬[19]". "掌群臣之班, 正朝儀之位", 皆司士職文.

번역 ◎鄭注: "外朝"~"位也". ○정현이 "'사사(司士)' 또한 사마(司馬)에게 속한 관료이다. 사사는 군신(群臣)들이 서게 되는 위치를 정렬하는 일을 담당하여, 조정에서의 의례에 따른 자리 배분을 바르게 하였다."라고 하였는데, 『주례』를 살펴보면, '사사'는 "조정에서의 의례에 따른 자리 배치를 담당한다."라고 했고, "왕족(王族)의 고사(故士)[20] 및 호사(虎士)[21]는

---

19) '속(屬)'자에 대하여. '속'자 뒤에는 본래 '사마(司馬)'라는 두 글자가 더 기록되어 있었는데, 완원(阮元)의 『교감기(校勘記)』에서는 "포당(浦鏜)은 '사마'라는 두 글자는 연문에 해당한다고 했다."라고 했다.

노문(路門)의 오른쪽에서 남쪽을 바라본다."라고 했으며, "대복(大僕) 등의 종자(從者)들은 노문의 좌측에 서서 남쪽을 바라본다."라고 하였으니,[22] 이것은 곧 노문 밖에서의 자리 배분을 뜻한다. 그렇기 때문에 여기에서 말하는 '외조(外朝)'가 '노문의 밖에 있는 조정'임을 알 수 있다. 이곳을 '노침(路寢)의 마당에 위치한 조정'과 대비했을 때, 상대적으로 밖에 있으므로 '외조'가 된다. 그러나 만약 고문(庫門)[23] 밖에 있는 '외조'와 대비한다면, 고문 밖의 외조는 조사(朝士)가 담당하는 곳으로, 삼괴(三槐)[24]와 구극(九棘)[25]

---

20) 고사(故士)는 신사(新士)와 대비되는 말이다. '신사'는 새로 등용이 되어, 사(士)가 된 자들인데, 아직 정식적인 작위를 얻지 못한 자들이다. '고사'는 '신사'와 다르게, 정식적인 작위를 가지고 있는 자들이며, 또한 궁중의 호위를 담당했던 자들이다. 또한 이곳 문장에서는 왕족(王族)의 '고사'라고 지칭하고 있는데, 이러한 자들은 비록 천자와 동성(同姓)이라고 하더라도, 상위 관직에 임용되지 못한 자들을 가리킨다.

21) 호사(虎士)는 용맹한 사(士)를 뜻하는 말이다. 궁중의 호위를 담당했던 자들이다.

22) 『주례』「하관(夏官)·사사(司士)」: 正朝儀之位, 辨其貴賤之等. 王南鄕, 三公北面東上, 孤東面北上, 卿大夫西面北上, 王族故士虎士在路門之右南面東上, 大僕大右大僕從者在路門之左南面西上.

23) 고문(庫門)에 대해서는 크게 두 가지 해설이 있다. 첫 번째는 치문(雉門)에 대한 해설처럼, 제후의 궁(宮)에 있는 문으로, 천자의 궁에 있는 고문(皐門)에 해당한다고 보는 의견이다. 이것은 치문과 마찬가지로 『예기』「명당위(明堂位)」편의 "大廟, 天子明堂. <u>庫門, 天子皐門</u>. 雉門, 天子應門."이라는 기록에 근거한 해설이다. 손희단(孫希旦)의 『집해(集解)』에서는 이 문장 및 『시(詩)』, 『서(書)』, 『예(禮)』, 『춘추(春秋)』에 나타난 기록들을 근거로, 천자 및 제후는 실제로 3개의 문(門)만 설치했다고 풀이한다. 그러나 정현은 이 문장에 대해서, "言廟及門如天子之制也. 天子五門, 皐庫雉應路. 魯有庫雉路, 則諸侯三門與."라고 풀이하였다. 즉 종묘(宗廟) 및 문(門)에 대한 제도에서, 천자와 제후 사이에는 차등이 있다. 따라서 천자는 5개의 문을 궁에 설치하는데, 그 문들은 고문(皐門), 고문(庫門), 치문(雉門), 응문(應門), 노문(路門)이다. 제후의 경우에는 천자보다 적은 3개의 문을 궁에 설치하는데, 그 문들은 고문(庫門), 치문(雉門), 노문(路門)이다. 두 번째 설명은 천자의 궁에 설치된 문들 중에서, 치문(雉門) 밖에 설치하는 문으로 해석하는 의견이다. 즉 이때의 고문(庫門)은 치문과 고문(皐門) 사이에 설치하는 문이 된다. 『예기』「교특생(郊特牲)」편에는 "獻命庫門之內, 戒百官也."라는 기록이 있는데, 이에 대한 정현의 주에서는 "庫門, 在雉門之外. 入庫門則至廟門外矣."라고 풀이하고 있다.

24) 삼괴(三槐)는 외조(外朝)에 심어둔 세 그루의 괴목(槐木)을 뜻한다. 삼공(三公)이 천자를 조회할 때에는 이 세 그루의 괴목을 향해서 서게 된다. 후대에는 이러

이 설치된 조정이 되니, 여기에서 말하는 노문 밖의 '외조'는 또한 상대적으로 '내조(內朝)'가 된다. 그러므로 『예기』「옥조(玉藻)」편에서 "'내조'에서 조회를 하는데, 조회를 할 때에는 군신(群臣)들은 새벽 동틀 무렵이 되어서야 비로소 응문(應門)[26]으로 들어가고, 군주는 일출이 있은 다음에 참관을 하며, 조정에서 물러나서는 노침(路寢)으로 간다."[27]라고 한 말이 바로 이곳을 가리킨다. 조정에서의 자리 배치에 대해서 말해보자면, 천자의 조정에서는 삼공(三公)은 북쪽을 향해 서며, 동쪽 끝에 위치하고, 고(孤)는 동쪽을 향해 서며, 북쪽 끝에 위치하고, 경(卿)과 대부(大夫)는 서쪽을 향해 서며, 북쪽 끝에 위치하고, 사(士)는 문의 서쪽에서 동쪽을 향해 서며, 북쪽 끝에 위치한다. 만약 제후의 조정이라면, 『의례』「대사(大射)」편을 살펴봤을 때, 경은 서쪽을 향해 서며, 북쪽 끝에 위치하고, 대부는 북쪽을 향해 서며, 동쪽 끝에 위치하고, 사는 문의 서쪽에서 동쪽을 향해 서며, 북쪽 끝에 위치한다고 하였으니, 천자의 조정에서 군신(群臣)들이 서는 위치와는 다른 것이다. 『주례』의 체제에서 '사사'는 사마에게 속해 있다. 그렇기 때문에 정현이 "또한 사마에 속한 관리이다."라고 말한 것이다. 정현이 "군신(群臣)들이 서게 되는 위치를 정렬하는 일을 담당하여, 조정에서의 의례에 따른 자리 배분을 바르게 하였다."라고 한 말은 모두 『주례』「사사(司士)」편의 직무를

한 뜻에서 파생되어, '삼괴'를 삼공을 뜻하는 용어로도 사용하였다.

25) 구극(九棘)은 외조(外朝)에 심어둔 아홉 그루의 극목(棘木)이다. 고대에는 천자 및 제후가 외조 좌우측에 각각 9개의 극목을 심어서, 군신(群臣)들이 서는 위치를 표시하였다. 좌측에 심어진 9개의 극목 자리에는 고(孤)·경(卿)·대부(大夫)들이 위치했으며, 우측에 심어진 9개의 극목 자리에는 공작[公]·후작[侯]·백작[伯]·자작[子]·남작[男] 등이 위치했다. 『주례』「추관(秋官)·조사(朝士)」편에는 "掌建邦外朝之法. <u>左九棘</u>, 孤卿大夫位焉, 群士在其後. <u>右九棘</u>, 公侯伯子男位焉, 群吏在其後."라는 기록이 있고, 이에 대한 정현의 주에서는 "樹棘以爲立者, 取其赤心而外刺, 象以赤心三刺也."로 풀이했다. 후대에는 '구극'을 구경(九卿)을 가리키는 용어로도 사용했다.

26) 응문(應門)은 궁(宮)의 정문을 가리킨다. 『시』「대아(大雅)·면(緜)」편에는 "迺立<u>應門</u>, 應門將將."이라는 기록이 있는데, 이에 대한 모전(毛傳)에서는 "王之正門曰應門."이라고 풀이하였다.

27) 『예기』「옥조(玉藻)」【372c~d】: 朝服以日視朝於內朝. 朝辨色始入. 君日出而視之, 退適路寢聽政.

기록한 문장들이다.

集解 愚謂: 外朝, 治朝也. 周禮司士, "正朝儀之位", "三公北面東上, 孤東面北上, 卿大夫西面北上, 士門西東面北上." 諸侯之治朝, 其三卿北面, 大夫西面, 而士亦西方東面, 與卿大夫士之位不同, 是以官之貴賤爲等列也.

번역 내가 생각하기에, '외조(外朝)'는 '치조(治朝)'[28]를 뜻한다. 『주례』「사사(司士)」편에서는 "조정에서의 의례에 따른 자리를 바르게 한다."라고 하였고, "삼공(三公)은 북쪽을 향하며, 동쪽 끝에 서고, 고(孤)는 동쪽을 향하며, 북쪽 끝에 서고, 경(卿)과 대부(大夫)는 서쪽을 향하며, 북쪽 끝에 서고, 사(士)는 문의 서쪽에서 동쪽을 향하며, 북쪽 끝에 선다."라고 하였다. 그런데 제후의 치조에서 제후에게 소속된 삼경(三卿)은 북쪽을 향해 서고, 대부는 서쪽을 향해 서며, 사 또한 서쪽 방향에서 동쪽을 향해 서게 되니, 천자의 경우와 경·대부·사의 위치가 다르다. 이러한 차이점이 생기는 이유는 관직의 등급에 따라 서열을 정했기 때문이다.[29]

集解 天子諸侯皆有三朝, 詢衆庶之朝爲外朝, 周禮朝士, "掌建外朝之法", 是也. 路寢門內之朝爲燕朝, 大僕, "王眂燕朝, 則正位", 是也. 亦曰內朝, 此記公族朝於內朝, 是也. 路寢門外之朝爲治朝, 大宰, "王眂治朝, 則贊聽治", 是也. 治朝對詢衆庶之朝, 則亦曰內朝, 玉藻, "朝服以日視朝於內朝", 是也. 對

---

28) 치조(治朝)는 천자 및 제후에게 있었던 내조(內朝) 중 하나를 뜻한다. 천자 및 제후는 3개의 조(朝)를 두는데, 1개는 외조(外朝)이며, 나머지 2개는 내조가 된다. 내조 중에서도 노문(路門) 밖에 있던 것을 '치조'라고 부르며, 천자 및 제후가 정사를 처리하던 장소이다.

29) 천자의 신하들 중 가장 높은 자는 삼공(三公)에 해당하고, 제후의 경우에는 삼경(三卿)에 해당한다. 따라서 각각의 조정에서 관직의 서열에 따라 자리를 배분하게 되면, 북쪽을 향하며 동쪽 끝에 서는 위치는 천자의 경우에는 삼공이 되고, 제후의 경우에는 삼경이 된다. 그 밑의 신하들은 차례대로 각각의 위치에 서게 되므로, 천자와 제후의 신하들 중 경(卿)·대부(大夫)·사(士)가 서는 위치가 달라진다는 뜻이다.

燕朝, 則亦曰外朝, 此記, "其在外朝, 則以官", 是也. 於燕禮見諸侯燕朝之位, 而天子則無文; 於司士·射人見天子治朝之位, 於小司寇·朝士見天子外朝之位, 而諸侯則無文. 由諸侯燕朝之位以推天子, 由天子治朝·外朝之位以推諸侯, 其朝位亦大略可見矣. 蓋君視燕朝在阼階下東南, 故以西面而近君者爲尊. 諸侯之西面者爲卿, 而大夫北面, 士西方東面, 則天子之西面者爲三公, 而孤·卿·大夫北面, 士西方東面也. 君視治朝, 出路門外少左, 故以北面而對君者爲尊. 天子之北面者爲三公, 而孤東面, 大夫西面, 士西方東面, 則諸侯之北面者爲三卿, 而大夫西面, 士西方東面也. 天子外朝之位, 三公及州長·百姓北面, 群臣東面, 群吏西面, 則諸侯外朝之位, 三卿及州長·百姓北面, 而群臣群吏之位, 亦與天子同也.

번역 천자와 제후에게는 모두 세 개의 조(朝)가 있었는데, 백성들의 고충을 살피는 조는 '외조(外朝)'가 되니, 『주례』「조사(朝士)」편에서 "외조의 법령 세우는 일을 담당한다."[30]라고 말한 것이 바로 이곳을 가리킨다. 노침(路寢)의 문 안쪽에 있는 조는 '연조(燕朝)'가 되는데, 『주례』「대복(大僕)」편에서 "천자가 연조에 참관을 할 때에는 자리를 바르게 한다."[31]라고 말한 것이 바로 이곳을 가리킨다. 그리고 '연조'를 또한 '내조(內朝)'라고도 부르는데, 이곳 경문에서 공족(公族)들이 내조에서 조회를 한다고 말한 것이 바로 이곳을 가리킨다. 노침의 문 밖에 있는 조는 '치조(治朝)'가 되는데, 『주례』「대재(大宰)」편에서 "천자가 치조에 참관을 하면, 정사 돌보는 것을 돕는다."[32]라고 말한 것이 바로 이곳을 가리킨다. '치조'를 백성의 고충을 살피던 '조'와 대비한다면, 그곳보다 안쪽에 위치했으므로, '치조' 또한 '내조'라고도 부르는 것이다. 『예기』「옥조(玉藻)」편에서 "조복(朝服)[33]을 입고서, 날마다 내조에서 조정에 참관한다."[34]라고 말한 것이 바로 이곳을

30) 『주례』「추관(秋官)·조사(朝士)」: 朝士, 掌建邦外朝之法.
31) 『주례』「하관(夏官)·태복(太僕)」: 王視燕朝, 則正位, 掌擯相.
32) 『주례』「천관(天官)·대재(大宰)」: 王視治朝則贊聽治.
33) 조복(朝服)은 군주와 신하가 조회를 열 때 착용하는 복장을 뜻한다. 중요한 의식을 치를 때 착용하는 예복(禮服)을 가리키기도 한다.
34) 『예기』「옥조(玉藻)」【372c】: 朝服以日視朝於內朝.

가리킨다. 그러나 '치조'를 '연조'에 대비한다면, '연조'보다 밖에 있으므로, 이곳을 또한 '외조'라고도 부르는 것이다. 이곳 경문에서 "외조에서는 관직으로써 서열을 정한다."라고 말한 것이 바로 이곳을 가리킨다. 『의례』「연례(燕禮)」편에는 제후에 해당하는 '연조'에서의 자리 배치가 기록되어 있지만, 천자에 대해서는 기록이 없고, 『주례』「사사(司士)」편과 「사인(射人)」편에서는 천자에 해당하는 '치조'에서의 자리 배치가 기록되어 있다. 또 『주례』「소사구(小司寇)」편과 「조사」편에서는 천자에 해당하는 '외조'에서의 자리 배치가 나타나고 있지만, 제후에 대해서는 기록이 없다. 따라서 제후에 해당하는 '연조'에서의 자리 배치를 통하여, 천자의 경우를 추론하고, 천자에 해당하는 '치조'와 '외조'에서의 자리 배치를 통하여, 제후의 경우를 추론한다면, 천자와 제후의 조에서의 자리 배치 또한 대략적으로 살펴볼 수 있다. 아마도 군주가 '연조'에 참관할 때에는 주인 계단에 해당하는 동쪽 계단 중에서도 계단 밑의 동남쪽에 위치하였을 것이기 때문에, 서쪽을 향해 서서, 군주와 가장 가까이 서게 되는 자리가 가장 높은 자리가 된다. 제후에 대한 조에서의 자리 배치 중, 서쪽을 향해 서는 자는 경(卿)이 되고, 대부(大夫)들은 북쪽을 향해 서게 되며, 사(士)는 서쪽에서 동쪽을 향해 서게 된다. 따라서 천자의 경우에는 서쪽을 향해 서는 자는 삼공(三公)이 되고, 고(孤)·경·대부들은 북쪽을 향해 서게 되며, 사는 서쪽에서 동쪽을 향해 서게 된다. 군주가 '치조'에 참관할 때에는 노문(路門)[35] 밖으로 나와서, 조금 왼쪽으로 떨어진 자리에 있기 때문에, 북쪽을 향해 서서, 군주와 마주 보고 있는 자리가 가장 높은 자리가 된다. 천자에 대한 조에서의 자리 배치 중 북쪽을 향해 서는 자는 삼공이 되고, 고는 동쪽을 향해 서며, 대부는 서쪽을 향해 서고, 사는 서쪽에서 동쪽을 향해 서게 되니, 제후의 경우에는

---

35) 노문(路門)은 고대 궁실(宮室) 건축물 중에서도 가장 안쪽에 있었던 정문이다. 여러 문들 중에서 노침(路寢)에 가장 가까운 위치에 있었기 때문에, '노문'이라는 명칭이 붙게 되었다. 『주례』「동관고공기(冬官考工記)·장인(匠人)」편에는 "路門不容乘車之五个."라는 기록이 있는데, 이에 대한 정현의 주에서는 "路門者, 大寢之門."라고 풀이하였고, 가공언(賈公彦)의 소(疏)에서는 "路門以近路寢, 故特小爲之."라고 풀이하였다.

북쪽을 향해 서는 자가 삼경(三卿)[36]이 되고, 대부는 서쪽을 향해 서며, 사는 서쪽에서 동쪽을 향해 서게 된다. 천자에 대한 '외조'에서의 자리 배치에서, 삼공 및 주장(州長)과 백성들은 북쪽을 향해 서고, '뭇 신하들[群臣]'들은 동쪽을 향해 서며, '뭇 하급관리[群吏]'들은 서쪽을 향해 서게 된다. 따라서 제후의 경우, '외조'에서의 자리 배치에서는 삼경 및 주장과 백성들은 북쪽을 향해 서고, 군신(群臣) 및 군리(群吏)들의 자리 또한 천자의 경우와 동일한 것이다.

36) 삼경(三卿)은 세 명의 경(卿)을 뜻하며, 제후국의 관리 중 가장 높은 반열에 오른 자들이다. 사도(司徒), 사마(司馬), 사공(司空)이 '삼경'에 해당한다. 제후국의 입장에서는 천자에게 소속된 삼공(三公)과 유사하다. 『주례』의 체제에 따르면, 천자에게는 천관(天官), 지관(地官), 춘관(春官), 하관(夏官), 추관(秋官), 동관(冬官)이라는 여섯 관부가 있었고, 각 관부의 수장은 총재(冢宰), 사도(司徒), 종백(宗伯), 사마(司馬), 사구(司寇), 사공(司空)이 된다. 제후국에서는 3명의 경들이 여섯 관부의 일을 책임지게 되어, 사도가 총재를 겸하고, 사마가 종백을 겸하며, 사공이 사구를 겸했다고 설명하기도 한다. 『예기』「왕제」편에는 "大國三卿, 皆命於天子."라는 기록이 있고, 이에 대한 공영달(孔穎達)의 소(疏)에서는 최영은(崔靈恩)의 주장을 인용하여, "崔氏云, 三卿者, 依周制而言, 謂立司徒, 兼冢宰之事; 立司馬, 兼宗伯之事; 立司空, 兼司寇之事."라고 풀이했다.

그림 6-6 제후의 조복(朝服)

▸ 출처: 『삼례도집주(三禮圖集注)』 1권

集解 此上二節, 言公族在朝廷之禮.

번역 이상의 두 구절은 공족(公族)들이 조정에 위치할 때의 예법(禮法)에 대해서 말하고 있다.

【257a】

其在宗廟之中, 則如外朝之位. 宗人授事, 以爵以官.

직역 그 宗廟의 中에 在함에는 外朝의 位와 如한다. 宗人이 事를 授하되, 爵으로써 하고, 官으로써 한다.

의역 공족(公族)들이 종묘(宗廟) 안에 있는 경우라면, 외조(外朝)에서의 자리 배치와 같게 한다. 종인(宗人)이 일을 분담하여 임무를 전달할 때에는 작위의 등급에 따라 높은 자가 앞 열에 서게 되고, 관직에 따라서 일을 분담한다.

集說 宗人之官, 掌禮及宗廟中授百官以職事者. 以爵, 隨其爵之尊卑, 貴者在前, 賤者在後也. 以官, 隨其官之職掌, 使各供其事也.

번역 종인(宗人)이라는 관리는 예(禮) 및 종묘(宗廟) 안에서 백관(百官)들에게 직무를 분담시키는 일을 담당하는 자이다. "작위로써 한다[以爵]."는 말은 작위의 등급에 따른다는 의미로, 작위가 높은 자는 앞줄에 서게 하고, 작위가 낮은 자는 뒷줄에 서게 한다는 뜻이다. "관직으로써 한다[以官]."는 말은 관직별로 담당하는 업무에 따른다는 의미로, 그들로 하여금 각각 자신이 맡은 일에 힘쓰게 한다는 뜻이다.

그림 6-7 종묘 건물의 각부 명칭

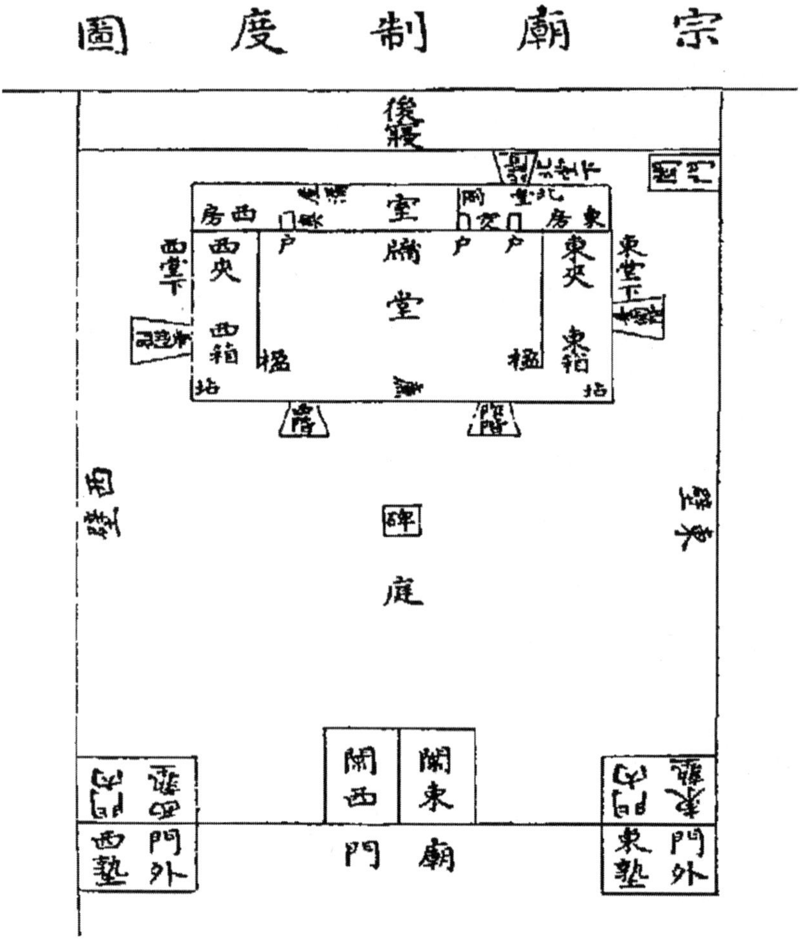

▸출처: 『향당도고(鄕黨圖考)』 1권

大全 長樂陳氏曰: 外朝主敬, 宗廟之中亦主敬, 故在宗廟之中, 則如外朝之位.

번역 장락진씨가 말하길, 외조(外朝)에서의 자세는 공경함을 위주로 하고, 종묘(宗廟) 안에서도 또한 공경함을 위주로 하기 때문에, 종묘 안에 있을 때에는 외조에서의 자리 배치와 같게 하는 것이다.

鄭注 宗人, 掌禮及宗廟也. 以爵, 貴賤異位也. 以官, 官各有所掌也. 若司徒奉牛, 司馬奉羊, 司空奉豕.

번역 '종인(宗人)'은 예(禮) 및 종묘(宗廟)에 대한 일을 담당하는 자이다. '이작(以爵)'이라는 말은 작위의 귀천(貴賤)에 따라, 자리를 다르게 배치해준다는 뜻이다. '이관(以官)'이라는 말은 관직별로 각각 담당하는 바가 따로 있다는 뜻이다. 예를 들어 사도(司徒)[37]는 희생물로 사용될 소를 바치고, 사마(司馬)는 양을 바치며, 사공(司空)[38]은 돼지를 바치는 등과 같은 부류이다.

---

37) 사도(司徒)는 주(周)나라 때의 관리로, 국가의 토지 및 백성들에 대한 교화(敎化)를 담당했다. 전설상으로는 소호(少昊) 시대 때부터 설치되었다고 전해진다. 주나라의 육경(六卿) 중 하나였으며, 전한(前漢) 애제(哀帝) 원수(元壽) 2년(B.C. 1)에는 승상(丞相)의 관직명을 고쳐서, 대사도(大司徒)라고 불렀고, 대사마(大司馬), 대사공(大司空)과 함께 삼공(三公)의 반열에 있었다. 후한(後漢) 때에는 다시 '사도'로 명칭을 고쳤고, 그 이후로는 이 명칭을 계속 사용하다가 명(明)나라 때 폐지되었다. 명나라 이후로는 호부상서(戶部尙書)를 '대사도'라고 불렀다.

38) 사공(司空)은 주(周)나라 때의 관리로, 토목 공사 및 각종 건설과 기물 제작 등을 주관했다. 전설상으로는 소호(少昊) 시대 때부터 설치되었다고 전해진다. 주나라의 육경(六卿) 중 하나였으며, 동관(冬官)의 수장인 대사공(大司空)에 해당한다. 한(漢)나라 때에는 어사대부(御史大夫)를 '대사공'으로 고쳐 불렀고, 대사마(大司馬), 대사도(大司徒)와 함께 삼공(三公)의 반열에 있었다. 후대에는 대(大)자를 빼고 '사공'으로 불렀다. 청(淸)나라 때에는 공부상서(工部尙書)를 '대사공'으로 부르고, 시랑(侍郎)을 소사공(少司空)으로 불렀다.

孔疏 ●“其在”至“以官”. ○此論同姓公族在宗廟之禮, 故云“其在宗廟之中, 則如外朝之位”也. 言立位所在如外朝之位也.

번역 ●經文: “其在”~“以官”. ○이 문장은 동성(同姓)인 공족(公族)들이 종묘(宗廟) 의례에 참가할 때의 예법(禮法)에 대해서 논의하고 있다. 그렇기 때문에 “종묘 안에 있을 때에는 외조(外朝)에서의 자리 배치대로 한다.”라고 말한 것이니, 이 말은 곧 동성인 공족들이 종묘 안에서 서게 되는 위치가 외조에서의 위치와 같다는 뜻이다.

孔疏 ●“宗人授事, 以爵以官”者, 宗人掌禮之官, 及宗廟授百官之事. 以爵者, 隨爵之尊卑, 貴者在前, 賤者在後. 又以官之職掌, 各供其事.

번역 ●經文: “宗人授事, 以爵以官”. ○종인(宗人)은 예(禮)와 관련된 업무를 담당하며, 종묘(宗廟)에서 백관(百官)들에게 업무를 분담하는 일을 담당하는 관리이다. ‘이작(以爵)’이라는 말은 작위의 존비(尊卑)에 따른다는 뜻으로, 작위가 높은 자는 앞줄에 위치하고, 작위가 낮은 자는 뒷줄에 위치하는 것이다. 그리고 또한 관직별로 담당하는 것에 따라서 일을 분배하여, 각자가 그 일에 힘쓰도록 하였다.

孔疏 ◎注“宗人”至“奉豕”. ○正義曰: 言“宗人掌禮及宗廟”者, 別言及宗廟, 則掌禮謂宗廟之外諸禮皆掌也. 云“若司徒奉牛, 司馬奉羊, 司空奉豕”者, 以經云“以官”, 謂祭祀之時官, 官各司其事, 更無正文, 故引“司徒奉牛”以下證之. 按周禮司徒奉牛牲, 司馬奉羊牲, 其司空奉豕無文. 此云知奉豕者, 按周禮雞人屬宗伯, 羊人屬司馬, 故此云“司馬奉羊”. 犬人屬司寇, 按五行傳云, “牛屬土, 雞屬木, 羊屬火, 犬屬金, 豕屬水.” 司空冬官, 其位當水, 故鄭注周禮司空奉豕與. 按五行傳馬屬火, 而周禮司馬羞馬牲者, 以其主馬, 故特使供之. 此注直云“奉牛”·“奉羊”·“奉豕”者, 據諸侯三卿以言之, 故不云雞·犬及馬.

번역 ◎鄭注: "宗人"~"奉豕". ○정현이 "'종인(宗人)'은 예(禮) 및 종묘(宗廟)에 대한 일을 담당하는 자이다."라고 하였는데, 이 문장에서 정현은 '종묘'에 대해서 별도로 언급하고 있으니, "종인이 예를 담당한다."는 말은 곧 종묘와 관련된 일 이외에 여러 예법(禮法)들에 대해서도 모두 담당했다는 뜻이 된다. 정현이 "예를 들어 사도(司徒)는 희생물로 사용될 소를 바치고, 사마(司馬)는 양을 바치며, 사공(司空)은 돼지를 바치는 등과 같은 부류이다."라고 하였는데, 정현이 이처럼 설명한 이유는 경문에서 "관직으로써 한다[以官]"라고 기록했기 때문으로, 이때의 관직이란 제사를 지낼 때의 담당관들인데, 담당관들은 각자 자신에게 주어진 임무를 수행하지만, 경문에는 이것과 관련된 기록이 없기 때문에, 정현이 '사도' 등에 대해서 인용하여, 그 내용을 설명해준 것이다. 『주례』를 살펴보면, '사도'가 희생물로 사용될 소를 바치고,[39] '사마'가 희생물로 사용될 양을 바친다고 하였지만, '사공'이 돼지를 바친다는 문장은 없다. 그런데 여기에서 말한 것처럼, 돼지를 바친다는 사실을 알 수 있는 이유는 『주례』를 살펴보면, '계인(雞人)'은 '종백(宗伯)'에게 속한 관료이며,[40] '양인(羊人)'은 '사마'에게 속한 관료이다. 그렇기 때문에 정현이 "'사마'가 양을 바친다."라고 말한 것이다. 그리고 '견인(犬人)'은 '사구(司寇)'에게 속한 관료인데, 「오행전(五行傳)」을 살펴보면, "소는 토(土)에 속하는 가축이고, 닭은 목(木)에 속하는 가축이며, 양은 화(火)에 속하는 가축이고, 개는 금(金)에 속하는 가축이며, 돼지는 수(水)에 속하는 가축이다."라고 하였다. '사공'은 동관(冬官)의 수장이니, 그의 위치는 겨울에 해당하는 수(水)이다. 그렇기 때문에 정현이 『주례』에 대해 주를 달면서, '사공'이 돼지를 바친다고 했던 것이다. 그리고 「오행전」을 살펴보면, 말은 화(火)에 속하고, 또 『주례』에서의 '사마'는 희생물인 말을 바치는데,[41] 그가 말을 담당하고 있기 때문에, 특별히 '사마'로 하여금 말을 바치게 했던 것이다. 이 문장에 대한 정현의 주에서는 단지 "소를 바친다.",

---

39) 『주례』「지관(地官)·대사도(大司徒)」: 祀五帝奉牛牲羞其肆. 享先王亦如之.
40) 계인(雞人)은 닭을 담당하는 관료이므로, 그 관부의 수장인 종백(宗伯)이 닭을 바친다는 뜻이다.
41) 『주례』「하관(夏官)·사마(司馬)」: 祭奉詔馬牲.

"양을 바친다.", "돼지를 바친다."라고만 말하고 있는데, 그것은 제후의 삼경(三卿)에 기준을 두고 말했기 때문이다. 그래서 닭, 개, 말 등을 언급하지 않은 것이다.

訓纂 江氏永曰: 宗廟如外朝之位, 謂亦如外朝之以官不以齒, 非謂祭與朝同位也. 同姓無爵者, 皆以昭穆序於阼階之東南, 西面北上, 昭爲一行, 穆爲一行. 同異姓, 有爵者, 皆以爵序於西階之西南, 東面北上. 士初立於門西北面, 得獻則移而東面北上.

번역 강영이 말하길, "종묘(宗廟)에 있을 때에는 외조(外朝)에서의 지위와 같게 한다."는 말은 또한 외조에서 했던 것처럼, 관직의 등급으로 서열을 정하지, 나이로 서열을 정하지 않는다는 뜻이니, 제사를 지낼 때와 조회를 할 때의 자리 배치가 같다는 말이 아니다. 동성(同姓)의 친족이지만 작위가 없는 자는 모두 소목(昭穆)의 등급에 따라서, 동쪽 계단의 동남쪽에 차례대로 정렬하여, 서쪽을 바라보며 서고, 북쪽 끝에서부터 위치하게 되는데, 소(昭) 항렬에 속한 자들이 한 줄을 이루고, 목(穆) 항렬에 속한 자들이 한 줄이 이루게 되어, 총 두 줄로 도열하게 된다. 동성이나 이성(異姓)인 자들 중에서 작위를 가지고 있는 자들은 모두 작위의 등급에 따라서, 서쪽 계단의 서남쪽에서 차례대로 정렬을 하여, 동쪽을 바라보며 서고, 북쪽 끝에서부터 위치하게 된다. 사(士)들은 애초에 문의 서쪽에 서서, 북쪽을 바라보게 되는데, 술잔을 따를 수 있게 되면, 자리를 옮겨서 동쪽을 향해 서서, 북쪽 끝에서부터 위치하게 된다.

集解 愚謂: 特牲禮衆兄弟之位在阼階下西面. 祭統云, "凡賜爵, 昭與昭齒, 穆與穆齒", 鄭註云, "昭穆, 猶特牲之衆兄弟." 是天子諸侯同姓助祭皆在阼階下西面之位. 此則云, "宗人授事, 以爵以官", 特牲記賈疏云, "無爵者阼階下西面, 有爵者則以爵序. 其獻之亦以官." 故祭統, "尸飮五, 君洗玉爵獻卿, 尸飮七, 以瑤爵獻大夫, 尸飮九, 以散爵獻士及群有司. 皆以齒." 蓋特牲禮主人獻長兄弟·衆兄弟在賓長·衆賓之後, 若天子諸侯同姓之爲卿大夫者, 亦以昭穆獻之, 則其得獻反在衆賓之後, 故賈氏之說如此. 然如其言, 又非所謂群昭群穆咸在而不失其倫矣. 疑未獻以前, 群昭群穆皆在阼階下西面, 以齒爲序, 至獻之, 則其爲卿大夫者, 自依卿大夫之班次, 旣獻而改就卿大夫之位, 如少牢禮衆賓門東北面, 旣獻西階西南者與. 特牲記, "公有司門西, 北面東上, 私臣門東, 北面西上", 鄭註云, "祭祀有上事者貴之." 疏謂, "公有司執事者列爲衆賓, 餘在門西位"也. 天子諸侯異姓助祭之位, 蓋亦如此. 執事者在西階下賓位, 其不執事者則在門東·門西之位, 中庸所謂, "序事辨賢"也. 然則宗廟之位, 有不能盡如外朝者, 但其以貴賤爲序則與外朝之禮同耳.

번역 내가 생각하기에, 『의례』「특생궤식례(特牲饋食禮)」편에서는 중형제(衆兄弟)들의 자리는 동쪽 계단 아래에서 서쪽을 향하게 되어 있다. 『예기』「제통(祭統)」편에서 "무릇 술잔을 하사할 때에는 소(昭) 항렬인 경우, 소 항렬의 사람들끼리 나이순으로 술잔을 돌리고, 목(穆) 항렬인 경우, 목 항렬 사람들끼리 술잔을 돌린다."[42]라고 했는데, 정현의 주에서는 "여기에서 말하는 소목(昭穆)은 『의례』「특생궤식례」편에서 말한 '중형제'들과 같다."라고 했으니, 이 말은 곧 천자 및 제후의 제사에서, 동성(同姓)인 친족들이 제사를 도울 때, 모두 동쪽 계단 아래에서 서쪽을 향해 서게 된다는 사실을 뜻한다. 그리고 이곳 경문에서 곧바로 "종인(宗人)들이 일을 분담해서 줄 때에는 작위로써 하고, 관직으로써 한다."라고 하였는데, 「특생궤식례」편의 기문(記文)에 대한 가공언(賈公彦)의 소(疏)에서는 "작위가 없는 자는 동쪽 계단 아래에서 서쪽을 향해 서고, 작위를 가진 자는 작위의 등급에 따라서 차례대로 선다. 그들이 술잔을 바칠 때에도 또한 관직의 등급으로써 한다."라고 하였다. 그렇기 때문에 「제통」편에서 "시동이 다섯 번 술을 마시면, 군주는 옥작(玉爵)을 씻어서 경(卿)에게 술을 따라주고, 시동이 일곱 번 술을 마시면, 요작(瑤爵)을 사용하여 대부(大夫)에게 술을 따라주며, 시동이 아홉 번 술을 마시면, 산작(散爵)을 사용하여 사(士)들 및 여러

42) 『예기』「제통(祭統)」【583b】: 凡賜爵, 昭爲一, 穆爲一, 昭與昭齒, 穆與穆齒. 凡群有司皆以齒. 此之謂長幼有序.

유사(有司)들에게 술을 따라준다. 술을 따라줄 때에는 모두 나이순으로 한다."[43]라고 한 것이다. 무릇 「특생궤식례」편에서 주인이 장형제(長兄弟) 및 '중형제'들에게 술잔을 따라주는 시기는 빈장(賓長) 및 중빈(衆賓)에게 술잔을 따라준 이후가 되므로, 만약 천자 및 제후가 동성인 사람들 중에 경과 대부의 신분인 자들에게도 또한 소목의 서열로써 술잔을 따라주게 된다면, 그들에게 술잔을 따라줄 수 있는 시기는 오히려 '중빈'에게 술잔을 따라준 이후가 된다. 그렇기 때문에 가공언이 이처럼 설명했던 것이다. 그런데 그의 말대로라면, 또한 이 말은 여러 소 항렬의 사람들과 목 항렬의 사람들이 함께 자리를 하면서도, 그 질서를 잃지 않았다는 뜻을 나타내는 것이 아니다. 아마도 술잔을 따라주기 이전에는 여러 소 항렬의 사람들과 목 항렬의 사람들이 모두 동쪽 계단 아래에서 서쪽을 향해 서 있었고, 그 때에는 나이에 따라 서열을 정하여 도열했으며, 술잔을 따라 주는 시기가 도래하면, 그들 중에서 경이나 대부가 되는 자들은 각자 경과 대부의 반열에 따른 순차에 의거하여 정렬하게 되고, 술잔 따라주는 일이 끝나면, 다시금 자리를 바꿔서 경과 대부의 위치로 옮겨가게 될 것이다. 이것은 마치 『의례』「소뢰궤식례(少牢饋食禮)」편에서 말한 것처럼, '중빈'들이 문의 동쪽에서 북쪽을 향해 서 있다가, 술잔을 따라주는 절차가 끝나면, 서쪽 계단 아래의 서남쪽에 있게 되는 것과 같은 이치일 것이다. 「특생궤식례」편의 기문에서는 "공유사(公有司)[44]는 문의 서쪽에 위치하여, 북쪽을 바라보며 동쪽 끝에 서고, 사신(私臣)들은 문의 동쪽에 위치하여, 북쪽을 바라보며 서쪽 끝에 선다."라고 하였는데, 정현의 주에서는 "제사를 지낼 때에는 해당 제사의 임무를 맡은 자를 존귀하게 대우한다."라고 하였고, 가공언의 소에서는 "공유사 중에 일을 맡아 보는 자들은 따로 정렬을 하여, '중빈'으로 대우하고, 나머지 사람들은 문의 서쪽 자리에 위치한다."라고 했다. 천자와 제후의 제사에서, 이성(異姓)인 자들이 제사를 도울 때 위치하게 되는 자리는 아마

---

43) 『예기』「제통(祭統)」【581c】: 尸飮五, 君洗玉爵獻卿, 尸飮七, 以瑤爵獻大夫. 尸飮九, 以散爵獻士及群有司. 皆以齒, 明尊卑之等也.

44) 공유사(公有司)는 사(士)가 맡았던 직책으로, 군주에게 특명을 받은 유사(有司)이다. '유사'는 실무 담당자를 뜻한다.

도 또한 이와 같았을 것이다. 일을 맡아보는 자는 서쪽 계단 아래의 빈객(賓客) 자리에 있게 되고, 일을 맡지 않은 자들은 문의 동쪽과 문의 서쪽 자리에 있게 되니, 『중용』에서 이른바 "맡은 일에 따라 서열을 정함은 현명한 자들을 변별함이다."[45]라고 말한 것이 바로 이러한 내용에 해당한다. 그러므로 종묘(宗廟)에서의 자리 배치를 모조리 외조(外朝)에서의 자리 배치처럼 할 수 없는 점이 있는 것이며, 단지 귀천(貴賤)에 따라서 서열을 정한다는 사실이 외조에서의 예법(禮法)과 같을 따름이다.

45) 『중용』「19장」: 序事, 所以辨賢也.

그림 6-8 작(爵)

▸ **출처**: 『삼례도집주(三禮圖集注)』 13권

【257b】

其登, 餕·獻·受爵, 則以上嗣.

직역 그 登에 餕하고, 獻하며, 受爵을 할 때에는 上嗣로써 한다.

의역 당상에 올라가서 '제사에서 남은 음식을 먹고[餕]', '술잔을 바치며[獻]', '술잔을 받는[受爵]' 경우에는 적장자를 가장 우선시하고, 나머지는 그 아래에 차례대로 도열한다.

集說 登, 自堂下而升堂上也. 餕, 食尸之餘也. 尸出, 宗人使嗣子及長兄弟, 升堂相對而餕也. 以特牲禮次序言之, 先時祝酌爵觶奠于鉶南, 俟主人獻內兄弟畢, 長兄弟及衆賓長爲加爵之後, 宗人使嗣子飮鉶南之奠爵. 嗣子盥而入拜, 尸執此奠爵, 嗣子進受, 復位而拜, 尸答拜, 嗣子飮畢拜尸, 尸又答拜, 所謂受爵也. 嗣子又擧所奠爵洗而酌之以入獻尸, 尸拜而受, 嗣子答拜, 所謂獻也. 無筭爵之後, 禮畢尸出乃餕. 此三事者, 受爵在先, 獻次之, 餕最在後. 今言餕獻受爵, 以重在餕, 故逆言之歟. 上嗣, 適子之長者爲最上也. 此謂士禮, 大夫之嗣無此禮者, 避君也, 故少牢禮無嗣子擧奠之文.

번역 '등(登)'자는 당하(堂下)에서 당상(堂上)으로 올라간다는 뜻이다. '준(餕)'자는 시동에게 음식을 대접하고 남은 음식을 뜻한다. 시동이 제실에서 나오면, 종인(宗人)은 적장자[嗣子] 및 장형제(長兄弟)들로 하여금 당상에 올라가서 서로 마주보게 하고, 남은 음식들을 먹게 한다. 『의례』「특생궤식례(特牲饋食禮)」편에 기록된 순서대로 말하자면, 먼저 축관(祝官)이 치(觶)라는 술잔에 술을 따라서 국그릇[鉶]의 남쪽에 바친다. 주인이 내형제(內兄弟)들에게 술잔을 따라주는 절차가 다 끝나면, 그 다음에 장형제 및 '빈객들의 수장[衆賓長]'의 술잔을 채우고, 그 일이 다 끝나기를 기다린 이후에, 종인은 사자(嗣子)로 하여금 국그릇의 남쪽에 바쳤던 술잔을 마시게 한다. 이때의 절차에 대해 말해보자면, 사자는 대야에서 손을 씻고서, 묘실(廟室) 들어와 절을 한다. 그러면 시동은 국그릇 남쪽에 바쳤던 술잔을 들어 올리고, 사자는 앞으로 나아가 그 술잔을 받는다. 사자가 다시 제자리로 돌아와서 절을 하면, 시동은 답배를 하고, 사자가 받은 술잔을 다 마시고 나면, 시동에게 다시 절을 하며, 시동 또한 다시 답배를 하니, 이것을 이른바 '수작(受爵)'이라고 부른다. 사자는 또 국그릇 남쪽에 바쳤던 술잔을 씻고서, 그 잔에 다시 술을 따른다. 그리고 그 잔을 가지고 들어와서 시동에게 바친다. 시동은 절을 하고 그 술잔을 받고, 사자는 답배를 하는데, 이것을 이른바 '헌(獻)'이라고 하는 것이다. 무산작(無筭爵)[46]을 한 이후에, 제례 절차가 다 끝나게 되면, 시동이 밖으로 나오게 되는데, 그런 뒤에는 곧 '준'을 하게 된다. 이 세 가지 일들 중에서 '수작'이 가장 먼저 시행하는 것이고, '헌'은 그 다음에 시행하며, '준'을 가장 마지막에 시행한다. 그런데 이곳 문장에서는 '준', '헌', '수작'의 순으로 기록을 하고 있다. 그 이유는 주안점이 '준'에 있기 때문에, 역순으로 언급한 것이다. '상사(上嗣)'라는 말은 적자들 중에서도 연장자를 가장 높은 자로 삼는다는 뜻이다. 이 문장의 내용은 사(士) 계급에 해당하는 예(禮)를 뜻한다. 반면 대부(大夫)의 사자에게는 이러한 예법이 적용되지 않는데, 그 이유는 대부의 경우에는 군주에 대한 예법보다 낮춰서 시행하기 때문이다. 그래서 『의례』「소뢰궤식례(少牢饋食禮)」편에는 "사자가 술잔을 든다."는 기록이 없는 것이다.

46) 무산작(無筭爵)은 술잔의 수를 헤아리지 않는다는 뜻이다. 여수(旅酬)를 한 이후에, 빈객들의 제자들과 형제들의 자제들은 각각 그들의 수장에게 술을 따르고, 잔을 들어 올리는 것도 각각 그들의 수장에게 한다. 그리고 빈객들이 잔을 가져다가, 형제들 집단에 술을 권하고, 장형제(長兄弟)들은 잔을 가져다가 빈객의 무리들에게 술을 권하게 된다. 이처럼 여러 차례 술을 따르고 권하기 때문에, 이러한 절차를 '무산작'이라고 부르는 것이다.

그림 6-9 치(觶)와 형(鉶)

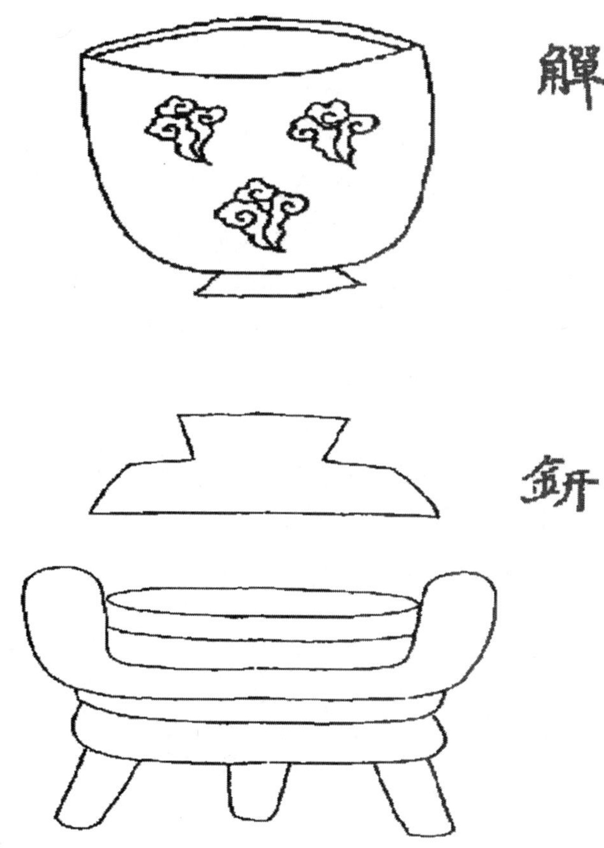

▸ **출처**: 『삼례도집주(三禮圖集注)』 12권; 『삼례도(三禮圖)』 4권

大全 山陰陸氏曰: 內朝親親, 外朝貴貴, 在宗廟之中, 則二者並隆, "宗人授事, 以爵以官", 貴貴也, "其登, 餕獻受爵, 則以上嗣", 親親也. "以官", 若君執圭瓚祼尸, 大宗執璋瓚亞獻之類. "以爵", 若迎牲, 君執引, 大夫從, 士執芻之類也. "獻"者, 謂上嗣嘗受爵於尸矣, 已而復酌獻尸也.

번역 산음육씨가 말하길, 내조(內朝)에서는 친(親)한 자를 친애하는 것이고, 외조(外朝)에서는 귀(貴)한 자를 귀하게 대하는 것이며, 종묘(宗廟) 안에서는 이 두 가지를 함께 하는 것이다. 따라서 "종인(宗人)이 일을 분담할 때 작위로써 하고 관직으로써 한다."는 말은 귀한 자를 귀하게 대한다는 뜻이며, "당상(堂上)에 올라서, 준(餕), 헌(獻), 수작(受爵)을 할 때에는 상사(上嗣)로써 한다."는 말은 친한 자를 친애한다는 뜻이다. "관직으로써 한다[以官]."는 말은 마치 군주가 시동을 대신하여, 규찬(圭瓚)을 잡고서 땅에 술을 뿌리며, 신령이 강림하도록 하고, 그 뒤에 대종(大宗)이 장찬(璋瓚)을 잡고서 술을 재차 땅에 뿌리는 것[47]과 같은 부류들이다. "작위로써 한다[以爵]."는 말은 마치 제사에 쓰일 희생물을 맞이할 때, 군주가 고삐를 잡고서 인도를 하고, 대부(大夫)가 그 뒤를 따르며 돕고, 사(士)는 희생물에게 먹일 꼴을 든다는 것[48]과 같은 부류들이다. '헌'이라는 것을 설명해보자면, 상사(上嗣)는 일찍이 시동에게서 술잔을 받는데, 그것을 마시고 나면 다시 술을 따라서 시동에게 바치는 것을 뜻한다.

---

47) 『예기』「제통(祭統)」【577a】: 君執圭瓚祼尸, 大宗執璋瓚亞祼.
48) 『예기』「제통(祭統)」【577a】: 及迎牲, 君執紖, 卿大夫從. 士執芻.

그림 6-10 규찬(圭瓚)과 장찬(璋瓚)

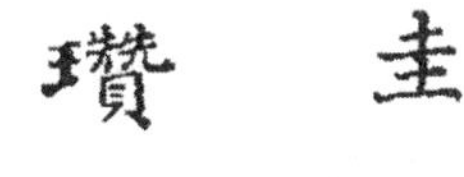

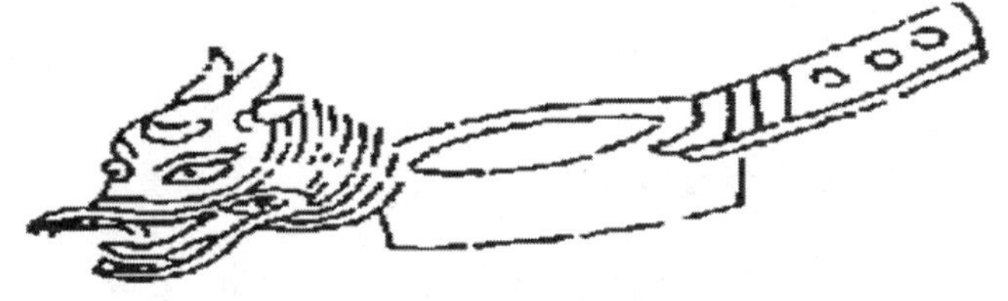

璋瓚

▸ **출처**: 『삼례도집주(三禮圖集注)』 14권

鄭注 上嗣, 君之適長子. 以特牲饋食禮言之, 受爵, 謂上嗣擧奠也. 獻, 謂擧奠洗爵酌入也. 餕[49], 謂宗人遣擧奠盥, 祝命之餕也. 大夫之嗣無此禮, 辟君也.

번역 '상사(上嗣)'는 군주의 적장자이다. 『의례』「특생궤식례(特牲饋食禮)」편의 기록을 근거로 설명을 하자면, '수작(受爵)'은 상사가 술잔을 드는 것을 뜻한다. '헌(獻)'은 술잔을 들고서, 물로 잔을 씻고서 술을 따르고, 다시 그 술잔을 들여보내는 것을 뜻한다. '준(餕)'은 종인(宗人)이 술잔과 세숫대야를 들어서 내보내면, 축관(祝官)이 그들에게 남은 제사음식을 먹으라고 명령하는 것을 뜻한다. 대부(大夫)의 사자에게 이러한 예법(禮法)이 적용되지 않는 이유는 군주에 대한 예법보다 낮추기 때문이다.

釋文 餕音俊. 適, 丁歷反. 盥音管.

번역 '餕'자의 음은 '俊(준)'이다. '適'자는 '丁(정)'자와 '歷(력)'자의 반절음이다. '盥'자의 음은 '管(관)'이다.

孔疏 ●"其登"至"上嗣". ○[50]正義曰: 此亦公族廟中之禮, 論貴適子之事. 按特牲禮尸食之後, 主人主婦賓長等獻尸, 三獻禮畢, 主人獻賓, 及獻衆賓畢, 主人酬賓, 賓奠不擧. 主人獻長兄弟及獻衆兄弟·內兄弟等訖, 長兄弟洗觚酌尸爲加爵, 衆賓長又爲加爵畢, 嗣子乃擧奠. 奠者, 初尸未入之前, 祝酌奠于鉶南, 尸入, 祭奠, 不飮, 至此乃嗣子擧之. 必嗣子擧奠者, 鄭注特牲云"將傳重累之"者. 又云"大夫之嗣子不擧奠", 則此擧奠者, 天子諸侯及士之子禮. 特牲云

49) '준(餕)'자에 대하여. '준'자는 본래 '음(飮)'자로 기록되어 있었는데, 손이양(孫詒讓)의 『교기(校記)』에서는 "'준'자를 '음'자로 잘못 기록한 것이니, 『민본(閩本)』의 기록이 옳다."라고 했다.

50) '기등지상사○(其登至上嗣○)'에 대하여. 이 글자들은 본래 없던 글자인데, 완원(阮元)의 『교감기(校勘記)』에서는 "『민본(閩本)』·『감본(監本)』·『모본(毛本)』에는 모두 이 글자들이 기록되어 있으니, 이곳 판본은 이 글자들이 누락된 것이다."라고 했다.

"嗣擧奠, 盥, 入, 北面再拜稽首, 尸執奠, 嗣子進受, 復位, 再拜稽首", 尸答拜, 嗣子卒觶拜尸, 尸答拜, 則此經所謂受爵也. 特牲又云"嗣擧奠, 洗[51]酌入, 尸拜受, 嗣子答拜", 則此經所謂獻也. 特牲又云無筭爵之後, 禮畢, 尸謖而出, 宗人遣嗣子及長兄弟相對而餕. 所謂餕也. 以特牲言之, 則先受爵而後獻, 獻而後餕. 今此經先云餕者, 以餕爲重, 擧重者從後以嚮先, 逆言之, 故云"其登餕·獻·受爵"也. 登謂登堂, 無事之時. 嗣子在堂下, 餕時登堂, 獻時亦登堂, 受爵之時亦登堂. 此一登之文, 包此三事. 以經文連於上宗廟之中, 宗人授事, 以爵以官, 謂衆官皆爲其事.

번역 ●經文: "其登"~"上嗣". ○이 문장의 내용 또한 공족(公族)이 종묘(宗廟) 안에서 시행하게 되는 예법(禮法)에 해당하며, 적장자를 존귀하게 대하는 일을 논의하고 있다. 『의례』「특생궤식례(特牲饋食禮)」편을 살펴보면, 시동이 음식을 먹은 이후에, 주인(主人) 및 주부(主婦)와 '빈객들의 수장[賓長]' 등은 시동에게 술잔을 따라서 바친다. 삼헌(三獻)하는 예식 절차가 다 끝나게 되면, 주인은 빈객에게 술잔을 바치게 되고, '빈객 무리[衆賓]'들에게까지 술잔 바치는 일이 다 끝나게 되면, 주인은 빈객에게 술을 권하는데, 빈객은 술잔을 놔두기만 할뿐이지, 술잔을 들지 않는다. 또 주인이 장형제(長兄弟)에게 술잔을 바치고, 중형제(衆兄弟) 및 내형제(內兄弟)에게도 술잔을 다 바치게 되면, 장형제는 고(觚)를 씻고서 시동에게 술을 따라서 바치게 되며, '빈객 무리들의 수장[衆賓長]' 또한 술을 따라서 바치게 된다. 그 일이 다 끝나면, 적장자[嗣子]가 곧 바쳐졌던 술잔을 들게 된다. '전(奠)'이라는 것은 제사 초반부에 시동이 아직 묘실(廟室)로 들어오기 이전, 축관(祝官)이 국그릇의 남쪽에 따라두었던 술잔을 뜻하는 말로, 시동이 묘실로 들어와서 제사를 지내게 되면, 제사를 지내는 도중에는 그 술잔을 그대로 두기만 할뿐, 술잔을 들어서 마시지 않는데, 이 시기가 되면, 곧 사자(嗣子)가 그 술잔을 들게 되는 것이다. 반드시 사자로 하여금 그 술잔을

51) '세(洗)'자에 대하여. '세'자는 본래 '선(先)'자로 기록되어 있었는데, 『십삼경주소(十三經注疏)』 북경대 출판본에서는 "『의례』「특생궤식례(特牲饋食禮)」편의 문장에 따라서, '세'자로 수정하였다."라고 했다.

들게 하는 이유에 대해서, 「특생궤식례」편에 대한 정현의 주에서는 "장차 가계를 전수하여 선조들의 덕업을 전승하게 됨을 중시하기 때문이다."라고 하였다. 그런데 「특생궤식례」편에 대한 정현의 주에서는 또한 "대부(大夫)의 사자는 술잔을 들지 않는다."라고 하였으니, 이곳 문장에서 사자가 술잔을 든다고 한 내용은 천자 및 제후, 그리고 사(士) 계급에 적용되는 예(禮)이다. 「특생궤식례」편에서는 "사자가 술잔을 마시고 나면, 손을 씻고서 묘실(廟室)로 들어가고, 묘실에 들어가서는 북쪽을 향해 서서, 재배를 하며 머리를 조아린다. 그러면 시동은 술잔을 들어 올리는데, 사자는 다시 시동 앞으로 나아가 그것을 받고, 자신의 자리로 돌아와서, 재배를 하며 머리를 조아린다."라고 했다. 시동이 답배를 하게 되면, 사자는 술잔을 비우고서 시동에게 절을 하고, 시동은 다시 답배를 하게 되는데, 이러한 절차들이 바로 경문에서 말한 '수작(受爵)'이라는 것이다. 「특생궤식례」편에서는 또한 "사자가 받은 술잔을 마신 뒤에, 술잔을 씻고서 술을 채운 다음, 다시 그 술잔을 가지고 들어오면, 시동은 절을 하며 그것을 받고, 사자는 답배를 한다."라고 했는데, 이러한 절차들이 바로 경문에서 말한 '헌(獻)'이라는 것이다. 「특생궤식례」편에서는 또한 무산작(無筭爵)을 한 이후에, 의례 절차가 다 끝나게 되면, 시동은 자리에서 일어나서, 묘실을 빠져나가게 되고, 종인(宗人)은 사자 및 장형제 등을 들여보내서, 서로 마주보게 한 다음, 남은 음식들을 먹게 한다고 했다. 이러한 절차들이 바로 '준(餕)'이라는 것이다. 「특생궤식례」편에 기록된 내용을 기준으로 말해보자면, 먼저 '수작'을 하게 되고, 그 이후에 '헌'을 하며, '헌'을 한 이후에야 '준'을 하게 된다. 그런데 이곳 경문에서는 먼저 '준'에 대해서 언급하고 있다. 그 이유는 '준'을 중시하고 있기 때문이니, 중요한 것을 먼저 거론한 이후에, 차례대로 그 뒤에 열거하게 되어, 역순으로 기록하게 된 것이다. 그렇기 때문에 "당상(堂上)에 올라가서 '준'을 하고, '헌'을 하고, '수작'을 한다."라고 말한 것이다. 이 문장에서의 '등(登)'자는 당상에 올라간다는 뜻으로, 제사 절차가 모두 끝나서, 특별한 의식이 없는 시기에 해당한다. 따라서 사자는 당하(堂下)에 머물러 있다가, '준'을 할 때에 당상에 올라가는 것이며, '헌'을 할 때에도 또한 당상에 올라가게 되고, '수작'을 할 때에도 또한 당상에 올라가게 되는 것이다. 그러므로 이 문장에 기록된 1개의 '등'자는 이러한 세 가지 일들을 모두 포괄하는 글자이다. 이곳 경문은 앞의 경문 내용인 '종묘 안에서의 예식' 뒤에 기록되어 있는데, 이곳 문장에서는 "'군주의 적장자[上嗣]'로써 한다[以上嗣]."라고 했으니, 종인이 일을 분배할 때, 작위로써 하고, 관직으로써 한다는 말은 곧 뭇 관리들이 모두 그 일에 종사하게 된다는 뜻이다.

그림 6-11 고(觚)

▸출처: 『삼례도집주(三禮圖集注)』 12권

孔疏 ●"則以上嗣". ○其登餕·獻不用衆官, 唯用上嗣, 故云"則以上嗣". 按特牲餕時雖有長兄弟, 以上嗣爲主.

번역 ●經文: "則以上嗣". ○당상(堂上)에 올라가서 '준(餕)'을 하고, '헌(獻)'을 할 때에는 뭇 관리들이 그러한 절차를 시행하는 것이 아니며, 오직 상사(上嗣)만이 그 일을 하게 된다. 그렇기 때문에 "상사로써 한다."라고 한 것이다. 『의례』「특생궤식례(特牲饋食禮)」편을 살펴보면, '준'을 할 때에 비록 장형제(長兄弟)도 기록 속에 포함되어 있지만, 이 또한 상사를 위주로 하는 것이다.

孔疏 ◎注"上嗣"至"君也". ○正義曰: 言適長子者, 是適子之中長也. 凡適皆可以嗣, 今云上嗣, 是嗣中最上. 云"受爵, 謂上嗣擧奠"者, 以特牲無受爵之文, 唯有嗣子擧尸之奠爵受而飮之, 故此經謂之受爵也. 云"獻謂擧奠洗爵酌入也"者, 亦以特牲無嗣獻之文, 故將此爲獻也. 擧奠, 謂嗣子也. 名此嗣子爲擧奠, 嗣子旣飮尸前爵畢, 乃更洗爵酌入以進尸, 此謂士禮. 若天子諸侯除此酌入之數外, 子孫別有獻尸, 故鄭注小雅云:."天子則有子孫獻尸之禮." 云"大夫之嗣無此禮, 辟君也"者, 按少牢饋食無嗣子擧奠, 大夫尊於士而不擧奠, 故知辟正君也.

번역 ◎鄭注: "上嗣"~"君也". ○정현이 '적장자(適長子)'라고 하였는데, '적장자'는 곧 '적자(適子)'들 중에서도 가장 연장자를 뜻한다. 무릇 '적자'들은 모두 '가업을 전승[嗣]'할 수 있다. 그래서 '사자(嗣子)'라고도 부르는 것인데, 이곳 문장에서는 '상사(上嗣)'라고 하였으니, '상사'는 곧 '사자'들 중에서도 가장 높은 자에 해당한다. 정현이 "'수작(受爵)'은 '상사'가 술잔을 드는 것을 뜻한다."라고 하였는데, 정현이 이처럼 설명했던 이유는 『의례』「특생궤식례(特牲饋食禮)」편에는 '수작'에 대한 기록이 없기 때문이다. 그리고 오직 '사자'만이 시동 앞에 놓여 있던 술잔을 받아서 마실 수 있기 때문에, 이곳 경문에서 이러한 절차를 '수작'이라고 부른 것이다. 정현이 "'헌(獻)'은 술잔을 들고서, 물로 잔을 씻고서 술을 따르고, 다시 그 술잔을 들여

보내는 것을 뜻한다."라고 하였는데, 「특생궤식례」편에는 또한 '사자'가 '헌'을 한다는 기록이 없기 때문에, 정현이 '수작' 뒤의 절차들을 '헌'이라고 설명한 것이다. 시동 앞에 차려져 있던 술잔을 드는 것은 '사자'에게 해당하는 절차이다. 따라서 이러한 절차를 두고서, '사자'가 술잔을 든다고 하였는데, '사자'가 시동 앞에 놓여 있던 술잔을 다 마시고 나면, 곧 술잔을 씻고서, 거기에 다시 술을 따른 다음, 시동 앞에 나아가게 되는데, 이러한 절차들은 사(士) 계급에 해당되는 예법(禮法)이다. 만약 천자나 제후의 경우라면, '사자'가 술잔을 따라서 시동 앞에 나아가는 것 외에도, 자손들이 별도로 시동에게 술잔을 바치게 된다. 그렇기 때문에 『시』「소아(小雅)」편에 대한 정현의 주에서 "천자의 경우에는 자손들이 시동에게 술잔을 바치는 의례 절차가 있다."라고 한 것이다. 정현이 "대부(大夫)의 사자에게 이러한 예법(禮法)이 적용되지 않는 이유는 군주에 대한 예법보다 낮추기 때문이다."라고 하였는데, 『의례』「소뢰궤식례(少牢饋食禮)」편을 살펴보면, '사자'가 술잔을 든다는 내용이 없고, 대부는 사보다도 존귀한 신분인데도, 술잔을 들지 않기 때문에, 군주에 대한 예법보다 낮추기 때문에, 시행하지 않는다는 사실을 알 수 있다.

集解 此上二節, 言公族在宗廟之禮.

번역 이상의 두 구절은 공족(公族)이 종묘(宗廟)에 위치할 때의 예법(禮法)에 대해서 말하고 있다.

【257d】

庶子治之, 雖有三命, 不踰父兄.

직역 庶子는 治之하니, 비록 三命이 有하더라도, 父兄을 不踰한다.

의역 서자(庶子)는 공족(公族)들이 내조(內朝)에서 조회하는 예법(禮法)을 담당하니, 비록 공족들 중에, '삼명(三命)의 등급에 해당하는 존귀한 신분을 가진 자'가 있더라도, 그 자는 자신의 부형(父兄)이 서는 위치를 넘어서 상석에 설 수 없다.

集說 庶子治公族朝內朝之禮, 雖有三命之貴, 而其位次, 不敢踰越無爵之父兄而居其上, 卽上章所言臣有貴者以齒也.

번역 서자(庶子)는 공족(公族)들이 내조(內朝)에서 조회하는 예법(禮法)을 담당하는데, 비록 공족들 중에, 삼명(三命)의 등급에 해당하는 존귀한 신분을 가진 자가 있더라도, 그에 대한 자리배치는 감히 '작위가 없는 부형(父兄)'이라고 할지라도 그들의 자리를 넘어서 상석에 위치할 수 없다. 이 말은 곧 앞 문장에서 말한 "신하들 중에 존귀한 신분을 가진 자가 있더라도, 나이에 따라 서열을 정한다."[52]라는 내용에 해당한다.

集說 疏曰: 若非內朝, 其餘會聚, 則一命齒于鄕里. 謂一命尙卑, 若與鄕里長宿燕食, 則猶計年也. 再命齒于父族, 謂再命漸尊, 不復與鄕里計年, 唯官高在上, 但父族爲重, 猶計年爲列也. 三命不齒, 謂三命大貴, 則亦不復與父族計年, 燕會則別席獨坐在賓之東矣.

번역 공영달(孔穎達)의 소(疏)에서 말하길, 내조(內朝)에서 모이는 경

---

52) 『예기』「문왕세자」【256d】: 其朝于公, 內朝則東面北上, 臣有貴者, 以齒.

우가 아니라, 그 나머지 회합인 경우라면, 일명(一命)인 자들은 향리에서 나이 서열에 따른다고 했다. 이 말은 곧 '일명'의 등급에 해당하는 자들은 신분이 여전히 낮으므로, 만약 향리의 장숙(長宿)[53]들과 함께 연회에 참가하게 된다면, 여전히 나이를 따지게 된다는 뜻이다. 그리고 이명(二命: =再命)인 자들은 부계(父系) 인척들과의 자리에서, 나이 서열에 따른다고 했다. 이 말은 곧 '이명'의 등급에 해당하는 자들은 신분이 조금 높아진 것이므로, 향리에서는 다시금 나이에 따른 서열을 따르지 않고, 오직 관직이 높은 자가 그들의 상석에 위치하게 된다. 그러나 부계 인척들은 중요한 관계이므로, 여전히 나이를 따져서, 서열을 정하게 된다는 뜻이다. 그리고 삼명(三命)인 자들은 나이 서열에 따르지 않는다고 했다.[54] 이 말은 곧 '삼명'의 등급에 해당하는 자들은 신분이 매우 높아서, 부계 인척들과의 자리에서도 또한 나이를 따지지 않게 되니, 연회를 하게 되면, 별도의 좌석을 설치하여, 빈객들의 동쪽 편에서 홀로 앉아 있게 된다.

大全 山陰陸氏曰: 司士爲之, 庶子治之者, 爲之以禮, 治之以義也. 蓋司士爲之以禮, 恩也, 故庶子治之以義, "雖有三命, 不踰父兄", 據此進齒一等, 方其以爵以官, 嫌齒太陵故也. 先王所以均節仁義, 使恩恊理稱世無得議焉, 凡以此.

번역 산음육씨가 말하길, "사사(司士)가 담당을 한다."[55]라고 했고, "서자(庶子)가 다스린다."라고 하였는데, 담당을 할 때에는 예법(禮法)에 따라서 하는 것이며, 다스릴 때에는 의리에 따라서 하는 것이다. 무릇 사사가 예법에 따라서 담당하는 것은 은혜로운 일에 해당한다. 그렇기 때문에 서자가 의리에 따라 다스리면서도, "비록 삼명(三命)에 해당하는 자가 있더라도, 그들이 부형의 자리를 넘어서지 못하게 한다."라는 것은 사사가 시행하는 예법에 근거해서, 나이에 따른 서열을 똑같이 따르는 것이며, 종인(宗人)

53) 장숙(長宿)은 나이가 많고 덕망이 있는 사람들을 가리키는 말이다.
54) 『주례』「지관(地官)·당정(黨正)」: 壹命齒于鄕里, 再命齒于父族, 三命而不齒.
55) 『예기』「문왕세자」【257a】: 其在外朝, 則以官, 司士爲之.

이 작위의 등급에 따르고, 관직에 따르는 것은 나이 따지는 것만 중시하는 것을 꺼리기 때문이다. 선왕(先王)이 인(仁)과 의(義)를 고르게 조절해서, 은혜로움을 이치에 합당하게 하여, 후세에 의론의 여지가 없도록 했던 것도 모두 이러한 이유 때문이다.

鄭注 治之, 治公族之禮也, 唯於內朝則然. 其餘會聚之事, 則與庶姓同. 一命齒于鄉里, 再命齒于父族, 三命不齒. 不齒者, 特爲位, 不在父兄行列中.

번역 "다스린다."는 말은 공족(公族)들에 대한 예법(禮法)을 다스린다는 뜻으로, 오직 내조(內朝)에서만 그렇게 한다는 의미이다. 기타 회합하는 자리에서는 다른 성씨(姓氏)를 가진 자들과 함께 할 때의 예법과 동일하다. 일명(一命)인 자들은 향리(鄉里)에서 나이 서열을 따르고, 이명(二命: =再命)인 자들은 부계(父系) 친인척 사람들과 나이 서열을 따르며, 삼명(三命)을 가진 자들은 나이 서열을 따르지 않는다. "나이 서열에 따르지 않는다."는 말은 특별히 그의 자리를 별도로 만들어주어서, 부형(父兄)의 행렬 속에 함께 자리하지 않게 한다는 뜻이다.

釋文 行, 戶剛反.

번역 '行'자는 '戶(호)'자와 '剛(강)'자의 반절음이다.

孔疏 ●"庶子"至"父兄". ○正義曰: "庶子治之", 謂治此公族朝於內朝之時也. 旣不計官之大小, 故雖有三命之貴, 而列位不得踰越在無爵父兄之上也. 然此句應承第二條前"臣有貴者以齒"之下, 其外朝旣云司士爲之, 則內朝自然庶子治之也. 所以在此者, 當是簡札遺脫, 故在此也. 鄭不言者, 略耳.

번역 ●經文: "庶子"~"父兄". ○경문의 "서자(庶子)가 다스린다."라는 말은 공족(公族)들이 내조(內朝)에서 조회를 할 때, 관련 예법(禮法)들을 주관한다는 뜻이다. 이러한 경우 공족들에 대해서는 관직의 고하(高下)를 따지지 않는다고 하였기 때문에, 비록 그들 중에 삼명(三命)의 등급을 가진 존귀한 자가 있다고 하더라도, 그들의 자리가 작위가 없는 부형(父兄)보다 상석에 놓이지 못하는 것이다. 그런데 이 구문은 마땅히 두 번째 조목인 "신하들 중에 존귀한 신분을 가진 자가 있더라도, 나이에 따라 서열을 정한다."라는 구문 아래에 기록해 두어야 한다. 외조(外朝)에서 공족들이 모일 때에는 사사(司士)가 그 일을 담당한다고 하였으니, 내조에서 모이는 경우라면, 자연히 서자가 그 일들을 주관하는 것이다. 그런데도 이 문장이 이곳에 위치하게 된 까닭은 죽간이 헝클어져서, 이곳에 잘못 놓이게 된 것이다. 정현이 이 점을 지적하지 않은 이유는 몰라서 그런 것이 아니라, 언급을 생략했을 따름이다.

孔疏 ◎注"治之"至"行列中". ○正義曰: "治之, 治公族之禮也, 唯於內朝則然"者, 鄭恐外朝亦爾, 故云"唯於內朝則然". 云"其餘會聚之事, 則與庶姓同"者, 其餘謂非內朝, 則皆並計官也. 云"一命齒于鄕里"者, 引黨正文, 解三命, 不踰父兄之事也. 一命尙卑, 若與鄕里長宿燕食, 則猶計年也. 云"再命齒于父[56]族"者, 再命漸尊, 不復與鄕里計年, 唯官高在上, 但父族爲重, 而猶與之計年爲列也. 云"三命不齒"者, 三命大貴, 則不復與父族計年. 若應有燕會, 則別席獨坐, 在賓之東也.

번역 ◎鄭注: "治之"~"行列中". ○정현이 "다스린다는 말은 공족(公族)들에 대한 예법(禮法)을 다스린다는 뜻으로, 오직 내조(內朝)에서만 그렇게 한다는 의미이다."라고 하였는데, 정현은 아마도 외조(外朝)에서도 또한 이와 동일하게 한다고 오해하게 될까 걱정하였기 때문에, "오직 내조에서만 그렇게 한다는 뜻이다."라고 말했던 것이다. 정현이 "기타 회합하는 자리에서는 다른 성씨(姓氏)를 가진 자들과 함께 할 때의 예법과 동일하다."라고

56) '부(父)'자에 대하여. '부'자는 본래 '공(公)'자로 기록되어 있었는데, 정현의 주에 따르면, 이 글자는 '부'자가 되어야 한다.

하였는데, 기타 회합들은 내조에서 모이는 회합이 아닌 경우를 뜻하니, 이러한 경우에는 모두 관직의 고하(高下)를 따지게 된다. 정현이 "일명(一命)인 자들은 향리(鄕里)에서 나이 서열을 따른다."라고 하였는데, 이 말은 『주례』「당정(黨正)」편의 문장을 인용한 것으로, 삼명(三命)의 등급을 가진 자들이 부형(父兄)의 자리를 넘어설 수 없다는 일을 설명하기 위해서 인용한 것이다. '일명'인 자들은 여전히 신분이 낮으니, 만약 향리에서 장숙(長宿)들과 연회를 하게 된다면, 여전히 나이를 따지게 되는 것이다. 정현이 "이명(二命: =再命)인 자들은 부계(父系) 친인척 사람들과 나이 서열을 따른다."라고 하였는데, '이명'인 자들은 신분이 조금 높아졌으므로, 향리에서는 다시금 나이를 따져서 자리를 정하지 않게 되며, 오직 관직이 높은 자만이 상석에 앉게 된다. 그러나 부계 인척들은 중요한 관계이므로, 그들과 자리를 함께 할 때라면, 여전히 나이를 따져서 서열을 정하게 된다. 정현이 "'삼명'을 가진 자들은 나이 서열을 따르지 않는다."라고 하였는데, '삼명'인 자들은 매우 존귀한 신분에 해당하므로, 부계 인척들과 자리를 함께 하더라도, 나이를 따지지 않게 된다. 만약 연회에 참석하게 된다면, 별도의 좌석에서 홀로 앉게 되어, 여러 빈객들의 동쪽 편에서 위치하게 된다.

【258a】

其公大事, 則以其喪服之精麤, 爲序, 雖於公族之喪, 亦如之, 以次主人.

직역 公의 大事에는 그 喪服의 精麤로써 序를 爲하며, 비록 公族의 喪이더라도 또한 如之하되, 이로써 主人에 次한다.

의역 군주의 상사(喪事)에서는 상복(喪服)의 거칠고 조밀한 차이로 서열을 정하며, 비록 공족(公族)의 상(喪)이라고 하더라도, 또한 이처럼 상복의 차이로 서열을 정하되, 상주(喪主)를 가장 상석에 위치하게 하고, 나머지는 서열에 따라 상주 뒤로 정렬한다.

集說 此謂君喪而庶子治其禮事. 大事, 喪事也. 臣爲君皆斬衰, 然衰制雖同, 而升數之多寡則各依本親. 庶子序列位次, 則辨其本服之精麤, 使衰麤者在前, 衰精者在後. 非但公喪如此, 公族之內有相爲服者亦然, 蓋亦是庶子序其精麤先後之次也. 以次主人者, 謂雖有庶長父兄尊於主人, 亦必次於主人之下, 使主人在上爲喪主也.

번역 이 문장의 내용은 군주의 상(喪)에서 서자(庶子)가 관련된 예식절차들을 다스린다는 뜻이다. '대사(大事)'라는 것은 상사(喪事)를 뜻한다. 신하들은 죽은 군주를 위해서, 원칙적으로 모두 참최복(斬衰服)을 입게 되는데, 참최복을 입는 것은 비록 동일하다고 하더라도, 베의 올 수가 많고 적은 차이는 각각 군주와의 친속 관계에 따르게 된다. 이러한 상황에서 서자가 서열에 따른 위치를 배분할 때에는 군주의 상에 참여하는 자들이 본래부터 입게 되는 상복(喪服)의 거칠고 조밀한 정도에 따라 변별하여, 거친 상복을 입은 자는 앞에 서게 하고, 조밀한 상복을 입은 자는 뒤에 서게 한다. 그런데 단지 군주의 상에서만 이렇게 하는 것이 아니니, 군주의 친인척 상에서도, '상사의 일을 돕게 되어, 상복을 입어야 하는 자들'도 또한 이처럼 하게 되니, 아마도 이러한 경우에서도 서자가 또한 그들이 입게 되는 상복의 거칠고 조밀한 정도에 따라서, 앞에 서게 하거나 뒤에 서게 하는 등의 서열을 나누게 될 것이다. "주인 다음으로 한다[以次主人]."는 말은 비록 여러 친인척들 중 나이가 많은 부형(父兄)들이 상주(喪主)보다 존귀한 신분을 가지고 있다고 하더라도, 또한 반드시 상주의 뒤에 차례대로 서야 한다는 뜻으로, 이처럼 하는 이유는 주인(主人)을 가장 상석에 앉혀서, '상주'로 삼기 때문이다.

大全 嚴陵方氏曰: 送死足以當大事, 故謂之大事. 服輕則於喪者爲疏, 服重則於喪者爲親, 以精麤爲序也.

번역 엄릉방씨가 말하길, 죽은 자를 전송하는 일은 충분히 중대한 일에 해당하기 때문에, 그것을 '대사(大事)'라고 부르는 것이다. 상복(喪服)의 수위가 가벼운 자라면, 죽은 자와의 관계가 먼 경우에 해당하고, 상복의 수위가 무거운 자라면, 죽은 자와의 관계가 가까운 경우에 해당하니, 상복의 거칠고 조밀한 정도에 따라서, 서열을 정하는 것이다.

鄭注 大事謂死喪也. 其爲君雖皆斬衰, 序之必以本親也. 主人, 主喪者. 次主人者, 主人恒在上, 主人雖有父兄, 猶不得下齒.

번역 '대사(大事)'는 '사상(死喪)'에 대한 일을 가리킨다. 군주의 상(喪)에 참여하는 자들이 죽은 군주를 위해서 모두 참최복(斬衰服)을 입는다고 하더라도, 서열을 정할 때에는 반드시 군주와의 친소(親疎) 관계에 따른다. 주인(主人)은 상사(喪事)의 일을 주관하는 자이다. "주인 다음으로 한다."는 말은 상주(喪主)가 항상 상석에 있게 되니, 상주에게 비록 나이가 많은 친척 부형(父兄)들이 있다고 하더라도, 오히려 나이에 따라서 상주를 뒤에 서게 할 수 없다는 뜻이다.

孔疏 ●"其公"至"主人". ○此謂君喪而庶子官掌之事也. 大事謂君喪, 其臣雖皆斬衰, 其庶子列次之時, 則以其本服之精麤爲序, 衰麤者在前, 衰精者在後.

번역 ●經文: "其公"~"主人". ○이 문장은 군주의 상(喪)에서 서자(庶子)라는 관리가 관례 예법(禮法)들을 담당하는 일에 대해서 언급하고 있다. '대사(大事)'는 군주의 상을 뜻하니, 비록 군주의 신하들이 모두 참최복(斬衰服)을 입는다고 하더라도, 서자가 그들의 위치를 정할 때에는 그들이 각각 입게 되는 상복(喪服)의 거칠고 조밀한 차이로 서열을 정하게 된다. 따라서 거친 상복을 입고 있는 자를 앞자리에 위치하게 하고, 조밀한 상복을 입고 있는 자를 뒷자리에 위치하게 한다.

孔疏 ●"雖於公族之喪亦如之"者, 言非但公喪如此, 雖於公族之內有死喪之事, 相爲亦如之. 爲死者服麤者居前, 服精者居後, 故云"亦如之".

번역 ●經文: "雖於公族之喪亦如之". ○이 문장은 군주의 상(喪)에서만 이렇게 한다는 말이 아니며, 비록 공족(公族)들 중에서 발생한 사상(死喪)의 일이라고 하더라도, 그 일을 돕는 자들 또한 이와 똑같이 서열을 정한다는 뜻이다. 즉 죽은 자를 위해 거친 상복을 입는 자들은 앞줄에 위치하게 되고, 조밀한 상복을 입는 자들은 뒷줄에 위치하게 된다. 그렇기 때문에 "또한 이와 같이 한다[亦如之]."라고 말한 것이다.

孔疏 ●"以次主人"者, 謂雖有庶長父兄尊於主人, 仍次於主人之下, 使主人在上居喪主也.

번역 ●經文: "以次主人". ○이 문장은 여러 부형(父兄)들 중에서 비록 주인(主人)보다 존귀한 신분을 가진 자가 있다고 하더라도, 주인의 뒤에 차례대로 정렬하게 된다는 뜻이니, 주인을 가장 상석에 위치하게 하여, 상주(喪主)로 삼기 때문이다.

孔疏 ◎注"大事"至"下齒". ○正義曰: 以其經云"則以其喪服之精麤", 故知"大事謂死喪也". 云"序之必以本親也"者, 按喪服臣爲君斬衰, 今言服之精麤爲序, 故知必以本親服之精麤, 謂衰服縷布精麤也. 皇氏云: "以爲喪服以麤爲精, 故鄭注雜記云'臣爲君三升半', 微細焉, 則屬於麤. 是知斬爲精, 齊爲粗." 若如皇氏說, 緦麻小功爲極粗, 斬衰爲極精也, 書傳何處謂斬衰爲精乎? 但斬衰於麤之外, 別更稱斬, 見其哀痛之甚, 故於齊衰而稱麤也; 云"微細焉, 則屬於麤"者, 謂得入齊衰之限, 不復稱斬耳, 豈謂斬衰細乎? 皇氏之說非也. 云"主人雖有父兄, 猶不得下齒"者, 言主喪之人, 當在於上以爲喪主, 雖族人父兄尊, 則主人猶不得在父兄之下而齒列焉.

번역 ◎鄭注: "大事"~"下齒". ○경문에서 "상복(喪服)의 거칠고 조밀함으로써 한다."라고 언급하였기 때문에, 정현의 말처럼, "대사(大事)가 사상(死喪)을 뜻한다."라는 것이 사실임을 알 수 있다. 정현이 "서열을 정할 때에는 반드시 군주와의 친소(親疎) 관계에 따른다."라고 하였는데, 『의례』「상복(喪服)」편을 살펴보면, 신하들은 군주를 위해서 참최복(斬衰服)을 입는다고 하였고, 지금 이 문장에서는 상복(喪服)의 거칠고 조밀한 정도로 서열을 정한다고 하였다. 그렇기 때문에 반드시 본래의 친소 관계에 따라 입게 되는 상복의 거칠고 조밀한 차이로 서열을 정한다는 사실을 알 수 있으며, 이 말은 또한 참최복 중에도 거칠고 조밀한 차이가 있다는 사실을 뜻한다. 황간은 "상복은 '거친 베[麤]'로 만든 것을 '조밀한 것[精]'으로 여긴다. 그렇기 때문에 『예기』「잡기(雜記)」편에 대한 정현의 주에서 '신하는 군주를 위해서, 3승(升) 반으로 된 베로 상복을 만든다.'라고 하였으니, 가늘고 미세하게 만들어진 것이라면, 바로 '추(麤)'에 속하게 된다. 이러한 까닭으로 참최복이 조밀한 것이 되고, 자최복(齊衰服)이 '거친 것[粗]'이 된다."라고 했다. 만약 황간의 주장대로라면, 시마복(緦麻服)과 소공복(小功服)은 매우 거친 것이 되고, 참최복은 매우 조밀한 것이 되는데, 『상서대전(尙書大傳)』의 어느 기록에서 참최복을 조밀하다고 했는가? 다만 참최복은 '추'와는 별도로, '참(斬)'자를 붙여서 부르니, 그 이유는 애통함이 매우 깊다는 사실을 나타내기 위해서이다. 그렇기 때문에 참최복에 대해서는 '추'라고 부르지 않고, 자최복에 대해서만 '추'라고 부르는 것이다. 그리고 황간은 "가늘고 미세하게 만들어진 것이라면, 바로 '추'에 속하게 된다."라고 하였는데, 이 말을 바꿔 말하면, 거칠거나 조밀한 정도가 자최복의 범위에 속하게 되면, 참최복이라고 부를 수 없다는 뜻인데, 어찌 참최복이 세밀한 옷감으로 만들어졌다고 하는가? 그러므로 황간의 주장은 잘못된 말이다. 정현이 "상주에게 비록 나이가 많은 친척 부형(父兄)들이 있다고 하더라도, 오히려 나이에 따라서 상주를 뒤에 서게 할 수 없다는 뜻이다."라고 하였는데, 이 말은 곧 상(喪)을 주관하는 자는 마땅히 가장 상석에 위치하게 해서, 상주(喪主)로 삼게 되니, 비록 친족의 부형(父兄)들 중에서 존귀한 자가 있더라도, 상주를 부형의 뒤에 위치하게 만들어서, 나이에 따른 서열로 자리를 정하게 할 수 없다는 뜻이다.

그림 6-12 자최복 착용 모습

▸ **출처**: 『삼재도회(三才圖會)』「의복(衣服)」 3권

그림 6-13 자최복 각부 명칭

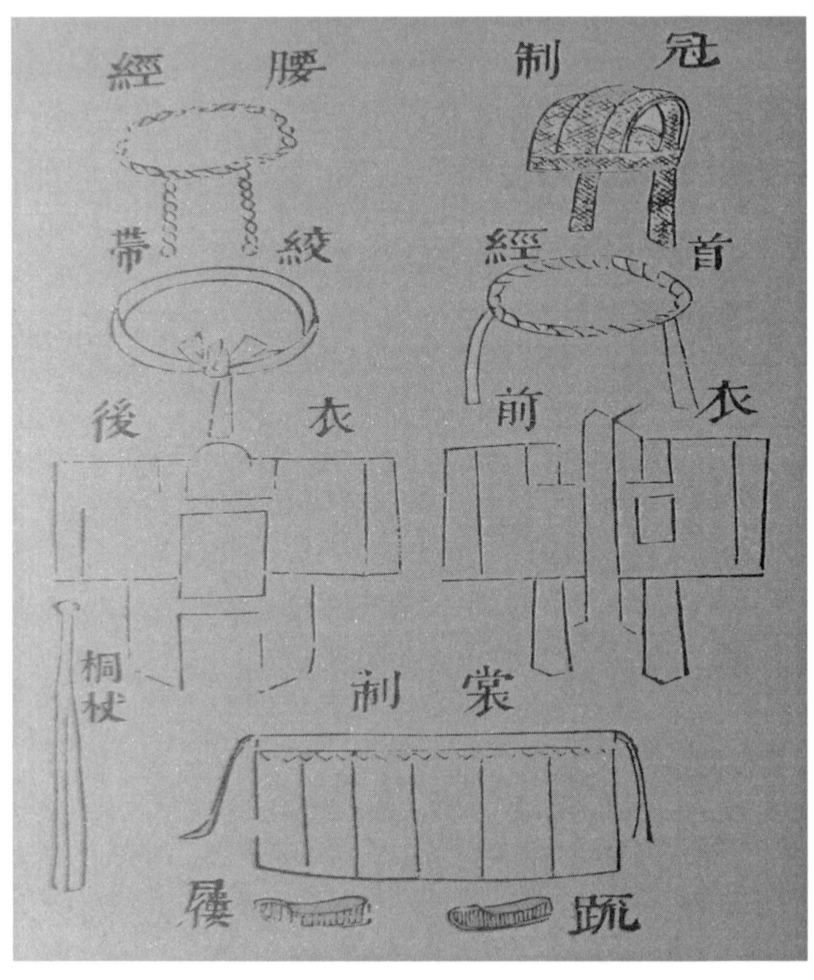

▸ 출처: 『삼재도회(三才圖會)』「의복(衣服)」 3권

그림 6-14 소공복 착용 모습

▸ 출처: 『삼재도회(三才圖會)』「의복(衣服)」 3권

그림 6-15 소공복 각부 명칭

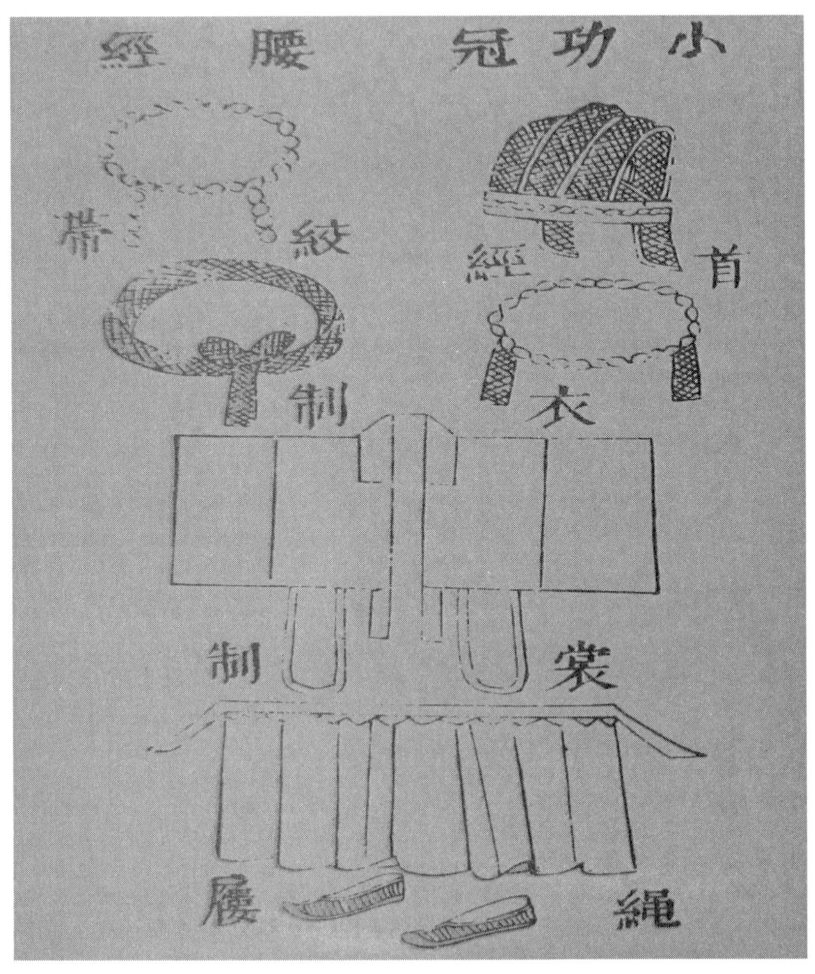

▸ 출처: 『삼재도회(三才圖會)』「의복(衣服)」 3권

그림 6-16 시마복 착용 모습

▸ **출처:** 『삼재도회(三才圖會)』「의복(衣服)」 3권

그림 6-17 시마복 각부 명칭

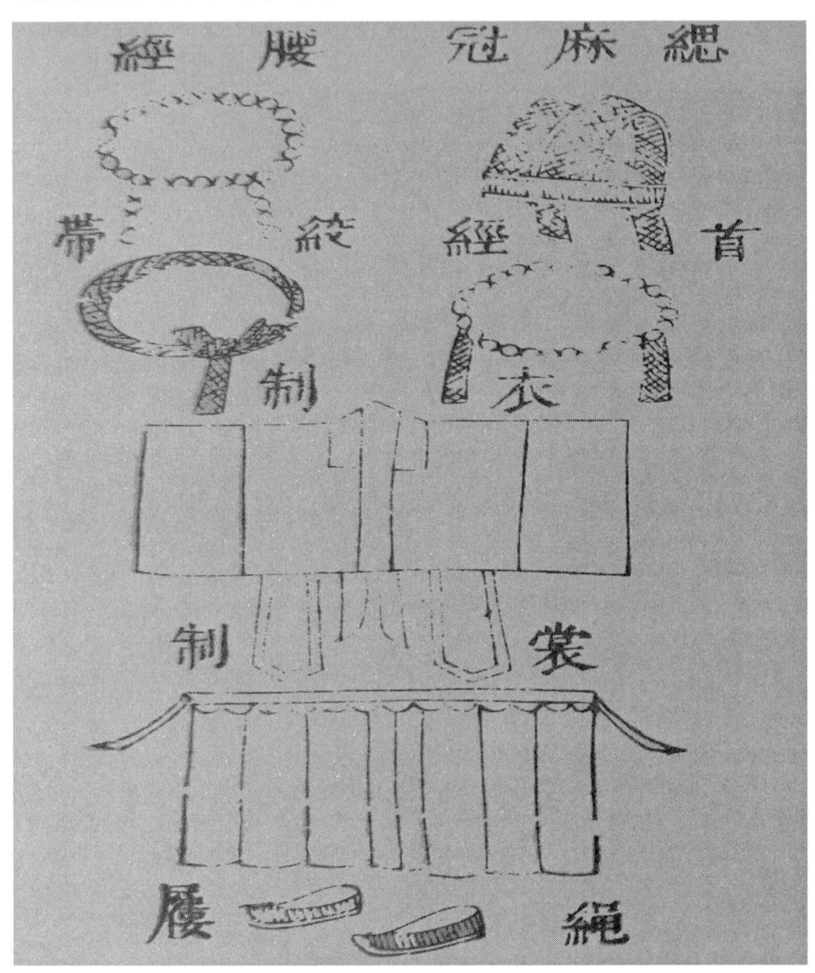

▸ 출처: 『삼재도회(三才圖會)』「의복(衣服)」 3권

集解 此言公族喪紀之禮也. 公大事, 謂君之喪事. 喪服親者麤, 疎者精. 爲君雖皆斬衰, 而其本服各有精麤, 故庶子治其喪事, 使以本服之精麤爲序, 親疎不得相越也. 非但君喪如此, 雖於公族之喪事, 亦使有服者以精麤爲序, 以次主人. 尸在室, 則親者在室中, 立於主人之後, 而疎者在堂下, 旣小斂, 則皆在阼階之東西面, 而服麤者近主人, 服精者以次而南也.

번역 이 문장은 공족(公族)들의 상례(喪禮)에 대한 법도를 언급하고 있다. '공대사(公大事)'는 군주의 상사(喪事)를 뜻한다. 상복(喪服)은 죽은 자와 가까운 관계일수록 거친 것을 입고, 소원한 관계일수록 조밀한 것을 입는다. 신하들이 비록 군주를 위해서 모두들 참최복(斬衰服)을 입는다고 하지만, 그 상복에는 군주와의 친소(親疎) 관계에 따른 거칠고 조밀한 차이가 있게 된다. 그렇기 때문에 서자(庶子)가 군주에 대한 상사의 예법을 다스리면서, 군주의 상에 참석하는 자들로 하여금 상복의 거칠고 조밀한 차이로 서열을 정하게 하니, 가깝고 소원한 관계에 따른 서열을 넘나들 수 없게 만든 것이다. 그러나 단지 군주의 상(喪)에서만 이처럼 하는 것이 아니니, 비록 공족의 상사라고 하더라도, 서자는 또한 상복을 입어야 하는 자들로 하여금 상복의 거칠고 조밀한 차이로 서열을 정하게 하고, 상주(喪主)의 뒤에 차례대로 나열하게 한다. 시동이 제실(祭室) 안에 있게 되면, 죽은 자와 가까운 관계에 있는 자들은 제실 안에 있게 되며, 상주의 뒤에 차례대로 서게 되고, 소원한 관계에 있는 자들은 당(堂) 아래에 있게 된다. 만약 소렴(小斂)[57]을 이미 치른 이후라면, 모두들 동쪽 계단의 동편에 서서, 서쪽을 바라보게 되는데, 그렇다고 하더라도 거친 상복을 입고 있는 자들은 주인(主人)과 가까운 위치에 나열하여, 상대적으로 북쪽에 위치하게 되고, 조밀한 상복을 입은 자들은 그 뒤에 차례대로 나열하여, 상대적으로 남쪽에 위치하게 된다.

57) 소렴(小斂)은 상례(喪禮) 절차 중 하나이다. 죽은 자의 시신을 목욕시키고, 의복을 착용시키며, 그 위에 이불 등으로 감싸는 절차를 뜻한다.

【258b】

若公與族燕, 則異姓爲賓, 膳宰爲主人, 公與父兄齒. 族食世降一等.

직역 만약 公이 族과 燕하면, 異姓을 賓으로 爲하고, 膳宰를 主人으로 爲하며, 公과 父兄은 齒한다. 族食은 世에 一等을 降한다.

의역 만약 군주가 친족들과 연회를 하게 된다면, 이성(異姓)인 자를 빈객(賓客)으로 삼고, 선재(膳宰)[58]를 주인(主人)으로 삼아서 술을 따라주게 하며, 군주와 친족들은 나이에 따라 서열을 정한다. 친족들과 연회를 할 때에는 촌수에 따라 한 등급씩 낮춘다.

集說 公與族人燕食, 亦庶子掌其禮, 族人雖衆, 其初一人之身也, 豈可以賓客之道外之? 故以異姓一人爲賓, 而使膳宰爲主, 與之抗禮酬酢, 君尊而賓不敢敵也. 君雖尊而與父兄列位序尊卑之齒者, 篤親親之道也. 族食, 與族人燕食也. 世降一等, 謂族人旣有親疎, 則燕食, 亦隨世降殺也.

번역 군주가 친족들과 함께 연회를 할 때에도 또한 서자(庶子)가 그 예법(禮法)을 담당한다. 그런데 비록 친족들의 수가 많다고 하더라도, 한 사람의 시조(始祖)에게서 연원한 자들이므로, 모두 동성(同姓)이 되는 자들인데, 어찌 빈객(賓客)에 대한 도리로써, 그들을 타인 대하듯 할 수 있겠는가? 그렇기 때문에 이성(異姓)이 되는 자 한 사람을 대신 빈객으로 삼는 것이며, 또 선재(膳宰)를 주인(主人)으로 앉혀서, 그와 함께 예법에 따라 술잔을

58) 선재(膳宰)는 선부(膳夫)와 같은 말이다. 군주가 먹는 음식 등을 담당했던 관리이다. 천자에게 소속된 '선재'를 '선부'라고 불렀으며, 상사(上士)가 담당했다. 『의례』「연례(燕禮)」편에는 "膳宰具官饌于寢東."라는 기록이 있는데, 이에 대한 정현의 주에서는 "膳宰, 天子曰膳夫, 掌君飮食膳羞者也."라고 풀이했다. 그리고 『주례』「천관(天官)·선부(膳夫)」편에는 "膳夫掌王之食飮膳羞."라는 기록이 있다.

주고받게 시키는 것이다. 이처럼 선재를 주인의 자리에 앉히는 이유는 군주는 존귀한 존재여서, 빈객이 감히 마주대할 수가 없기 때문이다. 그러나 군주가 비록 존귀한 존재라고 하더라도, 부형(父兄)들과 함께 자리를 정할 때에는 나이의 서열에 따른다. 이처럼 시행하는 이유는 '친한 자에게 친애하는[親親]' 도리를 돈독하게 만들기 위해서이다. '족식(族食)'은 친족들과 연회를 한다는 뜻이다. '세강일등(世降一等)'이라는 말은 족인(族人)들 개개인에게는 이미 군주와의 친하고 소원한 관계가 정해져 있으니, 연회를 할 때에도 또한 각 촌수에 따라서 등급을 낮춘다는 뜻이다.

集說 疏曰: 假令本是齊衰, 一年四會食, 若大功則一年三會食, 小功則一年再會食, 緦麻則一年一會食, 是世降一等也.

번역 공영달(孔穎達)의 소(疏)에서 말하길, 가령 군주와 자최복(齊衰服)을 입는 관계에 해당하는 자에게, 1년에 4번 연회를 한다고 기준을 정한다면, 대공복(大功服)을 입는 관계라면, 1년에 3번 연회를 하고, 소공복(小功服)을 입는 관계라면, 1년에 2번 연회를 하며, 시마복(緦麻服)을 입는 관계라면, 1년에 1번 연회를 하니, 이것이 바로 "세대마다 한 등급씩 낮춘다[世降一等]."는 뜻이다.

그림 6-18 대공복 착용 모습

▸ 출처: 『삼재도회(三才圖會)』「의복(衣服)」 3권

그림 6-19 대공복 각부 명칭

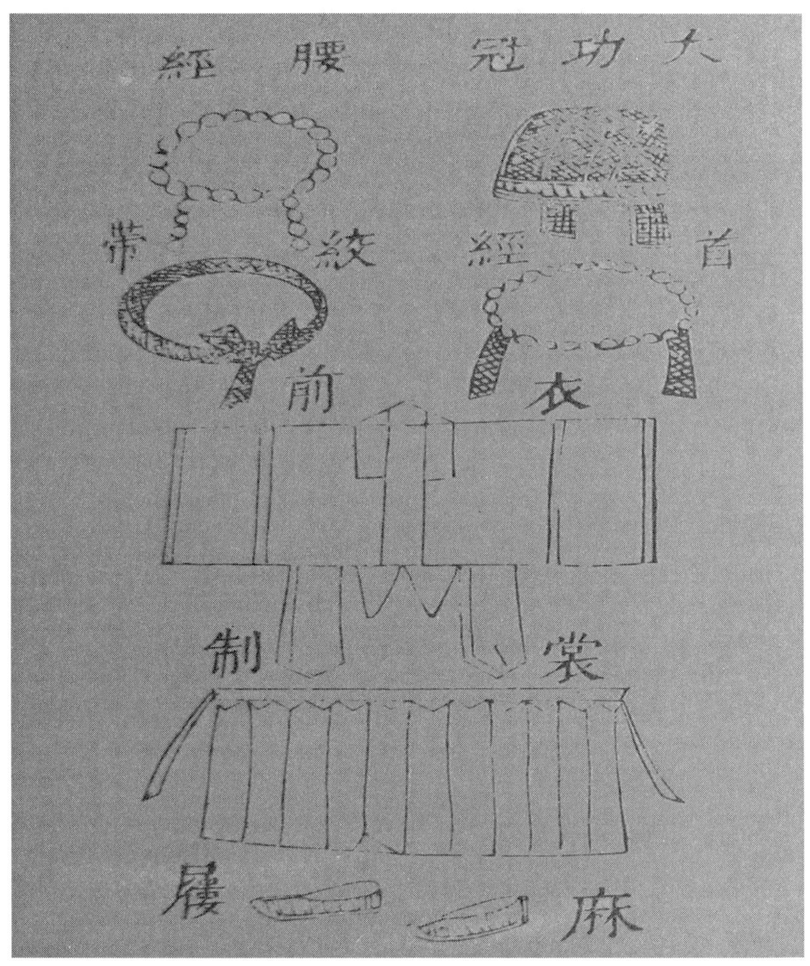

▸ **출처**: 『삼재도회(三才圖會)』「의복(衣服)」 3권

大全 嚴陵方氏曰: 凡燕之禮, 必立賓以備酬酢之儀, 若鄕飮酒言, "立賓以象天", 是也. 然主人者尊賓, 旣謂之賓, 則尊之而已, 非親之也. 親莫親於同姓, 則凡於同姓, 固無賓之之禮也, 故燕族之賓, 不以同姓, 而以異姓爲之也.

번역 엄릉방씨가 말하길, 모든 연회에서의 예법(禮法)에는 반드시 빈객(賓客)을 세워서, 술잔을 주고받는 예식을 갖추니, 마치 『예기』「향음주의(鄕飮酒義)」편에서 "빈객을 세워서 하늘을 본뜬다."[59]라고 한 말이 바로 이것을 가리킨다. 그런데 비록 주인(主人)이 빈객을 존중하는 것이라고는 하지만, 족인(族人)들에 대해서도, '빈객'으로 부르게 된다면, 그들을 존중하기만 할 따름이니, 이것은 친애하는 것이 아니다. 그리고 친애하는 관계 중에서는 동성(同姓)인 친척보다 친한 관계가 없으니, 무릇 동성인 자들에 대해서는 진실로 빈객으로 접대하는 예(禮)가 없게 된다. 그렇기 때문에 친족들과 연회를 베풀 때의 빈객은 동성인 자로 세우지 않고, 이성(異姓)인 자로 세우게 된다.

鄭注 同宗無相賓客之道. 君尊, 不獻酒. 親親也. 親者稠, 疏者希.

번역 동족(同族)끼리는 빈객(賓客)으로 접대하는 도리가 없다. 군주는 존엄한 존재이므로, 직접 술을 따라주지 않는다. 군주가 나이에 따라 서열을 정하는 것은 친한 이를 친하게 대하기 때문이다. 가까운 관계인 자와는 자주 연회를 하고, 소원한 관계인 자와는 드물게 연회를 한다.

釋文 稠, 直由反, 密也.

번역 '稠'자는 '直(직)'자와 '由(유)'자의 반절음이며, 친밀하다는 뜻이다.

---

59) 『예기』「향음주의(鄕飮酒義)」【702a】: 鄕飮酒之義, 立賓以象天, 立主以象地, 設介僎以象日月, 立三賓以象三光. 古之制禮也, 經之以天地, 紀之以日月, 參之以三光, 政敎之本也.

孔疏 ●"若公"至"一等". ○正義曰: 此明公與族人燕食之禮, 庶子掌之也, 則異姓爲賓. 燕飮必須禮儀, 獻酬交酢, 故宜立賓以行禮也. 但公欲與族人相親, 若使族人爲賓, 賓禮疏隔, 故用異姓爲賓也. "膳宰爲主人"者, 旣有其賓, 賓必對主人. 而君尊不宜敵賓, 故使供膳之宰以爲主人對於賓, 使得抗禮酬酢也. 若與異姓燕飮, 則燕禮云"宰夫爲獻主", 故注云"君尊, 不獻酒".

번역 ●經文: "若公"~"一等". ○이 문장은 군주와 친족들이 연회를 시행할 때의 예법(禮法)에 대해서 언급하고 있는데, 서자(庶子)가 그 일들을 담당하며, 이러한 경우에는 이성(異姓)인 자를 빈객(賓客)으로 세운다. 연회를 시행할 때에는 반드시 의례절차에 따라야 한다. 따라서 술을 따라 주며, 서로 술을 권하는 절차도 포함된다. 그렇기 때문에 아무리 동성(同姓)의 친족들끼리 연회를 한다고 해도, 마땅히 빈객을 세워서, 이러한 의례절차들을 시행해야만 하는 것이다. 다만 군주는 친족들과 서로 친애하려고 하는데, 만약 친족을 빈객으로 삼는다면, 빈객에 대한 예(禮)에 따라서, 그들을 접대하게 되어, 사이가 소원해진다. 그렇기 때문에 이성인 자를 빈객으로 삼는 것이다. 경문의 "膳宰爲主人"에 대하여. 빈객을 세우게 되면, 빈객에게는 반드시 상대해주는 주인(主人)이 있어야만 한다. 그런데 군주는 존귀한 신분이므로, 빈객과 마주 대해서는 안 된다. 그렇기 때문에 음식을 바치는 선재(膳宰)를 주인으로 삼아서, 빈객을 접대하도록 하고, 그로 하여금 예법에 따라, 서로 술을 권하도록 만든 것이다. 만약 이성인 자들과 연회를 하는 경우라면, 『의례』「연례(燕禮)」편에서 "재부(宰夫)를 헌주(獻主)[60]로 삼는다."[61]라고 하였다. 그렇기 때문에 정현의 주에서 "군주는 존엄한 존재이므로, 직접 술을 따라주지 않는다."라고 한 것이다.

---

60) 헌주(獻主)는 연회 자리에서 사람들에게 술을 따라주는 자이다. 일반적으로 연회를 마련한 주인(主人)이 담당하였다. 그러나 군주가 주인인 경우, 그 예법을 낮출 필요가 있을 때, 재부(宰夫)를 시켜서 '헌주'로 삼고, 그를 시켜서 빈객(賓客)들에게 술을 따르게 했다.

61) 『의례』「연례(燕禮)」편의 "賓升自西階, 主人亦升自西階, 賓右北面至再拜, 賓答再拜."에 대한 정현의 주 "不親獻, 以其尊, 莫敢伉禮也. 至再拜者, 拜賓來至也. <u>天子膳夫爲獻主</u>."

孔疏 ●"公與父兄齒"者, 公旣不爲主, 族人又不爲賓, 故列位在父兄之坐上. 與族人相齒, 見親親也.

번역 ●經文: "公與父兄齒". ○군주는 빈객을 접대하는 주인(主人)의 신분이 될 수 없고, 친족들 또한 빈객(賓客)의 신분이 될 수 없다. 그렇기 때문에 군주 또한 친족인 부형(父兄)들이 앉는 자리에 함께 위치하게 되며, 그리고 이러한 경우에는 족인(族人)들과 나이에 따라 서열을 정하게 된다. 이처럼 군주는 나이에 따라 서열을 정하는 것을 통해서, 친친(親親)의 도리를 나타내는 것이다.

孔疏 ●"族食, 世降一等"者, 族食謂與族人燕食也. 族人旣有親疏, 燕食亦隨世降殺也.

번역 ●經文: "族食, 世降一等". ○'족식(族食)'은 친족들과 연회를 한다는 뜻이다. 친족들 사이에도 친하고 소원한 차이가 있으니, 연회를 할 때에도 또한 촌수에 따라서, 예법(禮法)을 낮추는 것이다.

孔疏 ◎注"親者"至"者希". ○正義曰: 假令本是齊衰, 一年四會食, 若大功則一年三會食, 小功則一年二會食, 緦麻則一年一會食, 是世降一等也.

번역 ◎鄭注: "親者"~"者希". ○가령 군주와 자최복(齊衰服)을 입는 관계에 해당하는 자에게, 1년에 4번 연회를 한다고 기준을 정한다면, 대공복(大功服)을 입는 관계에서는 1년에 3번 연회를 하고, 소공복(小功服)을 입는 관계에서는 1년에 2번 연회를 하며, 시마복(緦麻服)을 입는 관계에서는 1년에 1번 연회를 하니, 이것이 바로 "세대마다 한 등급씩 낮춘다[世降一等]."는 뜻이다.

訓纂 江氏永曰: 斬衰本無精麤, 此言"以其喪服之精麤", 據常法本親之五服也.

번역 강영이 말하길, 참최복(斬衰服)에는 본래 거칠고 조밀한 차이가 없으니, 이 문장에서 "그들이 입는 상복(喪服)의 거칠고 조밀한 차이로써 한다."라고 한 말은 일반적인 예법에 근거하여, 친소(親疏) 관계에 따라 입게 되는 오복(五服)[62]을 가리킨다.

集解 此言公族燕飮之禮也. 膳宰, 膳夫也.

번역 이 문장은 공족(公族)들과 연회를 할 때의 예법(禮法)에 대해서 언급하고 있다. '선재(膳宰)'는 '선부(膳夫)'를 가리킨다.

集解 愚謂: 燕禮"公席于阼階上", 此云"公與父兄齒", 則與尋常燕禮之序異矣. 尙書顧命有西序東鄕之位, 此其爲君與族燕之位與. 燕禮賓席于牖間, 卿席于賓東, 大夫繼賓而西, 若有東面者, 則北上東面之位卽西序之位也. 是燕禮之席位, 牖間最尊, 賓東者次之, 賓西者又次之, 西序東面者又次之. 公與族燕, 異姓爲賓, 席於牖間, 在父行者席於賓東, 在兄行者席於賓西, 公與父兄齒, 則宜在西序東嚮之位也.

번역 내가 생각하기에, 『의례』「연례(燕禮)」편에서는 "군주의 자리는 동쪽 계단 위에 설치한다."[63]라고 하였는데, 이곳 경문에서 "군주는 부형(父兄)들과 나이 서열에 따른다."라고 하였으니, 공족(公族)들과 연회를 할 때에는 일반적인 연례(燕禮) 때의 자리 배치와는 다른 것이다. 『서』「고명(顧命)」편에는 '서쪽 끝의 벽에서, 동쪽을 바라보는 자리'에 대한 언급이 있는데,[64] 이 자리가 바로 군주가 친족들과 연회를 할 때 앉는 위치일 것이다.

---

62) 오복(五服)은 다섯 가지 상복(喪服)을 뜻한다. 참최복(斬衰服), 자최복(齊衰服), 대공복(大功服), 소공복(小功服), 시마복(緦麻服)을 가리킨다. 죽은 자와 가까운 관계일수록 무거운 상복을 입고, 복상(服喪) 기간도 늘어난다. 위의 '오복' 중 참최복이 가장 무거운 상복에 속하며, 그 다음은 자최복이고, 대공복, 소공복, 시마복 순으로 내려간다.

63) 『의례』「연례(燕禮)」: 小臣設<u>公席于阼階上</u>, 西鄕, 設加席.

연례에서는 빈객들의 좌석을 들창 사이에 설치하고, 경(卿)의 좌석을 빈객의 동쪽 편에 설치하며, 대부(大夫)의 좌석은 빈객들의 자리에 연이어서 서쪽에 위치하게 된다. 그런데 이러한 자리들 중 동쪽을 바라보게 되는 자리가 있다면, 그 자리는 곧 북쪽 끝에서 동쪽을 바라보는 자리가 되므로, 이곳은 곧 서쪽 끝의 벽에 있는 자리가 된다. 이것이 바로 연례를 시행할 때의 자리 배치이며, 들창 사이에 있는 자리가 가장 상석이 되고, 빈객의 동쪽에 있는 자리가 그 다음으로 높은 자리이며, 빈객의 서쪽에 있는 자리가 또한 그 다음 순서가 되고, 서쪽 벽 끝에서 동쪽을 바라보는 자리가 또한 그 다음이 된다. 군주가 친족들과 연회를 할 때에는 이성(異姓)의 사람을 빈객(賓客)으로 삼고, 그의 자리를 들창 사이에 위치하게 하며, 부친 항렬에 속한 친족들을 빈객의 동쪽 편에 자리 잡게 하고, 형의 항렬에 속한 친족들을 빈객의 서쪽 편에 자리 잡게 하는데, 군주가 부형들과 나이에 따라 서열을 정하게 된다면, 마땅히 서쪽 벽 끝에서 동쪽을 바라보는 자리에 앉게 된다.

集解 愚謂: 大宗伯, "以飮食之禮親宗族兄弟." 公與族燕, 飮禮也; 族食, 食禮也. 公食大夫禮賓惟一人, 公立於廂, 無阼席. 大傳云, "合族以食, 序之以昭穆", 則公與族食, 序昭穆列坐, 蓋用燕食之禮, 亦與公食大夫禮異也. 族食, 世降一等, 則與族燕不用此法, 但閒暇無事, 則相與燕飮, 伐木詩所謂"迨我暇矣, 飮此湑矣", 是也.

번역 내가 생각하기에, 『주례』「대종백(大宗伯)」편에서 "음식(飮食)의 예법(禮法)으로, 천자의 종족들과 형제들을 대접한다."[65]라고 하였으니, 군주가 친족들과 연회를 하는 것은 음례(飮禮)에 해당하며, '족식(族食)'은 사례(食禮)에 해당한다. 『의례』「공사대부례(公食大夫禮)」편에 기술된 내용을 살펴보면, 빈객(賓客)은 오직 한 사람이 존재하며, 군주는 동서쪽 끝에

---

64) 『서』「주서(周書)·고명(顧命)」: 西序東嚮, 敷重底席, 綴純文貝仍几.

65) 『주례』「춘관(春官)·대종백(大宗伯)」: 以嘉禮親萬民. 以飮食之禮親宗族兄弟. 以婚冠之禮親成男女.

있는 벽 쪽에 위치하고, 동쪽 계단에 설치하는 좌석은 없게 된다. 『예기』「대전(大傳)」편에는 "친족들과 함께 식사를 할 때에는 소목(昭穆)의 배열에 따라 순서를 정한다."[66]라고 했으니, 군주가 친족들과 '사례'를 할 때에는 소목에 따라 서열을 정해서 앉게 되는 것이다. 따라서 무릇 연회를 베풀며 식사를 할 때의 예법에 따른다면, 또한 『의례』「공사대부례」편의 내용과 달라진다. 친족들과 '사례'를 할 때에는 세대별로 한 등급씩 낮춘다고 했으니, 친족들과 일반적인 연회를 할 때에는 이러한 차등적 예법을 사용하지 않는 것이며, 단지 한가하고 별다른 일이 없을 때, 서로 모여서 연회를 하며, '음례'를 하게 된다. 「벌목(伐木)」이라는 시에서 말한 "내가 한가할 때가 되면, 이 걸러진 술을 마시리라."[67]라고 한 말이 바로 이러한 '음례'를 가리킨다.

集解 此上二節, 言公族飮食之禮

번역 이상의 두 구절은 공족(公族)들과 음례(飮禮)를 하거나, 사례(食禮)를 할 때에 대해서 논의하고 있다.

【258c】

其在軍, 則守於公禰.

직역 그들이 在軍하면, 公禰[68]를 守한다.

---

66) 『예기』「대전(大傳)」【425b】: 旁治昆弟, <u>合族以食, 序以昭繆</u>, 別之以禮義, 人道竭矣.

67) 『시』「소아(小雅)·벌목(伐木)」: 伐木于阪, 釃酒有衍. 籩豆有踐, 兄弟無遠. 民之失德, 乾餱以愆. 有酒湑我, 無酒酤我. 坎坎鼓我, 蹲蹲舞我. <u>迨我暇矣, 飮此湑矣</u>.

68) 공녜(公禰)는 수레에서 실려서, 군주를 따라다니게 되는 신주(神主)를 뜻한다. 또한 그 수레를 지칭하기도 한다.

의역 서자(庶子)가 군주의 출정에 따라가게 되어, 군대 대열에 있게 된다면, 함께 모셔온 신주(神主)를 지킨다.

集說 禰, 當讀作祧.

번역 '녜(禰)'자는 마땅히 '조(祧)'자로 해석해야 한다.[69]

集說 公禰, 謂遷主載在齊車, 隨公出行者也. 庶子官既從在軍, 故守衛此齊車之行主也.

번역 '공녜(公禰)'는 천묘(遷廟)[70]한 신주(神主)를 제거(齊車)[71]에 실은 것으로, 군주가 군대를 이끌고 밖으로 출동할 때, 함께 따라 나가게 되는 신주를 뜻한다. 위에서 언급하는 상황은 '서자(庶子)'라는 관리가 이미 군주

---

69) 공녜(公禰)의 '녜(禰)'자를 '조(祧)'자로 해석하게 되면, 공조(公祧)가 된다. '공조'는 군주의 조묘(祧廟)를 뜻한다. '조묘'는 천묘(遷廟)와 같은 뜻이다.

70) 천묘(遷廟)는 대수(代數)가 다한 신주(神主)를 모시는 묘(廟)를 뜻한다. 예를 들어 천자의 경우, 7개의 묘(廟)를 설치하는데, 가운데의 묘에는 시조(始祖) 혹은 태조(太祖)의 신주(神主)를 모시며, 이곳의 신주는 다른 곳으로 옮기지 않는 불천위(不遷位)에 해당한다. 그리고 좌우에는 각각 3개의 묘(廟)를 설치하여, 소목(昭穆)의 순서에 따라 6대(代)의 신주를 모신다. 현재의 천자가 죽게 되어, 그의 신주를 묘에 모실 때에는 소목의 순서에 따라 가장 끝 부분에 있는 묘로 신주가 들어가게 된다. 만약 소(昭) 계열의 가장 끝 묘에 새로운 신주가 들어서게 되면, 밀려나게 된 신주는 바로 위의 소 계열 묘로 들어가게 되고, 최종적으로 밀려나서 더 이상 갈 곳이 없는 신주는 '천묘'로 들어가게 된다. 또한 '천묘'는 위에서 서술한 것처럼 신구(新舊)의 신주가 옮겨지게 되는 의식 자체를 지칭하기도 하며, '천묘'된 신주 자체를 가리키기도 한다.

71) 제거(齊車)는 정갈하게 재계한 수레를 뜻한다. 금(金)으로 제작하기도 하였다. 제왕(帝王)은 순수(巡守), 조근(朝覲) 및 회동(會同) 때에 재계를 하게 되는데, 이 수레를 사용함으로써 재계를 했음을 나타낸다. 『주례』「하관(夏官)·제우(齊右)」편에는 "掌祭祀會同賓客前齊車."라는 기록이 있고, 이에 대한 정현의 주에서는 "齊車, 金路. 王自整齊之車也."라고 풀이했고, 손이양(孫詒讓)의 『정의(正義)』에서는 "敍官齊僕注云, '古者王將朝覲會同必齊.' 是齊車以齊戒爲名."이라고 풀이하였다.

를 좇아 함께 출동하여, 군대에 머물러 있는 상태이다. 그렇기 때문에 이러한 제거에 실린 행주(行主)[72]를 수호하게 되는 것이다.

72) 행주(行主)는 군주의 행차에 함께 따라간 신주(神主)를 뜻한다. 공녜(公禰)와 같은 말이다.

그림 6-20 후대의 제거(齊車)

◎ 제거(齊車)=금로(金輅: =金路)

▸**출처**: 『삼재도회(三才圖會)』「기용(器用)」 5권

그림 6-21 신주(神主)

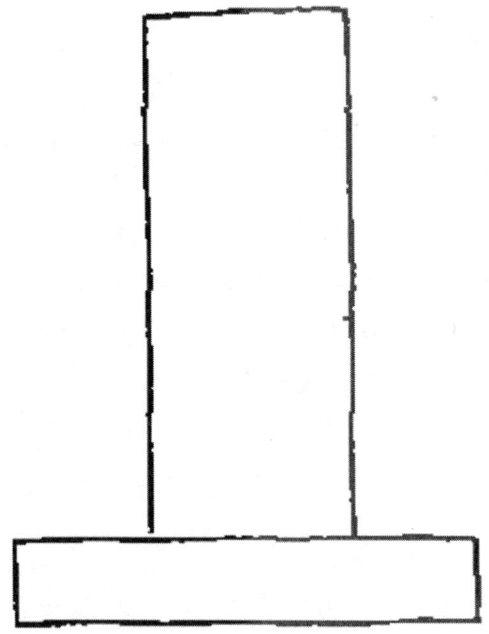

▸ **출처**: 『삼례도(三禮圖)』 3권

鄭注 謂從軍者. 公禰, 行主也. 所以遷主言禰在外親也.

번역 이 문장의 내용은 군대를 따라 함께 출동하는 경우를 말한다. '공녜(公禰)'는 행주(行主)이다. 천묘(遷廟)한 신주(神主)에 대해서, '녜(禰)'자를 붙여서 언급하고 있는데, 신주가 군주를 따라서 국외(國外)로 나가게 되어, 친애하려는 뜻에서 붙인 글자이다.

孔疏 ●"其在軍"至"下宮下室". ○正義曰: 此一節明庶子從行在軍, 及公行庶子留守之事. "則守於公禰"者, 公禰謂遷主, 載在齊車隨公行者也. 庶子官旣從在軍, 故守於公齊車之行主也. 行主是遷主, 而呼爲禰者, 旣在國外, 欲依親親之辭.

번역 ●經文: "其在軍"~"下宮下室". ○이 문장은 서자(庶子)가 함께 종군하게 되어, 군대에 머물러 있는 때의 일, 그리고 군주가 행차를 함에, 서자가 국가에 머물러 있게 되어, 국가를 수호하는 사안에 대해서 언급하고 있다. 경문의 "則守於公禰"에 대하여. '공녜(公禰)'는 천묘(遷廟)한 신주(神主)를 뜻하니, 제거(齊車)에 실려서, 군주를 따라서 함께 출병하게 되는 신주를 가리킨다. 이 문장에서 언급하는 상황은 서자라는 관리가 이미 군주를 따라 출병하여, 군대에 있게 된 경우이다. 그렇기 때문에 군주의 제거에 실려 있는 행주(行主)를 수호하는 것이다. '행주'는 천묘한 신주를 뜻하는데, 그것을 부를 때, '녜(禰)'자를 붙여서 부르는 이유는 신주가 국외(國外)에 머물게 되어, 친친(親親)의 도리에 따르고자 해서 붙인 말이다.

集解 禰, 父廟也. 師以遷廟主行, 此云公禰, 據無遷主而主命者也. 若有遷主而奉遷主以行, 則亦守於遷主也. 必言公禰者, 以下文言"孝愛之深", 自仁率親, 故以尤親者言之.

번역 '녜(禰)'자는 부친의 묘(廟)를 뜻한다. 군대를 출동시킬 때에는 천묘(遷廟)의 신주(神主)를 모시고 행차하게 되는데, 이 문장에서는 '공녜(公禰)'

라고 언급하고 있다. 이처럼 기술한 이유는 실제적으로 천묘의 신주가 없어서, 그 대신 종묘(宗廟)에서 선조의 명령을 받아서 가기 때문이다.[73] 만약 천묘한 신주가 있는 경우라면, 천묘의 신주를 받들어서 행차하게 되며, 이러한 경우에도 서자(庶子)는 또한 천묘의 신주를 수호하게 된다. 그런데도 이곳 경문에서 '공녜'라고 명시하고 있는 이유는 아래 문장에서 말한 "효성스럽고 사랑하는 마음이 깊다."[74]라는 이유 때문이니, 인(仁)한 마음으로부터 부친을 친애하게 되므로,[75] 더더욱 친애한다는 뜻에서 '공녜'라고 기록한 것이다.

【258d】

公若有出疆之政, 庶子以公族之無事者守於公宮, 正室守太廟, 諸父守貴宮[76]貴室, 諸子諸孫守下宮下室.

직역 公에 만약 出疆의 政이 有하면, 庶子는 公族의 無事者로 公宮을 守하게 하고, 正室로 太廟를 守하게 하며, 諸父로 貴宮과 貴室을 守하게 하고, 諸子와 諸孫

73) 『예기』「증자문(曾子問)」【234c~d】: 曾子問曰 古者, 師行, 無遷主, 則何主. 孔子曰 主命. 問曰 何謂也. 孔子曰 天子諸侯將出, 必以幣帛·皮圭, 告于祖禰, 遂奉以出, 載于齊車以行, 每舍, 奠焉, 而后, 就舍, 反必告, 設奠卒, 斂幣玉, 藏諸兩階之間, 乃出, 蓋貴命也.

74) 『예기』「문왕세자」【260c】: 戰則守於公禰, 孝愛之深也, 正室守大廟, 尊宗室而君臣之道著矣

75) 『예기』「대전(大傳)」【428a】: 自仁率親, 等而上之至于祖, 名曰輕.

76) '귀궁(貴宮)'에 대하여. 『십삼경주소(十三經注疏)』 북경대 출판본에서는 "'귀궁'을 『민본(閩本)』·『감본(監本)』·『모본(毛本)』·『석경(石經)』·『악본(岳本)』·『가정본(嘉靖本)』과 위씨(衛氏)의 『집설(集說)』, 『정의(正義)』에는 모두 동일하게 기록하고 있다. 『경전석문(經典釋文)』에는 '제부수귀실(諸父守貴室)'이라는 말이 나오고, 또한 판본에 따라서는 '수귀궁귀실(守貴宮貴室)'이라고도 기록한다고 했다. 『정의』에는 '황간은 속본(俗本)에는 간혹 귀궁(貴宮)이 없는데, 정본(定本)을 살펴보니, 귀궁(貴宮)이라는 기록이 있다.'고 했다. 그리고 손이양(孫詒讓)의 『교기(校記)』에서는 '정현의 주를 기준으로 고찰해보면, 혹본(或本)의 기록이 옳고, 정본(定本)의 기록이 잘못된 것이다.'"라고 했다.

으로 下宮과 下室을 守하게 한다.

의역 군주에게 만약 국경 밖으로 나가게 될 정무(政務)가 생기게 된다면, 서자(庶子)는 공족(公族)들 중에서 특별히 담당하고 있는 임무가 없는 자들로 하여금 왕실을 지키게 하고, 공족의 적장자들로는 태묘(太廟)를 지키게 하며, 군주의 백부(伯父) 및 숙부(叔父)들로는 태조(太祖) 밑의 대수가 높은 선조(先祖)의 묘(廟)와 군주의 노침(路寢)을 지키게 하고, 공족의 적장자를 제외한 여러 아들과 손자들로는 대수가 낮은 조묘(祖廟) 및 군주의 연침(燕寢)[77]을 지키게 한다.

集說 上章專言出軍, 則此出疆之政, 蓋朝覲會同之事也. 無事者, 謂不從行及無職守之人也. 公宮, 總言公之宗廟宮室也. 正室, 公族之爲卿大夫士者之適子也, 太廟, 太祖之廟也. 諸父, 公之伯父叔父也. 宮以廟言, 室以居言. 貴宮, 尊廟也; 貴室, 路寢也; 下宮下室, 則是親廟與燕寢也.

번역 앞장에서는 전적으로 '군대를 출병하는 일'에 대해서만 언급하였으니, 이곳 문장에서 말하는 '국경을 벗어나게 되는 정무[出疆之政]'라는 말은 아마도 조근(朝覲)이나 회동(會同)과 관련된 일들[78]을 가리키는 것 같다. '일이 없는 자[無事]'들은 군주를 따라 나가지 않았거나, 특별히 맡고 있는 직무가 없는 자들을 뜻한다. '공궁(公宮)'은 군주의 종묘(宗廟) 및 궁실(宮室)들을 총칭하는 말이다. '정실(正室)'은 공족(公族)들 중에서도 경

77) 연침(燕寢)은 천자 및 제후들이 휴식을 취하던 장소를 가리킨다. 천자에게는 6개의 침(寢)이 있었는데, 앞쪽에 있는 1개의 침은 정전(正寢)으로, 이것을 노침(路寢)이라고 부르며, 뒤쪽에 있는 다섯 개의 침을 통칭하여, '연침'이라고 부른다.

78) 군주가 신하를 만나보는 예법(禮法)에는 조(朝), 근(覲), 종(宗), 우(遇), 회(會), 동(同) 등이 있고, 신하가 군주를 찾아뵙는 예법에는 존(存), 부(頫), 성(省), 빙(聘), 문(問) 등이 있다. 한편 신하가 군주를 찾아뵙는 예법을 조근(朝覲)이라고도 하며, 조, 근, 회, 동을 제후가 천자를 찾아뵙는 예법으로 설명하기도 한다. 또한 제후가 천자를 찾아뵐 때, 각 계절별로 그 명칭을 다르게 부르기도 하는데, 봄에 찾아뵙는 것은 '조'에 해당하고, 여름은 '종'에 해당하며, 가을은 '근'에 해당하고, 겨울은 '우'에 해당한다. 정무 보고와 우호 증진 등에 따라 조, 근, 회, 동의 명칭을 다르게 부르기도 한다. 이 문장에서는 천자가 제후와 만나는 예법의 총칭으로 사용되었다.

(卿)·대부(大夫)·사(士)들의 적장자를 뜻한다. '태묘(太廟)'는 태조(太祖)의 묘(廟)이다. '제부(諸父)'는 군주의 백부(伯父) 및 숙부(叔父)들을 뜻한다. '궁(宮)'자는 묘(廟)를 뜻하는 말로 사용한 것이며, '실(室)'자는 거주하는 곳을 뜻하는 말로 사용한 것이다. 따라서 '귀궁(貴宮)'은 존귀한 자들의 묘(廟)를 뜻하고, '귀실(貴室)'은 노침(路寢)을 뜻하며, '하궁(下宮)' 및 '하실(下室)'은 친묘(親廟: =祖廟)와 연침(燕寢)을 뜻하게 된다.

그림 6-22 제후의 오묘(五廟)

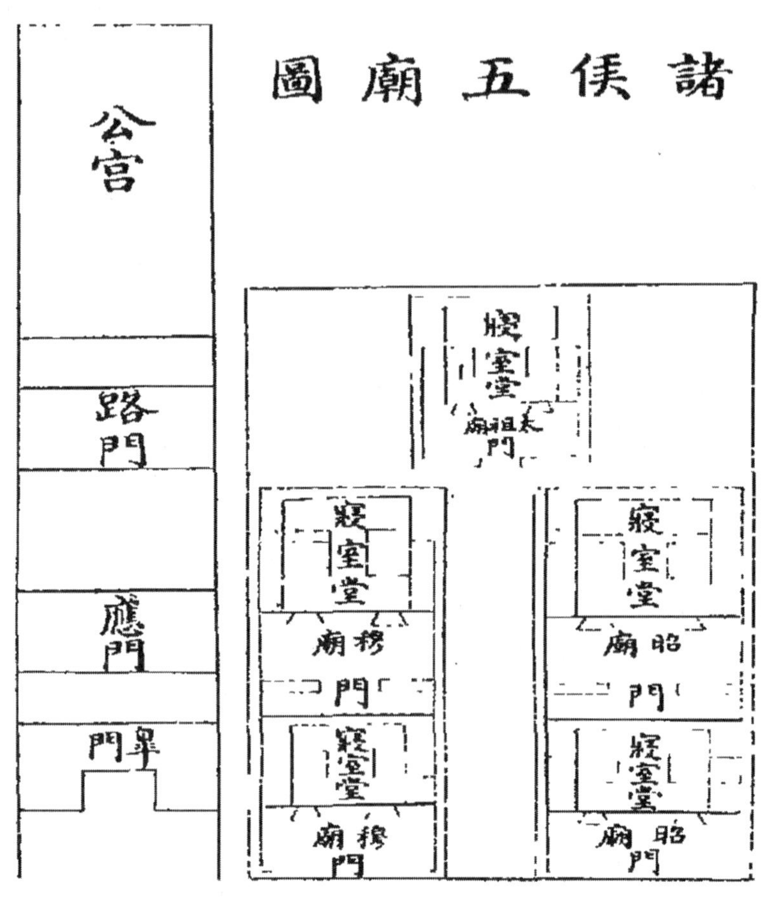

▸ **출처**: 『의례도(儀禮圖)』「의례방통도(儀禮旁通圖)」

그림 6-23 천자의 육침(六寢)

制寢宮

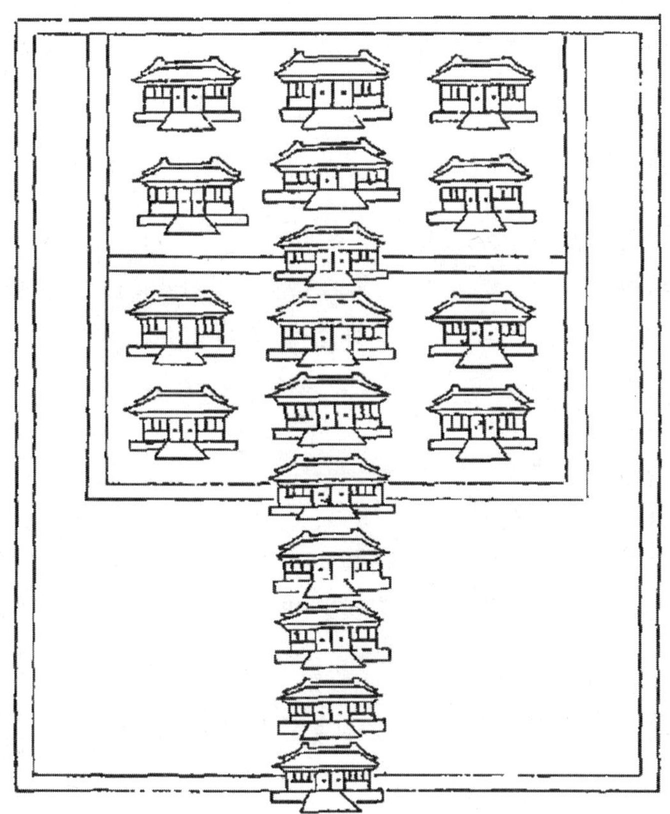

◎ 가장 위쪽의 육침(六寢)은 왕후(王后)의 육침

▸**출처**: 『삼례도집주(三禮圖集注)』 4권

鄭注 謂朝覲會同也. 正室, 適子也. 大廟, 大祖之廟. 謂守路寢. 下宮, 親廟也. 下室, 燕寢. 或言宮, 或言廟, 通異語.

번역 "국외(國外)로 나간다."는 말은 조근(朝覲) 및 회동(會同) 등을 뜻한다. '정실(正室)'은 적장자들을 뜻한다. '태묘(太廟)'는 태조(太祖)의 묘(廟)이다. "귀궁(貴宮)과 귀실(貴室)을 지킨다."는 말은 노침(路寢)을 지킨다는 뜻이다. '하궁(下宮)'은 친묘(親廟)를 뜻한다. '하실(下室)'은 연침(燕寢)을 뜻한다. 어떤 곳에서는 궁(宮)이라고 기록하고, 또 어떤 곳에서는 묘(廟)라고 기록하고 있는데, 이것은 같은 말을 다르게 표현한 것일 뿐이다.

釋文 疆, 居良反. 守如字, 又手又反, 下同. 守貴室, 本或作"守貴宮貴室".

번역 '疆'자는 '居(거)'자와 '良(량)'자의 반절음이다. '守'자는 글자대로 읽는데, 또는 '手(수)'자와 '又(우)'자의 반절음이 되기도 하고, 아래 문장에 나오는 글자들도 그 음이 모두 이와 같다. '수귀실(守貴室)'은 판본에 따라서 혹은 '수귀궁귀실(守貴宮貴室)'로 기록하기도 한다.

孔疏 ◎注"謂朝覲會同也". ○正義曰: 上云在軍, 謂庶子之官從公出行. 此云公若出疆, 庶子不從公行, 在國掌其留守. 對上在軍, 故知此出疆是朝覲會同, 非出軍也. 其庶子之官, 公有朝覲會同, 不從公行, 旣掌留守公宮. 若征伐出軍, 庶子不從公行, 亦是所掌留守之事.

번역 ◎鄭注: "謂朝覲會同也". ○앞 문장에서는 "군대에 있다[在軍]."라고 하였으니, 곧 서자(庶子)라는 관리가 군주를 따라서 함께 출병한 경우를 뜻한다. 그런데 이곳 문장에서는 "군주가 만약 국경 밖으로 나가게 된다."라고 하였으니, 서자는 군주를 따라서 함께 국경 밖으로 나가지 않고, 그대로 나라에 머물며, 국가 수호하는 일들을 담당하게 되는 경우에 해당한다. 따라서 이 문장은 앞 문장에서 말한 '재군'과는 상대되는 내용이기 때문에,

이 문장에서 말하는 '출강(出疆)'하는 상황이 조근(朝覲)이나 회동(會同)을 뜻하는 것이며, 군대를 출병하는 일이 아님을 알 수 있다. 그리고 서자라는 관리는 군주에게 조근 및 회동의 일이 있는데도, 군주를 따라서 함께 국경 밖으로 나가지 않았으니, 나라에 머물며 왕실을 수호하는 일을 담당하게 되는 것이다. 만약 정벌 등의 일 때문에, 군주가 군대를 출동시키게 되었는데, 서자가 군주를 따라서 함께 종군하지 않는다면, 그는 또한 나라에 머물면서, 국가 수호하는 일들을 담당하게 된다.

孔疏 ◎注"正室"至"之廟". ○正義曰: 經云"庶子以公族之無事者守於公宮"者, 與下文爲總. "正室守大廟"以下文, 各言其別. 無事, 謂不從行, 及無職事者. "正室, 適子也"者, 謂公卿大夫之適子也. 按公羊傳云: "周公稱大廟." 周公是魯之始祖, 故知其餘諸侯大廟皆大祖之廟也.

번역 ◎ 鄭注: "正室"~"之廟". ○경문에서는 "서자(庶子)는 공족(公族) 중에 일이 없는 자들로 하여금 공궁(公宮)을 지키게 한다."라고 하였는데, 이 말은 그 다음 구절의 내용들까지도 포함하고 있는 결론에 해당한다. 즉 "정실(正室)은 태묘(太廟)를 지키게 한다."라는 문장부터 그 아래의 문장들은 각각 그 세부적인 일들을 언급하고 있는 것이다. '무사(無事)'라는 말은 군주를 따라서 함께 나가지 않은 자들과 특별히 맡은 임무가 없는 자들을 뜻한다. 정현이 "정실은 적장자들을 뜻한다."라고 하였는데, 여기에서의 '적장자'는 곧 공(公)·경(卿)·대부(大夫)들의 적장자를 뜻한다. 『공양전(公羊傳)』을 살펴보면, "주공(周公)의 묘(廟)를 태묘라고 부른다."[79]라고 하였는데, 주공은 노(魯)나라의 시조(始祖)가 된다. 그렇기 때문에 다른 제후국들에서 '태묘'라고 하는 것들도 모두 그 나라의 태조 묘를 가리킨다는 사실을 알 수 있다.

---

79) 『춘추공양전』「문공(文公) 13년」: 世室屋壞, 世室者何? 魯公之廟也. 周公稱太廟, 魯公稱世室, 群公稱宮.

孔疏 ◎注"謂守路寢". ○正義曰: 以下云下宮, 上云大廟, 此貴宮貴室旣非大廟, 又非下宮下室, 唯當路寢也. 指其院宇謂之宮, 指其所居之處謂之室. 爾雅云: "宮謂之室, 室謂之宮." 此貴宮貴室, 總據路寢. 皇氏云: "或俗本無'貴宮'者, 定本有'貴宮'."

번역 ◎ 鄭注: "謂守路寢". ○다음 문장에서는 '하궁(下宮)'이라고 하였고, 그 앞의 문장에서는 '태묘(太廟)'라고 하였으니, 이 문장에서 말하는 '귀궁(貴宮)'과 '귀실(貴室)'은 '태묘'가 아니고, 또한 '하궁'이나 '하실(下室)'을 가리키는 것도 아니다. 따라서 오직 '노침(路寢)'만이 여기에 해당하게 된다. 일반적으로 담이 둘러져 있고, 지붕도 있는 건물을 가리켜서, '궁(宮)'이라고 부르며, 거처하는 곳을 가리켜서, '실(室)'이라고 부른다. 그런데 『이아(爾雅)』에서는 "'궁'을 '실'이라고 부르며, '실'을 '궁'이라고 부른다."[80]라고 했으니, 이 문장에서 말하는 '귀궁'과 '귀실'은 모두 '노침'을 가리키는 것이다. 황간은 "이 문장을 간혹 속본(俗本)에서는 '귀궁'이라는 단어를 빼고 기록하고 있는데, 정본(定本)에는 '귀궁'이라는 단어가 기록되어 있다."라고 했다.

孔疏 ◎注"下宮"至"異語". ○正義曰: 上云大廟, 此云下宮, 除大廟之外, 唯有親廟, 高祖以下, 故云"下宮, 親廟也". 上云貴室, 此又云下室, 故知燕寢也. 云"或言宮", 則下宮也. "或言廟", 則大廟也. 故春秋云"立武宮", 明堂位云"武公之廟, 武世室也", 是通異語也. 此云諸父及諸子諸孫者, 未審爲是君之諸父及諸子孫之行, 爲當是見任卿大夫者之諸父子孫也. 然鄭解正室適子, 不云世子, 則卿大夫之適子, 則諸父子孫, 亦謂卿大夫之諸父子孫也. 不云諸兄諸弟者, 蓋諸兄從諸父, 諸弟從子孫也.

번역 ◎ 鄭注: "下宮"~"異語". ○앞 문장에서는 '태묘(太廟)'라고 하였고, 이 문장에서는 '하궁(下宮)'이라고 하였는데, '태묘'를 제외하면, 오직

80) 『이아』「석궁(釋宮)」: 宮謂之室, 室謂之宮.

'친묘(親廟)'만이 있게 된다. 그리고 '친묘'는 고조묘(高祖廟) 이하의 묘(廟)들을 뜻한다. 그렇기 때문에 정현이 "'하궁'은 '친묘'를 뜻한다."라고 말한 것이다. 앞 문장에서는 '귀실(貴室)'이라고 하였고, 이 문장에서는 또한 '하실(下室)'이라고 하였다. 그렇기 때문에 '하실'이 '연침(燕寢)'을 가리킨다는 사실을 알 수 있다. 정현이 "어떤 곳에서는 궁(宮)이라고도 기록한다."라고 하였는데, 이 말은 곧 '하궁'에 대한 기록을 가리킨다. 그리고 "어떤 곳에서는 묘(廟)라고도 기록한다."라고 하였는데, 이 말은 곧 '태묘'에 대한 기록을 가리킨다. 그렇기 때문에 『춘추』 경문(經文)에서는 "무궁(武宮)을 세운다."[81]라고 말하고, 또 『예기』「명당위(明堂位)」편에서는 "무공(武公)의 묘(廟)는 무세실(武世室)[82]이다."[83]라고 한 것인데, 이것이 바로 같은 말을 다르게 표현한 용례가 된다. 이 문장에서는 '제부(諸父)' 및 '제자(諸子)', '제손(諸孫)'에 대해서 언급하고 있는데, 이들은 군주의 제부 및 자손(子孫)들 항렬에 속한 모든 친인척들을 뜻하는 것이 아니라, 그들 중에서도 경(卿) 및 대부(大夫)라는 작위를 가진 제부 및 자손들을 지칭하는 것이다. 그런데 정현이 정실(正室)을 적장자라고만 해석하고, '세자(世子)'에 대해서는 언급하지 않았으니, '정실'은 곧 경·대부들의 적장자들을 뜻하고, 제부·제자·제손들 또한 경 및 대부라는 작위를 가진 제부 및 자손들에 해당하게 되는 것이다. 그런데 정현이 '제형(諸兄)'과 '제제(諸弟)'들에 대해서 언급하지 않고 있는데, 그 이유는 아마도 제형은 종제부(從諸父)에 해당하고, 제제는 종자손(從子孫)에 해당하기 때문일 것이다.

訓纂 王氏引之曰: 釋文作"諸父守貴室", 日本或作"守貴宮貴室". 謹案:

---

81) 『춘추』「성공(成公) 6년」: 二月, 辛巳, 立武宮.

82) 세실(世室)은 대대로 신주(神主)가 모셔지는 묘(廟)를 뜻한다. 각 계급에 따라 종묘(宗廟)의 수는 정해져 있고, 각 종묘에 모셔진 신주는 대수(代數)가 끝나면, 해당 묘를 헐게 된다. 특별한 경우에만 대수에 상관없이 대대로 신주를 모시는 묘들이 있게 된다. 주(周)나라의 문왕(文王)이나 무왕(武王)의 묘가 여기에 해당한다. 태묘(太廟)는 어느 경우든 대수에 상관없이 대대로 모셔진다.

83) 『예기』「명당위(明堂位)」【403d】: 魯公之廟, 文世室也. 武公之廟, 武世室也.

無"貴宮"者是也. 下文"諸子諸孫守下宮下室", 注曰"下宮, 親廟也. 下室, 燕寢也." 如"貴室"上有"貴宮"二字, 則鄭必分別釋之, 乃注但曰"謂守路寢", 專指貴室言之, 猶下注"燕寢"二字, 專指下室也. 再以經文考之, 上文"正室守太廟", 注曰"太廟, 太祖之廟." 下文"諸子諸孫守下宮下室", 然則太廟對下宮言, 卽是宮之貴者, 適子固已守之矣, 又何須諸父守貴宮乎? 若謂別有貴宮, 則諸侯五廟之外, 別無他廟也. 孔氏不能釐正, 後儒不知"貴宮"二字爲經文所無, 於是或以貴宮爲尊廟, 或以爲昭廟, 或以爲若魯公廟, 或以爲群公四親廟, 皆不考鄭注·釋文而臆爲之說也.

번역 왕인지가 말하길, 『경전석문(經典釋文)』에서는 '제부수귀실(諸父守貴室)'이라고 기록하고, 판본에 따라서는 '수귀궁귀실(守貴宮貴室)'이라고도 기록한다고 하였다. 내가 살펴보니, '귀궁(貴宮)'이라는 단어가 없는 판본이 옳은 기록이다. 아래 문장에서 '제자제손수하궁하실(諸子諸孫守下宮下室)'이라고 하였는데, 정현의 주에서는 "하궁(下宮)은 친묘(親廟)이다. 하실(下室)은 연침(燕寢)이다."라고 하였으니, 만약 '귀실(貴室)'이라는 글자 위에 '귀궁'이라는 두 글자가 있었다면, 정현은 반드시 두 단어를 분리해서, 개별적으로 풀이했을 것이다. 그런데 정현의 주에서는 다만 "이것은 노침(路寢)을 지킨다는 뜻이다."라고만 하여, 전적으로 '귀실'만 가리켜서 설명하였다. 이것은 곧 그 아래의 주에서 '연침'이라는 두 글자가 전적으로 '하실'만을 가리키는 것과 같은 경우이다. 재차 경문을 통해 고증해보면, 앞 문장에는 '정실수태묘(正室守太廟)'라고 기록하고, 정현의 주에서는 "태묘는 태조(太祖)의 묘(廟)이다."라고 하였으며, 아래 문장에서는 '제자제손수하궁하실(諸子諸孫守下宮下室)'이라고 기록하였다. 그렇다면 '태묘'는 '하궁'과 대비하여 말한 것이 되니, 곧 궁(宮) 중에서도 가장 존귀한 건물이 된다. 그리고 적장자들이 이미 그것들을 지키고 있는데, 또 어찌하여 제부(諸父)들이 '귀궁'을 지키겠는가? 만약 이 말이 별도로 존재하는 '귀궁'을 뜻한다고 한다면, 말 자체가 성립되지 않는다. 제후에게는 오묘(五廟) 이외에, 별도로 다른 묘(廟)가 없기 때문이다. 공영달(孔穎達)은 이러한 잘못된 기록을 바로잡지 못하였고, 후대 유학자들 또한 '귀궁'이라는 두 글자가 본래는 경문에 없던 글자임을 알지 못하였다. 그래서 어떤 자들은 '귀궁'을 '존묘(尊廟)'라고 해석하고, 또 어떤 자들은 '소묘(昭廟)'라고 해석하였으며, 또 어떤 자들은 마치 노공(魯公)의 묘(廟)와 같은 것이라고 해석하였고, 또 어떤 자들은 여러 공묘(公廟)들 중에서 4대(代) 선조(先祖)의 친묘(親廟)를 뜻한다고 하였으니, 이러한 해석들은 모두 정현의 주 및 『경전석문』의 기록을 자세히 살피지 못하고, 억측으로 내놓은 주장들이다.

集解 出疆之政, 謂軍旅·會·同之事也. 周禮諸子"會·同·賓客, 作群子從", 此云"庶子以公族守於公宮", 蓋群子非一人, 故或從或守也. 正室, 公族之適子. 諸父, 昭穆尊者. 諸子諸孫, 昭穆卑者. 貴宮, 吳氏以爲四親廟. 下宮, 吳氏以爲別廟, 如魯仲子之廟者是也. 貴室, 路寢. 下室, 燕寢也. 周禮宮正, "掌王宮之戒令糾禁, 以時比宮中之官府次舍之衆寡, 爲之版以待, 夕擊柝而比之. 國有故, 則令宿, 其比亦如之." 宮伯, "掌王宮之士庶子凡在版者", "授八次·八舍之職事, 若邦有大事, 作宮衆, 則令之." 蓋公有出疆之政, 庶子率公族致於宮正·宮伯, 宮正比其當宿者, 宮伯授以次·舍, 以尊卑分守廟·寢. 公在國及無事時, 則更番入直, 公出疆及有故, 則盡入宿衛也.

번역 '국경 밖으로 나가게 되는 정무[出疆之政]'는 군대를 출병하거나, 회동(會同)하는 등의 일을 가리킨다. 『주례』「제자(諸子)」편에는 "회동 및 빈객(賓客)들을 접대하는 일에는 여러 국자(國子)들을 뒤따르게 한다."[84] 라고 하였고, 이곳 경문에서는 "서자(庶子)는 공족(公族)으로 하여금 공궁(公宮)을 지키게 한다."라고 하였는데, 무릇 '군자(群子)'는 한 사람을 가리키는 것이 아니다. 그렇기 때문에 어떤 자들은 군주를 뒤따르고, 또 어떤 자들은 국가에 남아서, 왕실을 지키는 것이다. '정실(正室)'은 공족의 적장자들을 뜻한다. '제부(諸父)'는 소목(昭穆)의 항렬이 군주보다 높은 자들이다. '제자(諸子)'와 '제손(諸孫)'은 소목의 항렬이 군주보다 낮은 자들이다. '귀궁(貴宮)'에 대해서, 오징(吳澄)은 4대(代)의 친묘(親廟)라고 여겼다. '하

84) 『주례』「하관(夏官)·제자(諸子)」: 大喪正群子之服位, 會同賓客作群子從.

궁(下宮)'에 대해서, 오징은 '별묘(別廟)'라고 여겼는데, 노중자(魯仲子)의 묘(廟)와 같은 것들이 여기에 해당한다. '귀실(貴室)'은 노침(路寢)이다. '하실(下室)'은 연침(燕寢)이다. 『주례』「궁정(宮正)」편에서는 "왕궁(王宮)의 규율과 금령 등을 담당하며, 계절마다 관부에 속해 있는 관리들과 숙소에 머물고 있는 자들의 수를 비교해서, 그들의 명부를 만들어 준비해두며, 저녁에는 딱따기를 치며 알린다. 나라에 변고가 발생하게 되면, 경비를 강화하도록 시키는데, 평소 숙위(宿衛)할 자들을 편성하는 일 또한 이와 같다."[85] 라고 했고, 『주례』「궁백(宮伯)」편에서는 "왕궁에 있는 사(士) 및 서자(庶子) 등, 명부에 기록되어 있는 자들에 대해서 담당한다."라고 했고, "왕궁 내부의 여덟 방위를 지키는 일과 외부의 여덟 방위를 지키는 임무를 부여하고, 만약 나라에 큰 일이 생기게 되면, 왕궁 안에 머물고 있는 자들을 편성해서, 그들에게 같은 임무를 시킨다."라고 하였다.[86] 무릇 군주에게 국경 밖으로 나가게 되는 정무가 있게 되면, 서자(庶子)는 공족들을 인솔해서, 궁정과 궁백에게 인도한다. 궁정은 숙위의 임무를 맡게 될 자들을 편성하고, 궁백은 그들에게 방비를 맡을 장소를 분담시키는데, 신분의 고하(高下)에 따라서, 어떤 자들은 묘(廟)를 지키게 하고, 또 어떤 자들은 침(寢)을 지키게 하는 것이다. 따라서 공족들은 군주가 나라에 머물러 있거나, 또는 별다른 일이 없을 때에는 순번에 따라서 입궐하여, 임무를 수행하고, 군주가 국경 밖으로 나가거나, 변고가 발생하게 되면, 모두가 입궐하여, 수비를 하는 것이다.

集解 吳氏澄曰: 鄭以貴宮·貴室總爲路寢, 下宮爲親廟, 下室爲燕寢, 則貴宮·室混爲一, 下宮·室分爲二. 又親廟貶稱下宮, 而但子孫守之, 路寢反稱貴宮, 而以諸父守之, 是尊己而卑祖·禰也. 方氏以貴宮·貴室爲昭廟, 下宮·下室

---

85) 『주례』「천관(天官)·궁정(宮正)」: 宮正, 掌王宮之戒令糾禁. 以時比宮中之官府次舍之衆寡. 爲之版以待. 夕擊柝而比之. 國有故則令宿其比亦如之.

86) 『주례』「천관(天官)·궁백(宮伯)」: 宮伯, 掌王宮之士庶子凡在版者. 掌其政令行其秩敘作其徒役之事. 授八次八舍之職事. 若邦有大事作宮衆則令之.

爲穆廟. 昭穆等耳, 可分貴·下乎? 陸氏以大廟若周公, 貴宮·貴室若魯公, 下宮·下室若群公廟. 然魯公廟僭放文世室, 他國無之也. 又四親廟可貶爲下乎? 胡氏以貴宮·下宮人所居, 貴室·下室皆親廟, 亦未是.

번역 오징이 말하길, 정현은 '귀궁(貴宮)'과 '귀실(貴室)'을 모두 '노침(路寢)'이라고 하였다. 반면 '하궁(下宮)'은 '친묘(親廟)'라고 풀이하고, '하실(下室)'은 '연침(燕寢)'이라고 풀이하였으니, 정현은 결국 '귀궁'과 '귀실'은 하나라고 여기고, '하궁'과 '하실'은 분리하여, 둘로 여긴 것이다. 또 '친묘'는 낮춰 불러서, '하궁'이라고 하고, 다만 자손(子孫)들이 수호를 한다고 하였는데, '노침'에 대해서는 이와는 반대로, '귀궁'이라고 부르고, 또 '제부(諸父)'들을 시켜서 수호한다고 하였다. 이것은 곧 군주 본인에 대해서는 높이고, 조부 및 부친에 대해서는 낮추는 꼴이 된다. 엄릉방씨는 '귀궁'과 '귀실'을 '소묘(昭廟)'라고 하였고, '하궁'과 '하실'을 '목묘(穆廟)'라고 하였다. 그러나 소목(昭穆)은 그 존귀한 정도가 동등할 따름인데, '귀(貴)'와 '하(下)'로 구분하는 것이 가능하겠는가? 육덕명은 '태묘(太廟)'를 주공(周公)에 대한 묘(廟)로 여기고, '귀궁'과 '귀실'은 노공(魯公)의 묘라고 여겼으며, '하궁'과 '하실'은 여러 군주들의 묘라고 여겼다. 만약 그렇게 된다면, 노공의 묘를 세우는 것은 주(周)나라 왕실에서 문왕(文王)에 대한 세실(世室)을 두었던 것에 버금가게 되므로, 천자에 대한 예법을 참람하게 범하는 경우가 되며, 또한 다른 제후국들에서도 그러한 경우는 없었다. 또 4대(代)의 선조묘(先祖廟)를 낮춰서 '하(下)'라고 부를 수 있겠는가? 호전(胡銓)은 '귀궁'과 '하궁'은 사람이 거처하는 곳이고, '귀실'과 '하실'은 모두 선조들의 묘라고 하였는데, 이 말 또한 옳은 주장이 아니다.

集解 此上二節, 言公族在軍及在國宿衛之法也.

번역 이상의 두 구절은 공족(公族)이 군대에 있거나, 나라 안에서 숙위(宿衛)를 할 때의 법도에 대해서 언급하고 있다.

【259a】

五廟之孫, 祖廟未毁, 雖爲庶人, 冠取妻[87], 必告, 死必赴, 練祥則告.

직역 五廟의 孫은 祖廟가 未毁하면, 비록 庶人이 爲하더라도, 冠과 取妻에 必히 告하고, 死에 必히 赴하며, 練祥에도 告한다.

의역 제후는 다섯 개의 묘(廟)를 세우는데, 시조(始祖)의 묘를 제외하고, 나머지 네 개의 묘에 모시고 있는 선조(先祖)들의 경우, 해당 선조의 자손들에 대해서는 그들 선조의 묘가 대수(代數)가 끝나지 않아서, 아직 헐리지 않았다면, 비록 그 자손들의 신분이 서인(庶人)이 되었다고 하더라도, 관례(冠禮)를 치르거나, 부인을 맞이하는 혼례(婚禮)를 치르게 될 때, 반드시 제후에게 그 사실을 아뢰고, 그가 죽게 되면, 자손들은 반드시 제후에게 부고를 알리며, 연상(練祥)[88]과 같은 경우에도, 또한 그 사실을 제후에게 아뢴다.

集說 諸侯五廟, 始封之君爲太祖, 百世不遷, 此下親盡則遞遷. 此言五廟之孫, 是始封之君, 卽五世祖, 故云祖廟未毁. 未毁, 未遞遷也. 此孫雖無祿仕, 然冠昏必告于君, 死必赴, 練祥之祭必告者, 以其親未盡也.

번역 제후는 다섯 개의 묘(廟)를 세우는데, 처음 봉지(封地)를 분봉 받은 군주가 태조(太祖)가 되니, 세대가 변하더라도 그 묘의 신주는 옮겨지지

87) '취처(取妻)'에 대하여. 『십삼경주소(十三經注疏)』 북경대 출판본에서는 "'취처'를 『민본(閩本)』·『감본(監本)』·『모본(毛本)』·『석경(石經)』·『악본(岳本)』·『가정본(嘉靖本)』과 위씨(衛氏)의 『집설(集說)』에서는 동일하게 기록하고 있고, 혜동(惠棟)의 『교송본(校宋本)』에는 '처(妻)'자 뒤에 '자(者)'자가 더 기록되어 있으며, 『고문(考文)』에서 인용하고 있는 『고본(古本)』·『족리본(足利本)』에는 '취(取)'자를 '취(娶)'자로 기록하고 있고, '자(者)'자는 기록되어 있지 않다."라고 했다.

88) 연상(練祥)은 소상(小祥)과 대상(大祥)을 뜻한다.

않고, 그 이하 4개의 묘는 대수(代數)가 다하게 되면, 옮겨지게 된다. 이 문장에서는 '오묘(五廟)의 후손들'이라고 하였는데, 이 말은 곧 처음 분봉 받은 군주인 태조까지 포함하여, 오세조(五世祖)가 된다는 뜻이다. 그러나 실질적으로는 군주와 고조(高祖)가 같은 후손들까지만 포함된다. 그러므로 "조묘(祖廟)를 아직 헐지 않았다."라고 한 것인데, "아직 헐지 않았다."는 말은 아직 옮겨지지 않았다는 뜻이다. 그 후손들이 비록 관직에 몸담지 못하거나, 작위를 받지 않았다고 하더라도, 관례(冠禮)나 혼례(婚禮)를 치를 때에는 반드시 군주에게 아뢰며, 죽었을 때에도 반드시 부고를 알리고, 연상(練祥)의 제사 때에도 반드시 아뢰게 된다. 그 이유는 군주와의 친속 관계가 아직 끝나지 않았기 때문이다.

大全 嚴陵方氏曰: 親屬未絶, 不以貴賤之間而忘吉凶之問也.

번역 엄릉방씨가 말하길, 친속관계가 아직 끊어지지 않았다면, 신분의 차이를 이유로, 길사(吉事)와 흉사(凶事)에 대한 소식 알리는 일을 잊어서는 안 된다.

鄭注 赴, 告於君也. 實四廟孫, 而言五廟者, 容顯考爲始封子也.

번역 '부(赴)'자는 군주에게 부고를 아뢴다는 뜻이다. 실제로는 4개의 묘(廟)에 안치된 조상의 후손들만 해당되지만, '오묘(五廟)'라고 기록한 이유는 고조(高祖)의 묘는 처음 분봉 받은 시조묘(始祖廟) 바로 밑에 있어서, 아들 항렬이 되기 때문에, 시조(始祖)까지 포함하여 '오묘'라고 말한 것이다.

釋文 冠, 古亂反. 取, 七喩反, 後放此.

번역 '冠'자는 '古(고)'자와 '亂(란)'자의 반절음이다. '取'자는 '七(칠)'자와 '喩(유)'자의 반절음이며, 이후의 글자들도 모두 그 음이 이와 같다.

孔疏 ●"五廟"至"有正焉". ○正義曰: 此論族人雖或至賤, 吉凶必須相告弔, 賵含贈皆當有正禮, 庶子掌其正焉.

번역 ●經文: "五廟"～"有正焉". ○이 문장은 족인(族人)들 중에 비록 매우 천한 신분을 가지고 있는 자가 있더라도, 길사(吉事)나 흉사(凶事)를 치를 때에는 반드시 서로 알려서 조문을 해야 하며, 봉(賵), 함(含), 증(贈) 등에는 모두 정해진 예법(禮法)이 있어서, 서자(庶子)가 그 정례(正禮)의 시행 여부를 감독한다는 사안을 논의하고 있다.

孔疏 ◎注"實四"至"子也". ○正義曰: 經云"祖廟未毁", 謂同高祖. 若高祖以下, 唯有四廟, 今云五廟, 故云"容顯考爲始封子", 是高祖爲四世也. 其五世祖是始封之君, 自五世以下, 其廟不毁, 故爲五廟也.

번역 ◎鄭注: "實四"～"子也". ○경문에서 "조묘(祖廟)를 아직 헐지 않았다."라고 하였는데, 묘가 헐리지 않은 후손들은 곧 군주와 고조(高祖)가 같은 자들에 해당한다. 만약 고조(高祖) 이하의 묘(廟)라고 한다면, 태조(太祖)의 묘가 제외되므로, 오직 4개의 묘만 있게 된다. 그런데 이곳 경문에서는 '오묘(五廟)'라고 언급하고 있기 때문에, 정현이 "고조의 묘는 처음 분봉 받은 시조묘(始祖廟) 바로 밑에 있어서, 아들 항렬이 된다."라고 한 것이다. 이 말은 곧 고조는 사대조(四代祖)가 된다는 뜻이다. 그러므로 5개의 묘가 있는 제후의 종묘 구조상 오세조(五世祖)는 처음 분봉 받은 시조가 되며, 오세조인 시조의 묘로부터 그 이하 4개의 선조묘(先祖廟)들은 헐지 않는다. 그렇기 때문에 '오묘'라고 표현한 것이다.

【259b】

族之相爲也, 宜弔不弔, 宜免不免, 有司罰之. 至于賵賻承含, 皆有正焉.

직역 族은 相爲함이니, 宜弔에 不弔하고, 宜免면 不免하면, 有司가 罰한다. 賵·賻·承·含에 至하여도, 모두 正이 有하다.

의역 족인(族人)들은 상사(喪事) 등의 일을 서로 도와야 하는 것이니, 마땅히 조문을 해야 하는 상대에 대해서, 조문을 하지 않고, 또 마땅히 단면(袒免)[89]을 해야 하는 상대에 대해서, 단면을 하지 않는다면, 유사(有司)[90]가 그들을 벌한다. 각종 부의를 보내는 봉(賵), 부(賻), 승(承), 함(含)[91]에 대해서도 모두 정해진 예법(禮法)이 있다.

---

89) 단면(袒免)은 상의의 한쪽을 벗어 좌측 어깨를 드러내고, 관(冠)을 벗고 머리끈으로 머리를 묶는다는 뜻이다. 먼 친척이 죽었을 때, 해당하는 상복(喪服)이 없다면, 이처럼 '단면'을 해서 애도하는 마음을 표현하게 된다.

90) 유사(有司)는 관리를 뜻하는 용어이다. '사(司)'자는 담당한다는 뜻이다. 관리들은 각자 담당하고 있는 업무가 있었으므로, 관리를 '유사'라고 불렀던 것이다. 일반적으로 하위관료들을 지칭하여, 실무자를 뜻하는 용어로 많이 사용된다. 그러나 때로는 고위관료까지도 지칭하는 용어로 사용되기도 한다.

91) 경문의 '봉(賵)', '부(賻)', '승(承)', '함(含)'에 대하여. 다른 글자에 대한 이견(異見)은 없지만, '승'자에 대한 이견은 많다. 부의를 보내는 행위와 '승'자는 연관성이 없기 때문인데, 정현은 '승'자를 보낸다는 '증(贈)'자로 풀이하여, 부의를 보낸다는 뜻이라고 하였다. 정현의 주장에 따르면, '승'자와 '증'자는 혼용하여 쓸 수 있는 글자가 된다. 그러나 공영달(孔穎達)은 '승' 대신 '수(襚)'를 첨가하여 해설하고, 정현의 주장을 수용하여 '승'을 '증'자로 풀이하고 있다. 그러나 '증'자를 또한 '봉', '부', '함', '수'를 통괄하는 용어로 풀이하고, '증'자와 나머지 '봉', '부', '함', '수'와의 관련성은 언급하고 있지 않다. 진호(陳澔) 또한 정현 및 공영달의 주장을 그대로 수용하고 있다. 그러나 공영달의 주장에 따라 '증'자를 '봉', '부', '함', '수'를 통괄하는 의미로 해석했을 때 파생되는 문제에 대해서는 언급하지 않고 있다.

集說 四世而緦, 服之窮也. 五世親盡, 袒免而已. 袒免, 說見前篇. 六世以往, 弔而已矣. 當弔而不弔, 當免而不免, 皆爲廢禮, 故有司者罰之, 所以肅禮教也. 賵以車馬, 賻以貨財, 含以珠玉, 襚以衣服, 四者總謂之贈, 隨其親疎, 各有正禮, 庶子官治之. 有司, 卽庶子也.

번역 친족들 중 4대(代)가 지나게 되면, 상대방에 대해서 시마복(緦麻服)을 입는 관계가 되는데, 시마복은 상복(喪服) 중에서도 가장 수위가 낮은 것이다. 따라서 대수(代數)가 더 올라가게 되면, 상복을 입는 관계도 끝나게 된다.[92] 그러므로 5대부터는 친속관계가 다 끝나게 되므로, 상복을 입지 않고, 단지 단면(袒免)만 할 따름이다. 단면에 대해서는 그 설명이 앞 편에 나온다.[93] 6대 이상부터는 상복도 입지 않고, 단면도 하지 않으며, 단지 조문만 할 따름이다. 그러나 마땅히 조문을 해야 하는데도, 조문을 하지 않고, 마땅히 단면을 해야 하는데도, 단면을 하지 않는 행위는 모두 예법(禮法)에 따르지 않은 경우가 된다. 그렇기 때문에 담당자가 그들을 벌하게 되는데, 그 이유는 예법에 따른 교화를 엄숙하게 지키기 위해서이다. '봉(賵)'은 부의로 거마(車馬)를 보내는 것이고, '부(賻)'는 부의로 재화를 보내는 것이며, '함(含)'을 부의로 주옥(珠玉)을 보내는 것이고, '수(襚)'는 부의로 의복(衣服)을 보내는 것이다. 이 네 가지를 총괄하여, '증(贈)'이라고 부르는데, 여기에 대해서도 각각 친속 관계에 따른 정해진 예법이 있으며, 서자(庶子)라는 관리가 그 일들을 담당한다. 따라서 이 문장의 '유사(有司)'는 곧 서자를 뜻한다.

大全 長樂陳氏曰: 祖遷於上, 宗易於下, 雖不爲庶人, 吉凶, 不必赴告, 義也. 祖廟未毁, 雖爲庶人, 吉凶, 必赴告, 恩也. 五世而親屬盡, 故爲之免, 六世而親屬竭, 故弔之而已. 宜弔不弔, 宜免不免, 有司罰之, 則緦麻而上, 宜服不服者, 可知也.

---

92) 『예기』「대전(大傳)」【426d】: 四世而緦. 服之窮也, 五世袒免.
93) 『예기』「단궁하(檀弓下)」【110a】에 대한 진호(陳澔)의 『집설(集說)』을 뜻한다.

번역 장락진씨가 말하길, 선조는 대수(代數)가 위로 올라 갈수록 체천(遞遷)이 되고, 종가(宗家)는 세대가 아래로 내려 갈수록 교체가 되니,[94] 서로간의 혈연관계가 점점 멀어지게 된다. 그러므로 대수가 다한 선조의 후손들이 비록 서인(庶人)의 신분이 아닌 귀족이라고 하더라도, 길사(吉事)나 흉사(凶事)에 대해서 반드시 알리지 않는 것은 의로운 덕목에 해당한다. 조묘(祖廟)가 아직 헐어지지 않았다면, 그 후손이 비록 서인이라는 일반계층이라고 하더라도, 길사나 흉사에 대해서 반드시 알리는 것은 은혜로운 덕목에 해당한다. 5대(代)가 지나면 친속 관계가 거의 다 하게 된다. 그렇기 때문에 그의 후손들을 위해서는 단지 단면(袒免)만 하는 것이고, 6대가 지나면 친속 관계가 끝나게 된다. 그렇기 때문에 상복(喪服)도 입지 않고, 단면도 하지 않으며, 단지 조문(弔問)만 할 따름이다. 경문에서 "마땅히 조문을 해야 하는데도, 조문을 하지 않고, 마땅히 단면을 해야 하는데도, 단면을 하지 않아서, 유사(有司)가 처벌을 한다."고 했다면, 친속관계가 시마복(緦麻服)을 입는 이상의 관계인 경우, 마땅히 상복을 입어야 하는데, 입지 않는 자에 대한 경우에 있어서도, 유사가 처벌을 한다는 사실을 짐작할 수 있다.

鄭注 弔謂六世以往. 免謂五世. 承讀爲贈, 聲之誤也. 正, 正禮也.

번역 조문은 6대(代) 이상의 친척에 대해서 한다. 단면(袒免)은 오대조(五代祖)가 같은 친척에 대해서 한다. '승(承)'자는 '증(贈)'자로 읽어야 하는데, 두 글자의 소리가 비슷하여, 잘못 기록된 것이다. '정(正)'자는 "예법에 따라서 바로잡는다[正禮]."는 뜻이다.

---

94) 『예기』「상복소기(喪服小記)」【409b】: 是故祖遷於上, 宗易於下. / 『대전본(大全本)』에는 '안(晏)'자로 기록되어 있지만, 다른 기록들에는 모두 천(遷)자로 되어 있다. 이 문장은 본래 대종(大宗)과 소종(小宗)의 관계를 설명하고 있는 문장인데, 대수(代數)가 높아갈 수록 대종에서 모시는 선조(先祖)의 신위(神位)가 체천(遞遷)되고, 세대가 내려갈수록 대종과 소종과의 관계가 소원해져서, 소종은 별도의 분가를 이루게 된다는 뜻이다. 따라서 위의 문장은 선조와 후손의 관계가 멀어지는 것으로 해석할 수 있다.

釋文 爲, 于僞反, 下"爲君"同. 免音問, 下及注同. 賵, 芳鳳切, 下同. 賻音附. 承音贈, 出注. 含, 胡暗反, 本又作唅. 賵賻唅襚, 皆贈喪之物也: 車馬曰賵, 布帛曰賻, 珠玉曰唅, 衣服曰襚, 總謂之贈, 贈猶送也.

번역 '爲'자는 '于(우)'자와 '僞(위)'자의 반절음이며, 아래 문장 중 '爲君'에서의 '爲'자도 그 음이 동일하다. '免'자의 음은 '問(문)'이며, 아래 문장 및 정현의 주에 나오는 글자들도 그 음이 이와 같다. '賵'자는 '芳(방)'자와 '鳳(봉)'자의 반절음이며, 아래 문장에 나오는 글자도 그 음이 이와 같다. '賻'자의 음은 '附(부)'이다. '承'자의 음은 '贈(증)'인데, 이 설명은 정현의 주에 따른 것이다. '含'자는 '胡(호)'자와 '暗(암)'자의 반절음이며, 판본에 따라서는 또한 '唅'자로도 기록한다. '賵'·'賻'·'唅'·'襚'자는 모두 상사(喪事) 때 물건을 증여한다는 뜻이다. 거마(車馬)를 보내는 것을 '賵(봉)'이라고 부르고, 포백(布帛)을 보내는 것을 '賻(봉)'이라고 부르며, 주옥(珠玉)을 보내는 것을 '唅(함)'이라고 부르고, 의복(衣服)을 보내는 것을 '襚(수)'라고 부르며, 이것들을 총괄하여 '贈(증)'이라고 부르는데, '贈'자는 "보낸다[送]."는 뜻이다.

孔疏 ●"皆有正焉"者, 正謂正禮, 庶子之官治之, 使賵賻贈含, 隨其親疏, 各有正禮.

번역 ●經文: "皆有正焉". ○'정(正)'자는 '정례(正禮)'를 뜻하니, 서자(庶子)라는 관리가 그 일들을 주관하며, 봉(賵), 부(賻), 증(贈), 함(含)을 할 때에는 친소관계에 따르게 하여, 각각 '정례'를 지키도록 하는 것이다.

孔疏 ◎注"弔謂"至"五世". ○正義曰: 六世以往者, 從六世以至百世, 但有弔禮, 故言以往. 四世同高祖, 有緦麻之親, 五世則親盡, 但有袒免, 故云"免謂五世"也.

번역 ◎鄭注: "弔謂"~"五世". ○'육세이왕(六世以往)'이라는 말은 6대(代)부터 그 이상이 되는 후손들을 뜻하니, 그들에 대해서는 단지 조문(弔問)만 하게 되어 있다. 그렇기 때문에 '~이상[以往]'이라고 말한 것이다. 4대가 지난 후손들은 고조(高祖)가 같은 자들이니, 시마복(緦麻服)을 입어야 하는 친속 관계에 포함된다. 그러나 5대가 지나게 되면, 친속 관계가 거의 다 되어, 단지 단면(袒免)만 하게 된다. 그렇기 때문에 정현이 "단면은 오대조(五代祖)가 같은 친척에 대해서 한다."라고 말한 것이다.

孔疏 ◎注"承讀"至"禮也". ○正義曰: 承文在賻含之間, 則贈含之類, 故以承爲贈. 云"正, 正禮也"者, 謂庶子之官, 正之以禮, 非訓正爲禮也. 庶子之官治之, 使賵賻隨其親疏, 各有正禮. 賵賻含襚, 皆贈喪之物. 賵, 車馬; 賻, 財帛; 含, 珠玉; 襚, 衣服; 總謂之贈. 贈, 送也.

번역 ◎鄭注: "承讀"~"禮也". ○'승(承)'자가 기록된 위치는 '부(賻)'자와 '함(含)'자 사이에 있으니, '증(贈)'자나 '함(含)'자와 비슷한 뜻이 된다. 그렇기 때문에 정현이 '승'자를 '증'자로 풀이한 것이다. 정현이 "'정(正)'자는 '정례(正禮)'이다."라고 하였는데, 이 말은 서자(庶子)라는 관리가 예법(禮法)에 따라서 그것들을 바로잡는다는 뜻이니, '정'자를 '정례'라는 명사로 풀이한 말이 아니다. 서자라는 관리가 그 일들을 담당하여, 봉(賵)이나 부(賻)를 할 때, 각각의 친소 관계에 따르게 하여, 각각의 일들에 대해서, 예법으로 바로잡는 점이 있는 것이다. '봉'·'부'·'함'·'수(襚)'자는 모두 상사(喪事) 때 물건을 보내는 것을 뜻한다. '봉'은 '수레와 말[車馬]'을 보내는 것이고, '부'는 '재화나 비단[財帛]'을 보내는 것이며, '함'은 '시신과 함께 매장하는 옥[珠玉]'을 보내는 것이고, '수'는 '시신을 감싸는 옷[衣服]'을 보내는 것인데, 이것들을 총괄하여 '증'이라고도 한다. '증'자는 보낸다는 뜻이다.

集解 陳氏祥道曰: 實於口者謂之含, 承於身者謂之承. 凡玉可以爲渠眉·

疏璧者, 皆承也.

번역 진상도가 말하길, 시신의 입에 주옥(珠玉) 등을 채워 넣는 것을 '함(含)'이라고 하며, 옥(玉) 등을 시신과 함께 매장하는 것을 '승(承)'이라고 부른다. 무릇 옥을 거미(渠眉), 소벽(疏璧) 등으로 가공한 것들이 모두 '승' 하는 대상들이다.

集解 愚謂: 族人相爲弔·免, 乃其疎遠者, 而闕於禮則有司罰之, 則其相爲有服者可知. 於君言赴告, 則族之相爲亦必赴告可知. 於族之相爲言弔免, 則公於族人之喪, 亦必弔可知, 互相備也.

번역 내가 생각하기에, 족인(族人)들이 서로를 위해서 조문을 하거나, 단면(袒免)을 하는 경우는 그 관계가 소원한 경우에 해당한다. 그런데도 이러한 예법(禮法)에 대해서 소략하게 시행한다면, 유사(有司)가 그들을 처벌한다고 하였으니, 서로를 위해 상복(喪服)을 입는 가까운 관계에 대해서도 소략하게 시행하면, 처벌을 받는다는 사실을 짐작할 수 있다. 군주에 대해서는 부고를 알리거나 아뢴다고 하였으니, 족인들 사이에서도 서로 도와야 할 일이 있을 때에는 또한 반드시 알린다는 사실을 짐작할 수 있다. 그리고 족인이 서로 도와야 하는 일에 대해서, 조문을 하거나 단면을 한다고 하였으니, 군주 또한 족인들의 상사(喪事)에 대해서, 반드시 조문을 해야 한다는 사실을 짐작할 수 있다. 그러므로 위의 두 문장은 서로 호환이 되는 내용들이다.

集解 此上二節, 言公族赴弔之法也.

번역 이상의 두 구절은 공족(公族)들이 부고를 알리거나 조문하는 법도에 대해서 언급하고 있다.

【259c】

公族, 其有死罪, 則磬于甸人. 其刑罪, 則纖剸, 亦告于甸人. 公族無宮刑.

직역 公族 중에 死罪가 有하면, 甸人에게서 磬한다. 刑罪라면, 纖剸하며, 또한 甸人에게 告한다. 公族에게는 宮刑이 無하다.

의역 군주의 족인(族人)들 중에 사형에 해당하는 죄를 범한 자가 있다면, 전인(甸人)[95]에게 알려서, 족인에 대해 사형 중 목매다는 형벌을 집행하게 한다. 육형(肉刑)[96]에 해당하는 죄를 범했다면, 절단하는 형벌을 내리니, 또한 전인에게 죄상에 대한 내용을 알려서, 그로 하여금 형벌을 집행하게 한다. 군주의 족인들은 대(代)가 끊어지면 안 되니, 생식기를 자르는 형벌은 내리지 않는다.

集說 磬, 懸縊殺之也. 左傳"室如縣磬", 皇氏云, "如縣樂器之磬也." 甸人, 掌郊野之官, 爲之隱, 故不於市朝. 其刑罪之當纖刺剸割之時, 亦鞠讀刑法之書於甸人之官也. 漢書每云"鞠獄", 鞠, 盡也. 推審罪狀, 令無餘蘊, 然後讀其所犯罪狀之書而刑之. 無宮刑者, 不絶其類也.

번역 '경(磬)'은 목매달아 죽이는 형벌이다. 『좌전(左傳)』에는 "집집마다 마치 '경'을 매달아 놓은 것 같다."[97]라고 하였고, 황간은 "마치 악기 중 하나인 '경'을 매달아 놓은 모습과 같은 것이다."라고 하였다. '전인(甸人)'은 궁성(宮城) 이외의 외곽 지역인 '교야(郊野)'[98]를 담당하는 관리인

95) 전인(甸人)은 교외(郊外)에 대한 일과 공족(公族)들에 대한 형벌 집행을 담당하던 관리이다. 『주례』의 체제에 따르면, 전사(甸師)가 된다.

96) 육형(肉刑)은 죄인의 신체를 자르거나 찌르는 형벌을 총칭하는 말이다. 궁형(宮刑), 묵형(墨刑), 의형(劓刑) 등에 해당하는데, 후대에는 육체상에 가하는 모든 형벌들을 지칭하는 용어로도 사용하였다.

97) 『춘추좌씨전』「희공(僖公) 26년」: 齊侯曰, "室如縣罄, 野無靑草, 何恃而不恐?"

98) 교야(郊野)는 도성(都城) 밖의 외곽지역을 범범하게 지칭하는 용어이다. 한편

데, 공족(公族)이 죄를 범했다는 사실을 숨기고자 하여, 여타의 경우처럼 시장이나 조정에서 벌을 주지 않는 것이다.[99] 형벌을 받게 되는 죄목이 절단하는 형벌에 해당될 때에는 또한 국문(鞫問)을 하고, 형법에 대한 기록을 전인이라는 관리에게 읽어주게 된다. 『한서(漢書)』「형법지(刑法志)」편의 기록에서는 매번 "죄상을 국문한다."[100]라고 했는데, '국(鞫)'자는 끝까지 조사한다는 뜻으로, 죄상을 끝까지 밝혀내어, 밝혀지지 않은 사실로 인해 잘못된 판단이 없게끔 하고, 그런 연후에 그가 범한 죄상에 대해서 읽어주고서, 형벌을 내리게 된다. "궁형(宮刑)[101]이 없다."는 것은 그의 자손이 끊어지지 않게 하기 위해서이다.

大全 長樂陳氏曰: 公之於族, 示之以孝弟睦友子愛之道, 所以教其善, 示之以廟朝之禮, 所以教其敬, 示之以喪服之禮, 所以教其哀, 示之以燕食之禮, 所以教其親, 示之以宮室之守, 所以教其忠, 示之以赴告弔免, 所以教其義. 俟之已盡而猶犯焉, 然後隨之以刑可也. 其死罪, 則縊之於甸人, 其刑罪, 則纖剸, 亦告于甸人, 不忍與衆棄之也. 不忍與衆棄之, 而必於甸人, 亦以甸人共祭薦之物故也. 蓋不以親廢法, 不以私滅公, 然後宗廟可得而事然, 則以親而體百姓, 乃所以事宗廟也.

주(周)나라 때에는 왕성(王城)의 경계로부터 사방 100리(里)까지를 '교(郊)'라고 불렀으며, 300리 떨어진 지점까지를 '야(野)'라고 불렀다. 따라서 이 공간 안에 포함된 땅을 통칭하여 '교야'라고 불렀다.

99) 『예기』「왕제(王制)」【150c】: 凡官民材, 必先論之, 論辨然後, 使之, 任事然後, 爵之, 位定然後, 祿之. 爵人於朝, 與士共之, 刑人於市, 與衆棄之.

100) 『한서(漢書)』「형법지(刑法志)」: 今遣廷史與郡鞫獄, 任輕祿薄, 其爲置廷平, 秩六百石, 員四人. / 이 외에도 몇 차례 '국옥(鞫獄)'에 대한 용례가 나온다.

101) 궁형(宮刑)은 궁벽(宮辟)이라고도 부르며, 오형(五刑) 중 하나이다. 남자의 생식기를 자르거나, 여자의 생식 기능을 파괴하는 형벌이다. 일설에는 여자에 대한 '궁형'은 감금을 하여 노비로 전락시키는 것이라고 설명한다. 『서』「주서(周書)·여형(呂刑)」편에는 "宮辟疑赦."라는 기록이 있고, 이에 대한 공안국(孔安國)의 전(傳)에서는 "宮, 淫刑也. 男子割勢, 婦人幽閉, 次死之刑."이라고 풀이했다.

번역 장락진씨가 말하길, 군주가 족인(族人)들에 대해서, 효제(孝悌)와 목우(睦友)와 자애(子愛)의 도리를 시행하는 것[102]은 그들의 착한 마음을 교화시키기 위해서이고, 종묘(宗廟) 및 조회 때의 예법(禮法)을 시행하는 것[103]은 그들의 공경스러운 태도를 교화시키기 위해서이며, 상복(喪服)과 관련된 예법을 시행하는 것[104]은 그들의 애도하는 마음을 교화시키기 위해서이고, 연회에 대한 예법을 시행하는 것[105]은 그들의 친애하는 마음을 교화시키기 위해서이며, 궁실(宮室)에 대한 수비를 시행하는 것[106]은 그들의 충성심을 교화시키기 위해서이고, 부고, 조문 및 단면(袒免) 등에 대한 상례(喪禮)를 시행하는 것[107]은 그들의 의로운 마음을 교화시키기 위해서이다. 이미 그들을 대우해주는 것을 이처럼 극진하게 대했는데도, 오히려 그들이 죄를 범하게 된다면, 그 죄에 따른 형벌을 집행하는 것이 옳다. 만약 족인들이 범한 형벌이 사형에 해당한다면, 전인(甸人)을 시켜서 목을 매달게 하고, 육형을 받을 죄에 해당한다면, 절단을 하게 시키는데, 이 또한 전인에게 지시한다. 이처럼 하는 이유는 차마 대중들과 함께 하는 자리에서 그를 내버릴 수 없기 때문이다. 그런데 차마 대중들과 함께 하는 자리에서 그를 내버릴 수 없어서, 반드시 전인에게 시키는 이유는 전인은 또한 교야(郊野)에서 생산되는 물건들로 제사 때 바쳐야 하는 제물들을 공급하는 자이기 때문이다.[108] 이 말은 곧 족인들에 대한 형벌집행을 알리지 않기 위해

---

102) 『예기』「문왕세자」【256c】 : 庶子之正於公族者, 敎之以孝弟·睦友·子愛, 明父子之義·長幼之序.

103) 『예기』「문왕세자」【256d~257a】 : 其朝于公內朝則東面北上, …… 其在宗廟之中, 則如外朝之位.

104) 『예기』「문왕세자」【258a】 : 其公大事, 則以其喪服之精麤, 爲序, 雖於公族之喪, 亦如之, 以次主人.

105) 『예기』「문왕세자」【258b】 : 若公與族燕, 則異姓爲賓, 膳宰爲主人, 公與父兄齒. 族食世降一等.

106) 『예기』「문왕세자」【258d】 : 公若有出疆之政, 庶子以公族之無事者守於公宮, 正室守太廟, 諸父守貴宮[1]貴室, 諸子諸孫守下宮下室.

107) 『예기』「문왕세자」【259b】 : 族之相爲也, 宜弔不弔, 宜免不免, 有司罰之. 至于賵賻承含, 皆有正焉.

108) 전인(甸人)이 교야(郊野)에서 생산되는 물건을 공급한다는 용례는 다음과 같다. 『의례』「연례(燕禮)」편에는 "甸人執大燭於庭."이라는 기록이 있고, 이에 대

서, 외곽지역을 담당하는 전인에게 시킨다는 뜻이다. 무릇 친분 때문에 법을 폐지하지 않고, 사적인 것으로 공적인 것을 없애지 않으면, 그런 이후에야 종묘에서 조상들을 섬길 수 있으니, 족인을 대하듯 백성들을 똑같이 대우하는 것은 곧 종묘에서 조상들을 섬기는 방법인 것이다.

鄭注 不於市朝者, 隱之也. 甸人, 掌郊野之官, 縣縊殺之曰磬. 纖讀爲殲, 殲, 刺也[109]. 剸, 割也. 宮[110]·割·臏·墨·劓·刖, 皆以刀鋸刺割人體也. 告讀爲

한 정현의 주에서는 "甸人, 掌共薪蒸者."라고 풀이했다. 즉 '전인'은 연회 때 피우는 화톳불 등을 담당하는데, 이처럼 기록한 이유는 그가 교야에서 생산되는 땔감 공급하는 일을 담당하기 때문이다. 또 '전인'은 『주례』의 체제에 따르면, 전사(甸師)가 된다. 『주례』「천관(天官)·전사(甸師)」편에서는 "甸師, 掌帥其屬而耕耨王藉, 以時入之, 以共齍盛. 祭祀共蕭茅, 共野果蓏之薦. 喪事代王受眚災."라고 하였다. 즉 '전사'는 예하의 인원들을 동원하여, 천자의 경작지를 경작하고, 시기마다 교야에서 생산되는 곡식, 과실 및 초목 등을 공급한다.

109) '섬독위섬섬자야(纖讀爲殲殲刺也)'에 대하여. 『십삼경주소(十三經注疏)』 북경대 출판본에서는 "『민본(閩本)』·『감본(監本)』·『모본(毛本)』·『악본(岳本)』·『가정본(嘉靖本)』과 위씨(衛氏)의 『집설(集說)』에서는 동일하게 기록하고 있다. 혜동(惠棟)의 『교송본(校宋本)』에서는 '섬섬(殲殲)'에서의 앞 '섬(殲)'자를 '침(鍼)'자로 기록하고 있다."라고 했다. 완원(阮元)의 『교감기(校勘記)』에서는 "살펴보니, 『경전석문(經典釋文)』에는 앞에 나오는 즉섬(則纖)이라는 기록에 대해서, '정현의 주에 따르면 음이 鍼(침)이니, 之(지)자와 林(림)자의 반절음이며, 자른다는 뜻이고, 서음(徐音)은 子(자)자와 廉(렴)자의 반절음이고, 정현의 주에 기록된 이 글자는 판본에 따라서, 섬(纖)자로도 기록하는데, 이 글자를 섬(殲)자로 해석하는 것은 서음(徐音)에 의거하여 고친 것이다.'라고 하였다. 그리고 아래 문장에도 '침자(鍼刺)'라는 기록이 나온다. 『구경고의(九經古義)』에서는 '『경전석문』을 살펴보면, 섬(纖)자는 침(鍼)자로 해석해야 한다. 그렇기 때문에 아래에 나오는 정현의 주에서도 자(刺)자로 해석한 것이다. 『금본(今本)』에는 모두 서음(徐音)에 따라서 섬(殲)자로 잘못 기록하고 있다.'라고 했으며, 노문초(盧文弨)는 두 개의 '섬(殲)'자는 모두 『경전석문』에 따라서 '침(鍼)'자로 기록해야 한다."라고 했다.

110) '궁(宮)'자에 대하여. 『십삼경주소(十三經注疏)』 북경대 출판본에서는 "'궁'자를 『민본(閩本)』·『감본(監本)』·『모본(毛本)』·『악본(岳本)』·『가정본(嘉靖本)』과 위씨(衛氏)의 『집설(集說)』에서는 동일하게 '궁'자로 기록하고 있다. 노문초(盧文弨)는 '『통고(通考)』에는 자(刺)자로 기록하고 있으니, 이곳의 궁자는 잘못 기록된 것이다. 공족(公族)에게는 궁형(宮刑)이 없다.'라고 했다. 그런데 손이양

鞠, 讀書用法曰鞠. 宮割, 淫刑.

번역 족인(族人)들에 대해서 시장이나 조정에서 벌을 주지 않는 것은 그 일을 감추기 위해서이다. '전인(甸人)'은 교야(郊野)를 담당하는 관리이며, 목을 매달아 죽이는 형벌을 '경(磬)'이라고 한다. '섬(纖)'자는 '섬(殲)'자로 해석하니, '섬(殲)'자는 "찌른다[刺]."는 뜻이다. '전(剸)'자는 자른다는 뜻이다. 궁형(宮刑), 할형(割刑)[111], 빈형(臏刑)[112], 묵형(墨刑)[113], 의형(劓刑)[114], 월형(刖刑)[115]들은 모두 칼로 인체를 찌르거나 자르는 형벌이다. '고(告)'자는 '국(鞠)'자로 해석하니, 조문을 읽고 형벌을 적용하는 것을 '국'이라고 부른다. "'궁(宮)'을 자른다."는 말은 생식기를 자르는 형벌이다.

(孫詒讓)의 『교기(校記)』에서는 '이곳 문장은 공족에게만 해당하는 형벌을 나열한 것이 아니라, 오형(五刑)을 범범하게 열거하여, 이 형벌들이 모두 신체를 자르거나 찌르는 형벌에 해당한다는 사실을 나타낸 것일 뿐이다. 따라서 공족에게만 해당하는 문장으로 해석할 필요는 없으니, 『통고』의 기록은 근거로 삼기에는 충분치 못하다.'"라고 했다.

111) 할형(割刑)은 고정된 의미가 없다. 자르고 베는 형벌을 총칭하기도 하며, 남자의 생식기를 자르는 '궁형(宮刑)'을 지칭하기도 하고, 잔혹한 형벌이라는 뜻에서 '혹형(酷刑)'이라고도 부른다.

112) 빈형(臏刑)은 월형(刖刑)과 같은 말이다. 다리를 자르는 형벌이다. 주(周)나라 때 빈형(臏刑)의 명칭을 월형(刖刑)으로 고쳤다고 전해진다. 『주례』「추관(秋官)·사형(司刑)」편에는 "刖罪五百."이라는 기록이 있는데, 이에 대한 정현의 주에서는 "斷足也. 周改臏作刖."이라고 풀이했다.

113) 묵형(墨刑)은 묵벽(墨辟)이라고도 부르며, 오형(五刑) 중의 하나이다. 범죄자의 얼굴 및 이마에 상처를 내고, 먹물로 새겨 넣어서 죄인의 신분임을 표시하는 형벌이다. 『서』「주서(周書)·여형(呂刑)」편에는 "墨辟疑赦."라는 기록이 있고, 이에 대한 공안국(孔安國)의 전(傳)에서는 "刻其顙而涅之, 曰墨刑."이라고 풀이했다.

114) 의형(劓刑)은 오형(五刑) 중의 하나이다. 범죄자의 코를 베는 형벌이다. 『서』「주서(周書)·여형(呂刑)」편에는 "惟作五虐之刑曰法, 殺戮無辜, 爰始淫爲劓刵椓黥."이라는 기록이 있고, 이에 대한 공영달(孔穎達)의 소(疏)에서는 "劓, 截人鼻."라고 풀이했다.

115) 월형(刖刑)은 비형(剕刑)이라고도 부르며, 오형(五刑) 중의 하나이다. 범죄자의 다리를 자르는 형벌이다. 『춘추좌씨전』「장공(莊公) 16년」편에는 "九月, 殺公子閼, 刖强鉏."라는 용례가 있다.

釋文 甸, 大遍反. 縣音玄. 縊, 一智反. 纖, 依注音鍼, 之林反, 徐子廉反, 注本或作纖, 讀爲殲者, 是依徐音而改也. 剸, 之免反. 告, 依注作鞠, 久六反. 刺, 七以反, 又七智反, 下同. 臏, 頻忍反, 徐扶忍反. 鋸, 徐音據.

번역 '甸'자는 '大(대)'자와 '遍(편)'자의 반절음이다. '縣'자의 음은 '玄(현)'이다. '縊'자는 '一(일)'자와 '智(지)'자의 반절음이다. '纖'자는 정현의 주에 따르면, 그 음이 '鍼(침)'이니, 그 음은 '之(지)'자와 '林(림)'자의 반절음인데, 한편 서음(徐音)은 '子(자)'자와 '廉(렴)'자의 반절음이다. 그런데 정현의 주에 기록된 이 글자는 판본에 따라서 '纖'자로도 기록하는데, 이 글자를 '殲'자로 해석하는 것은 서음에 의거하여 고친 것이다. '剸'자는 '之(지)'자와 '免(면)'자의 반절음이다. '告'자는 정현의 주에 따르면, '鞠'자가 되니, 그 음은 '久(구)'자와 '六(륙)'자의 반절음이다. '刺'자는 '七(칠)'자와 '以(이)'자의 반절음이며, 또는 '七(칠)'자와 '智(지)'자의 반절음도 되는데, 아래 문장에 나오는 글자들도 그 음이 모두 이와 같다. '臏'자는 '頻(빈)'자와 '忍(인)'자의 반절음이며, 서음은 '扶(부)'자와 '忍(인)'자의 반절음이 된다. '鋸'자의 서음은 '據(거)'이다.

孔疏 ●"公族"至"哭之". ○正義曰: 此一節論公之同族有死刑之罪, 有司行法之事, 及公爲之貶降之禮.

번역 ●經文: "公族"~"哭之". ○이 문장은 군주의 동족 중에 사형에 해당하는 죄를 지은 자가 있어서, 유사(有司)가 법령을 집행하는 일 및 군주가 그를 위해 평상시의 예법(禮法)보다 예(禮)를 낮추는 사안에 대해서 언급하고 있다.

孔疏 ●"公族其有死罪, 則磬于甸人"者, 甸人, 掌郊野之官. 又云磬, 盡也. 磬謂縣縊殺于甸人之官, 令其性命磬盡也.

번역 ●經文: “公族其有死罪, 則磬于甸人”. ○‘전인(甸人)’은 교야(郊野)를 담당하는 관리이다. 또한 경문에서는 ‘경(磬)’이라고 기록하였는데, 이 말은 곧 “다한다[盡].”는 뜻이다. 즉 ‘경’은 전인이라는 관리에게 목을 매달아 죽이는 형벌을 담당하게 하여, 그의 생명을 모두 소진하게 만든다는 뜻이다.

孔疏 ●“其刑”至“甸人”. ○謂族人犯刑罪者, 欲纖刺劓割之時, 亦鞠讀刑法之書於甸人之官也.

번역 ●經文: “其刑”～“甸人”. ○이 문장은 족인(族人)들 중에 형벌을 범한 자에 대해서, 칼로 찌르고 코를 베는 등의 형벌을 부여하고자 할 때에는 또한 국문을 하여, 전인(甸人)이라는 관리에게 형법에 대한 조문을 읽어 주게 된다는 뜻이다.

孔疏 ●“公族無宮刑”者, 雖犯宮刑, 不得行宮刑.

번역 ●經文: “公族無宮刑”. ○이 문장은 족인(族人)들이 비록 궁형(宮刑)에 해당하는 죄를 범했다고 하더라도, 그들에게 궁형을 시행할 수 없다는 뜻이다.

孔疏 ◎注“縣縊殺之曰磬”. ○正義曰: 磬謂磬盡也. 左傳云: “室如縣罄[116].” 杜預云: “罄, 盡也.” 皇氏云: “如縣樂器之磬也.”

번역 ◎鄭注: “縣縊殺之曰磬”. ○‘경(磬)’자는 “남김없이 다한다[磬盡].”는 뜻이다. 『좌전(左傳)』에서 “집집마다 마치 ‘경(罄)’을 매달아 놓은 것 같다.”라고 하였는데, 두예(杜預)는 “‘경(罄)’자는 ‘진(盡)’자의 뜻이다.”라고 하였고, 황간는 “마치 악기 중 하나인 ‘경(磬)’을 매달아 놓은 모습과 같은

116) ‘경(罄)’자에 대하여. 『십삼경주소(十三經注疏)』 북경대 출판본에서는 “‘경(罄)’자를 혜동(惠棟)의 『교송본(校宋本)』에서는 동일하게 ‘경(罄)’자로 기록하고 있는데, 『민본(閩本)』·『감본(監本)』·『모본(毛本)』에서는 ‘경(磬)’자로 기록하고 있고, 아래에 나오는 ‘두예운경진야(杜預云罄盡也)’에 대해서도 ‘경(罄)’자를 ‘경(磬)’자로 기록하고 있다.”라고 했다.

것이다."라고 하였다.

孔疏 ◎注"纖讀"至"曰鞫". ○正義曰: 按魯語云: "小刑用鑽鑿, 次刑用刀鋸." 按墨刑刻其面, 是用鑽鑿也. 其宮·劓之屬, 則刲割也. 故云"宮·割·臏·墨·劓·刖, 皆以刀鋸刺割人體也". 云"告讀爲鞫, 讀書用法曰鞫"者, 以刑之殺人, 皆於甸師氏, 何得唯告而已, 故以爲鞫, 漢書每云鞫獄是也. 讀書, 讀囚人之所犯罪狀之書. 用法, 謂用[117]其法律平斷其罪. 鞫, 盡也, 謂推審其罪狀令盡也. 今言公族雖無宮刑, 但髡去其髮也.

번역 ◎ 鄭注: "纖讀"~"曰鞫". ○『국어(國語)』「노어(魯語)」편을 살펴보면, "작은 형벌에 대해서는 형벌도구로 찬착(鑽鑿)[118]을 사용하였고, 그 다음으로 높은 형벌에 대해서는 도거(刀鋸)[119]를 사용하였다."[120]라고 하였는데, 생각해보면, 묵형(墨刑)은 그 얼굴에 글씨를 새기는 것이므로, 이것이 바로 "찬착(鑽鑿)을 사용한다[用鑽鑿]."는 사례에 해당한다. 그리고 궁형(宮刑)이나 의형(劓刑) 등의 죄에 속한다면, 신체를 절단하게 된다. 그렇기 때문에 정현이 "궁형, 할형(割刑), 빈형(臏刑), 묵형, 의형, 월형(刖刑)들은

---

117) '용(用)'자에 대하여. '용'자는 본래 없던 글자인데, 완원(阮元)의 『교감기(校勘記)』에서는 "위씨(衛氏)의 『집설(集說)』에는 '위(謂)'자 뒤에 '용'자를 덧붙이고 있다."라고 했다.

118) 찬착(鑽鑿)은 찬착(鑽笮)이라고도 한다. '찬(鑽)'과 '착(笮)'은 모두 형벌 도구들이다. '찬'으로는 빈형(臏刑)을 집행하였고, '착'으로는 '묵형(墨刑)'을 집행하였다. 한편 '찬착'은 경형(黥刑: =墨刑) 자체를 가리키는 용어로도 사용되었다. 『국어(國語)』「노어상(魯語上)」편에는 "中刑用刀鋸, 其次用鑽笮, 薄刑用鞭扑, 以威民也."라는 기록이 있는데, 이에 대한 위소(韋昭)의 주에서는 "鑽, 臏刑也. 笮, 黥刑也."라고 풀이했다.

119) 도거(刀鋸)는 '도(刀)'와 '거(鋸)'를 합쳐 부른 말이다. '도'와 '거'는 모두 형벌 도구들이다. '도'로는 의형(劓刑)을 집행하였고, '거'로는 목을 베거나 사지를 절단할 때 사용하였다. 『국어(國語)』「노어상(魯語上)」편에는 "中刑用刀鋸, 其次用鑽笮, 薄刑用鞭扑, 以威民也."라는 기록이 있는데, 이에 대한 위소(韋昭)의 주에서는 "割劓用刀, 斷截用鋸."라고 풀이했다.

120) 『국어(國語)』「노어상(魯語上)」: 大刑用甲兵, 其次用斧鉞, 中刑用刀鋸, 其次用鑽笮, 薄刑用鞭扑, 以威民也.

모두 칼로 인체를 찌르거나 자르는 형벌이다."라고 한 것이다. 정현이 "'고(告)'자는 '국(鞫)'자로 해석하니, 조문을 읽고 형벌을 적용하는 것을 '국'이라고 부른다."라고 하였는데, 형벌을 집행하여 사형을 시키는 것은 모두 전사씨(甸師氏)[121]가 담당하였는데, '고'자를 글자 그대로 해석한다면, 형벌 집행에 대해서, 어찌 다만 알리기만 할 수 있었겠는가? 그렇기 때문에 정현이 '고'자를 '국'자로 여긴 것이니, 『한서(漢書)』에서 매번 "죄상을 국문(鞫問)한다."라고 한 말이 바로 '고'자가 '국'자가 되어야 한다는 사실을 나타낸다. '독서(讀書)'라는 말은 죄인이 범한 죄에 대한 실상을 기록하여, 그 문서를 읽는다는 뜻이다. '용법(用法)'은 법률을 적용하여, 그의 죄를 공평하게 판결한다는 뜻이다. '국'자는 "다한다[盡]."는 뜻으로, 그 죄에 대한 실상을 소상하게 따져서, 그의 죄를 모조리 드러낸다는 의미이다. 이곳 문장에서는 군주의 족인(族人)에 대해서는 비록 궁형을 적용하지 않는다고 하였는데, 생식기를 자르는 대신 다만 그의 머리카락을 자르게 된다.

訓纂 盧注: 公族, 諸侯同族也. 磬, 麗繫也. 郊外曰甸, 去天子城百里內也. 不與國人同慮兄弟, 故繫之甸人.

번역 노주(盧注)에서 말하길, '공족(公族)'은 제후와 동성(同姓)인 친족들을 가리킨다. '경(磬)'자는 목매단다는 뜻이다. 교외(郊外) 지역을 '전(甸)'이라고 부르니, 천자의 궁성(宮城) 외벽으로부터 100리(里) 떨어진 곳까지를 뜻한다. 군주는 국인(國人)들과 함께 형제들에 대한 죄를 따질 수 없기 때문에, 전인(甸人)에게 맡기는 것이다.

---

121) 전사씨(甸師氏)는 『주례』에 기록된 전사(甸師)이며, 전인(甸人)이라고도 부른다. 교외(郊外)에 있는 천자의 경작지를 담당하여, 예하의 인원들을 동원하여 그곳을 경작하였고, 교외에서 생산되는 곡식, 과실, 초목 등을 공급하였다. 또한 천자와 동성(同姓)인 친족들에 대해서 형벌을 집행하기도 했다. 『주례』「천관(天官)·전사(甸師)」편에는 "甸師, 掌帥其屬而耕耨王藉, 以時入之, 以共齍盛. 祭祀共蕭茅, 共野果蓏之薦. 喪事代王受眚災. 王之同姓有罪, 則死刑焉."라는 기록이 있다.

訓纂 說文: ▼(竹/辛+訇), 窮治罪人也. 又云: ▼(斷/言), 截也, 字或作剸.

번역 『설문해자(說文解字)』[122]에서 말하길, '▼(竹/辛+訇)'자는 죄인에 대해서 끝까지 추궁한다는 뜻이다. '▼(斷/言)'자는 절단한다는 뜻으로, 이 글자를 혹은 '전(剸)'자로 쓰기도 한다.

訓纂 廣雅: 剸, 斷也.

번역 『광아(廣雅)』[123]에서 말하길, '전(剸)'자는 절단한다는 뜻이다.

訓纂 段氏玉裁曰: 采芑傳曰, "鞫, 告也." 謂鞫卽告之假借. 此"告于甸人", 亦是假告爲鞫也.

번역 단옥재(段玉裁)[124]가 말하길, 「채기전(采芑傳)」편에서는 "'국(鞫)'자는 알린다는 뜻이다."라고 하였으니, '국'자는 곧 '고(告)'자의 가차자(假借字)가 된다. 이곳 경문에서는 '고우전인(告于甸人)'이라고 하였으니, 여기에서도 또한 '고'자를 가차하면, '국'자가 된다.

---

122) 『설문해자(說文解字)』는 후한(後漢) 때의 학자인 허신(許愼, ?~?)이 찬(撰)했다고 전해지는 자서(字書)이다. 『설문(說文)』이라고도 칭해진다. A.D.100년경에 완성되었다고 전해진다. 글자의 형태, 뜻, 음운(音韻)을 수록하고 있다.

123) 『광아(廣雅)』는 위(魏)나라 때 장읍(張揖)이 지은 자전(字典)이다. 『박아(博雅)』라고도 부른다. 『이아(爾雅)』의 체제를 계승하고, 새로운 내용을 보충하여, 경전(經典)에 기록된 글자들을 해석한 서적이다. 본래 상·중·하 3권으로 구성되어 있었지만, 수(隋)나라 조헌(曺憲)이 재차 10권으로 편집하였다. 한편 '광(廣)'자가 수나라 양제(煬帝)의 시호였기 때문에, 피휘를 하여, 『박아』라고 부르게 되었다.

124) 단옥재(段玉裁, A.D.1735~A.D.1815) : 청대(淸代)의 학자이다. 자(字)는 약응(若膺)이고, 호(號)는 무당(懋堂)이다. 저서로는 『설문해자주(說文解字注)』, 『육서음균표(六書音均表)』, 『고문상서찬이(古文尙書撰異)』 등이 있다.

【259d~260a】

獄成, 有司讞于公. 其死罪, 則曰 "某之罪在大辟." 其刑罪, 則曰 "某之罪在小辟." 公曰 "宥之." 有司又曰 "在辟." 公又曰 "宥之." 有司又曰 "在辟." 及三宥, 不對走出, 致刑于甸人. 公又使人追之曰 "雖然, 必赦之." 有司對曰 "無及也." 反命于公. 公素服不擧, 爲之變. 如其倫之喪, 無服, 親哭之.

직역 獄이 成하면, 有司는 公에게 讞한다. 死罪라면, 曰 "某의 罪는 大辟에 在합니다."라고 하고, 刑罪라면, 曰 "某의 罪는 小辟에 在합니다."라고 한다. 公이 曰 "宥하라."라고 하면, 有司는 또한 曰 "辟에 在합니다."라고 하고, 公이 또 曰"宥하라."라고 하면, 有司는 또한 曰 "辟에 在합니다."라고 하며, 三宥에 及하면, 不對하고 走出하여, 甸人에게 致刑한다. 公이 또 人을 使하여 追하여 曰 "雖然이나, 必히 赦하라."라고 하면, 有司는 對曰 "無及합니다."라고 하고, 公에게 反命한다. 公은 素服하고 不擧하니, 之를 爲하여 變한다. 倫의 喪에 如하여서는 無服이나, 親히 哭한다.

의역 취조가 다 끝나서, 판결문이 작성되면, 유사(有司)는 군주와 형벌 수위에 대해서 의논을 한다. 그 죄가 사형에 해당한다면, 유사는 군주에게 "아무개의 죄는 '큰 죄[大辟]'[125]에 해당합니다."라고 보고하고, 그 죄가 사형을 제외한 나머지 형벌에 해당한다면, 유사는 군주에게 "아무개의 죄는 '작은 죄[小辟]'[126]에 해당합니

125) 대벽(大辟)은 사형(死刑)을 뜻한다. 오형(五刑) 중 하나이다. '벽(辟)'자는 '죄(罪)'자와 통용되므로, '대벽'은 죄 중에서도 가장 큰 죄를 뜻한다. 따라서 '사형'에 해당한다. 『서』「주서(周書)·여형(呂刑)」편에는 "大辟疑赦, 其罰千鍰."이라는 기록이 있고, 이에 대한 공안국(孔安國)의 전(傳)에서는 "死刑也."라고 풀이했으며, 공영달(孔穎達)의 소(疏)에서는 "釋詁云, 辟, 罪也. 死是罪之大者, 故謂死刑爲大辟."이라고 풀이했다.

126) 소벽(小辟)은 사형(死刑) 이외의 형벌을 뜻한다. 사형을 뜻하는 대벽(大辟)과 상대되는 말이다. 고대에는 당일 집행하게 될 형벌에 대해서 제왕에게 보고를 했다. 만약 사형에 해당하는 자가 있다면, "아무개의 죄는 '대벽'에 해당합니다."라고 보고를 하고, 사형 이외의 형벌에 해당하는 자에 대해서는 "아무

다."라고 보고한다. 그러면 군주는 유사에게 "그의 죄를 용서하라."라고 명령한다. 유사는 다시 "그에게는 죄가 있습니다."라고 대답하고, 군주는 다시 "그의 죄를 용서하라."라고 명령한다. 그러면 유사는 다시 "그에게는 죄가 있습니다."라고 하는데, 이처럼 세 차례 사면을 해주라는 군주의 말이 나오면, 유사는 더 이상 대답을 하지 않고, 달려 나가서, 전인(甸人)에게 형벌을 집행하도록 전한다. 그러면 군주는 또 유사에게 사람을 보내서, "비록 죄가 있다고는 하지만, 반드시 그의 죄를 사면해 주어라."라고 전달하게 한다. 그러면 유사는 대답하길, "분부에 따를 수가 없습니다."라고 하고, 군주에게 돌아가서, 이미 처벌을 하였다고 보고를 한다. 그러면 군주는 소복(素服)[127]을 입고, 식사를 할 때에도 성대한 음식을 차리지 않게 하니, 형벌을 받은 족인(族人)을 위하여, 이처럼 평소 때의 예법(禮法)을 바꾸는 것이다. 따라서 군주는 마치 족인 중에 상(喪)을 당한 자가 있을 때처럼 행동을 하되, 그를 위해서는 상복(喪服)을 입지 않고, 다만 직접 곡(哭)만 할 따름이다.

集說 獄成, 謂所犯之事, 訊問已得情實也. 讞, 議刑也. 殺牲盛饌曰擧, 素服不擧, 爲之變其常禮, 示憫惻也. 如其親疎之倫而不爲弔服者, 以不親往故也. 但居外, 不聽樂, 及賻贈之類, 仍依親疎之等耳. 親哭之者, 爲位于異姓之廟, 而素服以哭之也. 天子諸侯絶旁親, 故知此言無服, 是不爲弔服.

번역 '옥성(獄成)'은 범죄를 저지른 일에 대해서, 심문을 통해 그 실정을 파악했다는 뜻이다. '얼(讞)'자는 형벌에 대해서 의논한다는 뜻이다. 희생물을 잡아서 고기를 올리고, 반찬을 융성하게 차리는 것을 '거(擧)'라고 부른

개의 죄는 '소벽'에 해당합니다."라고 보고를 했다. 『주례』「추관(秋官)·장수(掌囚)」편에는 "及刑殺告刑于王."이라는 기록이 있고, 이에 대한 정현의 주에서는 "告王以今日當行刑及所刑姓名也. 其死罪, 則曰, 某之罪在大辟. 其刑罪, 則曰, 某之罪在小辟."이라고 풀이했다.

127) 소복(素服)은 흰색의 옷감으로 상의와 하의를 만든 옷을 뜻한다. 또한 채색하지 않은 옷감으로 만든 상의와 하의를 가리키기도 한다. 상(喪)을 당하거나, 흉사(凶事)를 접했을 때 착용하던 복장이다. 『예기』「교특생(郊特牲)」편에는 "皮弁素服而祭, 素服以送終也."라는 기록이 있고, 이에 대한 정현의 주에서는 "素服, 衣裳皆素."라고 풀이했다. 한편 후대에는 일상복을 뜻하는 용어로도 사용하였다.

다. 따라서 소복(素服)을 입고 성대한 음식을 먹지 않는 행위는 그를 위해서 평상시의 예법(禮法)을 변화시키는 것으로, 측은함을 나타내는 행동이다. 이처럼 형벌을 받아서 죽은 족인(族人)이 있는 경우, 마치 족인 중에 상(喪)을 당한 자에 대한 예법(禮法)처럼 행동하지만, 그를 위해 조문을 하거나 상복(喪服)을 입지는 않는다. 그 이유는 군주가 직접 찾아가지 않기 때문이다. 대신 군주는 외침(外寢)에 머물고, 음악을 듣지 않는다. 그러나 부의를 보내는 일 등에 대해서는 곧 그와의 친소 관계에 따를 뿐이다. "직접 곡(哭)을 한다."는 말은 군주가 이처럼 부끄러운 사실이 있었음을 조상에게 아뢸 수 없으므로, 대신 이성(異姓)의 묘(廟)에 자리를 마련하여, 소복을 입고서 곡을 한다는 뜻이다. 천자와 제후는 방계의 친족에 대해서는 본래부터 상복을 입지 않는다. 그렇기 때문에 이 문장에서 '무복(無服)'이라고 한 말은 그를 위해 조문을 하거나 상복을 입지 않는다는 뜻임을 알 수 있다.

大全 長樂劉氏曰: 聖人代天工, 立人道, 百王授受者, 禮樂政刑而已也. 故悖于中者, 禮樂之必棄, 政刑之必加, 又敢私於其宗族哉? 不幸而悖于中者, 出放公族, 聖人猶有三宥之心, 而有司之正不可奪也. 於是素服不擧樂, 不御正寢, 不羞常膳, 哭之, 如其倫之喪也.

번역 장락유씨가 말하길, 성인(聖人)은 하늘의 소임을 대신하여, 인도(人道)를 세웠으니, 모든 제왕들이 전수받고 전수해야 할 것들은 바로 성인이 제작한 예악(禮樂)과 형정(刑政)일 따름이다. 그렇기 때문에 예악과 형정에 대해 어기는 자가 있다면, 예악을 통해서 반드시 그를 버리고, 형정을 통해서 반드시 그에게 처벌을 부여하게 된다. 따라서 군주가 감히 그 종족(宗族)에 대해서만 사적으로 편애할 수 있겠는가? 그런데 불행하게도 공족(公族) 중에서 예악과 형정을 어기는 자가 발생한다면, 공족에서 내치는데,[128] 성인은 오히려 이러한 자에 대해서도 세 번 용서하는 마음을 두었다.

---

128) "공족에서 내친다[出放公族]."는 문장에서 '방(放)'자를 『사고전서(四庫全書)』에서는 '어(於)'자로 기록하고 있다. '어'자로 해석할 경우, 앞 문장과 연동하여

그러나 그렇다고 하더라도 유사(有司)의 올곧음을 빼앗을 수는 없는 것이다. 이러한 경우에 군주는 소복(素服)을 입고, 음악을 연주하지 않으며, 정침(正寢)[129]에서 업무를 다스리지 않고, 항상 먹게 되던 성대한 음식들을 먹지 않으며, 그를 위해 곡(哭)을 하니, 마치 공족들 중에서 상(喪)을 당한 자가 있는 경우처럼 행동하는 것이다.

大全 長樂陳氏曰: 不以公盡法, 故無宮刑. 不以義掩恩, 故三宥而又追之. 至於無及, 然後素服不擧, 爲之變.

번역 장락진씨가 말하길, 공족(公族)에 대해서는 공적인 기준에 따라서 법대로만 처리할 수 없기 때문에, 족인(族人)들에게는 궁형(宮刑)을 내리지 않는 것이다. 그러나 의로움에만 치중하여, 은혜로움에 대해서 소홀히 할 수가 없다. 그렇기 때문에 군주는 세 번이나 용서해주라는 말을 하고, 또 사람을 보내기까지 하는 것이다. 유사(有司)가 "따를 수 없습니다[無及]." 라고 말한 연후에야, 군주는 소복(素服)을 입고, 성찬을 들지 않는다. 이처럼 행동하는 이유는 그를 위해서 평상시의 예법(禮法)을 바꾸기 때문이다.

大全 廬陵胡氏曰: 有司又曰在辟, 以示後世臣執法宜堅, 其君用刑宜寬. 及三宥不對走出, 致刑于甸人, 春秋傳曰, "臣義而行, 不待命者", 此也.

번역 여릉호씨가 말하길, 유사(有司)가 또 다시 "죄가 있습니다[在辟]." 라고 한 말은 후세의 신하들은 법을 집행할 때, 마땅히 강직해야 함을 나타내며, 또한 군주가 형벌을 집행할 때에는 마땅히 관대해야 함을 나타낸다.

'불행하게도 예악(禮樂)과 형정(刑政)을 어기는 자가 공족 중에서 나올 경우'로 해석된다.

129) 정침(正寢)은 노침(路寢)과 같은 말이다. 또한 정전(正殿)이라고도 불렀다. 군주가 정무를 처리하던 장소이다. 천자에게는 6개의 침(寢)이 있었는데, 가장 앞쪽에 있는 1개의 침이 바로 정침(正寢)이 되고, 나머지 5개의 침은 연침(燕寢)이 된다.

군주의 입에서 세 차례 사면하라는 말이 나온 이후에, 유사가 대답을 하지 않고, 달려 나가서 전인(甸人)에게 형벌을 집행하게 하였는데, 『춘추전(春秋傳)』에서 "신하가 의로움에 따라 행동을 할 때에는 군주가 명령할 때까지 기다리지 않는다."[130]라고 말한 것이 바로 그 이유를 뜻한다.

鄭注 成, 平也. 讞之言白也. 辟亦罪也. 宥, 寬也. 欲寬其罪, 出於刑也. 又, 復也. 對, 荅也. 先者君每言宥, 則荅之以將更寬之, 至於三, 罪定不復荅, 走往刑之, 爲君之恩無已. 罪旣正, 不可宥, 乃欲赦之, 重刑殺其類也. 白已刑殺. 素服, 於凶事爲吉, 於吉事爲凶, 非喪服也. 君雖不服臣, 卿大夫死則皮弁錫衰以居, 往弔當事則弁絰. 於士蓋疑衰, 同姓則緦衰以弔之. 今無服者, 不往弔也. 倫謂親疏之比也. 素服亦皮弁矣. 不往弔, 爲位哭之而已. 君於臣, 使有司哭之.

번역 '성(成)'자는 형평에 맞도록 한다는 뜻이다. '얼(讞)'자는 아뢴다는 뜻이다. '벽(辟)'자 또한 죄(罪)자와 같다.[131] '유(宥)'자는 관대하게 용서해준다는 뜻이다. 군주가 용서해주라고 말하는 이유는 그의 죄를 관대하게 대하여, 형벌로부터 벗어나게 하고자 함이다. '우(又)'자는 '재차[復]'라는 뜻이다. '대(對)'자는 대답한다는 뜻이다. 유사(有司)가 처음 형량을 확정하여, 군주에게 아뢸 때에는 우선적으로 군주가 매번 용서하라고 말을 하게 될 것임을 감안한다. 그렇기 때문에 유사(有司)는 군주가 재차 관대하게 처리해주라고 말을 하게 될 것임을 감안하여 대답을 한다. 이와 같은 대화가 세 차례나 반복되어, 죄가 확정되면, 유사는 다시 대답하지 않고, 달려 나가서 그에게 형벌을 집행하게 한다. 이처럼 하는 이유는 군주의 은혜로움은 한이 없기 때문이다. 죄가 이미 확정이 되어, 더 이상 관대하게 처분해줄 수 없으면, 군주는 죄를 관대하게 처분하는 대신 그를 사면해주고 싶어하게 되는데, 그 이유는 형벌을 무겁게 내리는 일은 그의 친족을 죽이는 꼴이 되기 때문이다. '반명(反命)'이라는 말은 이미 형벌을 집행하여, 그에

130) 『춘추좌씨전』「정공(定公) 4년」: 夫槩王曰, 所謂臣義而行, 不待命者, 其此之謂也.
131) 『이아』「석고(釋詁)」: 辜·辟·戾·辠, 罪也.

게 사형을 내렸다고 보고한다는 뜻이다. 소복(素服)을 입는 것은 흉사(凶事)[132]를 치르는 가운데에는 길(吉)한 일에 해당되고, 길사(吉事)[133]를 치르는 가운데에는 흉(凶)한 일에 해당 되니, 소복은 상복(喪服)이 아니다. 군주는 비록 신하를 위해 상복을 입지 않지만, 경(卿)이나 대부(大夫)가 죽게 되면, 피변(皮弁)[134]을 쓰고, 석최(錫衰)[135]를 입고서 기거를 한다. 또한 신하의 집에 가서 조문하여, 상사(喪事)에 참여하는 경우라면, 변질(弁絰)[136]을 쓴다. 사(士)에 대해서는 아마도 의최(疑衰)[137]를 착용하였을 것이고, 동성(同姓)인 자에 대해서는 시최(緦衰)[138]를 착용하고서 조문을 했을 것이다. 그런데 이곳 문장에서는 "상복을 착용하지 않는다[無服]."라고 하였으니, 찾아가서 조문하는 일도 하지 않았던 것이다. '윤(倫)'자는 친소관계에 있는 자에 견준다는 뜻이다. 소복에는 또한 피변을 쓴다. 군주는 찾아가서 조문을 하지 않고, 그 대신 별도의 자리를 마련해서 곡(哭)만 할 따름이다. 한편 군주는 자신의 신하에 대해서는 유사를 시켜서 곡을 한다.

---

132) 흉사(凶事)는 불길한 일을 가리킨다. 재난이나 재해를 뜻하기도 하며, 전쟁을 뜻하기도 한다. 한편 상사(喪事)의 일들을 가리키기도 한다.

133) 길사(吉事)는 길하고 상서로운 일을 가리킨다. 고대에는 일반적으로 제사, 관례(冠禮), 혼례(婚禮) 등을 가리켜서 '길사'라고 불렀다. 『예기』「곡례상(曲禮上)」편에는 "喪事先遠日, 吉事先近日."이라는 기록이 있고, 이에 대한 정현의 주에서는 "吉事, 祭祀·冠·取之屬也."라고 풀이했다.

134) 피변(皮弁)은 고대에 사용되었던 관(冠)의 명칭이다. 백색 사슴의 가죽으로 만든 모자이다. 한편 관(冠)에 따른 의복까지 포함한 의미로 사용되기도 한다. 『주례』「하관(夏官)·변사(弁師)」편에는 "王之<u>皮弁</u>, 會五采玉璂, 象邸, 玉笄."라는 기록이 있다.

135) 석최(錫衰)는 가는 베로 만든 옷으로, 일종의 상복(喪服)에 해당한다. 천자의 경우, 삼공(三公)이나 육경(六卿)의 상(喪)에 착용했던 복장이다.

136) 변질(弁絰)은 흰 색으로 된 작변(爵弁)에 환질(環絰)을 두른 것이다.

137) 의최(疑衰)는 길복(吉服)에 가까운 복장으로, 일종의 상복(喪服)에 해당한다. 천자의 경우, 대부(大夫)나 사(士)의 상(喪)에 착용했던 복장이다.

138) 시최(緦衰)는 석최(錫衰)와 비슷한 재질로 만든 옷으로, 일종의 상복(喪服)에 해당한다. 천자의 경우, 제후의 상(喪)에 착용했던 복장이다.

그림 6-24 피변(皮弁)과 작변(爵弁)

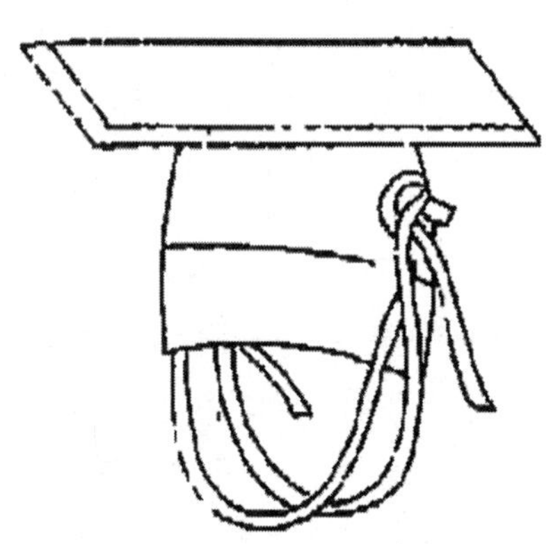

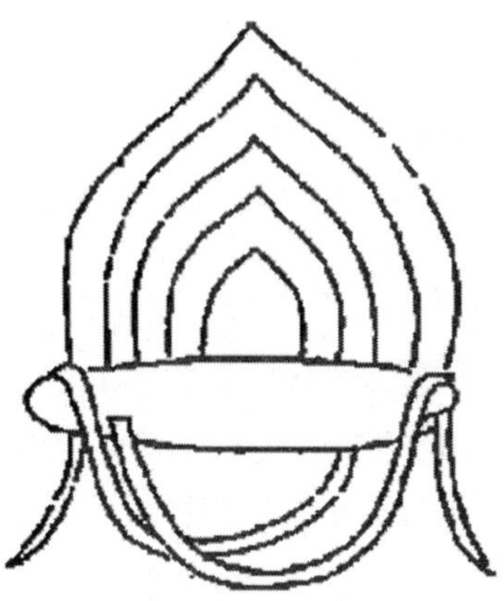

▸ **출처**: 『삼례도집주(三禮圖集注)』 3권

釋文 讞, 徐魚列反, 言也. 辟, 婢亦反, 後不音者, 放此. 宥音又. 復, 扶又反, 下"不復"·"復自行"皆同. 爲之, 于僞反, 下"不爲服"·"爲忝祖", 注"非爲"·"又爲之舞"同. 比, 必利反.

번역 '讞'자의 서음(徐音)은 '魚(어)'자와 '列(렬)'자의 반절음으로, 말한다는 뜻이다. '辟'자는 '婢(비)'자와 '亦(역)'자의 반절음으로, 이후 음을 별도로 표기하지 않는 것들은 모두 그 음이 이와 같다. '宥'자의 음은 '又(우)'이다. '復'자는 '扶(부)'자와 '又(우)'자의 반절음이며, 아래 문장 중 '不復'·'復自行'에서의 '復'자도 모두 그 음이 이와 같다. '爲之'에서의 '爲'자는 '于(우)'자와 '僞(위)'자의 반절음이며, 아래 문장 중 '不爲服'·'爲忝祖'에서의 '爲'자와 정현의 주에 나오는 '非爲'·'又爲之舞'에서의 '爲'자도 그 음이 모두 이와 같다. '比'자는 '必(필)'자와 '利(리)'자의 반절음이다.

孔疏 ●"獄成, 有司讞于公"者, 成, 平也. 讞言白也. 謂獄斷旣平定其罪狀, 有司以此成辭言白於公, 若其所犯死罪, 白公之時, 則曰某之罪在大辟, 其犯刑罪, 則曰某之罪在小辟.

번역 ●經文: "獄成, 有司讞于公". ○'성(成)'자는 형평에 맞도록 한다는 뜻이다. '얼(讞)'자는 아뢴다는 뜻이다. 옥사(獄事)가 판결되어, 그의 죄목을 공정하게 확정하면, 유사(有司)는 이렇게 작성된 문서를 가지고 군주에게 아뢰는 것이다. 만약 죄를 범한 자가 사형에 해당한다면, 군주에게 아뢸 때, "아무개의 죄는 대벽(大辟)에 해당합니다."라고 보고하고, 그 죄가 일반적인 형벌에 해당한다면, "아무개의 죄는 소벽(小辟)에 해당합니다."라고 보고한다.

孔疏 ●"公曰宥之". 公旣得有司之白, 此公族之親, 則公更言曰寬宥之, 以法商量, 使從其寬也.

번역 ●經文: "公曰宥之". ○군주가 이미 유사(有司)가 아뢴 말을 들었는데, 만약 죄를 범한 자가 군주의 가까운 친족이라면, 군주는 재차 관대하게 처분하라고 말하니, 법령에 따라 형량을 정하되, 관대한 쪽으로 따르도록 하기 위해서이다.

孔疏 ●"有司又曰在辟". 有司旣得公言, 更往平審理, 無可出也. 有司又更白公, 言罪在大辟, 公又曰宥之, 有司又曰在大辟.

번역 ●經文: "有司又曰在辟". ○유사(有司)는 이미 군주가 관대하게 처분하라고 명령한 말을 듣게 되어, 다시금 돌아가서 그의 죄목을 심사해야 하므로, 형벌을 집행하기 위해 밖으로 나갈 수 없다. 유사가 또 다시 군주에게 아뢰어, 그의 죄가 대벽(大辟)에 해당한다고 하면, 군주는 재차 관대하게 처분하라고 말하고, 유사는 다시 대벽에 해당한다고 아뢴다.

孔疏 ●"及三宥". ○有司執法, 又曰在大辟, 公又曰宥之, 凡三宥也. 初有司白公, 公令寬宥則答, 公將更寬宥, 及公遣三宥之後, 爲公意無已, 有司不復對公, 則走出致此刑死之事於甸人也.

번역 ●經文: "及三宥". ○유사(有司)가 법령을 집행하며, 또 다시 대벽(大辟)에 해당한다고 말하면, 군주는 또 다시 관대하게 처분하라고 말하는데, 이러한 대화가 세 차례 오가게 되니, 군주는 총 세 차례 관대하게 처분하라고 말하게 된다. 애초에 유사가 군주에게 친족의 죄목을 아뢰게 되어, 군주가 관대하게 처분하라고 명령을 내리면, 유사가 대답을 하고, 군주가 재차 관대하게 처분하려고 명령을 하는데, 군주는 세 차례나 관대하게 처분하라고 명령을 내린 이후에도, 사람을 보내어 그의 죄를 사면해주려고 하니, 이처럼 행동하는 이유는 군주의 자비로운 마음은 끝이 없기 때문이다. 따라서 유사는 재차 군주에게 대답을 하지 않고, 밖으로 달려 나가서, 전인(甸人)에게 사형을 집행하도록 한다.

孔疏 ●"公又使人追之". ○謂追止行刑殺之人. 云"雖然, 必赦之", 然猶如是. 雖罪重如是, 必更寬宥, 赦其刑殺也. "有司對曰: 無及也", 言其追之不可及也. "公素服不擧, 爲之變, 如其倫之喪, 無服"者, 謂公身著素服, 衣裳皆素, 不擧饌食, 爲之變其常禮, 如其親疏倫輩之喪, 身不往弔, 無弔服也, 乃親自哭之於異姓之廟.

번역 ●經文: "公又使人追之". ○이 문장의 내용은 군주가 사형 집행을 중지시킬 사람을 파견한다는 뜻이다. 군주가 "비록 죄가 있다고는 하지만, 반드시 그의 죄를 사면해주어라."라고 하였는데, 이 문장에서의 '연(然)'자는 "이와 같다[如是]."라는 뜻이다. 즉 이 문중의 의미는 비록 그의 죄가 이처럼 중대하더라도, 반드시 다시 판단하여, 그의 죄를 관대하게 처분해서, 사형을 사면해주라는 뜻이다. "유사(有司)가 대답하길, '도착함이 없었습니다[無及].'"라고 하였는데, '무급'은 파견한 자가 도착하기도 전에 형을 집행했다는 뜻이다. 경문의 "公素服不擧, 爲之變, 如其倫之喪, 無服"에 대하여. 군주 본인은 소복(素服)을 착용하게 되니, 상의와 하의를 모두 흰색으로 하고, 성찬을 들지 않는데, 이것은 죽은 자를 위해서 일상적인 예법(禮法)을 변화시키는 것으로, 마치 친속 관계에 있는 동족의 상(喪)이 발생했을 때처럼 하는 것이다. 다만 이러한 경우에는 군주 본인이 직접 찾아가서 조문을 하는 것이 아니므로, 조문도 하지 않고, 또한 상복(喪服)도 없게 되는 것이다. 따라서 군주는 그 대신 직접 이성(異姓)의 묘(廟)에 가서 곡(哭)을 하게 된다.

孔疏 ◎注"罪旣"至"類也". ○正義曰: 罪旣正定不可宥, 謂罪當正條, 無可赦宥之理. 君今乃更欲赦之者, 是重愼刑殺其族類也.

번역 ◎鄭注: "罪旣"~"類也". ○죄가 이미 확정되어서, 더 이상 관대하게 해줄 수 없다는 말은 죄마다 해당하는 법조목이 있으니, 사면하고 용서해 줄 수 있는 도리가 없다는 뜻이다. 군주가 이곳 문장에서 그를 사면해주라고 했다는 말은 실제로 사면해주려고 한다는 뜻이 아니라, 동족들에 대해서 사형 집행을 더욱 신중하게 한다는 의미를 나타내는 것이다.

孔疏 ◎注“白”至“刑殺”. ○正義曰: 公不遣刑, 而云“反命于公”者, 祇謂行刑者反回, 而來告已刑殺之命言於公.

번역 ◎鄭注: “白”~“刑殺”. ○군주가 직접 사람을 보내서 형벌을 내리도록 한 것이 아닌데도, “돌아와서 군주에게 보고를 한다[反命于公].”라고 한 말은 단지 형벌을 집행한 자가 되돌아와서, 군주에게 나아가서 이미 형벌을 집행하여 죽였다는 보고를 한다는 뜻이다.

孔疏 ◎注“素服”至“弁矣”. ○正義曰: 按下曲禮重素, 鄭云: “重素, 衣裳皆素”, 謂之重素, 素爲衣裳也. 此素服亦然也. “於凶事爲吉”者, 人以凶事用布, 今乃用素, 是比於凶事爲吉也. “於吉事爲凶”者, 吉時皮弁, 服白布深衣, 素積裳, 以采爲領緣, 今唯素服衣裳, 是比吉事爲凶也. 非如五服之限, 故云“非喪服也”. 云“君雖不服”至“弁絰”者, 並服問文也. 云“於士蓋疑衰, 同姓則緦衰以弔之”者, 按司服云: “王爲三公六卿錫衰, 爲諸侯緦衰, 爲大夫士疑衰.” 是疑衰輕於錫衰. 諸侯爲卿大夫旣錫衰, 士宜卑降, 故疑衰. 但士有同姓異姓, 故以同姓爲緦衰, 異姓爲疑衰. 知諸侯亦有三衰者, 以司服王有三衰, 又云上公如王之服, 轉次相加, 故知諸侯亦有三衰也. 此云君弔士疑衰, 按士喪禮“公視斂”, 注云主人成服之後往則錫衰者, 彼謂士有俊選, 於君有師友之恩, 與常士不同, 故錫衰也. 或於諸侯弔士無文, 因諸侯弔必錫衰無明文, 故注士喪禮爲錫衰也. 云“素服亦皮弁矣”者, 諸侯亦爲卿大夫弔服皮弁錫衰. 今此但云素服, 不言素冠, 故云亦皮弁也. 譙周云“此素服著素冠”, 非鄭義也.

번역 ◎鄭注: “素服”~“弁矣”. ○『예기』「곡례(曲禮)」편에 나온 ‘중소(重素)’[139]를 살펴보면, 정현은 “‘중소’는 상의와 하의를 모두 흰색으로 입는 것이다.”라고 하였다. 따라서 상의와 하의를 모두 흰색으로 한다는 것을

139) 『예기』「곡례상(曲禮上)」【50b】: 龜筴, 几杖, 席蓋, 重素, 袗絺綌, 不入公門.

'중소'라고 부른다면, '소(素)'자가 가리키는 대상은 상의와 하의 모두에 해당한다. 그러므로 이 문장에서 말한 '소복(素服)'이라는 것 또한 마찬가지로 상의와 하의가 모두 흰색으로 된 옷을 뜻한다. 정현이 소복을 입는 것에 대해서, "흉사(凶事)를 치르는 가운데에는 길(吉)한 일에 해당한다."라고 하였는데, 일상적으로 사람들은 흉사 때 포(布)로 된 의복을 착용하는데, 이곳 문장에서는 소복을 착용한다고 하였으니, 흉사에 대비해보면, 길한 일이 된다. 정현이 "길사(吉事)를 치르는 가운데에는 흉(凶)한 일에 해당된다."라고 하였는데, 길(吉)한 때에는 일반적으로 피변(皮弁)을 쓰고, 흰색 포(布)도 된 심의(深衣)[140]를 착용하며, 하의 부분에는 흰색 바탕에 채색된 끝단을 댄다. 그런데 이곳 문장에서 소복을 입는다고 하여, 상의와 하의를 흰색으로만 꾸민다고 하였으니, 이것은 길사에 대비해보면, 흉한 일이 된다. 그러나 이 복장은 오복(五服) 안에 포함되지 않기 때문에, 정현이 "상복(喪服)이 아니다."라고 한 것이다. 정현이 '군주는 비록 상복을 입지 않지만[君雖不服]'이라고 한 기록부터 '변질(弁絰)'이라는 기록까지는 모두 『예기』「복문(服問)」편에 나오는 문장들이다.[141] 정현이 "사(士)에 대해서는 아마도 '의최(疑衰)'를 착용하였을 것이고, 동성(同姓)인 자에 대해서는 '시최(緦衰)'를 착용하고서 조문을 했을 것이다."라고 하였는데, 『주례』「사복(司服)」편을 살펴보면, "천자는 삼공(三公)과 육경(六卿)을 위해서 '석최(錫衰)'를 착용하고, 제후를 위해서는 '시최'를 착용하며, 대부(大夫)나 사(士)를 위해서는 '의최'를 착용한다."[142]라고 하였다. 따라서 이 말은 곧 '의최'가 '석최'보다 수위가 낮은 상복임을 뜻한다. 제후는 경과 대부를 위해서 '석최'를 착용한다고 했으니, 사를 위해서는 마땅히 그보다 등급을 낮추게 된다. 그렇기 때문에 '의최'를 착용하는 것이다. 다만 사 중에는 군주와 동성인 사와 이성(異姓)인 사가 있다. 그렇기 때문에 동성인 사를 위해서는

140) 심의(深衣)는 일반적으로 상의와 하의가 서로 연결된 옷을 뜻한다. 제후, 대부(大夫), 사(士)들이 평상시 집안에 거처할 때 착용하던 복장이기도 하며, 서인(庶人)에게는 길복(吉服)에 해당하기도 한다. 순색에 채색을 가미하기도 했다.

141) 『예기』「복문(服問)」【664b】: 公爲卿大夫錫衰以居, 出亦如之, 當事則弁絰.

142) 『주례』「춘관(春官)·사복(司服)」: 王爲三公六卿錫衰, 爲諸侯緦衰, 爲大夫士疑衰, 其首服皆弁絰.

'시최'를 착용하고, 이성인 사를 위해서는 '의최'를 착용하는 것이다. 제후에게도 천자와 마찬가지로 이러한 '석최', '시최', '의최'라는 세 가지 상복이 있었다는 사실을 알 수 있는 이유는 「사복」편에서 천자에게 세 가지 상복이 있다고 하고, 상공(上公)[143] 또한 천자의 복식제도처럼 한다고 하였으니,[144] 순차적으로 이 제도를 서로 따르고 있는 것이다. 그렇기 때문에 제후에게도 또한 세 가지 상복이 있었다는 사실을 알 수 있는 것이다. 이곳에서는 군주가 사에게 조문을 할 때 '의최'를 착용한다고 하였는데, 『의례』「사상례(士喪禮)」편을 살펴보면, "군주가 대렴(大斂)[145]에 참관한다."[146]라는 기록이 있고, 이 문장에 대한 정현의 주에서는 주인(主人)이 상복을 다 갖춰 입은 이후에 조문을 가게 되면, 군주는 '석최'를 착용한다고 하였다. 그런데 『의례』에서 말하고 있는 사는 뛰어난 재능을 가지고 있는 자들을 뜻하니, 군주에 대해서 사우(師友)의 은덕을 가지고 있어서, 일반적인 사와는 다르게 대우하는 것이다. 그렇기 때문에 그 대상이 사의 신분임에도 군주가 '석최'를 입는 것이다. 그것이 아니라면, 제후가 사를 조문하는 일에 대해서, 경전(經典)에는 관련 기록들이 없고, 또 이로 인해 제후가 조문을 할 때 반드시 '석최'를 착용해야만 한다는 기록도 명시화된 것이 없으므로, 정현이 「사상례」편에 대한 주를 달면서, '석최'를 착용한다고 했던 것이다. 정현이 "소복에는 또한 피변을 쓴다."라고 하였는데, 제후는 경과 대부를 위해 조문을 할 때에도 또한 '피변'과 '석최'를 착용한다. 이곳 경문에서는

143) 상공(上公)은 주(周)나라 제도에 있었던 관직 등급이다. 본래 신하의 관직 등급은 8명(命)까지이다. 주나라 때에는 태사(太師), 태부(太傅), 태보(太保)와 같은 삼공(三公)들이 8명의 등급에 해당했다. 그런데 여기에 1명을 더하게 되면 9명이 되어, 특별직인 '상공'이 된다. 『주례』「춘관(春官)·전명(典命)」편에는 "上公九命爲伯, 其國家宮室車旗衣服禮儀, 皆以九爲節."이라는 기록이 있고, 이에 대한 정현의 주에서는 "上公, 謂王之三公有德者, 加命爲二伯. 二王之後亦爲上公."이라고 풀이하였다. 즉 '상공'은 삼공 중에서도 유덕(有德)한 자에게 1명을 더해주어, 제후들을 통솔하는 '두 명의 백(伯)[二伯]'으로 삼았다.

144) 『주례』「춘관(春官)·사복(司服)」: 公之服, 自袞冕而下如王之服. 侯伯之服, 自鷩冕而下如公之服.

145) 대렴(大斂)은 상례(喪禮) 절차 중 하나이다. 소렴(小斂)을 끝낸 뒤에, 시신을 관에 안치하는 절차이다.

146) 『의례』「사상례(士喪禮)」: 君若有賜焉, 則視斂. 旣布衣, 君至.

다만 '소복'이라고만 언급하고, '흰색 관[素冠]'[147]은 언급하지 않았다. 그렇기 때문에 정현이 "또한 피변을 쓴다."고 말한 것이다. 초주[148]는 "여기에서 말하는 '소복'은 소복을 입고 소관(素冠)을 착용한다는 뜻이다."라고 하며, 정현의 주장을 반박하였다.

147) 소관(素冠)은 상사(喪事)나 흉사(凶事)의 일을 접했을 때 쓰게 되는 흰 색 관(冠)이다.

148) 초주(譙周, A.D.201?~A.D.270) : 삼국시대(三國時代) 때의 학자이다. 자(字)는 윤남(允南)이다. 『논어주(論語注)』, 『삼파기(三巴記)』, 『초자법훈(譙子法訓)』, 『고사고(古史考)』, 『오경연부론(五更然否論)』 등의 저술을 남겼다.

그림 6-25 심의(深衣)

深衣即中衣麻衣長衣註見本章

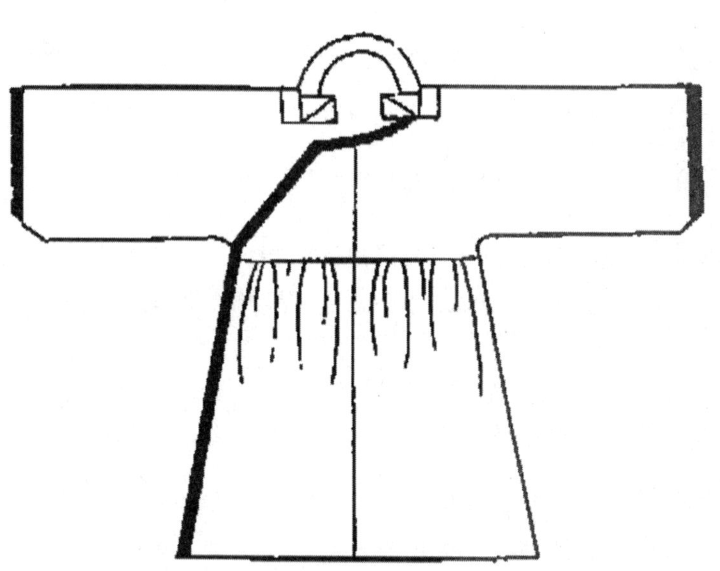

▸ **출처**: 『삼례도집주(三禮圖集注)』 3권

孔疏 ◎注"君於"至"哭之". ○正義曰: 按檀弓云"天子之哭諸侯, 爵弁絰, 緇衣. 或曰: 使有司哭之"是也.

번역 ◎鄭注: "君於"~"哭之". ○『예기』「단궁(檀弓)」편을 살펴보면, "천자가 제후를 위해 곡(哭)을 할 때에는 작변(爵弁)을 쓰고, 환질(環絰)을 두르며, '검은색의 옷[緇衣]'[149]을 입는다. 어떤 자들은 유사(有司)를 시켜서 곡(哭)을 한다고 말한다."[150]라고 한 말이 바로 위에서 말하는 상황을 가리킨다.

訓纂 彬謂: 讞當作▼(氵+獻).

번역 내가 생각하기에, '얼(讞)'자는 마땅히 '▼(氵+獻)'자로 기록해야 한다.

訓纂 說文: 議辠也. 從水, 與灋同意.

번역 『설문해자(說文解字)』에서 말하길, '▼(氵+獻)'자는 죄를 따진다는 뜻이다. '수(水)'자를 구성요소로 삼으며, '법(灋)'자와 같은 뜻이다.

訓纂 盧注: 變飮食, 終其月, 如其等之喪也.

번역 노주(盧注)에서 말하길, 평소에 먹던 음식을 바꾸는 것은 그 달이 끝날 때까지 하니, 마치 친족이 죽었을 때처럼 하는 것이다.

---

149) 치의(緇衣)는 본래 검은색의 비단으로 만든 복장이다. 조복(朝服)으로 사용되기도 하였다. 『시』「정풍(鄭風)·치의(緇衣)」편에는 "緇衣之宜兮, 敝予又改爲兮."라는 기록이 있고, 이에 대한 모전(毛傳)에서는 "緇, 黑也, 卿士聽朝之正服也."라고 풀이했다. 한편 '치의'는 검은색으로 되어 있었기 때문에, 일반적으로 검은색의 옷을 가리키는 용어로도 사용되었다.

150) 『예기』「단궁상(檀弓上)」【105b】: 天子之哭諸侯也, 爵弁. 絰緇衣, 或曰, "使有司哭之, 爲之不以樂食."

訓纂 彬案: 春秋莊二十年左傳"夫司寇行戮, 君爲之不擧", 況公族乎!

번역 내가 생각하기에, 『춘추(春秋)』 장공(莊公) 20년 기록에 대해서, 『좌전(左傳)』에서는 "무릇 사구(司寇)[151]가 참살의 형벌을 집행하게 되면, 군주는 죽은 자를 위해서 성찬을 들지 않는다."[152]라고 하였는데, 하물며 공족(公族)에 대해서는 어찌하겠는가?

集解 愚謂: 周禮掌囚, "凡有爵者與王之同族, 奉而適甸師氏, 以待刑殺." 蓋同族雖無爵, 其刑殺亦於甸師氏也. 告于甸人, 告之以當刑人而就之行刑也. 公族無宮刑, 當宮者以劓·刖代之也. 不對走出者, 以法奪君之恩也. 素服, 素衣·素裳·素冠. 不擧, 不殺牲盛饌以食也. 倫, 親疏之序也. 變, 變禮也. 雜記, "君爲卿大夫, 比葬不食肉, 比卒哭不擧樂. 爲士, 比殯不擧樂." 此公爲卿·大夫·士變禮之差也. 公於公族之喪爲之變禮, 其親疏亦各有等衰. 今雖以罪死, 猶如其常禮爲之也. 君弔則服弔服, 爲大夫錫衰, 爲士疑衰, 無服者不往弔也. 親哭, 謂不使有司哭之. 君哭其臣, 無不親者, 特言此者, 嫌爲有罪而死者或異也. 此節言公族刑罰之法也. 自此以上, 皆庶子之所正也.

번역 내가 생각하기에, 『주례』「장수(掌囚)」편에서는 "무릇 작위를 가지고 있는 자이거나, 천자의 동족(同族)인 자에 대해서는 그를 인도해서 전사씨(甸師氏)에게 보내어, 형벌 집행을 기다리게 한다."[153]라고 하였으니, 아마도 동족인 경우에는 그가 비록 작위를 가지고 있지 않다고 하더라도, 그에 대한 형벌 집행 또한 전사씨가 담당했을 것이다. "전인(甸人)에게

---

151) 사구(司寇)는 주(周)나라 때 설치되었던 관직이다. 하(夏)나라와 은(殷)나라 때에도 이미 존재했었다고 주장하기도 한다. 주나라 때에는 육경(六卿) 중 하나였으며, 대사구(大司寇)라고도 불렀다. 형벌이나 옥사에 관련된 일을 담당하였고, 감찰 임무를 맡기도 하였다. 춘추시대(春秋時代)에는 여러 제후국들에 이 관직이 설치되었으며, 공자(孔子) 또한 노(魯)나라에서 '사구'를 지냈다고 전해지기도 한다. 청(淸)나라 때에는 형부상서(刑部尙書)를 '대사구'로 불렀으며, 시랑(侍郎)을 소사구(少司寇)로 불렀다.

152) 『춘추좌씨전』「장공(莊公) 20년」: 夫司寇行戮, 君爲之不擧, 而況敢樂禍乎?

153) 『주례』「추관(秋官)·장수(掌囚)」: 凡有爵者與王之同族, 奉而適甸師氏, 以待刑殺.

알린다."는 말은 그에게 형벌을 받아야 할 사람에 대해 알려서, 그를 데려다가 형벌을 집행하게 한다는 뜻이다. 공족(公族)에게는 궁형(宮刑)이 적용되지 않으니, 공족 중에 궁형에 해당하는 자는 의형(劓刑)이나 월형(刖刑)으로 대신하게 한다. 유사가 대답도 하지 않고, 밖으로 달려 나가는 이유는 법령을 지키기 위해 군주의 은혜로운 마음을 잠시 막아두기 위해서이다. '소복(素服)'은 흰색 상의, 흰색 하의, 흰색 관(冠)을 착용하는 것이다. '불거(不擧)'는 희생물을 잡아서 성찬을 차려내어 먹지 않는다는 뜻이다. '윤(倫)'자는 친소 관계의 질서를 뜻한다. '변(變)'자는 변례(變禮)를 뜻한다. 『예기』「잡기(雜記)」편에서 "군주는 경(卿)과 대부(大夫)를 위해서, 장례(葬禮)를 치를 때 고기를 먹지 않고, 졸곡(卒哭)[154]을 지낼 때에는 음악을 듣지 않는다. 사(士)를 위해서는 빈소를 마련할 때 음악을 듣지 않는다."[155]라고 하였으니, 이것이 바로 군주가 경·대부·사를 위해 변화시키는 변례의 차등이다. 군주는 공족들의 상(喪)에 대해서, 그를 위해 변례를 시행하니, 상복 규정에도 또한 그들과의 친소 관계에 따른 차등이 있게 된다. 이곳 문장에서 말하고 있는 공족은 비록 죄를 지어서 죽게 된 경우에 해당하지만, 군주는 여전히 일상적인 예법에서처럼, 그를 위해 변례를 시행하는 것이다. 군주가 조문을 하게 되면, 조문할 때의 복장을 착용하니, 대부를 위해서는 '석최(錫衰)'를 입고, 사를 위해서는 '의최(疑衰)'를 입는다. 그러나 상복을 입는 관계에 해당하지 않는 자에 대해서는 찾아가서 조문을 하지 않는다. "직접 곡(哭)을 한다."는 말은 유사(有司)를 시켜서 곡을 대신 시키지 않는다는 뜻이다. 군주가 그의 신하를 위해서 곡을 할 때에는 직접 하지 않는 경우가 없는데, 이 문장에서 특별히 이 사안을 언급한 이유는 죄를 지어 죽은 자에 대해서는 혹여 다르게 행동할까 염려했기 때문이다. 이번 문장은 공족에게 형벌을 집행할 때의 예법에 대해서 언급하고 있다. 이 문장부터 그 앞의

---

154) 졸곡(卒哭)은 우제(虞祭)를 지낸 뒤에 지내는 제사이다. 이 제사를 지내게 되면, 수시로 곡(哭)하던 것을 멈추고, 아침과 저녁때에만 한 번씩 곡을 하게 된다. 그렇기 때문에 '졸곡'이라고 부르게 된 것이다.

155) 『예기』「잡기하(雜記下)」【518a~b】: 君於卿大夫, 比葬不食肉, 比卒哭不擧樂. 爲士, 比殯不擧樂.

기록들에 나타나는 규정들은 모두 서자(庶子)가 담당하는 것들이다.

集解 鄭氏讀"告于甸人"之告爲鞫, 非也. 鞫者, 推審而窮其情之謂. 既將行刑, 則獄已定矣, 尚待鞫乎? 又公族無宮刑, 鄭氏謂"以髡代之", 蓋以周禮掌戮"髡者使守積", 在五刑之外故也. 然宮重於刖, 而髡輕於墨, 公族之劓·刖者不獲減等, 而宮者乃以髡代, 亦失輕重之平矣. 先鄭以髡者爲司圜所收罷民, 其說近是. 又鄭氏云, "君於臣, 使有司哭之." 夫弔哭之事不可虛, 鄭於檀弓既言之矣, 何以又生異說乎?

번역 정현은 '고우전인(告于甸人)'에서의 '고(告)'자를 '국(鞫)'자로 해석하였는데, 이것은 잘못된 주장이다. '국'이라는 것은 끝까지 추궁하여 죄상을 파헤친다는 뜻이다. 이미 형벌을 집행하려고 했다면, 죄에 대한 판결은 이미 확정된 것인데도, 여전히 국문(鞫問)을 기다려야 한단 말인가? 또 경문에서는 "공족(公族)에게는 궁형(宮刑)이 없다."고 하였는데, 정현은 "머리를 깎는 형벌로 대신한다."라고 하였다. 정현이 이처럼 설명한 것은 아마도 『주례』「장륙(掌戮)」편에서 "'머리를 깎는 형벌[髡刑]'을 받은 자는 적(積)[156]을 지킨다."[157]라고 할 때의 곤형(髡刑)이 오형(五刑) 중에 포함되지 않는다는 사실에 근거했기 때문인 것 같다. 그러나 궁형은 월형(刖刑)보다 무거운 형벌이며, 곤형은 묵형(墨刑)보다도 가벼운 형벌이 된다. 공족 중에 의형(劓刑)이나 월형에 해당하는 자도 감형을 해주지 않거늘, 궁형에 해당하는 자를 곤형으로 대신하게 된다면, 또한 형평성에 어긋나게 된다. 앞서 정현은 곤형을 풀이하며, 사환(司圜)이 잡아들인 자들로, 교령에 따르지 않는 백성들에게 시행하는 형벌이라고 하였는데, 그 주장이 정답에 가깝다. 또 정현은 "군주는 신하에 대해서, 유사(有司)를 시켜서 곡(哭)을 한

---

156) 적(積)에 대해서는 정확한 기록이 없으나, 창고의 일종으로 추정된다. 또한 공족(公族) 중 형벌을 받은 자로 그곳을 지키게 했으므로, 사람들 눈에 띄지 않는 은밀한 장소에 있었음을 추정할 수 있다.

157) 『주례』「추관(秋官)·장륙(掌戮)」: 墨者使守門. 劓者使守關. 宮者使守內. 刖者使守囿. <u>髡者使守積</u>.

다.”라고 하였는데, 무릇 조문을 하고 곡을 할 때에는 허례(虛禮)로써 할 수 없으니, 정현은 『예기』「단궁(檀弓)」편에서 이미 그것에 대한 언급을 했음에도, 어찌 다시 이설(異說)을 만들어 내고 있는가?

集解 天子諸侯弔服三, 錫衰也, 緦衰也, 疑衰也. 大夫無緦衰, 弔服二. 士又無錫衰, 弔服疑衰而已. 鄭氏謂“君弔於士疑衰, 同姓則緦衰”, 非也. 天子弔其臣, 諸侯弔其卿大夫, 其服皆無同·異姓之異, 何獨諸侯之弔士乃異其同·異姓之服乎? 凡上之弔下, 與下之自相弔, 其服同. 以君爲大夫錫衰, 大夫自相爲亦錫衰推之, 可見天子爲諸侯緦衰, 則諸侯自相弔亦緦衰, 非所以施於同姓之士也.

번역 천자와 제후에게는 세 종류의 ‘조문할 때의 복장[弔服]’이 있었으니, ‘석최(錫衰)’, ‘시최(緦衰)’, ‘의최(疑衰)’가 바로 그것이다. 대부(大夫)에게는 ‘시최’가 없었으므로, 대부의 조복(弔服)에는 두 가지만 있게 된다. 사(士)는 또한 ‘석최(錫衰)’가 없었으므로, 사의 조복에는 ‘의최’만 있을 뿐이다. 정현은 “군주가 사에 대해 조문을 할 때 ‘의최’를 입고, 동성(同姓)인 경우라면 ‘시최’를 입는다.”라고 하였는데, 이 말은 잘못된 주장이다. 천자가 그의 신하를 조문하거나, 제후가 그의 경(卿)·대부들을 조문할 때, 그 조복에는 모든 경우에 있어서 동성과 이성(異姓)의 차별을 두지 않는데, 어찌하여 유독 제후가 사에 대해 조문할 때에만, 동성과 이성 간의 복장 차이를 두겠는가? 무릇 윗사람이 아랫사람을 조문하고, 아랫사람이 서로 간에 조문을 할 때에는 그 복장이 동일하다. 군주가 대부를 위해서 ‘석최’를 입고, 대부들끼리 서로 조문을 할 때에도 또한 ‘석최’를 입는다는 사실을 통해 추측해보면, 천자는 제후를 위해서 ‘시최’를 입는다는 것을 알 수 있다. 그리고 천자가 제후를 위해서 ‘시최’를 입는다고 한다면, 제후들끼리 서로 조문을 할 때에도 또한 ‘시최’를 입게 되니, 동성인 사에게 조문할 때 ‘시최’를 입는 것이 아니다.

【260b~c】

公族朝于內朝, 內親也. 雖有貴者以齒, 明父子也. 外朝以官, 體異姓也. 宗廟之中以爵爲位, 崇德也. 宗人授事以官, 尊賢也. 登餕受爵以上嗣, 尊祖之道也. 喪紀以服之輕重爲序, 不奪人親也. 公與族燕則以齒, 而孝弟之道達矣. 其族食世降一等, 親親之殺也. 戰則守於公禰, 孝愛之深也. 正室守太廟, 尊宗室而君臣之道著矣. 諸父諸兄守貴室, 子弟守下室, 而讓道達矣.

직역 公族이 內朝에 朝함은 親을 內함이다. 비록 貴者가 有하더라도 齒로써 함은 父子를 明함이다. 外朝에서 官으로써 함은 異姓을 體함이다. 宗廟의 中에서 爵으로써 位를 爲함은 德을 崇함이다. 宗人이 事를 授함에 官으로써 함은 賢을 尊함이다. 登에 餕, 受爵을 上嗣로써 함은 祖를 尊하는 道이다. 喪紀에 服의 輕重으로 序를 爲함은 人親을 不奪함이다. 公이 族과 與하여 燕하면, 齒로써 하여, 孝弟의 道를 達함이다. 그 族食에 世마다 一等을 降함은 親을 親함의 殺이다. 戰하면, 公禰를 守함은 孝愛의 深이다. 正室이 太廟를 守하고, 宗室을 尊하여, 君臣의 道가 著한다. 諸父와 諸兄이 貴室을 守하고, 子弟가 下室을 守하여, 讓道가 達한다.

의역 군주가 공족(公族)들을 내조(內朝)에서 조회하는 것은 친족들을 친근하게 대하기 위해서이다. 비록 친족들 중에 존귀한 신분을 가진 자가 있더라도, 나이에 따라 서열을 정하는 것은 소목(昭穆)의 질서를 밝히기 위해서이다. 외조(外朝)에서 나이가 아닌 관직의 등급에 따라 서열을 정하는 것은 이성(異姓)인 신하들까지도 예(禮)로 대우하기 위해서이다. 종묘(宗廟) 안에서 작위의 등급에 따라 위치를 정하는 것은 덕(德)을 숭상하기 위해서이다. 종인(宗人)이 일을 분배할 때 관직의 등급에 따르는 것은 현명한 자를 높이기 위해서이다. 당상(堂上)에 올라가서 제사에서 남은 음식을 먹거나, 술잔을 받는 경우에, 적장자를 가장 우선시하는 것은 선조(先祖)를 존숭하는 도리이다. 상사(喪事)에서 상복(喪服)의 수위에 따라 서열을 정하는 것은 친소(親疎)의 관계를 문란하게 만들지 않기 위해서이다. 군주가 족인(族人)들과 연회를 할 경우, 군주는 신분을 따지지 않고, 족인들과 나이에 따라 서열을 정함으로써, 효제(孝悌)의 도리를 온 천하에 두루 통용되게 한다. 군주가 족인들과 연회를 할 때, 촌수마다 한 등급씩 낮춰서 시행하는 이유는 친친(親親)의 도리가 등급에 따라 낮춰지기 때문이다. 전쟁에 참전하게 되면, 공녜(公禰)를 수호하는데, 이것은 효애(孝愛)의 마음이 깊은 것이다. 족인들 중 적장자(嫡長子)들이 태묘(太廟)를 수호하는 것은 종실(宗室)[158]을 높여서, 군신(君臣)의 도리가 밝게 드러나도록 하는 것이다. 또한 백부(伯父) 및 숙부(叔父)의 항렬에 속한 족인들이 귀실(貴室)을 수호하고, 아들과 손자 항렬에 속한 족인들이 하실(下室)을 수호하여, 온 세상에 겸양의 도리가 두루 퍼지게 된다.

集說 此以下, 覆解前章庶子正公族以下諸事. 內親, 謂親之故進之於內也. 明父子, 昭穆不可紊也. 體異姓, 體貌異姓之臣也. 崇德, 德之尊者爵必尊也. 尊賢, 惟賢者能任事也. 上嗣, 繼祖者也, 故爲尊祖之道. 服之輕重, 本於屬之親疏. 親疏之倫, 不可易奪也. 燕食主於親親, 以齒相序, 所以達孝弟之道也. 親親施於生者, 宜有降殺之等. 孝愛施於死者, 宜有深遠之思. 君臣之道, 以輕重言. 讓道, 則以貴賤言也.

번역 이 문장부터 그 아래의 문장은 앞 문장에서 언급했던 '서자(庶子)가 공족(公族)을 바르게 다스리는 일' 등의 여러 사안들을 다시 설명하는 기록이다. '내친(內親)'은 그를 친근하게 대하기 때문에, 내조(內朝)로 들인다는 뜻이다. "부자 관계를 밝힌다[明父子]."는 말은 소목(昭穆)의 항렬을 어지럽힐 수 없다는 뜻이다. "이성을 내 몸처럼 대한다[體異姓]."는 말은 이성(異姓)인 신하들까지도 예(禮)에 맞게 대우한다는 뜻이다. 덕(德)을 가진 자를 존숭하는 이유는 덕이 높은 자는 작위 또한 반드시 높기 때문이다. 현명한 자를 존숭하는 이유는 오직 현명한 자만이 임무를 수행할 수 있기

158) 종실(宗室)은 종묘(宗廟)를 뜻한다. 『시』「소남(召南)·채평(采苹)」편에는 "于以奠之, 宗室牖下."라는 기록이 있고, 이에 대한 모전(毛傳)에서는 "宗室, 大宗之廟也. 大夫士祭于宗廟, 奠于牖下."라고 풀이하였다. 또한 '종실'은 동성(同姓)인 족인(族人)들을 지칭하기도 한다. 이 문장에서는 첫 번째 의미로 해석하였다.

때문이다. '상사(上嗣)'는 선조의 지위를 계승하는 자를 뜻한다. 그렇기 때문에 적장자를 높이는 일은 곧 선조를 존숭하는 도리가 된다. 상복(喪服)의 수위는 친속 관계에 따른다. 친속 관계의 질서는 마음대로 바꿀 수가 없다. 연회를 할 때에는 친친(親親)의 도리에 주안점을 두어, 나이로써 서열을 매기니, 천하에 효제(孝悌)의 도리를 두루 통하게 만들기 위해서이다. 친친의 도리는 살아있는 사람에게 시행되는 것으로, 마땅히 높아지고 줄어드는 등급 차이가 있게 된다. 효애(孝愛)의 도리는 죽은 자에게 시행되는 것으로, 마땅히 심원하게 애도하는 마음이 있어야 한다. 군신의 도리는 경중(輕重)을 기준으로 언급한 말이다. '겸양의 도리[讓道]'는 귀천(貴賤)을 기준으로 언급한 말이다.

大全 嚴陵方氏曰: 宗廟之中, 序爵以辨貴賤, 爵不踰德, 故謂之崇德. 序事以辨賢否, 故宗人授事以官, 謂之尊賢. 又曰: 君與族燕以齒, 則不敢以君之位而加於父兄, 然親親不可以無殺, 故世降一等焉. 事生之道, 不若事死之爲至, 居安之節, 不若居危之爲難, 故戰守於公禰, 所以爲孝愛之深, 皆謂之宗室, 則親親之意也. 正室, 又其正者也. 正室守太廟, 所以尊宗室, 而庶子之與異姓, 莫敢介焉, 且不疑於無君, 故曰君臣之道著.

번역 엄릉방씨가 말하길, 종묘(宗廟) 안에서는 그 서열을 작위에 따라 정하여, 귀천(貴賤)의 차이를 변별한다. 그러나 작위는 덕(德)을 뛰어넘을 수 없기 때문에, 덕을 숭상한다고 말한 것이다. 일을 차례대로 배분하며, 현명하고 그렇지 못함을 변별한다. 그렇기 때문에 종인(宗人)이 일을 배분할 때에는 관직의 등급에 따르는 것이며, 또한 그것을 두고서 현명한 자를 높인다고 말한 것이다. 또 말하길, 군주가 족인(族人)들과 함께 연회를 할 경우, 군주의 신분을 따지지 않고, 나이에 따라 자리를 정한다면, 군주의 지위를 가졌다는 이유로, 감히 부형(父兄)보다 상석에 앉을 수가 없다. 그러나 친친(親親)의 도리에는 등급에 따른 차등이 없을 수 없기 때문에, 촌수마다 한 등급씩 낮추는 것이다. 살아 있는 자를 섬기는 도리는 죽은 자를 섬길 때의 지극함만 같지 못하고, 편안한 곳에 거처할 때의 절도는 위험한 곳에 머물 때의 어려움만 같지 못하다. 그렇기 때문에 전쟁에 참전하여 공녜(公禰)를 수호하는 것은 바로 효애(孝愛)의 도리를 지극하게 실천하는 것이며, 족인들 모두를 종실(宗室)이라고 부른다면, 곧 그 안에는 친친(親親)의 뜻이 숨어 있는 것이다. '정실(正室)'은 종실 중에서도 적통인 자들이다. 정실이 태묘(太廟)를 수호하는 것은 종실을 높이는 것이며, 서자(庶子) 및 이성(異姓)의 신하들은 감히 그 사이에 끼어들 수 없는 것이다. 그리고 이처럼 친한 관계임에도 함부로 행동하지 않아서, 군주를 안중에도 두지 않는다는 의혹을 사지 않기 때문에, 군신(君臣)의 도리가 드러난다고 말한 것이다.

大全 長樂陳氏曰: 正室守太廟, 此以承重者守所重也, 故謂之尊宗室, 而君臣之道著. 諸父諸兄守貴室, 子弟守下室, 此尊不偪下, 下不陵上者也, 故謂之讓道達.

번역 장락진씨가 말하길, 정실(正室)들이 태묘(太廟)를 수호하는 이유는 귀중한 신분을 계승한 자로써 귀중한 곳을 지키게 하기 때문이다. 따라서 그것을 가리켜서, "종실(宗室)을 높이며, 군신(君臣)의 도리가 드러난다."라고 말한 것이다. 제부(諸父)와 제형(諸兄)들이 귀실(貴室)을 수호하고, 자제(子弟)들이 하실(下室)을 수호한다고 하였는데, 이것은 곧 존귀한 자가 아랫사람을 핍박하지 않고, 아랫사람이 윗사람을 업신여기지 않는다는 뜻이다. 그렇기 때문에 그것을 가리켜서, "겸양(謙讓)의 도리가 두루 통한다."라고 말한 것이다.

鄭注 謂以宗族事會. 體猶連結也. 崇, 高也. 官各有能. 上嗣, 祖之正統. 紀猶事也. 以至尊不自異於親之列. 殺, 差也. 行主, 君父之象. 以其不敢以庶守君所重. 以其貴者守貴, 賤者守賤. 上言父子孫, 此言兄弟, 互相備也.

번역 내조(內朝)에서 모인다는 말은 친족에 관련된 일 때문에 모인다는 뜻이다. '체(體)'자는 "연결한다[連結]."는 뜻이다. '숭(崇)'자는 "높인다[高]."는 뜻이다. 관리들에게는 각각 유능한 분야가 있다. 상사(上嗣)는 선조의 적통을 계승한 자이다. '상기(喪紀)'는 '상사(喪事)'와 같은 말이다. 군주는 지극히 존엄한 지위를 가지고 있음에도, 제 스스로 친족들의 대오에서 자리를 달리 하지 않는다. '쇄(殺)'자는 '차등[差]'이라는 뜻이다. '행주(行主)'는 군주와 부친을 상징한다. 정실(正室)로 태묘(太廟)를 지키게 한 것은 적통이 아닌 자들로 하여금 감히 군주가 가장 중요시하는 곳을 지키게 할 수 없기 때문이다. 제부(諸父) 등이 귀실(貴室)을 지키고, 자제(子弟)들이 하실(下室)을 지키는 것은 존귀한 자가 존귀한 곳을 지키고, 천한 자가 천한 곳을 지켜야 하기 때문이다. 앞의 문장에서는 '제부(諸父)', '제자(諸子)', '제손(諸孫)'들을 언급하였고,[159] 이곳 문장에서는 '제형(諸兄)'과 '자제(子弟)'들을 언급하고 있는데, 이러한 차이가 생긴 이유에는 특별한 것이 없고, 상호 언급하지 않은 부분들을 언급하여, 미진한 곳을 서로 보충해주도록 기록했기 때문이다.

釋文 殺, 色戒反, 徐所例反. 差, 初佳反, 徐初宜反.

번역 '殺'자는 '色(색)'자와 '戒(계)'자의 반절음이며, 서음(徐音)은 '所(소)'자와 '例(례)'자의 반절음이 된다. '差'자는 '初(초)'자와 '佳(추)'자의 반절음이며, 서음은 '初(초)'자와 '宜(의)'자의 반절음이 된다.

孔疏 ●"公族"至"達矣". ○正義曰: 此謂第三節中之下節, 覆明在上公族九條之義.

번역 ●經文: "公族"~"達矣". ○이 단락은 제 3절 중에서도 하절에 해

---

159) 『예기』「문왕세자」【258d】: 公若有出疆之政, 庶子以公族之無事者守於公宮, 正室守太廟, 諸父守貴宮貴室, 諸子諸孫守下宮下室.

당하니, 위에서 언급하고 있는 공족(公族)과 관련한 아홉 가지 조목의 뜻을 다시 설명하고 있다.

孔疏 ●"公族朝于內朝, 內親也", 此覆釋前第一條, 言公族所以朝于內朝者, 其內親也. 欲使親在其內, 故於內朝也.

번역 ●經文: "公族朝于內朝, 內親也". ○이 문장은 앞서 제시한 제 1조목[160]에 대해서 재차 해석하고 있으니, 공족(公族)들을 내조(內朝)에서 조회하는 이유는 친족을 가까이 대하기 때문이다. 즉 친족들로 하여금 안으로 들이고자 하기 때문에, 내조에서 조회를 보는 것이다.

孔疏 ●"雖有貴者以齒, 明父子也"者, 此覆釋在上第二條, 言宗族在內朝雖貴, 猶與賤者計年以爲齒列者, 欲明父子昭穆之本恩故也.

번역 ●經文: "雖有貴者以齒, 明父子也". ○이 문장은 앞서 제시한 제 2조목[161]에 대해서 재차 해석하고 있으니, 종족(宗族)들이 내조(內朝)에 있을 때, 그들 중에 비록 존귀한 신분을 가진 자가 있다고 하더라도, 오히려 신분이 낮은 자들과 함께 나이를 헤아려서, 나이에 따른 서열을 따르게 된다. 이렇게 하는 이유는 부자 관계와 소목(昭穆) 항렬의 본원 및 군주의 은혜로움을 밝히고자 하기 때문이다.

孔疏 ●"外朝以官, 體異姓也"者, 此覆釋在上第三條也, 若族入朝, 則不復計年, 各隨官爲次者, 外朝主尊別, 不得以私恩爲異, 故雖族人悉以計爵爲

160) 『예기』「문왕세자」【256d】: 其朝于公內朝則東面北上, 臣有貴者, 以齒.

161) 『예기』「문왕세자」【256d】: 其朝于公內朝則東面北上, 臣有貴者, 以齒. / 『예기』「문왕세자」【257d】: 庶子治之, 雖有三命, 不踰父兄. / 공영달(孔穎達)은 【257d】의 문장이 【256d】 문장 뒤에 기록되어야 한다고 보고 있다. 따라서 이곳에서 '제 2조목'이라고 언급한 부분은 바로 이 두 문장 중 밑줄이 쳐진 부분을 가리킨다.

位, 是欲與異姓相連結以爲體也.

번역 ●經文: "外朝以官, 體異姓也". ○이 문장은 앞서 제시한 제 3조목[162]에 대해서 재차 해석하고 있으니, 만약 족인(族人)들이 입조(入朝)를 하는 경우라면, 재차 나이를 따지지 않고, 각각 관직의 등급에 따라서 서열을 정하게 된다. 이렇게 하는 이유는 외조(外朝)에서는 '존귀한 신분에 따른 구별[尊別]'을 위주로 하게 되어, 사적인 은혜를 베풀어서 족인들에게 차등을 둘 수 없기 때문이다. 그래서 비록 외조에 모인 사람들 중에 족인이 포함되어 있다고 하더라도, 모두 공평하게 작위의 등급으로 서열을 따져서, 자리를 배분하는 것이다. 이것은 곧 이성(異姓)인 신하들과도 함께 친분을 나눠서, 한 몸으로 삼고자 하기 때문이다.

孔疏 ●"宗廟之中, 以爵爲位, 崇德也"者, 覆釋上第四條也. 所以在廟中行禮時不計年, 而以官爵列位者, 爵以德序, 而廟中行禮時, 是先祖尊嚴之所, 所主在德, 不可私恩, 故列爵爲位, 是崇高於有德也.

번역 ●經文: "宗廟之中, 以爵爲位, 崇德也". ○이 문장은 앞서 제시한 제 4조목[163]에 대해서 재차 해석하고 있다. 종묘(宗廟) 안에서 의례를 시행할 때에는 나이를 따지지 않고, 관직과 작위로써 서열을 정한다. 그런데 작위는 덕(德)을 기준으로 서열을 나눈 것이고, 그리고 종묘 안에서 의례를 시행할 때, 그 장소는 선조(先祖)의 혼령이 존엄하게 위치하고 있는 장소가 된다. 따라서 이 장소에서 위주로 삼는 것은 바로 덕에 있는 것으로, 사적인 은혜에 따를 수가 없다. 그렇기 때문에 작위대로 배열하여 자리를 정하니, 이것은 곧 덕을 갖춘 자를 높게 받드는 것이다.

---

162) 『예기』「문왕세자」【257a】: 其在外朝, 則以官, 司士爲之.

163) 『예기』「문왕세자」【257a~b】: 其在宗廟之中, 則如外朝之位. 宗人授事, 以爵以官. 其登, 餕·獻·受爵, 則以上嗣.

孔疏 ●"宗人授事以官, 尊賢也"者, 此覆釋廟中所以授事必隨官序, 司徒奉牛之屬者, 官由賢能而興, 今欲尊崇此賢, 故授事以表之也.

번역 ●經文: "宗人授事以官, 尊賢也". ○이 문장은 제 4조목에 해당하는 내용으로, 종묘(宗廟) 안에서 일을 배분할 때, 반드시 관직의 등급에 따라야 한다는 사실을 재차 해석한 문장이다. 제사를 지낼 때 사도(司徒)가 희생물로 쓰일 소를 바치는 일 등이 바로 이러한 경우에 해당하는데, 관직은 현명하고 능력을 가진 자를 통해서 흥성하게 된다. 따라서 이러한 현자들을 높이고 존숭하고자 하기 때문에, 일을 배분하여 그의 현명함을 드러내는 것이다.

孔疏 ●"登餕·受爵則以上嗣, 尊祖之道也"者, 此覆釋所以登餕·受爵用適子者. 夫祭祀是尊嚴於祖也, 適子是先祖之正體, 故使受爵於尸, 及升餕尸饌, 是尊祖之道理也.

번역 ●經文: "登餕·受爵則以上嗣, 尊祖之道也". ○이 문장은 제 4조목에 해당하는 내용으로, 당상(堂上)에 올라가서 제사 때 남은 음식을 먹거나, 술잔을 받는 의식을 할 때, 적자(適子)를 우선으로 한다는 사실을 재차 해석한 문장이다. 무릇 제사라는 것은 선조(先祖)를 존엄하게 대하는 행사이며, 적장자는 선조의 적통을 물려받은 몸이다. 그렇기 때문에 그로 하여금 시동에게 잔을 받도록 하고, 당상에 올라가서 시동 앞에 진설하였던 남은 음식들을 먹게 한 것이니, 이것은 곧 선조를 존숭하는 도리이다.

孔疏 ●"喪紀以服之輕重爲序, 不奪人親也"者, 此覆釋前第五條, 臣服君皆斬而已, 又以本輕者爲下, 本重者爲上, 不計爵尊卑爲次序者, 是不奪人本親之恩, 故輕重爲序也.

번역 ●經文: "喪紀以服之輕重爲序, 不奪人親也". ○이 문장은 앞서 제

시한 제 5조목[164]에 대해서 재차 해석하고 있으니, 신하들은 본래부터 군주를 위해서 모두 참최복(斬衰服)을 입을 따름이다. 그러나 그 안에서도 또한 본래의 친속관계에 따라 구분을 두니, 상복(喪服)의 수위가 낮은 자는 낮은 자리에 위치하고, 수위가 높은 자는 상석에 위치한다. 그런데 이러한 경우에는 작위의 순위를 따져서 서열을 매기지 않는다. 그 이유는 본래의 친속 관계에 따른 은정을 빼앗을 수 없기 때문이다. 따라서 상복의 수위로 서열을 정하는 것이다.

孔疏 ●"公與族燕則以齒, 而孝弟之道達矣"者, 此覆釋前第六條, 公所以降己尊而與族人燕會齒列, 是欲使孝弟之道通達於下也. 君尙有親而與族人燕, 則民有親屬者, 豈得相遺[165]棄? 此孝弟之道達於下也.

번역 ●經文: "公與族燕則以齒, 而孝弟之道達矣". ○이 문장은 앞서 제시한 제 6조목[166]에 대해서 재차 해석하고 있으니, 군주는 자신의 존엄함을 낮춰서, 족인(族人)들과 연회를 할 때에는 나이로 서열을 정하는데, 이것은 곧 효제(孝悌)의 도리를 천하에 두루 통하게 하기 위해서이다. 군주가 항상 친족(親族)들을 친근하게 대하는 마음을 가지고서 족인들과 함께 연회를 한다면, 백성들 중에 친속 관계를 가지고 있는 자들이 어찌 군주조차 따르고 있는 효제의 도리를 버릴 수 있겠는가? 이것이 바로 효제의 도리가 천하에 두루 통하게 되는 이유이다.

---

164) 『예기』「문왕세자」【258a】: 其公大事, 則以其喪服之精麤, 爲序, 雖於公族之喪, 亦如之, 以次主人.

165) '유(遺)'자에 대하여. '유'자는 본래 '책(責)'자로 기록되어 있었는데, 완원(阮元)의 『교감기(校勘記)』에서는 "혜동(惠棟)의 『교송본(校宋本)』에서는 '유'자로 기록되어 있으니, 이곳 판본에서는 '유'자를 '책'자로 잘못 기록하고 있는 것이다. 『민본(閩本)』에서도 이처럼 잘못 기록하고 있고, 『감본(監本)』·『모본(毛本)』에서는 '유'자를 '배(背)'자로 잘못 기록하고 있다. 위씨(衛氏)의 『집설(集說)』에서는 '불상유기(不相遺棄)'라고 기록하고 있다."라고 했다.

166) 『예기』「문왕세자」【258b】: 若公與族燕, 則異姓爲賓, 膳宰爲主人, 公與父兄齒. 族食世降一等.

孔疏 ●"其族"至"殺也"者, 此覆釋族食之事, 近者食稠, 遠者食希, 每世降一等, 是親親之殺也.

번역 ●經文: "其族"~"殺也". ○이 문장은 제 6조목에 해당하는 내용으로, 족인들과 연회를 하는 일에 대해서 재차 해석하고 있다. 즉 가까운 친척과는 자주 연회를 하고, 먼 친척과는 드물게 연회를 하니, 매 세대마다 한 등급씩 낮추는 것이다. 이것이 바로 친친(親親)의 도리를 등급에 따라 낮춘다는 뜻이다.

孔疏 ●"戰則守於公禰, 孝愛之深也"者, 此覆釋前第七條, 公在軍戰伐之事, 而載遷主將行, 又使庶子官主守之者, 是爲孝愛情深故也. 載主將行, 示不自專, 是孝也. 使守而尊之, 是愛也. 乃是孝愛之深也.

번역 ●經文: "戰則守於公禰, 孝愛之深也". ○이 문장은 앞서 제시한 제 7조목[167]에 대해서 재차 해석하고 있으니, 군주가 군대를 이끌고 전쟁을 하게 되어, '천묘한 신주(遷主)'를 수레에 싣고서 장차 행군을 하게 되면, 또한 서자(庶子)라는 관리로 하여금 그 천주(遷主)를 수호하게 한다. 이렇게 시행하는 이유는 천주에 대한 효성과 사랑하는 마음이 깊기 때문이다. 또한 천주를 싣고서 행군을 하는 이유는 자기 마음대로 군대를 출동시키는 것이 아니라, 선조(先祖)의 명령을 받아서 출동하게 되었음을 나타내는 것이니, 이것은 곧 선조의 뜻을 받드는 효성에 해당한다. 그리고 서자로 하여금 수호를 하게 하여, 천주를 존귀하게 높이니, 이것은 곧 선조를 사랑하는 마음에 해당한다. 따라서 천주를 싣고 가는 행위가 곧 효성과 사랑이 깊다는 뜻이 되는 것이다.

孔疏 ●"正室守大廟, 尊宗室"者, 此覆釋所以遣適子守大廟, 適子是宗室

---

167) 『예기』「문왕세자」【258c～d】: 其在軍, 則守於公禰. 公若有出疆之政, 庶子以公族之無事者守於公宮, 正室守太廟, 諸父守貴宮[1]貴室, 諸子諸孫守下宮下室.

之正, 大廟是祖之正, 用適子守大廟, 是尊於宗及廟之室故也.

번역 ●經文: "正室守大廟, 尊宗室". ○이 문장은 제 7조목에 해당하는 내용으로, 적자(適子)를 보내서 태묘(太廟)를 수호하게 한 일에 대해서 재차 해석하고 있다. 적자는 종실(宗室)의 적통들이고, 태묘는 선조들의 묘(廟) 중에서도 시조(始祖)의 묘가 되는 곳이므로, 적자를 시켜서 태묘를 수호하게 하는 것이다. 그리고 이처럼 시행하는 이유는 종족(宗族) 및 종묘(宗廟)를 존숭하기 때문이다.

孔疏 ●"而君臣之道著矣"者, 臣下不敢以庶賤之人守君所重, 是君臣之道著明也.

번역 ●經文: "而君臣之道著矣". ○신하들은 여러 명의 천한 자들로 하여금 감히 군주가 가중 중시하는 장소를 수호하게 할 수 없으니, 이것은 바로 군신(君臣)의 도리가 밝게 드러나는 행동이 된다.

孔疏 ●"諸父諸兄守貴室, 子弟守下室, 而讓道達矣"者, 此覆釋前諸父諸子諸孫守貴宮下室之事, 而貴者守貴, 賤者守賤, 賤者讓於貴, 貴者不相陵犯, 是讓道達也.

번역 ●經文: "諸父諸兄守貴室, 子弟守下室, 而讓道達矣". ○이 문장은 제 7조목에 해당하는 내용으로, 앞서 제시한 제부(諸父)·제자(諸子)·제손(諸孫)들이 귀궁(貴宮) 및 하실(下室)을 수호하는 일에 대해서 재차 해석한 것이다. 그런데 존귀한 자는 존귀한 장소를 수호하고, 낮은 자는 낮은 장소를 수호하고 있으니, 이것은 곧 낮은 자가 존귀한 자에게 겸양을 하는 것이고, 존귀한 자도 서로 업신여기거나 침범하지 않는 것이다. 따라서 이것이 바로 겸양의 도리가 두루 통하게 된다는 뜻이다.

集解 體異姓者, 言與異姓爲一體, 而不可以有所異也. 此以下, 覆解前文. 紀, 條理也. 不奪人親, 故必以親者居上, 而不相越踰也. 殺, 等差也. 戰者危事, 故守於公禰, 事死如事生之孝也. 適庶之分, 有君臣之義, 故尊正室而君臣之道著. 尊者守尊, 卑者守卑, 故讓道達.

번역 '체이성(體異姓)'이라는 말은 이성(異姓)인 자들과 일심동체(一心同體)를 이루어야 하며, 그들 사이에 차별을 두어서는 안 된다는 뜻이다. 이 문장으로부터 이후의 문장들은 앞서 기록한 문장들을 재차 해석하고 있다. '기(紀)'자는 법규[條理]를 뜻한다. 사람의 친속관계는 문란하게 할 수 없기 때문에, 반드시 더 가까운 관계에 있는 자를 상석에 앉혀야만, 친족들이 서로 등차를 위배하지 않게 된다. '쇄(殺)'자는 등차(等差)를 뜻한다. 전쟁이라는 것은 위험한 사안에 해당한다. 그렇기 때문에 공녜(公禰)를 수호하는 것이니, 죽은 자를 섬기는 것을 마치 산 자를 섬길 때의 효(孝)처럼 하는 것이다. 적자(適子)와 서자(庶子)의 구분을 두는 것에는 군신(君臣)의 도리를 지킨다는 뜻이 포함되어 있다. 그렇기 때문에 정실(正室)을 높여서, 군신의 도리를 드러내는 것이다. 존귀한 자가 존귀한 장소를 지키고, 낮은 자가 낮은 장소를 수호한다. 그렇기 때문에 겸양(謙讓)의 도리가 두루 통하게 되는 것이다.

【260d~261a】

五廟之孫, 祖廟未毁, 雖及庶人, 冠取妻必告, 死必赴, 不忘親也. 親未絶而列於庶人, 賤無能也. 敬弔臨賻賵, 睦友之道也. 古者庶子之官治而邦國有倫, 邦國有倫而衆鄉方矣.

직역 五廟의 孫은 祖廟가 未毁하면, 비록 庶人에 及하더라도, 冠과 取妻에 必히 告하고, 死에 必히 赴함은 親을 不忘함이다. 親이 未絶이나 庶人에 列함은 無能

을 賤함이다. 弔, 臨, 賻, 賵에 敬함은 睦友의 道이다. 古者에 庶子의 官이 治하여, 邦國에 倫이 有하니, 邦國에 倫이 有하여, 衆이 鄉方한다.

의역 제후는 다섯 개의 묘(廟)를 세우는데, 시조(始祖)의 묘를 제외하고, 나머지 네 개의 묘에서 모시고 있는 선조(先祖)의 경우, 해당 선조의 자손들에 대해서는 그들 선조의 묘가 대수(代數)가 끝나지 않아서 아직 헐리지 않았다면, 비록 그 자손의 신분이 서인(庶人)이 되었다고 하더라도, 관례(冠禮)를 치르거나 부인을 맞이하는 혼례(婚禮)를 치르게 될 때, 반드시 제후에게 그 사실을 아뢰고, 그가 죽게 되면, 그의 자손들은 반드시 제후에게 부고를 알린다. 이것은 친애하는 도리를 잊지 않기 때문이다. 아직 친척 관계가 끊어지지 않았는데도, 그 자가 서인으로 전락하였다면, 사사로운 감정으로 그의 신분을 상승시켜주지 않으니, 이것은 그의 무능함을 천시하기 때문이다. 제후가 족인(族人)들에 대해서, 조문을 하고 부의를 하는 일에 공경을 다하는 것은 화목과 우애를 지키는 도리이다. 고대에는 서자(庶子)라는 관리가 이러한 일들을 잘 다스려서, 나라에는 군주와 족인 간에 인륜이 살아 있었고, 또한 인륜이 살아 있게 되자, 백성들이 지향해야 할 방향을 알게 되었다.

集說 人君任官, 本無親疎之間, 顧賢否何如耳. 親盡而賢, 亦必仕之. 今親未盡而已在庶人之列, 是以其無能故賤之也. 族人有喪, 君必敬謹其弔臨賻賵之禮者, 是皆和睦友愛族人之道也. 鄉方, 所向之方, 謂皆知趨禮教也.

번역 군주가 관리를 임명할 때에는 본래부터 친인척 관계 등을 따지지 않았고, 그 사람이 현명한가의 여부만을 따졌을 뿐이다. 친척 관계가 다 끝났다고 하더라도, 그 사람이 현명하다면, 또한 반드시 그를 임명하게 된다. 현재 친척 관계가 아직 끊어지지 않았는데도, 그가 이미 서인(庶人)의 대열에 포함되어 있다면, 그것은 그가 현명하지 못해서 등용되지 못한 것이다. 이러한 까닭으로 그의 무능함을 이유로, 그를 천대하는 것이다. 족인(族人)들 중에 상사(喪事)의 일이 발생하면, 군주가 조문을 하거나, 부의를 보내는데, 이러한 예법(禮法)에 대해서 반드시 공경스럽고 신중하게 하는 이유는 이러한 절차들은 모두 족인들에게 화목하게 대하고 우애롭게 대하는 도리가 되기 때문이다. '향방(鄕方)'은 지향하는 방향이니, 백성들 모두가 예법과 교화를 추종해야 함을 알게 된다는 뜻이다.

大全 嚴陵方氏曰: 庶子之官, 以治內爲事. 凡治之序, 自內以及外而已, 故曰古者庶子之官治而邦國有倫. 倫者, 先後不可亂之謂也. 邦國有倫而衆不惑於道之所在, 故曰衆鄕方矣. 方者, 道之方也.

번역 엄릉방씨가 말하길, 서자(庶子)라는 관리는 왕실(王室) 다스리는 일을 자신의 임무로 삼았다. 무릇 다스리는 순서는 안으로부터 밖으로 퍼져나갈 따름이다. 그렇기 때문에 "고대에는 서자라는 관리가 잘 다스려서, 나라 안에 '질서[倫]'가 생겼다."라고 말한 것이다. '윤(倫)'이라는 것은 선후의 질서가 문란해질 수 없는 상태를 뜻한다. 나라 안에 질서가 생기게 되자, 대중들은 도(道)가 있는 곳에 의심을 품지 않았고, 그대로 정진하게 되었다. 그렇기 때문에 "대중들이 지향해야 할 방향을 알게 되었다."라고 말한 것이다. '방(方)'자는 도가 있는 곳을 뜻한다.

鄭注 鄕方, 言知所鄕.

번역 '향방(鄕方)'은 향해야 할 방향을 알았다는 뜻이다.

釋文 臨如字, 徐力鴆反. 治, 直吏反. 鄕, 許亮反, 注同.

번역 '臨'자는 글자대로 읽으며, 서음(徐音)은 '力(력)'자와 '鴆(짐)'자의 반절음이 된다. '治'자는 '直(직)'자와 '吏(리)'자의 반절음이다. '鄕'자는 '許(허)'자와 '亮(량)'자의 반절음이며, 정현의 주에 나오는 글자도 그 음이 이와 같다.

孔疏 ●"五廟"至"類也". ○正義曰: 此覆釋前第八條, 祖廟未毁, 雖及庶人冠·取妻必告, 死必赴之事. 所以必[168]告·必赴者, 君不以貴仍統於親, 故族人有事告·赴, 是不忘親也.

번역 ●經文: "五廟"~"類也". ○이 문장은 앞서 제시한 제 8조목[169]에 대해서 재차 해석하고 있으니, 조묘(祖廟)가 아직 헐리지 않았다면, 비록 그 후손이 서인(庶人)의 신분으로 전락하였다고 하더라도, 관례(冠禮)나 혼례(婚禮)를 치를 때에는 반드시 군주에게 그 사실을 알려야 하고, 죽게 되더라도 반드시 부고를 알려야 한다는 내용이다. 이처럼 반드시 알리거나 부고를 보내는 이유는 군주는 친애함으로 친족들을 통솔하는 것이지, 존귀함을 가지고 통솔하는 것이 아니기 때문이다. 그러므로 족인(族人)에게 중대사가 생기면, 군주에게 알리거나 부고를 보내는 것이니, 이것은 곧 친족에 대해 친애하는 감정을 잊지 못하기 때문이다.

孔疏 ●"親未絶而列於庶人, 賤無能也". ○此解旣與君有親, 何得爲庶人者, 賤其無能也.

번역 ●經文: "親未絶而列於庶人, 賤無能也". ○이 문장은 제 8조목에 해당하는 내용으로, 군주와 친척 관계가 형성되어 있음에도, 어떻게 해서 서인(庶人)의 신분이 될 수밖에 없었는가? 그 이유는 그가 무능해서 천시했기 때문이라고 풀이하고 있다.

孔疏 ●"敬弔·臨·賻·賵, 睦友之道也"者, 此覆釋前宜弔不弔, 宜免不免,

168) '필(必)'자에 대하여. '필'자는 본래 없던 글자인데, 완원(阮元)의 『교감기(校勘記)』에서는 "혜동(惠棟)의 『교송본(校宋本)』에는 '필'자가 기록되어 있으니, 이곳 판본 기록은 '필'자가 누락된 것이다."라고 했다.

169) 『예기』「문왕세자」【259a】: 五廟之孫, 祖廟未毁, 雖爲庶人, 冠取妻, 必告, 死必赴, 練祥則告. 族之相爲也, 宜弔不弔, 宜免不免, 有司罰之. 至于賵賻承含, 皆有正焉.

及賵賻必有正焉之事, 言君敬重弔臨賵賻不使闕失者, 是君親睦和友之道也.

번역 ●經文: "敬弔·臨·賻·賵, 睦友之道也". ○이 문장은 제 8조목에 해당하는 내용으로, 앞서 언급했던 마땅히 조문해야 할 곳에 조문하지 않고, 마땅히 단면(袒免)해야 하는데도 단면하지 않는 일 및 봉부(賵賻) 등에는 반드시 정해진 예법(禮法)이 있다는 사안에 대해서 재차 해석하고 있다. 즉 군주는 조문을 하고 부의를 보내는 일을 공경스러운 태도로 시행해야 하고, 그 일 자체를 중시해서, 누락되는 일이 생기게 해서는 안 된다. 그 이유는 이러한 것들이 바로 군주가 친목과 우애를 지키는 도리가 되기 때문이라는 뜻이다.

孔疏 ●"古者庶子之官治而邦國有倫"者, 此合結須庶子官義也. 不待於第九條覆而先在第八結者, 第九是罪惡之事, 今結邦國之功, 不宜與罪惡相連, 故於此結也. 倫, 理也, 言庶子宮治則邦國治理也.

번역 ●經文: "古者庶子之官治而邦國有倫". ○이 문장은 서자(庶子)라는 관리가 수행하는 임무의 의미에 부합되는 내용이다. 그런데 서자에 대한 정의를 제 9조목까지 기술한 다음에 기록하지 않고, 그보다 앞서서 제 8조목에 뒤이어 기술하고 있다. 그 이유는 제9조목의 내용이 죄인을 벌주는 사안에 해당하고, 이 문장은 나라에 끼치는 공적에 결부되는 내용이므로, 죄인을 벌주는 사안과 연결시키기가 마땅하지 않다. 그렇기 때문에 제 8조목에 뒤이어서 이 내용을 기술한 것이다. '윤(倫)'자는 "다스린다[理]."는 뜻이니, 서자라는 관리가 잘 다스리면, 나라가 잘 다스려진다는 뜻이다.

孔疏 ●"邦國有倫, 而衆鄉方矣"者, 若邦國治理, 則天下之人衆皆知其所鄉之方矣.

번역 ●經文: "邦國有倫, 而衆鄉方矣". ○만약 나라가 잘 다스려지게 된

다면, 천하의 모든 사람들이 지향해야 할 방향을 알게 된다.

集解 賤無能者, 言以其無能, 故賤之. 睦友之道, 不以貴賤殊也. 倫, 理也. 庶子之官治, 則邦國之中, 父子之義, 長幼之道, 各得其倫理也. 父子長幼之道明而民皆鄕於禮義之方矣.

번역 '천무능(賤無能)'이라는 말은 그 사람이 무능하기 때문에, 천대한다는 뜻이다. 화목과 우애의 도리는 신분의 귀천에 따라 달라질 수 없다. '윤(倫)'은 '윤리[理]'이다. 서자(庶子)라는 관리가 잘 다스린다면, 그 나라에서는 부자(父子)와 장유(長幼) 사이에서 지켜야 하는 도리가 각각 그 합당한 윤리를 얻게 된다. 따라서 부자와 장유 사이에서 지켜야 하는 도리가 밝아지게 되면, 백성들은 모두 예(禮)와 의(義)에 따르는 방향을 추종하게 된다.

【261b】

公族之罪, 雖親不以犯有司正術也, 所以體百姓也. 刑于隱者, 不與國人慮兄弟也. 弗弔, 弗爲服, 哭於異姓之廟, 爲忝祖, 遠之也. 素服居外, 不聽樂, 私喪之也, 骨肉之親無絶也. 公族無宮刑, 不剪其類也.

직역 公族의 罪에, 비록 親이라도 이로써 有司의 正術을 犯하지 않는 것은 百姓을 體하는 所以이다. 隱에 刑하는 것은 國人에게 兄弟에 대해 慮함을 不與하는 것이다. 弔를 弗하고, 爲服을 弗하며, 異姓의 廟에서 哭함은 忝祖가 爲하여, 遠함이다. 素服하고 外에 居하며, 樂을 不聽함은 私로 喪함은 骨肉의 親함은 無絶함이다. 公族에 宮刑이 無함은 그 類를 不剪함이다.

의역 공족(公族)들 중 죄를 범한 자에 대해서, 그가 비록 군주와 가까운 친척이 된다고 하더라도, 이러한 이유 때문에 유사(有司)가 집행하는 공명정대한 법령에 간여해서는 안 된다. 이것이 바로 백성들과 차별 없이 대하는 방법이다. 공족에 대한 형벌 집행을 외진 곳에서 하는 이유는 나라 사람들이 자신의 형제가 범한 과오에 대해서 따져보지 못하게 하기 위해서이다. 사형을 받아서 죽은 족인(族人)에 대해서는 조문을 하지 않고, 그를 위해 상복(喪服)도 입지 않지만, 그 대신 이성(異姓)의 묘(廟)에 가서 곡(哭)을 한다. 그 이유는 그가 조상의 얼굴에 먹칠을 하였기 때문에, 그를 소원하게 대하는 것이다. 이처럼 그를 소원하게 대하면서도, 군주 본인은 소복(素服)을 입고, 밖에 거처하며, 음악도 듣지 않는데, 그 이유는 개인적으로 그를 애도하기 때문이며, 골육(骨肉)의 친함은 끊어질 수 없는 것이기 때문이다. 공족에게 궁형(宮刑)을 집행하지 않는 이유는 그 가문의 후사를 끊지 않기 위함이다.

集說 正術, 猶言常法也. 公族之有罪者, 雖是君之親, 然亦必在五刑之例而不赦者, 是不以私親而干犯有司之正法也. 所以然者, 以立法無二制, 當與百姓一體斷決也. 與, 猶許也. 刑于甸師隱僻之處者, 是不許國人見而謀度吾兄弟之過惡也. 刑已當罪而猶私喪之者, 以骨肉之親, 雖陷刑戮, 無斷絶之理也. 受宮刑者絶生理, 故謂之腐刑, 如木之朽腐無發生也. 此刑不及公族, 不忍剪絶其生生之類耳.

번역 '정술(正術)'은 '상법(常法)'이라는 뜻이다. 공족(公族)들 중에 죄가 있는 자는 그가 비록 군주와 가까운 친척이 된다고 하더라도, 또한 반드시 오형(五刑)의 범주를 적용하고, 사면해주지 않는데, 사적인 친근함을 가지고서 유사(有司)가 시행하는 공명정대한 법집행에 간여하지 않기 때문이다. 그렇게 하는 이유는 법(法)을 세울 때에는 예외 규정을 둠이 없으니, 마땅히 백성들과 동일하게 적용해서, 판결을 해야 하기 때문이다. '여(與)'자는 "허락한다[許]."는 뜻이다. 전사(甸師)에게 외진 곳에서 형벌을 집행하도록 시키는 이유는 백성들이 그것을 보고, 자신의 형제가 범한 과오에 대해서 따져보는 것을 허락하지 않기 위해서이다. 죄에 따른 형벌을 이미 집행했으면서도, 오히려 개인적으로 그를 애도하는 이유는 뼈와 살을 나눈 친척이 비록 형벌을 받아 죽게 되더라도, 그와의 관계는 끊어질 수 없는 이치가 있기 때문이다. 궁형(宮刑)을 받은 자는 자손을 낳을 수 있는 능력이 없어지게 된다. 그렇기 때문에 그것을 '부형(腐刑)'이라고도 부르니, 마치 나무가 썩어서 더 이상 생장하지 못하는 것과 같은 뜻이다. 이 형벌을 공족에게 적용하지 않는 이유는 차마 그의 '가계가 이어지는 일[生生之類]'을 단절시킬 수 없기 때문이다.

大全 嚴陵方氏曰: 有司以正行法, 故無貴賤親疎之間, 苟以公族之故, 乃欲奸有司使獲免焉, 則法失其正矣, 故曰公族之罪, 雖親不以犯有司正術也. 刑于隱, 則非與衆棄之矣, 故曰不與國人慮兄弟也. 公族不止於兄弟, 特擧中以該上下爾. 素服居外, 不聽樂, 則以哀未忘也. 遠之者, 公義也. 哀未忘, 則有私愛存焉, 故曰私喪之也. 夫有生所以傳類, 而宮刑, 則無生之道焉, 故公族無宮刑.

번역 엄릉방씨가 말하길, 유사(有司)는 공명정대하게 법을 집행한다. 그렇기 때문에 신분의 귀천이나 친소 관계를 따지지 않는데, 구차하게 공족(公族)이라는 이유로, 유사에게 그를 사면하도록 요구한다면, 법질서가 그 올바름을 잃어버리게 된다. 그렇기 때문에 "공족들 중에 죄를 범하게 되면, 그가 비록 군주와 가까운 관계라고 하더라도, 유사가 집행하는 공평한 법령에 대해서 간여하지 않는다."라고 말한 것이다. 외진 곳에서 형벌을 집행한다면, 대중들과 함께 그를 비난하는 것이 아니다. 그렇기 때문에 "나라 사람들에게 자신의 형제가 범한 과오에 대해서 따져보는 것을 허락하지 않는다."고 말한 것이다. 공족의 대상은 단지 형제(兄弟) 항렬에 속한 사람에만 그치는 것이 아니다. 그런데도 경문에서 '형제'라고 기록한 이유는 여러 범위들 중에서도 단지 그 중간 계층만 인용한 것으로, 실질적으로는 위아래의 범위들까지도 포함하고 있을 따름이다. 군주가 소복(素服)을 입고서 밖에 거처하며, 음악을 듣지 않는 이유는 그에 대한 애달픔을 잊을 수가 없기 때문이다. 그를 소원하게 대하는 이유는 공적인 도리에 따르기 때문이다. 그러나 군주가 그에 대한 애달픔을 잊지 않는다면, 개인적으로는 그에 대한 온정이 남아 있는 것이다. 그렇기 때문에 "사적으로 그를 애도한다."라고 말한 것이다. 무릇 생명의 정기를 가지고 있으면, 이것을 통해 종족을 번식시키게 되는데, 궁형(宮刑)을 받게 되면, 생명의 도리가 없어지게 된다. 그렇기 때문에 공족에게는 궁형을 집행하지 않는 것이다.

鄭注 犯猶干也. 術, 法也. 翦, 割截也.

번역 '범(犯)'자는 "간여한다[干]."는 뜻이다. '술(術)'자는 '법(法)'이다. '전(翦)'자는 "자른다[割截]."는 뜻이다.

釋文 百姓, 本或作異姓, 非[170]. 遠, 于萬反.

번역 '所以體百姓'에서의 '百姓'을 판본에 따라서는 간혹 '異姓'으로도 기록하는데, 이것은 잘못된 기록이다. '遠'자는 '于(우)'자와 '萬(만)'자의 반절음이다.

孔疏 ●"公族之罪雖親, 不以犯有司正術也"者, 此釋前第九條也. 犯, 干也. 有司, 獄官也. 術, 法也. 公族之親有罪, 公應宜放赦之, 而猶在五刑者, 國立有司之官, 以法齊治一切. 今不可以私親之罪, 而干壞有司之正法也.

번역 ●經文: "公族之罪雖親, 不以犯有司正術也". ○이 문장은 앞서 제시한 제 9조목[171]에 대해서 재차 해석하고 있다. '범(犯)'자는 "간여한다

---

170) '백성본혹작리성비(百姓本或作異姓非)'에 대하여. 손이양(孫詒讓)의 『교기(校記)』에서는 "『주례』「장수(掌囚)」편에 기록된 정현의 주에서도 이 문장을 이용하며, '백성(百姓)'을 '이성(異姓)'이라고 기록하고 있으니, 판본에 따라 '이성'이라고 기록하는 것이 반드시 잘못된 것만은 아니다."라고 했다.

171) 『예기』「문왕세자」【259c~260a】: 公族, 其有死罪, 則磬于甸人. 其刑罪, 則纖剸, 亦告于甸人. 公族無宮刑. …… 公素服不擧, 爲之變. 如其倫之喪, 無服, 親哭之.

[干].”는 뜻이다. 이 문장의 ‘유사(有司)’는 옥사(獄事)를 담당하는 관리이다. ‘술(術)’자는 ‘법(法)’이다. 공족(公族)들 중에 군주와 가까운 친척이 죄를 짓게 되면, 군주는 마땅히 그를 용서해주어야 하는데도, 여전히 오형(五刑)의 범주를 적용시키는 이유는 나라를 통치할 때에는 유사라는 관리를 두어서, 법으로 다스리는 일을 공평하게 처리해야 하기 때문이다. 따라서 이 문장은 가까운 친족의 죄를 사사로운 감정으로 대처하여, 유사가 집행하는 공명정대한 법령에 간여할 수 없다는 뜻이다.

孔疏 ●“所以體百姓也”者, 此解公所以不干有司正法義也. 法無二制, 故雖公族之親猶治之, 與百姓爲一體, 不得獨有私也.

번역 ●經文: “所以體百姓也”. ○이 문장은 유사(有司)가 집행하는 공평한 법의 뜻을 군주가 간여하지 않는 이유에 대해서 해석하고 있다. 법에는 예외 조항을 두지 않는다. 그렇기 때문에 죄를 지은 자가 비록 공족(公族)들 중 군주와 가까운 사이라고 하더라도, 오히려 그를 법으로 다스려서, 백성들과 똑같이 대해야 하니, 사적인 감정을 개입시킬 수 없는 것이다.

孔疏 ●“刑于隱者, 不與國人慮兄弟也”者, 此覆釋上致刑于甸人之事. 若異姓則刑之於市, 此同姓刑於甸師隱僻之處者, 不與國人謀慮兄弟也.

번역 ●經文: “刑于隱者, 不與國人慮兄弟也”. ○이 문장은 제 9조목에 해당하는 내용으로, 앞에서 형벌 집행을 전인(甸人)에게 알린다고 했던 사안을 재차 해석하고 있다. 만약 죄인이 이성(異姓)인 경우라면, 형벌 집행을 시장에서 하는데, 이 문장에서는 동성(同姓)인 자에 대해서는 전사(甸師)에게 맡겨서, 외진 곳에서 형벌을 집행한다고 하였다. 그 이유는 나라 사람들로 하여금 자신의 형제가 범한 과오에 대해서 따지지 못하게 하기 위해서이다.

孔疏 ●"弗弔, 弗爲服, 哭于異姓之廟, 爲忝祖, 遠之也"者, 此覆釋上無服及公親哭之事, 所以不弔無服哭於異姓之廟者, 爲其犯罪忝辱先祖, 於公法合疏遠之也.

번역 ●經文: "弗弔, 弗爲服, 哭于異姓之廟, 爲忝祖, 遠之也". ○이 문장은 제 9조목에 해당하는 내용으로, 앞에서 상복(喪服)을 입지 않는다고 했던 일과 군주가 직접 곡(哭)을 한다고 했던 사안을 재차 해석하고 있다. 군주가 조문을 하지 않고, 상복도 입지 않으며, 이성(異姓)의 묘(廟)에 가서 곡(哭)을 하는 이유는 그의 죄가 선조를 욕보이게 했기 때문이니, 공적인 법도에 따라서 마땅히 소원하게 대해야 하는 것이다.

孔疏 ●"素服居外, 不聽樂, 私喪之也, 骨肉之親無絶也"者, 覆釋上君爲之素服爲之變之事. 所以素服居在外寢不在內, 又不聽樂爲之變常者, 以其實是己親, 私心喪之也. 所以私喪之者, 骨肉之親, 雖犯刑戮, 無斷絶之理故也.

번역 ●經文: "素服居外, 不聽樂, 私喪之也, 骨肉之親無絶也". ○이 문장은 제 9조목에 해당하는 내용으로, 앞에서 군주가 그를 위해 소복(素服)을 입고, 그를 위해 평상시의 예법(禮法)을 변경한다고 했던 사안을 재차 해석하고 있다. 군주가 소복을 입고서 외침(外寢)[172]에 거처하여, 내침(內寢)[173]에 머물지 않고, 또 음악도 듣지 않음으로써, 그를 위해서 평상시의 예법(禮法)을 변경하는 이유는 그가 실제로는 자신의 가까운 친척이 되므로, 개인적인 마음으로 그를 애도하기 때문이다. 이처럼 군주가 개인적으로 애도하는 이유는 그가 비록 죄를 범해서, 형벌을 받아 죽게 되었다고 하더

---

172) 외침(外寢)은 정침(正寢)을 뜻한다. 천자의 경우 6개의 침(寢)을 두는데, 그 중 1개의 침이 정침이 된다. 정침은 6개의 침 중 가장 바깥쪽에 있기 때문에, 정침을 '외침'이라고 부르는 것이다.

173) 내침(內寢)은 연침(燕寢)을 뜻한다. 천자의 경우 6개의 침(寢)을 두는데, 1개의 정침(正寢)을 제외하고, 나머지 5개의 침은 연침이 된다. 정침은 가장 바깥쪽에 있기 때문에, 외침(外寢)이라고 부르며, 연침은 상대적인 의미에서 '내침'이라고 부른다.

라도, 골육(骨肉)의 친함은 끊어질 수 없는 이치가 있기 때문이다.

孔疏 ●"公族無宮刑, 不翦其類也"者, 覆釋上公族無宮刑. 所以無宮刑者, 不可翦其同類也. 上公族無宮刑在哭與素服之前, 此在哭與素服之後. 此覆說刑殺之後, 君則哭之, 及素服文相連接, 待其事終, 然後別釋公族無宮刑, 故在後也.

번역 ●經文: "公族無宮刑, 不翦其類也". ○이 문장은 제 9조목에 해당하는 내용으로, 앞에서 공족(公族)에게 궁형(宮刑)을 적용하지 않는다는 사안을 재차 해석한 것이다. 공족에게 궁형을 적용하지 않는 이유는 그 집안의 대를 끊을 수가 없기 때문이다. 앞 문장의 기록에서는 "공족에게 궁형을 내리지 않는다."는 기록을 "곡(哭)을 하고 소복(素服)을 입는다."는 조항 앞에 두었었는데,[174] 이곳 문장에서는 "곡을 하고 소복을 입는다."는 기록 뒤에 두고 있다. 그리고 이곳 문장에서는 형벌을 내려서 사형을 집행하는 일을 재차 설명한 이후에, 군주가 곡을 하고 소복을 입는다고 하였는데, 그 이유는 문맥이 서로 연관되기 때문이다. 따라서 그 사안에 대한 설명이 다 끝나고 나서야, 별도로 공족에게 궁형을 적용하지 않는다는 사안을 해석하게 된 것이다. 그래서 이 기록이 뒤에 놓이게 된 것이다.

孔疏 ◎注"翦, 割截也". ○正義曰: 公族旣無宮刑, 當髡去其髮, 故掌戮云"髡者使守積", 鄭康成注[175]云"謂同族不宮者"是也.

번역 ◎鄭注: "翦, 割截也". ○공족(公族)에게는 궁형(宮刑)을 적용하지

174) 『예기』「문왕세자」【259c～260a】: 公族, 其有死罪, 則磬于甸人. 其刑罪, 則纖剸, 亦告于甸人. 公族無宮刑. …… 公素服不擧, 爲之變. 如其倫之喪, 無服, 親哭之.

175) '주(注)'자에 대하여. '주'자 뒤에는 본래 '법(法)'자가 기록되어 있었는데, 완원(阮元)의 『교감기(校勘記)』에서는 "혜동(惠棟)의 『교송본(校宋本)』에도 이처럼 '법'자가 없으니, 이곳 판본 기록은 '주'자 뒤에 '법'자가 연문으로 붙어 있는 것이다. 『민본(閩本)』·『감본(監本)』·『모본(毛本)』에도 이처럼 잘못 기록되어 있다."라고 했다.

않는다고 하였으니, 마땅히 곤형(髡刑)을 그 대신 적용하여, 그의 머리카락을 자르게 된다. 그러므로 『주례』「장륙(掌戮)」편에서 "곤형을 받은 자는 적(積)을 지킨다."[176]라고 하였고, 이 문장에 대한 정현의 주에서 "곤형을 받은 자들은 동성(同姓)의 친족들 중에서 궁형을 받지 않은 자들이다."라고 하였는데, 바로 이러한 자들을 가리킨다.

集解 術, 法也. 體百姓者, 言與百姓爲一體, 而不可以有所私也. 刑于隱, 謂刑于甸人也. 不與國人慮兄弟, 不以疏謀親也. 忝, 辱也. 骨肉之親無絶, 故雖以罪死, 而猶私喪之也. 翦猶絶也.

번역 '술(術)'자는 '법(法)'이다. '체백성(體百姓)'은 백성들과 똑같이 여겨서, 사적인 감정을 둘 수 없다는 뜻이다. '형우은(刑于隱)'은 전인(甸人)에게 형벌 집행을 맡긴다는 뜻이다. "국인(國人)들과 함께 형제(兄弟)의 죄를 따지지 않는다[不與國人慮兄弟]."는 말은 소원한 관계에 속한 사람이 친한 관계에 속한 사람에 대해서, 그의 죄를 따지지 않게 한다는 뜻이다. '첨(忝)'자는 "욕보인다[辱]."는 뜻이다. 골육(骨肉)의 친한 정은 끊어지지 않는다. 그렇기 때문에 비록 죄를 지어 죽었다고 하더라도, 여전히 개인적으로 그를 애도하는 것이다. '존(翦)'자는 "단절시킨다[絶]."는 뜻이다.

集解 自"庶子之正於公族者"至此爲一篇, 明庶子正公族之法.

번역 '서자(庶子)는 공족(公族)들을 바르게 하는 자[庶子之正於公族者]'라는 문장부터 이곳 문장까지는 하나의 편이 되니, 서자가 공족들을 바르게 다스리는 법도에 대해서 언급하고 있다.

---

176) 『주례』「추관(秋官)·장륙(掌戮)」: 墨者使守門. 劓者使守關. 宮者使守內. 刖者使守囿. 髡者使守積.

• 제 7 절 •

태학(太學)에서의 의례시행과 세자(世子)에 대한 교육

【261d】

天子視學, 大昕鼓徵, 所以警衆也. 衆至然後, 天子至, 乃命有司, 行事, 興秩節, 祭先師先聖焉. 有司卒事, 反命.

직역 天子가 學을 視함에, 大昕에 鼓徵은 이로써 衆을 警하는 所이다. 衆이 至한 然後에, 天子가 至하면, 곧 有司에게 命하여, 事를 行하며, 秩節를 興하여, 先師·先聖에게 祭한다. 有司가 事를 卒하고, 反命한다.

의역 천자가 태학(太學)을 시찰할 때, 동틀 무렵에 북을 치는 이유는 의식행사에 참여해야 할 사람들에게 일찍 모이도록 알리는 방법이기 때문이다. 사람들이 모두 모인 이후에, 천자가 도착을 하게 되면, 곧 유사(有司)에게 명령을 하여 일을 집행하되, 통상적인 예법(禮法)에 따라 시행하여, 선사(先師) 및 선성(先聖)에게 제사를 지내도록 시킨다. 유사는 의식행사가 다 끝나고 나면, 다시 천자에게 그 결과를 보고한다.

集說 天子視學之日初明之時, 學中擊鼓以徵召學士, 蓋警動衆聽使早至也. 凡物以初爲大, 末爲小, 故以大昕爲初明也. 有司, 敎詩書禮樂之官也. 興, 擧; 秩, 常; 節, 禮也. 卒事反命, 謂釋奠事畢, 復命于天子也.

번역 천자가 시학(視學)하는 당일 동틀 무렵에는 태학(太學)에서 북을 울려서 학사(學士)들을 부르니, 아마도 학사들을 깨워서, 그들로 하여금 일찍 도착하도록 하기 위해서일 것이다. 모든 사물에 있어서, 통상적으로 처음부분을 '대(大)'라고 부르고, 끝 부분을 '소(小)'라고 부른다. 그렇기 때문에 '대흔(大昕)'을 하루의 시작이라는 뜻에서, '동틀 무렵[初明]'이라고 한 것이다. '유사(有司)'는 『시(詩)』·『서(書)』·『예(禮)』·『악(樂)』을 가르치는 관리들이다. '흥(興)'자는 "거행한다[擧]."는 뜻이고, '질(秩)'자는 '통상[常]'이라는 뜻이며, '절(節)'자는 '예(禮)'를 뜻한다. "일을 다 끝내고 반명(反命)한다."는 말은 석전(釋奠) 의식을 다 끝내고서, 천자에게 재차 그 사실을 보고한다는 뜻이다.

大全 嚴陵方氏曰: 學記曰, "未卜禘, 不視學", 蓋教養之久, 然後可以視之故也. 天子視學, 必警衆, 所以奉至尊, 不可以不各致其敬故也.

번역 엄릉방씨가 말하길, 『예기』「학기(學記)」편에서 "체(禘)제사를 지낼 날짜에 대해, 아직 점을 쳐서 정하지 않았다면, 태학(太學)을 시찰하지 않는다."[1]라고 하였으니, 아마도 국학(國學)의 학생들을 교육시키는 기간이 오래된 이후에야, 시찰할 수 있기 때문일 것이다.[2] 천자가 태학을 시찰할 때에는 반드시 사람들에게 미리 알리게 된다. 그 이유는 지극히 존귀한 분을 받들면서, 각자 그 공경함을 다 하지 않을 수가 없기 때문이다.

鄭注 早昧爽擊鼓, 以召衆也. 警猶起也. 周禮"凡用樂", 大胥"以鼓徵學士". 興猶擧也. 秩, 常也. 節猶禮也. 使有司攝其事, 擧常禮祭先師·先聖. 不親

1) 『예기』「학기(學記)」【447a】: 未卜禘, 不視學, 游其志也.

2) 천자가 체(禘)제사를 지내지 않았다면, 태학(太學)을 시찰하지 않는다는 이유에 대해서는 이견(異見)이 많다. 우선 체제사는 5년마다 1번씩 지내는 대제(大祭)를 뜻하기도 하며, 국가제례 중 여름에 지내는 제사를 뜻하기도 한다. 전자의 경우로 풀이할 때에는 그 사이의 시간이 너무 길고, 후자의 경우로 풀이할 경우, 『예기』「월령(月令)」편에서 계춘(季春)에 천자가 태학을 시찰한다고 기록한 내용과 어긋나기 때문이다. 주석가들마다 이 부분에 대한 다양한 주장을 하고 있는데, 엄릉방씨는 전자의 경우로 풀이하고 있으며, 시학(視學)의 의미를 국자(國子)에 대한 시험으로 풀이했다. 또한 5년이라는 기간 동안 몇 차례 시험을 보는데, 이때의 시학을 최종 시험으로 풀이하고 있다.

祭之者, 視學觀禮耳, 非爲彼報也. 告祭畢也. 祭畢, 天子乃入.

번역 새벽 동틀 무렵에 북을 울려서, 사람들을 소집하는 것이다. '경(警)'자는 "깨운다[起]."는 뜻이다. 『주례』에는 '모든 음악을 사용할 경우'에 대하여, 「대서(大胥)」편에서 "북을 쳐서 학사(學士)들을 소집한다."라고 하였다.[3] '흥(興)'자는 "거행한다[擧]."는 뜻이다. '질(秩)'자는 '통상[常]'이라는 뜻이다. '절(節)'자는 '예(禮)'이다. 유사(有司)로 하여금 그 일을 대신 진행하게 하여, 통상적인 예법(禮法)에 따라서 선사(先師) 및 선성(先聖)에게 제사를 지내게 하는 것이다. 천자가 직접 제사를 지내지 않는 이유는 시학(視學)을 하게 되면, 그 의례진행을 관람만 할 뿐이며, 이때의 석전(釋奠)은 선사 및 선성에게 보답하는 제사가 아니기 때문이다. '반명(反命)'이라는 말은 제사가 다 끝났음을 아뢴다는 뜻이다. 제사가 다 끝나면, 천자는 곧 궁성(宮城)으로 되돌아간다.

釋文 昕音欣, 說文云: "旦明日將出也. 讀若希." 警音景.

번역 '昕'자의 음은 '欣(흔)'으로, 『설문해자(說文解字)』에서는 "새벽녘에 아침 해가 떠오르려고 할 때이다. 읽기를 '希(희)'자처럼 한다."라고 하였다. '警'자의 음은 '景(경)'이다.

孔疏 ●"天子視學, 大昕鼓徵[4], 所以警衆也"至"之以仁也". ○正義曰: 此一節是第四節中之上節, 論天子視學必遂養老之法則, 養老旣畢, 乃命諸侯群吏令養老之事. "天子視學"者, 謂仲春合舞, 季春合樂, 仲秋合聲. 於此之時, 天子親往視學也. "大昕鼓征"者, 謂視學之晨, 大猶初也. 昕猶明也. 征猶召也. 謂初始昕明, 擊鼓以召學士. "所以警衆"者, 初昕擊鼓, 警動衆人, 令早起也.

---

3) 『주례』「춘관(春官)·대서(大胥)」: 凡祭祀之用樂者, 以鼓徵學士.
4) '징(徵)'자에 대하여. 『십삼경주소(十三經注疏)』 북경대 출판본에서는 "'징'자는 본래 없던 글자인데, 경문에 따라서 글자를 보충해 넣었다."라고 했다.

번역 ●經文: "天子視學, 大昕鼓徵, 所以警衆也"~"之以仁也". ○이 문장은 제 4절 중 상절에 해당하며, 천자가 시학(視學)을 할 때 반드시 노인을 봉양하는 의식까지 시행하다는 법칙과 노인을 봉양하는 일이 다 끝나게 되면, 제후 및 여러 관리들에게 명령을 하여, 그들로 하여금 노인을 봉양하는 의식을 시행하도록 한다는 사안에 대해 논의하고 있다. 경문의 "天子視學"에 대하여. 중춘(仲春)의 달에 합무(合舞)를 하고, 계춘(季春)의 달에 합악(合樂)을 하며,[5] 중추(仲秋)의 달에 합성(合聲)을 하는데,[6] 이러한 시기에 천자는 직접 태학(太學)에 가서 시학을 하게 된다는 뜻이다. 경문의 "大昕鼓征"에 대하여. '대흔(大昕)'은 천자가 시학을 하는 당일의 새벽녘을 뜻한다. '대(大)'자는 '처음[初]'이라는 뜻이다. '흔(昕)'자는 "밝아온다[明]."는 뜻이다. '정(征)'자는 "부른다[召]."는 뜻이다. 그러므로 이 문장은 처음 여명이 밝아오는 때, 북을 울려서 학사(學士)들을 소집한다는 뜻이다. 경문의 "所以警衆"에 대하여. 여명이 밝아올 때, 북을 울려서 사람들을 깨운다는 뜻으로, 학사들로 하여금 일찍 일어나게끔 하는 것이다.

孔疏 ●"衆至然後天子至"者, 衆人旣聞鼓聲而起, 先至會聚之處, 然後天子始至, 尊者體盤故也.

번역 ●經文: "衆至然後天子至". ○사람들은 북이 울리는 소리를 듣고 일찍 일어나게 되어서, 모이는 장소에 먼저 도착하게 된다. 그리고 사람들이 모인 이후에야 천자가 비로소 그곳에 도착하게 되는데, 그 이유는 존귀한 자는 신체부위로 비유하자면, 가장 중요한 몸통에 해당하기 때문이다.

孔疏 ●"乃命有司行事, 興秩節"者, 天子旣至, 乃命遣有司, 行此釋奠之

5) 『예기』「월령(月令)」【198b】 是月之末, 擇吉日, 大合樂, 天子, 乃帥三公九卿諸侯大夫, 親往視之.

6) 『주례』「춘관(春官)·대서(大胥)」 : 大胥, 掌學士之版, 以待致諸子. 春入學舍采合舞. 秋頒學合聲. 以六樂之會正舞位.

事. 興, 擧也. 秩, 常也. 節, 禮也. 謂興擧尋常舊禮, 以祭先師先聖焉. 有司則詩·書·禮·樂之敎官也.

번역 ●經文: "乃命有司行事, 興秩節". ○천자가 도착을 하면 곧 명령을 내려서, 유사(有司)를 파견하여 석전(釋奠)의 의식행사를 시행한다. '흥(興)'자는 "거행한다[擧]."는 뜻이다. '질(秩)'자는 '통상[常]'이라는 뜻이다. '절(節)'자는 '예(禮)'이다. 그러므로 이 문장은 통상적인 전통 예법(禮法)에 따라 시행을 하여, 선사(先師)와 선성(先聖)에게 제사를 지낸다는 뜻이다. 여기에서의 '유사'는 『시(詩)』·『서(書)』·『예(禮)』·『악(樂)』을 가르치는 관리들이다.

孔疏 ●"有司卒事反命"者, 卒事謂終卒釋奠之事, 行事畢而反命於天子, 于時天子視學在虞庠之中, 有司釋奠旣畢, 天子乃從虞庠入反於國, 明日乃之東序而養老, 故云"始之養也".

번역 ●經文: "有司卒事反命". ○'졸사(卒事)'는 석전(釋奠) 행사를 모두 끝냈다는 뜻이며, 행사 진행이 다 끝나면, 천자에게 그 사실을 보고하게 되는데, 이때에 천자가 시학(視學)을 하는 것은 우상(虞庠) 안에서 하므로, 유사(有司)가 석전을 다 끝내게 되면, 천자는 곧 우상으로부터 나와서, 궁성(宮城)으로 되돌아가고, 다음날 곧 동서(東序)로 다시 가서, 노인을 봉양한다. 그렇기 때문에 이곳 경문의 내용과 다음 경문의 내용이 연결되지 않는다는 뜻에서, "처음 태학(太學)을 건립하게 되어, 노인을 봉양하는 장소로 간다[始之養也]."라고 말한 것이다.

孔疏 ◎注"早昧"至"學士". ○正義曰: 經云"大昕", 昕, 明也. 恐是盛明之時, 故云早昧爽之前. 凡物以初爲大, 以末爲小. 必知早昧爽者, 以云鼓征衆至, 然後天子至. 若其盛明始召學士則晩矣.

번역 ◎鄭注: "早昧"~"學士". ○경문에서 '대흔(大昕)'이라고 하였는데, '흔(昕)'자는 "밝다[明]."는 뜻이다. 따라서 '대흔'을 해가 중천에 떠서 한참 밝을 때에 해당한다고 오해할 수도 있다. 그렇기 때문에 정현이 '새벽녘 동이 터 오르기 직전'이라고 설명한 것이다. 모든 만물에 대해서는 처음부분을 '대(大)'라고 여기고, 말미를 '소(小)'라고 여긴다. 그렇기 때문에 '대'자를 붙여서 '대흔'이라고 기록한 것이다. '대흔'이 새벽녘 동틀 무렵에 해당한다는 사실을 알 수 있는 이유는 경문에서 북을 울려서 학사(學士)들을 깨우고, 학사들이 모인 이후에 천자가 도착한다고 기록했기 때문이다. 만약 해가 중천에 떠서 한참 밝아졌을 때, 비로소 학사들을 부르게 된다면, 의식진행이 너무 늦어지게 된다.

孔疏 ◎注"興猶"至"報也". ○正義曰: "秩, 常也", 釋詁文也. 云"學常禮祭先師先聖"者, 此謂因大合樂之時, 在虞庠之中, 祭先師先聖也. 若四時常奠, 各於其學之中, 又不祭先聖也. 云"視學觀禮耳, 非爲彼報也"者, 解天子不親釋奠之意. 所以視學者, 觀看有司行禮耳, 非是爲彼學士而報先聖先師也.

번역 ◎鄭注: "興猶"~"報也". ○정현이 "'질(秩)'자는 '통상[常]'이라는 뜻이다."라고 하였는데, 이 말은 『이아』「석고(釋詁)」편에 기록된 문장이다.[7] 정현이 "통상적인 예법(禮法)에 따라서 선사(先師) 및 선성(先聖)에게 제사를 지내게 하는 것이다."라고 하였는데, 이 말은 대합악(大合樂)을 시행할 때를 기회로 삼아서, 우상(虞庠) 안에서 선사 및 선성에게 제사를 지낸다는 뜻이다. 만약 사계절마다 지내는 일상적인 석전(釋奠)인 경우라면, 각각 해당하는 학교 건물 안에서 석전을 지내게 되며, 또한 이때의 석전에서는 선사에게만 제사를 지내고, 선성에게는 제사를 지내지 않는다. 정현이 "시학(視學)을 하게 되면, 그 의례진행을 관람만 할 뿐이니, 이때의 석전(釋奠)은 선사 및 선성에게 보답하는 제사가 아니기 때문이다."라고 하였는데, 이 말은 곧 천자가 직접 석전을 지내지 않는다는 뜻을 설명한 문장이다.

7) 『이아』「석고(釋詁)」: 典·彝·法·則·刑·範·矩·庸·恒·律·戛·職·<u>秩, 常也</u>.

즉 천자가 시학을 하는 이유는 유사(有司)가 집행하는 의례를 관찰하는데 있을 뿐이니, 태학(太學)에서 수학하고 있는 학사(學士)들을 위해서, 천자가 선성 및 선사에게 지내게 되는 보답하는 제사에 해당되지 않는다.

集解 愚謂: 祭先師·先聖者, 將有事於學, 故釋菜以告之. 大胥"釋菜合舞", 謂此也.

번역 내가 생각하기에, 선사(先師)와 선성(先聖)에게 제사를 지낸다는 말은 장차 태학(太學)에서 행사를 진행하게 되기 때문에, 석채(釋菜)를 지내서 그 사실을 알린다는 뜻이다. 『주례』「대서(大胥)」편에서는 "석채를 지내며 음악에 맞춰 춤을 춘다."[8]라고 하였는데, 바로 이 상황을 뜻한다.

【261d~262a】

始之養也, 適東序, 釋奠於先老, 遂設三老 · 五更 · 群老之席位焉.

직역 始에 養에 之함은 東序에 適하여, 先老에게 釋奠하고, 遂히 三老 · 五更 · 群老의 席位를 設한다.

의역 처음 태학(太學)을 건립하게 되면, 천자는 노인을 봉양하는 장소로 가는데, 동서(東序)로 가서 선대의 삼로(三老)와 오경(五更)이었던 자들에게 석전(釋奠)을 올리고, 그 일이 끝나면, 현재의 삼로 및 오경과 군로(群老)들의 자리를 설치한다.

---

8) 『주례』「춘관(春官)·대서(大胥)」: 春入學, 舍采, 合舞.

集說 天子視學在虞庠之中, 事畢反國, 明日乃之東序而養老. 始, 謂始初立學之時也. 若非始立學, 則無釋奠先老之禮. 先老, 先世之爲三老·五更者也. 三老五更各一人, 群老無定數. 蔡邕云, "更, 當爲叟. 三老三人, 五更五人." 未知是否. 然皆年老更事致仕者, 舊說取象三辰五星.

번역 천자가 시학(視學)하는 것은 우상(虞庠) 안에서 하며, 의식행사가 다 끝나면, 궁성(宮城)으로 돌아간다. 그리고 다음날이 되면, 다시 동서(東序)로 가서 노인을 봉양한다. '시(始)'자는 태학(太學)을 처음 세웠을 때를 뜻한다. 만약 처음으로 태학을 세웠을 때가 아니라면, 선로(先老)에게 석전(釋奠)을 지내는 예(禮)가 없다. '선로'는 전 세대의 '삼로(三老)'와 '오경(五更)'이었던 자들이다. '삼로'와 '오경'은 각각 1명씩이며, '군로(群老)'는 정해진 수가 없다. 채옹(蔡邕)은 "'경(更)'자는 마땅히 노인을 뜻하는 '수(叟)'자가 되어야 한다. '삼로'는 3명이고, '오경'은 5명이다."라고 하였는데, 옳은 주장인지는 잘 모르겠다. 그러나 이들 모두는 '나이가 연로하여[年老]', '세상사를 두루 겪어서 알고[更事]', 관직에서 물러난 자들인데, 옛 학설[9]에서는 이 사람들을 '삼로'와 '오경'이라고 부르는 이유에 대해서, 삼진(三辰)[10]과 오성(五星)[11]을 본떴기 때문이라고 설명하였다.

鄭注 又之養老之處. 凡大合樂, 必遂養老, 是以往焉. 言始, 始立學也. 親奠之者, 己所有事也. 養老東序, 則是視學於上庠. 三老五更各一人也, 皆年老

---

9) 정현의 주를 뜻한다.

10) 삼진(三辰)은 해[日], 달[月], 별[星]을 가리킨다. 『춘추좌씨전』「환공(桓公) 2년」편에는 "三辰旂旗, 昭其明也."라는 기록이 있는데, 이에 대한 두예(杜預)의 주에서는 "三辰, 日·月·星也."라고 풀이했다.

11) 오성(五星)은 목성(木星), 화성(火星), 토성(土星), 금성(金星), 수성(水星)의 다섯 행성(行星)을 가리킨다. 『사기(史記)』「천관서론(天官書論)」편에는 "水火金木塡星, 此五星者, 天之五佐."라는 기록이 있다. 방위와 이명(異名)으로 설명하자면, '오성'은 동쪽의 세성(歲星: =木星), 남쪽의 형혹(熒惑: =火星), 중앙의 진성(鎭星: =塡星·土星), 서쪽의 태백(太白: =金星), 북쪽의 진성(辰星: =水星)을 가리킨다.

更事致仕者也. 天子以父兄養之, 示天下之孝悌也[12]. 名以三五者, 取象三辰五星, 天所因以照明天下者. 群老無數, 其禮亡. 以鄉飲酒禮言之, 帝位之處, 則三老如賓, 五更如介, 群老如衆賓必也.

번역 제사가 끝나고 나서, 다시 노인을 봉양하는 장소로 가는 것이다. 무릇 대합악(大合樂)을 할 때에는 반드시 노인을 봉양하는 의식까지도 시행하게 된다. 이러한 이유 때문에, 그 장소로 가는 것이다. '시(始)'라는 말은 처음 태학(太學)을 건립했을 때를 뜻한다. 천자가 직접 석전(釋奠)을 올린다는 말은 천자 본인도 일을 맡아서 하는 것이 있음을 뜻한다. 동서(東序)에서 노인을 봉양한다면, 시학(視學)은 상상(上庠)[13]에서 하는 것이다. '삼로(三老)'와 '오경(五更)'은 각각 1명이니, 모두 '나이가 연로하여[年老]', '세상사를 두루 겪어서 알고[更事]', 관직에서 물러난 자들이다. 천자는 부형(父兄)을 모시듯 그들을 봉양하여, 천하의 모든 백성들에게 효제(孝悌)의 덕목을 보여주는 것이다. 이들을 각각 '삼로'와 '오경'이라고 부르는 이유는 '삼진(三辰)'과 '오성(五星)'의 형상을 본뜬 것이니, 하늘은 이들을 통해서 세상을 밝혀준다. '군로(群老)'는 정해진 수가 없는데, 관련 예법(禮法)은 이미 없어져서 남아 있지 않다. 『의례』「향음주례(鄉飲酒禮)」편의 기록을 기준으로 말해보자면, 천자가 참가하여 노인을 봉양하게 되는 장소에서는 반드시 '삼로'는 빈객(賓客)의 수장이 앉는 자리에 앉고, '오경'은 개(介)[14]

---

12) '지효제야(之孝悌也)'에 대하여. 『십삼경주소(十三經注疏)』 북경대 출판본에서는 "『민본(閩本)』·『감본(監本)』·『모본(毛本)』·『악본(岳本)』·『가정본(嘉靖本)』에서는 동일하게 기록하고 있는데, 혜동(惠棟)의 『교송본(校宋本)』에서는 '제(悌)'자를 '제(弟)'자로 기록하고 있으며, 위씨(衛氏)의 『집설(集說)』에서도 동일하게 '제(弟)'자로 기록하고 있고, 『고문(考文)』에서는 '『고본(古本)』에서 지(之)자를 이(以)자로 기록하고 있다.'고 언급하고 있다. 『통전(通典)』에도 이곳 판본과 동일하게 기록하고 있다."라고 했다.

13) 상상(上庠)은 본래 유우씨(有虞氏) 때의 태학(太學)을 가리킨다. 서교(西郊)에 위치하였다. 참고적으로 유우씨 때의 소학(小學)은 하상(下庠)이다. 『예기』「왕제(王制)」편에는 "有虞氏, 養國老於上庠, 養庶老於下庠."이라는 기록이 있고, 이에 대한 정현의 주에서는 "上庠右學, 大學也, 在西郊, 下庠左學, 小學也, 在國中王宮之東."이라고 풀이했다. 또한 '상상'은 주(周)나라 태학에 건립된 건물들 중 하나를 가리키기도 한다.

가 앉는 자리에 앉으며, '군로'는 빈객 무리들이 앉는 자리에 앉았을 것이다.

釋文 養如字, 徐主尙反, 後皆依徐音. 處, 昌慮反, 下同. 更, 江衡反, 注同, 蔡作叟, 音糸口反.

번역 '養'자는 글자대로 읽으며, 서음(徐音)은 '主(주)'자와 '尙(상)'자의 반절음이고, 이후에 나오는 이 글자의 음은 모두 서음에 따른다. '處'자는 '昌(창)'자와 '慮(려)'자의 반절음이며, 아래 문장에 나오는 글자들도 모두 그 음이 이와 같다. '更'자는 '江(강)'자와 '衡(형)'자의 반절음이며, 정현의 주에 나오는 글자도 그 음이 이와 같다. 채옹(蔡邕)은 이 글자를 '叟'자로 기록하였는데, 그 음은 '糸(계)'자와 '口(구)'자의 반절음이 된다.

孔疏 ●"適東序, 釋奠於先老"者, 若其尋常視學, 則於東膠中唯行養老之禮. 若始立學, 旣視學畢, 則適之養老之處, 東序之中, 天子親自釋奠於先世之老, 祀先老旣畢, 遂設三老五更群老之席位焉.

번역 ●經文: "適東序, 釋奠於先老". ○만약 천자가 일상적으로 시행하는 시학(視學)인 경우라면, 태학(太學) 건물 중 동교(東膠) 안에서 노인 봉양하는 의식을 시행할 따름이다.[15] 그런데 만약 처음 태학을 세운 경우라면, 천자가 시학을 다 끝내고 나서, 노인을 봉양하는 장소로 가게 된다. 이때 천자는 동서(東序) 안에서 직접 앞 세대의 선로(先老)들에게 석전(釋奠)을 시행하며, 선로에 대한 제사가 다 끝나게 되면, 삼로(三老), 오경(五更) 및 군로(群老) 들이 앉게 되는 좌석을 설치하게 된다.

---

14) 개(介)는 부관을 뜻한다. 빈객(賓客)이 방문했을 때 주인(主人)과 빈객 사이에서 진행되는 절차들을 보좌했던 자들이다.

15) 『예기』「왕제(王制)」【179a~b】: 周人, 養國老於東膠, 養庶老於虞庠, 虞庠在國之西郊

孔疏 ○禮先老畢, 遂之於東序中, 設三老五更群老之席位焉. 若非始立學, 則不釋奠於先老也.

번역 ○선로(先老)에 대한 의식절차가 다 끝나면, 마침내 동서(東序)로 가서, 삼로(三老), 오경(五更) 및 군로(群老)들의 자리를 설치하게 된다. 만약 처음으로 태학(太學)을 건립한 경우가 아니라면, 선로에 대해서는 석전(釋奠)을 지내지 않는다.

孔疏 ◎注"凡大"至"學也". ○正義曰: 言"凡大合樂必遂養老"者, 爲其養老, 是以往焉. 大合樂者, 鄭前注春合舞·秋合聲爲大合樂, 其實月令季春合樂亦是也. 云"言始, 始立學也"者, 以上文稱云始立學, 故以此始爲始立學. 若然始立學則之養老, 而尋常視學則不養老, 何得云"凡大合樂必遂養老"者? 然此云始之養也, 爲下釋奠於先老之學, 故云始立學也. 若非始立學之後, 則視學凡養老於東膠, 不釋奠於先老也. 皇氏云: "若尋常視學, 則養老於東膠; 若始立學, 則養老於東序." 以爲周立三代之學, 又立周之大學於東謂之東膠, 立小學於西郊謂之虞庠, 故以東膠別也.

번역 ◎鄭注: "凡大"~"學也". ○정현이 "무릇 대합악(大合樂)을 할 때에는 반드시 노인을 봉양하는 의식까지도 시행하게 된다."라고 하였는데, 이 말은 곧 천자가 노인을 봉양하기 위해서, 그 장소로 가게 된다는 뜻이다. '대합악'에 대한 정현의 이전 주석에서는 봄에 합무(合舞)를 하고, 가을에 합성(合聲)을 하는 것이 '대합악'이 된다고 하였는데, 실제로 『예기』「월령(月令)」편에서 "계춘(季春)에 합악(合樂)을 한다."라고 했던 기록[16]이 또한 이러한 사실을 가리킨다. 정현이 "'시(始)'라는 말은 처음 태학(太學)을 건립했을 때를 뜻한다."라고 하였는데, 앞 문장에서 '처음 태학을 세웠을 때[始立學]'[17]라고 했기 때문에, 이곳 문장에서의 '시'자를 '시입학(始立學)'으로 여긴 것이다.

16) 『예기』「월령(月令)」【198b】: 是月之末, 擇吉日, 大合樂, 天子, 乃帥三公九卿諸侯大夫, 親往視之.

17) 『예기』「문왕세자」【251c】: 凡始立學者, 必釋奠于先聖先師, 及行事, 必以幣.

만약 이러한 설명과 같다면, 태학을 처음 세웠을 경우에는 천자가 노인을 봉양하는 장소로 가게 되지만, 일상적으로 시학(視學)하는 경우라면, 노인을 봉양하지 않는데, 어찌 "무릇 대합악을 할 때에는 반드시 노인 봉양하는 의식까지도 시행한다."라고 말할 수 있는가? 그러므로 여기에서 "태학을 처음 세웠을 때 노인을 봉양하는 장소로 간다[始之養也]."라고 했을 때의 '태학'은 곧 그 아래 문장에서 선로(先老)에게 석전(釋奠)을 지내는 학교에 해당한다. 그러므로 '처음 태학을 건립했을 때'라고 말한 것이다. 만약 처음 태학을 세운 때가 아닌, 그 이후의 경우라면, 천자가 시학을 할 때, 노인에 대한 모든 봉양의 의식은 동교(東膠)에서 하게 되며, 선로에게는 석전을 지내지 않는다. 황간은 "만약 평상시 시학하는 경우라면, 동교에서 노인을 봉양하게 되고, 처음 태학을 건립한 경우라면, 동서(東序)에서 노인을 봉양하게 된다."라고 하였다. 주(周)나라에서는 삼대(三代) 때의 국학(國學)을 함께 세웠었는데, 또한 주나라의 태학은 동쪽에 세웠으므로, 그 건물을 '동교'라고 부르는 것이며, 소학(小學)은 '서쪽 교외[西郊]'에 세웠으며, 그 건물을 '우상(虞庠)'[18]이라고 부른다. 따라서 '동교'에서 시행함으로써 구별을 둔 것이다.

孔疏 ◎注"三老"至"必也". ○正義曰: "三老五更, 各一人", 蔡邕以爲更字爲叟. 叟, 老稱. 又以三老爲三人, 五更爲五人, 非鄭義也, 今所不取. 云"皆年老

---

18) 우상(虞庠)은 주(周)나라 때의 소학(小學)으로 서교(西郊)에 위치하였다. 주나라에서는 유우씨(有虞氏) 때의 상(庠)에 대한 제도를 본떠서, 소학을 지은 것이기 때문에, 그 학교를 '우상'이라고 부른 것이다. 『예기』「왕제(王制)」편에는 "周人養國老於東膠, 養庶老於虞庠. 虞庠在國之西郊."라는 기록이 있고, 이에 대한 정현의 주에서는 "虞庠亦小學也. 西序在西郊, 周立小學於西郊 …… 周之小學爲有虞氏之庠制, 是以名庠云."이라고 풀이했다. 한편 '우상'에는 두 가지 뜻이 포함되어 있는데, 하나는 태학(太學)의 건물들 중 북쪽에 있는 학교를 뜻하는 것으로, 이것을 또한 상상(上庠)이라고도 불렀고, 다른 하나는 앞서 설명한 것처럼 교외(郊外)에 설치했던 소학을 뜻한다. 『주례』「춘관(春官)·대사악(大司樂)」편에는 "掌成均之灋."이라는 기록이 있는데, 이에 대한 손이양(孫詒讓)의 『정의(正義)』에서는 "案虞庠有二, 一爲大學之北學, 亦曰上庠, 一爲四郊之小學, 曰虞庠."이라고 풀이했다.

更事致仕”者, 三老亦有更名, 五更亦有老稱, 但尊此老名, 特屬三老耳. 以其天子父兄所事, 故知致仕者, 知天子以父兄養之者, 以天子冕而總干而舞, 執醬而饋, 是父兄事也. 云“取象三辰五星”者, 三辰謂日月星, 五星謂東方歲星, 南方熒惑, 西方大白, 北方辰星, 中央鎭星. 其三辰之星者, 二十八宿及諸星也. 云“三老如賓, 五更如介”者, 按鄕飮酒注“數席, 賓席, 牖前南面. 介席, 西階上東面”是也. 云“群老如衆賓必也”者, 三老旣如賓, 五更旣如介, 故群老如衆賓, 以其無文, 故云必也. 按鄕飮酒注“席衆賓於賓之西南面, 各特焉”是也.

번역 ◎ 鄭注: “三老”~“必也”. ○정현이 “‘삼로(三老)’와 ‘오경(五更)’은 각각 1명이다.”라고 하였는데, 채옹(蔡邕)은 ‘경(更)’자를 ‘수(叟)’자로 풀이하였다. ‘수’자는 노인을 지칭하는 용어이다. 또한 그는 ‘삼로’를 3명으로 보고, ‘오경’을 5명으로 보았으니, 정현의 주장과는 다른데, 여기에서는 그 주장을 채택하지 않는다. 정현이 “‘나이가 연로하여[年老]’, ‘세상사를 두루 겪어서 알고[更事]’, 관직에서 물러난 자들이다.”라고 하였는데, ‘삼로’도 또한 “두루 겪었다[更].”는 의미를 포함하고 있으며, ‘오경’도 또한 “연로하다[老]”는 의미를 포함하고 있는데, 단지 이러한 노인들을 존중한다는 의미에서, 특별히 ‘삼로’에 ‘노(老)’자를 붙인 것일 뿐이다. 그리고 천자가 부형(父兄)을 섬기듯 그들을 대한다고 했기 때문에, 그들이 모두 관직에서 물러난 자들임을 알 수 있고, 천자가 그들에 대해서 부형을 대하듯 봉양을 한다는 사실을 알 수 있는 이유는 천자가 면류관을 쓰고, 방패를 쥐고 추는 춤을 추며, 찍어 먹는 장을 들고서 그들에게 음식을 바치는데, 이러한 행위가 바로 부형을 섬기는 일에 해당하기 때문이다. 정현이 “‘삼진(三辰)’과 ‘오성(五星)’의 형상을 본뜬 것이다.”라고 하였는데, ‘삼진’은 해, 달, 별을 뜻하며, ‘오성’은 동방의 세성(歲星), 남방의 형혹(熒惑), 서방의 대백(大白), 북방의 진성(辰星), 중앙의 진성(鎭星)을 뜻한다. ‘삼진’에서의 별들은 28수(宿) 및 뭇 별들을 가리킨다. 정현이 “‘삼로’는 빈객(賓客)의 수장이 앉는 자리에 앉고, ‘오경’은 개(介)가 앉는 자리에 앉는다.”라고 하였는데, 『의례』「향음주례(鄕飮酒禮)」편에 대한 정현의 주를 살펴보면, “자리를 펼 때에는 빈객의 자리는 들창 앞쪽에 설치하며 남쪽을 바라보게 한다. 개(介)의 자리는 서쪽 계단 위에 설치하며 동쪽을 바라보게 한다."[19]라고 하였는데, 이 말이 바로 여기에 해당한다. 정현이 "'군로(群老)'는 빈객 무리들이 앉는 자리에 앉았을 것이다." 라고 하였는데, '삼로'를 빈객의 수장처럼 대우하고, '오경'을 개(介)와 같이 대우하였기 때문에, '군로'들을 빈객 무리들처럼 대하는 것이다. 그러나 해당 기록이 없기 때문에, 정현이 "반드시 ~했을 것이다[必]."라고 말한 것이다. 「향음주례」편에 대한 정현의 주를 살펴보면, "빈객 무리들의 자리는 빈객의 서쪽에 설치하며 남쪽을 바라보게 하고, 자리를 연결시키지 않고, 각자 자리를 단독으로 앉게 해준다."[20]라고 한 말이 바로 여기에 해당한다.

訓纂 王氏懋竑曰: 纂言以始字繼"畢事反命"而言, 謂卒事反命而始之養老處也.

번역 왕무횡[21]이 말하길, 『예기찬언(禮記纂言)』[22]에서는 경문의 '시(始)'자를 "일을 끝내고 보고를 한다[畢事反命]."라는 네 글자에 이어서 기록하고 있다. 이처럼 해석하게 되면, 이 문장은 유사(有司)가 제사를 다 끝내고서, 천자에게 보고를 하면, 천자는 비로소[始] 노인을 봉양하는 장소로 간다는 뜻이 된다.

訓纂 臧氏琳曰: 盧植禮記注曰, "選三公老者爲三老, 卿大夫之老者爲五更, 亦參五之也." 漢書禮樂志曰, "養三老五更於辟雍."

번역 장림[23]이 말하길, 노식(盧植)의 『예기주(禮記注)』에서는 "삼공(三

---

19) 이 문장은 『의례』「향음주례(鄕飮酒禮)」편의 "乃席賓·主人·介."에 대한 정현의 주이다.

20) 이 문장은 『의례』「향음주례(鄕飮酒禮)」편의 "衆賓之席皆不屬焉."에 대한 정현의 주이다.

21) 왕무횡(王懋竑, A.D.1668~A.D.1741) : 청대(淸代)의 경학자이다. 자(字)는 여중(予中)·여중(與中)이며, 호(號)는 백전(白田)이다.

22) 『예기찬언(禮記纂言)』은 오징(吳澄)이 찬술한 『예기』의 주석서이다.

23) 장림(臧琳, ?~?) : 청대(淸代)의 학자이다. 자(字)는 옥림(玉林)이다. 경학(經

公)이었던 노인들 중에서 선별한 자를 '삼로(三老)'로 삼고, 경(卿)과 대부(大夫)였던 노인들 중에서 선별한 자를 '오경(五更)'으로 삼으니, 또한 3명과 5명으로 정하는 것이다."라고 했고, 『한서(漢書)』「예악지(禮樂志)」편에서는 "삼로와 오경을 벽옹(辟雍)에서 봉양한다."[24]라고 하였다.

訓纂 李奇曰: 王者父事三老, 兄事五更.

번역 이기(李奇)가 말하길, 천자는 부친을 대하듯 삼로(三老)를 섬기고, 형을 대하듯 오경(五更)을 섬긴다.

訓纂 王氏懋竑曰: 釋奠於先老, 蒙上有司行事之文. 亦命有司釋奠先聖先師, 命有司行事, 而先老則親釋奠, 必無此理.

번역 왕무횡이 말하길, 선로(先老)에게 석전(釋奠)을 지낸다는 말은 위에서 유사(有司)가 일을 집행한다는 문장과 이어지는 것이다. 또 유사에게 명령을 내려서, 선성(先聖)과 선사(先師)에게 석전을 지내게 하였으니, 선로에 대한 일도 유사를 통해서 시행하는 것이다. 선로에 대해서만, 천자가 직접 석전을 지낸다는 것은 이치에 타당하지 못하다.

集解 愚謂: 之, 適也. 養, 謂養老之處, 東序是也. 天子初至在辟廱, 有司既行釋菜之禮, 反命於天子, 天子始適東序養老之處也. 此一節, 後文所謂"慮之以大"也. 先老, 先世之老·更也. 三老, 以三公致仕者爲之, 故曰三老. 禮運曰, "三公在朝, 三老在學." 五更以孤卿致仕者爲之, 曰"五更"者, 因古者五官之名也. 群老, 則大夫士之致仕者也. 此一節, 所謂"愛之以敬"也.

學)에 뛰어났으며, 한당대(漢唐代)의 학문을 존숭하였다. 『상서집해(尙書集解)』, 『경의잡기(經義雜記)』 등을 지었다.

24) 『한서(漢書)』「예악지(禮樂志)」: 顯宗卽位, 躬行其禮, 宗祀光武皇帝于明堂, 養三老五更於辟廱, 威儀既盛美矣.

번역 내가 생각하기에, '지(之)'자는 "간다[適]."는 뜻이다. '양(養)'자는 노인을 봉양하는 장소를 뜻하니, 동서(東序)를 가리킨다. 천자가 시학(視學)을 할 때, 처음 도착하는 장소는 벽옹(辟雍)이 되며, 유사(有司)가 석전(釋奠)의 의식을 집행하여, 그 일이 다 끝났음을 천자에게 보고하게 되면, 천자는 비로소 노인을 봉양하는 장소인 동서로 가게 되는 것이다. '천자시학(天子視學)'이라는 구문부터 '시지양야(始之養也)'까지는 뒤에 나오는 "고려하길 효제(孝悌)라는 대도(大道)로써 한다."[25]라는 뜻에 해당한다. '선로(先老)'는 앞 세대에서 '삼로(三老)'와 '오경(五更)'을 지냈던 자들이다. '삼로'는 '삼공(三公)' 중 관직에서 퇴임한 자들로 편성한다. 그렇기 때문에 '삼공'[26]이라는 용어에서 착안하여, '삼로'라고 부르는 것이다. 『예기』「예운(禮運)」편에서 "'삼공'은 조정에 있고, '삼로'는 태학에 있다."[27]라고 한 말이 바로 이러한 사실을 나타낸다. '오경'은 '고경(孤卿)'[28] 중 관직에서 퇴임한 자들로 편성한다. 이들을 '오경'이라고 부르는 이유는 고대부터 있어왔던 '오관(五官)'[29]이라는 명칭에 따른 것이다. '군로(群老)'는 대부(大夫) 및

---

25) 『예기』「문왕세자」【263c】: 是故聖人之記事也, 慮之以大, 愛之以敬, 行之以禮, 修之以孝養, 紀之以義, 終之以仁.

26) 삼공(三公)은 중앙정부의 가장 높은 관직자 3명을 합쳐서 부르는 말이다. '삼공'에 속한 관직명에 대해서는 각 시대별로 차이가 있다. 그 중 주(周)나라 때에는 태사(太師), 태부(太傅), 태보(太保)를 '삼공'으로 삼았다. 『서』「주서(周書)·주관(周官)」편에는 "立太師·太傅·太保, 茲惟三公, 論道經邦, 燮理陰陽."이라는 기록이 있다. 한편 『한서(漢書)』「백관공경표서(百官公卿表序)」에 따르면 사마(司馬), 사도(司徒), 사공(司空)을 '삼공'으로 삼았다는 기록이 있다.

27) 『예기』「예운(禮運)」【285a】: 故宗祝在廟, 三公在朝, 三老在學, 王前巫而後史, 卜筮瞽侑皆在左右. 王中心無爲也以守至正.

28) 고경(孤卿)은 소사(少師), 소부(少傅), 소보(少保)를 가리킨다. 『주례』「천관(天官)·장차(掌次)」편에는 "孤卿有邦事, 則張幕設案."이라는 기록이 있는데, 이에 대한 정현의 주에서는 "王之孤三人, 副三公論道者."라고 풀이했다. 즉 천자의 '고경'은 세 사람으로, 삼공(三公)을 도와서 국가정책을 논의하는 자들이다. 또한 『한서(漢書)』「백관공경표상(百官公卿表上)」편에는 "太師·太傅·太保, 是爲三公, 蓋參天子, 坐而議政, 無不總統, 故不以一職爲官名. 又立三少爲之副, 少師·少傅·少保, 是爲孤卿. 與六卿爲九焉."이라는 기록이 있다. 즉 삼공은 태사(太師), 태부(太傅), 태보(太保)를 말하며, 이들을 돕는 부관은 소사, 소부, 소보로, 이들을 '고경'이라고 한다.

사(士) 중 관직에서 퇴임한 자들을 뜻한다. '적동서(適東序)'라는 구문부터 '군로지석위언(群老之席位焉)'까지는 이른바 "공경스러운 태도로 그들을 사랑한다."[30]라는 뜻에 해당한다.

集解 陳氏祥道曰: 天子視學, 遂適東序養老, 則視學·養老同日也. 鄭氏謂用其明日, 誤矣.

번역 진상도가 말하길, 천자가 시학(視學)을 하여, 마침내 동서(東序)에 가서 노인을 봉양했다고 한다면, 시학하는 일과 노인을 봉양하는 일은 같은 날에 하는 것이다. 정현은 노인을 봉양하는 일을 그 다음날에 한다고 여겼는데, 이것은 잘못된 주장이다.

【262a】

適饌, 省醴·養老之珍具, 遂發咏焉, 退, 修之以孝養也.

직역 饌에 適하여, 醴과 老를 養하는 珍具를 省하니, 遂히 咏을 發하며, 退하여, 修하길 孝養으로써 한다.

---

29) 오관(五官)의 의미에 대해서는 여러 가지 설명들이 있다. 그 중 은대(殷代)와 주대(周代)에 있었던 다섯 개의 고위 관직을 뜻하는 용어로도 사용되었다. 다섯 개의 고위 관직은 사도(司徒), 사마(司馬), 사공(司空), 사사(司士), 사구(司寇)를 뜻한다. 『예기』「곡례하(曲禮下)」편에는 "天子之五官, 曰司徒·司馬·司空·司士·司寇, 典司五衆."이라는 기록이 있다. 또한 하늘[天], 땅[地], 귀신[神], 백성[民], 기물(器物)에 대해 담당하였던 다섯 개의 관직을 뜻하기도 하는데, 구체적 관직명에 대해서는 확인할 수 없다. 『국어(國語)』「초어하(楚語下)」편에는 "於是乎有天·地·神·民·類物之官, 是謂五官, 各司其序, 不相亂也."라는 기록이 있다.

30) 『예기』「문왕세자」【263c】: 是故聖人之記事也, 慮之以大, 愛之以敬, 行之以禮, 修之以孝養, 紀之以義, 終之以仁.

의역 천자는 음식이 차려진 장소로 가서, 단술과 노인을 봉양하기 위해 차려진 음식 상태를 사열하니, 그 일이 끝나면, 밖으로 나간다. 그리고 마침내 음악이 연주되면, 천자는 음악소리에 맞춰 노인들을 인도하여, 음식이 차려진 장소로 들어오고, 그들이 자리에 앉게 되면, 다시 물러나서, 단술을 들고 그들에게 잔을 따라주게 되니, 이것은 효성으로 노인을 봉양하는 도리를 수행하는 것이다.

集說 設席位畢, 天子親至陳饌之處, 省視醴酒及養老珍羞之具. 省具畢, 出迎三老五更. 將入門, 遂作樂聲, 發其歌咏以延進之. 老更既入, 即西階下之位, 天子乃退而酌醴以獻之, 是修行孝養之道也.

번역 노인들의 자리를 설치하는 일이 다 끝나면, 천자는 직접 음식이 차려진 장소에 가서, 단술 및 노인들을 대접하게 될 음식들이 완비된 상태를 사열한다. 갖춰진 상태를 사열하는 일이 끝나게 되면, 밖으로 나와서, 삼로(三老)와 오경(五更) 등을 맞이한다. 문으로 들어가게 되면, 마침내 음악과 노래를 연주하니, 그 노랫소리가 흘러나오면, 천자는 그들을 인도하여, 자리로 나아가는 것이다. 삼로와 오경이 다 들어오게 되면, 서쪽 계단 아래에 설치된 자리로 가게 된다. 그들이 자리를 잡으면, 천자는 곧 자리에서 물러나서, 단술을 따라 그들에게 잔을 바치니, 이것은 바로 효성으로 노인을 봉양하는 도리를 수행하는 것이다.

大全 嚴陵方氏曰: 於學言祭先師先聖, 於東序言釋奠于先老, 隆殺之別也. 以其隆故曰視, 以其殺故曰適. 適則自此適彼而已. 設其席位, 則老者欲安之故也. 饌者食也, 醴者酒也, 適饌省醴, 蓋互言之, 皆適其所而省之也. 珍, 若八珍之屬, 凡可以養者, 莫不具焉, 故謂之珍具. 若王制"以珍從", 是矣.

번역 엄릉방씨가 말하길, 태학(太學)에 대해서는 선사(先師)와 선성(先聖)에게 제사를 지낸다고 말하고, 동서(東序)에 대해서는 선로(先老)에게 석전(釋奠)을 지낸다고 말한 것은 등급에 따라 높이고 낮추는 구별이다.

태학은 존귀한 장소이기 때문에, '시(視)'라고 말한 것이고, 동서는 상대적으로 낮은 장소이기 때문에, '적(適)'이라고 말한 것이다. '적'자는 단순히 이곳에서 저곳으로 간다는 뜻을 나타낼 따름이다. 그들의 자리를 설치하는 이유는 노인들을 편안하게 모시기 위해서이다. '찬(饌)'자는 음식을 뜻하며, '례(醴)'자는 술을 뜻하니, "'찬'에 가고, '례'를 살핀다."는 말은 서로 호완이 되는 문장이니, 이 둘 모두에 대해서, 그것들이 차려진 장소로 가서 살핀다는 뜻이다. '진(珍)'자는 마치 『주례』에서 말하는 '여덟 가지 진미[八珍]'[31]

31) 팔진(八珍)은 여덟 가지 맛 좋은 음식들을 뜻한다. 구체적으로는 순오(淳熬), 순모(淳母), 포돈(炮豚), 포장(炮牂), 도진(擣珍), 지(漬), 오(熬), 간료(肝膋) 등을 가리킨다. 이 음식들은 『예기』「내칙(內則)」편에 기록된 것들인데, '순오'는 젓갈을 달여서, 밭에서 생산된 쌀로 지은 밥 위에 얹어 놓고, 그 위에 기름을 바른 음식이다. '순모'에서의 '모(母)'자는 "본뜬다."는 의미의 '모(模)'자로, '순오'와 똑같지만, 쌀 대신 기장을 사용한 음식이다. '포돈'과 '포장'은 조리 방법이 동일한데, 돼지[豚]를 사용하느냐, 또는 '암컷 양[牂]'을 사용하느냐의 차이가 있다. '포돈'과 '포장'에서의 '포(炮)'라는 조리방법은 먼저 해당 가축을 잡은 뒤에, 배를 갈라서 내장을 제거한다. 그리고 그 안에 대추[棗]를 채우고, 익모초[萑]로 묶은 뒤, 진흙을 발라서 굽는다. 진흙이 다 마르면, 그것들을 떼어낸 뒤에 쌀가루를 다시 입힌다. 고기가 모두 잠길 정도로 기름을 충분히 채우고서 다시 달인다. 큰 솥에 물을 끓이고, 고기들은 다시 작은 솥으로 옮겨서, 향신료를 가미한다. 고기가 담긴 작은 솥을 큰 솥에 넣고 3일 동안 달인다. 이후 식초와 젓갈 등을 가미하게 된다. 이것이 바로 '포돈'과 '포장'의 조리방법이다. '도진'을 만들 때에는 소[牛], 양[羊], '큰 사슴[麋]', 사슴[鹿], 노루[麕]의 고기들을 골고루 준비하는데, 반드시 등심살을 사용하며, 각 고기들의 양은 소고기의 양과 균일하도록 준비한다. 질긴 부위를 제거하고, 나머지 부위들을 버무린 뒤에, 익힌 음식이다. '지'는 소고기와 양고기를 사용하는데, 반드시 새로 잡은 것으로 사용한다. 얇게 썰고, 힘줄을 제거한 뒤에 술에 담갔다가, 하루 정도 지난 뒤에 먹는 음식이다. '오'는 소고기나 양고기를 사용하는데, 겉살을 벗겨낸 다음 익모초 위에 펼쳐둔다. 계피[桂]나 생강[薑] 등을 뿌리고, 소금을 그 위에 뿌린 뒤에, 말려서 먹는 음식이다. '간료'는 개의 간으로 만드는데, 개의 지방질[膋]을 간 위에 덮고, 지방 부위를 태워서 조리한 음식이다. 『주례』「천관(天官)·선부(膳夫)」편에는 "珍用八物."이라는 기록이 있고, 이에 대한 정현의 주에서는 "珍, 謂淳熬·淳母·炮豚·炮牂·擣珍·漬·熬·肝膋也."라고 풀이했으며, 가공언(賈公彦)의 소(疏)에서는 "云'珍謂淳熬'已下, 皆內則文. 按內則, '淳熬, 煎醢加于陸稻上, 沃之以膏, 曰淳熬. 淳母, 煎醢加于黍食上, 沃之以膏, 曰淳母. 母, 模也. 炮, 取豚若牂, 刲之刳之, 實棗於其腹中, 編萑以苴之, 塗之以墐塗, 炮之. 塗皆乾, 擘之, 濯手以摩之, 去其皽. 爲稻粉, 糔溲之以爲酏, 以付豚, 煎諸

등과 같은 부류이니,[32] 봉양할 수 있는 모든 음식들을 차려내기 때문에, "맛 좋은 음식들을 모두 갖춘다[珍具]."라고 부른 것이다. 『예기』「왕제(王制)」편에서 "맛좋고 귀한 음식을 들고서 찾아간다."[33]라고 한 기록도 바로 이와 같은 뜻이다.

鄭注 親視其所有. 發咏, 謂以樂納之. 退脩之, 謂既迎而入, 獻之以醴, 獻畢而樂闋.

번역 천자가 직접 그것들이 차려진 장소에 가서 살펴본다는 뜻이다. "노래를 부른다."는 말은 음악에 맞춰서, 그들을 안으로 들인다는 뜻이다. "물러나서 수행한다."는 말은 천자가 노인들을 맞이하여 안으로 들어오게 되면, 그들에게 단술을 따라준다는 뜻으로, 단술 따라주는 일이 다 끝나면, 음악 연주도 끝낸다.

孔疏 ●"適饌省醴, 養老之珍具"者, 布席既畢, 天子親適陳饌之處, 省視醴酒, 并省視養老之珍具. "遂發咏焉"者, 省具既畢, 出迎三老五更, 將入門之時, 遂作樂[34], 發其歌咏, 以樂納之也.

膏, 膏必滅之. 鉅鑊湯, 以小鼎薌脯於其中, 使其湯毋滅鼎, 三日三夜毋絶火, 而後調之以醯醢. 擣珍, 取牛羊麋鹿麕之肉, 必脄, 每物與牛若一. 捶反側之, 去其餌, 孰出之, 去其皽, 柔其肉. 漬, 取牛羊肉, 必新殺者, 薄切之, 必絶其理, 湛諸美酒, 期朝而食之, 以醢若醯醷意. 爲熬, 捶之, 去其皽, 編萑, 布牛肉焉, 屑桂與薑, 以洒諸上而鹽之, 乾而食之. 施羊亦如之. 肝膋, 取狗肝一, 幪之以其膋, 濡炙之, 擧焦其膋, 不蓼也."라고 풀이했다.

32) 『주례』「천관(天官)·식의(食醫)」: 食醫, 掌和王之六食·六飮·六膳·百羞·百醬·八珍之齊.

33) 『예기』「왕제(王制)」【177d】: 五十始衰, 六十非肉不飽, 七十非帛不煖, 八十非人不煖, 九十雖得人不煖矣. 五十杖於家, 六十杖於鄉, 七十杖於國, 八十杖於朝, 九十者, 天子欲有問焉, 則就其室, 以珍從.

34) '악(樂)'자에 대하여. '악'자 뒤에는 본래 '성(聲)'자가 기록되어 있었는데, 완원(阮元)의 『교감기(校勘記)』에서는 "혜동(惠棟)의 『교송본(校宋本)』에도 '성'자가 없으며, 위씨(衛氏)의 『집설(集說)』에도 '성'자가 없으니, 이곳 판본 기록에서 '악'

번역 ●經文: "適饌省醴, 養老之珍具". ○자리 설치하는 일이 다 끝나면, 천자는 직접 음식이 차려진 장소로 가서, 단술의 상태를 확인하고, 아울러 노인을 봉양하는데 쓰일 진수성찬들을 살핀다. 경문의 "遂發咏焉"에 대하여. 음식이 갖춰진 상태를 확인하는 일이 다 끝나면, 밖으로 나가서, 삼로(三老)와 오경(五更)을 맞이하게 되는데, 천자가 장차 문으로 들어가려고 할 때, 마침내 음악을 연주하며, 노래를 부르게 되니, 이러한 음악소리에 맞춰서, 그들을 안으로 모시는 것이다.

孔疏 ●"退脩之以孝養也", 謂三老五更入, 而卽位於西階下, 天子乃退酌醴獻之, 以脩行孝養之道也.

번역 ●經文: "退脩之以孝養也". ○삼로(三老)와 오경(五更)이 들어오면, 서쪽 계단 밑에 있는 자리로 나아가고, 그들이 자리를 잡으면, 천자는 곧 자리에서 물러나서, 단술을 따라서 그들에게 바치게 되니, 즉 이러한 행위를 통해서, 효도로 봉양하는 도리를 실천한다는 뜻이다.

孔疏 ◎注"發咏"至"樂闋". ○正義曰: 此文承"設席省醴"之後也, 云發咏, 以大射之禮約之, 當納賓之節. 按大射賓入及庭, 奏肆夏, 此養老旣尊, 故用兩君敵禮, 入門卽奏肆夏, 故仲尼燕居云"入門而縣興", 是也. 云"退脩之, 謂旣迎而入, 獻之以醴"者, 謂迎老·更就位, 主人乃退酌醴獻之也.

번역 ◎鄭注: "發咏"~"樂闋". ○이 문장은 "자리를 설치하고 단술을 살핀다[設席省醴]."라는 문장의 뒤에 이어져 있는데, '발영(發咏)'이라고 말한 것은 대사례(大射禮)의 의식 절차들을 약술한 것으로, 빈객(賓客)을 안으로 들일 때의 절차에 해당한다. 『의례』「대사례(大射禮)」편을 살펴보면, 빈객이 안으로 들어와서, 마당에 이르게 되면, '사하(肆夏)'라는 악곡을 연주한

자 뒤에 '성'자를 기록한 것은 연문이며, 『민본(閩本)』·『감본(監本)』·『모본(毛本)』에도 이처럼 '성'자를 잘못 기록하고 있다."라고 했다.

다.[35] 그런데 이곳 문장에서 언급하는 상황처럼, 노인을 봉양할 때에는 이미 노인들을 존귀하게 대접하게 되므로, 주인(主人)과 빈객의 신분이 대등할 때의 예법(禮法)을 적용한다. 그렇기 때문에 문에 들어서게 되면, 곧 '사하'를 연주하게 되는 것이다. 따라서 『예기』「중니연거(仲尼燕居)」편에서 "문으로 들어서면, 악기들을 연주한다."[36]라고 한 말도 바로 이러한 절차에 해당한다. 정현이 "'물러나서 수행한다.'는 말은 천자가 노인들을 맞이하여 안으로 들어오면, 그들에게 단술을 따라준다는 뜻이다."라고 하였는데, 이 말은 삼로(三老) 및 오경(五更)들이 안으로 들어와서, 각자의 자리에 가게 되면, 주인이 곧 물러나서, 단술을 따라서 그들에게 바친다는 절차에 해당한다.

訓纂 江氏永曰: 以鍾鼓奏之, 而無辭.

번역 강영이 말하길, 이러한 절차에서는 북과 종을 울려서 연주를 하되, 노래는 부르지 않는다.

集解 饌, 籩·豆·俎·簋之實也. 珍, 八珍之屬也. 饌曰適, 醴曰省, 珍曰具, 皆互言之也. 養老有饗·食·燕三禮, 此有醴齊, 據饗禮言之也. 發咏, 謂歌咏其饌具之豐美, 若封人職所謂"歌舞牲及毛炮之豚"也. 鄭氏謂以樂納老·更, 非也. 饗·燕之禮, 賓入, 皆金奏肆夏, 不歌也. 退, 謂自省饌之所而退也. 脩, 治也. 脩之以孝養, 言脩此饌具以致其孝養也.

번역 '찬(饌)'자는 변(籩), 두(豆), 조(俎), 궤(簋) 등에 올려둔 음식들을 뜻한다. '진(珍)'자는 여덟 가지 진미 등의 부류를 가리킨다. '찬'에 대해서는 "간다[適]."라고 언급하였고, '례(醴)'에 대해서는 "살핀다[省]."라고 언급하였으며, '진(珍)'에 대해서는 "갖춘다[具]."라고 언급하였는데, 서로 호환이

---

35) 『의례』「대사(大射)」: 賓及庭, 公降一等揖賓, 賓辟, 公升卽席. 奏肆夏. 賓升自西階.
36) 『예기』「중니연거(仲尼燕居)」【601d】: 兩君相見, 揖讓而入門, 入門而縣興, 揖讓而升堂.

되는 말들이다. 그러므로 '찬'·'례'·'진'에 대해서 모두 '적(適)'·'성(省)'·'구(具)'를 한다는 뜻이다. 노인을 봉양할 때에는 향례(饗禮)[37], 사례(食禮)[38], 연례(燕禮)[39]라는 세 가지 예법(禮法)이 있는데,[40] 이곳에서는 단술이 차려져 있다고 하였으니, '향례'를 기준으로 언급하고 있는 것이다. "노래를 부른다[發咏]."는 말은 차려진 음식들이 풍성하고, 진미로 꾸며져 있음을 찬양하며 노래를 부른다는 뜻이니, 마치 『주례』「봉인(封人)」편의 직무에서 "희생물에 대해 노래를 부르고 춤을 추면서, 돼지를 삶고 데친다."[41]라고 한 말과 같은 뜻이다. 정현은 음악을 통해서 삼로(三老)와 오경(五更)을 음식이 차려진 장소로 들인다고 해석했는데, 이것은 잘못된 주장이다. '향례'와 '연례'의 의례를 시행할 때에는 빈객(賓客)이 들어오면, 모든 경우에 있어서 금속 악기로 '사하(肆夏)'라는 악곡을 연주하게 되지만, 노래는 부르지 않는다. '퇴(退)'라는 말은 음식이 차려진 상태를 감독하던 자리에서 물러난다는 뜻이다. '수(脩)'자는 "치른다[治]."는 뜻이다. "효도로 봉양하는 도리로써 그 일을 치른다."는 말은 이처럼 음식들을 풍성하게 차려서, 효성으로 봉양하는 도리를 다한다는 뜻이다.

---

37) 향례(饗禮)는 연회의 한 종류이다. '향례'를 시행할 때에는 희생물을 통째로 바치지만, 그것을 먹지는 않는다. 또 술잔을 가득 채우지만, 마시지는 않으며, 자리에 서 있기만 하고, 앉지는 않는다. 또한 신분의 존비(尊卑)에 의거해서 술잔을 바치게 되는데, 정해진 술잔 바치는 회수가 끝나면, 의식을 끝낸다. 다만 숙위(宿衛)들과 기로(耆老) 및 고아들에게 향례를 할 때에는 술을 취할 때까지 마시게 하는 것을 법도로 삼았다.

38) 사례(食禮)는 연회의 한 종류이다. '사례'는 그 행사에 밥이 있고 반찬이 있는 것이니, 비록 술도 두었지만 마시지는 않았다. 그 예법에서는 밥을 위주로 한 것이기 때문에, '사례'라고 부른 것이다.

39) 연례(燕禮)는 연회의 한 종류이다. '연례'를 시행할 때에는 첫잔을 따라 바치는 절차가 끝나면, 모두 자리에 앉아서 술을 마시는데, 취할 때까지 마셨다. 희생물로는 개[狗]를 사용했다.

40) 『예기』「왕제(王制)」【176a~b】: 凡養老, 有虞氏以燕禮, 夏后氏以饗禮, 殷人以食禮.

41) 『주례』「지관(地官)·봉인(封人)」: 歌舞牲, 及毛炮之豚.

그림 7-1 변(籩)과 두(豆)

▸ **출처**: 『삼례도집주(三禮圖集注)』 13권; 『육경도(六經圖)』 6권

그림 7-2 조(俎)와 궤(簋)

▸ **출처**: 『육경도(六經圖)』 6권; 『삼례도집주(三禮圖集注)』 13권

【262b】

反, 登歌清廟. 旣歌而語以成之也, 言父子·君臣·長幼之道, 合德音之致, 禮之大者也.

직역 反하면, 登하여 淸廟를 歌한다. 旣히 歌하면 語하여 成하니, 父子·君臣·長幼의 道를 言하여, 德音의 致에 合하니, 禮의 大이다.

의역 노인들이 술잔을 받고난 뒤에, 자신의 자리로 모두 되돌아가면, 악공(樂工)들은 당상(堂上)에 올라가서, '청묘(淸廟)'라는 시(詩)를 노래로 부르고, 또한 노래에 맞춰서 음악을 연주한다. 노래가 다 끝나면, 서로 선왕(先王)의 선도(善道)에 대해 말하게 되니[語], 이때에는 부자(父子)·군신(君臣)·장유(長幼) 관계에서 지켜야 하는 도리를 언급하여, '청묘'라는 시가 나타내는 문왕(文王)의 지극한 덕음(德音)에 합치시키는데, 이것은 예(禮) 중에서도 성대한 것에 해당한다.

集說 反, 反席也. 老更受獻畢, 皆立於西階下東面. 今皆反升就席, 乃使樂工登堂歌淸廟之詩以樂之. 歌畢至旅酬時, 談說善道, 以成就天子養老之禮也. 其所言說者, 皆是講明父子·君臣·長幼之道理, 集合淸廟詩中所詠文王道德之音聲, 皆德之極致, 禮之大者也.

번역 '반(反)'자는 자리로 돌아간다는 뜻이다. 삼로(三老)와 오경(五更)이 천자가 따라주는 술잔을 다 받게 되면, 모두 서쪽 계단아래에 서서, 동쪽을 바라보게 된다. 이곳 문장에서 말하는 상황은 모두가 자신의 자리로 되돌아가, 자리에 앉은 것이니, 그렇게 되면 곧 악공(樂工)들을 시켜서, 당상(堂上)에 올라가서 '청묘(淸廟)'라는 시(詩)를 노래 부르며, 그것에 맞춰 음악을 연주한다. 노래가 다 끝나서, 서로 술잔을 주고받는 때가 되면, 선(善)한 도(道)에 대해 이야기를 하며, 천자가 노인을 봉양하는 의례(儀禮)를 성대하게 마무리 짓는다. 그들이 말하는 내용들은 모두 부자(父子)·군신(君

臣)·장유(長幼) 사이에서 지켜야 하는 도리를 강론하여 밝힌 것인데, 이것은 '청묘'이라는 시에서 노래로 표현하고 있는 문왕(文王)의 도덕(道德)에 대한 말들에 부합된다. 따라서 이것들은 모두 덕(德)의 지극한 면모이며, 예(禮) 중에서도 성대한 것에 해당한다.

鄭注 反, 謂獻群老畢, 皆升就席也. 反就席, 乃席工[42]於西階上, 歌淸廟以樂之. 旣歌, 謂樂正告正歌備也. 語, 談說也. 歌備而旅, 旅而說父子·君臣·長幼之道, 諸合樂之所美, 以成其意. 鄕射記曰: "古者於旅也語."

번역 '반(反)'자는 천자가 술을 따라주는 것이 군로(群老)들에게까지 돌아가게 되면, 모두 자신의 자리로 돌아가서 앉는다는 뜻이다. 자신의 자리로 돌아가서 앉으면, 곧 악공(樂工)들의 자리를 서쪽 계단 위에 마련해주니, 그들은 이곳에서 '청묘(淸廟)'를 노래로 부르며, 거기에 맞춰 음악을 연주하게 된다. '기가(旣歌)'는 악정(樂正)이 천자에게 준비된 음악 연주가 다 끝났음을 아뢴다는 뜻이다. '어(語)'자는 '담설(談說)'이라는 뜻이다. 노래가 다 끝나게 되면, 술잔을 주고받는데, 술잔을 주고받으면서, 부자(父子)·군신(君臣)·장유(長幼) 사이에서 지켜야 하는 도리에 대해서 말을 하여, 음악이 찬미하는 내용에 합치시키고, 이를 통해 봉양하는 의례(儀禮)의 뜻을 성대하게 끝맺는다. 『의례』「향사례(鄕射禮)」편의 기문(記文)에서도 "고대에는 술잔을 받을 때에 어(語)를 하였다."[43]라고 했다.

---

42) '공(工)'자에 대하여. '공'자는 본래 '정(正)'자로 기록되어 있었는데, 완원(阮元)의 『교감기(校勘記)』에서는 "『민본(閩本)』·『감본(監本)』·『모본(毛本)』에는 '공'자로 기록하고 있고, 『악본(岳本)』에서도 '공'자로 기록하고 있으며, 위씨(衛氏)의 『집설(集說)』에서도 '공'자로 기록하고 있다. 이곳 판본에서는 '공'자를 '정'자로 잘못 기록하고 있는데, 『가정본(嘉靖本)』에서도 '정'자로 잘못 기록하고 있고, 『고문(考文)』에서 인용하는 『고본(古本)』·『족리본(足利本)』 또한 '정'자로 잘못 기록하고 있다. 『통전(通典)』에는 또한 '석공(席工)'으로 기록하고 있다."라고 했다.

43) 『의례』「향사례(鄕射禮)」: 古者, 於旅也, 語.

孔疏 ●"反, 登歌淸廟"者, 反謂反席, 三老五更群老初受獻畢, 皆立於西階下東面. 今皆反升就席, 乃使工登堂上西階北面, 歌淸廟之詩以樂之也. "旣歌而語以成之也"者, 謂旣歌淸廟之後, 則至旅酬之節, 語謂談說善道, 以成就天子養老之義也. 言父子君臣長幼之道者, 所談說善言, 論父子君臣長幼尊卑上下之道理也.

번역 ●經文: "反, 登歌淸廟". ○'반(反)'자는 자리로 돌아간다는 뜻이니, 의식 초반부에 삼로(三老), 오경(五更) 및 군로(群老)가 천자로부터 잔을 받는 절차가 다 끝나게 되면, 모두 서쪽 계단 아래에 서서, 동쪽을 바라보게 된다. 모두 자신의 자리로 돌아가서, 자리에 앉게 되면, 곧 악공(樂工)들을 시켜서, 당상(堂上)에 올라가서 서쪽 계단에서 북쪽을 바라보게 하고, '청묘(淸廟)'라는 시(詩)를 노래로 부르며, 거기에 맞춰 음악을 연주하게 한다. 경문의 "旣歌而語以成之也"에 대하여. '청묘'라는 노래를 다 부른 이후에는 서로 술잔을 주고받는 절차를 시행하는데, '어(語)'자는 선도(善道)에 대해서 담화를 한다는 뜻으로, 이로써 천자가 노인을 봉양하는 의미를 성대하게 끝내게 된다. '부자(父子)·군신(君臣)·장유(長幼) 사이에서 지켜야 하는 도리'라고 말한 것은 선도에 대해 담화하는 내용으로, 부자·군신·장유·존비(尊卑)·상하(上下) 사이에서 지켜야 하는 도리를 논설한다는 뜻이다.

孔疏 ●"合德音之致"者, 德音謂歌淸廟之詩, 文王道德之音. 致謂致極也. 言說父子君臣長幼之道理, 合會淸廟文王道德音聲, 理之至極也.

번역 ●經文: "合德音之致". ○'덕음(德音)'은 '청묘(淸廟)'라는 시(詩)를 노래로 부를 때, 그 노래의 내용이 문왕(文王)의 도덕(道德)에 대한 내용이라는 뜻이다. '치(致)'자는 '지극함[致極]'이라는 뜻이다. 즉 이 문장은 부자(父子)·군신(君臣)·장유(長幼) 사이에서 지켜야 하는 도리에 대해서 논설하며, '청묘'에 나타난 문왕의 도덕에 대한 내용과 부합시키니, 이것은 이치 중에서도 지극한 것들에 해당한다는 뜻이다.

孔疏 ●"禮之大者也", 言登歌淸廟, 語說父子君臣之道, 是禮之大者也.

번역 ●經文: "禮之大者也". ○당상(堂上)에 올라가서 '청묘(淸廟)'를 노래 부르고, 부자(父子)·군신(君臣) 사이에서 지켜야 하는 도(道)에 대해서 합어(合語)를 하게 되는데, 이것은 예(禮) 중에서도 성대한 것에 해당한다는 뜻이다.

孔疏 ◎注"反就"至"樂之". ○正義曰: 知反就席, 乃席工於西階上者, 約鄕飮酒禮文知之也.

번역 ◎鄭注: "反就"~"樂之". ○사람들이 자신의 자리로 돌아가서 앉으면, 곧 악공(樂工)들이 서쪽 계단 위에 위치하게 된다는 사실을 알 수 있는 이유는 『의례』「향음주례(鄕飮酒禮)」편의 내용을 요약해보면, 그 사실을 알 수 있다.

孔疏 ◎注"旣歌"至"也語". ○正義曰: 按鄕飮酒登歌之後, 乃下管, 間歌合樂之後, 樂正告云正歌備. 定本云正歌云工歌備, 誤也. 工當爲正也. 云"歌備而旅"者, 按鄕飮酒之禮, 告正歌備後, 作相爲司正, 賓取觶酬主人, 主人酬衆賓, 是歌備而旅酬也. 旅酬之時則語說, 合於樂之所美, 以成其意者, 解經"合德音之致". 樂之所美, 謂淸廟之詩, 所美文王有君臣父子長幼之德. 今於旅之時, 論說君臣父子之道, 合會淸廟所美之事, 以成就其升歌淸廟之意.

번역 ◎鄭注: "旣歌"~"也語". ○『의례』「향음주례(鄕飮酒禮)」편을 살펴보면, 당상(堂上)에서 노래를 부른 이후에, 곧 당하(堂下)에서는 관악기로 연주를 하며, '사이마다 교대로 노래를 부르는 것[間歌]'과 합주[合樂]을 한 이후에는 악정(樂正)이 정해진 음악 연주가 모두 끝났음을 천자에게 아뢰게 된다. 『정본(定本)』에서 '정가(正歌)'를 '공가비(工歌備)'라고 기록하였는데, 이것은 잘못된 기록이다. 즉 '공(工)'자는 마땅히 '정(正)'자가 되어야 한다. 정현이 "노래가 다 끝나게 되면, 술잔을 주고받는다."라고 하였는데, 「향음주례」편에 기록된 의식절차들을 살펴보면, 악정이 정해진 음악 연주가 모두 끝났다고 아뢴 이후에, 악정은 재차 주인을 도와서 사정(司正)의 임무를 맡게 되며, 빈객(賓客)은 치(觶)라는 술잔을 들어서 주인(主人)에게 술을 권하고, 주인은 빈객 무리에게 다시 술을 권하니, 이것이 바로 음악 연주가 끝나고 나서, 술잔을 주고받는다는 뜻이다. 술잔을 주고받을 때에는 어설(語說)을 하여, 음악이 찬미하는 내용에 부합시키고, 이것을 통하여, 그 취지를 완성시키니, 이것이 바로 경문의 "덕음의 지극함에 합치시킨다[合德音之致]."라고 기록한 뜻을 풀이한 말이다. '음악이 찬미하는 내용'이라는 것은 예를 들어 '청묘(淸廟)'라는 시(詩)에서 문왕(文王)에게는 군신(君臣)·부자(父子)·장유(長幼) 사이에서 지켜야 하는 도덕(道德)을 가지고 있었다고 찬미하는 것과 같은 것들이다. 따라서 이곳 문장 내용은 술잔을 주고받을 때, 군신·부자 사이에서 지켜야 하는 도리에 대해서 논설을 하며, '청묘'에서 찬미하는 사안에 대해서 부합되도록 하고, 이를 통해 당상에서 '청묘'를 노래하게 한 취지를 성대하게 만드는 것이다.

集解 反, 自省饌之所而反於堂也. 旣反, 然後迎老·更入而獻之, 群老受獻畢, 皆升就席, 乃使工登堂上, 歌淸廟之詩也. 升歌之詩, 以淸廟爲最尊, 天子祭祀及饗諸侯乃用之, 今養老亦升歌淸廟, 尊老·更也. 語, 合語也. 旣歌而語者, 升歌及下管·間歌·合樂之後, 樂正告樂備作, 相爲司正, 乃行旅酬, 於此時有合語之禮也. 成之, 謂成其升歌之意也. 致, 極致也. 升歌淸廟, 以發文王之德, 乃道德之音之極致; 旣歌而語, 論說父子·君臣·長幼之道, 合於德音之極致也. 升歌·合語, 事不相接, 以二者皆所以發明道德, 故合而言之. 此所謂"行之以禮"也.

번역 '반(反)'자는 음식의 준비 상태를 살핀 곳에서 당(堂)으로 되돌아간다는 뜻이다. 당으로 되돌아간 다음에는 삼로(三老) 및 오경(五更) 등을 맞이하여, 안으로 들어와서 술을 따라주게 된다. 군로(群老)들까지 술잔 받는 것이 다 끝나게 되면, 모두 자신의 자리에 가서 앉게 되고, 그런 뒤에 곧 악공(樂工)들을 시켜서, 당상(堂上)으로 올라가서 '청묘(淸廟)'라는 시(詩)를 노래 부르게 한다. 당상에 올라가서 노래 부르는 시들 중에서는 '청묘'를 가장 존귀한 것으로 여기니, 천자가 제사를 지내거나, 제후들에게 향연을 베풀 때, 그 시를 사용한다. 그런데 이곳 문장에서는 노인을 봉양할 때에도, 또한 당상에 올라가서 '청묘'를 노래로 부른다고 하였으니, 삼로와 오경을 제후들처럼 존귀하게 대접하는 것이다. '어(語)'는 '합어(合語)'를 뜻한다. "노래를 다 부르고 나서, '합어'를 한다."는 말은 악공들이 당상에 올라가서 노래를 부르고, 당하(堂下)에서 관악기로 연주를 하고, 사이마다 교대로 노래를 부르며, 음악을 합주한 이후에, 악정(樂正)은 음악 연주가 모두 끝났다고 아뢴다. 그런 뒤에 악정은 천자를 도와서, 사정(司正)의 역할이 되고, 곧 여수(旅酬)의 절차를 시행하게 되니, 이때에 바로 '합어'의 의식을 시행하게 된다. "그것을 완성시킨다[成之]."는 말은 당상에 올라가서 노래를 불렀던 의미를 완성시킨다는 뜻이다. '치(致)'자는 '지극함[極致]'을 뜻한다. 당상에 올라가서 '청묘'라는 노래를 불러서, 문왕(文王)의 덕(德)을 나타내었으니, 이것은 곧 도덕(道德)을 표현한 말 중에서도 가장 지극한 것이 된다. 그리고 노래를 끝내고 나서 '합어'를 하며, 부자(父子)·군신(君臣)·장유(長幼) 사이에서 지켜야 하는 도리에 대해서 논설을 하여, 노래로 표현했던 문왕의 지극한 덕에 부합시킨다. 당상에 올라가서 노래를 부르고, '합어'를 하는 것은 그 절차가 서로 연속되지는 않지만, 이 두 가지 절차는 모두 도덕을 드러내는 것들이므로, 둘을 한 문장에 합쳐서 언급한 것이다. 이 문장은 이른바 "시행하길 예(禮)로써 한다."[44]는 내용을 뜻한다.

---

44) 『예기』「문왕세자」【263c】: 是故聖人之記事也, 慮之以大, 愛之以敬, 行之以禮, 修之以孝養, 紀之以義, 終之以仁.

【262c】

下管象，舞大武，大合衆以事，達有神，興有德也．正君臣之位，貴賤之等焉，而上下之義行矣．

직역 下에서 象을 管하고, 大武를 舞하며, 衆을 大合하여 事하여, 有神에게 達하고, 有德을 興함이다. 君臣의 位와 貴賤의 等, 그리고 上下의 義行을 正한다.

의역 당하(堂下)에서는 '상무(象舞)'에 맞는 악곡을 관악기로 연주하고, 마당에서는 '대무(大武)'를 춤추며, 국학(國學)의 학생들을 모두 불러 모아서, 노인을 봉양하는 일에 참여하게 하여, 신명(神明)에 소통하게 만들고, 그들의 덕성(德性)을 진작시키는 것이다. 그리고 이것을 통해 군신(君臣)의 지위를 바르게 하고, 귀천(貴賤)의 등급을 바르게 하며, 그리고 상하(上下)의 의로운 행동을 바르게 한다.

集說 下管象者，堂下以管奏象舞之曲也．舞大武者，庭中舞大武之舞也．象是文王之舞，周頌維淸乃象舞之樂歌．武則大武之樂歌也．武頌言勝殷遏劉，維淸不言征伐，則象·武決非武舞矣．註疏以文王武王之舞皆名爲象，維淸·象舞爲文王，下管象爲武王，其意蓋謂淸廟與管象，若皆爲文王，不應有上下之別．殊不知古樂歌者在上，匏竹在下，凡以人歌者皆曰升歌，亦曰登歌；以管奏者皆曰下管，周禮大師帥瞽登歌，下管奏樂器，書言下管鼗鼓是也．淸廟以人歌之，自宜升，象以管奏之，自宜下．凡樂皆有堂上堂下之奏也．此嚴氏之說，足以正舊說之非，故今從之．大合衆以事，謂大會衆學士，以行此養老之事．而樂之所感，足以通達神明，興起德性也．一說，周道之四達，以有神明相之，周家之興起，以世世修德，皆可於樂中見之．上言父子·君臣·長幼之道，此言正君臣之位，貴賤之等，而上下之義行，則先王養老之禮，豈苟爲虛文而已哉?

번역 '하관상(下管象)'이라는 말은 당(堂) 아래에서 관악기로 '상무(象舞)'에 맞는 악곡을 연주한다는 뜻이다. '무대무(舞大武)'라는 말은 마당 가운데에서 '대무(大武)'라는 춤을 춘다는 뜻이다. '상무'는 문왕(文王)의 덕(德)을 표현한 춤이며, 『시』「주송(周頌)·유청(維淸)」편이 곧 '상무'라는 춤에 해당하는 노래가사이다. 그리고 『시』「주송(周頌)·무(武)」편은 '대무'라는 춤에 해당하는 노래가사이다. 한편 『시』「주송·무」편은 은(殷)나라를 이겨서 살육을 멈추게 한 사실을 밝히는 내용이며, 『시』「주송·유청」편에서는 '정벌(征伐)'에 대해서 언급하지 않고 있으니, '상무'와 '대무'는 결코 무무(武舞)가 아니다. 정현(鄭玄)의 주(注)와 공영달(孔穎達)의 소(疏)에서는 문왕과 무왕(武王)에 대한 춤을 모두 '상'이라고 부르고 있으며, '유청(維淸)'과 '상무'를 문왕에 대한 것이라고 여기고, 당 아래에서 관악기로 연주하는 '상(象)'을 무왕에 대한 것이라고 여겼다. 그들의 의중은 아마도 다음과 같았을 것이다. 즉 '청묘'와 당 아래에서 연주하는 '상'을 모두 문왕에 대한 것이라고 한다면, 당상(堂上)과 당하(堂下)의 구별이 서지 않기 때문에, 이처럼 구분을 했던 것이다. 그러나 고대에는 노래를 부르는 자가 당상에 있고, 포죽(匏竹)[45]과 같은 관악기들이 당하에 있게 되어, 무릇 사람이 노래를 부르는 것을 모두 '승가(升歌)'라고 불렀던 것이고, 또한 '등가(登歌)'라고도 불렀던 것이며, 한편 관악기로 연주하는 것을 모두 '하관(下管)'이라고 불렀던 것이다. 그들은 이러한 사실을 몰랐기 때문에, 이처럼 주장한 것인데, 『주례』「대사(大師)」편에서 "장님 악사(樂師)들을 인솔하여 '등가'를 한다."고 하고, "'하관'하여 악기들을 연주한다."고 하며,[46] 『서』에서 "'하관'하여 도고(鼗鼓)를 연주한다."[47]라고 한 말이 바로 앞서 설명했던 사실들을 나타낸다. '청묘'는 사람이 노래로 부르는 것이니, "당상에 올라간다[升]."라고 표현하는 것이 마땅하고, '상'은 관악기로 연주하는 것이니, '당하'라고 표현하는 것이 또한 마땅하다. 다만 모든 음악에 있어서, 연주를 할 때에는 당상과 당하에서 모두 연주를 하게 된다. 이것은 엄릉방씨의 주

---

45) 포죽(匏竹)은 대나무로 만든 악기로, 생(笙)·우(竽)·소(簫)·적(笛) 등의 악기를 뜻한다. 『국어(國語)』「주어하(周語下)」편에는 "匏竹利制."라는 기록이 있고, 이에 대한 위소(韋昭)의 주에서는 "匏, 笙也; 竹, 簫管也."라고 풀이했다.

46) 『주례』「춘관(春官)·대사(大師)」: 大祭祀帥瞽登歌令奏擊拊. 下管播樂器令奏鼓朄.

47) 『서』「우서(虞書)·익직(益稷)」: 虞賓在位, 群后德讓, 下管鼗鼓, 合止柷敔, 笙鏞以間.

장으로, 그 주장이 타당하여, 옛 주석의 잘못된 점을 바로잡을만한 것이므로, 여기에서는 이 주장에 따른다. “크게 중인(衆人)들을 모아서 일하게 한다[大合衆以事].”는 말은 학사(學士)들을 모두 불러 모아서, 노인 봉양하는 일을 시행하도록 한다는 뜻이다. 그리고 이러한 일들을 통해, 학사들은 음악을 듣고 감흥하게 되어, 충분히 신명(神明)과 소통할 수 있게 되며, 그들의 덕성(德性) 또한 진작시킬 수 있게 된다. 일설에는 이 말을 “주(周)나라의 도(道)가 사방에 두루 통하여, 신명이 그를 돕게 되니, 주나라가 흥기하게 되어, 대대로 덕을 닦았는데, 이러한 모든 내용들을 그 음악 속에서 확인할 수 있다.”는 뜻이라고 주장한다. 앞 문장에서는 부자(父子)·군신(君臣)·장유(長幼) 사이에서 지켜야 하는 도리에 대해서 언급하였고, 이곳 문장에서는 군신간의 지위와 귀천(貴賤)의 차이, 그리고 상하(上下) 계층 간의 의로운 행동에 대해서 바로잡는다고 하였으니, 선왕(先王)이 노인을 봉양하는 의례(儀禮)에 대해서, 어찌 허례허식이라고 여겼겠는가?

그림 7-3 생(笙)과 우(竽)

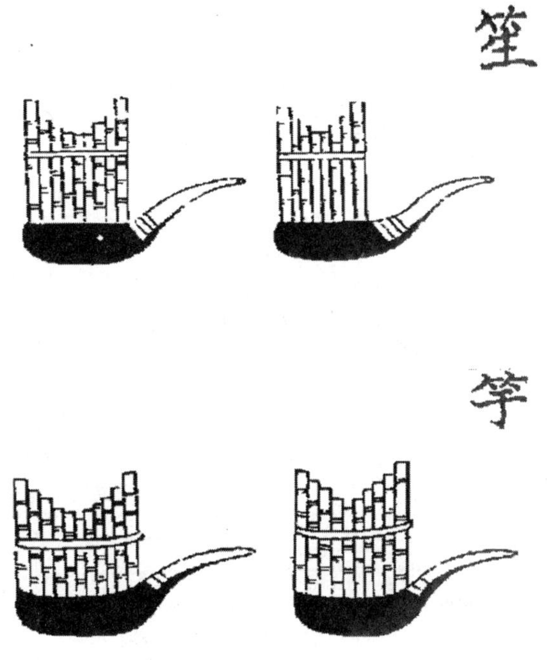

▸ **출처**: 『삼례도집주(三禮圖集注)』 5권

그림 7-4 소(簫)와 적(笛)

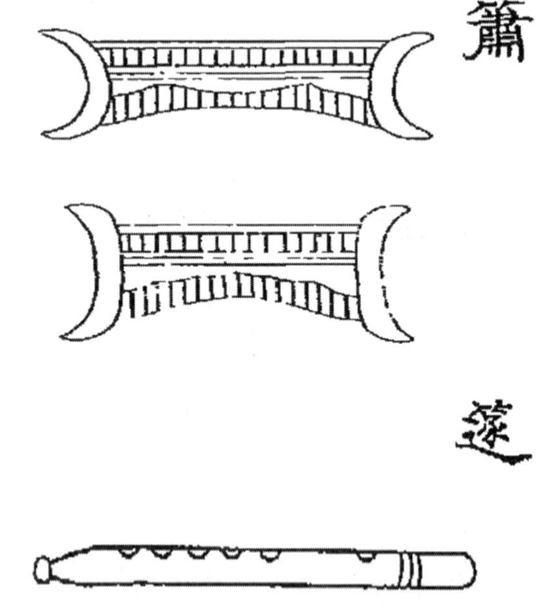

◎ 적(篴)=적(笛)

▸ **출처**: 『삼례도집주(三禮圖集注)』 5권

그림 7-5 도고(鼗鼓)

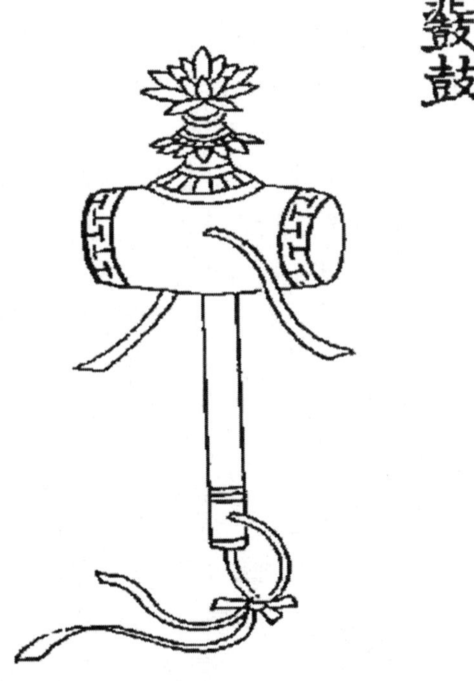

▸ **출처**: 『삼례도집주(三禮圖集注)』 7권

大全 長樂陳氏曰: 歌者, 樂之聲, 管者, 樂之器, 舞者, 樂之容. 登歌淸廟, 所以著其德, 下管象, 所以著其事, 舞大武, 所以著其功. 而又大合學士, 以預其事, 則幽足以達有神, 明足以興有德也.

번역 장락진씨가 말하길, '노래[歌]'라는 것은 '음악[樂]'의 '소리[聲]'에 해당하고, '관악기[管]'라는 것은 '음악'의 '기구[器]'에 해당하며, '춤[舞]'이라는 것은 '음악'의 '표현[容]'에 해당한다. 당상(堂上)에 올라서 '청묘(淸廟)'를 노래 부르는 것은 음악 속에 표현된 덕(德)을 드러내는 것이며, 당하(堂下)에서 '상(象)'을 관악기로 연주하는 것은 그가 행했던 일들을 드러내는 것이고, '대무(大武)'를 추는 것은 그의 공적을 드러내는 것이다. 그리고 또한 학사(學士)들을 모두 불러 모아서, 그 일에 참여하게 한다면, '은미한 세계[幽]'에 대해서는 신명(神明)에게 통할 수 있고, '인간 세상[明]'에서는 덕을 진작시킬 수 있게 된다.

大全 馬氏曰: 神者, 藏於禮樂之中, 而不可知, 則管象舞武以達之. 德者藏於人情之間, 而不可見, 則管象舞武以興之.

번역 마씨가 말하길, '신(神)'이라는 것은 예악(禮樂) 가운데 숨어 있지만, 알아볼 수가 없으니, '상(象)'을 관악기로 연주하고, '대무(大武)'를 춤으로 추어서, 신과 소통하게 하는 것이다. '덕(德)'이라는 것은 인정(人情) 속에 숨어 있지만, 확인할 수가 없으니, '상'을 관악기로 연주하고, '대무'를 춤으로 추어서, 그것들을 흥기시키는 것이다.

鄭注 象, 周武王伐紂之樂也. 以管播其聲, 又爲之舞, 皆於堂下. 衆謂所合學士也. 達有神, 明天授命周家之有神也. 興有德, 美文王武王有德, 師樂爲用, 前歌後舞. 由淸廟與武也.

번역 '상(象)'은 주(周)나라 무왕(武王)이 은(殷)나라 주왕(紂王)을 정벌

했던 일화를 표현한 음악이다. 관악기로 그 음악을 연주하고, 또 그것에 대한 춤을 추는데, 모두 당(堂) 아래에서 시행한다. '중(衆)'자는 집합해 있었던 학사(學士)들을 뜻한다. "신명이 있음을 천하에 두루 통하게 한다[達有神]."는 말은 하늘이 주나라에 천명(天命)을 주어서, 하늘의 가호를 얻었다는 사실을 밝힌다는 뜻이다. "덕이 있었음을 흥성하게 한다[興有德]."는 말은 문왕(文王)과 무왕에게 덕(德)이 있었음을 찬미하는 것으로, 악사(樂師)는 이러한 뜻에 따라서, 앞서 노래를 부르고, 뒤이어 춤을 추게 한 것이다. 군신(君臣)의 지위 등이 바르게 되는 것은 '청묘(淸廟)'와 '대무(大武)' 등을 통해서 그렇게 되는 것이다.

孔疏 ●"下管象, 舞大武"者, 謂登歌之後, 笙入立於堂下, 象謂象武王伐紂之樂. 堂下管中, 奏此象武之曲, 庭中舞此大武之舞, 大武卽象也, 變文耳.

번역 ●經文: "下管象, 舞大武". ○이 문장에서 언급하는 시기는 당상(堂上)에서 노래를 부른 이후에, 생(笙)을 든 악사가 들어와서, 당하(堂下)에서 있을 때를 뜻하며, '상(象)'자는 무왕(武王)이 주왕(紂王)을 정벌한 일화를 표현한 음악을 뜻한다. 당하에서 관악기가 진열되면, 무왕의 일화를 표현한 악곡을 연주하고, 마당에서는 여기에 해당하는 '대무(大武)'라는 춤을 추게 되는데, '대무'는 곧 '상'에 해당하는 것으로, 글자만 바꿔 썼을 뿐이다.

孔疏 ●"大合衆以事"者, 衆謂大會聚學士, 以登歌下管之事.

번역 ●經文: "大合衆以事". ○'중(衆)'자는 학사(學士)들을 모두 불러 모았다는 뜻으로, 이들로써 당상(堂上)에서 노래를 부르고, 당하(堂下)에서 관악기로 연주하는 일에 참여하도록 한다.

孔疏 ●"達有神"者, 謂歌舞其樂, 明達上天授命周家之有神也. "興有德"

者, 興謂發起文王武王之有德, 使衆前歌後舞也.

번역 ●經文: "達有神". ○그 음악을 노래와 춤으로 표현하여, 상천(上天)[48]이 주(周)나라에 천명(天命)을 내려주어, 신(神)의 가호를 받았다는 사실을 천하에 드러낸다는 뜻이다. 경문의 "興有德"에 대하여. '흥(興)'자는 문왕(文王)과 무왕(武王)에게 덕(德)이 있었다는 사실을 나타낸다는 뜻으로, 이러한 점들을 나타내기 위해, 학사(學士)들로 하여금 앞서 노래를 부르게 하고, 뒤이어 춤을 추게 했던 것이다.

孔疏 ●"正君臣之位, 貴賤之等焉"者, 登歌淸廟, 文王詩也, 君詩在上. 下管象, 是武王詩, 臣詩在下, 是正君臣之位, 貴賤之等也.

번역 ●經文: "正君臣之位, 貴賤之等焉". ○당상(堂上)에 올라서 '청묘(淸廟)'를 노래하는데, '청묘'는 문왕(文王)에 대한 시(詩)이다. 문왕과 무왕(武王)의 관계를 군신(君臣) 관계로 따져봤을 때, 문왕은 군주에 해당하므로, 군주에 대한 시를 당상에서 노래하는 것이다. 당하(堂下)에서 '상(象)'을 관악기로 연주하는데, '상'은 무왕에 대한 시이다. 따라서 신하에 해당하는 무왕의 시를 당하에서 연주하는 것인데, 이것은 군신의 위치를 바르게 하는 것이며, 귀천(貴賤)의 등급을 바르게 하는 것이다.

孔疏 ●"而上下之義行矣"者, 旣以此教上下, 衆知之, 是上下之義行於衆庶也.

번역 ●經文: "而上下之義行矣". ○이미 이러한 의미를 상하(上下)의 계층에게 교육을 하여, 모여 있던 사람들이 그 의미를 알게 되니, 이것이 바로

48) 상천(上天)은 상제(上帝)와 같은 뜻으로, 만물을 주재하는 자이다. 고대인들은 '상천'이 길흉(吉凶)과 화복(禍福)을 내릴 수 있는 능력을 갖추고 있었다고 생각하였다. 『서』「주서(周書)·태서상(泰誓上)」편에는 "今商王受, 弗敬上天, 降災下民."이라는 용례가 있다.

상하의 관계에서 지켜야 하는 도리를 대중들에게 시행한다는 뜻이다.

孔疏 ◎注"象周"至"後舞". ○正義曰: 按詩"維清奏象舞", 是武王作樂稱象也. 故左傳云: "見舞象箾南籥." 必知此是武王伐紂樂者, 以上文云"登歌清廟", 此云"下管象", 下云"正君臣之位, 上下之義", 故知此象爲武王樂在堂下也. 云"師樂爲用, 前歌後舞"者, 是今文[49]泰誓之文也.

번역 ◎鄭注: "象周"~"後舞". ○『시(詩)』를 살펴보면, "'유청(維淸)'으로 '상무(象舞)'를 연주한다."[50]라고 하였으니, 이것은 곧 무왕(武王)의 일화를 음악으로 연주할 때, 그 춤을 '상(象)'이라고 부른다는 사실을 뜻한다. 그렇기 때문에 『좌전(左傳)』에서 "'상소(象箾)'과 '남약(南籥)'에 대한 춤을 보았다."[51]라고 말한 것이다. 이 음악들은 무왕이 주왕(紂王)을 정벌할 때의 일화를 나타낸 것이다. 이러한 사실을 확신할 수 있는 이유는 앞 문장에서 "당상(堂上)에서 '청묘(淸廟)'를 노래 부른다."라고 하였고, 이곳 문장에서 "당하(堂下)에서 '상'을 관악기로 연주한다."라고 하였으며, 아래 문장에서 "군신(君臣)의 위치와 상하(上下)의 도리를 바르게 한다."라고 하였기 때문이다. 따라서 여기에서 말하는 '상'이 무왕에 대한 악무(樂舞)이고, 당하에서 연주한다는 사실을 알 수 있는 것이다. 정현이 "악사(樂師)는 이러한 뜻에 따라서, 앞서 노래를 부르고, 뒤이어 춤을 추게 한 것이다."라고 하였는데, 이것은 금문본(今文本)인 『상서(尙書)』「태서(泰誓)」편에 나오는 문장이다.

孔疏 ◎注"由清廟與武也". ○正義曰: "登歌清廟, 下管象", 父詩在上, 子

---

49) '시금문(是今文)'에 대하여. 이 글자들은 본래 '금문시(今文是)'라고 기록되어 있었는데, 완원(阮元)의 『교감기(校勘記)』에서는 "포당(浦鏜)은 '시(是)'자는 마땅히 '금문(今文)'이라는 글자 앞에 위치해야 한다고 했다."라고 했다.

50) 『시』「주송(周頌)·유청(維淸)」의 모서(毛序) : 維淸, 奏象舞也.

51) 『춘추좌씨전』「양공(襄公) 29년」 : 見舞象箾·南籥者, 曰, "美哉!猶有憾."

詩在下, 故得正君臣之位, 貴賤之等也.

번역 ◎鄭注: "由淸廟與武也". ○경문에서 "당상(堂上)에서 '청묘(淸廟)'를 노래하고, 당하(堂下)에서 '상(象)'을 관악기로 연주한다."라고 하였는데, 문왕(文王)과 무왕(武王) 중 부친인 문왕에 대한 시(詩)를 당상에서 노래하고, 아들인 무왕에 대한 시를 당하에서 연주하는 것이다. 그렇기 때문에 군신(君臣)의 위치를 바르게 하고, 귀천(貴賤)의 등급을 바르게 할 수 있는 것이다.

訓纂 陳用之曰: 明堂位曰, "以禘禮祀周公於太廟, 登歌淸廟, 下管象", 祭統曰, "夫大嘗禘, 升歌淸廟, 下而管象", 仲尼燕居曰, "兩君相見, 升歌淸廟, 下而管象", 則天子之祭祀·養老·饗諸侯, 諸侯相見, 魯之嘗禘, 皆升歌下管, 貴人聲也. 歌淸廟, 示德也. 管象, 示事也. 維淸奏象而言"文王之典", 季札見舞象而言"美哉, 猶有憾", 則象爲文王之詩明矣.

번역 진용지가 말하길, 『예기』「명당위(明堂位)」편에서는 "체(禘)제사에 대한 예법(禮法)으로, 태묘(太廟)에서 주공(周公)에 대한 제사를 지내며, 당상(堂上)에서 '청묘(淸廟)'를 노래 부르고, 당하(堂下)에서 '상(象)'을 관악기로 연주한다."[52]라고 하였으며, 『예기』「재통(祭統)」편에서는 "무릇 대제(大祭)인 상(嘗)제사[53]나 체제사에서는 당상에서 '청묘'를 노래 부르고, 당하에서 '상'을 관악기로 연주한다."[54]라고 하였고, 『예기』「중니연거(仲

---

52) 『예기』「명당위(明堂位)」【400a】: 季夏六月, 以禘禮祀周公於大廟, 牲用白牡.

53) 상제(嘗祭)는 가을에 종묘(宗廟)에서 지내는 제사를 뜻한다. 『이아』「석천(釋天)」편에는 "春祭曰祠, 夏祭曰礿, 秋祭曰嘗, 冬祭曰烝."이라는 기록이 있다. 즉 봄에 지내는 제사를 '사(祠)'라고 부르며, 여름에 지내는 제사를 '약(礿)'이라고 부르고, 가을에 지내는 제사를 '상(嘗)'이라고 부르며, 겨울에 지내는 제사를 '증(烝)'이라고 부른다. 한편 '상'제사는 성대한 규모로 거행하였기 때문에, '대상(大嘗)'이라고도 불렀으며, 가을에 지낸다는 뜻에서, '추상(秋嘗)'이라고도 불렀다.

54) 『예기』「제통(祭統)」【587b】: 夫大嘗禘升歌淸廟, 下而管象, 朱干玉戚以舞大武, 八佾以舞大夏, 此天子之樂也.

尼燕居)」편에서는 "두 군주가 서로 만나볼 때, 당상에서 '청묘'를 노래 부르고, 당하에서 '상'을 관악기로 연주한다."[55]라고 하였으니, 천자가 제사를 지내거나, 노인을 봉양하거나, 제후들에게 향연을 베풀 때, 그리고 제후들이 서로 만나볼 때, 노(魯)나라에서 상제사와 체제사를 지낼 때, 이러한 모든 경우에 있어서는 당상에서는 '청묘'를 노래 부르고, 당하에서는 '상'을 관악기로 연주했던 것이다. 그리고 또한 당상에서 노래를 부르게 한 이유는 사람의 음성을 보다 귀하게 여기기 때문이다. '청묘'를 노래하는 것은 덕(德)을 드러내는 것이며, '상'을 관악기로 연주하는 것은 그가 시행했던 일을 드러내는 것이다. '유청(維淸)'이라는 시(詩)를 노래 부르고, '상'을 연주하며, '문왕(文王)이 제정한 법도'[56]에 대해서 찬송하고, 계찰(季札)이 '상'에 맞춰 춤을 추는 것을 보고서, "아름답구나! 오히려 느끼는 바가 있구나."[57]라고 하였으니, '상'은 문왕을 위해 지어진 시임이 명백하다.

訓纂 江氏永曰: 管者, 匏竹之總名, 以管奏象舞, 吹籥秉翟而舞. 仲尼燕居云"下管象·武, 夏籥序興", 是也. 大合衆以事, 事卽奏象舞武之事.

번역 강영이 말하길, '관(管)'자는 포죽(匏竹) 등의 관악기를 총칭하는 말이니, 관악기로 '상(象)'을 연주하며, 춤을 춘다는 말은 곧 피리를 불며, 꿩의 깃털을 들고서 춤을 춘다는 뜻이다. 『예기』「중니연거(仲尼燕居)」편에서 "당하(堂下)에서 '상'과 '무(武)'를 관악기로 연주하고, '하(夏)'는 피리로 차례대로 연주한다."[58]라고 한 말이 바로 이것을 가리킨다. "학사(學士)들을 모두 집합시켜서 일을 시킨다."라고 하였는데, 일[事]은 곧 '상'을 연주하고, '무'를 춤추는 일 등을 뜻한다.

---

55) 『예기』「중니연거(仲尼燕居)」【601d】: 兩君相見, 揖讓而入門, …… 是故君子無物而不在禮矣. 入門而金作, 示情也. 升歌淸廟, 示德也. 下而管象, 示事也.
56) 『시』「주송(周頌)·유청(維淸)」: 維淸緝熙, 文王之典. 肇禋, 迄用有成, 維周之禎.
57) 『춘추좌씨전』「양공(襄公) 29년」: 見舞象箾·南籥者, 曰, "美哉!猶有憾."
58) 『예기』「중니연거(仲尼燕居)」【601d】: 升堂而樂闋, 下管象武, 夏籥序興, 陳其薦俎.

集解 象, 詩頌維淸之篇也. 詩序云, "維淸, 奏象舞也." 象箾, 文王之舞, 歌維淸之詩以奏之, 因謂維淸之詩爲象, 亦猶桓·賚諸詩以奏大武而左傳卽謂之武也. 管, 以管播其聲也. 凡樂皆有四節, 鄕飮酒禮歌笙間合是也. 樂之重者, 則兼用笙管而舞, 當合樂之節. 書云, "戛擊鳴球, 搏拊琴瑟以詠", 此升歌也; "下管鼗鼓", 此下管也; "笙鏞以間", 此間歌也; "簫韶九成", 此合舞也. 上言"登歌淸廟", 樂之第一節也; 此云"下管象", 第二節也; "舞大武", 第四節也. 不言"間歌"者, 以其非樂之重者, 故略之也. 觀鄕射有合樂, 大射有歌管, 而皆無間歌, 可見矣. 大合衆以事者, 象以奏象舞及大武之舞, 所以象文·武之大合師衆以行討伐之事也. 神, 如"所存者神"之神, 以見於治者言; 德, 以具於身者言. 達有神, 興有德者, 言文·武治化之神通達於天下, 道德之盛興起而受命, 又以見文·武之討伐, 應天順人, 而非以力征也. 大武之舞, 有武王與周·召之等, 是君臣之位; 有諸侯與士卒之屬, 是貴賤之等. 天下旣定, 而君臣貴賤之分皆正, 故上下之義行, 此所謂"紀之以義"也.

번역 '상(象)'은 『시』「주송(周頌)·유청(維淸)」편을 뜻한다. 『시』의 「모서(毛序)」에서는 "「유청」편의 시(詩)로 '상무(象舞)'라는 춤에 반주를 맞춘다."라고 하였다. '상소(象箾)'는 문왕(文王)에 대한 춤이다. 이 춤을 출 때에는 「유청」이라는 시를 노래로 부르면서 반주를 맞춘다. 이러한 이유 때문에, 「유청」이라는 시를 '상(象)'이라고 부른 것이며, 이것은 또한 「환(桓)」[59]·「뢰(賚)」[60]와 같은 시들로 '대무(大武)'에 반주를 맞추므로, 『좌전(左傳)』에서 그것들을 '무(武)'라고 부른 경우와 같다. '관(管)'자는 관악기로 소리를 낸다는 뜻이다. 모든 음악에는 4절(節)이 있으니, 『의례』「향음주례(鄕飮酒禮)」편에서 '가(歌)', '생(笙)', '간(間)', '합(合)'이라고 한 것[61]이 바로 여기에 해당한다. 음악연주 중에서도 중요한 것에는 모두 '생(笙)'이라는 관악기를

59) 『시』「주송(周頌)·환(桓)」: 綏萬邦, 婁豐年. 天命匪解, 桓桓武王, 保有厥士. 于以四方, 克定厥家. 於昭于天, 皇以間之.

60) 『시』「주송(周頌)·뢰(賚)」: 文王旣勤止, 我應受之. 敷時繹思, 我徂維求定. 時周之命, 於繹思.

61) 『의례』「향음주례(鄕飮酒禮)」: 乃間歌魚麗, 笙由庚, 歌南有嘉魚, 笙崇丘, 歌南山有臺, 笙由儀. 乃合樂. 周南, 關雎·葛覃·卷耳, 召南, 鵲巢·采蘩·采蘋.

사용하여 연주를 하고, 그에 따라 춤을 추니, '합악(合樂)'의 절(節)에 해당한다. 『서』에서 "'옥으로 만든 경(磬)을 쳐서 소리를 내고, 금슬(琴瑟)을 뜯으며 노래를 읊는다."[62]라고 하였는데, 이것은 당상(堂上)에 올라가서 노래를 부른다는 뜻이며, "당하(堂下)에서 관악기와 도고(鼗鼓)를 연주한다."[63]라고 하였는데, 이것은 당하에서 관악기로 연주한다는 뜻이고, "생(笙)과 용(鏞)이라는 악기로 번갈아 연주한다."[64]라고 하였는데, 이것은 '간가(間歌)'에 해당하며, "소소(簫韶)를 아홉 번 연주한다."[65]라고 하였는데, 이것은 '합무(合舞)'에 해당한다. 앞 문장에서 "당상에 올라가서 '청묘(淸廟)'를 부른다."라고 한 말은 음악의 제 1절에 해당하며, 이 문장에서 "당하에서 '상(象)'을 연주한다."라고 한 말은 제 2절에 해당하고, "'대무(大武)'를 춤춘다."라고 한 말은 제 4절에 해당한다. 그런데 '간가'에 대해서 언급하지 않은 이유는 '간가'는 음악 연주 중에서 중요한 것이 아니기 때문에, 생략한 것이다. 『의례』「향사례(鄕射禮)」편에는 '합악'에 대한 기록이 있고,[66] 『의례』「대사(大射)」편에는 '가(歌)'와 '관(管)'에 대한 기록이 있지만,[67] 이 두 기록 모두에 '간가'에 대한 기록이 없는 것만 보아도, '간가'가 중요하지 않기 때문에, 생략했다는 사실을 확인할 수 있다. "사람들을 모두 불러 모아서 일을 시킨다[大合衆以事]."라고 하였는데, '상(象)'으로 '상무(象舞)' 및 '대무(大武)'라는 춤에 반주를 맞추는 이유는 문왕과 무왕(武王)이 군사들을 모두 집결시켜서 토벌을 시행했던 일을 형상화하기 위해서이다. '신(神)'자는 마치 "그가 머문 곳은 모두 신묘하게 된다."[68]라고 할 때의 '신'자와 같은 뜻이니, 통치 분야에서 나타나는 것을 기준으로 언급한 말이며, '덕(德)'자는 본인에게 갖추어져 있는 것을 기준으로 언급한 말이다. 따라서 '달유신(達

62) 『서』「우서(虞書)·익직(益稷)」: 夔曰, 戞擊鳴球, 搏拊琴瑟以詠.
63) 『서』「우서(虞書)·익직(益稷)」: 虞賓在位, 群后德讓, <u>下管鼗鼓</u>.
64) 『서』「우서(虞書)·익직(益稷)」: 合止柷敔, <u>笙鏞以間</u>, 鳥獸蹌蹌.
65) 『서』「우서(虞書)·익직(益稷)」: <u>簫韶九成</u>, 鳳皇來儀.
66) 『의례』「향사례(鄕射禮)」: 笙入, 立于縣中, 西面. 乃<u>合樂</u>.
67) 『의례』「대사(大射)」: 乃歌鹿鳴三終. …… 乃管新宮三終.
68) 『맹자』「진심상(盡心上)」: 夫君子所過者化, <u>所存者神</u>, 上下與天地同流, 豈曰小補之哉?

有神)'과 '흥유덕(興有德)'이라는 말은 문왕과 무왕이 다스리고 교화를 시행했던 신묘함이 천하에 두루 통하게 되고, 도덕(道德)이 왕성하게 흥기하여 천명(天命)을 받았다는 뜻이며, 또한 이것을 통해서 문왕과 무왕이 토벌을 했던 것은 하늘에 따르고 민심(民心)에 따른 것이지, 힘으로 정벌을 한 것이 아님을 나타낸다. '대무'라는 춤에는 무왕과 주공(周公), 소공(召公) 등의 등급이 형상화되어 나타나니, 이것은 군신(君臣)의 위치에 해당하며, 제후들과 사졸(士卒) 등의 부류들이 표현되니, 이것은 귀천(貴賤)의 등급에 해당한다. 천하가 안정되어, 군신 및 귀천의 본분이 모두 바르게 된 것이다. 그러므로 '상하(上下)의 의로운 행동'이라는 것은 바로 아래 문장에서 말한 "기강을 세우길 의(義)로써 한다."[69]라는 것에 해당한다.

---

69) 『예기』「문왕세자」【263c】: 是故聖人之記事也, 慮之以大, 愛之以敬, 行之以禮, 修之以孝養, 紀之以義, 終之以仁.

그림 7-6 용(鏞)

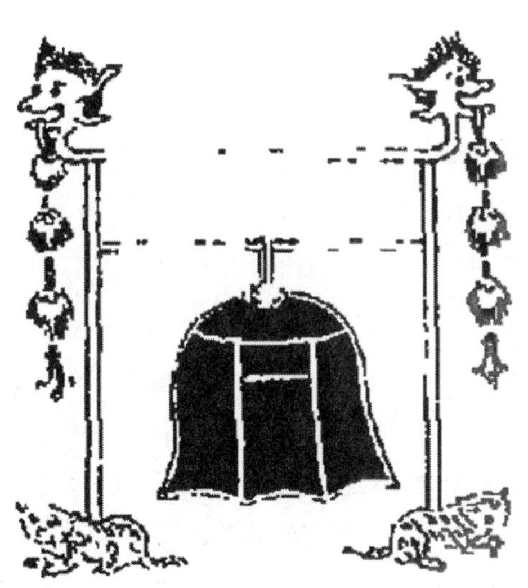

▸ **출처**: 『육경도(六經圖)』 2권

集解 儀禮用樂, 每節皆三終, 此及明堂位·祭統·仲尼燕居皆言"升歌淸廟", "下管象", 不言"三終", 文略也. 以詩及儀禮考之, 歌·笙同用之詩, 其篇皆相比次: 升歌淸廟三終, 當爲淸廟·維天之命·維淸; 下管象三終, 當爲維淸·烈文·天作. 然如此則升歌之第三篇, 卽下管之第一篇, 疑其非是. 蓋今周頌篇第已亂, 觀左傳楚子所言大武七章, 其次第與今詩皆不合, 可見也.

번역 『의례(儀禮)』의 기록에서는 음악을 사용할 때, 매 절(節)마다 모두 '삼종(三終)'이 있게 되는데, 이곳 기록과 『예기』「명당위(明堂位)」·「제통(祭統)」·「중니연거(仲尼燕居)」편에서는 "당상(堂上)에 올라가서 '청묘(淸廟)'를 노래 부른다."라고 하고, "당하(堂下)에서 '상(象)'을 관악기로 연주한다."라고 하여, '삼종'에 대해서는 언급하지 않고 있다. 그 이유는 문장을 간략하게 기록했기 때문이다. 『시(詩)』의 기록 및 『의례』의 기록을 토대로 고찰해보면, '가(歌)'와 '생(笙)'을 할 때에는 동일한 시(詩)를 사용하는데, 사용되는 『시』의 편들을 모두 차례대로 나열해보면, 당상에 올라가서 '청묘'를 노래 부를 때의 '삼종'은 「청묘」, 「유천지명(維天之命)」, 「유청(維淸)」에 해당하며, 당하에서 관악기로 '상'을 연주할 때의 '삼종'은 「유청(維淸)」, 「열문(烈文)」, 「천작(天作)」에 해당한다.[70] 만약 이러한 기록대로라면, 당상에서 노래를 부를 때의 세 번째 시편(詩篇)은 곧 당하에서 관악기로 연주할 때의 첫 번째 시편에 해당하므로, 이것은 잘못된 설명인 것 같다. 아마도 현재 남아 있는 『시』「주송(周頌)」에 있는 시편과 그 순서는 이미 착간으로 인해 뒤섞여 있기 때문에, 이러한 오류가 발생한 것 같다. 『좌전(左傳)』에서 초자(楚子)가 언급하고 있는 '대무(大武)'의 7장(章)을 살펴보면, 그 차례가 현행본 『시』와 모두 합치되지 않으니, 이것만 보아도 착간이 있었음을 확인할 수 있다.

---

70) 이것은 현행본 『시(詩)』에 기록된 각 시들의 순서를 뜻한다. 현행본 『시』「주송(周頌)」편에는 「청묘(淸廟)」, 「유천지명(維天之命)」, 「유청(維淸)」, 「열문(烈文)」, 「천작(天作)」 순으로 기록되어 있다.

【263b】

有司告以樂闋, 王乃命公·侯·伯·子·男及群吏曰, "反, 養老幼71) 于東序." 終之以仁也.

직역 有司가 告하길 樂闋로써 하면, 王은 곧 公·侯·伯·子·男 및 群吏에게 命하여 曰, "反하여, 東序에서 老幼를 養하라."라고 하니, 終하길, 仁으로써 함이다.

의역 유사(有司)가 천자에게 음악이 다 끝났다고 아뢰면, 천자는 곧 의식행사에 참여했던 공작·후작·백작·자작·남작 및 향(鄕)과 수(遂)를 담당하는 관리들에게 명령하여, "이제 너희들의 행정구역으로 돌아가서, 동서(東序)에서 노인과 어린이를 봉양하는 의식을 시행하거라."라고 하니, 이것은 천자의 인자한 은덕으로 일을 끝맺는 것이다.

集說 闋, 終也. 此時畿內之諸侯, 及鄕遂之吏, 皆與禮席. 天子使其反國, 各行養老之禮, 是天子之仁恩, 始于一處而終皆徧及也.

번역 '결(闋)'자는 "끝난다[終]."는 뜻이다. 여기에서 말하는 공작[公]·후작[侯]·백작[伯]·자작[子]·남작[男] 및 군리(群吏)들은 당시 천자의 수도에 조회(朝會) 등의 이유로 찾아와 기내(畿內)에 머물러 있던 제후들과 천자

---

71) '유(幼)'자에 대하여. 『십삼경주소(十三經注疏)』 북경대 출판본에서는 "'유'자를 『민본(閩本)』·『감본(監本)』·『석경(石經)』·『악본(岳本)』·『가정본(嘉靖本)』과 위씨(衛氏)의 『집설(集說)』 및 『예기훈찬(禮記訓纂)』에서는 동일하게 '유'자로 기록하고 있다. 진호(陳澔)의 『집설(集說)』에서는 풍씨(馮氏)의 주장을 인용하며, '석양선생(石梁先生)은 이곳 경문에서 유자를 삭제하였는데, 현재의 공영달(孔穎達)의 소(疏)를 살펴보면, 유자에 대한 뜻이 나와 있지만, 정현의 주에서는 양유(養幼)에 대한 기록이 없으니, 아마도 잘못되어 이 글자가 여기에 삽입된 것 같다.'라고 하였다. 완원(阮元)의 『교감기(校勘記)』에서는 '유자를 생략하는 교정이 옳다. 『통전(通典)』에도 반양로우동서(反養老于東序)라고만 기록되어 있고, 유자는 기록되어 있지 않다.'"라고 했다.

의 궁성(宮城) 외곽에 있는 향(鄕)과 수(遂)[72]를 담당하는 관리들이니, 모두들 이러한 의식 행사에 참여하게 된다. 천자는 그들로 하여금 각자 자신들이 담당하고 있는 제후국 및 행정구역으로 돌아가서, 노인을 봉양하는 의례(儀禮)를 시행하도록 하니, 이것은 천자의 인자한 은혜가 처음에는 한 장소에서 시작되지만, 끝내는 두루 퍼지게 된다는 뜻이다.

72) 수(遂)는 주(周)나라 때 원교(遠郊) 밖에 설치되었던 행정구역이다. 원교 안에는 6개의 향(鄕)을 설치했고, 원교 밖에는 6개의 '수'를 설치했다. 『서』「주서(周書)·비서(費誓)」편에는 "魯人三郊三遂, 峙乃楨榦."이란 기록이 있는데, 이에 대한 채침(蔡沈)의 『집전(集傳)』에서는 "國外曰郊, 郊外曰遂."라고 풀이했다. 후대의 해석으로는 송대(宋代)의 이여호(李如篪)가 『동원총설(東園叢說)』「삼례설(三禮說)·향수(鄕遂)」편에서 "周家鄕遂之制, 兵寓其中. 近國爲鄕, 爲鄕者六. 郊之外爲遂, 爲遂亦六."이라고 했던 해석이 있고, 또 청대(淸代)의 운경(惲敬)은 『삼대인혁론이(三代因革論二)』에서 "古之爲國有軍有賦, 軍出於郊者也, 賦出於遂者也."라고 했다. 즉 향(鄕)에서는 군대를 동원했고, '수'에서는 부역을 징수했다는 설명이다. 또 『주례』에 따르면, '수'는 5개의 현(縣)이 모인 행정규모이다. '수' 밑에는 현(縣)을 비롯하여 비(鄙), 찬(酇), 리(里), 린(鄰)의 행정단위가 있었다. '수'를 기준으로 봤을 때, 1개의 '수'는 5개의 현(縣), 25개의 비(鄙), 125개의 찬(酇), 500개의 리(里), 2500개의 린(鄰), 12500개의 가(家) 규모가 된다. 즉 향(鄕)의 규모와 같은 크기이다. 『주례』「지관(地官)·수인(遂人)」편에는 "五家爲鄰, 五鄰爲里, 四里爲酇, 五酇爲鄙, 五鄙爲縣, 五縣爲遂."라는 기록이 있다.

그림 7-7 수(遂)의 행정구역 및 담당자

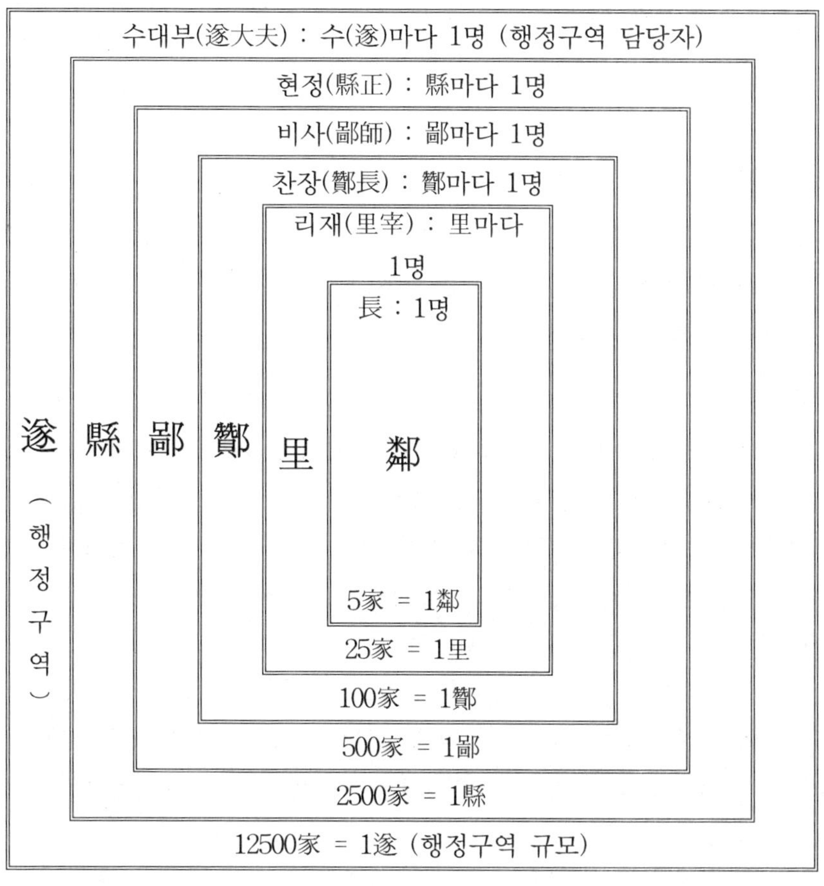

集說 馮氏曰: 石粱先生於此經塗去幼字, 今按疏有其義, 而鄭註無養幼之文, 疑是訛本攙入一字.

번역 풍씨[73]가 말하길, 석양왕씨는 이곳 경문 중 '유(幼)'자를 잘못 기록된 글자로 여겨서 제거하였는데, 지금 기록들을 살펴보니, 공영달(孔穎達)의 소(疏)에서는 "어린이를 부양하다[養幼]."에 대한 뜻이 기록되어 있지만, 정현(鄭玄)의 주(注)에는 '양유(養幼)'에 대한 기록이 없다. 따라서 이것은 아마도 잘못된 판본으로, '유'라는 한 글자가 잘못 삽입 된 것 같다.

大全 嚴陵方氏曰: 養老之禮, 所以廣孝也, 而人行莫大於孝, 此慮之以大也. 設三老五更群老之席位, 此愛之以敬也. 發咏登歌合語下管, 此行之以禮也. 適饌省醴珍具, 此修之以孝養也. 正君臣之位貴賤之等, 此紀之以義也. 命公侯而下, 各歸而有所養焉, 此終之以仁也.

번역 엄릉방씨가 말하길, 노인을 봉양하는 의례(儀禮)는 효도를 넓히는 방법이고, 또한 사람의 행실 중에는 효(孝)보다 큰 것이 없다. 따라서 이것은 곧 "효라는 대도(大道)로써 고려한다."[74]라는 뜻에 해당한다. 삼로(三老), 오경(五更) 및 군로(群老)들의 자리를 마련하는 것은 "공경스러운 태도로 그들을 사랑한다."[75]라는 뜻에 해당한다. 음악에 맞춰 들어오고, 당상(堂上)에 올라가서 노래를 부르며, '합어(合語)'를 하고, 당하(堂下)에서 관악기로 연주하는 것은 "시행하길 예(禮)로써 한다."[76]라는 뜻에 해당한다. 음식이 차려진 곳에 가서, 단술 및 진수성찬 등이 차려진 상태를 확인하는 것은 "효성으로 노인을 봉양하는 도리를 수행한다."[77]라는 뜻에 해당한다.

---

73) 양헌풍씨(亮軒馮氏, ?~?) : =풍씨(馮氏). 자세한 행적이 남아 있지 않다.
74) 『예기』「문왕세자」【263c】: 是故聖人之記事也, 慮之以大, 愛之以敬, 行之以禮, 修之以孝養, 紀之以義, 終之以仁.
75) 『예기』「문왕세자」【263c】: 是故聖人之記事也, 慮之以大, 愛之以敬, 行之以禮, 修之以孝養, 紀之以義, 終之以仁.
76) 『예기』「문왕세자」【263c】: 是故聖人之記事也, 慮之以大, 愛之以敬, 行之以禮, 修之以孝養, 紀之以義, 終之以仁.

군신(君臣)의 위계질서와 귀천(貴賤)의 등급을 바르게 하는 것은 "기강을 세우길 의(義)로써 한다."[78]라는 뜻에 해당한다. 공작[公] 및 후작[侯] 등 그 이하의 관리들에게 명령하여, 각각 자신의 영지로 돌아가서 노인을 봉양하게 하는 것은 "끝맺기를 인(仁)함으로 한다."[79]라는 뜻에 해당한다.

鄭注 闋, 終也. 告君以歌舞之樂終, 此所告者, 謂無筭樂. 群吏, 鄕·遂之官. 王於燕之末, 而命諸侯時朝會在此者, 各反養老如此禮, 是終其仁心. 孝經說所謂"諸侯歸各帥於國, 大夫勤於朝, 州里▼(馬+豈)於邑", 是也.

번역 '결(闋)'자는 "끝맺는다[終]."는 뜻이다. 노래와 춤 등의 음악 연주가 모두 끝났음을 군주에게 아뢰는 것인데, 이곳 문장에서 이 사실을 아뢴다고 한 말은 곧 본래 노인을 봉양하는 행사에서는 "정해진 악곡 수가 없이 무한정 연주하였다[無筭樂]."는 사실을 나타낸다. '군리(群吏)'는 향(鄕)과 수(遂)를 담당하는 관리들이다. 천자는 연회가 끝날 무렵이 되면, 당시 조회에 참가하게 되어, 이 행사에 참여하게 된 제후들에게 명령하여, 각자 돌아가서 여기에서 시행했던 예법(禮法)처럼 노인을 봉양하도록 하는 것이니, 이것이 바로 인한 마음으로 행사를 끝맺는 것이다. 위서(緯書)인 『효경설(孝經說)』에서 "제후는 자신의 나라로 돌아가서 사람들을 통솔하게 되며, 대부(大夫)들은 조정에서 열심히 일하게 되고, 주(州)와 리(里)에 사는 백성들은 그 읍에서 열심히 생활하게 된다."라고 말한 것이 바로 이러한 뜻을 가리킨다.

釋文 ▼(馬+豈), 皇音冀, 冀, 及也; 本又作愷, 又作駿, 駿亦作驥.

---

77) 『예기』「문왕세자」【263c】: 是故聖人之記事也, 慮之以大, 愛之以敬, 行之以禮, 修之以孝養, 紀之以義, 終之以仁.

78) 『예기』「문왕세자」【263c】: 是故聖人之記事也, 慮之以大, 愛之以敬, 行之以禮, 修之以孝養, 紀之以義, 終之以仁.

79) 『예기』「문왕세자」【263c】: 是故聖人之記事也, 慮之以大, 愛之以敬, 行之以禮, 修之以孝養, 紀之以義, 終之以仁.

번역 '▼(馬+豈)'자의 황음(皇音)은 '冀(기)'가 되니, '冀'자는 "~이르다[及]."라는 뜻이며, 판본에 따라서는 또한 '愷(개)'라고도 쓰고, 또는 '駿(준)'이라고도 쓰는데, '駿'은 또한 '驥(기)'라고도 쓴다.

孔疏 ●"有司告以樂闋"者, 闋, 終也. 謂養老之末, 無筭樂之終也. 有司告王以樂終.

번역 ●經文: "有司告以樂闋". ○'결(闋)'자는 "끝맺는다[終]."는 뜻이다. 즉 이 말은 곧 노인을 봉양하는 의식의 말미에, '본래부터 악곡 수를 정해 놓지 않고 연주하던 음악'이 모두 끝났음을 뜻한다. 유사(有司)는 천자에게 음악이 끝났음을 아뢰게 된다.

孔疏 ●"王乃命公侯伯子男及群吏"者, 於時諸侯及鄉遂之吏在此席, 王燕末, 乃告之, 令其養老幼也.

번역 ●經文: "王乃命公侯伯子男及群吏". ○이러한 의식을 치를 때, 제후 및 향(鄉)과 수(遂)의 관리들이 이 자리에 참석하게 되는데, 천자는 연회의 말미가 되면, 곧 그들에게 알려서, 그들로 하여금 노인과 어린아이를 봉양하도록 시키는 것이다.

孔疏 ●"曰反養老幼于東序"者, 此則王所告諸侯之辭也[80]. 令其各反其國, 養老幼如我於東序之禮也.

번역 ●經文: "曰反養老幼于東序". ○이 말은 천자가 제후들에게 알리

80) "曰反養老幼于東序……諸侯之辭也"에 대하여. 손이양(孫詒讓)의 『교기(校記)』에서는 "『예기』「교특생(郊特牲)」편에 대한 『정의(正義)』의 기록에서는 웅씨(熊氏)의 주장을 인용하며, 양유(養幼)에 대한 의미를 설명하고 있다. 완원(阮元)은 송(宋)나라 학자들의 주장에 근거해서, '유(幼)'자가 잘못 기록된 것이라고 주장하였는데, 그 주장이 그렇게 확실한 것은 아닌 것 같다."라고 했다.

는 말이다. 그들로 하여금 각자 그들의 나라로 돌아가서, 자신이 동서(東序)에서 했던 의례(儀禮)처럼 노인과 어린아이를 봉양하라는 뜻이다.

孔疏 ●"終之以仁也"者, 謂仁恩, 王家恒自養老, 是仁恩也. 又令諸侯州里而行養老, 是終之以仁, 謂仁恩之心也.

번역 ●經文: "終之以仁也". ○'인(仁)'자는 '인자한 은덕[仁恩]'을 뜻하는데, 천자들은 항상 몸소 노인을 봉양하므로, 이것은 인자한 은덕에 해당한다. 또 제후들 및 주(州)나 리(里)와 같은 행정단위에서도 노인을 봉양하도록 시키니, 이것은 인자한 은덕으로 성대하게 마무리를 짓는 것이며, 또한 이것은 천자가 가지고 있는 인자한 은덕의 마음을 뜻한다.

孔疏 ◎注"此所告者, 謂無筭樂". ○正義曰: 以上云"登歌淸廟", 次"下管象", 此云"告以樂闋", 下卽云王乃命諸侯反養者, 是燕末之事, 故知樂闋者, 謂無筭樂也.

번역 ◎鄭注: "此所告者, 謂無筭樂". ○앞 문장에서 "당상(堂上)에서 '청묘(淸廟)'를 노래한다."라고 하였고, 그 다음에 "당하(堂下)에서 '상(象)'을 관악기로 연주한다."라고 하였으며, 이 문장에서 "음악이 끝났음을 아뢴다."라고 하였으니, 그 다음 문장에서 "천자가 곧 제후들에게 명령하여, 자신의 나라로 돌아가서 노인을 봉양하도록 시킨다."는 내용은 연회의 말미에 해당하는 사안이다. 그렇기 때문에 "음악이 끝났다."는 말이 '본래 악곡의 수를 정해 놓지 않고 연주하던 음악 연주'가 모두 끝났다는 뜻임을 알 수 있다.

孔疏 ◎注"群吏"至"是也". ○正義曰: 經云"乃命公侯伯子男", 又云"及群吏", 諸侯旣爲畿外, 故知群吏謂畿內鄕遂之官也. 云"各反養老如此禮, 是終其仁心”者, 此是王命諸侯群吏, 使之養老如此禮, 謂如王家於東序之禮, 是終竟其仁心也. 云“孝經說”以下者, 孝經援神契文. 云“諸侯歸各帥於國”者, 諸侯還歸帥行於國; 云“大夫勤於朝”者, 大夫勤力行之於朝; 云“州里▼(馬+豈)於邑”者, 州長里宰之官希▼(馬+豈)慕仰行之於邑是也, 謂此在下奉行在上之事也.

번역 ◎ 鄭注: “群吏”~“是也”. ○경문에서 “곧 공작·후작·백작·자작·남작에게 명령한다.”라고 하고, 또 ‘여러 관리들과’이라고 하였는데, 제후들은 봉지(封地)를 받으므로, 본래부터 천자의 수도 밖에 위치하던 사람들이다. 따라서 제후들과 구분되는 ‘군리(群吏)’들이 천자의 수도에 속한 향(鄕)과 수(遂)의 관리들을 뜻한다는 사실을 알 수 있다. 정현이 “각자 돌아가서 여기에서 시행했던 예법(禮法)처럼 노인을 봉양하도록 하는 것이니, 이것이 바로 인한 마음으로 행사를 끝맺는 것이다.”라고 하였는데, 이 말은 곧 천자가 제후 및 여러 관리들에게 명령하여, 그들로 하여금 여기에서 했던 예법처럼 노인을 봉양하도록 시킨다는 뜻이니, 즉 천자가 동서(東序)에서 했던 의식처럼 따르는 것이 바로 인한 마음으로 행사를 마무리 짓는 것에 해당한다는 사실을 뜻한다. 정현이 『효경설(孝經說)』의 내용을 인용하였는데, 이것은 위서(緯書) 중 하나인 『효경원신계(孝經援神契)』에 나오는 문장이다. 『효경설』의 문장에서 “제후는 자신의 나라로 돌아가서 사람들을 통솔하게 된다.”라고 하였는데, 이 말은 제후가 자신의 나라로 돌아가서, 신하들을 통솔하여, 자신의 나라에서도 이와 같은 의식을 시행한다는 뜻이며, “대부(大夫)들은 조정에서 열심히 일하게 된다.”라고 하였는데, 이 말은 대부들이 조정에서 열심히 일하며, 그 의식을 시행한다는 뜻이고, “주(州)와 리(里)에 사는 백성들은 그 읍에서 열심히 생활하게 된다.”라고 하였는데, 이 말은 ‘주’의 수장인 장(長)과 ‘리’의 수장인 재(宰)라는 관리가 자신의 읍에서 이러한 예식을 흠모하며 독실하게 따른다는 뜻이다. 따라서 이 문장의 전체적인 의미는 아랫사람이 윗사람이 시행했던 일을 받들어서 따른다는 뜻이다.

【263c】

是故聖人之記事也，慮之以大，愛之以敬，行之以禮，修之以孝養，紀之以義，終之以仁．是故古之人一擧事而衆皆知其德之備也．古之君子擧大事，必愼其終始，而衆安得不喩焉？兌命曰，"念終始典于學．"

직역 是故로 聖人이 事를 記함에는 慮하길 大로써 하고, 愛하길 敬으로써 하며, 行하길 禮로써 하고, 修하길 孝養으로써 하며, 紀하길 義로써 하고, 終하길 仁으로써 한다. 是故로 古의 人은 事를 一擧함에, 衆이 모두 그 德의 備를 知한다. 古의 君子는 大事를 擧함에, 必히 그 終始를 愼하는데, 衆이 어찌 不喩할 수 있겠는가? 兌命에 曰, "終始를 念하여 學에 典한다."

의역 이러한 까닭으로, 성인(聖人)이 노인을 봉양하는 예법(禮法)을 기록함에는 효제(孝悌)의 대도(大道)를 고려하였고, 사랑하길 공경함으로써 하였으며, 시행하길 예법에 맞춰서 하였고, 다스리길 효(孝)에 따른 봉양의 도리로써 하였으며, 기강을 잡길 도리로써 하였고, 끝맺기를 인자한 은덕으로써 하였다. 이러한 까닭으로, 고대 사람들은 한 차례 노인 봉양하는 의식을 시행함에, 대중들이 모두 그 속에 도덕(道德)이 완비되어 있다는 사실을 알게 되었다. 고대에는 군자(君子)가 큰일을 시행할 때, 반드시 시작과 끝을 한결같이 신중하게 시행하였는데, 대중들이 어찌 그 의미를 깨우치지 못할 수 있었겠는가? 그래서 『서』「열명(說命)」편에서 "시작과 끝을 항상 신중하게 생각하여, 학문에 펼친다."[81]라고 한 것이다.

集說 虞夏商周皆有養老之禮，後王養老，亦皆記序前代之事也．人道莫大於孝弟，慮之以大者，謂謀慮此孝弟之大道而推行之也．愛敬，省具之事；行禮，親迎肅之也；孝養，獻醴也；紀義，旣歌而語也；終仁，令侯國行之也．一事之中，人皆知其衆德之全備者，以其愼終如始也，如此則衆安得不喩曉乎？養

81)『서』「상서(商書)·열명하(說命下)」：惟斅學半，念終始典于學，厥德修罔覺.

老之禮行於學, 又因終始之義, 故引說命以結之也.

번역 우(虞)·하(夏)·은(殷)·주(周)나라 때에는 모두 노인을 봉양하는 예법(禮法)이 있었고, 후대의 제왕(帝王)들이 노인을 봉양할 때에도 또한 모두들 앞선 왕조에서 시행했던 일들을 차례대로 기록해두었다. 인도(人道) 중에 효제(孝悌)보다 큰 것이 없으니, "고려하길 대(大)로써 한다[慮之以大]."는 말은 이러한 효제의 큰 도리를 고려하여, 그것을 미루어 실천한다는 뜻이다. '공경함에 따라 사랑함[愛敬]'은 음식이 차려진 것을 직접 살피는 일에 해당하며, '예에 따라 시행함[行禮]'은 직접 그들을 맞이하며, 정중하게 대우하는 일에 해당하고, '의에 따라 기강을 잡음[紀義]'은 노래가 끝나고서, 합어(合語)를 하는 일에 해당하며, '인자함으로 끝냄[終仁]'은 제후들로 하여금 그들의 나라에서 이러한 의식을 시행하도록 하는 일에 해당한다. 한 가지 일을 시행하는 중에 사람들은 모두 그 속에 온갖 도덕(道德)이 완비되어 있음을 알 수 있게 된다. 그 이유는 끝마무리를 처음 시작처럼 신중히 하기 때문인데, 이와 같이 한다면, 대중들이 어찌 깨우치지 못할 수가 있겠는가? 노인을 봉양하는 예법은 태학(太學)에서 시행하는데, 이 또한 끝과 시작을 한결같이 한다는 뜻에 따른 것이다. 그렇기 때문에 『서』「열명(說命)」편의 말을 인용하여, 결론을 맺은 것이다.

大全 馬氏曰: 慮之以大者, 孝弟, 仁之本也. 孝弟, 所以示其愛, 愛而弗敬, 獸畜之也, 故愛之以敬, 所以行敬之情, 而曲致者, 存乎禮, 行之不以禮, 則直情徑行, 戎狄之道也. 行之以禮, 則無所不盡, 而養之不可以無其具, 故修之以孝養. 自慮之以大, 推而至於修之以孝養, 則君臣又嫌於不分, 故紀之以義, 以定上下之分. 紀之以義, 所以致其尊, 而亦不可以不致其親, 故又終之以仁. 慮之以大者, 仁之本, 終之以仁者, 仁之成. 君子始終之所依者, 仁而已矣.

번역 마씨가 말하길, "고려하길 '효제(孝悌)'의 대도(大道)로써 한다[慮之以大]."라고 하였는데, '효제'는 '인(仁)'을 실천하는 근본이 된다.[82] 또한 '효제'는 사랑하는 마음을 나타내는 것인데, 사랑만 하고 공경을 하지 않는 것은 짐승들처럼 기르는 것이다.[83] 그렇기 때문에 사랑하길 공경함으로써 하는 것이니, 이것은 곧 공경의 정감을 시행하는 것이다. 그런데 이러한 정감을 곡진하게 표현하려면, 그 성공여부는 예(禮)에 맞게끔 하느냐에 달려 있다. 따라서 시행하길 예에 맞게 하지 않는다면, 감정을 직접적으로 드러내며 본능대로 시행하는 꼴이 되니, 이것은 오랑캐나 따르는 방법이다.[84] 그러므로 시행하길 예법(禮法)에 따라서 하면, 곡진하게 못한 점이 없게 된다. 그런데 노인을 봉양할 때에는 갖추지 않는 것이 없어야 하므로, 다스리길 효(孝)에 따른 봉양의 도리로써 하는 것이다. "고려하길 효제의 대도로써 한다."는 조항으로부터 미루어 나아가, "다스리길 효에 따른 봉양의 도리로써 한다."는 조항까지 이르게 되면, 군신(君臣) 사이에 구분이 세워지지 않을 수 있는 위험이 있다. 그렇기 때문에 의(義)로써 기강을 세워서, 상하(上下)의 구분을 확정하는 것이다. 의로써 기강을 세우는 것은 존귀하게 대하는 마음을 지극하게 나타내는 것이다. 그런데 또한 그 친애하는 마음도 지극하게 나타내지 않을 수가 없기 때문에, 또한 끝맺기를 '인(仁)'함으로써 하는 것이다. 따라서 "고려하길 효제의 대도로써 한다."는 것은 '인'을 실천하는 근본이 되고, "끝맺기를 '인'함으로써 한다."는 것은 '인'을 완성하는 것이다. 또한 군자(君子)가 모든 일에 있어서 시종일관 따르게 되는 요소는 '인'일 따름이다.

大全 長樂陳氏曰: 樂書曰, "天子莫重於視學, 亦莫重於養老", 故老更者, 爲其血氣旣衰, 而養以安之, 仁也. 飮食之珍具, 親執而奉之, 禮也. 憲行以善吾之行, 乞言以廣吾之聞, 智也. 父事之, 不疑其所謂父, 兄事之, 不疑其所謂兄, 義也. 有親者, 視之而興孝, 有兄者, 視之而興悌, 信也. 夫一擧養老之事,

---

82) 『논어』「학이(學而)」: 有子曰, "其爲人也孝弟, 而好犯上者, 鮮矣, 不好犯上, 而好作亂者, 未之有也. 君子務本, 本立而道生. 孝弟也者, 其爲仁之本與!"

83) 『맹자』「진심상(盡心上)」: 孟子曰, "食而弗愛, 豕交之也, 愛而不敬, 獸畜之也. 恭敬者, 幣之未將者也. 恭敬而無實, 君子不可虛拘."

84) 『예기』「단궁하(檀弓下)」【120c】: 予游曰, "禮有微情者, 有以故興物者, 有直情而徑行者, 戎狄之道也. 禮道則不然.

衆皆知其德之備者, 以此而已. 蓋釋奠於先老, 所以明其不忘本也. 適饌省醴, 所以明其不敢慢也. 樂則淸廟象武之頌, 所以視德與事也. 語則父子君臣長幼之道, 所以明君與親也. 然咏歌者, 樂之聲, 管者, 樂之器. 養老之樂, 始而發咏, 中而管舞, 卒而樂闋, 則堂上堂下之樂, 和樂而不流也. 其所以命群后群吏反養老幼於東序者, 不過示父子君臣長幼之道, 合德音之致, 始之以養, 終之以仁而已. 古之君子, 必謹其終始如此, 而衆安得不喩哉?

번역 장락진씨가 말하길, 송(宋)나라 진역(陳暘)의 『악서(樂書)』에서, "천자에게는 시학(視學)보다 중요한 일이 없고, 또한 노인을 봉양하는 일보다 중요한 일이 없다. 그러므로 삼로(三老)와 오경(五更)은 혈기가 쇠락하였기 때문에, 봉양을 하며 그들을 편안하게 해드리는 것이니, 이것은 인(仁)에 해당한다. 음식을 산해진미들로 갖추며, 직접 그 일을 주관하여 그들을 받드는 것이니, 이것은 예(禮)에 해당한다. 법도에 따라 시행하여, 나의 행실을 선(善)하게 만들고, 걸언(乞言)을 하여 나의 학식을 넓히는 것이니,[85] 이것은 지(智)에 해당한다. 부친을 대하듯 섬긴다는 말은 의심할 것도 없이 이른바 진짜 부친처럼 여기는 것이며, 형을 대하듯 섬긴다는 말은 의심할 것도 없이 이른바 진짜 형처럼 섬긴다는 것이니,[86] 이것은 의(義)에 해당한다. 부모가 있는 모든 세상 사람들은 그 모습을 보고 감화되는 점이 있어서, 세상에 효(孝)가 흥성하게 되고, 형이 있는 자들은 그 모습을 보고 감화되는 점이 있어서, 세상에 제(悌)가 흥성하게 되니, 이것은 신(信)에 해당한다. 무릇 노인을 봉양하는 일을 한 차례 시행했는데도, 대중들이 모두 덕(德)이 완비되어 있음을 알 수 있는 원인도 바로 이러한 이유들 때문이다. 무릇 선로(先老)에게 석전(釋奠)을 올리는 것은 근본을 잊을 수 없다는 점을 나타내는 것이다. 성찬이 차려진 곳에 직접 가서, 단술을 살피는 등의 일은 감히 소홀히 할 수 없다는 점을 나타내는 것이다. 음악의 경우 '청묘

85) 『예기』「내칙(內則)」【360d】: 凡養老, 五帝憲, 三王有乞言, 五帝憲, 養氣體, 而不乞言, 有善則記之爲惇史.

86) 『예기』「곡례상(曲禮上)」【15a】: 年長以倍, 則父事之, 十年以長, 則兄事之, 五年以長, 則肩隨之.

(淸廟)'·'상(象)'·'대무(大武)' 등의 아송(雅頌)을 사용하는 것은 선왕(先王)의 덕과 그가 시행했던 일들을 드러내는 것이다. 합어(合語)의 경우 부자(父子)·군신(君臣)·장유(長幼) 사이에서 지켜야 하는 도리를 말하는 것은 군주와 부모에 대한 도리를 밝히는 것이다. 그런데 노래라는 것은 음악의 소리에 해당하고, 관악기는 음악의 기구에 해당한다. 노인을 봉양할 때의 음악에 있어서, 처음에는 노래를 부르고, 중간에는 관악기로 연주하며 춤을 추고, 끝에는 음악을 모두 끝내게 되니, 당상(堂上)과 당하(堂下)에서 사용되는 음악이 서로 조화를 이루되, 방만한 곳으로 흘러가지 않는 것이다.[87] 천자가 제후들 및 여러 관리들에게 명령을 하여, 돌아가서 동서(東序)에서 노인과 어린아이를 봉양하도록 시키는 목적은 부자·군신·장유 사이에서 지켜야 하는 도리를 보여주어서, 덕음(德音)의 지극함에 합치시키는 것이니, 이것은 곧 시작을 봉양의 도리로써 하고, 끝맺기를 인(仁)으로써 하는 것에 불과할 따름이다. 고대의 군자(君子)들은 반드시 시작과 끝을 이처럼 신중하게 하였으니, 대중들이 어찌 깨우치지 못할 수 있겠는가?"[88]라고 했다.

鄭注 謂先本於孝弟之道. 謂省其所以養老之具. 謂親迎之如見父兄. 謂親獻之薦之. 謂旣歌而語之. 謂又以命諸侯歸於國復自行之. 言其爲之本末露見, 盡可得而知也. 喩猶曉也. 兌當爲說, 說命書篇名, 殷高宗之臣傅說之所作. 典, 常也. 念事之終始常於學. 學, 禮義之府.

번역 "고려하길 대(大)로써 한다[慮之以大]."는 말은 우선적으로 효제(孝悌)의 도리에 근본을 둔다는 뜻이다. "사랑하길 공경함으로써 한다[愛之以敬]."는 말은 노인을 봉양하는데 필요한 음식 등을 살핀다는 뜻이다. "시행하길 예(禮)로써 한다[行之以禮]."는 말은 직접 그들을 맞이하는 일을 마치 부친과 형을 뵐 때처럼 한다는 뜻이다. "다스리길 효도에 따른 봉양의

87) 『예기』「악기(樂記)」【461a】: 樂者爲同, 禮者爲異. 同則相親, 異則相敬. 樂勝則流, 禮勝則離.
88) 이 기록은 『악서(樂書)』 4권에 나오는 문장들이다.

도리로써 한다[修之以孝養]."는 말은 직접 술을 따라서 바치고, 음식을 바친다는 뜻이다. "기강을 세우길 의(義)로써 한다[紀之以義]."는 말은 노래를 부르고 나서, 합어(合語)를 한다는 뜻이다. "끝맺기를 인(仁)으로써 한다[終之以仁]."는 말은 또한 이러한 의식을 통해서 제후들에게 명령하여, 자신의 나라로 돌아가서, 그들이 직접 이러한 의식을 재차 시행하도록 한다는 뜻이다. 즉 노인을 봉양하는 의식의 근본과 말단이 모두 드러나게 되어, 모두가 그 의미를 다 알 수 있게 된다는 뜻이다. '유(喩)'자는 "깨닫는다[曉]."는 뜻이다. '태(兌)'자는 마땅히 '열(說)'자가 되어야 하니, 「열명(說命)」은 『서(書)』의 편명으로, 은(殷)나라 고종(高宗)의 신하였던 부열(傅說)이 지은 것이다. '전(典)'자는 '변함없는 법도[常]'라는 뜻이다. 그 사안의 시작과 끝을 고려하여, 학문에 법도로 적용한다. '학문[學]'은 예(禮)와 도리가 깃드는 곳이다.

釋文 兌, 注作說, 同音悅.

번역 '兌'자를 정현의 주에서는 '說'자로 기록하였는데, 그 음은 모두 '悅(열)'이다.

孔疏 ●"是故"至"以仁". ○正義曰: 此一節是第四節中之下節, 申說視學養老之義. "是故聖人之記事也"者, 方釋養老之義. 記事, 謂聖人親行養老之禮, 記序前代之事也. "慮之以大"者, 先解初將謀慮養老之時也. 慮, 謀也. 大謂孝弟也. 言謀慮於養老之事, 是本於孝弟故也, 故云"慮之以大也".

번역 ●經文: "是故"~"以仁". ○이 문장은 제 4절 중 하절에 해당하니, 천자가 시학(視學)을 하며, 노인을 봉양하는 의미에 대해서 거듭 설명하고 있다. 경문의 "是故聖人之記事也"에 대하여. 이 문장은 노인을 봉양하는 의미에 대해 풀이하기 위한 글이다. '기사(記事)'는 성인(聖人)이 직접 노인을 봉양하는 예법(禮法)을 시행하고, 전 왕조에서 시행했던 일들을 차례대로 기록한다는 뜻이다. 경문의 "慮之以大"에 대하여. 이 문장은 노인 봉양하는 일을 계획하고 고려하는 때에 대해서 우선적으로 풀이하는 말이다. '여(慮)'자는 "계획한다[謀]."는 뜻이다. '대(大)'자는 효제(孝悌)를 뜻한다. 즉 이 문장의 의미는 노인을 봉양하는 의식을 계획할 때에는 효제에 근본을 두기 때문에, "고려하길 효제로써 한다[慮之以大也]."라고 말한 것이다.

孔疏 ●"愛之以敬"者, 解"適饌省醴", 是愛而又敬之也.

번역 ●經文: "愛之以敬". ○이 문장은 경문에서 말한 "성찬이 차려진 곳에 가서 단술을 살핀다."[89]는 문장의 의미를 풀이한 말이며, 사랑하면서도 또한 공경스러운 태도로 대한다는 뜻이다.

孔疏 ●"行之以禮"者, 解"遂發咏焉", 而自迎之, 如見父兄之禮也.

번역 ●經文: "行之以禮". ○이 문장은 경문에서 말한 "마침내 노래를 부른다."[90]는 문장의 의미를 풀이한 말이며, 천자가 직접 노인들을 맞이하면서, 마치 부친과 형을 뵐 때의 예법(禮法)처럼 한다는 뜻이다.

孔疏 ●"脩之以孝養"者, 解既迎又親獻醴薦饌, 是脩於孝養故也.

번역 ●經文: "脩之以孝養". ○이 문장은 노인들을 맞이하고 나서도, 또한 천자가 직접 단술을 따라서 바치고, 음식을 바친다는 뜻을 풀이한 말이며, 이러한 일들은 효로써 봉양하는 도리를 실천하는 일이 되기 때문에, 이처럼 표현한 것이다.

---

89) 『예기』「문왕세자」【262a】: 適饌, 省醴·養老之珍具, 遂發咏焉, 退, 修之以孝養也.
90) 『예기』「문왕세자」【262a】: 適饌, 省醴·養老之珍具, 遂發咏焉, 退, 修之以孝養也.

孔疏 ●"紀之以義"者, 解"旣歌而語", 是紀錄德音之義, 亦存天下之大義也.

번역 ●經文: "紀之以義". ○이 문장은 경문에서 말한 "노래를 부르고서, 합어(合語)를 한다."[91]라는 문장의 의미를 풀이한 말이며, 이것들은 덕음(德音)의 도리를 기록하고 있고, 또한 천하의 대의(大義)를 보존하고 있다는 뜻이다.

孔疏 ●"終之以仁"者, 解樂闋而又命諸臣, 令歸國各行此禮, 是終之以仁心也.

번역 ●經文: "終之以仁". ○이 문장은 음악이 다 끝나고 나서, 다시 여러 신하들에게 명령을 하여, 그들로 하여금 자신의 나라로 돌아가서, 각자 이러한 봉양의 예식을 시행하도록 한다는 뜻을 풀이한 말이며, 이것은 곧 끝맺기를 인(仁)한 마음으로써 한다는 뜻에 해당한다.

孔疏 ●"是故"至"于學". ○正義曰: 此亦是第四節中之下節, 覆說養老而在下衆庶知道德之備其在學乎. "一擧事而衆皆知其德之備"者, 謂一擧養老之事以示於下, 而衆皆知其在上道德備具. 其備具者, 則上"慮之以大, 愛之以敬, 行之以禮"之屬, 是也.

번역 ●經文: "是故"~"于學". ○이 문장은 또한 제 4절 중 하절에 해당하는 것으로, 노인 봉양하는 의식을 하면서, 아랫사람들이 학문에 도덕이 완비되어 있음을 알게 된다고 재차 설명하고 있다. 경문의 "一擧事而衆皆知其德之備"에 대하여. 한 차례 노인 봉양하는 일을 시행하여, 아랫사람들에게 보여주면, 대중들은 모두 위정자가 도덕(道德)을 완비하고 있다는 사실을 깨닫게 된다는 뜻이다. "모두 갖추고 있다."라고 하였는데, 곧 경문에

---

91) 『예기』「문왕세자」【262b】: 反, 登歌淸廟. 旣歌而語以成之也, 言父子·君臣·長幼之道, 合德音之致, 禮之大者也.

서 말한 “고려하길 효제(孝悌)로써 한다[慮之以大].”는 것, “사랑하길 공경함으로써 한다[愛之以敬]”는 것, “시행하길 예법에 따라서 한다[行之以禮].”는 등의 덕목들이 완비될 대상에 해당한다.

孔疏 ●“古之君子, 擧大事必愼其終始”者, 大事謂養老, 初則慮之以大, 是愼其始, 末則終之以仁, 是愼其終也. 而衆安得不喩焉, 聖人養老, 旣愼其本末終始, 一一露見, 盡以示衆庶, 而衆何得不曉喩焉? 言衆皆曉喩養老之德也.

번역 ●經文: “古之君子, 擧大事必愼其終始”. ○‘대사(大事)’는 노인 봉양하는 의식을 뜻하는데, 처음에 효제(孝悌)의 대도(大道)로써 행사를 계획하니, 이것은 그 시작을 신중하게 하는 것이며, 말미에는 인(仁)으로써 끝을 맺으니, 이것은 그 끝을 신중하게 하는 것이다. 따라서 “중인(衆人)들이 어찌 깨닫지 못하겠는가?”라는 말은 성인(聖人)이 노인을 봉양할 때, 이미 근본과 말단을 시종일관 신중하게 시행하여, 그 속에 숨겨진 도리를 하나하나 차례대로 드러내었으니, 이러한 도리들을 모조리 대중들에게 보여준다면, 대중들이 어찌 그 의미를 깨우치지 못할 수 있겠느냐는 뜻이다. 이 말은 곧 대중들이 모두 노인 봉양할 때의 도덕(道德)을 깨우친다는 뜻이다.

孔疏 ●“兌命曰: 念終始典于學”者, 兌命, 尙書篇名, 殷高宗之臣傅說所作. 錄記者旣美養老終始, 而衆得曉喩, 是由學而來, 故引兌命學爲可重之事以結之. 云“念終始”者, 言人君念錄事之終始, 常在於學中念之, 以學爲禮義之府, 故聖人於中而行養老之禮, 是念終始常於學也.

번역 ●經文: “兌命曰: 念終始典于學”. ○「열명(兌命)」은 『상서(尙書)』의 편명으로, 은(殷)나라 고종(高宗)의 신하였던 부열(傅說)이 지은 것이다. 이 「문왕세자」편을 기록한 자는 이미 고대의 성인(聖人)은 노인 봉양하는 일에 대해서 시종일관 신중하게 대처하여, 대중들이 그 속에 숨겨진 도리를 깨우칠 수 있었다고 찬미하였는데, 이것은 곧 학문으로부터 유래된 것이다. 그렇기 때문에 「열명」편에서 학문은 중시해야 하는 일로 여겨야 한다고 기록한 문장을 인용해서, 결론을 맺고 있는 것이다. 경문의 "念終始"에 대하여. 이 말은 군주가 그 일의 전체적인 부분에 대해서 기록할 것을 고려할 때에는 항상 학문의 테두리 안에서 고려해야 한다는 뜻이니, 이처럼 했던 이유는 학문을 예(禮)와 의(義)가 깃드는 곳으로 여겼기 때문이다. 그래서 성인은 학교 안에서 노인 봉양하는 의례를 시행했던 것이며, 또한 이것이 바로 시작과 끝을 생각할 때에는 항상 학문의 테두리 안에서 한다는 뜻이다.

孔疏 ◎注"兌當"至"之府". ○正義曰: 按尙書序云"高宗夢傅說", "得諸傅岩, 作說命三篇", 故知兌當爲說也. "典, 常也", 釋詁文.

번역 ◎鄭注: "兌當"~"之府". ○『상서(尙書)』의 「소서(小序)」를 살펴보면, "고종(高宗)은 꿈속에서 부열(傅說)을 얻었다."라고 했고, "부암(傅巖: =傅岩) 땅의 들판에 거주하고 있던 부열을 얻고서, 「열명(說命)」 세 편을 지었다."라고 했다.[92] 그러므로 '태(兌)'자는 마땅히 '열(說)'자가 되어야 한다는 사실을 알 수 있다. 정현이 "'전(典)'자는 '변함없는 법도[常]'라는 뜻이다."라고 한 말은 『이아』「석고(釋詁)」편에 나오는 문장이다.[93]

92) 『서』「소서(小序)·열명(說命)」: 高宗夢得說, 使百工營求諸野, 得諸傅巖, 作說命三篇.

93) 『이아』「석고(釋詁)」: 典·彝·法·則·刑·範·矩·庸·恒·律·戛·職·秩, 常也.

그림 7-8 부암(傅巖) 땅에 거주하던 부열(傅說)을 찾아낸 모습

▸ **출처**: 『흠정서경도설(欽定書經圖說)』 17권 「열축부암도(說築傅巖圖)」

訓纂 王氏引之曰: 上下五之字皆指事言, 不應此之字獨指人言, 愛疑作受, 字相似而誤也. 受者, 承也, 繼也, 謂已慮之以大, 又繼之以敬也.

번역 왕인지가 말하길, 다섯 가지 조목에 기록된 '지(之)'자는 모두 '일[事]'을 가리켜서 말한 것이니, '애지이경(愛之以敬)'에서의 '지(之)'자를 유독 '사람[人]'을 가리키는 뜻으로 말하지는 않았을 것이다. 따라서 '애(愛)'자는 아마도 '수(受)'자로 기록해야 할 것 같으니, 글자가 서로 비슷하여 잘못 기록되었을 것이다. '수'자는 "계승한다[承]." 또는 "잇는다[繼]."는 뜻이다. 따라서 이 문장은 이미 대도(大道)로써 고려를 하였다면, 그것을 공경함으로써 계승해야 한다는 뜻이 된다.

訓纂 陸菊隱曰: 鼓召學士, 釋奠於先聖先師, 以明大道之所本, 所謂"慮之以大"也. 設三老·五更·群老之席位, 不敢少有怠忽, 所謂"愛之以敬"也. 又適饌·省醴·發咏, 不致傷於質直, 所謂"行之以禮"也.

번역 육원보[94]가 말하길, 북을 쳐서 학사(學士)들을 부르고, 선성(先聖)과 선사(先師)에게 석전(釋奠)을 지냄으로써,[95] 대도(大道)의 본원을 밝힌 것이다. 따라서 이것은 곧 "고려하길 대도로써 한다[慮之以大]."는 말에 해당한다. 삼로(三老), 오경(五更) 및 군로(群老)들의 자리를 설치할 때[96]에는 감히 조금의 소홀함도 있어서는 안 된다. 따라서 이것은 곧 "사랑하길 공경함으로써 한다[愛之以敬]."는 말에 해당한다. 또 성찬이 차려진 곳에 직접 가고, 단술 등의 상태를 확인하며, 노래에 맞춰 그들을 맞이할 때[97]에

---

94) 육원보(陸元輔, A.D.1617~A.D.1691) : =육국은(陸菊隱). 청(淸)나라 때의 학자이다. 자(字)는 익왕(翼王)·묵암(默庵)이고, 호(號)는 국은(菊隱)이다. 저서로는 『십삼경변의(十三經辨疑)』, 『십삼경주소류초(十三經注疏類抄)』, 『예기진씨집설보정(禮記陳氏集說補正)』 등이 있다.

95) 『예기』「문왕세자」【261d】: 天子視學, 大昕鼓徵, 所以警衆也. 衆至然後, 天子至, 乃命有司, 行事, 興秩節, 祭先師先聖焉. 有司卒事, 反命.

96) 『예기』「문왕세자」【261d~262a】: 始之養也, 適東序, 釋奠於先老, 遂設三老·五更·群老之席位焉.

97) 『예기』「문왕세자」【262a】: 適饌, 省醴·養老之珍具, 遂發咏焉, 退, 修之以孝養也.

는 너무 질박하거나 너무 단조롭게 해서는 안 된다. 따라서 이것은 곧 "시행하길 예법으로써 한다[行之以禮]."는 말에 해당한다.

訓纂 王氏懋竑曰: 大昕鼓徵, 所謂"慮之以大"也. 釋奠於先聖·先師·先老, 所謂"愛之以敬"也. 禮之大者, 所謂"行之以禮"也. 上下之義行, 所謂"紀之以義"也. 退脩之以孝養, "終之以仁", 本文原自分明. "聖人之記事也"以下, 俱照前文, 各有所當. 但"行之以禮"當在"脩之以孝養"下, 偶倒其文耳.

번역 왕무횡이 말하길, 동이 터오를 때에 북을 쳐서 알리는 일[98]은 이른바 "고려하길 대(大)로써 한다[慮之以大]."는 말에 해당한다. 선성(先聖)·선사(先師)·선로(先老)들에게 석전(釋奠)을 지내는 일[99]은 이른바 "사랑하길 공경함으로써 한다[愛之以敬]."는 말에 해당한다. '예(禮) 중에서도 큰 것'[100]이라는 말은 이른바 "시행하길 예로써 한다[行之以禮]."는 말에 해당한다. '상하(上下)의 의로운 행동'[101]이라는 말은 이른바 "기강을 세우길 의(義)로써 한다[紀之以義]."는 말에 해당한다. 물러나서 효에 따른 봉양의 도리를 실천한다는 말[102]은 "끝맺기를 인(仁)으로써 한다."는 말에 해당한다. 이러한 사실들은 본래부터 본문에 환히 드러나 있었다. "성인(聖人)이 일을 기록하였다[聖人之記事也]."라는 문장부터 그 아래의 문장들은 모두 앞에서 언급했던 내용들을 재조명한 말이니, 각각 해당하는 구문들이 있는 것이다. 다만 '행지이례(行之以禮)'라는 구문은 마땅히 '수지이효양(脩之以

---

98) 『예기』「문왕세자」【261d】: 天子視學, 大昕鼓徵, 所以警衆也. 衆至然後, 天子至, 乃命有司, 行事, 興秩節, 祭先師先聖焉. 有司卒事, 反命.

99) 『예기』「문왕세자」【261d~262a】: 天子視學, 大昕鼓徵, 所以警衆也. 衆至然後, 天子至, 乃命有司, 行事, 興秩節, 祭先師先聖焉. 有司卒事, 反命. 始之養也, 適東序, 釋奠於先老, 遂設三老·五更·群老之席位焉.

100) 『예기』「문왕세자」【262b】: 反, 登歌清廟. 既歌而語以成之也, 言父子·君臣·長幼之道, 合德音之致, 禮之大者也.

101) 『예기』「문왕세자」【262c】: 下管象, 舞大武, 大合衆以事, 達有神, 興有德也. 正君臣之位, 貴賤之等焉, 而上下之義行矣.

102) 『예기』「문왕세자」【262a】: 適饌, 省醴·養老之珍具, 遂發咏焉, 退, 修之以孝養也.

孝養)'이라는 구문 다음에 와야 하는데,[103] 잘못하여 그 문장의 순서가 뒤바뀌었을 뿐이다.

訓纂 彬謂: 此節總結上文. 脩之以孝養, 紀之以義, 終之以仁, 經內已言之. 慮之以大, 卽合德音之致, 記文甚明. 愛之以敬, 行之以禮, 卽養老設席位, 適饌·省醴·發咏之事, 不必如陳·吳·陸諸家所說, 依經文次序一一縷分也.

번역 내가 생각하기에, 이 단락의 내용은 앞에서 언급한 문장들을 결론 맺은 것이다. "다스리길 효에 따른 봉양의 도리로써 한다[脩之以孝養]."는 기록, "기강을 세우길 의(義)로써 한다[紀之以義]."는 기록, "끝맺기를 인(仁)으로써 한다[終之以仁]."는 기록에 대해서는 경문 안에서 이미 그 의미를 언급하고 있다.[104] "고려하길 대(大)로써 한다[慮之以大]."는 말은 곧 덕음(德音)의 지극함에 합치시킨다[105]는 뜻으로, 『예기』의 문맥 속에 그 의미가 분명하게 나타난다. "사랑하길 공경으로써 한다[愛之以敬]"는 말과 "시행하길 예(禮)로써 한다[行之以禮]."는 말은 곧 노인을 봉양하며 자리를 설치하고,[106] 성찬이 차려진 곳에 직접 가고, 단술을 살피며, 노래에 맞춰 그들을 맞이하는 등의 일[107]에 해당한다. 따라서 진호(陳澔)[108], 오징(吳

---

103) 『예기』「문왕세자」【263c】: 是故聖人之記事也, 慮之以大, 愛之以敬, 行之以禮, 修之以孝養, 紀之以義, 終之以仁.

104) 『예기』「문왕세자」【262a】: 適饌, 省醴·養老之珍具, 遂發咏焉, 退, 修之以孝養也. / 『예기』「문왕세자」【262c】: 下管象, 舞大武, 大合衆以事, 達有神, 興有德也. 正君臣之位, 貴賤之等焉, 而上下之義行矣. / 『예기』「문왕세자」【263b】: 有司告以樂闋, 王乃命公·侯·伯·子·男及群吏曰, "反, 養老幼于東序." 終之以仁也.

105) 『예기』「문왕세자」【262b】: 反, 登歌淸廟. 旣歌而語以成之也, 言父子·君臣·長幼之道, 合德音之致, 禮之大者也.

106) 『예기』「문왕세자」【261d~262a】: 始之養也, 適東序, 釋奠於先老, 遂設三老·五更·群老之席位焉.

107) 『예기』「문왕세자」【262a】: 適饌, 省醴·養老之珍具, 遂發咏焉, 退, 修之以孝養也.

108) 진호(陳澔, A.D.1260~A.D.1341) : =진가대(陳可大). 남송(南宋) 말기 원(元)나라 초기 때의 학자이다. 자(字)는 가대(可大)이다. 사람들에게 경귀선생(經

澄), 육국은(陸菊隱) 등의 주석가들이 설명한 것처럼 볼 필요는 없으며, 경문의 순서에 따라서 하나하나 따져보아야 한다.

集解 聖人之記事, 言聖人養老之事, 記之以傳後世也. 慮, 圖也. 慮之以大者, 養老之始, 徵學士, 祭聖師, 是慮之以重大之心而不敢苟也. 愛之以敬者, 養老所以愛之, 正其席位, 是愛之而致其恭敬之心也. 慮之以大, 愼其始也; 終之以仁, 愼其終也. 喩者, 謂敬老之意, 曉喩於衆心而化之也. 引說命者, 證養老始終行禮在學也. 此一節總結前文.

번역 "성인(聖人)이 일을 기록하다[聖人之記事]."라는 말은 성인이 노인 봉양하는 일에 대해서, 그것을 기록하여 후세에 전해주었다는 뜻이다. '여(慮)'자는 "도모한다[圖]."는 뜻이다. "도모하길 대(大)로써 한다[慮之以大]."는 말은 노인 봉양하는 의례를 시행할 때, 초반부에는 학사(學士)들을 불러서 선사(先師)에게 제사를 지내게 되니, 중대한 마음으로써 그것을 심각하게 계획해야 하지, 감히 구차한 마음으로 계획할 수 없다는 뜻이다. "사랑하길 공경으로써 한다[愛之以敬]."는 말은 노인을 봉양하는 일은 그들을 친애하는 것이고, 또한 그들의 자리를 바르게 마련해주어야 하니, 이것은 곧 그들을 친애하면서도, 공경하는 마음을 지극하게 한다는 뜻이다. "중대한 마음으로 계획을 한다[慮之以大]."는 말은 그 시작에 대해 신중하게 행동한다는 뜻이며, "끝맺기를 인(仁)함으로써 한다[終之以仁]."는 말은 마무리에 대해서도 신중하게 행동한다는 뜻이다. '유(喩)'자는 노인을 공경한다는 뜻을 대중의 마음에 깨우쳐주어서, 그들을 교화시킨다는 뜻이다. 『서』「열명(說命)」편을 인용한 이유는 노인 봉양하는 일은 시종일관 그 예법의 시행을 학교에서 한다는 뜻을 증명하기 위해서이다. 이 한 단락은 앞 문장들의 내용을 결론 맺은 것이다.

歸先生)으로 칭송을 받았다. 저서로는 『예기집설(禮記集說)』 등이 있다.

集解 自"天子視學"至此爲一篇, 記天子養老之禮.

번역 '천자시학(天子視學)'이라는 구문부터 이곳까지는 하나의 편이 되며, 천자가 노인을 봉양하는 예법(禮法)에 대해서 기록하고 있다.

• 제 8 절 •

일반 세자(世子)들의 행동 지침

【264a~b】

世子之記曰, 朝夕至于大寢之門外, 問於內豎曰, "今日安否何如?" 內豎曰, "今日安." 世子乃有喜色. 其有不安節, 則內豎以告世子, 世子色憂不滿容. 內豎言復初, 然後亦復初.

직역 世子之記에서 曰, 朝夕으로 大寢의 門外에 至하여, 內豎에게 問하여 曰, "今日의 安否는 何如?" 內豎가 曰, "今日은 安합니다." 世子는 곧 喜色을 有한다. 그 不安節이 有하면, 則內豎가 이로써 世子에게 告하며, 世子는 色이 憂하며 不滿容한다. 內豎가 復初를 言하면, 然後에 또한 復初한다.

의역 「세자지기(世子之記)」편에서 말하길, 일반 세자(世子)들이 부왕(父王)을 모실 때에는 아침과 저녁때에만 문안인사를 드린다. 문안인사를 드릴 때에는 부왕이 거처하는 대침(大寢)의 문밖으로 가서, 숙직을 섰던 환관에게 묻기를, "오늘 부친의 안부는 어떠하시느냐?"라고 한다. 숙직했던 환관이 "오늘은 편안하십니다." 라고 말하면, 세자는 곧 얼굴에 기뻐하는 기색을 나타낸다. 부왕에게 병이 생겨서, 평상시와 다른 점이 발생하게 되면, 숙직했던 환관은 이 사실을 세자에게 알린다. 그러면 세자는 얼굴에 수심이 가득하여, 위엄과 용모를 제대로 갖출 수가 없게 된다. 숙직했던 환관이 부왕이 평상시처럼 회복되었다고 알리고 난 이후에야, 세자도 또한 평상시처럼 행동하였다.

集說 世子之記, 古者教世子之禮篇也. 不滿容, 不能充其儀觀之美也. 此節約言之, 以見文王武王爲世子之異於常人也. 文王朝王季日三, 此朝夕而已. 文王行不能正履, 此色憂而已.

번역 「세자지기(世子之記)」는 고대에 세자(世子)를 가르쳤던 『고례(古禮)』의 한 편을 뜻한다. '불만용(不滿容)'이라는 말은 위엄과 외양의 아름다움을 충분히 갖출 수 없다는 뜻이다. 이곳 문장에서는 문안인사 드리는 절차를 간략하게 언급하여, 이로써 문왕(文王)과 무왕(武王)이 세자가 되었을 때 시행했던 예법(禮法)이 일반 세자들이 따랐던 예법과는 달랐다는 사실을 나타내고 있다. 문왕은 왕계(王季)에게 문안인사 드리는 것을 하루에 세 차례나 하였지만, 이곳 문장에서는 아침과 저녁에만 한다고 했을 뿐이다. 또 문왕은 부친이 편안치 못하다는 소식을 듣고서, 걷는 것조차 제대로 걸을 수가 없었는데, 이곳 문장에서는 얼굴에만 수심이 가득했다고 했을 뿐이다.

集說 石梁王氏曰: 古世子之禮亡, 此餘其記之一節, 小戴以附篇末.

번역 석양왕씨가 말하길, 고대에 세자를 교육시켰던 예(禮)는 이미 망실되어 전해지지 않는다. 여기에 기록된 문장들은 그 기록들 중의 한 단락에 해당하며, 소대(小戴)[1]가 이 문장을 「문왕세자」편의 말미에 붙여둔 것이다.

鄭注 朝夕, 朝朝暮夕也. 日中又朝, 文王之爲世子, 非禮之制. 世子之禮亡, 言此存其記. 色憂, 憂淺也. 不及文王行不能正履.

번역 '조석(朝夕)'은 아침에 드리는 문안인사와 저녁에 드리는 문안인사를 뜻한다. 점심에도 또한 문안인사를 했던 것은 문왕(文王)이 세자(世子)였을 때 시행했던 것으로, 세자들이 지켜야 하는 예법(禮法)으로 제정되었던 것은 아니다. 세자를 교육시켰던 『고례(古禮)』들은 이미 망실되어 전

1) 소대(小戴)는 『소대례기(小戴禮記)』를 편찬한, 한(漢)나라 때의 대성(戴聖)을 가리킨다.

해지지 않는데, 여기에서 언급하고 있는 「세자지기(世子之記)」는 일부 남아 있던 『고례』에 대한 기문(記文)에 해당한다. "얼굴에 수심이 가득하다[色憂]."라는 말은 근심하는 정도가 상대적으로 낮은 것이다. 즉 문왕이 걸음조차 제대로 걷지 못했다고 했던 수준에는 미치지 못한다.

釋文 朝夕至于, 直遙反, 旦曰朝, 暮曰夕, 舊如字. 朝朝, 上如字, 下文"朝夕之食上"同; 下直遙反.

번역 '朝夕至于'에서 '朝'자는 '直(직)'자와 '遙(요)'자의 반절음으로, 아침에 드리는 문안인사를 '朝'라고 부르고, 저녁에 드리는 문안인사를 '夕'이라고 부르는데, 구음(舊音)에 따르면 이 글자들은 글자대로 읽는다. '朝朝'에서 앞의 '朝'자는 글자대로 읽으며, 아래 문장에 나오는 '朝夕之食上'에서의 '朝'자와 같고, 뒤의 '朝'자는 '直(직)'자와 '遙(요)'자의 반절음이다.

孔疏 ●"世子"至"復初". ○正義曰: 此第三節也. 以文王爲世子, 是聖人之法也, 不可以爲常行, 故此記尋常世子之禮也.

번역 ●經文: "世子"~"復初". ○이 문장은 제 3절에 해당한다. 문왕(文王)이 세자(世子)였을 때 행동했던 것들은 성인(聖人)의 예법(禮法)에 해당하니, 일반 세자들이 일상적으로 따를 수 있는 규범으로 제정할 수 없다. 그렇기 때문에 이곳에서 일반 세자들이 따를 수 있는 예법을 기록해둔 것이다.

【264b~c】

朝夕之食上, 世子必在視寒暖之節. 食下, 問所膳羞, 必知所進, 以命膳宰, 然後退. 若內豎言疾, 則世子親齊玄而養.

직역 朝夕의 食上에, 世子는 必히 寒暖을 視하는 節을 在한다. 食下에는 所膳羞를 問하며, 필히 所進을 知하여, 이로써 膳宰에게 命하고, 然後에 退한다. 만약 內豎가 疾을 言하면, 世子는 親히 齊玄하고 養한다.

의역 아침저녁으로 음식을 올릴 때, 세자(世子)는 반드시 음식의 차갑고 따뜻한 정도가 적당한지를 살펴보아야 한다. 음식이 물려나올 때에는 차려올린 음식 중에 어느 것을 많이 드셨고, 또 어느 것을 적게 드셨는지에 대해서 물어서, 반드시 드신 음식들에 대해서 알아야 하며, 이로써 선재(膳宰)에게 명령하여, 남은 음식을 가지고 다시 밥상을 차리는 일이 없도록 하고, 그렇게 한 이후에야 물러난다. 만약 숙직했던 환관이 부왕(父王)에게 질병이 있다고 알리면, 세자는 직접 제현(齊玄)의 복장을 착용하고서, 부왕을 봉양한다.

集說 羞, 品味也. 必知所進, 必知親所食也. 命膳宰, 卽篇首所命之言也. 養疾者, 衣齊玄之服, 卽齊時所著玄冠緇布衣, 裳則貴賤異制, 謂之玄端服也.

번역 '수(羞)'자는 각종 맛있는 음식들을 뜻한다. '필지소진(必知所進)'이라는 말은 반드시 부친이 드신 음식들을 알아야 한다는 뜻이다. 선재(膳宰)에게 명령하는 내용은 곧 「문왕세자」편의 첫머리에서 명령했던 내용이다.[2] 병든 자를 봉양할 때에는 '제현(齊玄)'의 복장을 착용하는데, '제현'이라는 복장은 곧 재계(齋戒)를 하고 나서 착용하는 '검은 색의 관[玄冠]'과

---

2) 『예기』「문왕세자」【247b】: 其有不安節, 則內豎以告文王, 文王色憂, 行不能正履. 王季復膳然後, 亦復初. 食上, 必在視寒暖之節, 食下, 問所膳, 命膳宰曰, 末有原. 應曰, 諾. 然後退. / "남은 음식들을 다시 올리는 일이 없도록 하라."고 명령한다는 뜻이다.

'검은 베[緇布]'로 만든 상의를 뜻하며, 하의는 귀천(貴賤)의 등급에 따라 제도적 차이가 있었는데, 그것들을 총칭하여 '현단복(玄端服)'3)이라고도 부른다.

3) 현단(玄端)은 고대의 예복(禮服) 중 하나이다. 흑색으로 만든 옷이다. 주로 제사 때 사용했으며, 천자 및 제후로부터 대부(大夫)와 사(士) 계급에 이르기까지 모두 이 복장을 착용할 수 있었다. '현단'은 상의와 하의 및 관(冠)까지 포함하는 용어이다. 한편 손이양(孫詒讓)의 주장에 따르면, '현단'은 의복에만 해당하는 용어이며, 관(冠)은 포함하지 않는다고 주장한다. 그리고 천자로부터 사 계급에 이르기까지 이 복장을 제복(齊服)으로 사용했다고 설명한다. 『주례』「춘관(春官)·사복(司服)」편에는 "其齊服有玄端素端."이라는 기록이 있는데, 손이양의 『정의(正義)』에서는 "玄端素端是服名, 非冠名, 蓋自天子下達至於士通用爲齊服, 而冠則尊卑所用互異."라고 풀이하였다. 그리고 '현단'은 천자가 평소 거처할 때 착용했던 복장을 가리키기도 한다. 『예기』「옥조(玉藻)」편에는 "卒食, 玄端而居."라는 기록이 있고, 이에 대한 정현의 주에서는 "天子服玄端燕居也."라고 풀이하였다.

그림 8-1 사(士)의 현단복(玄端服)

▸출처: 출처: 『삼례도집주(三禮圖集注)』 1권

大全 嚴陵方氏曰: 文武之所爲, 聖人之行也. 世子之記, 則中人之行而已. 聖人之制行不以己, 豈一以文武之道, 責於人哉? 故錄世子之記於篇末, 從使後人可跂而及也. 所謂色憂不滿容者, 蓋喜之類爲陽, 憂之類爲陰, 陽饒而陰乏, 故憂則容不滿也. 齊玄而養, 謂心致齊而身服玄也.

번역 엄릉방씨가 말하길, 문왕(文王)과 무왕(武王)이 시행했던 일들은 성인(聖人)의 행동에 해당한다. 「세자지기(世子之記)」에 기록된 내용은 일반인들의 행동에 해당할 따름이다. 성인이 행실 규범을 제정할 때에는 자기를 기준으로 제정하지 않았으니, 어찌 문왕과 무왕이 시행했던 도리를 가지고 한결같이 일반인들에게 시행하도록 책임을 지을 수 있겠는가? 그렇기 때문에 「세자지기」의 기록을 「문왕세자」편의 말미에 기록하여, 가령 후세 사람이라고 할지라도, 그들로 하여금 추종하여 도달할 수 있게끔 한 것이다. "얼굴에 수심이 가득차고, 위엄과 용모를 제대로 갖출 수 없다."라고 하였는데, 무릇 기뻐하는 감정의 부류들은 양(陽)의 기운에 해당하고, 근심의 부류들은 음(陰)의 기운에 해당하는데, 양기(陽氣)만 가득차고, 음기(陰氣)가 결핍되었기 때문에, 수심이 가득하게 된 것이고, 수심이 가득하게 되어, 위엄과 용모도 제대로 갖출 수 없게 된 것이다. 제현(齊玄)을 착용하고 봉양을 한다고 하였는데, '제현'이라는 말은 마음으로는 정숙함[齊]을 다하고, 몸으로는 현단복(玄端服)을 입는다는 뜻이다.

鄭注 羞必知所進, 必知親所食. 親猶自也. 養疾者齊玄, 玄冠·玄端也.

번역 음식을 올릴 때 반드시 '소진(所進)'을 알아야 한다는 말은 부친이 드시는 음식들을 반드시 알아야 한다는 뜻이다. 경문의 '세자친제현(世子親齊玄)'에서의 '친(親)'자는 '스스로[自]'라는 뜻이다. 병든 자를 봉양할 때에는 제현(齊玄)을 착용하니, '검은색의 관[玄冠]'을 쓰고, 현단복(玄端服)을 착용한다는 뜻이다.

釋文 上, 時掌反. 齊, 側皆反, 注同.

번역 '上'자는 '時(시)'자와 '掌(장)'자의 반절음이다. '齊'자는 '側(측)'자와 '皆(개)'자의 반절음이며, 정현의 주에 나오는 글자도 그 음이 이와 같다.

孔疏 ●"則世子親齊玄而養"者, 內豎旣言有疾, 則世子親自齊戒, 衣玄冠玄端而養也.

번역 ●經文: "則世子親齊玄而養". ○내수(內豎)가 부왕에게 병이 있다고 알리게 된다면, 세자(世子)는 직접 재계(齊戒)를 하고, 현관(玄冠)과 현단복(玄端服)을 착용하고서 봉양을 한다.

孔疏 ◎注"親猶"至"端也". ○正義曰: 經云"親齊", 恐是世子親視齊戒之事, 非身自爲, 故云"親猶自也". 以其玄冠而養, 是世子自養, 故知齊是世子自齊也. 云"齊玄, 玄冠玄端也", 以經直云"齊玄", 故知冠衣皆玄也, 是以爲玄冠玄端. 此則齊服, 故玉藻云: "玄冠丹組纓, 諸侯之齊冠也. 玄冠綦組纓, 士之齊冠也." 玄端其衣, 則緇布衣也. 謂之端者, 端, 正也. 其制正幅, 袂二尺二寸, 袪尺二寸. 鄭注玉藻云: "天子諸侯, 玄端朱裳. 大夫素裳." 士冠禮: "上士玄端玄裳, 中士玄端黃裳, 下士玄端雜裳." 齊必用玄者, 玄是陰之色, 陰氣靜, 齊亦靜, 故用玄也.

번역 ◎鄭注: "親猶"~"端也". ○경문에서 '친제(親齊)'라고 하였는데, 이렇게만 기록되어 있으면, 세자(世子)가 재계(齋戒)하는 일에 대해 직접 감독만 하고, 자기 본인은 따르지 않는다는 뜻으로 오해할 수도 있다. 그렇기 때문에 정현이 "'친(親)'자는 '스스로[自]'라는 뜻이다."라고 설명한 것이다. '검은색의 관[玄冠]'을 쓰고서 봉양을 한다는 말은 세자가 직접 봉양을 한다는 뜻이다. 그렇기 때문에 재계를 한다는 것도 세자가 직접 재계를 한다는 뜻임을 알 수 있다. 정현이 "제현(齊玄)은 현관(玄冠)을 쓰고, 현단복

(玄端服)을 착용한다는 뜻이다."라고 하였는데, 경문에서는 다만 '제현(齊玄)'이라고만 기록했기 때문에, 관(冠)과 의복을 모두 검은색으로 한다는 사실을 알 수 있고, 이러한 까닭으로 정현이 '제현'의 복장을 현관과 현단복으로 여긴 것이다. 이 복장은 '제복(齊服)'[4]에 해당한다. 그러므로 『예기』「옥조(玉藻)」편에서 "현관(玄冠)에 '붉은색의 끈[丹組]'으로 갓끈을 다는 것은 제후의 '제복에 쓰는 관[齊冠]'이다. 현관에 '검붉은 빛의 끈[綦組]'으로 갓끈을 다는 것은 사(士)의 제관(齊冠)이다."[5]라고 한 것이다. '현단(玄端)'은 복장 중에서도 상의를 뜻하니, '검은색의 베[緇布]'로 만든 상의이다. 그 복장에 '단(端)'자를 붙이는 이유는 '단'자가 '바름[正]'의 뜻이기 때문이다. 즉 그 옷을 제작할 때에는 정폭(正幅)의 치수를 사용하니, 소매[袂]는 2척(尺) 2촌(寸)의 길이로 하고, 소맷부리[袪]는 1척 2촌으로 만든다. 「옥조」편에 대한 정현의 주에서는 "천자와 제후는 현단의 상의와 붉은색의 하의를 입는다. 대부(大夫)는 흰색의 하의를 입는다."[6]라고 하였고, 『의례』「사관례(士冠禮)」편에 대한 정현의 주에서는 "상사(上士)는 현단의 상의와 검은색 하의를 입고, 중사(中士)는 현단의 상의와 황색의 하의를 입으며, 하사(下士)는 현단의 상의와 색이 섞인 하의를 입는다."[7]라고 하였다.[8] '제복'에 반드시 검은색을 사용했던 이유는 검은색이 음(陰)에 해당하는 색깔이며, 음기(陰氣)는 고요함에 해당하고, 재계를 하면 또한 정숙해야 하기 때문에, 검은색을 사용하는 것이다.

---

4) 제복(齊服)은 재계(齋戒)를 할 때 착용하는 복장이다.
5) 『예기』「옥조(玉藻)」【378d】: 玄冠丹組纓, 諸侯之齊冠也. 玄冠綦組纓, 士之齊冠也.
6) 이 문장은 『예기』「옥조(玉藻)」편의 "韠, 君朱, 大夫素, 士爵韋."에 대한 정현의 주이다.
7) 이 문장은 『의례』「사관례(士冠禮)」편의 "玄端, 玄裳·黃裳·雜裳可也, 緇帶, 爵韠."에 대한 정현의 주이다.
8) 상사(上士), 중사(中士), 하사(下士)는 사(士) 계급에 대한 구분이다.

【264c~d】

膳宰之饌，必敬視之．疾之藥，必親嘗之．嘗饌善，則世子亦能食．嘗饌寡，世子亦不能飽．以至于復初，然後亦復初．

직역 膳宰의 饌에는 必히 敬視한다. 疾의 藥에는 必히 親嘗한다. 饌을 嘗함이 善하면, 世子도 또한 能食한다. 饌을 嘗함이 寡하면, 世子는 또한 不能飽한다. 이로써 復初에 至하면, 然後에 또한 復初한다.

의역 세자(世子)는 선재(膳宰)가 올리는 음식들에 대해서, 반드시 공경스러운 자세로 직접 그것들을 살펴보아야 한다. 또한 부왕(父王)의 질병에 쓰는 약에 대해서도, 세자가 반드시 직접 그 약을 맛보아야 한다. 부왕이 음식을 잘 드시면, 세자도 또한 잘 먹을 수 있다. 부왕이 음식 드신 것이 적다면, 세자도 또한 배불리 먹을 수 없다. 세자는 부왕이 병중에 있을 때 이처럼 시행하며, 부왕이 평소처럼 회복된 다음에야, 세자 또한 평소처럼 행동할 수 있는 것이다.

集說 善，猶多也．不能飽，以視武王之亦一亦再又異矣．此篇首言文王武王爲世子之事，故篇終擧記之言以終之云．

번역 '선(善)'자는 "많이 먹는다[多]."는 뜻이다. 배불리 먹을 수 없다고 하니, 이 기록을 통해서 무왕(武王)이 했던 것처럼 부친이 한 수저를 뜨면 자신도 한 수저를 뜨고, 두 수저를 뜨면 자신도 두 수저를 뜨는 수준[9]과는 다르다는 것을 확인할 수 있다. 「문왕세자」편의 첫머리에서 문왕(文王)과 무왕이 세자(世子)였을 때 시행했던 일들에 대해서 언급하였는데, 이것은 성인(聖人)에 대한 예법(禮法)이므로, 일반인들은 따르기 어렵다. 그렇기 때문에 편의 끝부분에는 「세자지기(世子之記)」편에서 언급한 기록들을 인

---

9) 『예기』「문왕세자」【247c】：武王，帥而行之，不敢有加焉．文王有疾，武王不說冠帶而養，文王一飯，亦一飯，文王再飯，亦再飯，旬有二日，乃間．

용하여, 일반 세자들에 대한 내용으로 끝을 맺은 것이다.

鄭注 疾者之食, 齊和所欲或異. 試毒味也. 善謂多於前. 又不及文王[10]一飯再飯. 復常所服.

번역 병자가 먹는 음식은 입맛에 잘 맞추게 되는데, 드시고 싶어 하는 것과는 간혹 다를 수도 있기 때문에, 반드시 살펴보아야 하는 것이다. 세자(世子)가 약을 먼저 맛보는 이유는 독의 유무와 맛을 시험하기 위해서이다. '선(善)'자는 이전보다 많이 드셨다는 뜻이다. 배불리 먹지 못한다는 등의 일반 세자들이 따르는 규범들은 또한 문왕(文王)이 한 수저를 뜨면, 무왕(武王)도 한 수저를 뜨고, 두 수저를 뜨면, 두 수저를 떴다는 행동에는 미치는 못한다. '복초(復初)'는 간호하던 복장을 벗고, 평상시 착용하던 복장을 다시 입는다는 뜻이다.

釋文 齊, 才細反. 和, 胡臥反.

번역 '齊'자는 '才(재)'자와 '細(세)'자의 반절음이다. '和'자는 '胡(호)'자와 '臥(와)'자의 반절음이다.

集解 金氏履祥曰: 稱世子之記, 則古者教世子, 其文字禮節必自有一書, 世所誦習而常行之者也.

번역 금리상이 말하길, 이곳에서 「세자지기(世子之記)」라고 부르고 있으니, 고대에는 세자(世子)를 가르칠 때, 그 예절을 기록한 문서들이 반드

---

10) '문왕(文王)'에 대하여. '문왕'은 본래 '무왕(武王)'으로 기록되어 있었는데, 완원(阮元)의 『교감기(校勘記)』에서는 "『고문(考文)』에서는 『고본(古本)』을 인용하며, '무왕'을 '문왕'으로 기록하고 있다. 노문초(盧文弨)는 '문왕'으로 기록하는 것이 옳으며, 공영달(孔穎達)의 소(疏)에서도 '문왕'이라고 기록했다고 말했다."라고 했다.

시 하나의 책으로 존재했었을 것이고, 또한 대대로 암송하고 익혀서, 일상적인 예법으로 시행했을 것이다.

集解 愚謂: 朝夕至于大寢之門外, 日再朝也. 內則曰, "昧爽而朝, 慈以旨甘; 日入而夕, 慈以旨甘." 一日再朝者, 自命士以上, 事親之達禮也. 色憂不滿容, 謂不能充滿其容貌, 所謂"笑不至矧, 怒不至詈", 是也. 必知所進, 以命膳宰者, 必知親之所食何物, 命使勿復進也. 養疾者必齊, 欲專其志慮於養也. 玄者, 玄端, 齊服也. 必敬視之者, 疾時之齊·和嗜, 好或與常時不同, 尤當愼察之也. 飮食善則多, 惡則寡, 互言之也. 此云日再朝, 而文王則日三朝; 此云"色憂不滿容", 其憂淺, 文王行不能正履, 其憂深. 此篇首引文王之事, 而復以是終之, 所以見世子之常禮如此, 而文王之盡倫·盡性者, 其孝爲獨至也. 然則禮雖有常, 而世子之所以事其親者, 亦務於自盡而已.

번역 내가 생각하기에, "조석으로 대침(大寢)의 문밖에 간다[朝夕至于大寢之門外]."라고 하였으니, 하루에 두 번 문안인사를 드렸던 것이다. 『예기』「내칙(內則)」편에서도 "동이 틀 무렵에 아침 문안인사를 드리고, 맛있는 음식들을 권하며, 해가 지면 저녁 문안인사를 드리고, 맛있는 음식들을 권한다."[11]라고 하였다. 하루에 두 번 문안인사를 드리는 것은 명사(命士)로부터 그 이상의 계층에 해당하는 규범으로, 부모를 섬기는 일반적인 예법(禮法)이다. 얼굴에 수심이 가득하고, 위엄과 용모를 꾸미지 않는다는 말은 용모와 행동거지를 꾸밀 수 없다는 뜻이니, 이른바 "웃을 때에는 잇몸이 드러나지 않게 하고, 화를 낼 때에도 꾸짖는 데까지는 이르지 않는다."[12]라고 한 말이 바로 이러한 뜻에 해당한다. "반드시 올린 것들을 알아야 하고, 이로써 선재(膳宰)에게 명령을 한다[必知所進, 以命膳宰]."는 말은 부친이 드신 음식들이 어떤 것들인지 반드시 알아야 하고, 선재에게 명령을 내려

11) 『예기』「내칙(內則)」【348b】: 由命士以上, 父子皆異宮, 昧爽而朝, 慈以旨甘. 日出而退, 各從其事. 日入而夕, 慈以旨甘.

12) 『예기』「곡례상(曲禮上)」【30c】: 父母有疾, 冠者不櫛, 行不翔, 言不惰, 琴瑟不御, 食肉不至變味, 飮酒不至變貌, 笑不至矧, 怒不至詈. 疾止復故.

서, 차렸던 음식을 재활용하여 다시 차려내지 못하도록 한다는 뜻이다. 병자를 봉양할 때 반드시 재계(齋戒)를 하는 이유는 부친을 봉양하는 일에 전념하고자 하기 때문이다. '현(玄)'이라는 것은 '현단(玄端)'을 뜻하니, '제복(齊服)'을 가리킨다. 반드시 공경스러운 태도로 살펴야 하는 이유는 병이 들었을 때 먹게 되는 음식들은 정갈하고 입맛에 맞는 것들이어야 하는데, 혹여 평상시와는 다를 수도 있으므로, 더욱 신중하게 살펴야 하기 때문이다. 음식이 맛있고 좋으면 많이 먹고, 나쁘면 적게 먹으니, '선(善)'자와 '다(多)'자는 서로 호환해서 사용할 수 있는 글자들이다. 이곳 문장에서는 하루에 두 번 문안인사를 드린다고 하였는데, 문왕(文王)의 경우에는 하루에 세 번씩 문안인사를 드렸고, 이곳 문장에서는 "얼굴에 수심이 가득차고, 위엄과 용모를 꾸미지 못한다."라고 하였는데, 이것은 근심하는 정도가 상대적으로 낮은 것이며, 문왕은 걸음조차 제대로 걷지 못하였다고 하니, 문왕의 경우에는 근심하는 정도가 매우 높은 것이다. 「문왕세자」편의 첫 부분에서는 문왕이 세자(世子)였을 때 시행했던 일화를 인용하였고, 재차 「세자지기(世子之記)」에 기록된 내용들로 끝을 맺고 있으니, 세자의 일상적인 예법이 이와 같다는 사실을 보이기 위함이며, 문왕처럼 인륜(人倫)을 다 실천하고, 본성(本性)을 다 발휘했던 경우는 그 효행이 매우 독실하고 지극한 것이다. 그러므로 예법에 비록 일상적인 규정이 있다고 하지만, 세자가 부모를 섬기는 방법은 또한 문왕처럼 제 스스로 정성을 극진하게 발휘하도록 힘쓰는 것일 따름이다.

集解 此篇名世子之記, 言爲世子之常禮.

번역 이 편의 이름은 '세자지기(世子之記)'이며, 세자(世子)가 되었을 때 따르게 되는 일상적인 예법(禮法)들을 언급하고 있다.

禮記 文王世子篇 人名 및 用語 辭典

ㄱ

◎ 강영(江永, A.D.1681~A.D.1762) : 청대(淸代)의 경학자이다. 자(字)는 신수(愼修)이다. 『십삼경주소(十三經注疏)』에 대한 연구를 했으며, 특히 삼례(三禮)에 대해 해박했다.

◎ 개(介) : '개'는 부관을 뜻한다. 빈객(賓客)이 방문했을 때 주인(主人)과 빈객 사이에서 진행되는 절차들을 보좌했던 자들이다.

◎ 건안진씨(建安眞氏) : =서산진씨(西山眞氏)

◎ 고경(孤卿) : '고경'은 소사(少師), 소부(少傅), 소보(少保)를 가리킨다. 『주례』「천관(天官)·장차(掌次)」편에는 "孤卿有邦事, 則張幕設案."이라는 기록이 있는데, 이에 대한 정현의 주에서는 "王之孤三人, 副三公論道者."라고 풀이했다. 즉 천자의 '고경'은 세 사람으로, 삼공(三公)을 도와서 국가정책을 논의하는 자들이다. 또한 『한서(漢書)』「백관공경표상(百官公卿表上)」편에는 "太師·太傅·太保, 是爲三公, 蓋參天子, 坐而議政, 無不總統, 故不以一職爲官名. 又立三少爲之副, 少師·少傅·少保, 是爲孤卿. 與六卿爲九焉."이라는 기록이 있다. 즉 삼공은 태사(太師), 태부(太傅), 태보(太保)를 말하며, 이들을 돕는 부관은 소사, 소부, 소보로, 이들을 '고경'이라고 한다.

◎ 고당생(高堂生, ?~?) : 전한(前漢) 때의 학자이다. 춘추시대(春秋時代) 제(齊)나라의 경(卿)이었던 고혜(高傒)의 후손으로 알려져 있으며, 고혜가 채읍으로 받은 지명을 따서, 후손들의 성(姓)을 고당(高堂)으로 삼게 되었다고 전해진다. 진시황의 분서갱유 이후, 예학(禮學)의 최초 전수자로 알려져 있다. 『사기(史記)』「유림열전(儒林列傳)」의 기록에 따르면, '고당생'이 『사례(士禮)』 17편을 소분(蕭奮)에게 전수하였고, 소분은 맹경(孟卿)에게 전수하였으며, 맹경은 다시 후창(后蒼)에게 전수하여, 이후 대덕(戴德)과 대성(戴聖)에게 전수되었다.

◎ 고문(庫門) : '고문'에 대해서는 크게 두 가지 해설이 있다. 첫 번째는 치문(雉門)에 대한 해설처럼, 제후의 궁(宮)에 있는 문으로, 천자의 궁에 있는 고문(皐門)에 해당한다고 보는 의견이다. 이것은 치문과 마찬가지로 『예기』「명당위(明堂位)」편의 "大廟, 天子明堂. 庫門, 天子皐門. 雉門, 天子應門."이라는 기록에 근거한 해설이다. 손희단(孫希旦)의 『집해(集解)』에서는 이 문장 및 『시(詩)』, 『서(書)』, 『예(禮)』, 『춘추(春秋)』에 나타난 기록들을 근거로, 천자 및 제후는 실제로 3개의 문(門)만 설치했다고 풀이한다. 그러나 정현은 이 문장에 대해서, "言廟及門如天子之制也. 天子五門, 皐庫雉應路. 魯有庫雉路, 則諸侯三門與."라고 풀이하였다. 즉 종묘(宗廟) 및 문(門)에 대한 제도에서, 천자와 제후 사이에는 차등이 있다. 따라서 천자는 5개의 문을 궁에 설치하는데, 그 문들은 고문(皐門), 고문(庫門), 치문(雉門), 응문(應門), 노문(路門)이다. 제후의 경우에는 천자보다 적은 3개의 문을 궁에 설치하는데, 그 문들은 고문(庫門), 치문(雉門), 노문(路門)이다. 두 번째 설명은 천자의 궁에 설치된 문들 중에서, 치문(雉門) 밖에 설치하는 문으로 해석하는 의견이다. 즉 이때의 고문(庫門)은 치문과 고문(皐門) 사이에 설치하는 문이 된다. 『예기』「교특생(郊特牲)」편에는 "獻命庫門之內, 戒百官也."라는 기록이 있는데, 이에 대한 정현의 주에서는 "庫門, 在雉門之外. 入庫門則至廟門外矣."라고 풀이하고 있다.

◎ 고사(故士) : '고사'는 신사(新士)와 대비되는 말이다. '신사'는 새로 등용이 되어, 사(士)가 된 자들인데, 아직 정식적인 작위를 얻지 못한 자들이다. '고사'는 '신사'와 다르게, 정식적인 작위를 가지고 있는 자들이며, 또한 궁중의 호위를 담당했던 자들이다.

◎ 공녜(公禰) : '공녜'는 수레에서 실려서, 군주를 따라다니게 되는 신주(神

主)를 뜻한다. 또한 그 수레를 지칭하기도 한다.

◎ 공영달(孔穎達, A.D.574~A.D.648) : 당대(唐代)의 경학자이다. 자(字)는 중달(仲達)이고, 시호(謚號)는 헌공(憲公)이다. 『오경정의(五經正義)』를 찬정(撰定)하는데 중심적인 역할을 했다.

◎ 공유사(公有司) : '공유사'는 사(士)가 맡았던 직책으로, 군주에게 특명을 받은 유사(有司)이다. '유사'는 실무 담당자를 뜻한다.

◎ 공족(公族) : '공족'은 제후 및 군왕과 성(姓)이 같은 친족들을 뜻한다. '공족'에서의 '공'자는 본래 제후를 뜻하는 글자이다. 『시』「위풍(魏風)·서리(黍離)」편에는 "殊異乎公族."이라는 기록이 있고, 이에 대한 정현의 전(箋)에서는 "公族, 主君同姓昭穆也."라고 풀이했다.

◎ 광아(廣雅) : 『광아(廣雅)』는 위(魏)나라 때 장읍(張揖)이 지은 자전(字典)이다. 『박아(博雅)』라고도 부른다. 『이아(爾雅)』의 체제를 계승하고, 새로운 내용을 보충하여, 경전(經典)에 기록된 글자들을 해석한 서적이다. 본래 상·중·하 3권으로 구성되어 있었지만, 수(隋)나라 조헌(曺憲)이 재차 10권으로 편집하였다. 한편 '광(廣)'자가 수나라 양제(煬帝)의 시호였기 때문에, 피휘를 하여, 『박아』라고 부르게 되었다.

◎ 교야(郊野) : '교야'는 도성(都城) 밖의 외곽지역을 범범하게 지칭하는 용어이다. 한편 주(周)나라 때에는 왕성(王城)의 경계로부터 사방 100리(里)까지를 '교(郊)'라고 불렀으며, 300리 떨어진 지점까지를 '야(野)'라고 불렀다. 따라서 이 공간 안에 포함된 땅을 통칭하여 '교야'라고 불렀다.

◎ 교학(郊學) : '교학'은 주(周)나라 때 원교(遠郊) 지역에 설치된 소학(小學)을 뜻한다. 참고적으로 향학(鄉學)은 근교(近郊) 안에 위치하였다.

◎ 구극(九棘) : '구극'은 외조(外朝)에 심어둔 아홉 그루의 극목(棘木)이다. 고대에는 천자 및 제후가 외조 좌우측에 각각 9개의 극목을 심어서, 군신(群臣)들이 서는 위치를 표시하였다. 좌측에 심어진 9개의 극목 자리에는 고(孤)·경(卿)·대부(大夫)들이 위치했으며, 우측에 심어진 9개의 극목 자리에는 공작[公]·후작[侯]·백작[伯]·자작[子]·남작[男] 등이 위치했다. 『주례』「추관(秋官)·조사(朝士)」편에는 "掌建邦外朝之法. 左九棘, 孤卿大夫位焉, 群士在其後. 右九棘, 公侯伯子男位焉, 群吏在其後."라는 기록이 있고, 이에 대한 정현의 주에서는 "樹棘以爲立者, 取其赤心而外刺, 象以赤心三刺也."로 풀이했다. 후대에는 '구극'을 구경(九卿)을 가리키는 용어로도 사용했다.

◎ 구소(九韶) : ‘구소’는 순(舜)임금 때의 악무(樂舞)이다. 『장자(莊子)』「지악(至樂)」편에는 “奏九韶以爲樂, 具太牢以爲膳.”이라는 기록이 있고, 이에 대한 성현영(成玄英)의 소(疏)에서는 “九韶, 舜樂名也.”라고 풀이하였다.

◎ 구수(九數) : ‘구수’는 고대의 아홉 가지 계산 방법이다. 방전(方田), 속미(粟米), 차분(差分), 소광(少廣), 상공(商功), 균수(均輸), 방정(方程), 영부족(贏不足), 방요(旁要)를 뜻한다. 『주례』「지관(地官)·보씨(保氏)」편에는 “六曰九數.”라는 기록이 있는데, 이에 대한 정현의 주에서는 정중(鄭衆)의 주장을 인용하여, “九數, 方田·粟米·差分·少廣·商功·均輸·方程·贏不足·旁要.”라고 풀이했다.

◎ 구족(九族) : ‘구족’은 친족을 범칭하는 말이다. 자신을 중심으로 위로 고조부(高祖父)까지의 네 세대, 아래로 현손(玄孫)까지의 네 세대까지 포함된 친족을 지칭한다. 『서』「우서(虞書)·요전(堯典)」편에는 “克明俊德, 以親九族.”이라는 기록이 있는데, 이에 대한 공안국(孔安國)의 전(傳)에서는 “以睦高祖, 玄孫之親.”이라고 풀이하였다. 일설에는 ‘구족’을 부친쪽 친척 중 4촌, 모친쪽 친척 중 3촌, 처쪽 친척 중 2촌까지를 지칭하는 용어라고도 풀이한다.

◎ 국자(國子) : ‘국자’는 천자 및 공(公), 경(卿), 대부(大夫)의 자제들을 말한다. 때론 상황에 따라 천자의 태자(太子) 및 왕자(王子)를 포함시키지 않는 경우도 있다. 『주례』「지관(地官)·사씨(師氏)」편에는 “以三德教國子”라는 기록이 있고, 이에 대한 정현의 주에서 “國子, 公卿大夫之子弟.”라고 풀이한 용례와 『한서(漢書)』「예악지(禮樂志)」편에서 “朝夕習業, 以教國子. 國子者, 卿大夫之子弟也.”라고 풀이한 용례가 바로 여기에 해당한다. 그러나 이것은 천자에 대한 언급을 가급적 회피했기 때문에, 생략하여 기술하지 않은 것이다.

◎ 궁벽(宮辟) : =궁형(宮刑)

◎ 궁형(宮刑) : ‘궁형’은 궁벽(宮辟)이라고도 부르며, 오형(五刑) 중 하나이다. 남자의 생식기를 자르거나, 여자의 생식 기능을 파괴하는 형벌이다. 일설에는 여자에 대한 ‘궁형’은 감금을 하여 노비로 전락시키는 것이라고 설명한다. 『서』「주서(周書)·여형(呂刑)」편에는 “宮辟疑赦.”라는 기록이 있고, 이에 대한 공안국(孔安國)의 전(傳)에서는 “宮, 淫刑也. 男子割勢, 婦人幽閉, 次死之刑.”이라고 풀이했다.

◎ 귀유(貴游) : '귀유'는 귀유(貴遊)라고도 부른다. 천자나 제후의 친척들 중에서 관직이 없는 귀족들을 가리킨다. '유(遊)'자는 담당하는 관직이 없다는 뜻에서 붙여진 글자이다. 『주례』「지관(地官)·사씨(師氏)」편에는 "掌國中失之事以教國子弟, 凡國之貴遊子弟學焉."이라는 기록이 있고, 이에 대한 정현의 주에서는 "貴遊子弟, 王公之子弟. 遊, 無官司者."라고 풀이하였다.

◎ 금리상(金履詳) : =인산금씨(仁山金氏)

◎ 금방(金榜, A.D.1735~A.D.1801) : 청대(淸代)의 학자이다. 자(字)는 예중(蕊中)·보지(輔之)이다. 한림원수찬(翰林院修撰) 등을 지냈으며, 외조부(外祖父)가 죽자 복상(服喪)을 하고, 이후 두문불출하며 오로지 독서와 저술에만 전념하였다. 대진(戴震)과 동학(同學)했으며, 『예전(禮箋)』 등을 저술하였다.

◎ 길사(吉事) : '길사'는 길하고 상서로운 일을 가리킨다. 고대에는 일반적으로 제사, 관례(冠禮), 혼례(婚禮) 등을 가리켜서 '길사'라고 불렀다. 『예기』「곡례상(曲禮上)」편에는 "喪事先遠日, 吉事先近日."이라는 기록이 있고, 이에 대한 정현의 주에서는 "吉事, 祭祀·冠·取之屬也."라고 풀이했다.

ㄴ

◎ 남약(南籥) : '남약'은 주(周)나라 문왕(文王) 시대의 악무(樂舞)를 가리킨다. 『춘추좌씨전』「양공(襄公) 29년」편에는 "見舞象箾·南籥者, 曰, 美哉! 猶有憾."이라는 기록이 있다. 이에 대한 공영달(孔穎達)의 소(疏)에서는 "杜云, '皆文王之樂', 則象箾與南籥, 各是一舞. 南籥, 旣是文舞, 則象箾, 當是武舞也."라고 풀이했다. 즉 『춘추좌씨전』에 대한 두예(杜預)의 주에서 이 두 악무를 모두 문왕의 악무라고 하였으니, '상소'와 '남약'은 각각 독립된 하나의 악무이다. 그리고 '남약'은 문무(文舞)가 되므로, '상소'는 무무(武舞)가 된다.

◎ 내제후(內諸侯) : '내제후'는 천자의 조정에서 일하는 상급신하들을 뜻한다.

◎ 내조(內朝) : '내조'는 천자 및 제후가 정사를 처리하고 휴식을 취하던 장소이다. 외조(外朝)에 상대되는 말이다. '내조'에는 두 종류가 있었는데, 그 중 하나는 노문(路門) 밖에 위치하던 곳으로, 천자 및 제후가 정사를

처리하던 장소이며, 치조(治朝)라고도 불렀다. 다른 하나는 노문 안에 위치하던 곳으로, 천자 및 제후가 정사를 처리한 이후, 휴식을 취하던 장소이며, 연조(燕朝)라고도 불렀다.

◎ 내침(內寢) : '내침'은 연침(燕寢)을 뜻한다. 천자의 경우 6개의 침(寢)을 두는데, 1개의 정침(正寢)을 제외하고, 나머지 5개의 침은 연침이 된다. 정침은 가장 바깥쪽에 있기 때문에, 외침(外寢)이라고 부르며, 연침은 상대적인 의미에서 '내침'이라고 부른다.

◎ 노론(魯論) : '노론'은 『노논어(魯論語)』를 가리킨다. 『노논어』는 본래 『논어』에 대한 판본 중 하나인데, 현행본 『논어』의 근간이 되었으므로, 『논어』를 지칭하는 용어로도 사용된다. 『논어』의 판본으로는 대표적으로 세 가지가 있었다. 세 가지 판본은 『노논어』, 『제논어(齊論語)』, 『고문논어(古文論語)』이다. 육덕명(陸德明)의 『경전석문(經典釋文)』에는 "漢興, 傳者則有三家, 魯論語者, 魯人所傳, 卽今所行篇次是也."라는 기록이 있다. 즉 한(漢)나라 때 유학이 부흥하게 되었는데, 『논어』를 전수한 학파는 세 종류가 있었다. 그 중에 『노논어』라는 것은 노(魯)나라에서 전수되던 것으로, 오늘날 전해지는 『논어』의 편차는 이 판본을 근간으로 정한 것이다.

◎ 노문(路門) : '노문'은 고대 궁실(宮室) 건축물 중에서도 가장 안쪽에 있었던 정문이다. 여러 문들 중에서 노침(路寢)에 가장 가까운 위치에 있었기 때문에, '노문'이라는 명칭이 붙게 되었다. 『주례』「동관고공기(冬官考工記)·장인(匠人)」편에는 "路門不容乘車之五个."라는 기록이 있는데, 이에 대한 정현의 주에서는 "路門者, 大寢之門."라고 풀이하였고, 가공언(賈公彦)의 소(疏)에서는 "路門以近路寢, 故特小爲之."라고 풀이하였다.

◎ 노식(盧植, A.D.159?~A.D.192) : =노씨(盧氏). 후한(後漢) 때의 유학자이다. 자(字)는 자간(子幹)이다. 어려서 마융(馬融)을 스승으로 섬겼다. 영제(靈帝)의 건녕(建寧) 연간(A.D.168~A.D.172)에 박사(博士)가 되었다. 채옹(蔡邕) 등과 함께 동관(東觀)에서 오경(五經)을 교정했다. 후에 동탁(董卓)이 소제(少帝)를 폐위시키자, 은거하며 『상서장구(尙書章句)』, 『삼례해고(三禮解詁)』를 저술했지만, 남아 있지 않다.

◎ 노씨(盧氏) : =노식(盧植)

◎ 노침(路寢) : '노침'은 천자나 제후가 정무를 처리하던 정전(正殿)이다.

『시』「노송(魯頌)·민궁(閟宮)」편에는 “松桷有舃, 路寢孔碩.”이라는 기록이 있는데, 이에 대한 모전(毛傳)에서는 “路寢, 正寢也.”라고 풀이했고, 『문선(文選)』에 수록된 장형(張衡)의 ‘서경부(西京賦)’에는 “正殿路寢, 用朝群辟.”이라는 기록이 있는데, 이에 대한 설종(薛綜)의 주에서는“周曰路寢, 漢曰正殿.”이라고 하여, 주(周)나라에서는 ‘정전’을 ‘노침’으로 불렀다고 풀이했다.

ㄷ

◎ 단면(袒免) : ‘단면’은 상의의 한쪽을 벗어 좌측 어깨를 드러내고, 관(冠)을 벗고 머리끈으로 머리를 묶는다는 뜻이다. 먼 친척이 죽었을 때, 해당하는 상복(喪服)이 없다면, 이처럼 ‘단면’을 해서 애도하는 마음을 표현하게 된다.

◎ 단옥재(段玉裁, A.D.1735~A.D.1815) : 청대(清代)의 학자이다. 자(字)는 약응(若膺)이고, 호(號)는 무당(懋堂)이다. 저서로는 『설문해자주(說文解字注)』, 『육서음균표(六書音均表)』, 『고문상서찬이(古文尙書撰異)』 등이 있다.

◎ 대권(大卷) : ‘대권’은 황제(黃帝) 시대에 만들어진 악무(樂舞) 중 하나라고 전해진다. 주(周)나라의 육무(六舞) 중 하나로 정착하였다.

◎ 대렴(大斂) : ‘대렴’은 상례(喪禮) 절차 중 하나이다. 소렴(小斂)을 끝낸 뒤에, 시신을 관에 안치하는 절차이다.

◎ 대무(大武) : ‘대무’는 주(周)나라 때의 악무(樂舞) 중 하나로, 무왕(武王)에 대한 악무이다. 『주례』「춘관(春官)·대사악(大司樂)」편에는 ‘대무’에 대한 용례가 나오고, 이에 대한 정현의 주에서는 “大武, 武王樂也.”라고 풀이하였다.

◎ 대벽(大辟) : ‘대벽’은 사형(死刑)을 뜻한다. 오형(五刑) 중 하나이다. ‘벽(辟)’자는 ‘죄(罪)’자와 통용되므로, ‘대벽’은 죄 중에서도 가장 큰 죄를 뜻한다. 따라서 ‘사형’에 해당한다. 『서』「주서(周書)·여형(呂刑)」편에는 “大辟疑赦, 其罰千鍰.”이라는 기록이 있고, 이에 대한 공안국(孔安國)의 전(傳)에서는 “死刑也.”라고 풀이했으며, 공영달(孔穎達)의 소(疏)에서는 “釋詁云, 辟, 罪也. 死是罪之大者, 故謂死刑爲大辟.”이라고 풀이했다.

◎ 대사례(大射禮) : '대사례'는 천자가 '교외 및 종묘[郊廟]'에서 제사를 지낼 때, 제후 및 군신(群臣)들과 미리 활쏘기를 하여, 적중함이 많은 자를 채택하고, 채택된 자로 하여금 천자가 주관하는 제사에 참여하도록 하는 의례(儀禮)이다. 『주례』「천관(天官)·사구(司裘)」편에는 "王大射, 則共虎侯, 熊侯, 豹侯, 設其鵠."이라는 기록이 있는데, 이에 대한 정현의 주에서는 "大射者, 爲祭祀射. 王將有郊廟之事, 以射擇諸侯及群臣與邦國所貢之士可以與祭者. …… 而中多者得與於祭."라고 풀이하였다.

◎ 대상(大祥) : '대상'은 부모의 상(喪)에서, 부모가 죽은 지 만 2년 만에 탈상을 하며 지내는 제사이다.

◎ 대상(大嘗) : =상제(嘗祭)

◎ 대서(大胥) : '대서'는 악관(樂官)에 소속된 하위관리이다. 학사(學士)들의 호적 기록부를 담당하였고, 봄에는 태학(太學)에 들어가서 학사들에게 춤을 가르쳤고, 가을에는 분반을 편성하여, 노래를 가르치는 일 등을 담당했다. 『주례』「춘관(春官)·대서(大胥)」편에는 "大胥, 掌學士之版以待致諸子. 春入學舍采合舞. 秋頒學合聲. 以六樂之會正舞位."라는 기록이 있다.

◎ 대소(大韶) : '대소'는 순(舜)임금 때의 악무(樂舞)이다. 주(周)나라에 와서 육무(六舞) 중 하나로 정착하였다. 『장자(莊子)』「천하(天下)」편에는 "舜有大韶."라는 기록이 있다.

◎ 대악정(大樂正) : '대악정'은 악관(樂官)의 수장으로, 악정(樂正)이라고 부르기도 한다. 『주례』의 체제에서는 대사악(大司樂)이 된다. 『주례』의 기록에 따르면, 대사악은 중대부(中大夫) 2명이 담당하였다. 대사악에게 소속된 직속 관부에는 악사(樂師)가 있었는데, 이 관부는 하대부(下大夫) 4명이 담당하였으며, 그 휘하에는 상사(上士) 8명, 하사(下士) 16명이 있었고, 잡무를 보는 부(府) 4명, 사(史) 8명, 서(胥) 8명, 도(徒) 80명이 있었다. 이때의 서(胥)는 잡무를 처리하는 말단 관리이며, 대서(大胥) 및 소서(小胥)와는 다른 것이다. 대서와 소서는 악관에 소속된 관리이지만, 대서에게 소속된 관리 명단에는 잡무를 보는 서(府)와 사(史) 등이 열거되어 있다. 이것을 통해서 대서와 소서는 대사악에게 소속된 관부이긴 하지만, 대서를 필두로 한 별개의 부서였던 것으로 추정된다. 참고로 대서는 중사(中士) 4명이 맡았으며, 직속된 관리로는 소서인 하사 8명, 부(府) 2명, 사(史) 4명, 도(徒) 40명이 있었다. 『주례』「춘관종백

(春官宗伯)」편에는 "大司樂, 中大夫二人, 樂師, 下大夫四人, 上士八人, 下士十有六人, 府四人, 史八人, 胥八人, 徒八十人. 大胥中士四人, 小胥下士八人, 府二人, 史四人, 徒四十人."이라는 기록이 있다.

◎ 대재(大宰) : =총재(冢宰)

◎ 대제(大祭) : '대제'는 큰 제사라는 뜻이며, 천지(天地)에 대한 제사 및 체협(禘祫) 등을 일컫는다. 『주례』「천관(天官)·주정(酒正)」에 "凡祭祀, 以法共五齊三酒, 以實八尊. 大祭三貳, 中祭再貳, 小祭壹貳, 皆有酌數."라는 기록이 있다. 이에 대한 정현의 주에서는 "大祭, 天地. 中祭, 宗廟. 小祭, 五祀."라고 풀이하여, '대제'는 천지에 대한 제사를 뜻한다고 설명한다. 그리고 『주례』「춘관(春官)·천부(天府)」편에는 "凡國之玉鎭大寶器藏焉, 若有大祭大喪, 則出而陳之, 旣事藏之."라는 기록이 있다. 이에 대한 정현의 주에서는 "禘祫及大喪陳之, 以華國也."라고 풀이하여, '대제'를 '체협'으로 설명한다. 그리고 '체(禘)'제사와 '대제'의 직접적 관계에 대해서는 『이아(爾雅)』「석천(釋天)」편에서 "禘, 大祭也."라고 풀이하고, 이에 대한 곽박(郭璞)의 주에서는 "五年一大祭."라고 풀이하여, '대제'로써의 '체'제사는 5년마다 지내는 제사로 설명한다.

◎ 대하(大夏) : '대하'는 주(周)나라 때의 악무(樂舞) 중 하나이다. 하(夏)나라 우(禹)임금 때의 악무를 근간으로 삼아서 만든 악무이다.

◎ 대함(大咸) : '대함'은 요(堯)임금 때의 악무(樂舞)이다. 주(周)나라의 육무(六舞) 중 하나로 정착하였다. 또한 함지(咸池)라고도 부른다.

◎ 대합악(大合樂) : '대합악'은 일반적으로 음악을 합주한다는 합악(合樂)의 뜻과 같다. 한편 계춘(季春)의 달에 국학(國學)에서 성대하게 시행한 합주를 뜻하기도 한다. 계춘에는 천자가 직접 주요 신하들을 이끌고 국학에 와서 합악을 관람하기 때문에, 성대하다는 의미에서 '대(大)'자가 붙여진 것이다.

◎ 대호(大濩) : '대호'는 탕(湯)임금 때의 악무(樂舞)이다. 주(周)나라의 육무(六舞) 중 하나로 정착하였다.

◎ 도거(刀鋸) : '도거'는 '도(刀)'와 '거(鋸)'를 합쳐 부른 말이다. '도'와 '거'는 모두 형벌 도구들이다. '도'로는 의형(劓刑)을 집행하였고, '거'로는 목을 베거나 사지를 절단할 때 사용하였다. 『국어(國語)』「노어상(魯語上)」편에는 "中刑用刀鋸, 其次用鑽笮, 薄刑用鞭扑, 以威民也."라는 기록이 있는데, 이에 대한 위소(韋昭)의 주에서는 "割劓用刀, 斷截用鋸."라

고 풀이했다.

◎ 돈사(惇史) : '돈사'는 유덕(有德)한 자들의 언행(言行)을 기록해둔 것이다.

◎ 동서(東序) : '동서'는 본래 하후씨(夏后氏) 때의 태학(太學)을 가리킨다. 『예기』「왕제(王制)」편에는 "夏后氏, 養國老於東序, 養庶老於西序."라는 기록이 있다. 후대에는 일반적인 학교 기관을 가리키는 용어로도 사용되었다.

◎ 동중서(董仲舒, B.C.179~B.C.104) : 전한(前漢) 때의 유학자이다. 호(號)는 계암자(桂巖子)이다. 『공양전(公羊傳)』을 공부하여, 박사(博士)를 지냈으며, 유학의 관학하에 기여를 하였다. 저서로는 『춘추번로(春秋繁露)』, 『동자문집(董子文集)』 등이 있다.

ㅁ

◎ 마(禡) : '마'는 군대를 출병할 때 지내는 제사이다. '마'제사와 관련된 예법은 망실되어, 자세한 내용을 알 수 없다. 다만 정벌한 지역에서 지내는 제사로, 병사들을 위해 기도하는 것이 주된 목적이었다. 『예기』「왕제(王制)」편에는 "天子將出征, 類乎上帝, 宜乎社, 造乎禰, 禡於所征之地, 受命於祖, 受成於學."이라는 기록이 있고, 이 문장에 대한 정현의 주에서는 "禡, 師祭也, 爲兵禱, 其禮亦亡."이라고 풀이했다.

◎ 마씨(馬氏, ?~?) : =마희맹(馬晞孟). 자(字)는 언순(彦醇)이다. 『예기해(禮記解)』를 찬술했다.

◎ 마희맹(馬晞孟) : =마씨(馬氏)

◎ 명사(命士) : '명사'는 사(士) 중에서도 작명(爵命)을 받은 자를 뜻한다. 『예기』「내칙(內則)」편에는 "由命士以上, 父子皆異宫, 昧爽而朝, 慈以旨甘."이라는 용례가 나온다.

◎ 모공(毛公, ?~?) : =모장(毛長)·모장(毛萇)·소모공(小毛公). 전한(前漢) 때의 학자이다. 하간헌왕(河間獻王) 때 박사(博士)를 지내기도 했다. 모시학(毛詩學)의 최초 전수자로, 모형(毛亨)에게서 『모시(毛詩)』를 전수받았다. 그래서 모형을 대모공(大毛公)이라고 부르며, 모장을 소모공이라고 부른다.

◎ 목록(目錄) : 『목록(目錄)』은 정현이 찬술했다고 전해지는 『삼례목록(三

禮目錄)』을 가리킨다. 『십삼경주소(十三經注疏)』에서 인용되고 있지만, 이 책은 『수서(隋書)』가 편찬될 당시에 이미 일실되어 존재하지 않았다. 『수서』「경적지(經籍志)」편에는 "三禮目錄一卷, 鄭玄撰, 梁有陶弘景注一卷, 亡."이라는 기록이 있다.

◎ 무산작(無筭爵) : '무산작'은 술잔의 수를 헤아리지 않는다는 뜻이다. 여수(旅酬)를 한 이후에, 빈객들의 제자들과 형제들의 자제들은 각각 그들의 수장에게 술을 따르고, 잔을 들어 올리는 것도 각각 그들의 수장에게 한다. 그리고 빈객들이 잔을 가져다가, 형제들 집단에 술을 권하고, 장형제(長兄弟)들은 잔을 가져다가 빈객의 무리들에게 술을 권하게 된다. 이처럼 여러 차례 술을 따르고 권하기 때문에, 이러한 절차를 '무산작'이라고 부르는 것이다.

◎ 무이오씨(武夷吳氏) : =오역(吳棫)

◎ 묵벽(墨辟) : =묵형(墨刑)

◎ 묵형(墨刑) : '묵형'은 묵벽(墨辟)이라고도 부르며, 오형(五刑) 중의 하나이다. 범죄자의 얼굴 및 이마에 상처를 내고, 먹물로 새겨 넣어서 죄인의 신분임을 표시하는 형벌이다. 『서』「주서(周書)·여형(呂刑)」편에는 "墨辟疑赦."라는 기록이 있고, 이에 대한 공안국(孔安國)의 전(傳)에서는 "刻其顙而涅之, 曰墨刑."이라고 풀이했다.

◎ 미름(米廩) : '미름'은 유우씨(有虞氏) 때의 학교인 우상(虞庠)과 같은 말이다. 노(魯)나라에서는 '우상'을 '미름'으로 불렀다.

ㅂ

◎ 박아(博雅) : =광아(廣雅)

◎ 반궁(泮宮) : '반궁'은 반궁(頖宮)과 같은 뜻으로, 제후국에 있는 태학(太學)을 말한다. 『시』「노송(魯頌)·반수(泮水)」편에는 "明明魯侯, 克明其德. 既作泮宮, 淮夷攸服."이라는 용례가 있다.

◎ 반궁(頖宮) : =반궁(泮宮)

◎ 방각(方慤) : =엄릉방씨(嚴陵方氏)

◎ 방성부(方性夫) : =엄릉방씨(嚴陵方氏)

◎ 방씨(方氏) : =엄릉방씨(嚴陵方氏)

◎ 백공(百工) : '백공'은 각종 장인(匠人)들을 총칭하는 말이다. 『묵자(墨子)』「절용중(節用中)」편에는 "凡天下群百工, 輪車鞼匏, 陶冶梓匠, 使各從事其所能."이라는 용례가 있다. 『서』「우서(虞書)·요전(堯典)」편에도 "允釐百工, 庶績咸熙."이라는 기록이 나오고, 『춘추좌씨전』「소공(昭公) 5년」편에도 "王子朝因舊官百工之喪職秩者, 與靈景之族以作亂."이라고 하여, '백공'이란 용어가 나오지만, 이때의 '백공'은 백관(百官)의 뜻으로, 관리들을 총칭하는 말이다.

◎ 백이(伯夷, ?~?) : 요순(堯舜) 때의 인물로, 성(姓)은 강(姜)이며, 공공(共工)의 종손(從孫)으로 알려져 있다. 우(禹)임금을 도와 치수 사업에 참여했다고 하며, 『서』「우서(虞書)·순전(舜典)」편에는 "帝曰, 咨四岳, 有能典朕三禮. 僉曰, 伯夷. 帝曰, 兪. 咨伯, 汝作秩宗. 夙夜惟寅, 直哉惟淸. 伯拜稽首, 讓于夔龍."이라고 하여, 삼례(三禮)에 뛰어난 자를 찾자, 모두들 '백이'를 추천하였다고 전해진다.

◎ 벽옹(辟廱) : '벽옹'은 벽옹(辟雍)과 같은 말이다. 천자의 국성(國城)에 있는 태학(太學)을 지칭한다. '벽(辟)'자는 밝다는 뜻이고, '옹(雍)'자는 조화롭다는 뜻이다. '벽옹'은 천자가 이곳을 통해 천하의 모든 사람들을 밝고 조화롭게 만든다는 뜻이다. 참고로 제후국에 있는 태학은 반궁(頖宮: =泮宮)이라고 부른다.

◎ 벽옹(辟雍) : =벽옹(辟廱)

◎ 변질(弁絰) : '변질'은 흰 색으로 된 작변(爵弁)에 환질(環絰)을 두른 것이다.

◎ 별록(別錄) : 『별록(別錄)』은 후한(後漢) 때 유향(劉向)이 찬(撰)했다고 전해지는 책이다. 현재는 일실되어 존재하지 않으며, 『한서(漢書)』「예문지(藝文志)」편을 통해서 대략적인 내용만을 추측해볼 수 있다.

◎ 복생(伏生, ?~?) : =복승(伏勝). 전한(前漢) 때의 학자이다. 자(字)는 자천(子賤)이다. 진(秦)나라 때 박사(博士)를 지냈으며, 분서갱유를 피해 『상서(尙書)』를 숨겨두었다가, 한(漢)나라 때 『금문상서(今文尙書)』를 전수하였다.

◎ 비형(剕刑) : =월형(刖刑)

◎ 빈형(臏刑) : '빈형'은 월형(刖刑)과 같은 말이다. 다리를 자르는 형벌이다. 주(周)나라 때 빈형(臏刑)의 명칭을 월형(刖刑)으로 고쳤다고 전해진다. 『주례』「추관(秋官)·사형(司刑)」편에는 "刖罪五百."이라는 기록이 있는데, 이에 대한 정현의 주에서는 "斷足也. 周改臏作刖."이라고 풀이했다.

ㅅ

◎ 사공(司空) : '사공'은 주(周)나라 때의 관리로, 토목 공사 및 각종 건설과 기물 제작 등을 주관했다. 전설상으로는 소호(少昊) 시대 때부터 설치되었다고 전해진다. 주나라의 육경(六卿) 중 하나였으며, 동관(冬官)의 수장인 대사공(大司空)에 해당한다. 한(漢)나라 때에는 어사대부(御史大夫)를 '대사공'으로 고쳐 불렀고, 대사마(大司馬), 대사도(大司徒)와 함께 삼공(三公)의 반열에 있었다. 후대에는 대(大)자를 빼고 '사공'으로 불렀다. 청(淸)나라 때에는 공부상서(工部尙書)를 '대사공'으로 부르고, 시랑(侍郞)을 소사공(少司空)으로 불렀다.

◎ 사구(司寇) : '사구'는 주(周)나라 때 설치되었던 관직이다. 하(夏)나라와 은(殷)나라 때에도 이미 존재했었다고 주장하기도 한다. 주나라 때에는 육경(六卿) 중 하나였으며, 대사구(大司寇)라고도 불렀다. 형벌이나 옥사에 관련된 일을 담당하였고, 감찰 임무를 맡기도 하였다. 춘추시대(春秋時代)에는 여러 제후국들에 이 관직이 설치되었으며, 공자(孔子) 또한 노(魯)나라에서 '사구'를 지냈다고 전해지기도 한다. 청(淸)나라 때에는 형부상서(刑部尙書)를 '대사구'로 불렀으며, 시랑(侍郞)을 소사구(少司寇)로 불렀다.

◎ 사도(司徒) : '사도'는 주(周)나라 때의 관리로, 국가의 토지 및 백성들에 대한 교화(敎化)를 담당했다. 전설상으로는 소호(少昊) 시대 때부터 설치되었다고 전해진다. 주나라의 육경(六卿) 중 하나였으며, 전한(前漢) 애제(哀帝) 원수(元壽) 2년(B.C. 1)에는 승상(丞相)의 관직명을 고쳐서, 대사도(大司徒)라고 불렀고, 대사마(大司馬), 대사공(大司空)과 함께 삼공(三公)의 반열에 있었다. 후한(後漢) 때에는 다시 '사도'로 명칭을 고쳤고, 그 이후로는 이 명칭을 계속 사용하다가 명(明)나라 때 폐지되었다. 명나라 이후로는 호부상서(戶部尙書)를 '대사도'라고 불렀다.

◎ 사례(食禮) : '사례'는 연회의 한 종류이다. '사례'는 그 행사에 밥이 있고 반찬이 있는 것이니, 비록 술도 두었지만 마시지는 않았다. 그 예법에서는 밥을 위주로 한 것이기 때문에, '사례'라고 부른 것이다.

◎ 사마(司馬) : '사마'라는 관직은 전설상으로는 소호(少昊) 시대부터 설치되었다고 전해진다. 주(周)나라 때에는 육경(六卿) 중 하나였으며, 하관(夏官)의 수장이며, 대사마(大司馬)라고도 불렀다. 군대와 관련된 일을

담당했다. 한(漢)나라 무제(武帝) 때에는 태위(太尉)라는 관직명을 고쳐서 대사마(大司馬)라고 불렀고, 후한(後漢) 때에는 다시 태위(太尉)로 고쳐 불렀다. 남북조시대(南北朝時代)에는 대장군(大將軍)과 함께 이대(二大)로 칭해지기도 했으나, 청(淸)나라 때 폐지되었다. 후세에서는 병부상서(兵部尙書)의 별칭으로 사용하기도 했고, 시랑(侍郞)을 소사마(少司馬)로 칭하기도 하였다.

◎ 사씨(師氏) : '사씨'는 주(周)나라 때 설치되었던 관직이다. 『주례』의 체제에서는 지관(地官)에 속해 있었다. 왕실 및 귀족의 자제들에 대한 교육을 담당하였다. 『주례』「지관사도(地官司徒)」편에는 "師氏, 中大夫一人, 上士二人, 府二人, 史二人, 胥十有二人, 徒百有二十人."이라는 기록이 있다. 즉 '사씨'라는 관직은 중대부(中大夫) 1명이 담당을 하였고, 상사(上士) 2명이 보좌를 하였다. 그리고 그 휘하에는 실무를 담당하는 부(府) 2명, 사(史) 2명, 서(胥) 12명, 도(徒) 120명이 속해 있었다.

◎ 사정(司正) : '사정'은 향음주례(鄕飮酒禮)나 빈객(賓客)들을 대접하는 연회를 시행할 때, 의례절차 등을 총감독하는 사람이다.

◎ 산음육씨(山陰陸氏, A.D.1042~A.D.1102) : =육전(陸佃). 북송(北宋) 때의 유학자이다. 자(字)는 농사(農師)이며, 호(號)는 도산(陶山)이다. 어려서 집안이 매우 가난했다고 전해지며, 왕안석(王安石)에게 수학하였으나 왕안석의 신법에 대해서는 반대하였다. 저서로는 『비아(埤雅)』, 『춘추후전(春秋後傳)』, 『도산집(陶山集)』 등이 있다.

◎ 삼경(三卿) : '삼경'은 세 명의 경(卿)을 뜻하며, 제후국의 관리 중 가장 높은 반열에 오른 자들이다. 사도(司徒), 사마(司馬), 사공(司空)이 '삼경'에 해당한다. 제후국의 입장에서는 천자에게 소속된 삼공(三公)과 유사하다. 『주례』의 체제에 따르면, 천자에게는 천관(天官), 지관(地官), 춘관(春官), 하관(夏官), 추관(秋官), 동관(冬官)이라는 여섯 관부가 있었고, 각 관부의 수장은 총재(冢宰), 사도(司徒), 종백(宗伯), 사마(司馬), 사구(司寇), 사공(司空)이 된다. 제후국에서는 3명의 경들이 여섯 관부의 일을 책임지게 되어, 사도가 총재를 겸하고, 사마가 종백을 겸하며, 사공이 사구를 겸했다고 설명하기도 한다. 『예기』「왕제」편에는 "大國三卿, 皆命於天子."라는 기록이 있고, 이에 대한 공영달(孔穎達)의 소(疏)에서는 최영은(崔靈恩)의 주장을 인용하여, "崔氏云, 三卿者, 依周制而言, 謂立司徒, 兼冢宰之事; 立司馬, 兼宗伯之事; 立司空, 兼司寇之事."라고 풀이

했다.

◎ 삼공(三公) : '삼공'은 중앙정부의 가장 높은 관직자 3명을 합쳐서 부르는 말이다. '삼공'에 속한 관직명에 대해서는 각 시대별로 차이가 있다. 그 중 주(周)나라 때에는 태사(太師), 태부(太傅), 태보(太保)를 '삼공'으로 삼았다. 『서』「주서(周書)·주관(周官)」편에는 "立太師·太傅·太保, 茲惟三公, 論道經邦, 燮理陰陽."이라는 기록이 있다. 한편 『한서(漢書)』「백관공경표서(百官公卿表序)」에 따르면 사마(司馬), 사도(司徒), 사공(司空)을 '삼공'으로 삼았다는 기록이 있다.

◎ 삼괴(三槐) : '삼괴'는 외조(外朝)에 심어둔 세 그루의 괴목(槐木)을 뜻한다. 삼공(三公)이 천자를 조회할 때에는 이 세 그루의 괴목을 향해서 서게 된다. 후대에는 이러한 뜻에서 파생되어, '삼괴'를 삼공을 뜻하는 용어로도 사용하였다.

◎ 삼대(三代) : '삼대'는 하(夏), 은(殷), 주(周)의 세 왕조를 말한다. 『논어』「위령공(衛靈公)」편에는 "斯民也, 三代 之所以直道而行也."라는 기록이 있고, 이에 대한 형병(邢昺)의 소(疏)에서는 "三代, 夏殷周也."로 풀이했다.

◎ 삼덕(三德) : '삼덕'은 세 종류의 덕(德)을 가리키는데, 문헌에 따라 해당하는 덕성(德性)들에는 차이가 나타난다. 『서』「주서(周書)·홍범(洪範)」편에는 "三德, 一曰正直, 二曰剛克, 三曰柔克."이라는 기록이 있다. 즉 『서』에서는 '삼덕'을 정직(正直), 강극(剛克), 유극(柔克)으로 풀이하고 있다. 그리고 이 문장에 대한 공영달(孔穎達)의 소(疏)에서는 "此三德者, 人君之德, 張弛有三也. 一曰正直, 言能正人之曲使直, 二曰剛克, 言剛强而能立事, 三曰柔克, 言和柔而能治."라고 풀이한다. 즉 '정직'은 사람들의 바르지 못한 점을 바로잡아서, 정직하게 만드는 능력을 뜻한다. '강극'은 강건한 자세로 사업을 수립하고, 그런 일들을 추진할 수 있는 능력을 뜻한다. '유극'은 화락하고 유순한 태도로 다스릴 수 있는 능력을 뜻한다. 다음으로 『주례』「지관(地官)·사씨(師氏)」편에는 "以三德教國子, 一曰至德, 以爲道本, 二曰敏德, 以爲行本, 三曰孝德, 以知逆惡."이라는 기록이 있다. 즉 『주례』에서는 '삼덕'을 지덕(至德), 민덕(敏德), 효덕(孝德)으로 풀이하고 있다. '지덕'은 도(道)의 근본이 되는 것이며, '민덕'은 행실의 근본이 되는 것이고, '효덕'은 나쁘고 흉악한 것들을 알아내는 능력을 뜻한다. 다음으로 『국어(國語)』「진어사(晉語四)」편에는 "晉公子善人也, 而衛親也, 君不禮焉, 棄三德矣."라는 기록이 있다. 이에 대한 위

소(韋昭)의 주에서는 "三德, 謂禮賓, 親親, 善善也."라고 풀이한다. 즉 위소가 말하는 '삼덕'은 예빈(禮賓), 친친(親親), 선선(善善)이다. '예빈'은 빈객들에게 예법(禮法)에 따라 대접하는 것이며, '친친'은 부모를 친애하는 것이고, '선선'은 착한 사람을 착하게 대하는 것이다.

◎ 삼로(三老) : 삼로오경(三老五更) 참조.

◎ 삼로오경(三老五更) : '삼로오경'은 삼로(三老)와 오경(五更)을 뜻한다. 이들은 국가의 요직에 있다가 나이가 들어 퇴직한 자들이다. 정현은 '삼로'와 '오경'은 3명과 5명이 아닌 각각 1명씩이라고 풀이했다. 그리고 1명씩인데도 '삼(三)'자와 '오(五)'자를 붙여서 부르는 이유에 대해서, '삼진(三辰)'과 '오성(五星)'에서 명칭을 빌려왔기 때문이라고 해석하였고, 또한 '삼덕(三德)'과 '오사(五事)'를 알고 있는 자들이기 때문에, 이러한 명칭이 붙었다고 풀이하기도 한다. 『예기』「문왕세자」편에는 "適東序, 釋奠於先老, 遂設三老, 五更, 群老之席位焉."이란 기록이 있는데, 이에 대한 정현의 주에서는 "三老五更各一人也, 皆年老更事致仕者也. 天子以父兄養之, 示天下之孝悌也. 名以三五者, 取象三辰五星, 天所因以照明天下者."라고 풀이했고, 또한 『예기』「악기(樂記)」편에는 "食三老五更於大學."이란 기록이 있는데, 이에 대한 정현의 주에서는 "三老五更, 互言之耳, 皆老人更知三德五事者也."라고 풀이했다. 그리고 참고적으로 공영달(孔穎達)의 소(疏)에서는 "三德謂正直, 剛, 柔. 五事謂貌, 言, 視, 聽, 思也."라고 해석하여, '삼덕'은 정직(正直), 강직함[剛], 부드러움[柔]이라고 풀이했고, 오사(五事)는 '올바른 용모[貌]', '올바른 말[言]', '올바르게 봄[視]', '올바르게 들음[聽]', '올바르게 생각함[思]'이라고 풀이했다.

◎ 삼왕(三王) : '삼왕'은 하(夏), 은(殷), 주(周) 삼대(三代)의 왕을 뜻한다. 『춘추곡량전』「은공(隱公) 8年」편에는 "盟詛不及三王."이라는 기록이 있고, 이에 대한 범녕(範寧)의 주에서는 '삼왕'을 하나라의 우(禹), 은나라의 탕(湯), 주나라의 무왕(武王)을 지칭한다고 풀이했다. 그리고 『맹자』「고자하(告子下)」편에는 "五覇者, 三王之罪人也."이라는 기록이 있고, 이에 대한 조기(趙岐)의 주에서는 '삼왕'을 범녕의 주장과 달리, 주나라의 무왕 대신 문왕(文王)을 지칭한다고 풀이했다.

◎ 삼진(三辰) : '삼진'은 해[日], 달[月], 별[星]을 가리킨다. 『춘추좌씨전』「환공(桓公) 2년」편에는 "三辰旂旗, 昭其明也."라는 기록이 있는데, 이에 대한 두예(杜預)의 주에서는 "三辰, 日·月·星也."라고 풀이했다.

◎ 삼행(三行) : '삼행'은 세 종류의 덕행(德行)을 뜻하며, 효행(孝行), 우행(友行), 순행(順行)을 가리킨다. '효행'은 부모를 섬기는 덕행이고, '우행'은 현명하고 어진 사람을 존귀하게 받드는 덕행이며, '순행'은 스승과 어른을 섬기는 덕행이다.

◎ 상공(上公) : '상공'은 주(周)나라 제도에 있었던 관직 등급이다. 본래 신하의 관직 등급은 8명(命)까지이다. 주나라 때에는 태사(太師), 태부(太傅), 태보(太保)와 같은 삼공(三公)들이 8명의 등급에 해당했다. 그런데 여기에 1명을 더하게 되면 9명이 되어, 특별직인 '상공'이 된다. 『주례』「춘관(春官)·전명(典命)」편에는 "上公九命爲伯, 其國家宮室車旗衣服禮儀, 皆以九爲節."이라는 기록이 있고, 이에 대한 정현의 주에서는 "上公, 謂王之三公有德者, 加命爲二伯. 二王之後亦爲上公."이라고 풀이하였다. 즉 '상공'은 삼공 중에서도 유덕(有德)한 자에게 1명을 더해주어, 제후들을 통솔하는 '두 명의 백(伯)[二伯]'으로 삼았다.

◎ 상무(象舞) : '상무'는 아동들이 익혔던 무무(武舞)를 뜻한다. 『예기』「내칙(內則)」편의 기록에 대해, 공영달(孔穎達)의 소(疏)에서는 "舞象, 謂舞武也."라고 풀이했다.

◎ 상상(上庠) : '상상'은 본래 유우씨(有虞氏) 때의 태학(太學)을 가리킨다. 서교(西郊)에 위치하였다. 참고적으로 유우씨 때의 소학(小學)은 하상(下庠)이다. 『예기』「왕제(王制)」편에는 "有虞氏, 養國老於上庠, 養庶老於下庠."이라는 기록이 있고, 이에 대한 정현의 주에서는 "上庠右學, 大學也, 在西郊, 下庠左學, 小學也, 在國中王宮之東."이라고 풀이했다. 또한 '상상'은 주(周)나라 태학에 건립된 건물들 중 하나를 가리키기도 한다.

◎ 상소(象箾) : '상소'는 주(周)나라 문왕(文王) 시대의 악무(樂舞)를 가리킨다. 『춘추좌씨전』「양공(襄公) 29년」편에는 "見舞象箾·南籥者, 曰, 美哉! 猶有憾."이라는 기록이 있다. 이에 대한 공영달(孔穎達)의 소(疏)에서는 "杜云, '皆文王之樂', 則象箾與南籥, 各是一舞. 南籥, 旣是文舞, 則象箾, 當是武舞也."라고 풀이했다. 즉 『춘추좌씨전』에 대한 두예(杜預)의 주에서 이 두 악무를 모두 문왕의 악무라고 하였으니, '상소'와 '남약'은 각각 독립된 하나의 악무이다. 그리고 '남약'은 문무(文舞)가 되므로, '상소'는 무무(武舞)가 된다.

◎ 상제(嘗祭) : '상제'는 가을에 종묘(宗廟)에서 지내는 제사를 뜻한다. 『이아』「석천(釋天)」편에는 "春祭曰祠, 夏祭曰礿, 秋祭曰嘗, 冬祭曰烝."이라

는 기록이 있다. 즉 봄에 지내는 제사를 '사(祠)'라고 부르며, 여름에 지내는 제사를 '약(禴)'이라고 부르고, 가을에 지내는 제사를 '상(嘗)'이라고 부르며, 겨울에 지내는 제사를 '증(烝)'이라고 부른다. 한편 '상'제사는 성대한 규모로 거행하였기 때문에, '대상(大嘗)'이라고도 불렀으며, 가을에 지낸다는 뜻에서, '추상(秋嘗)'이라고도 불렀다.

◎ 상천(上天) : '상천'은 상제(上帝)와 같은 뜻으로, 만물을 주재하는 자이다. 고대인들은 '상천'이 길흉(吉凶)과 화복(禍福)을 내릴 수 있는 능력을 갖추고 있었다고 생각하였다. 『서』「주서(周書)·태서상(泰誓上)」편에는 "今商王受, 弗敬上天, 降災下民."이라는 용례가 있다.

◎ 서사증(徐師曾, ?~?) : 명대(明代)의 학자이다. 자(字)는 백로(伯魯)이고, 호(號)는 노암(魯菴)이다.

◎ 서산진씨(西山眞氏, A.D.1178~A.D.1235) : =건안진씨(建安眞氏)·진덕수(眞德秀). 남송(南宋) 때의 성리학자이다. 자(字)는 경원(景元)이고, 호(號)는 서산(西山)이다. 저서로는 『독서기(讀書記)』, 『사서집론(四書集論)』, 『경연강의(經筵講義)』 등이 있다.

◎ 서자(庶子) : '서자'는 주(周)나라 때 설치되었던 관직으로, 사마(司馬)에게 소속된 관리이다. 제후 및 경(卿)·대부(大夫)의 자제들에 대한 교육 등을 담당하였다. 『주례』의 체제에 따르면 제자(諸子)에 해당한다. 『예기』「연의(燕義)」편에는 "古者, 周天子之官有庶子官."이라는 기록이 있는데, 이에 대한 정현의 주에서는 "庶子, 猶諸子也. 周禮諸子之官, 司馬之屬也."라고 풀이하였다.

◎ 석림섭씨(石林葉氏, ?~A.D.1148) : =섭몽득(葉夢得)·섭소온(葉少蘊). 남송(南宋) 때의 유학자이다. 자(字)는 소온(少蘊)이고, 호(號)는 몽득(夢得)이다. 박학다식했다고 전해지며, 『춘추(春秋)』에 대한 조예가 깊었다.

◎ 석문(釋文) : 『석문(釋文)』은 육덕명(陸德明)이 지은 『경전석문(經典釋文)』을 뜻한다.

◎ 석양왕씨(石梁王氏, ?~?) : 자세한 이력이 남아 있지 않다.

◎ 석전(釋奠) : '석전'은 국학(國學)에서 거행되었던 전례(典禮) 중 하나이다. 성찬과 술을 진설하고, 폐백 등을 바쳐서, 선성(先聖)과 선사(先師)에게 지내는 제사이다.

◎ 석채(釋菜) : '석채'는 국학(國學)에서 거행되었던 전례(典禮) 중 하나이다. 희생물 없이 소채 등으로 간소하게 차려놓고, 선성(先聖)과 선사(先

師)에게 지내는 제사이다.

◎ 석최(錫衰) : '석최'는 가는 베로 만든 옷으로, 일종의 상복(喪服)에 해당한다. 천자의 경우, 삼공(三公)이나 육경(六卿)의 상(喪)에 착용했던 복장이다.

◎ 선부(膳夫) : =선재(膳宰)

◎ 선사(選士) : '선사'는 수사(秀士)들 중에서 덕행과 능력이 출중하여, 사도(司徒)에게 천거된 자를 뜻한다. 참고로 수사는 향학(鄕學)의 사(士) 중에서 덕행과 재예(才藝)가 뛰어난 사를 뜻한다.

◎ 선재(膳宰) : '선재'는 선부(膳夫)와 같은 말이다. 군주가 먹는 음식 등을 담당했던 관리이다. 천자에게 소속된 '선재'를 '선부'라고 불렀으며, 상사(上士)가 담당했다. 『의례』「연례(燕禮)」편에는 "膳宰具官饌于寢東."라는 기록이 있는데, 이에 대한 정현의 주에서는 "膳宰, 天子曰膳夫, 掌君飮食膳羞者也."라고 풀이했다. 그리고 『주례』「천관(天官)·선부(膳夫)」편에는 "膳夫掌王之食飮膳羞."라는 기록이 있다.

◎ 섭몽득(葉夢得) : =석림섭씨(石林葉氏)

◎ 섭소온(葉少蘊) : =석림섭씨(石林葉氏)

◎ 성동(成童) : '성동'은 아동들 중에서도 나이가 찬 자들을 뜻한다. 8세 이상이 된 아동을 뜻한다고 풀이하기도 하며, 15세 이상이 된 아동을 뜻한다고 풀이하기도 한다. 『춘추곡량전』「소공(召公) 19년」편의 "羈貫成童, 不就師傅, 父之罪也."라는 기록에 대해, 범녕(范甯)의 주에서는 "成童, 八歲以上."이라고 풀이했고, 『예기』「내칙(內則)」편의 "成童, 舞象, 學射御."라는 기록에 대해, 정현의 주에서는 "成童, 十五以上."이라고 풀이했다.

◎ 세실(世室) : '세실'은 대대로 신주(神主)가 모셔지는 묘(廟)를 뜻한다. 각 계급에 따라 종묘(宗廟)의 수는 정해져 있고, 각 종묘에 모셔진 신주는 대수(代數)가 끝나면, 해당 묘를 헐게 된다. 특별한 경우에만 대수에 상관없이 대대로 신주를 모시는 묘들이 있게 된다. 주(周)나라의 문왕(文王)이나 무왕(武王)의 묘가 여기에 해당한다. 태묘(太廟)는 어느 경우든 대수에 상관없이 대대로 모셔진다.

◎ 소관(素冠) : '소관'은 상사(喪事)나 흉사(凶事)의 일을 접했을 때 쓰게 되는 흰 색 관(冠)이다.

◎ 소대(小戴) : '소대'는 『소대례기(小戴禮記)』를 편찬한, 한(漢)나라 때의 대성(戴聖)을 가리킨다.

◎ 소렴(小斂) : '소렴'은 상례(喪禮) 절차 중 하나이다. 죽은 자의 시신을 목욕시키고, 의복을 착용시키며, 그 위에 이불 등으로 감싸는 절차를 뜻한다.

◎ 소벽(小辟) : '소벽'은 사형(死刑) 이외의 형벌을 뜻한다. 사형을 뜻하는 대벽(大辟)과 상대되는 말이다. 고대에는 당일 집행하게 될 형벌에 대해서 제왕에게 보고를 했다. 만약 사형에 해당하는 자가 있다면, "아무개의 죄는 '대벽'에 해당합니다."라고 보고를 하고, 사형 이외의 형벌에 해당하는 자에 대해서는 "아무개의 죄는 '소벽'에 해당합니다."라고 보고를 했다. 『주례』「추관(秋官)·장수(掌囚)」편에는 "及刑殺告刑于王."이라는 기록이 있고, 이에 대한 정현의 주에서는 "告王以今日當行刑及所刑姓名也. 其死罪, 則曰, 某之罪在大辟. 其刑罪, 則曰, 某之罪在小辟."이라고 풀이했다.

◎ 소복(素服) : '소복'은 흰색의 옷감으로 상의와 하의를 만든 옷을 뜻한다. 또한 채색하지 않은 옷감으로 만든 상의와 하의를 가리키기도 한다. 상(喪)을 당하거나, 흉사(凶事)를 접했을 때 착용하던 복장이다. 『예기』「교특생(郊特牲)」편에는 "皮弁素服而祭, 素服以送終也."라는 기록이 있고, 이에 대한 정현의 주에서는 "素服, 衣裳皆素."라고 풀이했다. 한편 후대에는 일상복을 뜻하는 용어로도 사용하였다.

◎ 소부(少傅) : '소부'는 주(周)나라 때 설치된 관직이다. 군주를 보필하는 임무를 맡았다. 소사(少師) 및 소보(少保)와 함께 삼고(三孤)가 된다.

◎ 소상(小祥) : '소상'은 부모의 상(喪)에서, 부모가 죽은 지 만 1년 만에 지내는 제사이다. 이 제사가 끝나면, 자식은 3년상을 지낼 때의 복장과 생활방식을 조금씩 덜어내게 된다.

◎ 소악정(小樂正) : '소악정'은 대악정(大樂正)의 부관으로, 『주례(周禮)』의 체제에 따르면 악사(樂師)에 해당한다. 악사는 『주례』에 나온 관직명으로, 음악을 담당했던 관리 중 하나이다. 총 책임자였던 대사악(大司樂)의 부관으로, 국학(國學)에 있는 국자(國子)들에게 소무(小舞) 등을 가르쳤다고 기록되어 있다. 『주례』「춘관(春官)·악사(樂師)」편에는 "樂師, 掌國學之政, 以教國子小舞."라는 기록이 있다.

◎ 수(遂) : '수'는 주(周)나라 때 원교(遠郊) 밖에 설치되었던 행정구역이다. 원교 안에는 6개의 향(鄕)을 설치했고, 원교 밖에는 6개의 '수'를 설치했다. 『서』「주서(周書)·비서(費誓)」편에는 "魯人三郊三遂, 峙乃楨榦."

이란 기록이 있는데, 이에 대한 채침(蔡沈)의 『집전(集傳)』에서는 "國外曰郊, 郊外曰遂."라고 풀이했다. 후대의 해석으로는 송대(宋代)의 이여호(李如篪)가 『동원총설(東園叢說)』「삼례설(三禮說)·향수(鄕遂)」편에서 "周家鄕遂之制, 兵寓其中. 近國爲鄕, 爲鄕者六. 郊之外爲遂, 爲遂亦六."이라고 했던 해석이 있고, 또 청대(淸代)의 운경(惲敬)은 『삼대인혁론이(三代因革論二)』에서 "古之爲國有軍有賦, 軍出於郊者也, 賦出於遂者也."라고 했다. 즉 향(鄕)에서는 군대를 동원했고, '수'에서는 부역을 징수했다는 설명이다. 또 『주례』에 따르면, '수'는 5개의 현(縣)이 모인 행정규모이다. '수' 밑에는 현(縣)을 비롯하여 비(鄙), 찬(酇), 리(里), 린(鄰)의 행정단위가 있었다. '수'를 기준으로 봤을 때, 1개의 '수'는 5개의 현(縣), 25개의 비(鄙), 125개의 찬(酇), 500개의 리(里), 2500개의 린(鄰), 12500개의 가(家) 규모가 된다. 즉 향(鄕)의 규모와 같은 크기이다. 『주례』「지관(地官)·수인(遂人)」편에는 "五家爲鄰, 五鄰爲里, 四里爲酇, 五酇爲鄙, 五鄙爲縣, 五縣爲遂."라는 기록이 있다.

◎ 수사(秀士) : '수사'는 향학(鄕學)의 사(士)들 중에서 덕행(德行)과 재예(才藝)가 뛰어난 사를 뜻한다. 참고로 '수사' 중에서도 뛰어난 사람은 사도(司徒)에게 천거되는데, 그 사람을 선사(選士)라고 부른다.

◎ 시최(緦衰): '시최'는 석최(錫衰)와 비슷한 재질로 만든 옷으로, 일종의 상복(喪服)에 해당한다. 천자의 경우, 제후의 상(喪)에 착용했던 복장이다.

◎ 시학(視學) : '시학'은 천자가 석전(釋奠) 및 양로(養老)의 의례를 위해, 친히 태학에 왕림하는 것을 말한다.

◎ 신안왕씨(新安王氏, A.D.1138~A.D.1218) : =왕염(王炎). 남송(南宋) 때의 역학자(易學者)이다. 자는 회숙(晦叔)이다.

◎ 심의(深衣) : '심의'는 일반적으로 상의와 하의가 서로 연결된 옷을 뜻한다. 제후, 대부(大夫), 사(士)들이 평상시 집안에 거처할 때 착용하던 복장이기도 하며, 서인(庶人)에게는 길복(吉服)에 해당하기도 한다. 순색에 채색을 가미하기도 했다.

ㅇ

◎ 악사(樂師) : '악사'는 『주례』에 나온 관직명으로, 음악을 담당했던 관리

중 하나이다. 총 책임자인 대사악(大司樂)의 부관이었다. 『주례』「춘관(春官)·악사(樂師)」편에는 "樂師, 掌國學之政, 以教國子小舞."라는 기록이 있다. 즉 '악사'는 국학(國學)에 있는 국자(國子)들에게 소무(小舞) 등을 가르쳤다.

◎ 악실(堊室) : '악실'은 상중(喪中)에 임시로 거처하던 가옥으로, 네 벽면에 흰색의 회칠을 하였다.

◎ 약사(籥師) : '약사'는 악관(樂官)에 소속된 하위관리이다. 우(羽)와 약(籥)을 들고 추는 문무(文舞)의 교육을 담당하였다. 『주례』「춘관(春官)·약사(籥師)」편에는 "籥師, 掌教國之舞羽龡籥."이라는 기록이 있고, 이에 대한 가공언(賈公彦)의 소(疏)에서는 "此籥師掌文舞, 故教羽籥."이라고 풀이했다.

◎ 양헌풍씨(亮軒馮氏, ?~?) : =풍씨(馮氏). 자세한 행적이 남아 있지 않다.

◎ 엄릉방씨(嚴陵方氏, ?~?) : =방각(方慤)·방씨(方氏)·방성부(方性夫). 송대(宋代)의 유학자이다. 이름은 각(慤)이다. 자(字)는 성부(性夫)이다. 『예기집해(禮記集解)』를 지었고, 『예기집설대전(禮記集說大全)』에는 그의 주장이 많이 인용되고 있다.

◎ 여릉호씨(廬陵胡氏) : =호전(胡銓)

◎ 여수(旅酬) : '여수'는 제사가 끝난 후에, 제사에 참가했던 친족 및 빈객(賓客)들이 술잔을 들어 술을 마시고, 서로 공경의 예(禮)를 표하며, 잔을 권하는 의례(儀禮)이다.

◎ 연례(燕禮) : '연례'는 연회의 한 종류이다. '연례'를 시행할 때에는 첫잔을 따라 바치는 절차가 끝나면, 모두 자리에 앉아서 술을 마시는데, 취할 때까지 마셨다. 희생물로는 개[狗]를 사용했다.

◎ 연사례(燕射禮) : '연사례'는 연회 때 활쏘기를 했던 의례(儀禮)를 가리킨다. 천자는 제후 및 군신(群臣)들에게 연회를 베풀며, 그들의 노고를 치하했는데, 연회를 하며 활쏘기 또한 시행했다. 이처럼 연회 때 활쏘기를 하는 의식을 '연사례'라고 부른다.

◎ 연상(練祥) : '연상'은 소상(小祥)과 대상(大祥)을 뜻한다.

◎ 연조(燕朝) : '연조'는 천자 및 제후에게 있었던 내조(內朝) 중 하나를 뜻한다. 천자 및 제후는 3개의 조(朝)를 두는데, 1개는 외조(外朝)이며, 나머지 2개는 내조가 된다. 내조 중에서도 노문(路門) 안쪽에 있던 것을 '연조'라고 부른다. 『주례』「춘관(秋官)·조사(朝士)」편에 대한 정현의 주

에서는 "周天子諸侯皆有三朝. 外朝一, 內朝二. 內朝之在路門內者, 或謂之燕朝."라고 풀이하고 있다.

◎ 연침(燕寢) : '연침'은 천자 및 제후들이 휴식을 취하던 장소를 가리킨다. 천자에게는 6개의 침(寢)이 있었는데, 앞쪽에 있는 1개의 침은 정전(正寢)으로, 이것을 노침(路寢)이라고 부르며, 뒤쪽에 있는 다섯 개의 침을 통칭하여, '연침'이라고 부른다.

◎ 예기정의(禮記正義) : =『정의(正義)』

◎ 예기주소(禮記注疏) : =『정의(正義)』

◎ 예기찬언(禮記纂言) : 『예기찬언(禮記纂言)』은 오징(吳澄)이 찬술한 『예기』의 주석서이다.

◎ 오경(五更) : 삼로오경(三老五更) 참조.

◎ 오관(五官) : '오관'의 의미에 대해서는 여러 가지 설명들이 있다. 그 중 은대(殷代)와 주대(周代)에 있었던 다섯 개의 고위 관직을 뜻하는 용어로도 사용되었다. 다섯 개의 고위 관직은 사도(司徒), 사마(司馬), 사공(司空), 사사(司士), 사구(司寇)를 뜻한다. 『예기』「곡례하(曲禮下)」편에는 "天子之<u>五官</u>, 曰司徒·司馬·司空·司士·司寇, 典司五衆."이라는 기록이 있다. 또한 하늘[天], 땅[地], 귀신[神], 백성[民], 기물(器物)에 대해 담당하였던 다섯 개의 관직을 뜻하기도 하는데, 구체적 관직명에 대해서는 확인할 수 없다. 『국어(國語)』「초어하(楚語下)」편에는 "於是乎有天·地·神·民·類物之官, 是謂<u>五官</u>, 各司其序, 不相亂也."라는 기록이 있다.

◎ 오복(五服) : '오복'은 다섯 가지 상복(喪服)을 뜻한다. 참최복(斬衰服), 자최복(齊衰服), 대공복(大功服), 소공복(小功服), 시마복(緦麻服)을 가리킨다. 죽은 자와 가까운 관계일수록 무거운 상복을 입고, 복상(服喪) 기간도 늘어난다. 위의 '오복' 중 참최복이 가장 무거운 상복에 속하며, 그 다음은 자최복이고, 대공복, 소공복, 시마복 순으로 내려간다.

◎ 오성(五星) : '오성'은 목성(木星), 화성(火星), 토성(土星), 금성(金星), 수성(水星)의 다섯 행성(行星)을 가리킨다. 『사기(史記)』「천관서론(天官書論)」편에는 "水火金木塡星, 此<u>五星</u>者, 天之五佐."라는 기록이 있다. 방위와 이명(異名)으로 설명하자면, '오성'은 동쪽의 세성(歲星: =木星), 남쪽의 형혹(熒惑: =火星), 중앙의 진성(鎭星: =塡星·土星), 서쪽의 태백(太白: =金星), 북쪽의 진성(辰星: =水星)을 가리킨다.

◎ 오역(吳棫, A.D.1100~A.D.1154) : =무이오씨(武夷吳氏). 남송(南宋) 때

의 경학자이다. 자(字)는 로(才老)이다. 『상서(尙書)』에 조예가 깊었다. 『고문상서(古文尙書)』가 위서(僞書)임을 주장하였다.

◎ 오유청(吳幼淸) : =오징(吳澄)

◎ 오제(五帝) : '오제'는 전설시대에 존재했다고 전해지는 다섯 명의 제왕(帝王)을 뜻한다. 그러나 다섯 명이 누구였는지에 대해서는 이설(異說)이 많다. 첫 번째 주장은 황제(黃帝: =軒轅), 전욱(顓頊: =高陽), 제곡(帝嚳: =高辛), 당요(唐堯), 우순(虞舜)으로 보는 견해이다. 『사기정의(史記正義)』「오제본기(五帝本紀)」편에는 "太史公依世本·大戴禮, 以黃帝·顓頊·帝嚳·唐堯·虞舜爲五帝. 譙周·應劭·宋均皆同."이라는 기록이 있고, 『백호통(白虎通)』「호(號)」편에도 "五帝者, 何謂也? 禮曰, 黃帝·顓頊·帝嚳·帝堯·帝舜也."라는 기록이 있다. 두 번째 주장은 태호(太昊: =伏羲), 염제(炎帝: =神農), 황제(黃帝), 소호(少昊: =摯), 전욱(顓頊)으로 보는 견해이다. 이 주장은 『예기』「월령(月令)」편에 나타난 각 계절별 수호신들의 내용을 종합한 것이다. 세 번째 주장은 소호(少昊), 전욱(顓頊), 고신(高辛), 당요(唐堯), 우순(虞舜)으로 보는 견해이다. 『서서(書序)』에는 "少昊·顓頊·高辛·唐·虞之書, 謂之五典, 言常道也."라는 기록이 있다. 또 『제왕세기(帝王世紀)』에는 "伏羲·神農·黃帝爲三皇, 少昊·高陽·高辛·唐·虞爲五帝."라는 기록이 있다. 네 번째 주장은 복희(伏羲), 신농(神農), 황제(黃帝), 당요(唐堯), 우순(虞舜)으로 보는 견해이다. 이 주장은 『역』「계사하(繫辭下)」편의 내용에 근거한 주장이다.

◎ 오징(吳澄, A.D.1249~A.D.1333) : =임천오씨(臨川吳氏)·오유청(吳幼淸). 송원대(宋元代)의 유학자이다. 이름은 징(澄)이다. 자(字)는 유청(幼淸)이다. 저서로 『예기해(禮記解)』가 있다.

◎ 오품(五品) : '오품'은 오상(五常)과 같은 말이며, 다섯 종류의 인륜(人倫)을 뜻한다. '오품'에서의 '품(品)'자는 품질(品秩)을 뜻한다. 한 가정 내에서는 서열에 따라 부·모·형·동생·자식의 다섯 등급으로 나뉘는데, 이러한 관계는 '품'에 해당하며, 이러한 관계 속에서 지켜야 하는 인륜은 의로움[義], 자애[慈], 우애[友], 공손함[恭], 효(孝)에 해당한다. 따라서 이러한 다섯 종류의 인륜을 '오품'이라고 부르는 것이다. 또한 이러한 다섯 종류의 인륜은 고정불변의 것으로, 항상 실천해야 하는 것이다. 따라서 '상(常)'자를 붙여서 '오상'이라고도 부르는 것이다. 『서』「우서(虞書)·순전(舜典)」편에는 "帝曰, 契, 百姓不親, 五品不遜."이라는 기록

이 있고, 이에 대한 공안국(孔安國)의 전(傳)에서는 "五品謂五常."이라고 풀이했고, 공영달(孔穎達)의 소(疏)에서는 "品謂品秩, 一家之內尊卑之差, 卽父母兄弟子是也. 敎之義·慈·友·恭·孝, 此事可常行, 乃爲五常耳."라고 풀이했다.

◎ 오형(五刑) : '오형'은 다섯 가지 형벌을 뜻한다. '오형'의 구체적 항목에 대해서는 각 시대별 차이가 있지만, 『주례』의 기록에 근거하면, 묵형(墨刑), 의형(劓刑), 궁형(宮刑), 비형(剕刑: =刖刑), 대벽(大辟: =殺刑)이 된다. 『주례』「추관(秋官)·사형(司刑)」편에는 "掌五刑之灋, 以麗萬民之罪, 墨罪五百, 劓罪五百, 宮罪五百, 刖罪五百, 殺罪五百."이라는 기록이 있다.

◎ 왕망(王莽, B.C.45~A.D.23) : 한(漢)나라 때의 인물이다. 자(字)는 거군(巨君)이다. 한나라 평제(平帝)를 독살하고, 제왕의 지위를 찬탈하였다. 신(新)나라로 국호를 명명하였다.

◎ 왕무횡(王懋竑, A.D.1668~A.D.1741) : 청대(淸代)의 경학자이다. 자(字)는 여중(予中)·여중(與中)이며, 호(號)는 백전(白田)이다.

◎ 왕인지(王引之, A.D.1766~A.D.1834) : 청대(淸代)의 훈고학자이다. 자(字)는 백신(伯申)이고, 호(號)는 만경(曼卿)이며, 시호(諡號)는 문간(文簡)이다. 왕념손(王念孫)의 아들이다. 대진(戴震), 단옥재(段玉裁), 부친과 함께 대단이왕(戴段二王)이라고 일컬어졌다. 『경전석사(經傳釋詞)』, 『경의술문(經義述聞)』 등의 저술이 있다.

◎ 외조(外朝) : '외조'는 내조(內朝)와 대비되는 말이며, 천자 및 제후가 정사(政事)를 처리하던 곳이다. 『주례』「춘관(秋官)·조사(朝士)」편에 대한 정현의 주에서는 "周天子諸侯皆有三朝. 外朝一, 內朝二. 內朝之在路門內者, 或謂之燕朝."라는 기록이 있다. 즉 천자 및 제후는 3개의 조(朝)를 두는데, 1개는 '외조'이며, 나머지 2개는 내조가 된다. 『국어(國語)』「노어하(魯語下)」편에는 "天子及諸侯合民事於外朝, 合神事於內朝. 自卿以下, 合官職於外朝, 合家事於內朝."라는 기록이 있고, 이 문장에 나타난 '외조'에 대해서, 위소(韋昭)는 "言與百官考合民事於外朝也."라고 풀이했다. 즉 '외조'는 모든 관료들과 함께, 백성들과 관련된 정무를 처리하던 장소이다.

◎ 외침(外寢) : '외침'은 정침(正寢)을 뜻한다. 천자의 경우 6개의 침(寢)을 두는데, 그 중 1개의 침이 정침이 된다. 정침은 6개의 침 중 가장 바깥쪽에 있기 때문에, 정침을 '외침'이라고 부르는 것이다.

◎ 용(龍, ?~?) : 요순(堯舜) 때의 인물이다. 순(舜)임금 때 군주의 명령을 전달하는 임무를 담당했던 자이다. 『서』「우서(虞書)·순전(舜典)」편에는 "伯拜稽首, 讓于夔龍. 帝曰, 兪. 往欽哉. …… 帝曰, 龍, 朕堲讒說殄行, 震驚朕師, 命汝作納言, 夙夜出納朕命. 惟允."이라는 기록이 있다. 즉 순임금이 백이(伯夷)에게 삼례(三禮)를 담당하도록 명령을 하였는데, 백이가 기(夔)와 용(龍)에게 사양을 하였다. 그래서 순임금은 '기'를 악(樂) 담당관으로 임명하고, '용'을 납언(納言)으로 임명하였다.

◎ 용사(用事) : '용사'는 주관한다는 뜻이다. 『전국책(戰國策)』「진책삼(秦策三)」편에는 "今秦太后穰侯用事, 高陵涇陽佐之."라는 용례가 있고, 『포박자(抱朴子)』「심거(審擧)」편에도 "靈獻之世, 宦用事, 群姦秉權."이라는 용례가 있다.

◎ 우상(虞庠) : '우상'은 주(周)나라 때의 소학(小學)으로 서교(西郊)에 위치하였다. 주나라에서는 유우씨(有虞氏) 때의 상(庠)에 대한 제도를 본떠서, 소학을 지은 것이기 때문에, 그 학교를 '우상'이라고 부른 것이다. 『예기』「왕제(王制)」편에는 "周人養國老於東膠, 養庶老於虞庠. 虞庠在國之西郊."라는 기록이 있고, 이에 대한 정현의 주에서는 "虞庠亦小學也. 西序在西郊, 周立小學於西郊 …… 周之小學爲有虞氏之庠制, 是以名庠云."이라고 풀이했다. 한편 '우상'에는 두 가지 뜻이 포함되어 있는데, 하나는 태학(太學)의 건물들 중 북쪽에 있는 학교를 뜻하는 것으로, 이것을 또한 상상(上庠)이라고도 불렀고, 다른 하나는 앞서 설명한 것처럼 교외(郊外)에 설치했던 소학을 뜻한다. 『주례』「춘관(春官)·대사악(大司樂)」편에는 "掌成均之灋."이라는 기록이 있는데, 이에 대한 손이양(孫詒讓)의 『정의(正義)』에서는 "案虞庠有二, 一爲大學之北學, 亦曰上庠, 一爲四郊之小學, 曰虞庠."이라고 풀이했다.

◎ 우제(虞祭) : '우제'는 장례(葬禮)를 치르고 난 뒤에 지내는 제사를 뜻한다.

◎ 운문(雲門) : '운문'은 황제(黃帝) 시대에 만들어진 악무(樂舞) 중 하나라고 전해진다. 주(周)나라의 육무(六舞) 중 하나로 정착하였다. 주로 천신(天神)에게 제사를 지낼 때 사용되었다.

◎ 웅씨(熊氏) : =웅안생(熊安生)

◎ 웅안생(熊安生, ?~A.D.578) : =웅씨(熊氏). 북조(北朝) 때의 경학자이다. 자(字)는 식지(植之)이다. 『주례(周禮)』, 『예기(禮記)』, 『효경(孝經)』 등 많은 전적에 의소(義疏)를 남겼지만, 모두 산일되어 남아 있지 않다.

현재 마국한(馬國翰)의 『옥함산방집일서(玉函山房輯佚書)』에 『예기웅씨의소(禮記熊氏義疏)』 4권이 남아 있다.

◎ 원사(元士) : '원사'는 천자에게 소속된 사(士) 계층 중 하나이다. '사' 계층은 상·중·하로 구분되어, 상사(上士), 중사(中士), 하사(下士)로 나뉜다. 다만 천자에게 소속된 '상사'에게는 제후에게 소속된 '상사'보다 높여서 '원(元)'자를 붙이게 된다. 그래서 '원사'라고 부르는 것이다.

◎ 월형(刖刑) : '월형'은 비형(剕刑)이라고도 부르며, 오형(五刑) 중의 하나이다. 범죄자의 다리를 자르는 형벌이다. 『춘추좌씨전』「장공(莊公) 16년」편에는 "九月, 殺公子閼, 刖强鉏."라는 용례가 있다.

◎ 유(類) : '유'는 천신(天神)에게 지내는 제사의 일종이다. 『서』「우서(虞書)·순전(舜典)」편에는 "肆類于上帝."라는 기록이 있다. '유'제사와 관련된 예법들은 망실되어 전해지지 않지만, 군대를 출병하게 될 때 상제(上帝)에게 '유'제사를 지냈다는 기록이 있다. 『예기』「왕제(王制)」편에는 "天子將出, 類乎上帝, 宜乎社, 造乎禰."라는 기록이 있고, 이 문장에 대한 정현의 주에서는 "類·宜·造, 皆祭名, 其禮亡."이라고 풀이했다.

◎ 유맹야(劉孟冶) : =유씨(劉氏)

◎ 유사(有司) : '유사'는 관리를 뜻하는 용어이다. '사(司)'자는 담당한다는 뜻이다. 관리들은 각자 담당하고 있는 업무가 있었으므로, 관리를 '유사'라고 불렀던 것이다. 일반적으로 하위관료들을 지칭하여, 실무자를 뜻하는 용어로 많이 사용된다. 그러나 때로는 고위관료까지도 지칭하는 용어로 사용되기도 한다.

◎ 유씨(劉氏 ?~?) : =유맹야(劉孟冶). 자세한 이력이 남아 있지 않다.

◎ 유원보(劉原父) : =유창(劉敞)

◎ 유이(劉彝) : =장락유씨(長樂劉氏)

◎ 유창(劉敞, A.D.1019~A.D.1068) : =공시선생(公是先生). 북송(北宋) 때의 경학자이다. 자(字)는 원보(原父)이다. 유학 뿐만 아니라 불교와 도교에 대해서도 연구하였고, 천문(天文), 지리(地理) 등의 방면에도 조예가 깊었다.

◎ 유태공(劉台拱, A.D.1751~A.D.1805) : 청대(淸代)의 경학자이다. 천문학(天文學), 율려학(律呂學), 문자학(文字學) 등에 조예가 깊었다.

◎ 육국은(陸菊隱) : =육원보(陸元輔)

◎ 육덕(六德) : '육덕'은 여섯 가지 도리를 뜻한다. 여섯 가지 도리는 지(知),

인(仁), 성(聖), 의(義), 중(忠), 화(和)이다.

◎ 육덕명(陸德明, A.D.550~A.D.630) : =육원랑(陸元朗). 당대(唐代)의 경학자이다. 자(字)는 덕명(德明)이다. 훈고학에 뛰어났으며, 『경전석문(經典釋文)』 등을 남겼다.

◎ 육률(六律) : '육률'은 12율(律) 중 양률(陽律)에 해당하는 황종(黃鐘), 태주(大簇), 고선(姑洗), 유빈(蕤賓), 이칙(夷則), 무역(無射)을 가리키는 용어이다. 한편 12율과 같은 의미로도 사용되었다.

◎ 육무(六舞) : =육악(六樂)

◎ 육서(六書) : '육서'는 한자의 구성과 형성에 대한 여섯 가지 이론으로, 상형(象形), 지사(指事: =處事), 회의(會意), 형성(形聲: =諧聲), 전주(轉注), 가차(假借)를 뜻한다. 『주례』「지관(地官)·보씨(保氏)」편에는 "五曰六書."라는 기록이 있는데, 이에 대한 정현의 주에서는 정사농(鄭司農)의 주장을 인용하여, "六書, 象形·會意·轉注·處事·假借·諧聲也."라고 풀이했다.

◎ 육시(六詩) : '육시'는 육의(六義)와 같은 말로, 한시(漢詩)의 여섯 가지 문체(文體)를 뜻한다. 여섯 가지 문체는 풍(風), 부(賦), 비(比), 흥(興), 아(雅), 송(頌)이다.

◎ 육악(六樂) : '육악'은 육무(六舞)와 같은 말이다. 고대 황제(黃帝), 요(堯), 순(舜), 우(禹), 탕(湯), 무왕(武王) 때의 악무(樂舞)인 운문(雲門), 대권(大卷), 대함(大咸), 대소(大磬: =大韶), 대하(大夏), 대호(大濩), 대무(大武)를 뜻한다. 『주례』「지관(地官)·대사도(大司徒)」편에는 "以六樂防萬民之情, 而敎之和."라는 기록이 있고, 이에 대한 정현의 주에서는 정사농(鄭司農)의 주장을 인용하여, "六樂, 謂雲門·咸池·大韶·大夏·大濩·大武."라고 풀이했다.

◎ 육예(六藝) : '육예'는 기본적으로 갖춰야 하는 여섯 가지 과목을 뜻한다. 여섯 가지 과목은 예(禮), 음악[樂], 활쏘기[射], 수레몰기[御], 글쓰기[書], 셈하기[數]이며, 구체적으로 말하자면 오례(五禮), 육악(六樂), 오사(五射), 오어(五馭: =五御), 육서(六書), 구수(九數)이다.

◎ 육원랑(陸元朗) : =육덕명(陸德明)

◎ 육원보(陸元輔, A.D.1617~A.D.1691) : =육국은(陸菊隱). 청(淸)나라 때의 학자이다. 자(字)는 익왕(翼王)·묵암(默庵)이고, 호(號)는 국은(菊隱)이다. 저서로는 『십삼경변의(十三經辨疑)』, 『십삼경주소류초(十三經注疏

類抄)』, 『예기진씨집설보정(禮記陳氏集說補正)』 등이 있다.

◎ 육의(六義) : =육시(六詩)

◎ 육의(六儀) : '육의'는 여섯 가지 의례들을 뜻한다. 즉 '제사 때의 행동 방법[祭祀之容]', '빈객을 접대할 때의 행동 방법[賓客之容]', '조정에서의 행동 방법[朝廷之容]', '상을 치를 때의 행동 방법[喪紀之容]', '군대와 관련된 행동 방법[軍旅之容]', '수레를 몰 때의 행동 방법[車馬之容]'을 뜻한다.

◎ 육전(陸佃) : =산음육씨(山陰陸氏)

◎ 육향(六鄕) : '육향'은 주(周)나라 때 원교(遠郊)에 설치된 여섯 개의 향(鄕)을 뜻한다. 주나라의 제도에서는 국성(國城)과 가까이 있는 교외(郊外)를 근교(近郊)라고 불렀고, 근교 밖을 원교(遠郊)라고 불렀다. 그리고 원교 안에는 6개의 향(鄕)을 설치했고, 원교 밖에는 6개의 수(遂)를 설치했다.

◎ 육형(肉刑) : '육형'은 죄인의 신체를 자르거나 찌르는 형벌을 총칭하는 말이다. 궁형(宮刑), 묵형(墨刑), 의형(劓刑) 등에 해당하는데, 후대에는 육체상에 가하는 모든 형벌들을 지칭하는 용어로도 사용하였다.

◎ 응문(應門) : '응문'은 궁(宮)의 정문을 가리킨다. 『시』「대아(大雅)·면(緜)」편에는 "迺立應門, 應門將將."이라는 기록이 있는데, 이에 대한 모전(毛傳)에서는 "王之正門曰應門."이라고 풀이하였다.

◎ 의최(疑衰) : '의최'는 길복(吉服)에 가까운 복장으로, 일종의 상복(喪服)에 해당한다. 천자의 경우, 대부(大夫)나 사(士)의 상(喪)에 착용했던 복장이다.

◎ 의형(劓刑) : '의형'은 오형(五刑) 중의 하나이다. 범죄자의 코를 베는 형벌이다. 『서』「주서(周書)·여형(呂刑)」편에는 "惟作五虐之刑曰法, 殺戮無辜, 爰始淫爲劓刵椓黥."이라는 기록이 있고, 이에 대한 공영달(孔穎達)의 소(疏)에서는 "劓, 截人鼻."라고 풀이했다.

◎ 인산금씨(仁山金氏, A.D.1232~A.D.1303) : =금리상(金履祥). 원대(元代) 때의 학자이다. 자(字)는 길부(吉夫)이고, 호(號)는 차농(次農)이다. 자호(自號)는 동양숙자(桐陽叔子)이다. 『시(詩)』와 『서(書)』에 뛰어났다. 저서로는 『대학장구소의(大學章句疏義)』, 『상서표주(尙書表注)』, 『논어집주고증(論語集注考證)』, 『맹자집주고증(孟子集注考證)』 등이 있다.

◎ 임천오씨(臨川吳氏) : =오징(吳澄)

ㅈ

◎ 작무(勺舞) : '작무'는 아동들이 익혔던 문무(文舞)를 뜻한다. 작(勺)자는 약(籥)자와 같은 뜻으로 피리를 의미한다. 『예기』「내칙(內則)」편의 기록에 대해, 공영달(孔穎達)의 소(疏)에서는 "舞勺者, 熊氏云, '勺, 籥也.' 言十三之時, 學此舞勺之文舞也."라고 풀이했다.

◎ 장락유씨(長樂劉氏, A.D.1017~A.D.1086) : =유이(劉彝). 북송(北宋) 때의 성리학자이다. 자(字)는 집중(執中)이다. 복주(福州) 출신이며, 어려서 호원(胡瑗)에게서 학문을 배웠다. 『정속방(正俗方)』, 『주역주(周易注)』를 지었으나 현존하지 않는다. 『칠경중의(七經中議)』, 『명선집(明善集)』, 『거이집(居易集)』 등이 남아 있다.

◎ 장락진씨(長樂陳氏) : =진상도(陳祥道)

◎ 장림(臧琳, ?~?) : 청대(淸代)의 학자이다. 자(字)는 옥림(玉林)이다. 경학(經學)에 뛰어났으며, 한당대(漢唐代)의 학문을 존숭하였다. 『상서집해(尙書集解)』, 『경의잡기(經義雜記)』 등을 지었다.

◎ 장숙(長宿) : '장숙'은 나이가 많고 덕망이 있는 사람들을 가리키는 말이다.

◎ 장씨(莊氏, A.D.1155~A.D.1223) : =장하(莊夏). 남송(南宋) 때의 학자이다. 어려서 부친을 잃고 집안이 가난하였지만, 학문에 매진하여 약관(弱冠)의 나이에 예학(禮學)에 정통하였다. 저서로는 『예기해(禮記解)』 등이 있다.

◎ 장하(莊夏) : =장씨(莊氏)

◎ 적(積) : '적'에 대해서는 정확한 기록이 없으나, 창고의 일종으로 추정된다. 또한 공족(公族) 중 형벌을 받은 자로 그곳을 지키게 했으므로, 사람들 눈에 띄지 않는 은밀한 장소에 있었음을 추정할 수 있다.

◎ 전모(典謨) : '전모'는 『서(書)』에 포함된 「요전(堯典)」, 「순전(舜典)」, 「대우모(大禹謨)」, 「고요모(皐陶謨)」 등의 편들을 총칭하는 말이다.

◎ 전사씨(甸師氏) : '전사씨'는 『주례』에 기록된 전사(甸師)이며, 전인(甸人)이라고도 부른다. 교외(郊外)에 있는 천자의 경작지를 담당하여, 예하의 인원들을 동원하여 그곳을 경작하였고, 교외에서 생산되는 곡식, 과실, 초목 등을 공급하였다. 또한 천자와 동성(同姓)인 친족들에 대해서 형벌을 집행하기도 했다. 『주례』「천관(天官)·전사(甸師)」편에는 "甸師, 掌帥其屬而耕耨王藉, 以時入之, 以共齍盛. 祭祀共蕭茅, 共野果蓏之薦. 喪事

代王受眚災. 王之同姓有罪, 則死刑焉."라는 기록이 있다.

◎ 전인(甸人) : '전인'은 교외(郊外)에 대한 일과 공족(公族)들에 대한 형벌 집행을 담당하던 관리이다. 『주례』의 체제에 따르면, 전사(甸師)가 된다.

◎ 정강성(鄭康成) : =정현(鄭玄)

◎ 정씨(鄭氏) : =정현(鄭玄)

◎ 정의(正義) : 『정의(正義)』는 『예기정의(禮記正義)』 또는 『예기주소(禮記注疏)』를 뜻한다. 당(唐)나라 때에는 태종(太宗)이 공영달(孔穎達) 등을 시켜서 『오경정의(五經正義)』를 편찬하였는데, 이때 『예기정의』에는 정현(鄭玄)의 주(注)와 공영달의 소(疏)가 수록되었다. 송대(宋代)에는 『오경정의』와 다른 경전(經典)에 대한 주석서를 포함한 『십삼경주소(十三經注疏)』가 편찬되어, 『예기주소』라는 명칭이 되었다.

◎ 정전(正殿) : =노침(路寢)

◎ 정침(正寢) : '정침'은 노침(路寢)과 같은 말이다. 또한 정전(正殿)이라고도 불렀다. 군주가 정무를 처리하던 장소이다. 천자에게는 6개의 침(寢)이 있었는데, 가장 앞쪽에 있는 1개의 침이 바로 정침(正寢)이 되고, 나머지 5개의 침은 연침(燕寢)이 된다.

◎ 정현(鄭玄, A.D.127~A.D.200) : =정강성(鄭康成)·정씨(鄭氏). 한대(漢代)의 유학자이다. 자(字)는 강성(康成)이다. 『주역(周易)』, 『상서(尙書)』, 『모시(毛詩)』, 『주례(周禮)』, 『의례(儀禮)』, 『예기(禮記)』, 『논어(論語)』, 『효경(孝經)』 등에 주석을 하였다.

◎ 제거(齊車) : '제거'는 정갈하게 재계한 수레를 뜻한다. 금(金)으로 제작하기도 하였다. 제왕(帝王)은 순수(巡守), 조근(朝覲) 및 회동(會同) 때에 재계를 하게 되는데, 이 수레를 사용함으로써 재계를 했음을 나타낸다. 『주례』「하관(夏官)·제우(齊右)」편에는 "掌祭祀會同賓客前齊車."라는 기록이 있고, 이에 대한 정현의 주에서는 "齊車, 金路. 王自整齊之車也."라고 풀이했고, 손이양(孫詒讓)의 『정의(正義)』에서는 "敍官齊僕注云, '古者王將朝覲會同必齊.' 是齊車以齊戒爲名."이라고 풀이하였다.

◎ 제복(齊服) : '제복'은 재계(齋戒)를 할 때 착용하는 복장이다.

◎ 제씨(制氏, ?~?) : 전한(前漢) 때의 사람이다. 이름은 자세히 알려져 있지 않다. 노(魯)나라 지역 출신으로 알려져 있다. 『한서(漢書)』「예악지(禮樂志)」에 따르면, 악가(樂家)로 분류되며, 대대로 악관(樂官)을 맡은 집안 출신이다. 악기 연주 및 춤에 대해서는 능통하였지만, 그 의미에

대해서는 설명을 잘 못했다고 한다.

◎ 조묘(祧廟) : =천묘(遷廟)

◎ 조복(朝服) : '조복'은 군주와 신하가 조회를 열 때 착용하는 복장을 뜻한다. 중요한 의식을 치를 때 착용하는 예복(禮服)을 가리키기도 한다.

◎ 조사(造士) : '조사'는 학업을 이룬 자들을 뜻한다. 향학(鄕學)의 사(士)들 중에서 덕행(德行)과 재예(才藝)가 뛰어난 사를 수사(秀士)라고 불렀으며, 수사들 중에서도 뛰어난 사람은 사도(司徒)에게 천거되는데, 그 사람을 선사(選士)라고 불렀다. 준사(俊士)는 선사들 중에서도 뛰어난 사람으로, 국학(國學) 입학하여 공부를 하였으며, 학업(學業)을 이룬 뒤에는 '조사'라고 불렀다.

◎ 졸곡(卒哭) : '졸곡'은 우제(虞祭)를 지낸 뒤에 지내는 제사이다. 이 제사를 지내게 되면, 수시로 곡(哭)하던 것을 멈추고, 아침과 저녁때에만 한 번씩 곡을 하게 된다. 그렇기 때문에 '졸곡'이라고 부르게 된 것이다.

◎ 종실(宗室) : '종실'은 종묘(宗廟)를 뜻한다. 『시』「소남(召南)·채평(采苹)」편에는 "于以奠之, <u>宗室</u>牖下."라는 기록이 있고, 이에 대한 모전(毛傳)에서는 "宗室, 大宗之廟也. 大夫士祭于宗廟, 奠于牖下."라고 풀이하였다. 또한 '종실'은 동성(同姓)인 족인(族人)들을 지칭하기도 한다.

◎ 주식(朱軾, A.D.1665~A.D.1735) : 청대(淸代)의 명신(名臣)이다. 자(字)는 약섬(若贍)·백소(伯蘇)이고, 호(號)는 가정(可亭)이다.

◎ 주자(胄子) : '주자'는 국자(國子)와 같은 뜻이다. 『서』「우서(虞書)·순전(舜典)」편에는 "帝曰, 夔, 命汝典樂, 敎<u>胄子</u>."라는 기록이 있는데, 이에 대한 공안국(孔安國)의 전(傳)에서는 "胄, 長也, 謂元子以下至卿大夫子弟."라고 풀이했다.

◎ 준사(俊士) : '준사'는 선사(選士)들 중에서도 덕행과 재주가 뛰어나서, 국학(國學)에 입학하였던 자들을 뜻한다. 참고로 향학(鄕學)의 사(士)들 중에서 덕행과 재예(才藝)가 뛰어난 사를 수사(秀士)라고 불렀고, 수사들 중에서도 뛰어난 사람은 사도(司徒)에게 천거되는데, 그 사람을 선사(選士)라고 불렀다.

◎ 진덕수(眞德秀) : =서산진씨(西山眞氏)

◎ 진사(進士) : '진사'는 조사(造士)들 중에서도 뛰어난 자들이다. 태학(太學)에서 학업을 완성한 이후, 진사들은 작위와 녹봉을 받을 수 있는 자격이 부여된다.

◎ 진상도(陳祥道, A.D.1159~A.D.1223) : =장락진씨(長樂陳氏)·진용지(陳用之). 북송대(北宋代)의 유학자이다. 자(字)는 용지(用之)이다. 장락(長樂) 지역 출신으로, 1067년에 과거에 급제하여 태상박사(太常博士) 등을 지냈다. 왕안석(王安石)의 제자로, 그의 학문을 전파하는데 공헌하였다. 저서에는 『예서(禮書)』, 『논어전해(論語全解)』 등이 있다.
◎ 진용지(陳用之) : =진상도(陳祥道)

ㅊ

◎ 차국(次國) : '차국'은 제후국의 등급 중 하나이다. 제후국을 등급에 따라 구분하면, 대국(大國), 차국(次國), 소국(小國)으로 구분된다.
◎ 찬착(鑽鑿) : '찬착'은 찬착(鑽笮)이라고도 한다. '찬(鑽)'과 '착(笮)'은 모두 형벌 도구들이다. '찬'으로는 빈형(臏刑)을 집행하였고, '착'으로는 '묵형(墨刑)'을 집행하였다. 한편 '찬착'은 경형(黥刑: =墨刑) 자체를 가리키는 용어로도 사용되었다. 『국어(國語)』「노어상(魯語上)」편에는 "中刑用刀鋸, 其次用鑽笮, 薄刑用鞭扑, 以威民也."라는 기록이 있는데, 이에 대한 위소(韋昭)의 주에서는 "鑽, 臏刑也. 笮, 黥刑也."라고 풀이했다.
◎ 천묘(遷廟) : '천묘'는 대수(代數)가 다한 신주(神主)를 모시는 묘(廟)를 뜻한다. 예를 들어 천자의 경우, 7개의 묘(廟)를 설치하는데, 가운데의 묘에는 시조(始祖) 혹은 태조(太祖)의 신주(神主)를 모시며, 이곳의 신주는 다른 곳으로 옮기지 않는 불천위(不遷位)에 해당한다. 그리고 좌우에는 각각 3개의 묘(廟)를 설치하여, 소목(昭穆)의 순서에 따라 6대(代)의 신주를 모신다. 현재의 천자가 죽게 되어, 그의 신주를 묘에 모실 때에는 소목의 순서에 따라 가장 끝 부분에 있는 묘로 신주가 들어가게 된다. 만약 소(昭) 계열의 가장 끝 묘에 새로운 신주가 들어서게 되면, 밀려나게 된 신주는 바로 위의 소 계열 묘로 들어가게 되고, 최종적으로 밀려나서 더 이상 갈 곳이 없는 신주는 '천묘'로 들어가게 된다. 또한 '천묘'는 위에서 서술한 것처럼 신구(新舊)의 신주가 옮겨지게 되는 의식 자체를 지칭하기도 하며, '천묘'된 신주 자체를 가리키기도 한다.
◎ 청묘(淸廟) : '청묘'는 태묘(太廟)를 뜻하며, 제왕(帝王)의 종묘(宗廟) 전체를 가리키는 용어로도 사용된다. 또한 제왕이 종묘에서 선조(先祖)에 대한

제사를 지내면서 사용하였던 음악의 이름을 나타내기도 한다.

◎ 체제(禘祭) : 체(禘)제사는 천신(天神) 및 조상신(祖上神)에게 지내는 '큰 제사[大祭]'를 뜻한다. 『이아』「석천(釋天)」편에는 "禘, 大祭也."라는 기록이 있고, 이에 대한 곽박(郭璞)의 주에서는 "五年一大祭."라고 풀이하여, 대제(大祭)로써의 체제사는 5년마다 1번씩 지낸다고 설명한다. 그러나 『예기』「왕제(王制)」에 수록된 각종 제사들에 대한 기록을 살펴보면, 체제사는 큰 제사임에는 분명하나, 반드시 5년마다 1번씩 지내는 제사는 아니었다.

◎ 체협(禘祫) : '체협'은 고대에 제왕(帝王)이 시조(始祖)에게 지냈던 제사를 뜻하니, 일종의 성대한 제사의례를 가리킨다. 간혹 '체협'을 구분하여 각각에 의미를 부여하기도 하며, 혹은 '체협'을 합쳐서 같은 의미로 사용하기도 한다. 이 문제에 대해서 장병린(章炳麟)은 『국고논형(國故論衡)』「명해고하(明解故下)」에서 "禘祫之言, 訩訩爭論既二千年. 若以禘祫同爲殷祭, 祫名大事, 禘名有事, 是爲禘小於祫, 何大祭之云? 故知周之廟祭有大嘗·大烝, 有秋嘗·冬烝. 禘祫者大嘗·大烝之異語."라고 주장한다. 즉 '체협'이라는 말에 대해서 의견들이 분분한데, 만약 '체협'을 모두 은(殷)나라 때의 제사라고 말하며, '협(祫)'은 '중대한 사안[大事]'이 발생했을 때 지내는 제사를 뜻하고, '체(禘)'는 유사시에 지내게 되는 제사를 뜻한다고 한다면, '체'는 '협'보다 규모가 작은 것인데, 어떻게 대제(大祭)라고 말할 수 있겠는가? 그렇기 때문에 '체협'은 주(周)나라 때의 제사이다. 주나라 때 종묘(宗廟)에서 지내는 제사에는 대상(大嘗), 대증(大烝)이라는 용어가 있었고, 또 추상(秋嘗: 가을에 지내는 상(嘗)제사), 동증(冬烝: 겨울에 지내는 증(烝)제사)이라는 용어가 있었으니, '체협'은 대제(大祭)를 뜻하는 용어로, 대상이나 대증을 다르게 부른 명칭이다. 또한 『후한서(後漢書)』「장제기(章帝紀)」편에는 "其四時禘祫於光武之堂."이라는 기록이 있는데, 이에 대한 이현(李賢)의 주에서는 『속한서(續漢書)』를 인용하여, "五年再殷祭. 三年一祫, 五年一禘."라고 풀이한다. 즉 5년마다 2번의 성대한 제사를 지내게 되는데, 3년에 1번 '협'제사를 지내고, 5년에 1번 '체'제사를 지낸다.

◎ 초주(譙周, A.D.201?~A.D.270) : 삼국시대(三國時代) 때의 학자이다. 자(字)는 윤남(允南)이다. 『논어주(論語注)』, 『삼파기(三巴記)』, 『초자법훈(譙子法訓)』, 『고사고(古史考)』, 『오경연부론(五更然否論)』 등의 저술

을 남겼다.

◎ 총재(冢宰) : '총재'는 대재(大宰)와 같은 말이다. '대재'는 태재(太宰)라고도 부른다. '대재'는 은(殷)나라 때 설치된 관직이라고 전해지며, 주(周)나라에서는 '총재'라고도 불렀다. 『주례(周禮)』의 체제상으로는 천관(天官)의 수장이며, 경(卿) 1명이 담당했다. 『주례』의 체제상으로는 가장 높은 관직이다. 따라서 '대재'가 담당했던 일은 국정 전반에 대한 것이었다.

◎ 최씨(崔氏) : =최영은(崔靈恩)

◎ 최영은(崔靈恩, ?~?) : =최씨(崔氏). 남북조(南北朝) 때의 학자이다. 『모시(毛詩)』, 『주례(周禮)』 등에 주석을 달았고, 『삼례의종(三禮義宗)』, 『좌씨경전의(左氏經傳義)』 등을 지었다.

◎ 추상(秋嘗) : =상제(嘗祭)

◎ 치의(緇衣) : '치의'는 본래 검은색의 비단으로 만든 복장이다. 조복(朝服)으로 사용되기도 하였다. 『시』「정풍(鄭風)·치의(緇衣)」편에는 "緇衣之宜兮, 敝予又改爲兮."라는 기록이 있고, 이에 대한 모전(毛傳)에서는 "緇, 黑也, 卿士聽朝之正服也."라고 풀이했다. 한편 '치의'는 검은색으로 되어 있었기 때문에, 일반적으로 검은색의 옷을 가리키는 용어로도 사용되었다.

◎ 치조(治朝) : '치조'는 천자 및 제후에게 있었던 내조(內朝) 중 하나를 뜻한다. 천자 및 제후는 3개의 조(朝)를 두는데, 1개는 외조(外朝)이며, 나머지 2개는 내조가 된다. 내조 중에서도 노문(路門) 밖에 있던 것을 '치조'라고 부르며, 천자 및 제후가 정사를 처리하던 장소이다.

ㅌ

◎ 태보(太保) : '태보'는 주(周)나라 때의 관직으로, 삼공(三公) 중 하나이며, 삼공 중 서열은 세 번째이다. 천자를 보좌하여 국정 전반을 다스렸다. 이 관직은 춘추시대(春秋時代) 이후 폐지되었다가, 한(漢)나라 때 다시 설치되기도 하였다.

◎ 태부(太傅) : '태부'는 주(周)나라 때의 관직으로, 삼공(三公) 중 하나이며, 삼공 중 서열은 두 번째에 해당한다. 천자를 보좌하여 국정 전반을

다스렸다. 『서』「주서(周書)·주관(周官)」편에는 "立太師·太傅·太保, 茲惟三公, 論道經邦, 燮理陰陽."이라는 기록이 있다. 이 관직은 진(秦)나라 때 폐지되었다가, 한(漢)나라 때 다시 설치되기도 하였다.

◎ 태사(太師) : '태사'는 주(周)나라 때의 관직으로, 삼공(三公) 중 하나이며, 삼공 중 서열은 첫 번째이다. 천자를 보좌하여 국정 전반을 다스렸다. 이 관직은 진(秦)나라 때 폐지되었다가, 한(漢)나라 때 다시 설치되기도 하였다.

◎ 태재(太宰) : =총재(冢宰)

◎ 팔진(八珍) : '팔진'은 여덟 가지 맛 좋은 음식들을 뜻한다. 구체적으로는 순오(淳熬), 순모(淳毋), 포돈(炮豚), 포장(炮牂), 도진(擣珍), 지(漬), 오(熬), 간료(肝膋) 등을 가리킨다. 이 음식들은 『예기』「내칙(內則)」편에 기록된 것들인데, '순오'는 젓갈을 달여서, 밭에서 생산된 쌀로 지은 밥 위에 얹어 놓고, 그 위에 기름을 바른 음식이다. '순모'에서의 '모(毋)'자는 "본뜬다."는 의미의 '모(模)'자로, '순오'와 똑같지만, 쌀 대신 기장을 사용한 음식이다. '포돈'과 '포장'은 조리 방법이 동일한데, 돼지[豚]를 사용하느냐, 또는 '암컷 양[牂]'을 사용하느냐의 차이가 있다. '포돈'과 '포장'에서의 '포(炮)'라는 조리방법은 먼저 해당 가축을 잡은 뒤에, 배를 갈라서 내장을 제거한다. 그리고 그 안에 대추[棗]를 채우고, 익모초[萑]로 묶은 뒤, 진흙을 발라서 굽는다. 진흙이 다 마르면, 그것들을 떼어낸 뒤에 쌀가루를 다시 입힌다. 고기가 모두 잠길 정도로 기름을 충분히 채우고서 다시 달인다. 큰 솥에 물을 끓이고, 고기들은 다시 작은 솥으로 옮겨서, 향신료를 가미한다. 고기가 담긴 작은 솥을 큰 솥에 넣고 3일 동안 달인다. 이후 식초와 젓갈 등을 가미하게 된다. 이것이 바로 '포돈'과 '포장'의 조리방법이다. '도진'을 만들 때에는 소[牛], 양[羊], '큰 사슴[麋]', 사슴[鹿], 노루[麕]의 고기들을 골고루 준비하는데, 반드시 등심살을 사용하며, 각 고기들의 양은 소고기의 양과 균일하도록 준비한다. 질긴 부위를 제거하고, 나머지 부위들을 버무린 뒤에, 익힌 음식이다. '지'는 소고기와 양고기를 사용하는데, 반드시 새로 잡은 것으로 사용한다.

얇게 썰고, 힘줄을 제거한 뒤에 술에 담갔다가, 하루 정도 지난 뒤에 먹는 음식이다. '오'는 소고기나 양고기를 사용하는데, 겉살을 벗겨낸 다음 익모초 위에 펼쳐둔다. 계피[桂]나 생강[薑] 등을 뿌리고, 소금을 그 위에 뿌린 뒤에, 말려서 먹는 음식이다. '간료'는 개의 간으로 만드는데, 개의 지방질[膋]을 간 위에 덮고, 지방 부위를 태워서 조리한 음식이다. 『주례』「천관(天官)·선부(膳夫)」편에는 "珍用八物."이라는 기록이 있고, 이에 대한 정현의 주에서는 "珍, 謂淳熬·淳母·炮豚·炮牂·擣珍·漬·熬·肝膋也."라고 풀이했으며, 가공언(賈公彦)의 소(疏)에서는 "云'珍謂淳熬'已下, 皆內則文. 按內則, '淳熬, 煎醢加于陸稻上, 沃之以膏, 曰淳熬. 淳母, 煎醢加于黍食上, 沃之以膏, 曰淳母. 母, 模也. 炮, 取豚若牂, 刲之刳之, 實棗於其腹中, 編萑以苴之, 塗之以墐塗, 炮之. 塗皆乾, 擘之, 濯手以摩之, 去其皽. 爲稻粉, 糔溲之以爲酏, 以付豚, 煎諸膏, 膏必滅之. 鉅鑊湯, 以小鼎薌脯於其中, 使其湯毋滅鼎, 三日三夜毋絶火, 而後調之以醯醢. 擣珍, 取牛羊麋鹿麕之肉, 必脄, 每物與牛若一. 捶反側之, 去其餌, 孰出之, 去其皽, 柔其肉. 漬, 取牛羊肉, 必新殺者, 薄切之, 必絶其理, 湛諸美酒, 期朝而食之, 以醢若醯醷意. 爲熬, 捶之, 去其皽, 編萑, 布牛肉焉, 屑桂與薑, 以洒諸上而鹽之, 乾而食之. 施羊亦如之. 肝膋, 取狗肝一, 幪之以其膋, 濡炙之, 擧焦其膋, 不蓼也."라고 풀이했다.

◎ 포죽(匏竹) : '포죽'은 대나무로 만든 악기로, 생(笙)·우(竽)·소(簫)·적(笛) 등의 악기를 뜻한다. 『국어(國語)』「주어하(周語下)」편에는 "匏竹利制."라는 기록이 있고, 이에 대한 위소(韋昭)의 주에서는 "匏, 笙也; 竹, 簫管也."라고 풀이했다.

◎ 풍씨(馮氏) : =양헌풍씨(亮軒馮氏)

◎ 피변(皮弁) : '피변'은 고대에 사용되었던 관(冠)의 명칭이다. 백색 사슴의 가죽으로 만든 모자이다. 한편 관(冠)에 따른 의복까지 포함한 의미로 사용되기도 한다. 『주례』「하관(夏官)·변사(弁師)」편에는 "王之皮弁, 會五采玉璂, 象邸, 玉笄."라는 기록이 있다.

ㅎ

◎ 할형(割刑) : '할형'은 고정된 의미가 없다. 자르고 베는 형벌을 총칭하기

도 하며, 남자의 생식기를 자르는 '궁형(宮刑)'을 지칭하기도 하고, 잔혹한 형벌이라는 뜻에서 '혹형(酷刑)'이라고도 부른다.

◎ 함장(函丈) : '함장'의 '함(函)'자는 수용한다는 뜻이고, '장(丈)'자는 1장(丈)을 뜻하는 거리이다. 따라서 '함장'은 강학하는 자와 강학을 받는 자는 1장(丈)의 거리만큼 떨어져서 앉는다는 뜻이다. 후대에는 이 뜻에서 파생되어, 강학하는 좌석 및 스승을 뜻하는 용어로도 사용되었다. 『예기』「곡례상(曲禮上)」편에는 "若非飮食之客, 則布席, 席間函丈."이라는 용례가 있다.

◎ 함지(咸池) : =대함(大咸)

◎ 행주(行主) : '행주'는 군주의 행차에 함께 따라간 신주(神主)를 뜻한다. 공녜(公禰)와 같은 말이다.

◎ 향(鄕) : '향'은 주대(周代)의 행정단위이다. '향' 밑에는 주(州), 당(黨), 족(族), 여(閭), 비(比), 가(家)가 순차적으로 있었다. '향'을 기준으로 봤을 때, 1향은 5주=25당=125족=500여=2500비=12500가의 규모와 같다. 『주례』「지관(地官)·대사도(大司徒)」편에는 "令五家爲比, 使之相保. 五比爲閭, 使之相受. 四閭爲族, 使之相葬. 五族爲黨, 使之相救. 五黨爲州, 使之相賙. 五州爲鄕, 使之相賓."이라는 기록이 있고, 이에 대한 정현의 주에서는 "鄕萬二千五百家."라고 풀이했다.

◎ 향대부(鄕大夫) : '향대부'는 주대(周代)의 행정단위였던 향(鄕)을 담당하는 관리이다.

◎ 향례(饗禮) : '향례'는 연회의 한 종류이다. '향례'를 시행할 때에는 희생물을 통째로 바치지만, 그것을 먹지는 않는다. 또 술잔을 가득 채우지만, 마시지는 않으며, 자리에 서 있기만 하고, 앉지는 않는다. 또한 신분의 존비(尊卑)에 의거해서 술잔을 바치게 되는데, 정해진 술잔 바치는 회수가 끝나면, 의식을 끝낸다. 다만 숙위(宿衛)들과 기로(耆老) 및 고아들에게 향례를 할 때에는 술을 취할 때까지 마시게 하는 것을 법도로 삼았다.

◎ 향사례(鄕射禮) : '향사례'는 활쏘기를 하며 음주를 했던 의례(儀禮)이다. 크게 두 가지로 나뉘는데, 하나는 지방의 수령이 지방학교인 서(序)에서 사람들을 모아서 활쏘기를 익히며 음주를 했던 의례이고, 다른 하나는 향대부(鄕大夫)가 3년마다 치르는 대비(大比)라는 시험을 끝내고 공사(貢士)를 한 연후에, 향대부가 향로(鄕老) 및 향인(鄕人)들과 향학(鄕學)인 상(庠)에서 활쏘기를 익히고 음주를 했던 의례이다. 『주례』「지관(地

官)·향대부(鄕大夫)」편에는 "退而以鄕射之禮五物詢衆庶."라는 기록이 있는데, 이에 대한 손이양(孫詒讓)의 『정의(正義)』에서는 "退, 謂王受賢能之書事畢, 鄕大夫與鄕老, 則退各就其鄕學之庠而與鄕人習射, 是爲鄕射之禮."라고 풀이하였다.

◎ 향음례(鄕飮禮) : '향음례'는 '향음주례(鄕飮酒禮)'라고도 부른다. 주(周)나라 때에는 향학(鄕學)에서 3년마다 대비(大比)라는 시험을 치러서, 선발된 자들을 천거하였다. 이러한 행사를 실시할 때 향대부(鄕大夫)는 음주연회의 자리를 만들어서, 선발된 자들에게 빈례(賓禮)에 따라 대접을 하며, 그들에게 술을 따라주었는데, 이 의식을 '향음례' 또는 '향음주례'라고 불렀다. 『의례』「향음주례(鄕飮酒禮)」편에 대한 가공언(賈公彦)의 소(疏)에서는 정현의 『삼례목록(三禮目錄)』을 인용하여, "諸侯之鄕大夫三年大比, 獻賢者能於其君, 以賓禮待之, 與之飮酒. 於五禮屬嘉禮."라고 풀이했다.

◎ 헌주(獻主) : '헌주'는 연회석에 있는 주인(主人)을 뜻한다.

◎ 현단(玄端) : '현단'은 고대의 예복(禮服) 중 하나이다. 흑색으로 만든 옷이다. 주로 제사 때 사용했으며, 천자 및 제후로부터 대부(大夫)와 사(士) 계급에 이르기까지 모두 이 복장을 착용할 수 있었다. '현단'은 상의와 하의 및 관(冠)까지 포함하는 용어이다. 한편 손이양(孫詒讓)의 주장에 따르면, '현단'은 의복에만 해당하는 용어이며, 관(冠)은 포함하지 않는다고 주장한다. 그리고 천자로부터 사 계급에 이르기까지 이 복장을 제복(齊服)으로 사용했다고 설명한다. 『주례』「춘관(春官)·사복(司服)」편에는 "其齊服有玄端素端."이라는 기록이 있는데, 손이양의 『정의(正義)』에서는 "玄端素端是服名, 非冠名, 蓋自天子下達至於士通用爲齊服, 而冠則尊卑所用互異."라고 풀이하였다. 그리고 '현단'은 천자가 평소 거처할 때 착용했던 복장을 가리키기도 한다. 『예기』「옥조(玉藻)」편에는 "卒食, 玄端而居."라는 기록이 있고, 이에 대한 정현의 주에서는 "天子服玄端燕居也."라고 풀이하였다.

◎ 협제(祫祭) : 협(祫)제사는 신주(神主)들을 태조(太祖)의 묘(廟)에 모두 모셔놓고 지내는 제사이다. 『춘추공양전』「문공(文公) 2년」편에는 "八月, 丁卯, 大事于大廟, 躋僖公, 大事者何. 大祫也. 大祫者何. 合祭也, 其合祭奈何. 毁廟之主, 陳于大祖."라는 기록이 있다.

◎ 호경(鎬京) : '호경'은 서주(西周)의 도읍 이름이다. 주(周)의 무왕(武王)

이 은(殷)나라를 멸망시킨 이후 이곳으로 도읍을 옮겼다. 종주(宗周)라고도 부르고, 서도(西都)라고도 부른다.

◎ 호방형(胡邦衡) : =호전(胡銓)

◎ 호사(虎士) : '호사'는 용맹한 사(士)를 뜻하는 말이다. 궁중의 호위를 담당했던 자들이다.

◎ 호전(胡銓, A.D.1102~A.D.1180) : =여릉호씨(廬陵胡氏)·호방형(胡邦衡). 남송(南宋) 때의 정치가이자 문학가이다. 자(字)는 방형(邦衡)이고, 호(號)는 담암(澹庵)이다. 충신으로 명성이 높았다.

◎ 황간(皇侃) : =황씨(皇氏)

◎ 황씨(皇氏, A.D.488~A.D.545) : =황간(皇侃). 남조(南朝) 때 양(梁)나라의 경학자이다. 『주례(周禮)』, 『의례(儀禮)』, 『예기(禮記)』 등에 해박하여, 『상복문구의소(喪服文句義疏)』, 『예기의소(禮記義疏)』, 『예기강소(禮記講疏)』 등을 지었지만, 현재는 전해지지 않는다. 그 일부가 마국한(馬國翰)의 『옥함산방집일서(玉函山房輯佚書)』에 수록되어 있다.

◎ 후기(后夔, ?~?) : =기(夔). 요순(堯舜) 때의 인물이다. 순(舜)임금 때 악(樂)을 담당하던 자이다. 『서』「우서(虞書)·순전(舜典)」편에는 "伯拜稽首, 讓于夔龍. 帝曰, 兪. 往欽哉. 帝曰, 夔, 命汝典樂, 教胄子, 直而溫, 寬而栗, 剛而無虐, 簡而無傲, 詩言志, 歌永言, 聲依永, 律和聲, 八音克諧, 無相奪倫, 神人以和. 夔曰, 於予擊石拊石, 百獸率舞."라는 기록이 있다. 즉 순임금이 백이(伯夷)에게 삼례(三禮)를 담당하도록 명령을 하였는데, 백이가 기(夔)와 용(龍)에게 사양을 하였다. 그래서 순임금은 '기'를 임명하여, 악(樂)을 담당하게 만들었다.

◎ 흉사(凶事) : '흉사'는 불길한 일을 가리킨다. 재난이나 재해를 뜻하기도 하며, 전쟁을 뜻하기도 한다. 한편 상사(喪事)의 일들을 가리키기도 한다.

◎ 흉찰(凶札) : '흉찰'의 '흉(凶)'자는 흉년이나 기근을 뜻하고, '찰(札)'자는 전염병 등을 뜻한다. 참고적으로 '찰'은 월(越)나라 사람들이 사용하던 지방언어로, '사(死)'자와 같은 뜻이다. 『주례』「지관(地官)·사관(司關)」편에는 "國凶札, 則無關門之徵."이라는 기록이 있는데, 이에 대한 정현의 주에서는 정사농(鄭司農)의 주장을 인용하여, "凶, 謂凶年饑荒也. 札, 謂疾疫死亡也. 越人謂死爲札."이라고 풀이했다.

번역 참고문헌

- 『禮記』, 서울 : 保景文化社, 초판 1984 (5판 1995) / 저본으로 삼은 책이다.
- 『禮記正義』 1~4(전4권, 『十三經注疏 整理本』 12~15), 北京 : 北京大學出版社, 초판 2000 / 저본으로 삼은 책이다.
- 朱彬 撰, 『禮記訓纂』 上·下(전2권), 北京 : 中華書局, 초판 1996 (2쇄 1998) / 저본으로 삼은 책이다.
- 孫希旦 撰, 『禮記集解』 上·中·下(전3권), 北京 : 中華書局, 초판 1989 (4쇄 2007) / 저본으로 삼은 책이다.
- 服部宇之吉 評點, 『禮記』, 東京 : 富山房, 초판 1913 (증보판 1984) / 鄭玄 注 번역에 대해 참고했던 서적이다.
- 竹内照夫 著, 『禮記』 上·中·下(전3권), 東京 : 明治書院, 초판 1975 (3판 1979) / 經文에 대한 이해에 참고했던 서적이다.
- 市原亨吉 외 2명 著, 『禮記』 上·中·下(전3권), 東京 : 集英社, 초판 1976 (3쇄 1982) / 經文에 대한 이해에 참고했던 서적이다.
- 陳澔 注, 『禮記集說』, 北京 : 中國書店, 초판 1994 / 『集說』에 대한 번역에 참고했던 서적이다.
- 王文錦 譯解, 『禮記譯解』 上·下(전2권), 北京 : 中華書局, 초판 2001 (4쇄 2007) / 經文 및 주석 번역에 참고했던 서적이다.
- 錢玄·錢興奇 編著, 『三禮辭典』, 南京 : 江蘇古籍出版社, 초판 1998 / 용어 및 器物 등에 대해 참고했던 서적이다.
- 張撝之 外 主編, 『中國歷代人名大辭典』 上·下권(전2권), 上海 : 上海古籍出版社, 초판 1999 / 인명에 대해 참고했던 서적이다.
- 呂宗力 主編, 『中國歷代官制大辭典』, 北京 : 北京出版社, 초판 1994 (2쇄 1995) / 관직명에 대해 참고했던 서적이다.
- 中國歷史大辭典編纂委員會 編纂, 『中國歷史大辭典』 上·下(전2권), 上海 : 上海辭書出版社, 초판 2000 / 용어 및 인명에 대해 참고했던 서적이다.

- 羅竹風 主編, 『漢語大詞典』 1~12(전12권), 上海 : 漢語大詞典出版社, 초판 1988 (4쇄 1995) / 용어에 대해 참고했던 서적이다.
- 王思義 編集, 『三才圖會』 上·中·下(전3권), 上海 : 上海古籍出版社, 초판 1988 (4쇄 2005) / 器物 등에 대해 참고했던 서적이다.
- 聶崇義 撰, 『三禮圖集注』 (四庫全書 129책) / 器物 등에 대해 참고했던 서적이다.
- 劉績 撰, 『三禮圖』 (四庫全書 129책) / 器物 등에 대해 참고했던 서적이다.

역자 **정병섭(鄭秉燮)**

- 1979년 출생
- 2002년 성균관대학교 유교철학과 졸업
- 2004년 성균관대학교 대학원 유학과 석사 졸업
- 2010년 성균관대학교 대학원 유학과 박사 수료
- 역서 『譯註 禮記集說大全 - 王制, 附 鄭玄注』 (학고방, 2009)
- 역서 『譯註 禮記集說大全 - 月令, 附 鄭玄注』 (학고방, 2010)
- 역서 『譯註 禮記集說大全 - 曾子問, 附 正義·訓纂·集解』 (학고방, 2011)
- 역서(공역) 『효경주소』 (문사철, 2011)

譯註

禮記集說大全 文王世子

附『正義』·『訓纂』·『集解』

초판 인쇄 2012년 3월 9일
초판 발행 2012년 3월 20일

역　　자 | 정병섭
펴 낸 이 | 하운근
펴 낸 곳 | 學古房

주　　소 | 서울시 은평구 대조동 213-5 우편번호 122-843
전　　화 | (02)353-9907 편집부(02)353-9908
팩　　스 | (02)386-8308
전자우편 | hakgobang@chol.com
등록번호 | 제311-1994-000001호

ISBN 978-89-6071-239-3 93150

값 : 35,000원